中国
当代学人
文丛

孔令宏 著

孔令宏学术文丛

卷三

道学思想史·先秦—六朝卷

巴蜀书社

图书在版编目(CIP)数据

孔令宏学术文丛. 卷三, 道学思想史. 先秦—六朝卷/
孔令宏著. —成都:巴蜀书社, 2022. 12
ISBN 978 − 7 − 5531 − 1723 − 2

Ⅰ. ①孔… Ⅱ. ①孔… Ⅲ. ①道教 − 思想史 − 研究 −
中国 − 宋代 ②道教 − 思想史 − 研究 − 中国 − 先秦时代 − 六
朝时代 Ⅳ. ①B95

中国版本图书馆 CIP 数据核字(2022)第 079309 号

孔令宏学术文丛·卷三 道学思想史·先秦—六朝卷
KONGLINGHONG XUESHU WENCONG JUANSAN
DAOXUE SIXIANGSHI XIANQIN-LIUCHAOJUAN

孔令宏 著

责任编辑	沈泽如 邱沛轩	
封面设计	有品堂—刘俊	
出 版	巴蜀书社	
	(成都市锦江区三色路 238 号新华之星 A 座 36 楼	
	邮编 610023)	
	总编室电话:(028)86361843	
网 址	http://www.bsbook.com	
发 行	巴蜀书社	
	发行科电话:(028)86361852	
照 排	成都木之雨文化传播有限公司	
印 刷	四川南方印务有限公司	
成品尺寸	170mm×240mm	
印 张	28	
字 数	580 千	
版 次	2023 年 8 月第 1 版	
印 次	2023 年 8 月第 1 次印刷	
书 号	ISBN 978 − 7 − 5531 − 1723 − 2	
定 价	78.00 元	

本书若出现印装品质问题,请与印刷厂联系

总　序

　　《孔令宏学术文丛》（以下简称《文丛》）出版在即，按例，需为丛书写篇总序。我从 1988 年开始涉足学术，迄今已有三十又四年。《文丛》就是对此前工作的一个总结，共涉及道教学术研究的四个领域。

　　第一，道教的历史研究。

　　道家、道教史是其他几方面研究的基础。《以道统术，以术得道——道家衍变讲论》是通史。该书认为，仅仅把道家视为哲学，把道教视为宗教，认为二者之间有鸿沟的观点，都是偏颇的。二者间的共同性远远大于差异性，道、学、术的三重互动关系，是贯穿二者的逻辑红线。

　　地域道教史是我用力比较多的领域。《文理灿然——江西道学文化史》对江西地区的道学文化史进行了全面的论述，而《凤凰涅槃：近现代浙江道教研究》属于断代史著作。通过对地域道教史的梳理，我们可以具体地理解道教与地方社会、地域文化的关系。

　　道教思想史是我研究道教史的另外一个领域。道家与道教的关系是一个长期困扰中国哲学乃至中国传统文化相关学科的一个重大问题，学者们已做了不少探讨，但这些探讨或偏于综合性而失之于空泛，或只涉及问题的某一个侧面而失之于狭隘。对东汉道教产生到南北朝道教发展成熟而成为与儒、佛鼎足而立的传统文化三大组成部分这一关键时期，道教与道家的关系缺乏系统、深入的探讨，相关问题仍未得到令人满意的解决。《道学思想史·先秦—六朝卷》力图解决这个问题，该书认为，如果说在葛洪之前，道家与道教还是各自独立存在的话，从葛洪开始，情况就发生了显著的变化，二者开始融通，到了南朝齐梁时期，二者就完全融为一体了。由于道教把道与术结合起来，二者之间由于双向交通而有了学的雏形，这样，有道而少术的道家自然失去了独立存在的价值，不得不融会到道教中。《道学思想史·宋明卷》提出，宋明时期是道教思想经过晚唐和五代十国的转型，道、学、术从多方面展开而达到圆融，从而达到高度发达的时期，它在中国哲学史、思想史、文化史上都具有重要的意义。

第二，道教哲学。

《道教哲学纲要》指出，作为中国哲学的组成部分，道教哲学是以道为本源与本体，为道教的终极信仰目标及其实现方法进行哲理论证和解释的学说。道教的哲学精神规定了道教哲学的基本特点，它是道、学、术三者的统一，对道教哲学的探讨，必须联系学、术，尤其是要联系术来展开，深入挖掘各种术的哲学意蕴。在道教的信仰中，道具象化为神，神学哲学是道教哲学的核心内容之一，而其实质依然是以道为本体的本体论和以道为本源的宇宙发生论相结合的形上体系，这被向形而下贯穿于道教的生命哲学、心性哲学、伦理哲学、文化哲学、政治哲学中。

第三，儒道关系。

《宋代的儒道关系》的导论部分，对理论体系的"形式要素"和中国哲学的研究方法做了探讨。上篇分析了理学诸家与道家、道教的关系，详细考证了道家、道教对理学诸家的影响。下篇运用大量历史文献资料梳理了道家、道教哲学思想的演变，考察了朱熹纳道入儒的表现和手法。

第四，道教专题研究，涉及内丹、养生、水文化等方面。

丹鼎派、符箓派是道教的两大宗派。前者与科学技术关系密切，研究价值很高。为此，我与韩松涛、费超宇合著了《踵事增华——南宗五祖研究》。南宗五祖，学术界多注重张伯端和白玉蟾的研究，对其他三人几乎略而不论。过去，对既有的张伯端的研究成果，往往将其与后世内丹著作联系起来解读，存在着明显的过度诠释的现象。该书解决了这些问题，"历史考述篇"重在考证南宗的传承谱系和主要人物的生平、著作，力求弄清历史真相。"思想与实践篇"重在阐述南宗五祖的思想及其内丹实践，力求挖掘内涵以求明体，梳理方法以求达用。

《金华永驻——内丹学新论》对内丹的研究更加全面，对内丹的概念、内丹术的形成、内丹学的形成、内丹的哲理、内丹三要素、内丹的性与命、内丹功法的分类、内丹修炼的条件、内丹修炼的步骤、内丹的特点与意义、内丹的科学研究等方面做了全面的阐述，很多内容发前人所未发，具有较高的学术价值，对内丹的修炼实践也具有很强的指导意义。

我出生于农村，天资一般，父亲是教师，母亲是农民，没有显赫的家学和富贵的背景，有的只不过是在父母和老师教育下的感恩、本分、踏实。《文丛》中的好几部著作没有获得任何资助，因此对零酬劳参与其中撰写的朋友、学生深感愧疚。学术无止境，我能做到的，只有努力向前辈学习、看齐，尽到最大的努力，确保学术产出的质量。希望诸君不吝批评指正。

是为序。

孔令宏

2022 年 10 月 28 日于杭州陋室

目 录

第一章 导论——道教的道与术

第二章 道教的思想渊源

第三章　秦汉和三国时期的道家与道教

第四章　两晋南北朝时期的道家与道教（上）

第五章　两晋南北朝时期的道家与道教（中）

第六章 两晋南北朝时期的道家与道教（下）

第一章
导论——道教的道与术

　　道教是中国传统文化的一个重要部分。鲁迅说过："前曾言中国根柢全在道教，此说近颇广行。以此读史，有多种问题可以迎刃而解。"① 这话确实不假。道教在其大约两千年的历史发展中，与中国传统文化的各个部分都发生了广泛而深刻的联系。从哲学方面来说，道家、儒家、佛教在汉代之后的历史发展都与它结下了不解之缘。魏晋玄学之后，道家融入道教中，道家思想因道教而承续不绝。佛教的中国化和世俗化，在很大程度上是受道教的影响。道教对宋明理学的产生和发展有不可低估的作用，周敦颐、邵雍、朱熹、王阳明等理学家的思想，被深深地打上了道教的烙印。政治方面，汉代之后的每一个朝代，道教都在国家的政治生活中占有一定的地位。在唐代和宋代，道教几乎成为国教，作为官方意识形态对整个社会生活产生了很大的影响。以儒守常，以道达变，以佛治心，三教合一，是历代统治者在政治上处理三教关系的基本原则。科学技术方面，《道藏》保存了很多科学技术的史料，道士们对原始化学、中医药、天文、历法、地理等不少科技领域的发展都做出了贡献。道教对文学艺术有深远的影响。早在魏晋时期，在道教的影响下就出现了《搜神记》等"发明神道之不诬"的志怪小说。顾恺之的《云台山》，画的就是张道陵度化弟子的故事。王羲之曾经为道士书写《黄庭经》而换鹅，这后来成为流传千古的文坛佳话。唐代李白、杜甫等诗人的诗歌均受道教的深刻影响。道教对文学艺术的影响在宋代之后尤其突出，遍及书法、词、曲、杂剧、乐曲、绘画、雕塑、建筑、小说等众多领域，产生了《平妖

---

　　① 鲁迅：《鲁迅书信集》，人民文学出版社 1976 年版，第 18 页。

传》《封神演义》《西游记》《三宝太监西洋记》等卓越的道教文学作品，《三国演义》《水浒传》《红楼梦》等经典长篇小说中也不乏与道教有关的内容，还出现了关于八仙的种种戏剧。元曲大家马致远被称为"万花丛中马神仙"。道教神仙传说对艺术想象有促进作用，咏神仙、叹生死是文学艺术的主题之一，道教的义理深刻影响了文学艺术的创作思想和文学艺术界人士的人格。总之，道教作为中国文化的重要组成部分，与其他文化共同缔造了光辉灿烂的文化传统，对中国人的思想、心理和民族性格都有深远的影响。

可惜的是，人们往往从社会、政治的角度，比较注重儒家，对它的研究倾力较多。从哲学玄思和宗教信仰的角度，对佛教研究也不少。对道教却往往不甚重视，关注不多，研究比较少。近代以来，对道教的研究，首先是在法国、日本等开始并取得了不少研究成果。我国起步则比较晚，基础比较薄弱。最近十几年来，情况有所好转，但对道教的更充分和深入的研究还有待加强。与此相适应，在社会一般层面，人们对道教的认识很空泛，存在着许多错误的、不准确的、偏颇的观点。道教知识的普及工作尚待加强。

第一节　道家、道教与道学

研究道教，不能不涉及道家。道教与道家的关系，在古代并不成为问题，因为古人把道家与道教看作同一个东西，其间或有差别，但那只是同一思想派系下面不同分支的差异。道家与道教的关系成为一个麻烦的大问题，是近代学者受西方分析性的研究方法和把哲学与宗教截然分离的思想影响后才产生的。

本来，道教在汉代产生，并非空穴来风，而是多种思想和一些相关的社会、政治因素汇聚交织在一起的结果。就思想层面来说，先秦老庄思想无疑是主要的因素，但不是唯一的，真正构成道教思想主干的，是西汉汉武帝之前作为官方意识形态，在汉武帝"罢黜百家，独尊儒术"之后转入民间的黄老道家、阴阳五行思想，此外还有谶纬和一些方术中所蕴含的思想。黄老道家之所以失宠，是因为儒学能适应西汉经历了此前休养生息、清静无为阶段后应该革除积弊、鼎兴求盛、承续秦制发展大一统的中央集权的政治体制的需要。如同这时的儒家只是治理国家的一种术，被称为"儒术"一样，此时能够熔铸道教各种资源的，同样也只是术。在西汉末年政治腐败之后，社会、政治问题尖锐地凸显在人们面前。此时社会最需要的，同样是除弊鼎兴的政治之术。对普通老百姓来说，他们最需要的，是一种既能给予他们心理安慰，又能让他们看到希望的思想，这种思想应当能与他们的日常生活结合起来，本质上也应该是一种实用之术。这些术固然有先前历代人们的文化积淀，其中固然蕴含有思想性的成分，但作为使用术的人来说，往往没有自觉地意识到，所谓"百姓日用而不知"，反映的正是这种情况。在术的普及、兴盛一段时间之后，人们才会产生对哲理的渴求，希望用哲理来解释这些术的可行性、合理性以及各种术之间的相互关系。此时，以老庄为代表的道家哲学才受重视，才被作为重要的思想引进来与术相结合。但这种援道家思想对术的解释，显然从事、重视不同的术的人们会有所不同，而且解释有一个逐步加深的过程，解释的范围有一个逐步扩大的过程。何况，对道家思想本身，不同的人的领会和理解也会有差异。这样，把道家、道教视为同一事物而不加以区分的想法和做法显然不符合历史的实际，也难以满足精细深入地研究的需要。但过分强调道家、道教的区分，把道家作为纯粹的哲学，把道教作为纯粹的宗教，看不到这两者之间的具体联系在历史长河中的演变，也是不足取的。

《四库全书总目》说："后世神怪之迹，多附于道家……要其本始，则主于清静自持……其后长生之说与神仙家合为一，而服饵、导引入之。房中一家，近于神仙者亦入之；《鸿宝》有书，烧炼入之；张鲁立教，符箓入之；北魏寇谦之等又以斋醮章咒入之。"[①] 这概括了各类方术攀附道家，枒互融合而逐步形成道教的历史事实。道教形成之后，其既从社会上纳入已有的术加以适当地改造而成为自己的东西，也创制新的术，如雷法、内丹之类。这些术同样与道家存在着双向的互动影响关系。这是一个方面。

另一方面，构成道教源头的众多的术，其中所蕴藏的思想，随着时间的推移，必定会有人去进行发掘。这样就必然会出现从这些术发掘出来的思想与从相对而言的外界移植过来的道家思想不相协调的情况。葛洪的《抱朴子》有对老庄不满的言论就说明了这种情况。解决这个问题大致有三条途径：一是对道家思想做出符合术的需要的解释，这在《老子河上公章句》中已经出现了萌芽，在《老子想尔注》中表现得尤其明显，在此后道教学者们注释《老子》《庄子》的著作中更是表现得淋漓尽致，这构成了道教老学、

① （清）永瑢等：《四库全书总目》，中华书局1965年版，第1241页。

道教庄学。二是在道家思想的指导下对术进行选择、改造或创制新的术，这在南北朝时期的上清派、楼观派中就有表现，在唐代晚期之后的内丹术中也有鲜明的表现。三是对术所反映的思想与道家思想这二者做更高程度的抽象，寻找二者共同的东西，这在唐代反映得比较明显，唐玄宗《老子》注疏、司马承祯的思想、吴筠的思想等都是这方面的典型例子。不过，术中所蕴含的道和外来的道这二者之间，相对而言，后者是主要的。因为对术中所蕴含的道的发掘只可能由具有比较高的文化素养的人来进行，他们在进行发掘之前已经对术之外的道掌握及领会得比较多而深刻。他们对术的意蕴的发掘，往往无可避免地借用已有的道来对术进行解释。如此发掘出来的术的思想意蕴在很大程度上已经被外来的道所同化了。所以，我们认为，援道入术这一方面是主要的，也就是说，道家思想对提升道教文化的品位，对建构道教的哲学思想起了主导性的支配作用。

总之，道家、道教在历史发展中时离时合，在不同时期对道家思想的重视程度不同，同一时期对道家思想的不同侧面的重视程度不同，不同的道教派系对道家思想的重视程度也不同。弄清了这一点，处理道家与道教关系的正确做法是，承认老庄思想在道教产生之前有一个发展的过程，不把老庄思想视为道家的全部，把道家看作一个以老庄思想为代表的先秦道家、稷下道家、黄老道家、魏晋玄学诸阶段构成的变化着的思想派别。在把道家视为道教主要渊源之一的基础上，考察道家思想的不同侧面在道教发展的不同历史阶段对道教的哪些层次、哪些方面产生了什么样的影响，这样就可具体地判明道家与道教的关系。

这其中尤其要注意的是，把道家视为哲学、把道教视为宗教的观点，不能说完全错误，但并非没有问题。

把道家视为中国古代的一个哲学学派，从大体上讲是没有问题的。但切记不能疏忽，道家哲学并非空穴来风，它所据以产生的基础和背景，不是别的，正是原始的民间巫术和春秋战国时期的方术等，它们是构成后世道教的术的主要内容。

把道教定性为宗教的观点，不能说错误，但并非没有进一步商榷的余地。道教是不是宗教？这在现代学术研究中是一个曾经引起过争论的问题。

其一，道教不是一神教，而是多神教，这是它与其他宗教最大的不同。道教的神不是西方宗教的至上神，而是功能神，是道士通过术可以控制、役使的。道士对神进行控制、役使的有效性本身就是该道士修道所达到的程度的标尺。道教的仙是凡人修道而成的。道教神仙的实质内涵是道，神仙不过是道的具象化罢了。道教的鬼怪，是不合于道教价值观的东西的载体，是违背道的表现。当然，道教确实有仿照佛教所塑造的三清等诸多神像，斋醮科仪中确实充斥着信仰性的成分，但是这些都是神道设教的需要，是道教思想义理的形象化的表述方式，是接应知识文化程度不高的愚夫愚妇的道具，类似于我们今天供儿童看的连环画，只具有渡河的船的作用，过了河，船自然就失去了作用。从崇拜神的角度来说，其他宗教都把神当作至高无上的偶像加以顶礼膜拜，道教则不然。神只是修道者为了达到改造自然、改造社会的目的而使用的工具，是人能够驾驭、控制、役使的对象。只要懂得驾驭、控制、役使的方法，人是用不着敬畏、害怕神的。也就是说，人对于神不是只能逆来顺受，消极适应，受其压迫和束缚，而是能够积极有为的。人可以发挥主观能动性去与神抗争，目的是胜过神、控制神、驾驭神、役使神。这大大张扬了人的主体性、能动性、积极性、创造性，显示了人的光辉和伟大。

当然，在北宋朝廷通过封神等举措强力影响道教之后，道教的神谱建立了一个官秩井然、金字塔式的下对上只能顺从而无平等可言的系统。作为地上君主专制中央集权的政治体制的映射，道教的神更多地具有了宗教的因素。这虽然在民间造成了比较大的影响，但没有得到所有道教宗派的高度认同，正一道斋醮祈禳中所涉及的神本来就已经够多了，神谱早就基本定型，全真道感兴趣的是身心性命的内丹修炼。这也没有得到所有道教学者在理论上的论证和承认，宋代末年至明清的道教学者们更感兴趣的是在对术的整合的基础上对道进行新的阐释，以推进道教理论的深化，或促进道教的发展。何况，这种政治强权对道教的干预，严重违背和破坏了道教的精神实质。

从神在道教中存在的角度来看，如果把承认超自然的东西作为宗教的定义，那么视道教为宗教，也仅仅在这个意义上成立。事实上，把道教视为宗教的近代学者们在论证这一观点时，关注的重心大体上就是局限于与斋醮科仪紧密相关的方面。但是，必须指出，斋醮科仪并不是道教的全部内容，从长生不死、得道成仙这一道教的核心思想来看，它甚至不是道教最主要的内容。

其二，道教主张肉体飞升成仙，人应该在当下就快乐逍遥，不老不死，这是道教与世界上其他大的宗教，如基督教、佛教、伊斯兰教等不同的另一点。其他宗教都主张要在死后才能见到上帝或佛，活着只不过是为死后进天堂面见上帝做准备，生就是为了死，现在活着的目的不是为了当下活得更好，而是为了死后再生的下一辈子过得更好。

其三，道教最大限度地容纳了科学技术，把科学技术视为自己的一个重要内容，这与其他宗教只是关注社会、政治问题截然不同。道教的外丹烧炼为原始化学的进步做出了贡献，存神、行气、吐纳、导引、辟谷、内丹则对中医、中药、卫生保健、心理、生理学的发展做出了贡献，房中术则为性科学的发展积累了丰富的材料，堪舆中蕴含有不少景观地理学、环境科学的内容。此外，在宇宙论、天文学、气象科学、地质学、心理学等方面，道士们都做出了一定的贡献。正因如此，英国的中国科技史专家李约瑟博士说，道教是世界上唯一不反对科学的宗教。当然，应该看到，道教对科学技术的容纳是有限度的，科学技术不是道教的主要内容，发展科学技术只是道教修炼的手段，不是目的，也不是道教的根本目标。道教对科学技术的贡献，是道教修炼活动的副产品。对于道教与科学技术的关系，我们不可夸大。

其四，道教在精神境界方面的思想和实践有其他宗教所不具有的独到之处。其他宗教，包括佛教，在精神境界的历练上，都只是纯粹从思想、心灵方面着眼，不涉及，至少不把人的肉体生理作为一个重要方面予以考虑，也就是说，它们都把身、心割裂开来了。道教则不然，形神并重、身心兼顾、性命双修，是道教修炼的根本原则和核心内容。修道所建构起来的思想境界是有实在的生理物质基础的，是整个生命状态的升华，是生命素质的全面提升，是身心一体的潜力的挖掘。道教的修炼不只关注身心问题，还由此扩展至宇宙万物。道教修炼的起点强调人与物具有同一的最初源头，人与物都以道为本体；修炼的终点，同样强调人与本源、本体的合一，能自如地应对、役使外物，人与物、个人与宇宙的一体性。

其五，信仰是宗教的根本特征，但道教的根本特征是修炼，它固然有信仰的要素在内，但单纯信仰是不可能达到道教的终极目标的，信仰不是道教的根本特征，甚至不是主要的特征。以符箓斋醮等术中具有的信仰要素而把道教概括为宗教，显然是把多元的道教做了以偏概全的解释。

其实，"教"在中国古代文化中是"教化"的意思，并无西方语言中"宗教"的内涵。《云笈七签·道教序》对此做了解释，它说："上古无教，教自三皇五帝以来有矣。教者，告也。有言、有理、有义、有授、有传。言则宣，教则告。因言而悟教明理，理明则忘言。"① 在它看来，如果懂得了道理，那就不需要教。不懂得道理时，教通过语言来表达和传授，是手段；一

① （宋）张君房纂辑，蒋力生等校注：《云笈七签》，华夏出版社1996年版，第11页。

且悟透了义理，教就不需要了。教无须信仰，也不能执着。如此看来，道教就是理身理国的道理与实践中的技巧和方法。

其六，如果把道教视为一种宗教，就必须明确它的信徒。但是，在道教一千八百多年的历史中，纯粹只信仰符箓斋醮中所涉及的神灵和使用这些术的人，是很少很少的。而且，一般而言，宗教信仰具有排他性。对这些纯粹的道教信徒来说，他们事实上是儒、佛、道三教均信仰的，排他性并不突出。举例来说，道家权术在实际政治中的运用和道教的王道之术，与纯粹的道教信徒的顶礼膜拜活动，中间的联系是很淡漠的。实际上，在历史上在思想、心理和情感上与道教联系最多的，还是儒、道、佛杂糅兼容的士大夫知识分子。甚至就某一个具体的人来说，如果他不是有意识地去区分的话，往往不会自觉地意识到影响自己思想、情感、行为的东西究竟哪一方面是儒，哪一方面是佛，又在哪一方面和多大程度上是道。这就说明，在中国传统文化发展史中实际存在的道教，并不是一种宗教，而是一种有道有术，既有哲理，也有实践操作手段的文化体系。

从这六个方面来说，道教具有一系列鲜明的特点。如果着眼于整体，则把道教视为宗教的观点就有以偏概全的嫌疑。我们认为，把道教与道家紧密联系起来，把这二者视为中国古代传统文化中与儒（儒家、儒教）、佛（佛家、佛教）并列的三大组成部分之一，是一个比较全面、符合历史实际的观点。对它的认识和研究，不能完全套用西方宗教，尤其是基督教系统的观点来框架它，否则就会犯削足适履、以偏概全的错误。把道教放在中国传统文化的大背景下来认识和研究，才是切合实际的做法。再则，不能仅仅关注道教的斋醮仪式和神道设教等与宗教关系密切的方面，要全面地对道教的哲学、政治、历史、伦理学、科学技术等方面展开全面的研究。这样才能完整地认识、把握道教的实质，摸清贯串其庞杂内容的主线，进而达到提纲挈领、纲举目张的效果。

道教有多方面的内容。道教哲学无疑是其中最抽象、最核心的部分。道家、道教哲学是同一种哲学的不同发展阶段。对此，萧萐父先生说过："道教与道家，原本殊途，后乃同归。论道教，必溯其理论渊源而自然涉及《老》《庄》《列》《文》思想；论道家，必观其历史发展而只能承认其流裔渐与道教合流，故两者可以合而论之。"[1] 从哲学的高度来看，道家、道教合

---

[1] 萧萐父：《众妙之门——道教文化之谜探微·序》，湖南教育出版社1991年版，第1页。

x

观会更好一些。对此，蒙文通先生也说过："魏、晋而后，老、庄诸书入道教，后之道徒莫不宗之，而为道教哲学精义之所在，又安可舍老、庄而言道教。"① 思想史著作应该力图从纵向出发揭示出道教思想在不同历史时期对道家的继承与发展。

第二节　道、学、术

道教是有多方面内容的综合体，对它的整体研究，采取文化学的方法比较适当。这是因为，文化具有综合性、广泛性，从文化或文化学的角度去观察、思考、解释思想史，可以避免单纯运用某门学科或某种体系去研究而必然出现的以偏概全、削足适履等弊端，能够真实而全面地反映道教思想的结构、实质及其发展演变。

"文化一方面是正在进行、不可停顿的生存活动，另一方面是寓蕴于这种当下的生存活动中并规范、调节、控制、影响着这些生存活动的知识、价值、意义。"② 这两方面的结合，就是生活方式。文化是人们生活实践的反映，是为人的生活实践服务的。思想作为最恒久、最精华因而也最重要的精神文化，同样是如此。它与人的生活实践的不同层次都有联系，对生活实践产生不同的作用。

这首先是作为操作技能、活动程式、行为规则和与之相关的主观体验与习惯的技艺。它是思想的初级层次，是在人实现实践目的的过程中产生的。它既是指向客体的，即在实践中控制、驾驭、调整，以顺应自然、社会、精神客体，也是指向主体的，即在实践中控制、调整主体，促使主体通过程式化、规范化的行为而与外部环境相协调。技艺既有逻辑性、目的性等思想观念的因素，也有经验性、外在性的特点。

其次是理性化的知识体系。如果说技艺是动态的操作程式与规范，知识则是静态的逻辑体系。技艺告诉人们如何通过自己的行为实践去面对、处理主体与自然、社会、精神世界的种种问题，知识则是对自然、社会、精神（含个人、群体的价值目标）做出系统的解释与论证。知识首先必须具有客

---

① 蒙文通：《古学甄微》，巴蜀书社1987年版，第317页。
② 孔令宏：《传统文化与现代化的共时性存在》，《现代哲学》1997年第2期，第71页。

观性或实证性，能够真实、客观地反映外部世界的事实与规律，对于社会和精神领域，客观性主要是在不同个体之间或者在历史长时段中呈现出来的重复性、类似性、可证实性。同时，知识还有目的性，它必须为某种合乎人的需要及目的的价值体系给予系统的解释和论证。客观性和目的性这两个方面在很大程度上是能够统一起来的，其统一的基础是理性化。理性能够促使人们根据客观实际情况来设定目的，并把达到目的的程式、规范建立在客观性的基础上。

最后是超越性、信仰性的形上学。人是历史的、具体的人，有其特定的局限性。他不可能完全依赖自身的技艺去驾驭、控制自然、社会和精神世界，他所建构的知识体系不可能不存在种种盲区。但人有很强的主观能动性，他总是力图克服这些局限性，从而表现出超越性，由此表现出对形上学的关注和兴趣。作为特定的知识体系，即使它在特定的逻辑系统中是自足的，也有它赖以在逻辑上衍生、铺展开来的一个原初前提（任何一个逻辑系统均然），这是在特定的知识体系中无法给予论证的。对它的确认因而具有信仰的性质。而且，人总是不会满足于某一特定的知识体系，而力图对世界做出某种总体上的解释，这就会产生和确认某种形上存在、理想世界的思想，这一点的确认主要依靠于主体的信仰。再则，当人陷入生命存在与发展的深深忧患时，信仰能够为其安身立命提供精神上的依托，使他能够获得与终极存在一体的精神超越。终极存在的确认同样主要是依靠于主体的信仰。信仰首先是确认，然后才是解释和论证，而且往往只有少数人会自觉地去解释和论证。

文化的这三个层面相互作用、相互影响。知识、形上学只有表现为技艺并通过技艺，才能对人的生活方式、生命活动产生影响。知识代表了人的生命活动的本质特点，人的活动只有符合理性才能达到目的。技艺是在知识的指导下尝试、积累、建立起来的。另外，知识只有落实到技艺层面，融入人的生命活动中，成为人的行为模式、生活方式，人的多方面需求得到满足，才有价值，才有存在的生命力。超越性、信仰性的形上学赋予了人的生命活动以最高目的和终极意义，从总体上、根本上决定了人的生活方式。但它对人的生命活动的影响，必须通过知识做出解释和论证，进而通过技艺才能体现出来，如宗教对人的生活方式的影响，必须通过本宗教的理论知识体系的铺垫，进而在宗教仪式、宗教戒律、宗教体验等技艺层面上表现出来。文化的这三个层面在不同层次、不同方面，以不同的作用方式规定、制约和影响着人们的生活方式、生命活动，构成了不同民族、社群、阶层的生活方式的差异。当然，文化的不同样态，如宗教、科学等，在进入这三个层面时的着重点和表现是有差异的。如宗教的重点是建立和维持人的信仰，为此既需要论证这一信仰的知识，又需要一整套的操作技能和仪式。科学的"逻辑起点"既非来自逻辑推理，也非来自经验的归纳，它的超越性决定了它只能依赖于绝对真理之类近似于信仰的信念。同时，科学只有转化成操作性的技艺才具有实在的价值①。

在中国传统文化中，上述技艺、知识体系、形上学三个层面分别对应"术""学""道"。"术""学""道"这三个概念是有历史渊源的。道的本义是道路，从春秋时期开始，道逐步被抽象成为规律、道理直至成为最高的哲学范畴。术的本义同样是道路。《说文·行部》说："术，邑中道也，从行，术声。"从战国中期开始，术逐步被引申为技术、技艺、方法、策略、法规、规范、程序、步骤等。《广韵·术韵》说："术，技术。"可见，从历史起源来看，道与术既有差别，又可以相通。它们之间相互过渡与沟通的中介是"学"。"学"，从其甲骨文、篆文的象形来看，是持爻以教膝下之子，或子学爻于长辈膝前，这两方面结合起来，把教与学结合在一起的活动，是"学"的本义。由此可引申出"觉悟""知觉"的意义。《说文·教部》把"教"解释为"觉悟"。《玉篇·子部》说："学，觉悟也。"《白虎通·辟雍》说："学之为言觉也，以觉悟所未知也。""觉悟"既可作动词理解，也可作名词理解。前者是学之活动，即有步骤、有计划、有规范、守学理的实践活动；后者是学之收获，即以语言文字等符号来表达并用简、帛、纸等承载的、成系统的知识的学术著作。学之活动本身即含蕴了术，这是一方面。另一方面，术本来就是学的内容的大部分。学总是由少到多，知识广博后，得有哲理来化博为约，以便融会贯通、举一反三。何况指导学的老师已经是掌握了哲理的人。这样，从学之活动来看，学可上达于道；从学之收获来看，学最终必然学道。这样，术、学、道是三个双向影响、一体贯通的概念。正因为如此，历史上既有单用术、学、道的，也有把它们联成复合词用的，出现了"学术""道术""道学"等概念，既指学问、学说、主张，也假借为方法、

---

① 孔令宏：《从道、术关系看隋至中唐道教义理的特点——以司马承祯思想为例》，第二届国际道家文化学术讨论会上的发言稿。孔令宏：《中国道教史话》，河北大学出版社1999年版，第3页。朱汉民：《文化视界的审视——关于中国思想史研究方法问题》，张岂之主编：《中国思想史论集》第一辑，广西师范大学出版社2000年版，第25－29页。

技术。从逻辑上说，术、学、道这三者的关系应该是先有术，后有学，进而从学中概括、抽象出道。但在中国文化史上却不是这样，是先有术，从术中直接抽象出道，道与术相交融而形成学。学一旦形成，就内在地把术包含在内，故在宋代以后"医学""数学"等大量涌现，出现了"学术"之称，学与术甚至多可同义替换。

不过，由于学具有中介的性质，所以人们往往略而不论，多谈术与道。道教也是多谈术与道，鲜谈学。道教之所以如此，除了上述的原因，还有一个重要的原因是道教过分注重学的实践活动及其对于个人的收获，而对如何把实践经验组织为论说周详、逻辑严密的知识体系，下的功夫不太多。它的众多的术中，比较接近于学的，只有外丹、内丹和科仪，尤其是内丹；而且，这在时间上已经是唐代中期之后的事。这就是说，术、学、道三方面的关系，虽然具有适用的普遍性，但在道教这里有其特殊性。

道教的全部内容，可以分为"道""学""术"三个方面，其中主要是道与术两方面。诚如陈国符所说："道者，道术也……总括此中国本有之诸道术者，谓之道教。"①

《庄子》已有"道术"的概念。此后稷下道家、黄老道家对道与术有些阐发。西汉初年，深受道家思想影响的贾谊说过："道者，所从接物也，其本者谓之虚，其末者谓之术。虚者，言其精微也，平素而无设施也；术也者，所从制物也，动静之术也。凡此皆道也。"②贾谊认为，道就是接物的原理与技巧。原理的方面为虚，技巧的方面为术。原理精微、平淡、简单，不会故意隐瞒，可以为人认识和把握，所以称为虚。术是调节、控制物的动静变化的技巧、程序。贾谊在这里不是就哲理思想来探讨问题，他的道不是哲学范畴。如果把考察问题的角度转变为哲理思想，那么，根据道家的思想，虚本是作为本源和本体的道的性质。所以，与术相对应的概念应该是道而不是虚，道与术是一对既对待又流行的概念。

道教对道与术的理解是从哲理思想来看的。《云笈七签·秘要诀法部·序事第一》说："道者，虚无之至真也；术者，变化之玄伎也。道无形，因术以济人；人有灵，因修而会道。人能学道，则变化自然。"③"道'是道教

① 陈国符：《道藏源流考》，中华书局 1963 年版，第 259 页。
② 吴云、李春台校注：《贾谊集校注》，天津古籍出版社 2010 年版，第 241 页。
③ （宋）张君房纂辑，蒋力生等校注：《云笈七签》，华夏出版社 1996 年版，第 261 页。

最基本的义理，是宇宙万物的本源和本体，是道教徒修炼、追求的最终目标和最高境界。在基本的方面，道教的"道"未出先秦道家思想的范围，但先秦之后人们对道的诠释形态则不限于此。一般而言，术是指与人的行动、实践活动有关的操作活动的技术、程式、方法等。在道教这里，"术"是"道"的运用，是得"道"的途径、修炼的手段，所以从强调道的角度称为"道术"；术还是使自然界与人的变化神妙灵通的方法，所以"术"被称为"法""法术""道法"。因道教以神仙信仰为特征，所以有人把术称为"仙术"。术与道有紧密的联系。《太平广记》说："术之与道，相须而行，道非术无以自致，术非道无以延长。若得术而不得道，亦如欲适万里而足不行也。术者虽万端隐见，未除死箓，固当栖心妙域，注念丹华。立功以助其外，炼魄以存其内，内外齐一，然后可适道，可以长存也。"① 俗人修道，如果按照道教的价值观去进行，就可得道，成为理想的神仙。如果违背了道教的价值观，就不能得道，就会成为非理想的鬼怪妖精，还会受到惩罚。凡人被鬼怪妖精所困，道士使用术就可以帮助解除蛊惑和患难，此时道士就是道的载体和化身。"道"是唯一的，"只此一家，别无分店"。"术"则是无数、无限、无穷的。正如马端临《文献通考》所说："道家之术，杂而多端。"② 道圆应万方，既是万事万物产生的最初源头，也是万事万物运动变化所必须遵循的规律，还是万事万物最终的归宿。对人而言，"道"还是一切价值和意义的源泉。这样，不管修"道"的"术"多么异彩纷呈、无穷无尽，都只能是殊途而同归。虽然如此，但在万事万物产生之后，具体的事物与道总有或多或少的间隔，这就有可能在运动变化上背道而行。人与物在一同禀道而顺生、获得道性这一点上是没有区别的。但物只能在自己消散后才能复归于道，从而具有最完满的道性。人却能通过自己主观能动性的发挥在未死亡之前就返归于道。所以，道是人的价值和意义的源泉。从具体的个人向道迫近的成效、返归的阶段性来说，这就是境界论；从最后返归的归宿即终极关怀来说，这就是解脱论。道的内涵如此丰富，它所涉及的方面当然就很多，很广泛。这样，人从任何一个起点都可以修道，从任何一个方面、沿着任何一条道路都可以通往道，那么，"术"自然就是众多的了。道教的"术"之所以"杂而多端"，就是这个原因。"道术诸经，所思存念作，可以却恶防身者，乃有数

---

① （宋）李昉等编：《太平广记》，中华书局 1961 年版，第 162 页。
② （元）马端临：《文献通考》，中华书局 1986 年版，第 1810 页。

千法。"① 道术虽然"杂而多端",但宗旨都是消灾除病,长生不死。它们都有一个共同的理论基点,即都着眼于构成人类生命的基本的生理、心理要素,如精、气、神、身(形)等,从这些方面来养护、延续作为感性的个人的自然存在,并由此延伸到社会层面。

这些道术,大致可以分为六类。一是养生术,如沐浴、服食、辟谷、存思、内视(内观)、按摩、导引、行气(服气、炼气、食气)、守静、守一、胎息、房中、武术等。这是道士个体修炼、以养命为主的种种方法。二是王道政治之术,即道教谋求建立理想社会的种种方法。三是神仙术,如内丹、外丹等。这是道士直接追求"与道合真"、成仙不死的方法。四是自然之术,如望气、观星、占风、占雨、历法、变化等。五是教团科仪之术,如戒律、轨范、斋、醮、符、箓、祈禳、禁咒、巫祝、卜筮、风角、星算、孤虚、遁甲、堪舆、相术、扶乩等。这是道士群体修道和济世度人的种种方法。六是伦理之术,即通过遏恶扬善而得道成仙的方法。

上述对术的分类主要是以功能作为分类标准。术也可以从其修炼获得成效的方式分类。从这个角度来看,道教的术大体上可以分为自证自律和他证他律两大类。一般而言,属于个人清修的术多是自证自律类的,如养生术、神仙术等,但守庚申之类以神灵为修炼成效的给予者的术除外。属于依靠外界事物,如神或他人而得道的,是他证他律类的,如教团科仪之术。伦理之术比较复杂,在道教中既有自证自律的伦理之术,其是通过自我培养和提高道德品质而得道的;也有他证他律的伦理之术,其是通过行善积德而等待神仙度化的。

就人禀道而生、循道而存、背道必亡这一点来说,要遵循道,要无为、自然,但从返归道的需要来说,要"反其道而行之",要有为、人为。所以道教把自然和人为统一起来了。不过,既然道得靠人以术来修,那么,从不同的术的角度来看,修不同术的人对道的解释会有所不同,因为谁都会说自己的术是最有效的,正所谓"王婆卖瓜,自卖自夸"。这样,"不识庐山真面目,只缘身在此山中",对道的解释就只能是坐井观天。所以,对道的认识,也不能笼统泛化,要具体研究道教不同宗派、派系乃至具体的道教学者的思想。当然,道教之所以出现众多的不同宗派、派系,最主要的原因是术的选择不同。这不是说某一个宗派、派系只用一种术,而是说在它们所选择的术

① 王明:《抱朴子内篇校释》,中华书局1985年版,第324页。

的组合系统中，各种术被看重的程度不一样，以术进道的步骤、程序、方法也有区别。相对而言，对道的解释，各个宗派、派系有细微的差别，但在实质内容上差异不大。

道教使用术的唯一目的就是得道。根据道来选择术，以术得道，以修求证，以证而修，是道教功夫论的根本思想之一。这导致道教对作为术与道之中介的"学"没有给予足够的重视，由此在其历史发展过程中引发了一系列的问题。

第三节　道、术与道学史的分期

既然如此，抓住不同宗派、派系在历史进程中对道与术的关系的处理来认识道教，是一个比较可行的研究方法。

道教经历了一千八百多年悠久漫长的历史发展。研究这样长的道教史，无论如何是不能来一个囫囵吞枣的，只能把它划分为若干个不同的发展阶段。学术界对道教史分期的探讨，首先提出看法的是日本学者常盘大定。他把道教史划分为开教时代、教会组织时代、教理研究时代、教权确立时代、继承退化时代。

开教时代，自东汉张陵开立天师道（142）至东晋末年，二百七十余年。这期间著名的道士有张陵、于吉、葛玄、陈瑞、王浮、鲍靓等人，他们依据斋醮符书布教。另外还有东汉的魏伯阳、东晋的葛洪，他们说服食炼养之法。这一时期的经典所包括的内容，不外炼养、服食、阴阳五行而已。

教会组织时代，起讫于南北朝始末，一百六十余年。这期间的著名道士有寇谦之、张宝、陆修静、孟景翼、张融、陈显明、陶弘景等。这一时期，道教自东晋末忽然风靡天下，仿照佛教经典的体裁内容制作道经，仿照佛教的宗教仪式创作道教的仪式。

教理研究时代，自隋（581）至五代（959），共三百七十八年。这期间以唐玄宗为分界点，可分为前后两期。前期（581—755）的一百七十四年，虞永通、傅奕、李播、蔡晃、李荣、方惠长等人所阐发的道教教理，往往与佛教有较深的关系。玄宗时的吴筠、司马承祯，深化了道教教理。这是道教发展的高峰阶段之一，特别是经典增加了不少。后期（755—959）二百零四年间，道教承前发展，这期间的著名道士有杜光庭、陈抟。

教权确立时代，自宋（960）至明万历三十五年（1607），这六百四十二年可分为前、中、后三朝。前期为北宋时代（960—1126），此时期努力编辑《道藏》以确立道教圣典。这期间的著名道士有姚若谷、王钦若、张君房、林灵素、王方志、王仔昔、张嗣宗等。中期自南宋（1127）至元世祖（1294），共一百六十七年，为道教教会统一确立时期，也是道教史上最可瞩目的时代。1153 年金代的王重阳创全真道，得以管领天下教事。1268 年，元代郦希诚创真大道教。又有王重阳创的弟子丘处机在 1227 年主领天下教事。元代张宗演于 1276 至 1306 年间，被赐予正一天师的称号，其子张与材为正一道主，主管江南道教。后期自元成宗（1295）至明神宗（1607），共三百一十二年，教会日益发达，《道藏》的编撰也在这一期间完成。

继承退化时代。自明万历三十五年后（1608 至今），四百余年。这期间虽然道观增加不少且宏美富丽，但不见有发达的思想。原因在于佛道二教混杂融合使得两教均远离了中国的思想界，不足以获取中国的人心。宋代理学普及全体民众，以禅宗为代表的佛教随之被驱逐出中国的思想界。从前的道教欲以迷信取代佛教，但终究不能安定后之人心。所以到了清代，佛教早已没落，道教也不足以让中国民众进步不息，于是有新佛教、新儒家的出现。

日本学者常盘大定的这种划分方法，得到了我国撰写第一部《中国道教史》的傅勤家的肯定，并对其做了进一步的充实。这对之后道教史的研究产生了很大的影响。例如，卿希泰先生主编的四卷本《中国道教史》就以这一划分法为基础，把道教史划分为：东汉到南北朝，为道教的创建和改造时期；隋唐至北宋，为道教的兴盛和发展时期；南宋至明代中叶，为道教宗派纷起和继续发展时期；明代中叶以后，为道教的逐渐衰落时期。

日本学者常盘大定的道教史划分的依据在于他认为：自南北朝以来，道教分为丹鼎与符箓两个系统。元代以后，更明确区分为两个大的系统。南方的是正一道，以符箓科教为主，北方的全真道则以服食炼养为主，正一道尚有教理，全真道唯主实修，这是道教发展的大势所趋。北方教徒持续不断地努力，建立了教会的基础；仿学佛教，使道教具有相当的形式，在儒、佛两教之外，占有独立的地位。而南方的全真道徒，与之相表里，通过努力使道教呈现出庄严的气象。这个划分方法的依据并不是很充分。南北朝以来的道教，不只是两个系统。元代以后的道教宗派，大的确实只有正一道和全真道，但无论是正一还是全真，在大的宗派下面还有很多小的派系，其间的关系交缠纽结，真要说清道明，确实不是一件容易的事。何况正一和全真并非泾渭分明，"正一道加上教理，全真道唯主实修"的说法是大有问题的。实际情况是，正一道的斋醮科仪主要是一种社会性文化现象和一种集体性的实践操作活动，其间固然有道教理论和思想的积淀，但这不是最主要的，思想理论的建构与发展不是五斗米道、天师道、正一道这一系道教宗派最关注的问题。全真道的实修反而是有思想理论指导的，因为它必须用理论来论证修炼的可能性、必要性，用理论来指导具体的修炼过程，以期取得更快、更好、更大的成效，所以全真道在思想理论方面做出的贡献，在道教思想史上是无论如何也不可低估的。再者，主要以宗派的盛衰来梳理道教的历史，是着眼于道教与社会、政治的关系，是从宏观的社会层面来看问题，容易把道教的实质内容放在次要的地位甚至被忽略。就实质而言，常盘大定的这种划分方法，是把道教视为一种地地道道的宗教，而且有意无意地以西方基督教的发展史为模板来看待道教的发展。前面我们已经说过，道教即使是宗教，也不是基督教那样的宗教，它的特点是那些以基督教为模板建立起来的宗教学理论所不能给予圆满解释的。

道教的产生首先是术，其次才是援道入术和道与术的相互适应与整合。视道教的术"杂而多端"的说法是就道教的总体而言的。深入分析之后就会发现，问题没有这么简单。从术的演变来看，道教早期的术大多来源于巫术、方术，但被道教吸收进来之后，一方面它们所蕴含的思想成分丰富和发展了道教的思想理论，另一方面它们自身根据道教已有的思想理论，尤其是成仙得道的宗旨对其进行了逐步的改造。根据对道的诠释的不同，在道教发展的不同历史时期，对术的选择有所不同。有的术被淘汰出局，有的术被改造，有时又把本已被淘汰出局的术重新捡回来。对术的选择和术的组合的不同，形成了道教不同的宗派。同时，不同宗派往往根据自己对道的诠释而创造了一些新术。前面已经说过，道教的实质内容，就是以术得道，道进乎术。从道与术的关系来看待道教的发展历史，既可以从内在的层次梳理道教的义理思想的发展，也可以从外在的层次来弄清道教与社会、政治的关系，还可以由此看清楚道教之所以不断地进行着分宗立派和派系整合、分久必合、合久必分、分分合合的真正原因。道与术之间的张力，是道教在宗派分化整合之中不断发展的动力，同时这种张力在特定历史条件下所许可的限度，也规定了道教发展的总体面貌，而且是道教走向衰落的真正原因，或许还是道教以新的面目卷土重来、东山再起的原因。这样内外结合对道教的历史做出分期，或许会更加圆满一些。本着这一划分法，我们把道教的历史划分为如下几个阶段：

众术并竞的阶段，两汉时期。两汉之交，"仙"的观念兴盛，炼丹、符水、咒语等多种方术已经比较盛行。东汉经过短期的兴盛之后，迅速走向衰败。由政治腐败而引起的社会动乱和军事斗争，导致民不聊生，加之自然灾害频仍，老百姓生活在水深火热之中，生命轻于鸿毛，死亡人数众多，社会总人口出现了比较大的下降。在这种情况下，于身，符水治病之术盛行起来；于国，清静无为而求天下太平的王道之术的使用成为大部分人的希望。以这两种术的联结为主体，催生了最原始的道教团体和组织，产生了最初的道教经典，一部分术所蕴含的思想得到了发掘。但总体来说，此时的经典，基本上只是术的铺陈，缺少道的渗入。这期间，由于黄巾大暴动的失败，统治者对道教进行了严酷的镇压。道教可谓生存维艰，但其生机不绝如缕，并开始由民间转入上层社会。

众术杂糅、援道入术的阶段，魏晋至南北朝时期。承继前一时期，此时的道教所包笼的术，除了符水治病、平治天下之术外，又纳入了不少术。而且，这些术所蕴含的思想以及术与术之间的关联关系，得到了道教学者们的关注，让他们有了更多的思考。外丹正式成为道术。为了让道教摆脱处于政治异端而生存艰难的状况，一些居于社会上层的道教人士努力对道教进行改造，试图使之脱去来自民间的政治反叛者的外衣，而与现实政治比较一致，争取生存的权利，进而希图得到统治者的重视，让道教的王道政治之术求得施展的舞台。此时，从印度传入中国的佛教开始产生比较大的影响，作为一个重要因素，威胁着道教的生存，迫使道教做出两个方面的回应。一方面是不得不援道入术和发掘术的思想意涵，试图把各种看似互不相关的术连缀起来，给予理论上的解释，产生了一大批道教经典、书籍，出现了道教的知识体系，道教从有术无道变为重术轻道。另一方面是强化神道设教，模仿佛教建筑道观，塑造神像，建立把信道者凝聚起来的紧密的教团组织，发掘传统文化中原始宗教、巫术、方术、民间宗教、上层社会中的礼节仪式等方面的内容，袭仿佛教的法仪，建立有自己特色的戒、律和斋、醮等科仪，增强教徒的向心力和凝聚力，促进与此相关的术的文化义理积淀的发掘。这是道教发生第一次大转变的时期，即从民间道教向官方道教、神仙道教转变。

道、术结合的阶段，隋至唐代中期。这一时期，道教在道与术两个方面都得到了巨大的发展。在佛教得到了中国人的初步接纳，经典翻译比较多之后，佛教开始摆脱用老庄道家思想进行格义的阶段，其本来的面目凸显出来，其精深高远的思辨得到了人们的承认。这对以术为主而又不得不在社会政治生活中与佛教争决高下的道教是一个很严重的挑战。道教不得不以《老子》思想为基点，借助《庄子》，以玄学为中介，吸纳佛教的概念、范畴和思辨方法，对其加以改造后用以充实和丰富自己。这一时期对道的阐释，主要是以对《老子》的"玄之又玄"进行阐发的重玄思辨方法及其运用来进行的。隋代末年和初唐，道教在帮助李渊反隋夺取政权和李世民玄武门政变争权两件大事上立下了功劳，加之老子本姓李而与李唐家族同姓，道教遂被作为国教而获得了官方意识形态的地位。道教的神道设教、王道之术因而大为兴盛。这一时期，外丹烧炼承接魏晋以来的服食之风继续得到了很大发展，其理论得到了系统探讨，大体上可以称之为外丹学。这一时期，是道教史上最为光彩夺目的阶段之一。

道、术汇聚的阶段，晚唐至北宋。安史之乱后，与李唐王朝由盛入衰相适应，道教在政治和社会生活中，虽然仍维持着作为官方意识形态的地位，但已经略有下降。这一时期，受政治失范、社会失序的影响，在道的阐释方面，皇道之宗取得了与重玄之宗并驾齐驱的地位，并比前一阶段有更多的思想活力。重玄之宗、皇道之宗和无为之宗之间的相互渗透大大增多。在术的方面，斋醮祈禳等神道设教之术由于政治离乱而失势。因为服食金丹而导致中毒、死亡的事例不断增多，加之社会心理转向内敛，外丹术明显由盛转衰。内修之术逐渐得到重视并转变成内丹术。一批道教理论家通过努力建构了内丹术的理论体系，使之逐步成熟而显露出取代此前外丹术优势地位的趋势。内丹术深刻影响了道教理论的发展，使得道教关注的重心由外在的天道自然向心性义理方面转化。经过一批道教学者们的努力，道教诸术之间的联系变得紧密了，道与术之间初步达到了融合。五代十国的战乱，对道教的教团组织和经典文献方面造成了比较大的损失。好在五代十国历时不算太长，道教在北宋同样被视为官方意识形态而得到了推崇，道教的神道设教之术继续得以发展。此一时期，还有两件在道教史上不能忽略的大事。一是《道藏》的编撰，产生了《大宋天宫宝藏》和其节缩本《云笈七签》。二是涌现了一大批道教理论家，如杜光庭、陆希声、无能子，以及钟吕—陈抟学派的钟离权、吕洞宾、施肩吾、陈抟、谭峭、刘海蟾、张无梦、陈景元等。这些道教理论家的工作使道教理论变得光彩夺目，为下一阶段道与术的圆融奠定了坚实的基础，并深刻地影响了宋明理学，是宋明理学的重要思想渊源。他们还对此后的文学艺术等方面产生了比较大的影响。这是道教史上一个承上启下，介乎道教发展的两个高峰时期的中间阶段，它既承上总结了前一个道教高峰时期的成果，又开启了下一个道教高峰时期，具有明显的过渡时期的特点。这是道教发生第二次重大转变的时期，即从外丹道教向内丹道教转变。

道、术圆融的阶段，南宋至明代中期。这一时期，道的阐释更富有形而上的玄理韵味，有明显的向老庄道家复归的色彩。当然，这种复归不是简单的重复，而是否定之否定的提升。这一时期，程朱理学，尤其是吸纳融汇了不少道家、道教思想精华的朱熹哲学，在南宋末年以后地位逐渐升高而成为官方意识形态。受其影响，道教学者们的理论成果几乎达到了专业哲学家的水平，道教理论达到了巅峰，对道的阐释完全成熟。在术的方面，外丹术继续衰落，内丹术仍然占据道术的主流地位。王道之术向伦理学方面转化，以北宋时期产生的《太上感应篇》为代表的一大批道教劝善书纷纷涌现并广泛流传，产生了越来越大的影响。符箓斋醮等神道设教之术，在一段时间失势之后，因天师道—正一道一系在元代受到重视，并适应内丹学鼎盛的情况，有了明显的变化而得到一定的发展。总之，在术的方面，这一时期最主要的特点是因应新的政治、社会形势进行整合与深化。在这一过程中，由于对修道之术的系统的选择、改造的不同，产生了不少新的道教宗派、派系，这些宗派、派系在生存实践中为历史所选择、淘汰，或合并，或分化，或消失。这一时期，道教各派的理论、教义之间的差异，由于相互之间密切的交流、较多的汲取而缩小，各派之间虽然在理论上的争论很少，但是在修习方术上却互有贬斥。南宋时期出现的神霄派、清微派和龙虎宗等符箓派都很重视内丹修炼，强调内丹修炼是行法的基础，符箓祈禳必须与内丹修炼结合起来。以内丹修炼为主的全真道道士也兼习符箓祈禳的法术。这种互相汲取推进了元代晚期之后道教的融合，是各派逐渐合并为正一和全真两大宗派的原因之一。道教知识体系也因之完成了重构和整合。这一时期，道教文学艺术得到了比较大的发展。道教在民间普及的程度超过了此前任何时期。

循道化术的阶段，明代中期以后。对道的阐释，如果没有比较长时间的积累和思考，就难以在短时间之内有新的突破。由于前一阶段对道的阐释的程度已达到了巅峰，因而这一时期对道的阐释，基本上是因循前人，没有明显的创新，在义理方面则紧密联系术的情况做了一些归纳、综合和条理化的工作，只偶尔有一些智慧的火花爆发出来。在术的方面，道教在此前已经把中国古代几乎所有的方技、术数等都纳入了自己的囊中，创制新术的可能性也不大了。剩下能做的就是对各种术进行精致、深入的研究和熟练的运用。

明代中期之后，理性主义思潮日益高涨，符箓斋醮等已经不太符合人们的心理特点了，专注于符箓斋醮的正一道日益没落下去，注重清修的全真道还有一定的发展潜力，但人们看重它的也只是内丹修炼这些比较符合科学的方面。内丹术渗透到武术、中医药等领域中去，与它们结合起来而得到了发展。明末政治动乱，严重打乱了中国社会本该有的向商品经济社会过渡的进程。一段时间，清政府靠主张符箓斋醮的正一道收化人心，但因它与社会的理性思潮背道而驰而效果不佳，导致其地位每况愈下，到嘉庆年间被完全赶出朝廷，道教从此与政治隔绝，从官方宗教再次变为民间宗教。与此同时，因明末清初，道教容纳了一批反清复明之士，由此而使民间道教得到了一定的发展，但旋即在遭受清廷的残忍镇压后沉寂下去。嘉庆以后，清代政治腐败，清王朝由盛入衰，深受道教影响的民间宗教被作为民众起事的宣传组织工具，这使道教重现汉魏晋时期其作为政治反叛者角色的情况。全真道在这一时期出现了陆西星、伍冲虚、柳华阳、黄元吉、傅金铨、李涵虚、刘一明等一批有影响的高道，他们较为系统地总结了此前内丹术修炼的经验和研究的成果，为内丹术的学理化、条理化、系统化、公开化做出了重大的贡献，促成了道与内丹术的进一步融合，严格意义上的内丹学因此而定型和成熟。但站在道教史的高度来看，他们为道教发展做出的独特贡献并不算太多。这一时期，正一道与全真道在行法上相互融合，两者之间已经几无差别，做功德、行香火成为道士谋生的手段，道士逐渐变成了一种职业。从政治、社会角度来看，道教可谓每况愈下，在这个阶段的后期显得气数将尽。

如此说来，道教是不是将会完全死亡呢？应该说不会。有没有复兴的可能呢？这不仅取决于道教界在对道的阐释上能否因应西方哲学的挑战而符合现代中国人的精神需要，还取决于道教界对自己的术的改造。一部分与科学完全违背，纯粹是愚弄人的迷信方术只能抛弃；另一部分与科学比较符合的术显然只能汇入相关的科学技术、学科中。对那些现在的科学技术仍然不能判断真伪对错，不能轻易否定的术，可以本着科学的精神加以发展。有些术，如王道之术、伦理之术，其中有一些精粹，例如对生态环境重视的伦理思想，可以与现代社会的情况结合，通过改造使其得到生存和发展。进一步要做的工作就是如何把对道的新的阐释和对术的使用统合起来，使得形而上的道能够落实到形而下的普通人的日常生活中去，使人的生存活动具有独特的意义和价值，给紧张的心理以舒缓，给伤痛的心灵以慰藉，为人提供信仰，建构精神世界，提升精神境界，让人在自然界和社会生活中获得更大的自由。总体而言，道教要复兴，就必须来一个整体性的根本改造。这不能不说是一个艰巨繁难的系统工程。

从上述的简要概括可以看出，术的整合、道术关系的调整在道教发展的历史上是一个动态的过程。汉代是众术并竟，有术无道；魏晋南北朝是援道入术，重术轻道；隋代至中唐是重道轻术，道术结合；晚唐至北宋时期是术的调整，道术汇聚；南宋至明代中期是道术圆融；明代中期至清代是循道化术；清代以后是诠道改术。道教在历史上发生的几次重大转变，都是在修道途径，即道术系统上的转变，道教的内在本质和总体状况并没有改变。就道与术两个方面来说，主要是术的转变，对道的诠释则没有根本性的改变，变化是局部的，或者说，主要是在语言表述形式上。

第四节 从道、术关系看道教的宗教性特质

关于宗教的理论解释，世俗化理论把它看成是排他性的、非理性的、错谬的、有害的、正在走向消亡的信仰。这种理论已经被越来越多的人认为是错误的，正在淡出学术舞台。社会学理论把宗教视为非营利的民间法人组织，诚然不错，不过只关注了宗教外在的社会性层面。经济学理论即市场化理论把宗教视为为信徒提供有用消费品的体系。这一理论是对当代宗教社会性的一种解析，有其合理性，但在这一理论中，信徒只是被动接受教会的影响。显然，它忽略了信徒对教会的影响，忽略了宗教的内在意义，也有弊端。我们认为，一个完整而成熟的宗教，从文化的角度来看，可以把其内涵分为信仰与哲理、教义与知识体系、技术三个层次。它们如以中国传统概念来表达，分别对应于道、学、术。本节基于术、学、道的三维互动关系而以道教为例，把宗教视为一个在环境中生存的自组织体系，具有自立性、动态性和开放性。

术即技术，是人通过实践而达到特定目的的操作手段、方法、途径、技巧。它源于巫术，在文明开化后转化为方术，在道教产生后经宗教的改造而演变成为道术。韦伯理论的核心观点是宗教因与巫术脱离而实现神与世界、宗教与世界的统一。这对解释道教基本上是行不通的。一种宗教中往往存在着很多的术。这些术可以根据不同的分类标准进行分类。例如，根据术趋近于宗教的终极信仰目标的程度，可以把道教的术分为养生术、神仙术、自然

之术、教团科仪之术、伦理之术、王道政治之术等六种①。段玉明则根据宗教对社会的渗透的程度把宗教的术分为仪式技术、营造技术、时间技术、叙事技术、记忆技术、关爱技术、组织技术等②。

术的组合型构中既有理性化的内容，也有非理性的内容。"道意""道性""真道"，以"理""气"解释道，均是道教理性化的表现。理性与非理性的交融能导致宗教自我革新，进而引领社会前进。在统一的社会政治、经济结构遭到破坏时，如欧洲的中世纪和金元初期全真道兴起的华北地区，宗教亦具有建构社会的功能。

术既具有外向性，也具有内向性。术在其内向性上可以保持宗教本有的人文理性。它的外向性则具有科学理性、经济理性和政治理性。术的程序性、实证性、可重复性就是科学理性的基本内容。使用同一类型的术的人往往组合为群体。术的同型化是个体间发生关联而组合为教团、教派等群体的内在原因。术的使用往往具有功利目的性。术在社会中因使用者的生存而具有经济性、社会性，术的使用者群体因经济、社会的关联而具有政治性。当然，宗教的政治理性除了来源于宗教信仰者的社会性，也可以来源于宗教内在的术、学、道的内容。例如，在中世纪的欧洲，基督教与很多国家的政治直接融合为一，即政教合一。再如，道教因术的实践修炼而对个体及其自由的强调与重视，奠定了它具有与现代西方法治意义上的代议制民主政治相沟通的坚实基础。

学与道的内涵，前已述及。术、学、道作为宗教的文化内容，决定了宗教的文化特质和在民族文化、世界文化等不同层次的文化系统中自我生存、自我发展的基本能力——自立性——宗教独立于其他文化组织、其他文化活动和行为方式。自立性高的宗教，自身的行为很少受到外界势力的影响并能形成内部行之有效的行为规范。宗教活动受到这些规范的制约，从而有利于实现自己的文化目标。自立性高的宗教往往能发展，反之则衰退。提高自立性的条件是搞好宗教戒律建设，提高教职人员素质，搞好修道院、寺庙、宫观等的管理，通过为信徒提供服务而增强经济上的自养能力。

术、学、道的双向互动关系及社会环境对它们的影响决定了宗教在历史

---

① 孔令宏：《道、学、术：道教史研究的新视角》，《文史哲》2006 年第 3 期，第 64 页。

② 段玉明：《中国宗教学应加强宗教实践技术的研究》，《云南社会科学》2007 年第 3 期，第 101－105 页。

长河中的阶段性形态。根据理想类型在不同社会环境中的适应性表现的不同，可以对宗教发展史进行分期。以道教为例，它的三次大变革，即魏晋南北朝时期、金元时期和近现代以来，都伴随着术、学、道关系在当时社会背景中的三次大调整、大转型。这种调整、转型反映了一种宗教内部术、学、道的相互适应及该宗教对社会变化的适应性，而宗教的适应性则与其开放性紧密相关。

术、学、道在双向互动关系中因对传统的继承而体现出文化性，由此可以解释民族文化的同一性。这种同一性首先来源于宗教初创时期所用的特定的民族语言。语言决定思想在很大程度上是能够成立的。以特定语言来表达的思想在对一种宗教的术、学、道进行解释时，必然表现出民族文化的同一性。例如，道教以汉字为基础的文字——文书信仰及其实践技术，是道教与用汉字的汉民族文化具有高度同一性的重要原因之一。

不过，这种同一性并非铁板一块。这是因为以民族语言进行思想解释时，术、学、道对传统的继承程度有所不同。一般说来，术因其鲜明的实践性而与传统思想的关联较松，思想对它的黏附力较弱，因而术具有比较强的开放性。道因其鲜明的抽象性，同样与传统思想的关联较松，往往可以对它做出不同的思想解释，所以也具有较强的开放性，不过与传统思想吻合程度较高的解释往往能够为传统影响所及地区的人所接受而形成较大反响。学作为知识体系，一是来源于术与术之间关联的思想解释，二是来源于术与道的交融。这二者均以思想解释为主，因而学受传统思想的影响较术与道为大，对传统的继承比术与道多，因而较多地表现出与民族文化的同一性。不过，由于术与道均有开放性的成分，因而学同样具有开放性的内容。一种宗教的开放性内容的存在使得它能适应时代的变革而实现自我更新，尤其是能与异质文化相沟通、交融，开放性内容较多的宗教往往容易演变为世界性宗教。

术、学、道在一种宗教中的比重或地位形成了宗教的一些总体特征。有的宗教，术的内容较多，在宗教中占据比较重要的地位，如道教，这样的宗教往往比较重视实践。一般而言，实践往往以个体经较长时间的操作性活动而积累起来的经验技能为特征。这样的经验性技能多具有只可意会难以言说的特征。这样一来，以实践为本的宗教多不注重言语性表达及其传播，而且术通常具有很强的实证性，有的术不但不能提高宗教信仰的吸引力，反而会起反作用，甚至会从宗教中独立出去。另外，个体的经验性技能在社会心理上往往具有私密性，在社会经济层面上具有功利目的性，拥有技能的人往往不愿意轻易把自己的技能毫无保留地传授给别人，显得较为封闭、保守。这就使得注重实践的宗教在传播方面往往不如别的宗教那样成功。有的宗教，道的内容较多，如佛教，这样的宗教往往是一种言说性的宗教，无私利性的公开传播较易实现。这样的宗教往往很注重用言语来打动人，从而在宗教传播上取得了较大成功。再则，这样的宗教往往因其注重思想和言语传播而转化为有较强吸引力的信仰，进而推动宗教传播的成功。

术、学、道的关联关系的紧密程度在不同宗教中有不同的表现。道教的术、学、道的关联关系比较紧密而内敛为一个具有鲜明文化特色的整体。这就使得类似这样的宗教具有较强的排他性，不易吸收异质文化而促使自己的内在结构与义理体系发生重大变化。有的宗教，术与道之间的关联关系比较松，如佛教，在世俗性的佛教和佛学之间有巨大的差异。这样的宗教容易受异质文化的影响而发生变异，有较大的开放性，容易成为世界性宗教。

术、学、道在宗教内的存在形态直接影响到宗教的开放程度，而宗教的开放程度则直接关涉到它能否渗透到社会各领域而从社会环境中获取生存资源的能力。能力强时，该宗教往往就是一种强势宗教。但一种宗教一旦占据社会优势地位到自我满足时，往往会向相反方向转化，即趋于保守。反之，一种宗教因过于保守而难于从社会环境中获取生存资源时，往往被迫自我开放，自我革新，形成众多新教派，然后经历教派竞争、统合而趋于统一。

总之，术、学、道的关联影响到宗教的基本存在形态。以道教为例，金末元初，全真道较好地调和了三者的关系，因而在自立性、动态性两方面都展现出很好的形态。但因其在开放性相关方面调理得不够，没有抓住元代政权扩张到多民族地区的大好形势而把道教从传统的以汉民族为主体的地区迅速传播、扩展到其他此前不属于中国的地区，这使得道教痛失了一次转变为世界性宗教的大好时机。近代以来，在西方文化的强烈冲击下，中国发生了剧烈的社会震荡和巨大文化转型。如何应对并增强适应环境的能力，是关系到道教生死存亡的大问题。道教以此迈向现代的努力起源于清代王常月《龙门心法》对全真道教义的新诠释。它成功地营造了龙门中兴的良好局面，可惜其尚未与西方文明相交接。陈撄宁把道教与科学相联结而建构了仙学，虽然应者乏人，但有合理意义。不过，缺乏与民主政治的联结是其重大缺陷。"中华民国"初期，北方以全真道为主的道教会《宣言书》，稍后南方由正一道张天师组织的"中华民国道教总会"旨在促使道教向现代转型的努力，均因缺乏广泛的响应和务实的践履而告落空。陈撄宁在 1947 年为上海道教会起草的《复兴道教计划书》主张要从"讲经、道学研究、报刊、图书、道书、救济、修养、农林、科仪"九个方面努力复兴道教。其中的"农林"显然是关注到经济的体现。道教在近现代以来的自我调整转型速度迟缓，原因是多方面的。内在原因之一是它以术为底蕴，是一种以实践为本的滞重体系，不如佛教作为一种言说性宗教那样空灵而易于传播，其信仰的诱惑力不甚大，不易吸引高级知识分子入道，也不易引导道门中人去关注社会发展态势、新兴思潮，而其本有的术、学、道，因其鲜明的独特性而与西方文化有巨大的鸿沟，短时期内确实难以衔接、沟通。以术为本注重实证性、功利性的体系，当遇到另外一个实证性、功利性更强的体系，即从西方传来的近代科学技术时，很难有所作为。外在原因之一是它在这一时期生存资源贫乏，力量弱小，作为一个整体应该有的自立性匮乏，受到政治的强烈干预，缺乏动力去在新的时代条件下发展本有的王道之术。此外，从适应性来说，这一时期中国的社会、文化环境发生了巨大的变化，道教却没有主动地把自己的教会组织和宗教教义积极地、广泛地渗透到社会的各个层次和领域，没有在教外社会形成巨大反响。在西方科学盛行的时代潮流下，道教在回应科学的挑战方面做得还不够——虽然陈撄宁提倡仙学，但在教内的反响并不太强烈——这与太虚提倡"人间佛教"后在佛教内的强烈反响有巨大的反差。本有的术、学的一部分在现代学术分科越来越细的时代潮流下纷纷从道教中分化出来，如音乐、武术、医药和养生保健等。道的阐释也面临着西方哲学和外来宗教信仰的强有力的挑战。不过，应该指出的是，道教在美国、加拿大、新加坡等东南亚国家、意大利、法国、比利时、德国等的宫观建设和道教协会的建立，是以 21 世纪以来"现代新道家""新道学"的建构为端倪，道教学者们的努力从侧面映衬出，透过自我调整，道教有可能转变为世界性宗教，重新引领社会前进。

总之，通过术、学、道的双向互动关系，我们力图把宗教的内在层面和外在层面打通，由内而外，内外交融，由此可对宗教进行更为全面、合理的解释，因其综合性，或可称之为文化学解释。

第五节　从道、术关系看道学与中国传统文化

我们把道家与道教合称为道学。道学道与术的关系可以从纵向与横向两

个方面来考察。

术最早的源头是原始社会盛行的巫术。文明开化之后，巫术转化为方术。道教形成后，把术与道相结合，方术转化为道术。由巫术而方术而道术，是术在中国文化中大致的发展历程。在这过程中，撇开巫术是受文明的冲击而转变成方术不谈，方术转变成道术则首先是术攀附道，其次是道改造、统御术。在术与道之间，道始终占据主导地位。

就道的方面来看，由老庄道家到战国中晚期至汉代的稷下、黄老道家，接着到魏晋玄学，再到唐代开始的道教哲学，是道家、道教哲学大致的发展历程。这一历程中，它们与术的关系时近时远。老庄道家与术的关系比较远，稷下、黄老道家则比较近，魏晋玄学与术的关系比较远，唐代开始的道教哲学与术的关系又很近。但是，对道这一本源和本体范畴的种种阐释，始终没有脱离其本义"道路"的含义，被人们从用的角度来理解，术始终是道的诠释背景，这是这一历程各个阶段的共同特点。

从横向来看，六类术与道的关系有近有远。养生术、神仙术与道的关系比较密切，因为它们需要用道来论证必要性、可能性。王道政治之术与道的关系也比较密切，这是因为，根据天人合一的观念，社会秩序的建构得根据、遵循天道。自然之术、教团科仪之术、伦理之术与道的关系就疏远一些。不过，到道术汇聚进而圆融以后，教团科仪之术和伦理之术也受道的统御而被改造，从而与道的关系也变得密切了。自然之术是对身外之物的认识与操作，很难与道结合，所以它是六类术中最不为道教所重视的术，在历史发展中基本上是依附于其他术而存在。不过，道教哲学对道与物的关系探讨较多，从这里不难寻绎出它与道的联系。

从纵、横两个方面对道与术的关系的考察可知，道教并不是一种严整意义上的统一的宗教。毋宁说，它是一个多种文化要素的混合体，是中国传统文化的三大组成部分之一。

这首先可以从道教是多种文化要素的聚合体来看。这表现在，它是汉族文化与少数民族文化、主流文化与次生文化、共同文化与区域文化的融合体。道教的形成与齐文化有关。齐人是古代西北氐、羌族的后裔。道教的形成也与巴蜀文化有关。张陵在巴蜀创立五斗米道时，当时的居民多是一些少数民族。张陵为此吸收了西南少数民族原始宗教的一些观念、习俗、巫术。魏晋南北朝时期，一些少数民族也对道教的发展做出了贡献。北魏推崇道教，北魏拓跋氏就是鲜卑族。此外，前秦氐族、后秦羌族也信奉道教①。这说明，道教并不纯粹是汉文化孕育的结果，中国的一些少数民族对道教的孕育也做出了贡献。此后，道教主要为汉族所信奉和发展，但一些少数民族也不同程度地信奉道教并对道教的发展做出了贡献。中国传统文化中除了儒、道、佛等主流文化外，还有多种次生文化。道教其实也是由次生文化逐渐提升文化品位而成功地转化成为主流文化的。但并不是所有次生文化都这样幸运，法教就是例子之一。法教产生于唐代中期以后，具有地域性、功利性、民族性等特点。其主体内容是巫术，但在道教、佛教、儒家，主要是道教的影响下，向宗教转化，但并不彻底。原因在于，法师们生存于各个地区的社会底层，文化程度不高，使用法术的主要目的是谋生，缺乏对法教进行文化升华的动力，法师之间缺乏跨地域的广泛的、紧密的联系，难以形成有凝聚力的团体。作为存在于民间基层的弥散性信仰，法教难以吸引知识分子加入。法教与道教同源，甚至基本同流——因吸收道教内容而具有基本相同的思想性框架，只是文明化、宗教化程度比道教略低②。类似法教这样的"类道教"次主文化还不少。道教还是地域文化与共同文化的凝聚体。道教本是多个地域文化凝聚而成的，它的宗派在不同地域往往保留了当地文化的特点，这在正一道中表现得很突出。

　　这还可以从精英文化（雅文化）与大众文化（俗文化）的关系来看。就总体而言，中国传统文化是一种精英文化。儒家是典型的士大夫精英文化。佛教既是一种精英文化，又是一种大众文化，两个层次泾渭分明，有天壤之别。道教则不然。相对来说，在儒、佛、道三教中，它把精英文化和大众文化统一得最好。这是因为道教的内容由术与道两个方面构成，术是道存在的基础和背景，决定了道的存在的可能形态和诠释的可能范围；道是术的提炼、概括与抽象，是术的修炼的义理指导。道与术相辅相成，不可分离。术起源于民间，也主要在民间运用。这决定了术主要是一种大众文化。与术相对的道，只能由具有一定知识文化水平、掌握话语权力的知识分子（往往依托于政治力量）来发掘、掌握、传播。术与道的关系的调整，固然有术影响了对

① 向达：《南诏史略论——南诏史上若干问题的试探》，《历史研究》1954年第2期，第16－20页。

② 孔令宏：《梅山教与道教的关系——兼论道教的扩展研究》，《广州大学学报》（社会科学版）2018年第6期，第72页。

道的诠释的方面，但占据主导地位的方面仍然是道对术的影响。这决定了道主要是一种精英文化。这两个方面说明，术与道之间密切的关系决定了道教能够把精英文化和大众文化比较完美地统一起来。由此可以明白，研究中国传统文化，如果不是仅仅局限于精英文化而力图整体地研究它的话，从研究道教着眼是一个很好的选择。

由于精英文化往往与政治有千丝万缕的联系，所以，研究精英文化与大众文化的关系，不能忽略每一个历史时期道教之术的思想意涵对政治意涵的影响，后者对前者的影响，以及道教之术在政治活动中所表现出来的政治文化理念对其他社会文化领域的影响。

从道与术的关系可以看出，道教的实用理性非常发达。这可以从中国传统文化的大背景中来考察。实用理性的发达是中国传统文化的突出特点。佛教偏重于心理平衡与精神超越；儒家则以"六合之外，圣人存而不论"为信念，把自己限制于伦理政治的范围之内。与此不同，道教向信奉者承诺的是实际的结果与具体的收获，因为它有借助药物以改善身体素质等各种提高生理机能和心理素质的术；有思神通神的仪式可以缓解心理的紧张，减少心灵的痛苦；等等。在儒、道、佛三教中，相对而言，道教的实用理性最为发达。这仍然可以从道与术的关系来看。术的内涵已经说明，它是得道的工具，不是目的。术的选择、改革、创造、使用的目的，都是为了得道。以道统术同样是为了得道。术的使用目的非常明确，所以道教重视对术的功能的研究，由此它们弄清了各种术的局限性，提出了众术合修的主张，把不同的术运用于修道的不同阶段，在每一个阶段又根据修道的需要，以一种术为主，用其余的术来弥补主术的不足，共同发挥作用，力图事半功倍地迅速趋近于修道的目的。术的功能就是术对于达到修道目的的功效，所以道教非常重视在以术修道的不同阶段的功效的证验。实用理性可谓道教思维方式的骨髓。

从道与术的关系可以发现，道教是多种文化要素的集合体，是中国传统文化中非常具有典型意义的一部分。目前，学者们在研究中国传统文化时，往往只关注从百家争鸣到儒家定于一尊的过程，却忽略了在先秦诸子之前和作为先秦诸子之学的背景的术。术上承原始文化，下启阴阳五行家和道家，流衍而入道教。道教是多种实用文化的载体。道教来源于各种各样的民间信仰，吸纳了各个不同历史时期被人们信仰的神灵，能够满足大多数人的特点和要求，对中国乃至东亚古代的思想、信仰、伦理等文化要素具有独特的批判性、创造性的整合与发展。它在近两千年的历史长河中，在社会认同、群体整合、行为规范、心理平衡、情操陶冶等方面发挥了重要的作用。道教是多种实用文化和思想观念的载体。研究中国和东亚的传统文化，不能不研究道教。

从道与术的关系可以看出，从百家争鸣到儒学定于一尊，只是中国传统文化发展的一条线索。以术数方技为代表，上承原始思维，下启道家、阴阳家和道教文化，是中国文化发展的另一条线索。而且，如果我们不把关注的重心放在精英文化层次上，则后者是更重要的线索。因为后者在一般民众中影响更广泛、更深刻。

由于道教是多种文化要素的集合体，所以，对它的研究，不能简单化，也不能仅采用一种研究方法。近代以来，学者们震撼于科学技术对物质文明的卓越贡献，习惯于用科学技术所蕴含的实证论思想来看待传统文化，这导致把道教视为宗教甚至贬低为迷信。应该说，用实证论的理性分析方法来研究道教，这在一定范围之内是可以的，但不能作为唯一的研究方法。对斋醮科仪、符箓祈禳、招神劾鬼、祭炼度亡、堪舆星相等这些法术，显然不能单纯用实证论的方法来进行研究，确切地说，它们不在实证论研究方法的适用范围内，而是在人类学、文化学、历史学研究方法的适用范围。所以，对道教的研究，应该从多个角度出发，多种方法并用。

此外，从道与术的关系可以发现，道教作为多种文化要素的集合体，在不同历史阶段的具体形态，尤其是其学的形态是不同的。后人对它的结构化、一体化追寻的效度是有边界的。这种边界只能从每一历史时期道与术的双向互动关系中去动态地把握。

第二章
道教的思想渊源

第一节　巫术、方术与道家的产生

　　道教是道与术的结合体。从历史发生的事实来看，在道与术二者之间，是先有术后有道，道是从术中概括出来的。

　　最早的术是巫术。在原始社会，曾经有一段时间，每个人都可以自己行使巫术，后来才出现了专职的巫。到了阶级出现，氏族内部发生分化，巫于是开始与政治权力相结合。古籍中所谓的"绝地天通"，实际上是政治力量对巫的权力的垄断。夏、商、周三代文化以巫术为核心。周王朝建立后，崇尚礼制，盛倡敬天保民，使得天帝信仰趋于人格化，巫、祝等神职人员的地位因之下降。平王东迁之后，诸侯割据称雄，大国争霸不断，社会动荡，繁重的人事压力迫使统治者不可能如从前一样专意于鬼神之事，使得巫祝、巫卜等神职阶层发生分化，主要是向两个方向：一是仍然保留巫职，在朝野活动；一是向史官方向发展。

　　保留巫职，在朝野活动的巫，随着文明的开化，从春秋晚期开始，其中的一部分衍变为方士，如周灵王时的苌弘、扁鹊等。他们的活动使得在燕齐秦汉即已流行多种多样的方术。他们把巫术转化为既有行为也有思想的操作系统，并增加了由观察、归纳、试验等步骤构成的效果分析、检验的程序。但方术只是侧重于发展与自然界、与生命直接相关的方面，而把社会历史领域所需要关心的人伦政治问题交给了由史官文化发展起来的道、儒、墨、法、兵等学派①。由巫术而方术，是一个理性化、知识化的过程。经过理性化、知识化的洗礼后，术的合理性、有效性更强了，而且有了更加细致的分工，包括对自然、社会和个体的人。方士主要是在朝廷任职。方士之外的另一部分巫，即在民间担任巫师之职的巫，从夏、商、周三代到秦、汉仍然广泛存在于全国各地。这类民间巫师不像官巫那么地位显赫，但影响却广泛得多，而且由于与日常生活紧密结合，对于民众精神生活的影响、支配的力度要比官巫大得多。《山海经》记载了许多有名的巫师。汉代应劭的《风俗通义》、王充的《论衡》都谈到，当时的民间巫术，种类十分繁多，其功能涉及辟邪鬼、御凶灾、测祸福等方面，几乎涉及衣、食、住、行、生、老、病、死等各个领域。汉代以后，历代都有各种类型的巫术书籍，如《日书》《梦书》《占卜》等出现，但像《山海经》这样的综合性巫书在汉代以后再也没有出现过，这说明随着文明程度的不断提高，巫被人们重视的程度逐渐降低了。

巫术是原始社会的人们用以消除外在世界与人之间隔阂和对立的操作系统之一。它建立在具有鲜明泛灵论色彩的原始信仰之上，通过特定的语言和动作以及二者结合的形式系统表达人们的意愿，希图让自然、神灵的意志符合人们的需要。它没有神话那样简洁明快的诗意逻辑，而是诉诸繁复的仪式。它不像宗教那样诉诸特定的终极关怀，而是直接诉诸有限的实用性操作，其中较为重要的是占卜。这就是说，它包括了超越性的观念与实用性的技术两个有紧密联系的方面。前者是对未知世界的想象性把握，一方面，它虽不是客观真理和行之有效的科学（广义）的认识，却为获取科学知识提供了先行的观念引导；另一方面，它为人们突破困境现状指出了想象中的目标，增强了人们的自信心。就此而言，巫对人的行为合乎神性的论证与对神的力量的调遣，关系到人的实践及与此相关的自我意识。巫术当然不可能改善技术操作，但却使人度过了精神危机，为后面的技术改进提供了自我意识前提。因此，巫术在其信仰狂迷性消失后，这种超越性观念就转化为形上学，即哲学的本体论部分，这可由本为卜筮之书的《周易》转变为哲学之书的事实得到印证。正如康德所说，永远超前、不可知性认识的本体，为有限现象界经验的不断扩展提供了认识论的导引焦点；而作为积极价值的"本体"，不仅可以强化作为统觉之源的自我意识，而且提供了实践动力。后者是因生产技术

---

① 其中，道家与术的关系，本来就比其他学派密切，但它与术发生紧密联系是从稷下道家开始的，这在汉代产生的道教那里表现得比较突出。

的局限和困境而产生的。这种由想象引导的实用性操作是否应验关系到巫师的切身利益甚至于生死，这迫使巫师不得不深入研究与生产有关的一切规律性现象并用文字记录下来，突破一人一事的时空范围而把观察经验加以整理、分析、综合、抽象。诚如弗雷泽所说，巫术是科学的近亲，其中对规律的客观有效的研究成为前科学，而那些脱离客观规律的臆想部分则仍停留于巫术①。此外，"巫术对人的巨大强制力量，以及人在参与巫术时对禁忌规范的高度自律遵循，在此后除转化为宗教外，同时也给伦理道德留下了重要的遗产。而卜辞文字记录的传统，则衍生为历史学"②。综合这两个方面来看，巫术在观念上必然要被更为精致的宗教信仰和理性化的哲理即道所取代，在实用方面必然要被注重实效、范围更广泛的方术和再后来的科学技术所取代③，而道与方术的结合，就是日后的道教④。由此不难理解道教能为中国古代科学技术做出重大贡献的原因。

向史官方向发展的巫是古代最初的知识分子群体⑤，当文字没有出现之前，他们掌握着神话和祭祀、交通鬼神的种种知识，是沟通人类现实与超越性的神的中介使者。进入文明时代后，他们参与着王朝的重大决策，而且将有关档案整理保管，即是最初之"史"。周代的内史、外史、太史都是从巫职中分离出来的，所以在《周礼·春官》中，它的职位与巫、卜并列在一起。这就是为什么以老子为代表的道家被视为"历记成败存亡祸福古今之道"的"君人南面之术"⑥的原因。巫与史的分化开始于商代，但那时二者还没有明显的界限，史官仍具有宗教职能，在人与天、神、鬼之间发挥着中介作用。成书于商周之际的《易经》就是当时的宗教、巫术的反映，是由卜筮之官和兼掌卜筮之事的史官采辑、订正、增补、编纂而成的，成书后的

---

①　[英]詹·乔·弗雷泽著，徐育新、汪培基、张泽石译：《金枝》，中国民间文艺出版社1987年版，第76-77页。

②　尤西林：《巫：人文知识分子的原型及其衍变》，《文史哲》1996年第4期，第78-79页。

③　由于文明开化有地域、民族的不平衡性，这一进程各地各民族有先有后。我国有的地方、有的民族甚至到了近代还有巫术存在。

④　《隋书·经籍志》谈及道教经籍时说："因其事类，相继而作者甚众，名目转广，而又杂以虚诞怪妄之说。推其本源，盖亦史官之末事也。"[（唐）魏征、（唐）令狐德棻：《隋书》，中华书局1973年版，第982页。]

⑤　文化人类学家马林诺夫斯基说："巫术自极古以来便在专家底手里，人类第一个专业乃是术士底专业。"（[英]马林诺夫斯基著，李安宅译：《巫术科学宗教与神话》，中国民间文艺出版社1986年版，第76页。）

⑥　（汉）班固撰、（唐）颜师古注：《汉书》，中华书局1962年版，第1732页。

《周易》一般亦由史官收藏和管理。由于社会文明的迅速发展，随着与巫、祝的不断分离，史官逐渐成为具有共同的经济活动、政治活动、思维方式和心理素质的职业群体。春秋时期，中国与世界其他文明区域一样步入轴心时代，理性文化开始占据主导地位，以理性为本的史官文化逐渐压倒以非理性为本的巫卜文化，但史与巫仍然有很多相类、相通之处。《老子》《庄子》等所展现出的老子形象，多有与大巫相像之处。老子深谙相术，擅长从人的外貌推测其内心世界，而相术则是巫史的专长。《汉书·艺文志》断言："道家者流，盖出于史官。"[1] 庞朴对此解释道："史官出于谁？正就是那些能事无形的以舞降神的巫。我们读《左传》《国语》，看到那些太史、内史、外史、蔡史、祝史、瞽史，多是一些料事如神而又博学多闻的人，他们'知天道''能相人'，工于卜筮，预见吉凶。"[2] 史官的主要职责是司天，负责观测天象，依据日月星辰的变化规律来制定历法等，即明天道，这是一个主要依据理性来完成的工作。在这种理性精神的指引下，到了西周末年，以史官为代表的知识分子们开始怀疑和批判神秘主义的上帝、鬼神观念，对传统天道观进行改造，剔除其神意内容和神秘色彩，先民后神、自然为本成为史官的共识，进而形成了天道自然的思想。老子就是这种倾向的典型代表。他把天人关系中的天还原为自然之天，并在对它做高度概括的基础上从中抽绎出带有普遍性法则意义的范畴——道。

"道"是什么？就是道教围绕着"道"这一范畴敷衍推广开来的有别于经验描述的理论解释。这是道教的首创吗？当然不是。道家思想才是其真正的渊源。一谈道家，不少人就以为是老子、庄子的代称。这既不符合历史的实际，也把老子、庄子之后那些禀循老庄思想而又对老庄思想做了发展的历史阶段一笔勾销了。实际上，道家除了老庄之外，还有稷下道家、黄老道家、魏晋玄学三个发展阶段，此后才融入道教中去。就道家与道教的关系而言，从上述可知，道家是自巫术向方术转化时的另外一个发展方向中的支派。道家用以描述道的性质的哲学概念"无"，具有巫术的背景，实际上是从"巫"演化而来的。李泽厚指出，《老子》一书"仍然保存了好些非常难解和神秘的章段"，其中：

① （汉）班固撰，（唐）颜师古注：《汉书》，中华书局 1962 年版，第 1732 页。
② 庞朴：《稂莠集——中国文化与哲学论集》，上海人民出版社 1988 年版，第 287 页。

闪灼出的正是神秘的巫术礼仪的原始面貌。只有这样，也才好了解这些语言和描绘。从而，被今人释为所谓"本体实在"亦即《老子》一书中最为重要的观念"道"——"无"，其真实根源仍在巫术礼仪。"无"，即巫也，舞也。它是在原始巫舞中出现的神明。在巫舞中，神明降临，视之不见，听之无声，却功效自呈。它模糊而实在，涵盖一切而又并无地位；似物而非物，似神而非神，可以感受而不可言说；从而，"玄之又玄，众妙之门"，"自古及今，其名不去，以阅众甫。吾何以知众甫之状哉？以此"。也正是从这里，领悟而概括出"无"，并扩及"当其无，有车之用"，"当其无，有室之用"等等日常生活的哲理和智慧，并与权术、战略相衔接以服务于现实生活。①

庞朴也类似地说：

> 无字被选定为道家的哲学范畴，有其深远的思想渊源。在甲骨文中，无字是一个舞蹈者的形象……无和舞本是一个字……舞蹈……是事奉神灵的一种动作，而神灵……是看不到摸不着的……人们通常在舞蹈时想象其存在，并只有利用舞蹈的模拟动作或者叫舞蹈语言去与之交谈……以舞事神的工作，慢慢……分工到一些专门家身上，他们是……巫。这些"能事无形以舞降神"的"巫"，在原始人看来，他们与事神的"舞"以及舞所事的"无"，也是混沌一体的，于是也以那同一个图形来表示。②

庞朴认为，这些巫就是后世的史官，是道家的渊源。这些巫（史官）"心目中的无，不仅不是虚空或没有，而是主宰万物，支配一切的大有，神圣的有。这样的无，正是后来道家哲学的思想源头"③。

与职掌天道相一致，史官在早期所具有的宗教性职司，同巫师一样，也要考察天（包括神鬼）与人、自然与社会的关系并做沟通，要关心自然，关心天道。天人合一观念萌生于早期人类的原始思维，初步形成于巫祝文化，史官文化在继承的基础上做了发展，力图探求天道，推天道以明人事，从而

---

① 李泽厚：《己卯五说》，中国电影出版社1999年版，第66-67页。
② 庞朴：《道家辩证法论纲》（上），《学术月刊》1986年第12期，第4页。
③ 庞朴：《道家辩证法论纲》（上），《学术月刊》1986年第12期，第5页。

形成了天人合一的理论模式和思维方式。这同样是由史官文化发展起来的道家的理论模式和思维方式。

不只是道、理论模式和思维方式，道家的其他内容也多有巫术和方术的渊源或背景。先秦时期，导引、吐纳等炼气功夫已经很盛行，巫师和阴阳家、神仙家等方士各持己术，各显神通，在下层民间非常活跃，这在先秦《山海经》等典籍中有广泛而突出的反映。老子、庄周是楚人，道家的其他许多重要人物或为楚人，或活动于楚文化的氛围中，而原始宗教和巫筮之术是楚文化发展的重要背景之一。在楚文化环境中成长起来的老子、庄周不可能不受其影响。例如，《老子》第六、十、十六章所强调的无为、虚静和行气而达至柔至和等，均反映了炼气之术的背景。《老子》第五十章说："盖闻善摄生者，陆行不遇兕虎，入军不被甲兵。兕无所投其角，虎无所措其爪，兵无所容其刃。夫何故？以其无死地。"① 第五十九章说："深根固柢，长生久视之道。"② 这明显是受神仙家思想影响的结果。第五十章说："出生入死。生之徒十有三，死之徒十有三，人之生动之死地，亦十有三。夫何故？以其生生之厚。"③ 文中三次提到"十有三"，加起来正合九宫之数，分生门、死户，可以伏藏，是古代趋吉避凶的术数，也是后世"奇门遁甲"的先声。《礼记·月令》记载，天子于立冬之月，"命太史衅龟、策，占兆，审卦，吉凶是察"④。这说明太史精通卜筮之学。道家源于太史，则卜筮之术在《老子》中有所反映就不奇怪了。

《庄子》所述的得道之人，多和神仙相近。《庄子·达生》提到了一系列鬼的名字，甚至于有"明乎人，明乎鬼者，然后能独行"⑤ 之说。其他篇中提到了诸多神的名字，如山神堪坏、水神冯夷等，《天运》《外物》《达生》《秋水》等篇中均提及了巫筮之术。《庄子》还提到了许多仙人的名字，如黄帝、颛顼、西王母、彭祖等。"真"是《庄子》的重要概念，此字在《庄子》中出现了六十六次，其本意是仙⑥，说明《庄子》思想有神仙家的背景。

① 高明：《帛书老子校注》，中华书局 1996 年版，第 67－68 页。
② 高明：《帛书老子校注》，中华书局 1996 年版，第 117 页。
③ 高明：《帛书老子校注》，中华书局 1996 年版，第 64－65 页。
④ （清）孙希旦撰，沈啸寰、王星贤点校：《礼记集解》，中华书局 1989 年版，第 487 页。
⑤ 王叔岷：《庄子校诠》，中华书局 2007 年版，第 884 页。
⑥ 陈寅恪说："真字即与仙字同义，而'会真'即遇仙或游仙之谓也。"（陈寅恪：《元白诗笺证稿》，上海古籍出版社 1978 年版，第 107 页。）

《庄子·天地》有"千岁厌世，去而上仙"①的记载。《庄子·马蹄》的"含哺而熙，鼓腹而游"②，《庄子·大宗师》的"古之真人……其息深深。真人之息以踵，众人之息以喉"③等是对食气术的记载；《庄子·应帝王》有相术的记载，有心斋、坐忘等，这是当时方士和神仙家所行方术的反映。但是，《庄子》的作者并没有停留在方术的层次上，而是对它们做了理论上的抽象提炼。例如，《庄子·刻意》说："就薮泽，处闲旷，钓鱼闲处，无为而已矣。此江海之士，避世之人，闲暇者之所好也；吹呴呼吸，吐故纳新，熊经鸟申，为寿而已矣。此道引之士，养形之人，彭祖寿考者之所好也。"④这是导引术。紧接着，它就做了理论抽象："若夫不刻意而高，无仁义而修，无功名而治，无江海而闲，不道引而寿，无不忘也，无不有也。淡然无极，而众美从之。此天地之道，圣人之德也。"⑤由此可明了，道家之道的昌明实有赖于术作为经验背景和思想启迪的源泉⑥。

总之，道家学者们把有特指的、具体方术中的术语转变成没有特指的、抽象的哲理范畴、概念，把实际的、具体的思想改造成抽象的理念，把经验中的思路与步骤转变成理智中的分析与推理，从而把方术从前台推入后台，转变成为思想的背景。这样，道家哲学诞生了。这就给此后方术、方技攀附社会上时兴的道家思想提供了机会和可能，也为后世道教纳入方术、方技并借助道家思想给予其理论上的解释提供了机会和可能。道家与道教都有术的背景，只不过道家重道轻术，而道教则先是重术轻道，接着援道入术，以道统术，进而以术显道，以术得道，术道合一⑦。对此，李约瑟说过："道家思想有两个来源。首先是战国时期的哲学家，他们探索的是大自然之道，而非人类社会之道。"他们"隐退于山林之中，在那里沉思冥想着自然界的秩序，并观察它的无穷的表现"。李约瑟又说："道家思想的另一根源是一批古代萨满和术士们：他们很早就分别从北方和南方部族进入中国文化，其后集中于

---

①　王叔岷：《庄子校诠》，中华书局 2007 年版，第 428 页。

②　王叔岷：《庄子校诠》，中华书局 2007 年版，第 338 页。

③　王叔岷：《庄子校诠》，中华书局 2007 年版，第 203 页。

④　王叔岷：《庄子校诠》，中华书局 2007 年版，第 550 页。

⑤　王叔岷：《庄子校诠》，中华书局 2007 年版，第 550 页。

⑥　张荣明：《中国古代气功与先秦哲学》，上海人民出版社 1987 年版。

⑦　孔令宏：《宋明道教思想研究》，宗教文化出版社 2002 年版，第 2 - 32 页。

东北沿海地区，特别是齐国和燕国。"① 李约瑟这里所说的情况，不只适用于道家，也适用于道教，何况，对道家与道教，他本来就没有明确的区分。

第二节　老子与《老子》

（一）老子其人其书

一提起《老子》，话可就多了。《老子》是什么时候写成的？它的作者是谁？是老子吗？老子是孔子的老师吗？老子真的从函谷关出走西方到印度而教了佛教的老祖宗——释迦牟尼这么一个伟大的弟子吗？为这一大堆疑问，一千多年来，人们绞尽脑汁，做了种种研究，无奈斗转星移，沧桑巨变，历史无情，所有那些真正实在的史迹早已被历史的长河所吞没，后人所做的种种考证研究，都缺乏让人心服口服的铁证。为了节省篇幅，这里不打算再做一番详尽的考证，只是简要地叙述代表性的观点和作者认可的观点。

《老子》又名《道德经》，书名是后人加的。关于《老子》成书时间的争论，学术界代表性的观点有三种：第一种观点认为它的作者是老聃，老聃与孔子同时而稍年长，《老子》一书表达了老聃的思想。胡适、马叙伦、张煦、唐兰、郭沫若、高亨等人持此说。第二种观点认为老子是战国时代的人，《老子》是战国时代的书。梁启超、冯友兰、罗根泽、范文澜、侯外庐等人持此说。第三种观点认为《老子》成书于秦汉之际，顾颉刚等人持此说。

第二、三种观点都是因怀疑第一种传统的观点而提出的，并无客观的充分证据。相比之下，第一种观点有更充足、更客观的证据，因而目前得到了学术界大多数人的肯定。我们也赞同这种观点。《老子》盛行于世是在孔子之后约两百年。见之于流行的时间不能等同于著作的时间。这是因为古代文化传承受物质条件的限制，传播速度很慢。而且，从《老子》一书所体现的超脱世外、不求显达的态度来看，这本书的传播者们并未刻意去张扬。《老子》成书于它盛行于世的时间之前是勿需怀疑的。对此，我们可以列举一些证据，并做一点分析。庄子与梁惠王、齐宣王同时，"其学无所不窥，然其

① ［英］李约瑟：《中国科学技术史》第二卷《科学思想史》，科学出版社、上海古籍出版社1990年版，第35页。

要本归于老子之言"①。申不害是韩昭侯时人，"申子之学本于黄老而主刑名"②。"黄老"之"老"指的是老子。"慎到，赵人。田骈、接子，齐人。环渊，楚人。皆学黄老道德之术，因发明序其指意。"③ 宋钘，《汉书·艺文志》有《宋子》十八篇，"其言黄老意"，而尹文与宋钘同游稷下，同为道家人物。上述稷下学宫的学者皆学黄老道德之术，所以《老子》的成书当不晚于稷下学宫创立的时间。稷下学宫的创立不晚于公元前357年，所以《老子》的成书时间也不会晚于这一时间。实际上，老子的成书时间还应比这更早。因为古代交通阻隔，抄书困难，书籍传播很慢，一部书要被人们视为经典而加以学习是需要很长时间的。稷下学宫创立时，慎到约三十八岁（他约生于公元前395年），以他十八岁能够学习《老子》来说，《老子》的成书当不晚于公元前377年。这样，成书于战国中晚期之说就不能成立。出土的郭店竹简中有三种版本的《老子》，这充分证明《老子》的成书不晚于战国中期。从长沙马王堆出土的战国中期以前的《黄老帛书》来看，它与稷下道家的作品《管子》同时并引用了不少《国语·越语》中范蠡的思想，而范蠡的思想很明显是受了《老子》的直接影响并做了顺应时代发展的改造。范蠡是春秋末年的人，那么，《老子》的成书至少当在春秋末年。有的学者认为，联系《老子》对"尚贤""强"力、"巧""利"的批判态度来看，如果这些词句不是后人渗入的话，那么《老子》的成书当在墨子成名之后，假定墨子四十岁成名（墨子生于公元前468年），则《老子》成书的时间当在公元前428年之后。学术界多数人肯定老子比孔子年长约二十至三十岁。以二十五岁计算，则老子生于公元前576年，到墨子成名时，他一百四十八岁。按照《左传正义》"上寿百二十岁，中寿百，下寿八十"的说法，联系老子以"修道而养寿"著称的情况来看，老子活着口述而让人写书的可能性还是很大的④。但这里是假设老子听了孔子、墨子的思想后才写自己的书，这个假设的证据并不很充分。因为"仁义""尚贤"等思想是在老子之前几百年的周代就已经使用了。齐国自太公以来一直奉行"尊贤尚功"的路线⑤。晋文公也倡导"明贤良"。《老子》主张的"不尚贤"应被看作姜齐政治文化路线

---

① （汉）司马迁：《史记》，中华书局1982年版，第2143页。
② （汉）司马迁：《史记》，中华书局1982年版，第2146页。
③ （汉）司马迁：《史记》，中华书局1982年版，第2347页。
④ 黄钊主编：《道家思想史纲》，湖南师范大学出版社1991年版，第39－41页。
⑤ 王明：《周初齐鲁两条文化路线的发展和影响》，《哲学研究》1988年第7期，第49页。

的反动，而墨子的"尚贤"反在《老子》之后了。"尚贤"思想可谓由来已久。我们还可以举出一些证据证明老子在孔子之前，他的思想在孔子、墨子时代已经有了比较大的影响。《太平御览》说："墨子曰：墨子为守使公输般服，而不肯以兵知。善持胜者，以强为弱。故老子曰：'道冲而用之，有弗盈也。'"《淮南子·道应训》也有这段话，仅缺"《墨子》曰"三字。那么这是《墨子》引《老子》，还是《淮南子》引《老子》，尚难论定①。与孔子同时的叔向答韩平子之问时说过："臣年八十年矣，齿再堕而舌尚存。老聃有言曰：'天下之至柔，驰骋乎天下之至坚。'又曰：'人之生也柔弱，其死也刚强；万物草木之生也柔脆，其死也枯槁。因此观之，柔弱者生之徒也，刚强者死之徒也。'夫生者毁而必复，死者破而愈亡，吾是以知柔之坚于刚也。"②叔向即《左传》的羊舌肸或叔肸，最早见于鲁襄公十一年（前562），韩平子即《史记·韩世家》所说的韩贞子，立于鲁定公十五年（前497），在位不到一年就死去（他的后继者韩简子立于鲁定公十三年）。这说明《老子》至迟在公元前497年即已成书。这可佐证上一段话是《墨子》引《老子》，不是老子看了或听了墨子的言论才写书，而是墨子已经听到老子的言论或者看过了《老子》的书。实际上，除此之外，《墨子》不指明地引《老子》的话，还有多次。与孔子同时或稍晚者已看到了《老子》并引用了其中的话，说明《老子》的成书必然是战国初年之前，有可能是春秋晚期③。对比，有一些学者断言，"战国之前无私家著作"，《老子》是私家著作，因而《老子》不会成书于战国前。这样的推论是不能成立的。因为战国前的私家著作很多，如春秋末年邓析的《竹刑》、伍员的《伍子胥》等。《战国策》有齐宣王时颜斶引《老子》的记载，与颜斶约略同时的田骈也曾引述《老子》，《荀子·天论》有关于老子的评论，《吕氏春秋·不二》依次提到老子、孔子、墨翟，话中透露出老子在孔子之先的信息。总之，我们认为，《老子》足以代表春秋时期老聃的思想，其成书时间应该是在公元前497年以前。王葆玹考证，公元前530年是《老子》成书年代的上限④。这样，《老子》的成

---

① 田宜超、黄长玙：《是〈墨子〉引〈老子〉，还是〈淮南子〉引〈老子〉?》，《文物》1975年第9期，第93页。

② （汉）刘向撰，句宗鲁校证：《说苑校证》，中华书局1987年版，第245页。

③ 可资参证的是：齐宣王时的颜斶，约与孟子同时，说："老子曰：'虽贵，必以贱为本；虽高，必以下为基。是以侯王称孤寡、不谷，是其贱之本与?'"（《战国策·齐策四》）

④ 王葆玹：《老庄学新探》，上海文化出版社2002年版，第42—44页。

书时间是在公元前 530 年至公元前 497 年之间，与孔子的述作活动约略同时，古代的记载是正确的。

论定《老子》的成书时间，不能不联系对它的作者的认定。关于《老子》这部书的作者，前人提及的有老聃、老莱子、太史儋、太公任、詹何、伯阳、太上老君、道德天尊等等。对此，《史记》已清楚地断言，《老子》的作者是老子，即老聃，又名李耳，楚国苦县人。但由于《史记》同时记录了别的不同观点，遂引起后人的种种怀疑和推论。

首先来看老莱子。《史记》在叙述了老子之后明确说，"老莱子亦楚人，著书十五篇"，分明是把老莱子和老子视为两个人。《史记·仲尼弟子列传》说："孔子之所严事者，于周则老子，于卫遽伯玉，于齐晏平仲，于楚老莱子，于郑子产，于鲁孟公绰。"这里明确把老子和老莱子分开，没有当作一个人。

关于太史儋，他与秦献公见面的时间是公元前 374 年，即孔子卒后一百零五年。他与孔子年龄相差过大，不是同一时代的人，孔子不可能向他请教问题。太史儋与老子不是同一个人①。

太公任在先秦典籍中仅见于《庄子·山木》，《史记·老子韩非列传》也未提及，把太公任牵强附会地与老子视为同一个人，是不足以让人信服的。

詹何也不是《老子》的作者，因为《韩非子·解老》以他为例子来解释《老子》的原文，认为他的道术"苦心伤神，而后与五尺之愚童子同功"。这就说明了他不可能是《老子》的作者。

出现把伯阳当作老子，是因为汲古阁、涵芬楼本《史记·老子韩非列传》均说老子"姓李氏，名耳，字伯阳，谥曰耽"。这样，老子又称为李伯阳。《史记集解》说："韦昭曰：伯阳甫，周大夫也。唐固曰：周柱下史老子也。"但《后汉书·醒帝纪》注引、《文选》李善注引《史记》均无"伯阳""谥曰"的字词。此外，汉高诱注《吕氏春秋·当染》说："伯阳，盖老子也，舜时师之者也。"② 按照这一说法，老子活了近两千岁，而这是不可能的。所以，学者们认为《史记·老子韩非列传》的"字伯阳，谥曰耽"可能

---

① 黄钊主编：《道家思想史纲》，湖南师范大学出版社 1991 年版，第 34－35 页；牟钟鉴、胡孚琛、王葆玹主编：《道教通论——兼论道家学说》，齐鲁书社 1991 年版，第 138－139 页；陆玉林、彭永捷、李振纲：《中国道家》，宗教文化出版社 1996 年版，第 19－21 页。

② 许维遹撰，梁运华整理：《吕氏春秋集释》，中华书局 2009 年版，第 47 页。

是神仙家妄加的，以至于把周之史官伯阳甫误作老子。

把老子当作太上老君、道德天尊，是道教产生之后的事。这种说法只是道教的依托。

这样，把上述诸人排除后就很清楚了，《老子》的作者是老聃，老聃也就是老子①。此外，应当指出，对一般人认为老子是孔子的老师的观点也有人表示怀疑，其根据是《庄子》是寓言，不可尽信。但是，《庄子》虽然说过"寓言十九"，也说过"重言十七"。《庄子》中讲到老子与孔子发生联系的地方有八次之多，涉及问道、问礼、问仁义等多方面。这些记载中老子与孔子对话的具体内容当然不可尽信，但孔子向老子请教的事实还是不能否认的。此外，《史记·老子韩非列传》记载了老子与孔子的私人谈话。《礼记·曾子问》还有四节叙述了孔子引老聃的话，内容是关于礼的，其中一条记或说孔子"从老聃助葬于巷党"，老聃直呼孔子之名"丘"，说明两人之间是师生关系。《吕氏春秋·当染》也明确说"孔子学于老聃"。《孔子家语》的《五帝》《执辔》篇则记载了孔子向老子问道的内容。《孔子家语》被认为是伪书，但伪书往往是就作者、成书年代而言，并非都是内容上的伪造。《孔子家语》是王肃所编的儒家传习的"古杂记"，攻击《孔子家语》最烈的崔述也说它"未有一篇无所本者"。再则，《论语》中的诸多言论，与老子思想有相通相同之处②。如此看来，要否定孔子曾向老子问学的事实是不那么容易的，老子是孔子的老师当可做定论。

（二）形而上的玄道

《老子》就那么五千个字，为什么古往今来阐释它的书汗牛充栋？这首先是因为它对形而上的"玄""道"的阐释。如果说它蕴奥无穷、魅力无限，这就是主要的原因之一。

"道"在《老子》书中出现了六十九次，频率很高，是《老子》思想的核心范畴。"道"的本义是道路，即《说文》所说的"所行道也"，《尔雅·释名》所说的"一达谓之道"，后来引申出了规律、规范的意味。春秋时期，人们已用它表示自然天象的运行规律以及人类社会的行动准则，如"天道""人道"等。但老子的"道"，既来源于道路的本义及其引申义，又做了很高

---

① 罗根泽编著：《古史辨》第 4 册，上海古籍出版社 1982 年版，第 332－351 页。参见孙以楷：《老子通论》，安徽大学出版社 2004 年版，第 129 页。

② 陆玉林、彭永捷、李振纲：《中国道家》，宗教文化出版社 1996 年版，第 31－32 页。

层次的抽象。在中国哲学史上,《老子》第一次把"道"作为哲学的最高范畴,把"道"看成是世界万物统一的最终根源并给予了系统的哲学论证。那么,《老子》中"道"的含义是什么呢?他说:"视之不见名曰夷,听之不闻名曰希,搏之不得名曰微。此三者不可致诘,故混而为一。其上不皦,其下不昧,绳绳不可名,复归于无物。"① 在《老子》的"道"的内涵中,一方面提到"其中有象","其中有物","其中有精。其精甚真"②,说明它是实实在在的存在,确确实实是存在于一般的物中的,但是,这种存在毕竟不是一般意义上的存在,因为它看不见、听不到、摸不着,没有特定的形象,是一种恍惚不定、幽深细微、不可测度、不可捉摸的东西,但其中好像又有某种细微的实物存在。它还能"复归于无物"。这种既存在又不存在的东西,人们难以找到合适的名词来指称它,也难以言说,正所谓"道可道,非常道,名可名,非常名"。可以言说的道不是常道,可以用名词来指称的名不是常名。这就蕴含了对道的遮与诠两个方面。非常道是遮,常道则需要诠,而且,人们只能通过对常道的诠尽可能多地去破除对非常道的遮,使得非常道尽可能多地向人们开显出来。

这里就常道做一些诠释。首先来看道的角色,也就是它发挥什么功能。

首先,道是万物的本源。万事万物是怎么产生出来的?它们会不会有一个共同的源头?从人的思维和经验来说,肯定这一点是理所当然的。那源头是什么呢?这个源头既然是万物的共同源头,当然就不可能是它们中的某一个,只能是不同于人可见到的万事万物的东西。如果说人所见到的是"有"的话,那么,这个万事万物的共同源头就只能是"无"。老子正是这样理解的。他说:"天下万物生于有,有生于无。"③ "无",结合"有无相生"④ 来看,显然并非虚无,因为绝对的、纯粹的虚无是不可能产生万物的。作为本源,它只能是无形、无声、无嗅的存在物,是不具有万物所具有的任一特性,却能产生万物特性的东西,是潜在的大全。这样,它只能是道。老子明确地把道视为万物的本源,提出了一个宇宙万物生成的模式:"道生一,一生二,二生三,三生万物。万物负阴而抱阳,冲气以为和。"⑤ "道"是这个生成链

---

① 高明:《帛书老子校注》,中华书局 1996 年版,第 282-284 页。
② 高明:《帛书老子校注》,中华书局 1996 年版,第 331 页。
③ 高明:《帛书老子校注》,中华书局 1996 年版,第 28 页。
④ 高明:《帛书老子校注》,中华书局 1996 年版,第 230 页。
⑤ 高明:《帛书老子校注》,中华书局 1996 年版,第 29 页。

条中最前面的存在，理所当然是万物最初的源头。这其中虽然还有气在起作用，但是那是次要的、衍生的。这样看来，道是先于万物而存在的实体，它生化万物而凌驾于万物之上，是没有具体物质属性的超验的存在。

道把万物产生出来之后，是不是就不存在或不起作用了呢？不，它的作用可大了。它不但是万物的本源，还是万物的本体。有从无产生，当然要受无的制约。作为无的道在万物中的存在是无所不在的。"道冲，而用之或不盈。渊兮，似万物之宗。"① 道的存在并不显山露水，是躲在万物运动变化幕后的那一只看不见的手，主宰、控制着万物。但这不是说道是有意志的人格神，"道法自然"，道的存在是自然而然的自在，是不以人的意志为转移的客观存在。

就思维途径来说，《老子》试图从具体实物（器、万物）的多样性及其变化的复杂性中，抽象出统一的"道"，如说："道常无名，朴虽小……"② "朴散则为器。"③ 其出发点是客观的天道自然，承认了"道"的实有性。像孔丘所敬畏的"天命"和墨翟所宣扬的"天志"，这种带有人格神属性的"天"，在《老子》中是见不到的。对于上帝鬼神，《老子》不承认它们的主宰地位，更不把它们当作创世主。与之相比较，《老子》提出"以道莅天下，其鬼不神"④，第四章把"道"形容为"吾不知谁之子，象帝之先"。这样，在"道"的面前，上帝、鬼神也没有什么权威。《老子》虽然谈到"道"的主宰作用，却和人格化了的天、上帝毕竟有所不同。而且，道对宇宙中的万物和人都一视同仁，无所偏私，对其所起的作用都是完全同等的。

> 道者万物之奥，善人之宝，不善人之所保。⑤
> 大道泛兮，其可左右。万物恃之而生而不辞，功成不名有。衣养万物而不为主，常无欲，可名于小。万物归焉而不为主，可名于大。以其终不自为大，故能成其大。⑥

---

① 高明：《帛书老子校注》，中华书局 1996 年版，第 239 页。
② 高明：《帛书老子校注》，中华书局 1996 年版，第 397 页。
③ 高明：《帛书老子校注》，中华书局 1996 年版，第 375 页。
④ 高明：《帛书老子校注》，中华书局 1996 年版，第 118 页。
⑤ 高明：《帛书老子校注》，中华书局 1996 年版，第 126 页。
⑥ 高明：《帛书老子校注》，中华书局 1996 年版，第 405－412 页。

这里，"道者万物之奥"①，马王堆出土的《老子》甲、乙本"奥"均作"注"，与"主"相通。王弼注："奥，犹暖也，可得而庇荫之辞。"这里有主宰的意思。这是认为"道"是万物的主宰，善人和恶人都离不开它。"道"在天地之间虽然无时无处不在，万物都依靠着它生长，但它却不干预和宰制万物，不夸耀自己的成功和伟大，这才是"道"之所以成功和伟大的地方。老子的道论，坚持了理性主义的立场。

道是万物的本源，又是万物的本体，那么，从万物运动变化的角度来看，它当然就是万物运动变化的规律。"有物混成，先天地生。寂兮寥兮，独立不改，周行而不殆，可以为天下母。吾不知其名，强字之曰道。"② 在任何一个物，物发展的每一个阶段，道都丝毫不爽地发挥着驾驭、规范、控制的作用，成为万物运动变化的规律。

从纵向过程的角度看，道是万物运动变化的规律。如果从横向广延的角度看，道则是宇宙的大全，天、地、人的总体。"道大，天大，地大，人亦大。域中有四大，而人居其一焉。人法地，地法天，天法道，道法自然。"③道把天、地、人贯通串联起来了。这样勾连起来的宇宙大全，其间虽然存在着人、地、天、道层层取法的关系，但都是自然而然的自在。

从上述道的四个角度的诠释可以看出，道具有一些特性。首先是自然。它的存在是客观的，不受他物的干扰。其次，道具有虚的特性。正因为虚，所以无形，所以能成为一切有形的实的根源，能容括一切实的万物。道还是静的。正因为静，所以能成为一切动的根源。这个静，显然不能等同于形而下的与动相对的那个静，而是专就描述形而上的本体而言的。最后，道具有无为的特性，"道常无为而无不为"④。无为就是因循自然，顺应物性。正是因为无为，所以能够无所不为，在任一时间、任一空间都表现出自己的存在，发挥出自己的作用。

道的存在还有它自己的规律：道能够扩大，"大曰逝，逝曰远，远曰反"⑤，铺展括衍之后，道就向反方向不断地回归，"反者，道之动"⑥。由于

---

① 高明：《帛书老子校注》，中华书局1996年版，第126页。
② 高明：《帛书老子校注》，中华书局1996年版，第348－350页。
③ 高明：《帛书老子校注》，中华书局1996年版，第351－353页。
④ 高明：《帛书老子校注》，中华书局1996年版，第421页。
⑤ 高明：《帛书老子校注》，中华书局1996年版，第350页。
⑥ 高明：《帛书老子校注》，中华书局1996年版，第27页。

道具有这一规律，所以，无论在社会中还是在自然界，都存在着大量的矛盾，例如：大小、高下、前后、生死、难易、进退、古今、始终、正反、长短、智愚、巧拙、美恶、轻重、正奇、厚薄、弊新、善恶、强弱、刚柔、兴废、与夺、胜败、有无、损益、利害、阴阳、盈虚、静燥、张歙、华实、曲全、枉直、雌雄、贵贱、荣辱、吉凶、祸福、攻守等等。《老子》第二章认为，天下人都知道美之为美，却不知道丑就在它的背后；都懂得善之为善，却不懂得恶就在它的背后。有与无是相互衍生的，难与易是相互成就的，长与短是相比较而言的，高与低是相对照而论的，音与声是相互和合的，前与后是相互追随的，诸如此类，是宇宙中永恒的道理。总之，这些矛盾的两个方面正反相生，相辅相成，对立而又统一，两个方面都有其存在的价值，都具有不可替代的作用。例如，委曲反能保全，弯曲反能变直，低洼反能汇盈，弊旧反能变新，少取反能收获，多智反而迷惑。《老子》认为，没有'曲'也就没有"全"，没有"枉"也就无所谓"直"，没有"洼"也就无所谓"盈"，没有"弊"也就无所谓"新"，等等，这些都是互为存在的前提。《老子》第六十三章在解释"难易相成"时说："多易必多难。"这是说，做事情图容易，势必遭到困难。这是把"难"与"易"看成是统一的事物中矛盾着的两个方面，它们相互依存，相反相成。这些矛盾，从人类的价值观来看，都是相对价值，不是终极价值。只有超越这些相对价值，才能达于作为终极价值的道。

道的角色的表现和特性的呈露，都离不开"德"的存在。所以，谈论道，还必须研究德，研究道与德的关系。"德"字在《老子》中出现了三十三次，出现频率仅次于"道"。这说明道与德是《老子》的核心范畴，《老子》在汉代以后也因此被称为《道德经》。对德的解释，历来有几种说法，有的认为是"'道'之功也"（韩非语），有的认为是"'道'之用也"（陆德明语），有的认为是"'道'之见也"（苏辙语），有的认为是"'道'的体现"或"'道'的形式"[1]。对于道与德的关系，《老子》说："道生之，德畜之，物形之，势成之。是以万物莫不尊道而贵德。"[2] 这是说，道化生万物，德给予万物本性，道与德紧密联系，共同成就万物。就具体的物而言，"含

---

① 陈鼓应：《老子注译及评介》，中华书局1984年版，第148页。
② 高明：《帛书老子校注》，中华书局1996年版，第69页。

德之厚，比于赤子"①，德是禀道而来的真常本性。物的活动必须遵循这种与道相一致的德，并最大限度地保养它而不使之丧失，这样物才具有生生不息的发展潜能。德并不具有主体性，不是道自己转化为德，而是能得道者将它转化为德，是得道者的行为把道呈现出来。

道落实到人，就有了天道与人道的区分。但由于人道来源于天道，所以天道与人道是相一致的。"道生一，一生二，二生三，三生万物。"②"万物"中本来就包括了人。所以人同样得受道的规范和制约。德赋予了万物以本性，当然也赋予了人以人性。对人而言，德就是本真的人性。如此看来，道与德同样构成了人的意义和价值的源泉。道与德落实到人就是要使人返璞归真。

（三）玄道之术的开端

由形而上的玄道贯彻到形而下，《老子》为人类活动的各个领域都给出了遵道禀德的原则。这些原则及其运用，就是与道相一致的术。《老子》虽然没有提及"术"这个词，但这并不妨碍我们用"玄道之术"这一词语来统称这些原则及其运用。

在社会、政治领域，老子提出了君人南面之术。他建议君主的"无为"，并不是什么事也不干，而是"好静""无事""无欲"；"因任自然"，实际上是以百姓心为心，顺民之性，因民之情；"治大国若烹小鲜"，简政安民，垂拱而治，这样才能无所不为。无为只是对君主而言的，对一般臣民，老子还是要求有为的。君主的无为，只是一种驾驭臣民的手段。由此可以理解老子对治理国家所提出的其他建议。他认为，"以道佐人主者，不以兵强天下"③，战争并不是一件好事，只能在不得已时而用兵。治理国家，要绝圣弃智，因为圣人总想有为，有为就依赖于智慧。但"智慧出，有大伪"④。"伪"的表现之一就是"民多利器，国家滋昏。人多伎巧，奇物滋起"⑤。"伪"会搞乱人们的思想，挑起人们的欲望。治理国家，要使老百姓虚心实腹，即让老百姓无思无虑，满足他们基本的生活需求，让他们吃饱肚子，安于本分，自适自得。在老子看来，最理想的社会就是"小国寡民"。关于"小国寡民"，老子是这样描绘的：

---

① 高明：《帛书老子校注》，中华书局1996年版，第90页。
② 高明：《帛书老子校注》，中华书局1996年版，第29页。
③ 高明：《帛书老子校注》，中华书局1996年版，第381页。
④ 高明：《帛书老子校注》，中华书局1996年版，第310页。
⑤ 高明：《帛书老子校注》，中华书局1996年版，第104－105页。

> 小国寡民，使有什伯之器而不用，使民重死而不远徙。虽有舟舆，
> 无所乘之；虽有甲兵，无所陈之，使人复结绳而用之。甘其食，美其服，
> 安其居，乐其俗。邻国相望，鸡犬之声相闻，民至老死不相往来。①

在《老子》所幻想的桃花源式的乌托邦里：国小，人少，有各种器物而不用，既不使用舟车，也不使用文字，用远古的结绳而治就行了。那里既没有矛盾，也没有战争，人民永远定居在一个闭塞的小天地里，自给自足，过着"甘其食，美其服，安其居，乐其俗"的生活，彼此住地虽然"鸡犬之声相闻"，却"老死不相往来"。这样的社会，固然可以满足对现实的不满而发思古之幽情的心理需要，但毕竟是不可能在现实中长期存在的。不过，有而不用说明老子的本意并非复古倒退，不要文明，不要政府，恢复到人人平等的原始公社时代；而是希望人们看到物欲横流时代社会秩序的混乱对人性的戕害，看到统治者对人民只实行高压政策是行不通的，希望统治者的权势欲不要过分暴露、强盛。所以他宣扬"柔弱""退守"，提倡"谦下""不争"，主张"以其不争，故天下莫能与之争"②，如此方可成为"社稷主""天下王"。因此《老子》所谓"为无为，则无不治"③，实际上是一种政治权术。后来班固评论道家，说它"秉要执本，清虚以自守，卑弱以自持，此君人南面之术也"④。这是一针见血地说透了《老子》这一套统治谋略之术的妙用。

基于对社会秩序的规范，老子提出了伦理教化之术。他认为，利他与为己相一致，因为利他的同时可以成就自己博大的人格。这样，反对强暴和掠夺自在不言中。伟大的人格有博爱之心，善救人、物而不弃，平等待人，对物也不毁伤，"故物或损之而益，或益之而损"⑤。老子认为，修德应该由近及远："修之于身，其德乃真。修之于家，其德乃余。修之于乡，其德乃长，修之于国，其德乃三。修之于天下，其德乃普。"⑥用道充实自我之后，德泽自然可以流布亲人、乡邻和天下人。

老子还为一般老百姓提出了混世之术。老子主张柔弱、顺任自然而不逞

---

① 高明：《帛书老子校注》，中华书局1996年版，第150－154页。
② 高明：《帛书老子校注》，中华书局1996年版，第149页。
③ 高明：《帛书老子校注》，中华书局1996年版，第237页。
④ （汉）班固撰、（唐）颜师古注：《汉书》，中华书局1962年版，第1732页。
⑤ 高明：《帛书老子校注》，中华书局1996年版，第32页。
⑥ 高明：《帛书老子校注》，中华书局1996年版，第86页。

强，因为"物壮则老"①，"兵强则不胜，木强则兵"②。老子强调"弱者，道之用"③，认为"天下之至柔，驰骋天下之至坚"④，处于柔弱的地位就预示着必然转化为刚强，因为柔能克刚，弱能胜强。老子认为："祸兮福之所倚，福兮祸之所伏。"⑤ 祸患来临，用不着绝望，要相信祥福就在后面。福气充溢之时，要警惕灾祸的出现。要居安思危，达观处世，相信前途是光明的，道路有可能是曲折的。在人世间生活，要能善用"三宝"："慈"，即有慈爱之心；"俭"，即节俭；"不敢为天下先"，即要谦和，不要凸显在高处而成为众人攻击的目标，要学会隐身避祸。

老子长时期过着隐居的生活，对于养生之术颇有研究。他从心、身两个方面为养生者提出了比较具体的指导原则。就心的方面来说，要通过心的历练，使得人的性情质朴浑厚，保持婴儿般的天真，虚心待物，含蓄而不外露，应物而不为物累，业成而不居功，有坚韧的品格和毅力。为此，要去甚、去奢、去泰，因为"甚爱必大费，多藏必厚亡"⑥。不仅开源，而且节流，不要过多追逐外物而损耗心神，平淡朴素，保持心理健康，使得心性涵养深沉。老子主张运用"玄览"的直觉体悟方法，以啬养生，使生命的根基浑融圆厚，精力充沛，智慧"微妙玄通，深不可识"⑦，深机洞达，充满生命的活力，达到"玄德深矣，远矣，与物反矣，然后乃至大顺"⑧ 的境界。就身的方面来说，老子主张在坚持少情寡欲，不沉迷于声色犬马之乐，不自益其生的原则下，保养精气，通过抟气致柔的炼气功夫，保持形体的健康。心与身两个方面是一体的，所以形神抱一是养生之术的基本原则。养生要达到的目标，在老子看来就是返本归初，死而不亡。也就是从对道的"观其复"中通过"挫锐""解纷""和光""同尘"的功夫，"归根""复命"而达到"知常"⑨"玄同"的境界⑩。这样与道同在，生命方可长久永受。

① 高明：《帛书老子校注》，中华书局1996年版，第97页。
② 高明：《帛书老子校注》，中华书局1996年版，第200页。
③ 高明：《帛书老子校注》，中华书局1996年版，第27页。
④ 高明：《帛书老子校注》，中华书局1996年版，第35页。
⑤ 高明：《帛书老子校注》，中华书局1996年版，第110页。
⑥ 高明：《帛书老子校注》，中华书局1996年版，第40页。
⑦ 高明：《帛书老子校注》，中华书局1996年版，第290页。
⑧ 高明：《帛书老子校注》，中华书局1996年版，第143页。
⑨ 高明：《帛书老子校注》，中华书局1996年版，第298－301页。
⑩ 高明：《帛书老子校注》，中华书局1996年版，第98页。

在老子看来，人之身，不仅是生命不自由的根本原因，还是使人无法体悟绝对、把握真理的最大障碍。知性与感性的作用与活动，正是人身存在的主要表现方式。要使生命得到真正的自由，就应该停止或者转化这二者的活动方式，从而超越此身给人带来的种种局限。

道是没有杂多，没有分别对待，永恒而绝对的境界。这是后天的感性、知性和思辨推理所不可企及的。《老子》的主旨是要人们从后天的有为杂多的状态复返于先天的无为纯一的境界。达到了这一境界，人就可无所黏滞、无所不为，而一切政治、军事、养生等方面的具体运用，都可从此展开。但这个复返得通过修养功夫一步步达到。所以，《老子》为修养而提出了"虚心实腹""抱一守中""专气致柔""致虚守静""见素抱朴""少私寡欲""无为无执""塞兑闭门"等原则。

（四）《老子》思想对后世的影响

关于《老子》的注释，最早的有韩非《解老》《喻老》两篇。汉魏以后直至近代，注释《老子》之多，仅次于《论语》。国外也有多种译本流传。老子用诗一样的韵语来写作，使得它有语约意丰的特点，后来的解说者自然仁者见仁，智者见智，绵延两千多年，诸家异说，不可穷尽。

郭店竹简的出土，证明先秦时代的《老子》，经过各种方式的传抄或解释，在不同的地域和思想环境中有过不同的写本或者辑本。马王堆出土的帛书《老子》和其他传世本《老子》，则是《老子》不同传本走向统一的产物。对《老子》的思想，司马迁在《史记·老子韩非列传》中说："老子所贵道，虚无，因应变化于无为，故著书辞称微妙难识。庄子散道德，放论，要亦归之自然。申子卑卑，施之于名实。韩子引绳墨，切事情，明是非，其极惨礉少恩。皆原于道德之意，而老子深远矣。"[1] 这一说法是西汉人的理解。在今天来看，《老子》的思想，被后人从三个方面做了发展，形成了三个派别。一是注重自然知识的派别，包括接子、季真、黄缭、惠施等。郭店竹简中的《太一生水》当为此派的著作。二是注重修身养性的派别，包括杨朱、列子、范蠡及其后学[2]、庄子、庄子后学，他们多为隐者。其中影响最大的是庄子学派，他们把《老子》思想引向主体心灵哲学，发展了老子对宗

---

① （汉）司马迁：《史记》，中华书局1982年版，第2156页。
② 郭店《老子》篇后《太一生水》的思想内容与《庄子·天下》所介绍的关尹学说一致，与《越绝书》所收录的范蠡遗论也有共同点，只不过它们的倾向各有不同：《太一生水》较为关注自然知识，关尹较为关注社会政治问题，而范蠡较为关注修身养性问题。

法刑政的批判精神。三是注重社会政治的派别，包括文子、太史儋、关尹子、稷下道家、楚地黄老之学、法家（韩非子）、兵家。其中，关尹学说与申不害学说合流，把老子思想引向法家，构成一种以道为根本、以刑法为末用的思想系统。这一支派的代表人物初期还有慎到，至韩非子而集大成。这一支派可称为道法家。另一支派是齐国稷下道家，他们把老子思想引向与阴阳五行、儒家等思想相结合的道路，使之逐步成为一种综合性的治国之术。《黄老帛书》《吕氏春秋》《淮南子》是其思想的继承。楚地黄老之学在汉代吸收了稷下道家和其他多家的思想之后得到了发展，转变为黄老道家。因为黄老道家的核心命题是"道生法"，所以到西汉时与上述的道法家合流。黄老道家是汉代道教初兴时主要的直接思想来源之一。黄老道家发展到魏晋时期，何晏、王弼等人综合了老子和庄子的思想，与《周易》相结合，产生了魏晋玄学。

司马迁在《史记》中除了把老子视为史官之外，也把他视为一个修道者。后一方面奠定了《老子》与后世道教关系深厚的基础。《老子》与道教发生关联首先起源于老子被神化。老子变成人们顶礼膜拜的神有一个过程。《庄子·天下》已经称老子为"古之博大真人"。战国中期出现的黄老学派，把老子与中华民族的始祖黄帝并列，同尊为文化创始人，老子的地位已得到了很大提高。《吕氏春秋·不二》把老子排在孔子之前作为天下十大豪士之一。西汉明帝、章帝时期，王阜在所作的《老子圣母碑》中说："老子者，道也，乃生于无形之先，起于太初之前，行于太素之元，浮游六虚，出入幽冥，观混合之未别，窥清浊之未分。"[1] 老子一方面是道的化身，成为宇宙的本源与本体，另一方面则成为创世主。这大体奠定了后世道教神化老子的基础。事实上，道教此后虽然把老子作为人格神的道德天尊顶礼膜拜，但其实质内涵仍然是道。两汉之际，杜房说："老子用恬淡养性，致寿数百岁。"[2] 老子已有神的意味。东汉前期，佛教传入中国，楚王刘英"晚节更喜黄老，学为浮屠斋戒祭祀"，"诵黄老之微言，尚浮屠之仁祠，洁斋三月，与神为誓"[3]，此时老子与黄帝同享祭祀，已接近于宗教的神。王充《论衡·道虚》提及当时流行的迷信说法中，老子被当成"寿命长而不死"的神仙，"逾百

① （清）严可均校辑：《全上古三代秦汉三国六朝文》，中华书局 1958 年版，第 652 页。
② （清）严可均校辑：《全上古三代秦汉三国六朝文》，中华书局 1958 年版，第 544 页。
③ （南朝宋）范晔撰，（唐）李贤等注：《后汉书》，中华书局 1965 年版，第 1428 页。

度世，为真人矣"。汉桓帝刘志（147—167 年在位）"好神仙事"。上行下效，其对神仙家的出现和神仙方术的发展必然起了推动作用。边韶《老子铭》说，《老子》有"天地所以能长且久者，以不自生也"，"浴神不死，是谓玄牝"的思想，这是世上好道的人神化老子的依据。他说："由是世之好道者，触类而长之。以老子离合于混沌之气，与三光为终始。观天作谶，（缺）降斗星。随日九变，与时消息。规矩三光，四灵在旁。存想丹田，大一紫房。道成身化，蝉蜕渡世。自羲农以来，（缺）为圣者作师。"[1] 接着，《老子想尔注》首先把老子称为太上老君，《老子内传》说："太上老君，姓李名耳，字伯阳，一名重耳；生而白首，故号老子；耳有三漏，又号老聃。"之后，老子被称为道德天尊，与元始天尊、灵宝天尊并为三洞教主。这样，在道教兴起之后的道教和佛教互争高下的斗争中，才有人伪造了老子西出函谷关度化释迦牟尼的故事。老子之所以被神化，不仅是因为《老子》言简意赅、宏博渊深、哲理蕴味强，还因为老子的身世扑朔迷离，给后人留下了无限遐想的余地，也给好事者留下了可供利用的余地。此外，《老子》谈到了"长生久视之道"："有国之母，可以长久。是谓深根固柢，长生久视之道。"[2] 谈到了养生，说："生之徒十有三，死之徒十有三，人之生动之死地，亦十有三。夫何故？以其生生之厚。盖闻善摄生者，陆行不遇兕虎，入军不被甲兵。兕无所投其角，虎无所措其爪，兵无所容其刃。夫何故也？以其无死地焉。"[3] 还有"死而不亡者寿"[4] 之类的说法。这些都说明《老子》的思想确有春秋时期神仙家的实践背景，受神仙家的思想影响。这为《老子》被后来的道教所利用提供了可能性。

《老子》的形而上的玄道为道教的道和术都奠定了基础。道教对道的理解，首先就是来源于《老子》。道教典籍中的"道"，也称为"常道""真常之道""大道""无上正真之道"等，被视为万事万物的"本根""总系""导首"，天地万物的本源和本体，具有"玄""虚""静""无""有""一""遍""常""通"等性质。这是以老子的"道"论为基础加以发展而来的。道教的术也深受老子的术的影响。《老子》所提出的"致虚""守静""营魄

① （清）严可均校辑：《全上古三代秦汉三国六朝文》，中华书局 1958 年版，第 813 页。
② 高明：《帛书老子校注》，中华书局 1996 年版，第 116－117 页。
③ 高明：《帛书老子校注》，中华书局 1996 年版，第 64－68 页。
④ 高明：《帛书老子校注》，中华书局 1996 年版，第 404 页。

抱一""专气致柔""玄鉴""玄同"，养生重"啬"等思想，此后都为道教的养生术和神仙术所吸收。老子所阐释的君人南面之术被道教吸收后成为王道之术的一部分。老子伦理之术被道教吸收后成为道教教团之术的一部分。老子的人生态度深刻影响了道教人士的品格，使其形成与世无争、淡泊名利、乐善好施、博爱济众、超迈脱俗的主流风格。

第三节　老子弟子的思想

老子弟子众多，主要有杨朱、文子、尹喜（关尹子）、庚桑楚等。其中文子有弟子范蠡等，庚桑楚有弟子南荣趎、壶子等。本节择要略述如下。

（一）杨朱学派与庚桑楚学派的思想

杨朱即阳朱，字子居，后人尊称他为杨子。他是老子的弟子，生活年代大致略晚于孔子，但略早于墨子。他的著作已佚，但诸多古籍中保留了一些佚文。《孟子·滕文公下》说："杨朱、墨翟之言盈天下。天下之言，不归杨则归墨。"这说明，在战国时期，杨朱学说为当时的显学。

《列子·杨朱》记载，杨朱认为，"太古之人知生之暂来，知死之暂往，故从心而动，不违自然所好；当身之娱非所去也，故不为名所劝。从性而游，不逆万物所好，死后之名非所取也，故不为刑所及。名誉先后，年命多少，非所量也"①。这是主张遵从自然规律，看轻生死，看淡名利。杨朱主张："伯成子高不以一毫利物，舍国而隐耕。大禹不以一身自利，一体偏枯。古之人损一毫利天下不与也，悉天下奉一身不取也。人人不损一毫，人人不利天下，天下治矣。"② 这是要求张扬主体价值，返璞归真。关于杨朱的思想主旨，《吕氏春秋·不二》说："阳生贵己。"《淮南子·泛论训》说："全性保真，不以物累形，杨子之所立也，而孟子非之。"③ 这可概括为重生、轻物的养生思想。他的思想，在战国时期被推衍为纵性情与忍性情两个支派。主要人物有巫马子、子华子、詹子、孟孙阳等人。

庚桑楚，后人尊称其为庚桑子。因发音的关系，也被写为亢仓子。他的

---

① 杨伯峻：《列子集释》，中华书局 1979 年版，第 220 页。
② 杨伯峻：《列子集释》，中华书局 1979 年版，第 230 页。
③ 何宁：《淮南子集释》，中华书局 1998 年版，第 940 页。

著作已佚，但在一些古籍中保留了一些佚文。他"偏得老聃之道"，远离一切世事荣利，其学说宗旨可归结为"全汝形，抱汝生，勿使汝思虑营营"的"卫生之经"（《庄子·庚桑楚》）。

唐玄宗天宝年间，诏封庚桑子为洞玄真人，将其书诏封为"真经"。《新唐书》记载："然《亢桑子》求之不获，襄阳处士王士元谓：《庄子》作庚桑子。太史公、《列子》作亢仓子，其实一也。取诸子文义类者补其亡。"《新唐书·艺文志》著录《亢仓子》一书时，明写为"王士元《亢仓子》二卷"。王士元以《庄子·庚桑楚》为基础杂取诸子书作《亢桑子》。该书宗旨是论道，分为《全道》《用道》《政道》《君道》《臣道》《贤道》《川道》《农道》《兵道》九篇，多方发挥老子思想。注本有何璨注三卷，收载于《正统道藏》。《四库全书总目提要》卷一百四十六子部五十六对王士元《亢仓子》评价说："然士元亦文士，故其书虽杂剽《老子》《庄子》《列子》《文子》《商君书》《吕氏春秋》、刘向《说苑》《新序》之词，而联络贯通，亦殊有理致，非他伪书之比，其多作古文奇字，与卫元嵩元包（经）相类。"

庚桑楚有弟子南荣趎、壶子等。壶子有弟子列子等。

（二）《文子》及其思想

文子为老子弟子，唐之前对其没有否定性的看法。但文子究竟是谁，则有不同看法。北魏李暹《文子注》以为文子即计然："姓辛氏，葵丘濮上人，号曰计然，范蠡师事之。本受业于老子，录其遗言，为十二篇云。"① 李善、徐灵府、杜道坚、孙星衍均持这一看法。一些学者不同意，有人认为是尹文子，有人认为是辛文子，有人认为是田文。本书暂取李暹等人的看法。

不少学者认为，《文子》是战国后期，孟子、庄子、管仲之后，汉初之前成书的一部托名于老子学生文子的伪书。这个观点证据并不充分②。出土的定州竹简《文子》，证明了这种观点是错误的。

---

① （宋）晁公武撰，孙猛校证：《郡斋读书志校证》，上海古籍出版社 1990 年版，第 474 页。

② 清人孙星衍在《问字堂集·文子序》中对《汉书·艺文志》班固"似依托"解释说："盖谓文子生不与周平王同时，而书中称之，乃托为问答，非谓其书由后人伪托。"［（清）孙星衍撰，骈宇骞点校：《问字堂集》，中华书局 1996 年版，第 88 页。］他还认为："黄老之学，存于文子，西汉用以治世。当时诸臣皆能称道其说，故其书最显。"［（清）孙星衍撰，骈宇骞点校：《问字堂集》，中华书局 1996 年版，第 88 页。］另一位清人洪亮吉在《河上公老子章句序》中则认为："老子之徒又有文子，其书述老氏之言为多，世亦并尊之。当时上自天子，下及士大夫，内及宫闱，莫不服膺黄、老之言，以施诸实事。其尊老子、文子也，与孔、颜并故。"［（清）洪亮吉撰，刘德权点校：《洪亮吉集》，中华书局 2001 年版，第 1153 页。］

关于《文子》的成书年代，唐兰、艾力农、李定生等认为是先秦①，黄钊等认为是战国末年②，吴光认为是汉初《淮南子》成书之前③。我们认为，应该把竹简《文子》和今本《文子》的成书年代分开来考察。竹简《文子》以文子与平王的问答来铺陈。查阅竹简《文子》可以发现，其中所有的问答都只标明"平王"，并未见一个"周"字，这就是说，平王既可能是周平王，也可能是楚平王。联系班固所说"（文子）老子弟子，与孔子同时"，可以得出一个结论：平王是楚平王而非周平王。可资参证的是，宋人杜道坚曾作《文子缵义》十二卷，其中说："楚平王不用文子之言遂有鞭尸之祸。"再则，楚平王正与孔子同时，文子师从老子，老子是楚人，故文子完全可能游历楚国，与楚平王有所问答。这足以证明《文子》中的平王不是周平王，而是楚平王。楚平王在公元前 528 年至前 516 年在位。以文子三十岁左右成名而能被楚平王召见，可推断文子于公元前 550 年左右生。这大概也是竹简《文子》成书的年代。

河北定州汉简整理小组报告："简文中的文子，今本都改成了老子，并从答问的先生变成了提问的学生。平王被取消，新添了一个老子。"④ "定州汉简中被初步认为是《文子》的竹简有 277 枚，2790 字……现据今本《文子》，可看出其中属《道德》卷的竹简有 87 枚，1000 余字。另有少量竹简文字与《道原》《精诚》《微明》《自然》卷中的内容相似，余者皆是于今本《文子》中找不到的佚文……在汉简《文子》和今本《文子》内容相同的部分中，于今本《文子》中似乎有后人训释的东西变为正文。"⑤ 竹简本虽然残损严重，但是思想结构却较为完整，显示了文子推演《老子》哲学的思想线索。根据竹简本断续文字中常出现的词语，可以推定，今本《文子》与竹简本《文子》在思想实质上并无太大差异。把竹简本与今本中比较可靠的部分相对照，不难弄清文子的基本思想。

不过，与竹简本《文子》相比，今本《文子》增加了很多内容且与《淮南子》雷同，成为一部以道家为主杂糅百家的著作。它的成书非一人一时，

① 李定生：《文子论道》（上），《复旦学报》1984 年第 3 期，第 80－85 页。
② 黄钊主编：《道家思想史纲》，湖南师范大学出版社 1991 年版，第 149－157 页。
③ 吴光：《黄老之学通论》，浙江人民出版社 1985 年版，第 250 页。
④ 何直刚、刘世枢：《定县 40 号汉墓出土竹简简介》，《文物》1981 年第 8 期，第 12 页。
⑤ 刘来成：《定州西汉中山怀王墓竹简〈文子〉的整理和意义》，《文物》1995 年第 12 期，第 39 页。

因为班固《汉志》、刘歆《七略》所载的是九篇，梁代阮孝绪《七录》所载的就变为了十卷，到隋代的《隋志》所载的增至十二卷。最后定本当在唐玄宗天宝初年。今本《文子》共五万字，思想结构驳杂繁乱。不过，必须承认，从竹简本到今本的演变过程，正好显示了历史发展的轨迹。唐道士徐灵府（默希子）作《文子注》进上，朝廷诏封《文子》为《通玄真经》。真正对中唐之后的道教有影响的，不是竹简本《文子》而是今本《文子》。所以，这里我们简要分析一下今本《文子》的思想。

《文子·九守》认为：“天地未形，窈窈冥冥，浑而为一，寂然清澄。重浊为地，清微为天，离而为四时，分而为阴阳。精气为人，粗气为虫。刚柔相成，万物乃生。”① 以气的重浊、清微、离分来解释万物的产生，这是典型的气一元论，与后来稷下道家的精气观颇为一致。对这个“浑而为一”的“一”，《文子》既把它理解为“无”，如《文子·道原》云“有生于无，实生于虚”，又把它解释为本源，如竹简本 2246 有“一者，万物之始也”之说，还把它解释为本体，如《文子·道德》说“一也者，无适之道也，万物之本也”。在这个意义上，《文子》用道来指称“一”。它继承了老子关于“道”的思想，认为道有虚无、平易、清静、柔弱、纯粹素朴五个性质，并引入了“理”的概念，提出了“故阴阳、四时、五行同道而异理”的观点，用道来解释万物的统一性，用理来解释万物的多样性。由于道是理的根据，所以万物均以道为本原。对道与德的关系，《文子》做了比较系统的阐述。它认为，产生万物是道的功能，滋养万物是德的体现。“物生者道也，长者德也。”② 至于道与德的关系，《文子》认为，道是“德之元”，万物得道而生，得道而成，“道散为德”。道之“散”表现在它对万物的蓄纳、滋养、随顺、成长等方面，而这些就是德的具体表现。“畜之养之，遂之长之，兼利无择，与天地合，此之谓德。”③ 如此看来，道与德是相互蕴涵的关系。“道中有德，德中有道。”

《文子》认为，道并非是恒而不变者，而应该与时变化，无固定的形状：“夫事生者应变而动，变生于时，知时者无常之行。故道可道，非常道；名可名，非常名。书者，言之所生也，言出于智，智者不知，非常道也。名可

---

① 王利器：《文子疏义》，中华书局 2000 年版，第 111 页。
② 王利器：《文子疏义》，中华书局 2000 年版，第 225 页。
③ 王利器：《文子疏义》，中华书局 2000 年版，第 224－225 页。

名，非藏书者也。"① 用这个观点指导人们做事，《文子·道原》主张："执道以耦变，先亦制后，后亦制先。"②

在事物的变化问题上，文子主张"积"，把"积"看作促成事物变化的重要因素，认为事物不积就不能成，"不积而能成者，未之有也"。但是，《文子》已经看到，"积"是有限度的，因为事物之间有紧密的联系，一方面"积"而过度，另一方面就会不足，而且，"积"到了限度，事物的发展就会终止。所以，《文子》强调"和"。它认为："天地之炁，莫大于和。和者，阴阳调，日夜分。"③ 但"和"是怎么来的呢？它认为是"阴阳交接"的结果："积阴不生，积阳不化，阴阳交接，乃能成和。"事物相互矛盾的两个方面互相交接，就可以达到和谐。

在阴阳二者中，《文子》已经有了后世道教的尚阳思想。《文子·上德》说："阴害物，阳自屈。阴进阳退，小人得势，君子避害，天道然也。阳气动，万物缓而得其所，是以圣人顺阳道……阳上而复下，故为万物主。不长有，故能终而复始。终而复始，故能长久。能长久，故为天下母。阳气畜而后能施，阴气积而后能化，未有不畜积而后能化者也。故圣人慎所积。阳灭阴，万物肥。阴灭阳，万物衰。故王公尚阳道则万物昌，尚阴道则天下亡。阳不下阴，则万物不成。君不下臣，德化不行。故君下臣则聪明，不下臣则暗聋。"④ 老子贵阴，《文子》的这一主张显然与《老子》的主张相反。

《文子》对性、情与天理的关系做了论述⑤，其中还有与《管子》的"心术"雷同的思想。它说："达于心术之论者，即嗜欲好憎外乎。"这是把心术当作排除情感欲望等非理性因素的干扰而形成的正确的思维方式。《文子》的心术之论涉及心、术、道这三个紧密联系的方面。它说："发一号，散无竞，总一管，谓之心。见本而知末，执一而应万，谓之术。居知所为，

---

① 王利器：《文子疏义》，中华书局 2000 年版，第 25 页。
② 王利器：《文子疏义》，中华书局 2000 年版，第 45 页。
③ 王利器：《文子疏义》，中华书局 2000 年版，第 451 页。
④ 王利器：《文子疏义》，中华书局 2000 年版，第 294－295 页。
⑤ 这些论述均与《淮南子》雷同。例如："人生而静，天之性也。感物而动，性之欲也。物至而应，智之动也。智与物接，而好憎生焉。好憎成形，而智出于外，不能反己，而天理灭矣。"王利器：《文子疏义》，中华书局 2000 年版，第 25 页。）"邪与正相伤，欲与性相害，不可两立，一起一废。"（王利器：《文子疏义》，中华书局 2000 年版，第 193 页。）"故圣人不以事滑天，不以欲乱情，不谋而当，不言而信，不虑而得，不为而成。"（王利器：《文子疏义》，中华书局 2000 年版，第 26 页。）

行知所之，事知所乘，动知所止，谓之道。"① 这高扬了心的功能，并把术提升到道之用的思想高度。

对道家无为而治的王道之术，《文子》有较为系统的看法②。它主张以道治国，说："所谓天子者，有天道以立天下也。立天下之道，执一以为保。反本无为。"③ 这其中一个重要方面是效法天道，抓准时机进行制度改革。它说："天地之道，极则反，益则损。故圣人治弊而改制，事终而更为。其美在和，其失在权。"④ 改制一定要在最佳时机下手，因为"夫事生者应变而动，变生于时，知时者无常之行"⑤。通过改革弊制，促进社会政治的各个方面和谐相处，这才是真正的为治之道。从稳定社会的角度出发，《文子·下德》主张："善治国者，不变其故，不易其常。"⑥ 从这里可以看出，《文子》所主张的制度改革其实只是针对那些落后于时代的弊制。对于法律，不但要作为常而保持，而且还要强化。如《文子·上义》所说："夫法者，天下之准绳也，人主之度量也；县法者，法不法也。法定之后，中绳者赏，缺绳者诛。虽尊贵者不轻其赏，卑贱者不重其刑。犯法者虽贤必诛，中度者虽不肖无罪。是故公道行而私欲塞也。"⑦

《文子·道德》主张，帝王的行为必须适应天下之人的情况，说："故帝者天下之适也，王者天下之往也，天下不适不往，不可谓帝王。"⑧ 这其中的首要方面是以民为本，让人民过上富足的生活，如《文子·微明》说"帝王富其民，霸王富其地，危国富其吏"⑨。其次是用人要得当，《文子·道德》

① 王利器：《文子疏义》，中华书局 2000 年版，第 316 页。
② 这些论述同样与《淮南子》雷同。例如，它把"无为"定义为："所谓无为者，不先物为也。无治者，不易自然也。无不治者，因物之相然也。"（王利器：《文子疏义》，中华书局 2000 年版，第 11 页。）"不先物为"的意思就是："所谓无为者……循理而举事，因资而立功，推自然之势，曲故不得容，事成而身不伐，功立而名不有。"（王利器：《文子疏义》，中华书局 2000 年版，第 368－369 页。）在政治领域，"所谓无为者，非谓其引之不来，推之不去，迫而不应，感而不动，坚滞而不流，捲握而不散。谓其私志不入公道，嗜欲不枉正术"。（王利器：《文子疏义》，中华书局 2000 年版，第 368 页。）无为不是什么也不做，而是顺应物性，尊重人情，排除个人成见和主观欲望的干扰，因势利导，达到"无不治"的效果。
③ 王利器：《文子疏义》，中华书局 2000 年版，第 374 页。
④ 王利器：《文子疏义》，中华书局 2000 年版，第 514 页。
⑤ 王利器：《文子疏义》，中华书局 2000 年版，第 25 页。
⑥ 王利器：《文子疏义》，中华书局 2000 年版，第 391 页。
⑦ 王利器：《文子疏义》，中华书局 2000 年版，第 476 页。
⑧ 王利器：《文子疏义》，中华书局 2000 年版，第 219 页。
⑨ 王利器：《文子疏义》，中华书局 2000 年版，第 336 页。

强调"故帝王不得人不能成，得人失道，亦不能守"①。用人的基本原则是以人的能力、功劳为标准，把人安排在他所能胜任的职位上："因其资而用之也，有一功者处一位，有一能者服一事。力胜其任，即举者不重也。能胜其事，即为者不难也。圣人兼而用之，故人无弃人，物无弃材。"②

从上述可见，《文子》的思想在实质和总体框架上并未超出《老子》的思想。《文子》是一部对《老子》进行解释的著作。

（三）范蠡及其思想

范蠡（前535？—?），春秋时期的政治家、思想家。史传范蠡之师为文子。由老子经文子而到范蠡，形成了道家思想发展的一个流派。现存的有关范蠡的资料散见于《国语》的《越语》和《吴语》、《史记》的《越王勾践世家》和《货殖列传》《越绝书》。其中，《越语》《越绝书》记载了范蠡的哲学言论，其中有《外传枕中》一篇，通篇为越王勾践与范子的问答。其中所引的《范子》当为古代的子书之一。《范子》异常重视兵学，其很可能是《汉志·兵书略》所著录的《范蠡》二篇的佚文，当是陶朱公或其后学所作，撰作时间大致为战国前期。书中所述均为道家思想，例如，它说：

> 昔者，越王勾践问范子曰："古之贤主、圣王之治，何左何右？何去何取？"范子对曰："臣闻圣主之治，左道右术，去末取实。"越王曰："何谓道？何谓术？何谓末？何谓实？"范子对曰："道者，天地先生，不知老；曲成万物，不名巧。故谓之道。道生气，气生阴，阴生阳，阳生天地。天地立，然后有寒暑、燥湿、日月、星辰、四时，而万物备。术者，天意也。盛夏之时，万物遂长。圣人缘天心，助天喜，乐万物之长。故舜弹五弦之琴，歌南风之诗，而天下治。言其乐与天下同也。当是之时，颂声作。所谓末者，名也。故名过实，则百姓不附亲，贤士不为用。而外□诸侯，圣主不为也。所谓实者，谷□也，得人心，任贤士也。凡此四者，邦之宝也。"③

这种对道与术、名与实的关系的论述，是很有价值的。其中所说的"道生气，气生阴，阴生阳，阳生天地"，与《庄子·田子方》对阴阳的议论在

---

① 王利器：《文子疏义》，中华书局2000年版，第219页。
② 王利器：《文子疏义》，中华书局2009年版，第367页。
③ 李步嘉：《越绝书校释》，武汉大学出版社1992年版，第297页。

文字上多有相合之处，说明《范子》对《庄子》是有影响的。

（四）《列子》及其思想

列御寇，一名作圄寇、圉寇，后人尊称其为列子。他大致生活于周安王四年（前398）之前的战国初期。他师从老商氏、伯高子、壶子、关尹子，曾隐居郑国圃田达四十年，后移居卫国，有弟子百丰、庄子等。

目前学术界大多数人沿袭古史辨派的观点，认为《列子》是魏晋时期的人假托列子之名作的伪书。他们的重要根据之一是，《列子·杨朱》有纵欲主义思想和反礼教思想[1]，这是魏晋时期社会风气的反映，所以《列子》是魏晋时人的伪作。其实，杨朱是老子的弟子，其思想在《孟子》《韩非子》《吕氏春秋》《淮南子》《说苑》中均有记载。追求感官欲望的满足是人的天性，任何时代都可能产生这样的思想，不一定非要到魏晋时才会有。《荀子·非十二子》所"非"的第一派就是纵欲主义："纵情性，安恣睢，禽兽行……是它嚣魏牟。"至于反礼教，《庄子》已有"礼教"一词，反礼教的思想也不一定非要到魏晋时才会有。张湛为《列子》作注，并在《序》中明言其祖父已抄录《列子》，说明《列子》不是他的伪作。嵇康曾引《列子·杨朱》的话，说明《列子·杨朱》在魏晋之际尚存于世，也不是魏晋人的伪作。仔细阅读《列子·杨朱》可以发现，其思想其实不是纵欲主义，而是"贵己""重生""全真"，即在感性层面反对"守名而累实"，本着"古之人损一毫利天下不与也，悉天下奉一身不取也"的原则，"全生"而不去身，用物养身而不为物所戕，保持本真的自然性情，不为名累，不为物役，"公天下之身，公天下之物"。总之，"《列子·杨朱》篇之核心内容在很大程度上可以视作是先秦时期杨朱一派的学说"[2]。西汉刘向曾校订过《列子》。《列子书录》记载，"孝景皇帝时书颇行于世"。如果《列子书录》的记载正确，那就说明西汉初期《列子》尚存于世。《列子》这本书不是列子本人的作品，正如《论语》不是孔子本人的作品一样，它是由列子的弟子所记载的列子的言论和其门人的著述汇集而成的。我们不否认《列子》有一些段落、句子是后

---

① 对于《列子》，东晋张湛评价说："其书大略明群有以至虚为宗，万品以终灭为验；神惠以凝寂常全，想念以著物自丧；生觉与化梦等情，巨细不限一域；穷达无假智力，治身贵于肆任；顺性则所之皆适，水火可蹈；忘坏则无幽不照：此其旨也。然所明往往与佛经相参……"这也增加了人们的怀疑，以为是佛教传入中国后的产物。

② 赵益：《〈列子·杨朱篇〉的时代及杨朱思想》，巩本栋等主编：《中国学术与中国思想史》，江苏教育出版社2002年版，第268页。

人传抄过程中加进去的，但也不能因此就抓住这些只言片语以偏概全地推断整本书都是后人的作品。严灵峰考证后指出，《列子》保全了许多古词古意①。许抗生等学者也论证了《列子》为先秦典籍②。再从《庄子》来看，《列子》有的篇章晚于《庄子》，但也有的篇章早于《庄子》。例如，《列子·黄帝》说："列子……乘风而归……足之所履，随风东西，犹木叶干壳。竟不知风乘我邪？我乘风乎？"③《庄子·逍遥游》的"列子御风而行，泠然善也"即本于此。《列子·汤问》说："殷汤问于夏革……'然则上下八方有极尽乎？'革曰：'不知也。'"④《庄子·逍遥游》所说的"汤之问棘也是已：汤问棘曰：'上下四方有极乎？'"⑤即是对《列子·汤问》所做的引申。综合这些方面来看，列子确有其人，生活于公元前5世纪末至4世纪初，晚于孔子半个世纪左右，早于庄子近半个世纪左右。《列子》虽未必是列子亲自动手撰写的，但不宜全盘否定它而视之为伪书。

《列子》的宗旨是"贵虚""全生""正名"。所谓虚，即清虚自守，无情无欲，无思无虑，全性保真。《列子》也"贵正"，这是指列子不与贪官污吏同流合污。

列子的老师壶子、关尹擅长内修。列子对此也有深究。他还擅长射箭。列子的思想对庄子影响很大，可惜他的思想对后世的影响没有庄子那么大。不过，《列子》确实有一些观点把道家的思想概括得很凝练，例如，《仲尼》说："我体合于心，心合于气，气合于神，神合于无。"⑥《列子》明确有了对"仙"的描述，《汤问》说："其中有五山焉……其上台观皆金玉，其上禽兽皆纯缟。珠玕之树皆丛生，华实皆有滋味；食之皆不老不死。所居之人皆仙圣之种；一日一夕飞相往来者，不可数焉。"⑦《列子》在唐代被封为《冲虚真经》，它的思想对道教义理和清静炼养之术的影响不可忽视。

---

① 严灵峰：《〈列子〉辩诬及其中心思想》，台湾时报文化出版事业有限公司1983年版。

② 陈鼓应主编：《道家文化研究》第一辑，上海古籍出版社1992年版，第344－358页。此外，《道家文化研究》第十辑也载有这类文章。

③ 杨伯峻：《列子集释》，中华书局1979年版，第46－48页。

④ 杨伯峻：《列子集释》，中华书局1979年版，第147－148页。

⑤ 陈鼓应注译：《庄子今注今译》，中华书局1983年版，第11页。

⑥ 杨伯峻：《列子集释》，中华书局1979年版，第118页。

⑦ 杨伯峻：《列子集释》，中华书局1979年版，第151－152页。

第四节 《庄子》及其思想

《庄子》一书源于庄周。庄周（约前369—前286）是宋国蒙（今河南商丘县，一说山东曹县）人，后人称他为庄子。他的学术思想，比较完整地保存在《庄子》一书中。《汉书·艺文志》著录《庄子》五十二篇。现存的三十三篇是晋人郭象所编，包括内篇七、外篇十五、杂篇十一。晋唐以来流行的《庄子》诸本，虽有内、外、杂篇之分，但内外篇的界限尚不固定。正是因为内、外、杂篇的划分，自宋代苏轼以来，《庄子》书的真伪问题，学术界纷争近千年，迄今为止尚无定论。关于《庄子》的成书年代，刘笑敢考证后认为，内篇成书于战国中期，是庄子自己的作品；外、杂篇成书于战国后期，是庄子后学的作品。这个观点大体可以接受。我们认为，《庄子》一书是庄子和庄子后学的一部具有学派性质的思想丛书。在研究庄子的思想时，可以内篇为主，适当兼顾外、杂篇，把《庄子》视为一个整体。

庄子是先秦道家的重要人物，从《淮南子·要略》和《史记》开始，与老子合称"老庄"。他是道家思想的集大成者，或者说是道家作为一个哲学学派的确立者。如果没有他，道家就不成其为道家，老子恐怕也未必会如现在人们所知道的这样显名于后世。

庄子富于形象思维，以寓言表达哲理，"其文则汪洋辟阖，仪态万方"①。他写的文章富有气势，犹如九天落瀑，喷薄溢涌，浩浩荡荡，滔滔不绝，如汪洋大海，波流激荡，变化多端，充满着浪漫主义精神。所以，中国文学史上把庄子称为浪漫主义文学的开山鼻祖。他的思想宏阔渊深，蕴奥无穷。

（一）玄奥精深的道

在中国哲学史上，老聃最早提出"道"这个哲学范畴。庄子继承了老聃关于"道"的思想，并有所发挥，《庄子·大宗师》说："夫道，有情有信，无为无形，可传而不可受，可得而不可见；自本自根，未有天地，自古以固存；神鬼神帝，生天生地；在太极之先而不为高，在六极之下而不为深，先天地生而不为久，长于上古而不为老。狶韦氏得之，以挈天地；伏戏得之，

---

① 鲁迅：《汉文学史纲要》，人民文学出版社1973年版，第17页。

以袭气母；维斗得之，终古不忒；日月得之，终古不息……"①"道"虽然无形无象，却最具有实在性，是自在、自然的，也是先验的。同时，它还是化生万物的本源。在万物生成之后，它仍然时时处处发挥着作用，是万物的本体。

为了说明这个问题，庄子对宇宙最终的"究极原因"做了一番别有风味的推论。他在《庄子·齐物论》中有段话说：世界在时间上从什么时候开始是弄不清楚的。你说宇宙有它自己的开始，那么在有开始之前必然有没有开始的阶段。再推而远之，那就是没有开始的没有开始阶段。宇宙究竟从何时开始呢？那是永远推不到头的。如果就有无而论，宇宙是先有它的"有"呢，还是先有它的"无"？如果说有"有"，有"无"，那么在此之前就是没有"有"和"无"。再往前推，连没有"有"和"无"也没有。现在突然说"有无"了，但不知有、无谁是真有，谁是真无。这段话不太容易读，但庄子的意思还是不难弄清楚。他做这一推论想表达的是，关于宇宙的开始问题，循直线式的因果链条去逆推探求是永远推论不到终点的，即使像老子"有生于无"的话也没有说明世界的起源问题。质言之，本源论是有局限性的，要突破它的局限性，就要从本体论来看问题。

庄子比老子前进一步的地方之一是，对"道"和"物"的关系，他提出问题并做了细密的论证和回答，凸显了道的本体性。他说："有先天地生者物邪？物物者非物。物出不得先物也。"② 有形的万物乃至阴阳之气、五行之实，都摆脱不了其具体实物性，都还是"不得先物"而存在的有限之物。只有使万物成为万物的那个"非物"（"物物者"）——"自本自根"而又能"生天生地"的"道"，才能先于物而存在并成为万物的本根。质言之，道不具有物质的规定性。但在涉及与具体事物的关系时，与老子认为道超然于万物之上不同，庄子认为，"物物者与物无际"③，道与万物之间不存在截然分明的界限。道化生万物却又存在于万物之中，道与物既有根本性的差异又紧密联系在一起。

庄子以道为本体。为了论证这一点，他把道与物进行了比较，凸显出道不同于物的特性。他以物为有限，以"道"为无限，认为二者的存在形式是

① 王叔岷：《庄子校诠》，中华书局 2007 年版，第 228 页。
② 王叔岷：《庄子校诠》，中华书局 2007 年版，第 842 页。
③ 王叔岷：《庄子校诠》，中华书局 2007 年版，第 826 页。

根本不同的。有形的万物有空间和时间的限制，是相对的存在，而"道"则是超越空间、时间的绝对存在。"道"无所依存，自作主宰，自己就是自己之所以如此而不是如彼的充分必要根据，是时间、空间无法规范的，或者说，是在时空之外。

从本体论的角度来看，"道"是派生万物的实体，"物"是"道"派生的结果。庄子以"道"为"全"，以具体的事物为"偏"。他认为"道"衍生万物，而物不过是变易的形影，是"道"的表现。"形"是变幻的，万物之间发生着从一个形影到另一个形影的转变，"万物以形相生"①。人们所感知的事物的变化，只不过是从开始到终结的形形相易。以"形"相生相易的万物都有成有毁，而"道"则无成无毁，所以"道"是绝对的"全"。从"道"分出来的每一个具体事物都是不全之"偏"。某一事物的出现是"成"，但同时对另一个事物来说就有"亏"。正如吹管操琴虽然演奏出了一些声音，但同时也遗漏了很多声音。演奏出来的声音是成，而漏掉的就是亏。音乐家一演奏就有成与亏，不演奏反倒无成与亏。发出声音而声遗，不发声而声全，所以不发声才是合乎"道"的。在庄子看来，人的任何作为，都是一偏，"偏"和作为"全"的"道"是违反的，只有"无成与毁"才符合"道"。要达到"无成与毁"，就应该无所作为。从与道合一的角度来说，这些观点未尝没有道理。

庄子认为，从道的高度来看待世界，处于不断运动变化中的万事万物，它们的性质和存在都是相对的、暂时的。既然如此，就谈不上有真正的质的稳定性和差异性。他举例说："楚与楹，厉与西施，恢恑憰怪，道通为一。"②这意思是说，纤小的草茎与粗大的屋柱，传说中的丑人与吴王的美姬，宽大、狡诈、奇怪、妖异等种种质的差别，从"道"的高度来看，都可通而为一。总之，他认为事物的性质、差异是相对的。这种相对性不是来源于事物本身，而是取决于人的认识，取决于观察者的角度、比较的参照物及度量衡标准。从道的高度来看，一切大小、寿夭、贵贱等的差别都是人为的、主观的，因而是不必要的。所以他主张万物齐一，要人们以"道"观物。

万物齐一的观点引申进人类社会中就是"齐是非"。在庄子看来，世间根本就没有真是真非可言。是、非观念原出于人们的"偏见"，也就是他所

---

① 王叔岷：《庄子校诠》，中华书局 2007 年版，第 816 页。
② 王叔岷：《庄子校诠》，中华书局 2007 年版，第 61 页。

谓的"成心"："未成乎心而有是非，是今日适越而昔至也。"① 他所谓的"成心"或"偏见"，实则包括人们的一切见解和议论。"偏"与作为"全"的"道"是相对而言的。任何学术思想或言论的出现都是一偏，都是"道"的亏损："是非之彰也，道之所以亏也。"② 他认为微不足道的成就和华丽的言辞是儒、墨是非产生的根源。"道隐于小成，言隐于荣华。故有儒、墨之是非。"③ 小小的成就是"偏"，任何言辞对知识的表达也是"偏"。这是因为任何言辞对"知"的表达都是片面的，有肯定或有否定，所以一切言说都是一"偏"。在他看来，是非观念既然是相对的，是因人而异的，那就没有真正的是和真正的非。"彼亦一是非，此亦一是非"④，没有辩论是非的必要，是非也是无法辨明的。他在《庄子·齐物论》中讲了一个寓言故事。养猴老人对猴子们说：早晨给你们三升橡子吃，晚上给吃四升，好吗？众猴听了都发怒。老人只好说：那么早晨给四升，晚上给三升，怎么样？猴子们听了皆大欢喜。其实名称和数量都没有变，却其一以喜，其一以怒。人们"劳神明"去斤斤计较是非，不也和猴子们相似吗？

但是，庄子说过："有自也而可，有自也而不可；有自也而然，有自也而不然……物固有所然，物固有所可。"⑤ 这表明他也承认，在感性层面，在不确定的表象背后，事物有其固有的确定性。对于这种确定性，他用天理或理的范畴来表征。

"理"在《庄子》中所见到的有四十多次，其含义有几种：一是自然的规律和法则："同类相从，同声相应，固天之理也。"⑥ 二是天成的秩序："留动而生物，物成生理谓之形。"⑦ 三是具体事物的特征，事物的条理："天地之理，万物之情者也。"⑧ 四是道的具体表现、得道的阶梯："知道者必达于理。"⑨ 这些含义中，最主要的是物固有的确定性的含义。虽然也有"循天人

---

① 王叔岷：《庄子校诠》，中华书局 2007 年版，第 56 页。
② 王叔岷：《庄子校诠》，中华书局 2007 年版，第 66 页。
③ 王叔岷：《庄子校诠》，中华书局 2007 年版，第 56 页。
④ 王叔岷：《庄子校诠》，中华书局 2007 年版，第 58 页。
⑤ 王叔岷：《庄子校诠》，中华书局 2007 年版，第 1087 - 1088 页。
⑥ 王叔岷：《庄子校诠》，中华书局 2007 年版，第 1232 页。
⑦ 王叔岷：《庄子校诠》，中华书局 2007 年版，第 433 页。
⑧ 王叔岷：《庄子校诠》，中华书局 2007 年版，第 598 页。
⑨ 王叔岷：《庄子校诠》，中华书局 2007 年版，第 608 页。

之理"① 的说法，但联系"圣人者，原天地之美，而达万物之理"② 来看，
"圣人之理"也是圣人对物所固有的确定性的把握。庄子认为，懂得道的人
必定能认识具体事物的理，因为道要通过具体事物的条理来表现自己。《庄
子·缮性》直接说："道，理也。"③ 由此看来，庄子用理来解释道，把理当
作在重要性上仅次于道的范畴。这是对老子思想的发展。老子没有提及理。
他所谈论的道给人一种神秘的感觉，没有与具体的现实联系起来，使人不容
易理解和把握。这个情况，在庄子那里，由于引入"理"这一范畴而得到了
改善。"万物殊理"④，虽然具体事物的理各有不同，但理又是"道之为名，
所假而行"⑤ 的，"理不可睹"⑥。这就是说，理虽然具有客观性、恒常性、
具体性，但与道有紧密联系，同道一样是一个抽象的哲学范畴。《庄子》用
理来解释道，认为理比道要具体一些，可以看作条理，并认为道和理之间是
有必然联系的，把握了道就能把握理。通过理，道向形而下的人与物的贯通
就变为可能了。明确把理作为一个哲学范畴并初步建立了道与理之间的联系，
是庄子对中国哲学的贡献之一。

　　道向形而下的贯通还有"气"这一个阶梯。关于"气"，《庄子·人间
世》说："气也者，虚而待物者也。"⑦ 气表现于自然界，有"天气""地气"
"六气""云气""春气"等；表现于人的方面，有"人气""血气""志气"
"神气"等。气的具体存在形态则只有两种：阴、阳。"阴阳者，气之大者
也。"⑧ 阴阳的形态，庄子描述道："静而与阴同德，动而与阳同波。"⑨ "以
巧斗力者，始乎阳，常卒乎阴。"⑩ 这是就静态而言。就动态而言：

　　　　阴阳错行，则天地大绝。⑪
　　　　至阴肃肃，至阳赫赫，肃肃出乎天，赫赫发乎地，两者交通成和而

　　① 王叔岷：《庄子校诠》，中华书局 2007 年版，第 549 页。
　　② 王叔岷：《庄子校诠》，中华书局 2007 年版，第 809 页。
　　③ 王叔岷：《庄子校诠》，中华书局 2007 年版，第 563 页。
　　④ 王叔岷：《庄子校诠》，中华书局 2007 年版，第 1030 页。
　　⑤ 王叔岷：《庄子校诠》，中华书局 2007 年版，第 1035 页。
　　⑥ 王叔岷：《庄子校诠》，中华书局 2007 年版，第 1034 页。
　　⑦ 王叔岷：《庄子校诠》，中华书局 2007 年版，第 130 页。
　　⑧ 王叔岷：《庄子校诠》，中华书局 2007 年版，第 1030 页。
　　⑨ 王叔岷：《庄子校诠》，中华书局 2007 年版，第 473 页。
　　⑩ 王叔岷：《庄子校诠》，中华书局 2007 年版，第 141 页。
　　⑪ 王叔岷：《庄子校诠》，中华书局 2007 年版，第 1041 页。

物生焉。或为之纪，而莫见其形。①

　　阴阳相照、相盖、相治，四时相代、相生、相杀，欲恶去就于是桥起，雌雄片合于是庸有。安危相易，祸福相生，缓急相摩，聚散以成。此名实之可纪，精之可志也。随序之相理，桥运之相使，穷则反，终则始，此物之所有。②

阴阳两种性质的气相互作用，天地原始的存在状态就会发生变动而产生万物。阴阳错行是事物运动变化的契机。这导致无穷无尽的宇宙中"始卒若环"而又"自因""自化"的"万物皆化"。以阴阳论气，使得万物的生成具有了辩证发展的性质，也为说明宇宙万物的多样性埋下了伏笔。气的运动不息表现为万物的生成、发展、灭亡的过程。从横向来看，这就是宇宙的面目：

　　察其始而本无生；非徒无生也，而本无形；非徒无形也，而本无气。杂乎芒芴之间，变而有气，气变而有形，形变而有生，今又变而之死，是相与为春秋冬夏四时行也。③

由此得出结论："通天下一气耳。"④

　　气无所不在，道也无所不在。那么，道与气之间是什么关系呢？《庄子·知北游》说："夫昭昭生于冥冥，有伦生于无形，精神生于道，形本生于精，而万物以形相生。"⑤ 这里的"精"指精气，"神"指精气的微妙作用。这样，气就成了从道到有形之物的中介。这是从纵向的本源论来看。从横向的本体论来看，"是故天地者，形之大者也；阴阳者，气之大者也；道者为之公"⑥。"公"者共也，物、气中均有道，就是顺理成章的了。对"气显现道"，庄子只是说："夫道，覆载万物者也，洋洋乎大哉！"⑦ 道的作用只有在气中才能发挥出来，因为万物都是在气中产生和运动变化的。气是从属于道的质料。不过，对这一点，庄子讲得还不是很清楚。从这两个方面来看，气把作为本源、本体的道与多样的具体事物联系起来了。初步沟通了道与气

---

① 王叔岷：《庄子校诠》，中华书局 2007 年版，第 777 页。
② 王叔岷：《庄子校诠》，中华书局 2007 年版，第 1034 页。
③ 王叔岷：《庄子校诠》，中华书局 2007 年版，第 643 页。
④ 王叔岷：《庄子校诠》，中华书局 2007 年版，第 807 页。
⑤ 王叔岷：《庄子校诠》，中华书局 2007 年版，第 816 页。
⑥ 王叔岷：《庄子校诠》，中华书局 2007 年版，第 1030 页。
⑦ 王叔岷：《庄子校诠》，中华书局 2007 年版，第 414 页。

之间的联系，并用它们来说明宇宙论，这是庄子对中国哲学的贡献之一。

（二）道向术的贯通

对于道向术的贯通，庄子比老子有了更加自觉的意识。《庄子·在宥》说，"至道之精"乃"物之质"。庄子把"人"从"物"中分离出来，认为人的产生是"道与之貌，天与之形"①。但究其实，天与人是同源同体的。《庄子·山木》提出了"人与天一也"的命题，并解释说："有人，天也；有天，亦天也。"② 庄子的"天"是无为而自然之意。这样，明确地以天人合一为根据把天道与人道的联系打通了。具体来说，天道下坠到人道，有两架关联紧密的梯子，一是性，二是命。"泰初有无，无有无名；一之所起，有一而未形。物得以生谓之德；未形者有分，且然无间谓之命；留动而生物，物成生理谓之形；形体保神，各有仪则谓之性。性修反德，德至同于初。同乃虚，虚乃大。"③ 由此可见性、命范畴在庄子思想体系中的位置。在庄子看来，作为无之道，它生化万物就是"德"。生化万物时，形体未成，阴阳初分而流行无间，这是"命"。阴阳二气运动而产生了物，万物各具样态，就称为"形"。有了物质形体，便有了精神。精神的轨则就是"性"。修性可以重新返回与道相契的德，也就是达到道的精神境界。

《老子》中"性"字未见，"命"字三见。《庄子》内篇"性"字未见，"命"字十六见。《庄子》外、杂篇中"性"与"命"直接联结对偶，约十二见，如说："长于水而安于水，性也；不知吾所以然而然，命也。"④ 关于"性"，《庄子·庚桑楚》说："性者，生之质也。性之动，谓之为；为之伪，谓之失。"⑤ 对一个具体的事物而言，性是从道这个本源产生万物时，道在该事物上的具体体现，也就是与生俱来的一个事物独有的特质。在大多数情况下，"命"是作为命运、自然之理⑥、人面对大千世界的无可奈何的意思而言的，这与道联系在一起，其内涵是潜在地混存于道中万物的构成要素，不可增加，也不可减少，具有客观的稳定性。"命有所成，而形有所适也。夫不

① 王叔岷：《庄子校诠》，中华书局 2007 年版，第 200 页。
② 王叔岷：《庄子校诠》，中华书局 2007 年版，第 753 页。
③ 王叔岷：《庄子校诠》，中华书局 2007 年版，第 433 页。
④ 王叔岷：《庄子校诠》，中华书局 2007 年版，第 700 页。
⑤ 王叔岷：《庄子校诠》，中华书局 2007 年版，第 904 页。
⑥ （宋）褚伯秀：《南华真经义海纂微》，《道藏》第 15 册，上海文物出版社、上海书店、天津古籍出版社 1988 年版，第 295 页。以下所引《道藏》皆出自此版本。

可损益。"① 另外的"命"则是指生命，如说："愿天下之安宁以活民命。"②
这说明从一开始，道家的"命"概念就有生命和性命双重含义。这是基于天
道自然的立场，以个体为本位的观点。庄子以命为自然的必然性而非人格神
的主观意志和前在命定，与儒家有别。庄子所谈的性也是指生命现象各自的
自然的规定性，无论是物性还是人性，都是自然的，而且是"常然"的，即
"古今不二，不可亏也"③。性命均是不可改变的。"性不可易，命不可变，时
不可止，道不可壅。"④ 总之，性、命都具有"全""真""素""朴""始"
"初"的性质。

　　以道观物，看到的是事物的同一性；以性观物，看到的是事物的差异性。
人一旦出生，面对的就是环境中千差万别、近乎无限多的事物。人为了活命，
得依靠物解决吃、穿、住、行等各种生存中涉及的问题，这时，人本真的性
就很可能为物所诱而发生变化，"天下莫不以物易其性"⑤。人总是社会性的
人，这样就有了社会性的人伦礼法等规范，这些规范的出现往往成为扰乱人
性的原因。"自虞氏招仁义以挠天下也，天下莫不奔命于仁义，是非以仁义
易其性与!"⑥ 虽然如此，人还是可以通过主观的努力保住性、"体道"。庄子
强调，人要像道那样行动，使自己的生命境界与道体契合。那如何行动呢?
《庄子》提出了"体性""返性"的主张，即在世俗中修养，回返与道同质
的本真之性。《庄子·缮性》说："古之存身者，不以辩饰知，不以知穷天
下，不以知穷德，危然处其所而反其性，己又何为哉!"⑦ 又说："及唐、虞
始为天下，兴治化之流，浇淳散朴，离道以善，险德以行，然后去性而从于
心。心与心识，知而不足以定天下，然后附之以文，益之以博。文灭质，博
溺心，然后民始惑乱，无以反其性情而复其初。"⑧ 据此，《庄子》在人性论
上提出了法天贵真的主张。什么是"真"呢?《庄子·渔父》说："真者，精
诚之至也。不精不诚，不能动人。""真者，所以受于天也，自然不可易也。"

① 王叔岷：《庄子校诠》，中华书局 2007 年版，第 650 页。
② 王叔岷：《庄子校诠》，中华书局 2007 年版，第 1317 页。
③ 王叔岷：《庄子校诠》，中华书局 2007 年版，第 312 页。
④ 王叔岷：《庄子校诠》，中华书局 2007 年版，第 545 页。
⑤ 王叔岷：《庄子校诠》，中华书局 2007 年版，第 317 页。
⑥ 王叔岷：《庄子校诠》，中华书局 2007 年版，第 317 页。
⑦ 王叔岷：《庄子校诠》，中华书局 2007 年版，第 571 页。
⑧ 王叔岷：《庄子校诠》，中华书局 2007 年版，第 567 页。

"真在内者，神动于外，是所以贵真也。"① "真"也就是"纯素"："故素也者，谓其无所与杂也；纯也者，谓其不亏其神也。能体纯素，谓之真人。"② "真"是秉循得之于道的天然本性，"纯素"是指性体纯粹不杂、单一无二的状态。"纯""素"与"真"是同一意义。由此出发，《庄子》把修性达到最佳状态的人称为真人③。

性与命是先天馈赠给后天的内在于身中的基质。这种基质只有通过活动才能把自己的存在表现出来。这样的活动，首先是心的活动。关于"心"，老子提出了"虚其心"，"不见可欲，使心不乱"④ 的主张，强调要俾"心善渊"⑤，从"愚人之心"上升到"圣人之心"⑥。老子言"愚人之心"与"圣人之心"，主要是就个体修养和社会治理而言。如果从一个人的成长和发展的角度着眼，或者就心的虚静与否而言，就是理想与现实意义上的两种心。现实的心存在于实在的身中，这就决定了它与气有关联，可以从气的角度给予解释。理想意义上的心，由于道是返璞归真的最后归宿，所以可以从道的角度给予解释。虽然老子没有把心与道或气联系起来，但他毕竟开创了心的二元划分。庄子继其踵。据统计，《庄子》有一百八十多处使用了"心"的概念。从得道的角度，庄子着重讨论了现实意义上的心，即"人心"。庄子认为，"人心"是因为追名逐利而产生的，它有"成心""滑心""机心""忧乐之心""相害之心"等多种表现。《庄子》初步提出了心与气的联系："未尝敢以耗气也，必齐以静心。"⑦ "欲静则平气，欲神则顺心。"⑧ 这显然是把心静作为平气的条件来看待。但这不仅仅是就聚气功夫而言，治理天下等事项同样要如此："汝游心于淡，合气于漠，顺物自然，而无容私焉，而

---

① 王叔岷：《庄子校诠》，中华书局 2007 年版，第 1238 页。
② 王叔岷：《庄子校诠》，中华书局 2007 年版，第 559 页。
③ 庄子的这些思想与郭店竹简《性自命出》颇为相似。不过，《性自命出》是儒家纳道入儒的产物。它说："凡人虽有性，心无定志，待物而后作，待悦而后行，待习而后定。喜怒哀悲之气，性也。及其见于外，则物取之也。性自命出，命自天降。道始于情，情生于性。始者近情，终者近义。知情者能出之，知义者能入之。好恶，性也。所好所恶，物也……凡性为主，物取之也……虽有性，心弗取不出。"它还说 "四海之内，其性一也。其用心各异，教使然也。"它认为道以"心术为主"。（刘钊：《郭店楚简校释》，福建人民出版社 2005 年版，第 88 - 89 页。）
④ 高明：《帛书老子校注》，中华书局 1996 年版，第 235 页。
⑤ 高明：《帛书老子校注》，中华书局 1996 年版，第 449 页。
⑥ 高明：《帛书老子校注》，中华书局 1996 年版，第 59 页。
⑦ 王叔岷：《庄子校诠》，中华书局 2007 年版，第 705 页。
⑧ 王叔岷：《庄子校诠》，中华书局 2007 年版，第 909 页。

天下治矣。"① 这就把心和气的关系提高到了较高的理论层次："气也者，虚而待物者也。唯道集虚。虚者，心斋也。"② 气、道、心被关联起来，通过"修心"③，即实践虚静的"心斋"功夫，面对外物"无心而任乎自化"，对内"德充于内""外化而内不化"，如此可以聚气，进而可以得道。正是在这个意义上，庄子说："圣人之心静乎！天地之鉴也，万物之镜也。"④

　　心的安静与否，实际上是内在于人身中，是作为道的化身的性能否充分发挥主宰、控制、规范作用的体现。这种形之于外的东西，就是情。但情一旦出现，就必然受来自社会、自然界的各种欲望的干扰，就有偏离性的本真的可能。所以，从回归性的本真的角度，庄子主张"无情"。《庄子·德充符》说："吾所谓无情者，言人之不以好恶内伤其身，常因自然而不益生也。"⑤ 即所谓"有人之形，无人之情。有人之形，故群于人。无人之情，故是非不得于身"⑥。情是与生俱来的本源自然性。无情并非否定、消灭情，而是不为情所动，超越种种情感活动所带来的烦恼和痛苦，反归本然的情。

　　从心的一般存在状态对情的约束力的角度，庄子提出了"神"的概念。他认为，如果神能够完美地约束情，那么，情也就是性。《庄子·天地》说："形体保神，各有仪则谓之性。性修反德，德至同于初。同乃虚，虚乃大。"⑦ 联系到庄子把心斋、坐忘作为得道的功夫来看，可以间接地推出他是以道在人身上所体现的性为体，而以心为用。心之用的落实就是神。神的存在则取决于形体（身）。对形神关系，《庄子》做了论述。一方面，形是神的物质基础和存在的前提。"执道者德全，德全者形全，形全者神全。神全者，圣人之道也。"⑧ 另一方面，神能够延长形的存在。"神将守形，形乃长生。"⑨ "夫醉者之坠车，虽疾不死。骨节与人同，而犯害与人异，其神全也。"⑩ 这样，形、心、神的关系是："若正汝形，一汝视，天和将至；摄汝知，一汝

----

① 王叔岷：《庄子校诠》，中华书局 2007 年版，第 279 - 280 页。
② 王叔岷：《庄子校诠》，中华书局 2007 年版，第 130 页。
③ 王叔岷：《庄子校诠》，中华书局 2007 年版，第 781 页。
④ 王叔岷：《庄子校诠》，中华书局 2007 年版，第 469 页。
⑤ 王叔岷：《庄子校诠》，中华书局 2007 年版，第 200 页。
⑥ 王叔岷：《庄子校诠》，中华书局 2007 年版，第 197 页。
⑦ 王叔岷：《庄子校诠》，中华书局 2007 年版，第 433 页。
⑧ 王叔岷：《庄子校诠》，中华书局 2007 年版，第 448 页。
⑨ 王叔岷：《庄子校诠》，中华书局 2007 年版，第 388 页。
⑩ 王叔岷：《庄子校诠》，中华书局 2007 年版，第 672 页。

度，神将来舍。德将为汝美，道将为汝居。"① 就本源论而言，"精神生于道，形本生于精"②。就本体论而言，"至道之精，窈窈冥冥；至道之极，昏昏默默。无视无听，抱神以静，形将自正。必静必清，无劳女形，无摇女精，乃可以长生。目无所见，耳无所闻，心无所知，女神将守形，形乃长生"③。

总之，天道衍生出了人的身，天道具体内在于人身中的存在形态就是性，天道所给予人的生命的活动样态和可能的限度就是命。生命的活动首先是心的活动。性的活动表现于外就是情。心对情的约束力的体现就是神。有了心神，人就可以通过它们与外界发生联系，从而为术的使用提供了可能。《庄子·天下》说："天下之治方术者多矣。""古之所谓道术者，果恶乎在？曰：'无所不在'。"④ 道术无所不在，使得心神对术的使用就有可能变为现实。在庄子看来，心神的活动必须符合于道，即清除情欲，开阔心胸，虚淡平和，提高境界，以大道来观照形而下的一切，这就是所谓的"有真人而后有真知"⑤。先秦至秦汉各派的思想家都既有理论，也有理论的实践运用。他们的道与术，几乎是无法分开的。道与术的统一，可以说是中国哲学区别于西方哲学的根本特征之一。

（三）术的铺设

如果说，老子对术的阐发，只是做了一个开端性的工作，尚未上升到自觉的程度，那么，庄子则是自觉地为道向术的贯通做了努力，并有意识地为术做了铺设。这表现在，《庄子》所直接提及的术有"浑沌氏之术""除患之术""心术""方术""道术"等，所涉及的术的种类比《老子》中的多得多，对术的描述也细致多了。

首先来看王道之术。《庄子》继承了老子的无为而治的思想，进而把这深入到性命的层次。《庄子·在宥》说："故君子不得已而临莅天下，莫若无为。无为也而后安其性命之情。"⑥ 但这种无为，是相对于君主而言的，对应于天道。对臣民则不然："主者，天道也；臣者，人道也。"⑦ 天道无为，人

---

① 王叔岷：《庄子校诠》，中华书局 2007 年版，第 811 页。
② 王叔岷：《庄子校诠》，中华书局 2007 年版，第 816 页。
③ 王叔岷：《庄子校诠》，中华书局 2007 年版，第 388 页。
④ 王叔岷：《庄子校诠》，中华书局 2007 年版，第 1291 - 1292 页。
⑤ 王叔岷：《庄子校诠》，中华书局 2007 年版，第 203 页。
⑥ 王叔岷：《庄子校诠》，中华书局 2007 年版，第 373 页。
⑦ 王叔岷：《庄子校诠》，中华书局 2007 年版，第 406 页。

道则要有为："上必无为而用天下，下必有为为天下用。"① 君道无为、臣道有为，这是庄子继老子之后对道家王道之术的一个发展。但是，庄子倡导君无为而臣有为，本质上仍然是以顺任自然、因顺人民的性情来治理国家，所以，在《应帝王》《至乐》等篇里，庄子甚至提出了无君的主张，认为就人类的自然本性来说，如同鸟儿和老鼠有能力逃避伤害一样，人也有能力保护自己，治理自己，自由自在地生存而不需要"君人者"用"经式义度"规范、制约自己，一切政治体制、规范、仁义礼法都是不必要的。这样社会才能返回到本真的朴实状态，成为"建德之国"的理想社会。在那样的社会里，人人根据自己的本真之性来行动，男人外出耕田获得粮食，女人在家纺织而制作衣服，每一个人都天真纯朴，用不着结党营私，人们行为端正而不知道这是义，相爱而不知道这是仁，诚实而不知道这是忠，正直而不知道这是信，出于本能地相互帮忙而不知道这是给予的好处。《庄子·马蹄》写道："夫至德之世，同与禽兽居，族与万物并，恶乎知君子小人哉！同乎无知，其德不离；同乎无欲，是谓素朴。素朴而民性得矣。及至圣人，蹩躠为仁，踶跂为义，而天下始疑矣。"②《庄子·天地》说："至德之世，不尚贤，不使能。上如标枝，民如野鹿端正而不知以为义，相爱而不知以为仁，实而不知以为忠，当而不知以为信，蠢动而相使，不以为赐。"③ 这与老子所描绘的"小国寡民"的社会是一致的。这实际上是当时统治阶级的贪婪和社会的阴暗面在庄子思想中的反映。《庄子》认为，这种"至德之世"是一种基于天道自然的大同社会，"颂论形躯，合乎大同，大同而无己"④。

在儒家看来，个人的价值必须在社会中才能实现，个人生命的意义必须在社会的参照系中才能凸显出来，个人的思、言、行只有在社会中才有意义，这是不证自明也无须进一步追寻其依据的。但庄子不这样认为，他要在儒家停止思考的地方做进一步的思考，要把儒家不容置疑的信念进行一番拷问。由此他发现，个人的价值并不取决于社会的赞誉而是取决于对道的契近，而道对人而言就是生命的本真，因而个人的价值完全可以由自己依据道来评价，个人生命的意义无须借助于社会的参照系凸显，只要不违背道，自己的思、

① 王叔岷：《庄子校诠》，中华书局 2007 年版，第 475 页。
② 王叔岷：《庄子校诠》，中华书局 2007 年版，第 333 页。
③ 王叔岷：《庄子校诠》，中华书局 2007 年版，第 456 页。
④ 王叔岷：《庄子校诠》，中华书局 2007 年版，第 403 页。

言、行的本身就足以凸显出生命的崇高和伟大。所以，他主张"道之真以治身"，① 神人不"以天下为事"②。

庄子进一步发展了老子的混世之术。他区分了三种可能的生存方式，提供了三种活命之方：超然而鄙夷世俗，削迹捐势而隐迹山林，圆环无隅而与世周旋。超然者厌恶世俗事务，否定伦理规范，守真贵本，"与造物者为人"。隐居者潜隐于众人之中而不显露，"道流而不明居，得行而不名处"③，无用之用，是为大用。游世者则虚而代物，与世浮沉。庄子倾向于第三种，主张"不谴是非，以与世俗处"④。在他看来，在动乱的战国时期，世情险恶，才与不才都难以全生葆真。成材的大树，因其材大而被伐；不鸣之雁因其不鸣而被烹，所以他只好处于"材与不材之间"了。要这样就只好安于命，化于时，顺于人，随俗应变，与世浮沉。"无誉无訾，一龙一蛇，与时俱化，而无肯专为。一上一下，以和为量，浮游乎万物之祖，物物而不物于物，则胡可得而累邪！"⑤ "虚而能和"，"化而不僻"，不计毁誉，或现或蛰，浮游于未始有物之先，不为物累，凡事无可无不可。这样可以如处"环中"⑥，"以无厚入有间，恢恢乎其于游刃必有余地矣"⑦。后来好好先生的思想原型就出自这里。

庄子继承了老子的养生之术，而且对它做了更为系统的论述，阐释得更加周密细致。基于反对世俗对生命的桎梏，强调个体生命价值的总原则，他提出了一套"活身""全形""卫生""养生""达生""尊生"的程序。

首先，要"活身""全形"。"活身"，是保持自己的生命存在，不为祸患灾害所夺。"全形"进一步要求在生存下去的前提下不使身体受到伤害，因为"形非道不生"⑧ 意味着形体是道所生，得道必须依赖形体的完整保持。反之，得道者必然是形全者。所以，庄子主张不以养伤身，不以利系形。他认为，小人为利，士为名，大夫为家，圣人为天下，都得以自己的身家性命为代价，这是得不偿失，甚为可悲。保养生命首先要讲究"卫生"。"卫生之

---

① 王叔岷：《庄子校诠》，中华书局2007年版，第1126页。
② 王叔岷：《庄子校诠》，中华书局2007年版，第27页。
③ 王叔岷：《庄子校诠》，中华书局2007年版，第736页。
④ 王叔岷：《庄子校诠》，中华书局2007年版，第1342页。
⑤ 王叔岷：《庄子校诠》，中华书局2007年版，第718页。
⑥ 王叔岷：《庄子校诠》，中华书局2007年版，第58页。
⑦ 王叔岷：《庄子校诠》，中华书局2007年版，第105页。
⑧ 王叔岷：《庄子校诠》，中华书局2007年版，第419页。

经，能抱一乎？能勿失乎？"①"抱一""勿失"就是"不以好恶内伤其身"，不图虚名，不用巧智，不对任何事负责，不把任何事放在心上。这是卫生之法。接着，他开出了"缘督以为经"的养生方法。身体背后的中脉是督，"缘督"就是以清洁妙运之气，顺其自然，循着督脉上行至百会穴，再经身体前面的中脉，即任脉下行至丹田。这实际上是小周天气功。他认为，这一方法"可以保身，可以全生，可以养亲"②。从这一生理内容引申开来，就是立身处世要顺着中道而行，不走极端，随俗应变，与世俯仰。养生要从细微处着眼："人之所取畏者，衽席之上、饮食之间，而不知为之戒者，过也。"③养生是全面的，"善养生者，若牧羊然，视其后者而鞭之"④。不要只注意一个方面而忽略另外一个方面。通过这样的养生，才能"达生"，即达到生命本来该有的限度，保持生命的本真。关于达生，庄子提出了修炼之术的原则。"抱神以静，形将自正。必静必清，无劳女形，无摇女精，乃可以长生。"⑤具体的修炼之术是"心斋""坐忘"。所谓"心斋"，就是排除心中的杂念，心志纯一，虚以待物。所谓"坐忘"，即凝神静坐以忘心，彻底忘掉一切，在内不感到自身的存在，在外不识有天地万物。庄子编造了一个颜回向孔子讲自己"进步"的故事：颜回首先忘记了仁义，过两天又忘记了礼乐，最后达到"坐忘"。"堕枝体，黜聪明，离形去知，同于大通，此谓坐忘。"⑥"心斋"与"坐忘"都是使内心虚寂与道合一，从而达到"朝彻"的境界。"朝彻"者，旭日初现，心境豁然开朗，此时思虑俱寂，道我合一。"朝彻，而后能见独。"⑦"道"作为宇宙万物的本体是唯一的、没有对待的，故曰"独"。此时，人与"道"同体，随"道"俱往，与变化常在。道即我，我即道。"天地与我并生，万物与我为一。"⑧无古今之异，无生死之别，不管世间有多少矛盾、困苦，都不动心。可见，庄子所谓与天地精神往来，就是自我和"道"相合一的过程。这样的"达生"，实为返回到道生万物的阶段去，此时生机蓬勃，精力最为旺盛。这才是真正的"尊生"、重生。

———————————

① 王叔岷：《庄子校诠》，中华书局2007年版，第874－875页。
② 王叔岷：《庄子校诠》，中华书局2007年版，第99页。
③ 王叔岷：《庄子校诠》，中华书局2007年版，第684页。
④ 王叔岷：《庄子校诠》，中华书局2007年版，第684页。
⑤ 王叔岷：《庄子校诠》，中华书局2007年版，第388页。
⑥ 王叔岷：《庄子校诠》，中华书局2007年版，第266页。
⑦ 王叔岷：《庄子校诠》，中华书局2007年版，第235页。
⑧ 王叔岷：《庄子校诠》，中华书局2007年版，第70页。

到了与道合一的阶段，生死就是次要问题了。此时，庄子主张参破生死，乐天知命。他认为，生、死是一种自然现象，如四时之代谢。"人之生，气之聚也，聚则为生，散则为死……故曰'通天下一气耳'。"① 生与死都是"气化"的结果。所以，庄子对生死的态度是，活着时顺应自然，死时也安详坦然。在精神与形体的关系上，他承认"其形化，其心与之然"②。为此，要着眼于心追求生命的意义。他认为，生与死，从得道的高度来看，都是命的体现。"死生存亡、穷达贫富、贤与不肖毁誉、饥渴寒暑，是事之变，命之行也。"③ 这一切都非人力所能改变，都是命运使然。既然这样，"知其不可奈何而安之若命，德之至也"④。庄子把听天由命提到"至德"的高度，主张"无以人灭天，无以故灭命"⑤。生是气聚的结果，死是气散的结果，生死均是自然的天理。他还说："死生，命也，其有夜旦之常，天也。人之有所不得与，皆物之情也。"⑥ 他把死生看作如日月之交替，是人所不能干预的。《庄子·大宗师》描写了这样一个故事：一个叫子来的人生了病，"喘喘然将死"。他的好友子梨去看他，他不但不悲伤，反而对他说：伟大的造化啊！将把你变成什么东西呢？把你送到哪里去呢？会把你变成鼠肝吗？会把你变成虫臂吗？子来说：儿子对于父母是"唯命是从"，人对于自然更应如此，他催我快死，我若不服从，就会成为自然的逆子。"夫大块载我以形，劳我以生，佚我以老，息我以死。故善吾生者，乃所以善吾死也。"⑦ 生既然是自己无法左右的，死也就不必要人为地去阻拦、延缓。庄子要求人对自然"唯命是从"，反对人对自然有所作为，担心人的作为会破坏道的运行，损伤自然物的本真之性。

但参破生死、乐天知命并非养生的究极阶段，还要进而达到"古之真人"的生命境界。古之真人的生命境界有四个特点："无待""无己""物化""相忘"。"无待"是相对于"有待"而言的。"有待"是指人的某种愿望和要求的实现，需要具备一定的主、客观条件。这些条件往往成为对人们

① 王叔岷：《庄子校诠》，中华书局 2007 年版，第 807 页。
② 王叔岷：《庄子校诠》，中华书局 2007 年版，第 53 页。
③ 王叔岷：《庄子校诠》，中华书局 2007 年版，第 190 页。
④ 王叔岷：《庄子校诠》，中华书局 2007 年版，第 138 页。
⑤ 王叔岷：《庄子校诠》，中华书局 2007 年版，第 608 页。
⑥ 王叔岷：《庄子校诠》，中华书局 2007 年版，第 221 页。
⑦ 王叔岷：《庄子校诠》，中华书局 2007 年版，第 221 页。

"自由"的束缚。他在《庄子·逍遥游》中描绘了鹏飞万里和列子"御风"的故事。大鹏高飞要靠"垂天如云"的巨大翅膀，还要有能负大翼的大风。列子"御风而行""旬有五日而后返"，这算自由的了，但犹有待于风。这些"游"都要受条件的限制，是"有待"的，算不得真正的自由。庄子认为，真正的"自由"是"无待"的，即不依赖于任何条件。《庄子·逍遥游》写道："若夫乘天地之正，而御六气之辩，以游无穷者，彼且恶乎待哉！"① 无所待而游于无穷，在阴、阳、风、雨、晦、明等各种条件下不受限制地遨游，这就是庄子所向往的生活环境，亦即"道"的自由世界。所以说，"无待"就是无所凭借，无所依赖，消除一切社会关系的和来自自然界的束缚，实现彻底的、绝对的自由。"无待"的实现有赖于"无己"。"无己"是相对于"有己"而言的。所谓"有己"，指有自我意识，即意识到自身与环境的对立与差异。"有己"使人去区分是非、善恶，计较得失、苦乐、祸福……从而引起种种苦闷。庄子认为达到"无待"的境界最根本的办法是"无己"，即从精神上超脱一切自然和社会的限制，泯灭物、我的对立，忘记了社会，也忘记了自己。在他看来，不是客观的必然束缚着人的自由，而是人们自己在思想上作茧自缚，只有自我解除束缚才能无所待。《庄子·逍遥游》说："至人无己，神人无功，圣人无名。"② 由于"无己"，就能够做到"举世誉之而不加劝，举世非之而不加沮，定乎内外之分，辩乎荣辱之境"。做到了"无己"，就意味着泯灭了物我差别，消除了主客对立，庄子把这称为"物化"。做到了"物化"，也就达到了"相忘"之境，就是"鱼相忘乎江湖，人相忘乎道术"③。到了"相忘"之境，一言一行、一思一虑，无不合乎道，那么，道也好，术也罢，不就成了多余的吗？还用得着去不停地念叨、钻营吗？这就是庄子所称颂的"真人"所达到的道、我为一的终极境界。《庄子·大宗师》说，古之真人"不知说（悦）生，不知恶死"④，对生不感到喜悦，对死也不拒绝；"脩然而往，脩然而来"，忘掉生、死，无所系恋，就能顺应自然又回到无生。"是之谓不以心捐道，不以人助天，是之谓真人。"⑤

总之，在庄子看来，为了给生命之真实解脱留下余地，不能不时时贬抑、

---

① 王叔岷：《庄子校诠》，中华书局2007年版，第17–18页。
② 王叔岷：《庄子校诠》，中华书局2007年版，第18页。
③ 王叔岷：《庄子校诠》，中华书局2007年版，第254页。
④ 王叔岷：《庄子校诠》，中华书局2007年版，第207页。
⑤ 王叔岷：《庄子校诠》，中华书局2007年版，第207页。

停止思辨理性或感性的作用。如果不了解思辨理性和感性在这一点上的局限性，而纯任思辨理性以求达到这一理想，那就与这一理想相距更远了。所以，《庄子·大宗师》说得好："有真人而后有真知。"真知即超验的形而上之知。要获得这种知，首先得使自己摆脱感性与知性的认识方式，超脱身体给人带来的种种局限，入于形而上，契于先天。

（四）《庄子》对后世的影响

庄子的学术思想对他身后中国两千多年的哲学、文艺、政治等方面都有很大的影响。道家的形成，如果没有庄子把老子的思想做了充分的发挥而使得道家定格，那是不可想象的。道家的政治思想，也是在庄子那里才有了较为系统的阐发。文学艺术方面，《庄子》有很多美学思想，对后世的文学艺术影响很大。

庄子曾做过管理漆园的小官，可能在职不久就退而隐居了。相传庄子住在破败不堪的贫民窟里靠打草鞋过日子，往往还要向别人借贷粮食，生活贫苦，营养不良，面黄肌瘦。据说他去见魏王时也是穿着带补丁的衣服。尽管如此，《史记·老庄申韩列传》记载，楚威王钦佩他的才华，以千金聘请他做宰相。庄子对使者说：千金确实是重利，卿相确实是尊位，但这好比祭祀用的牛一样，以丰厚的东西畜养多年，但是当被牵进太庙作祭品时，就是想做个自由的小猪也不可能了！你快走开，不要玷污我，我宁愿在污泥浊水中自得其乐，也不受国君们的束缚。他终生不出，过着隐居的生活，逍遥自在。他鄙视权贵，对现实深感不满，不愿和当时统治者合作。他的这种人格·心理对后世的文人士大夫影响很大。例如唐代"诗仙"李白有诗说：

> 庄周梦蝴蝶，蝴蝶为庄周。
> 一体更变易，万事良悠悠。
> 乃知蓬莱水，复作清浅流。
> 青门种瓜人，旧日东陵侯。
> 富贵固如此，营营何所求。①

这里重点讨论一下《庄子》与道教的关系。

唐代以前，《庄子》与道教的关系不很大。《太平经》似乎吸收过《庄

---

① （明）高棅编选：《唐诗品汇》，上海古籍出版社 1982 年版，第 82 页。

子》外、杂篇的方技、养生之术的思想。葛洪看过《庄子》，认为它的思想迂阔而且与神仙道教格格不入。到南朝时，陶弘景撰写《真灵位业图》，把庄子列在第三位，这是庄子得到道教承认的开始。到了唐代，皇室大力尊崇老子，兼及褒扬庄子。初唐道士成玄英疏解《庄子》三十卷，用力甚勤，思辨颇深，享誉也颇高。茅山道士李含光著有《老子庄子周易学记》三卷。天宝元年，诏封庄子为"南华真人"，改《庄子》名为《南华真经》。此后，庄子学与道教发生了越来越广泛而深刻的联系。例如，宋徽宗诏封庄子为"微妙元通真君"。

《庄子》中的神人、至人、真人等原始素材，大体上是来源于当时的神仙家。庄子人生如梦的观点和若干方术，如《庄子·逍遥游》列子的"御风而行"，《庄子·大宗师》的"心斋""坐忘""真人之息以踵"，《庄子·齐物论》南郭子綦的"隐机而坐"等，是借鉴了战国时期的方士之说。实际上，庄子的思想，如果撇开了古代神仙家的炼气等方术，几乎是不可能理解得透彻的。例如，《庄子·逍遥游》认为"小知不及大知，小年不及大年"①。"大知"的认识方法不依靠思虑，而是通过直觉达到与道体合一。这种直觉体验应该是与炼气中的心境状态和炼气修炼的效果密不可分的。我们今天固然可以认为两千年前的庄子发现了事物和认识的相对性，用相对主义批判独断主义，提出真理的标准等问题，但就庄子本人而言，其本意未必真是这样。何以见得呢？他以没有感觉思虑、浑浑沌沌为符合"道"的要求，感知、思虑敏捷反而是不好的。《庄子·应帝王》有一个寓言："南海之帝为儵，北海之帝为忽，中央之地为浑沌。儵与忽时相与遇于浑沌之地，浑沌待之甚善。儵与忽谋报浑沌之德，曰：'人皆有七窍以视听食息，此独无有，尝试凿之。'日凿一窍，七日而浑沌死。"② 南北二海之帝的识见也是一偏。唯独浑沌居中，无知亦无为。儵、忽想使浑沌有感官、有认识，反而害了它。庄子这里所讲的与气功修炼中的基本要求有惊人的雷同。他或许只是如实地把自己气功修炼的体验做了一些抽象和发挥。这为《庄子》日后被道教奉为经典奠定了基础。

从历史过程来看，《庄子》对道教的影响，首先是外、杂篇，内篇一部分与外、杂篇比较一致的观点；其后是内篇，外、杂篇一些与内篇比较一致

---

① 王叔岷：《庄子校诠》，中华书局 2007 年版，第 12 页。
② 王叔岷：《庄子校诠》，中华书局 2007 年版，第 301 页。

的理论观点。原因在于从道教的发展历程来看，首先是术，其次才是道的理论建构。《庄子》外、杂篇有许多与道教的术相类似的东西可供利用。后世道教吸收利用这些素材，几如探囊取物，到了一定阶段有必要对诸多术加以理论解释时，庄子的玄思被吸收利用就是非常自然的事了。

《庄子》外、杂篇具有鲜明的自然主义的泛神论的倾向。这后来被道教的神道设教之术改造成为宇宙间遍有神灵、万物有灵的思想。主张神道设教之术的道教宗派认为，神绝对主宰宇宙间的一切，甚至人体的心、肝、脾、肺、肾、耳、目、口、鼻、舌等各种器官都有神灵，都受神灵的左右和控制。《庄子》学派所阐述的逍遥境界、"无何有之乡"，被道教神道设教之术改造成为他们的理想环境——"仙境"。得道成仙便可以超越生死，超脱自在，不为物累，过着快活逍遥的日子。庄子学派的"坐忘""心斋"及各种养生术，被道教丹鼎派发展改造成为炼丹术，尤其是内丹术。内丹术的基本术语，如精、气、神、身、形、心、性、命、情等，都已见之于《庄子》。《庄子》的"游心于淡，合气于漠，顺物自然，而无容私焉"① 等观点，被后世炼丹家认为是必须遵循的行为模式。《道藏》中有《庄周气诀解》一类的书充分说明了这个问题。

《庄子》思想是道教理论基础的主要来源。《庄子·在宥》说过："神将守形，形乃长生。"② 这为道教理论提供了基本的立足点。道教长生成仙的目标的论证，是借助了庄子的相对主义。道教学者们应用万物存在的特殊性的事实和理论来说明，不能因为凡人皆死就否认有不死的仙人。葛洪所谓的"万殊之类，不可以一概断之"的论证方法来源于庄子所说的"殊技""殊性""殊器"。《庄子·养生主》认为"吾生也有涯，而知也无涯，以有涯随无涯，殆已"③，这就如同"朝菌不知晦朔，蟪蛄不知春秋"④ "井蛙不可以语于海者……夏虫不可以语于冰者"⑤，人的认识能力是有限的、相对的，所以"曲士不可以语于道者，束于教也"⑥。葛洪也如法论证，不见仙人并非仙人不存在，而是因为世人"浅短之耳目"认识不到幽玄微妙的神仙。只不过

① 王叔岷：《庄子校诠》，中华书局 2007 年版，第 279 页。
② 王叔岷：《庄子校诠》，中华书局 2007 年版，第 388 页。
③ 王叔岷：《庄子校诠》，中华书局 2007 年版，第 99 页。
④ 王叔岷：《庄子校诠》，中华书局 2007 年版，第 12 页。
⑤ 王叔岷：《庄子校诠》，中华书局 2007 年版，第 582 页。
⑥ 王叔岷：《庄子校诠》，中华书局 2007 年版，第 582 页。

葛洪的论证是把未知的和本来不存在的混同起来了。吴筠的《神仙可学论》也是遵循同样的路子。但道教学者和庄子不同的地方在于，他们要把"但患志之不立，信之不笃"① 和"精诚"② 注入论证过程中，使得理性和信仰奇特地混合在一起。其次，道教中充满自然主义色彩的最高人格神的观念脱胎于《庄子》。道教的最高人格神是元始天尊，对此，《隋书》说："道经者，云有元始天尊，生于太元之先，禀自然之气，冲虚凝远，莫知其极。"③ 元始天尊的两个主要特征，一是先于万物而存在，二是"禀自然之气"，实际上是《庄子》把道视为"未有天地，自古以固存"④ 和天地万物皆禀气而生这两个思想融合在一起的产物。这个元始天尊，仍然脱离不了《庄子》所具有的自然主义的色彩。《神仙通鉴》说："元者，本也，始者初也，先天之炁也。此炁化为开辟世界之人，即为盘古；化为主持天界之祖，即为元始。"⑤ 由此可知，道教的神与俗人一样是由元气构成的，同样是人，只不过是得道而不死的人罢了。所以，据传在司马承祯所著的《天隐子》中说："人生时禀得虚气，精明通悟，学无滞塞，则谓之神。宅神于内，遗照于外，自然异于俗人，则谓之神仙，故神仙亦人也。在于修我虚气，勿为世俗所论折；遂我自然，勿为邪见所凝滞，则成功矣。"⑥ 如此看来，道教的目标和道家长生久视的自然主义的人性要求是一致的，其最高宗教神所禀"天地之精"即庄子所观察到的人之"气"的"自然"本质⑦。

《庄子》也是道教诸术的理论解释的重要思想源头。"形神相守""身神合一""守神""守一"等形神关系是道教清修之术的理论基础。这些均可在《庄子》中找到相应的思想萌芽。《庄子·在宥》说："女神将守形，形乃长生。"⑧《庄子·德充符》说，"神"作为"使其形者"是生命的主宰，一旦丧失，形体就没有意义，生命也就不复存在，如同死去的母猪，形体虽然还

---

① 王明：《抱朴子内篇校释》，中华书局1985年版，第148页。

② （唐）吴筠：《宗玄先生文集》，《道藏》第23册，第659页。

③ （唐）魏征、（唐）令狐德棻：《隋书》，中华书局1973年版，第1091页。

④ 王叔岷：《庄子校诠》，中华书局2007年版，第228页。

⑤ （清）徐道述，（清）程毓奇续：《神仙通鉴》，《藏外道书》第32册，巴蜀书社1994年版，第67页。

⑥ （唐）司马承祯：《天隐子》，《道藏》第21册，第699页。

⑦ 崔大华：《庄学研究——中国哲学一个观念渊源的历史考察》，人民出版社1992年版，第482－487页。

⑧ 王叔岷：《庄子校诠》，中华书局2007年版，第388页。

在，但昔日对幼子的温情已经不复存在，正在哺乳的小猪看到后就会惊恐地逃走。所以，"纯素之道，唯神是守；守而勿失，与神为一……谓之真人"① "夫哀莫大于心死，而人死亦次之"②。这些无疑是道教形神关系观点最初的、直接的理论来源。关于"守一"，老子首先谈"得一"，即得道。庄子则把它转化为心地功夫的原则，即"守一"："我守其一以处其和，故我修身千二百岁矣。"③ 并把"守一"与性联系起来，说："壹其性，养其气，合其德，以通乎物之所造。"④ 使心性纯一，保养纯正之气，使自己的德性与自然相合，就能通乎道。庄子的思想为此后的道家乃至道教的守一思想奠定了基础。但庄子所守的一是道，道教所守的一则是被具体化为心中意念的恒一不变，心境的宁静。当然，应该看到，道教对《庄子》思想的利用，不是抄袭，而是做了合于其实际需要的改造。这种改造的主要特征，一是构成人体生命的基本要素被实体化，人体器官被人格神化。例如，"精"在《庄子》中是作为一个与"神"含义相近乃至相同的同义词来使用的，"今子外乎子之神，劳乎子之精"⑤ "上悖日月之明，下烁山川之精"⑥ "弃事则形不劳，遗生则精不亏。夫形全精复，与天为一"⑦。显然，"精"和"神"在《庄子》中是被作为与"形"相对的内在于人心中的思维的精神性表现或存在。但在道教中，精与神的内涵都有了改变，精被实体化了。如《庄周气诀解》所说："气化为血，血化为精，精化为神。"⑧ 精、神都成了人身中具有生理机能的实体。精还往往被具体地指认为是精液："结精育胞化生身，留胎止精可长生。"⑨ "还精补脑"的修炼术所使用的也是精液的含义。"神"作为构成人的生命的精神性要素，在《庄子》中往往被拟人化地描写为"真君""真宰"："若有真宰，而特不得其眹。可行已信，而不见其形。有情而无形。百骸、九窍、六藏……其有真君存焉！如求得其情与不得，无益损乎其真。"⑩

---

① 王叔岷：《庄子校诠》，中华书局2007年版，第558－559页。
② 王叔岷：《庄子校诠》，中华书局2007年版，第772页。
③ 王叔岷：《庄子校诠》，中华书局2007年版，第388页。
④ 王叔岷：《庄子校诠》，中华书局2007年版，第668－669页。
⑤ 王叔岷：《庄子校诠》，中华书局2007年版，第200页。
⑥ 王叔岷：《庄子校诠》，中华书局2007年版，第360页。
⑦ 王叔岷：《庄子校诠》，中华书局2007年版，第665页。
⑧ 《庄周气诀解》，《道藏》第18册，第417页。
⑨ 《黄庭内景玉经注》，《道藏》第6册，第507页。
⑩ 王叔岷：《庄子校诠》，中华书局2007年版，第52页。

但道教不理会庄子的本意，把神直接曲解为人格神，成为人身中的"五脏神"等。"故人能清静……其真神在内，使人常喜……久久自能见神。神长二尺五寸，随五行五藏服饰……"① 这在《黄庭经》一系的道经中表现得尤其突出。可以断言，《庄子》对道教的影响，初期主要是道教吸收其中的素材来充实术的修炼，或做一些简单的解释。南北朝后期开始，《庄子》形而上的哲学思想对道教的影响才凸显出来。

道教希图通过术的修炼而得道。这个思想仍然来源于《庄子》。庄子通过庖丁之口说："臣之所好者道也，进乎技矣。"② 解牛活动的目的是得道，技、术不过是得道的工具。这则寓言说明，通过长期的"依乎天理"的实践，达到"以神遇不以目视，官知止而神欲行"的程度后，人的活动自然而然地合于自然的天理，这实际上是一种得道的境界。对这个思想，《庄子·天地》有更明确的阐发："故通于天地者，德也；行于万物者，道也；上治人者，事也；能有所艺者，技也。技兼于事，事兼于义，义兼于德，德兼于道，道兼于天。故曰：'古之畜天下者，无欲而天下足，无为而天下化，渊静而百姓定。'记曰'通于一而万事毕，无心得而鬼神服'。"③ 这是一个从天人合一到天人相分，涉及治国、兴邦、立身、处事、修养等众多形而下的活动。在这些活动中体验、证验了道本体的存在，又重新返回到天人合一的循环结构。具体来说就是，由天道来理解物产生的本源，就万物的运动变化来理解天道的本体，合理利用人身之外的万物来促进个体生命和社会的发展，这本身就是遵循天道，就是与人、物的本源和本体相统一。人由自然的本源来，也要回归到自然的本源去；人受万物的本体的驾驭而生，也要遵循万物的本体而存。人的生存，无非就是天道显示自己存在的一种方式罢了。庄子"道进乎技"的思想，被道教继承下来。道教徒通过术的修炼而回返本源，实际上是达到与道本体的同一。道教的全部思想归结起来，就是这么一点。

---

① 王明编：《太平经合校》，中华书局 1960 年版，第 722 页。
② 王叔岷：《庄子校诠》，中华书局 2007 年版，第 105 页。
③ 王叔岷：《庄子校诠》，中华书局 2007 年版，第 411 页。

第五节　战国晚期的道家思想

（一）稷下道家

　　稷下道家，是指在稷下学宫中从事学术活动而在思想上以道家为主的那一部分学者组成的学术派别。稷下学宫系齐国在养贤之风下所设立的学术研究机构，其中的学者们受禄却"不治而议论"，展开百花齐放、百家争鸣的自由的学术探讨，前后持续了一百年之久，这在中国历史上是极其罕见的。齐国欲与秦国较量，仿效秦国宣布黄帝为自己的先祖，而且把老子视为自己的同乡，这促使学宫把道家思想确立为自己的主导思想，并以"黄老"标榜。当然，"黄""老"二者之中，"黄"只是旗帜，"老"才是实质内容。学宫中最著名的四个人，宋钘、尹文以道家思想为主，糅合部分墨家、名家思想；慎到、田骈也是以道家思想为主，但倾向于法家。《史记·孟子荀卿列传》说，慎到、田骈、接子、环渊"皆学黄老道德之术"。学宫推尊黄老的思想在社会上产生了很大的影响，以至于《庄子·盗跖》有"世之所高，莫若黄帝"的说法。

　　《管子》旧题为管仲所著，但学术界的研究认为，它是由稷下学宫的学者们奠定基础，后人附益而成的著作。《汉书·艺文志》的目录里，《管子》著录于《诸子略》道家类，正好位于《老子》之前。近十年来很多学者着眼于《管子》的思想内容，断言《管子》属于道家者实在不少。确实，《管子》的《心术上》《心术下》《白心》《内业》《枢言》《宙合》《九守》《水地》等篇，由于侧重于以道家哲学论说法家政治的理论建设，即主导思想是道家，它们大体上可以断定为稷下道家的著作。大概也是这个原因，道教在六十甲子裿团中，把管仲奉为"丙申太岁管仲大将军"。据说宋代所刻的《大宋天宫宝藏》收载了《管子》，明《正统道藏》中虽然没有，但这也足以说明《管子》曾经对道教思想产生过影响。分析之后，我们认为，对道教思想有影响的，主要是前述的几篇。下面以这几篇为主具体分析《管子》思想及其与道教的关系。

　　这几篇继承了老子及其后学对"道"的观点，认为道存在于天地之间，

其大无外，其小无内，"虚无无形谓之道"①，是万物产生的最初源头："万物
以生，万物以成，命之曰道。"② 万物禀道之精而生，万物禀道而成。"道
者……小取焉则小得福，大取焉则大得福，尽行之而天下服。"③ 这就是说，
道还是万物存在的最终依据和运动变化所须遵循的规律。这几篇还有把道等
同于精气的思想，如《管子·内业》说："夫道者，所以充形也。"④ 《管
子·心术下》说："气者，身之充也。"⑤ 这里的"气"，不是呼吸之气，而
是"精气"。《管子·心术下》认为："一气能变曰精。"⑥ 精为气之精，气与
道结合，万物才能产生。此外，这几篇中有一些把"道"主观化、神秘化的
倾向，如《管子·内业》说："彼道自来，可藉与谋……其细无内，其大无
外。"⑦ 这是把道当成了某种神秘的精神实体，力图打通道与人之间的联系。
它进一步论述说，道在人则为心，心平正、宁静则道定。《管子》对心的理
解主要是从其自然属性和功能着眼。《管子·内业》说："心也者，精之所
舍。"⑧《管子》一方面把心视为容纳精气的空间，另一方面把心当作智慧的
源泉。"心也者，智之舍也。"⑨ 这强调了心的理性认知功能，与孟子侧重考
察心的道德评判选择职能迥然有异。《管子》把忧、悲、喜、怒、欲、利等
人心的情感、欲望视为阻碍、遮蔽道的光明的因素。《管子·内业》提出：
"止怒莫若诗，去忧莫若乐，节乐莫若礼，守礼莫若敬，守敬莫若静。内静
外敬，能反其性，性将大定。"⑩《管子》认为，只有克制它们，心才能平和
宁静。这就是"修心""治心"。得道之人，"心全于中，形全于外"⑪，不逢
天灾，不遇人害，可以长寿。将心的修养之术直接称为"心术"，无疑凸显
了心的重要性和修心的必要性。《管子》的这些思想，无疑对后世道教有
影响。

对道与德的关系，《管子·心术》做了论述。它看到了道与德之间的区

① 黎翔凤撰，梁运华整理：《管子校注》，中华书局 2004 年版，第 759 页。
② 黎翔凤撰，梁运华整理：《管子校注》，中华书局 2004 年版，第 937 页。
③ 黎翔凤撰，梁运华整理：《管子校注》，中华书局 2004 年版，第 793 页。
④ 黎翔凤撰，梁运华整理：《管子校注》，中华书局 2004 年版，第 932 页。
⑤ 黎翔凤撰，梁运华整理：《管子校注》，中华书局 2004 年版，第 778 页。
⑥ 黎翔凤撰，梁运华整理：《管子校注》，中华书局 2004 年版，第 780 页。
⑦ 黎翔凤撰，梁运华整理：《管子校注》，中华书局 2004 年版，第 950 页。
⑧ 黎翔凤撰，梁运华整理：《管子校注》，中华书局 2004 年版，第 937 页。
⑨ 黎翔凤撰，梁运华整理：《管子校注》，中华书局 2004 年版，第 770 页。
⑩ 黎翔凤撰，梁运华整理：《管子校注》，中华书局 2004 年版，第 947 页。
⑪ 黎翔凤撰，梁运华整理：《管子校注》，中华书局 2004 年版，第 939 页。

别，说："虚无无形渭之道。化育万物谓之德。"① 这是把道视为万物的本源，把道生化万物的功能视为德。德通过生化万物彰显了道的存在，在这个意义上，《管子》提出了"德者，道之舍，物得以生"②的命题。由此看来，道与德的关系非常紧密，所以，《管子·心术上》说："故道之与德无间，故言之者不别也。"③

"无为"是原始道家学说中的重要范畴。《管子》同样重视它，把它视为治国的最高原则："无为者帝，为而无以为者王，为而不贵者霸。"④儒家根据是否行仁义而把治国方略分为王道与霸道，《管子》的这一主张显然是受了儒家思想的影响，但把无为作为最高等级的治国方略，又显示了其内容的道家特质。《管子》认为，作为治国方略，无为要落实到心中："心术者，无为而制窍者也。"⑤ 那么，无为的内涵是什么呢？《管子》对此给出了不同于原始道家的答案。它认为，无为的实质是"因"："无为之道，因也。"⑥所谓因，就是因顺自然的物性，顺应时势，因顺民心，去诈守朴，去掉主观的成见和偏见，因才而用，无益无损，保持政策的连续性和一致性；进一步，公而忘私，不积私财，分利于民。

秉承道家的传统，《管子》把哲理落实于人的生命的珍视、养护、延续上，对养生的原理、方法、原则等做了探讨。它认为，精、气对人体的作用的维持，取决于人的心能否使意安定下来而保持平和中正。"定心在中，耳目聪明，四枝坚固，可以为精舍。"⑦ 据此，《管子》提出了保精的主张。心意安定的一个重要内容是除去欲望。"虚其欲，神将入舍。扫除不洁，神乃留处。"⑧"神"在这里被实体化了："有神自在身。"⑨ 精与神是同一个东西。这与《庄子》的看法基本一致。如此看来，形神之别只是气的精粗而已。神的实体化的思想，是以"存思"之术为主的道教宗派修炼思想的根本。《黄

① 黎翔凤撰，梁运华整理：《管子校注》，中华书局2004年版，第759页。
② 黎翔凤撰，梁运华整理：《管子校注》，中华书局2004年版，第770页。
③ 黎翔凤撰，梁运华整理：《管子校注》，中华书局2004年版，第770页。
④ 黎翔凤撰，梁运华整理：《管子校注》，中华书局2004年版，第84页。
⑤ 黎翔凤撰，梁运华整理：《管子校注》，中华书局2004年版，第767页。
⑥ 黎翔凤撰，梁运华整理：《管子校注》，中华书局2004年版，第771页。
⑦ 黎翔凤撰，梁运华整理：《管子校注》，中华书局2004年版，第937页。
⑧ 黎翔凤撰，梁运华整理：《管子校注》，中华书局2004年版，第759页。
⑨ 黎翔凤撰，梁运华整理：《管子校注》，中华书局2004年版，第938页。

庭内景经》说："散化五形变万神，是为黄庭曰内篇。"①《黄庭外景经》说："内息思存神明光，出于天门入无间。""清静无为神留止。"②《太清中黄真经》说："百窍关连总有神。"③"六腑万神恒有常。"④人身每一个器官都是神舍，存思则神守舍而不去，或神游而返舍。神在身则生命常存。这与上述《管子》的思想是一致的，显然是受了《管子》的影响。从养生的角度，《管子》提出了若干"戒"条，说："滋味动静，生之养也。好恶喜怒哀乐，生之变也。聪明当物，生之德也。是故圣人齐滋味而时动静，御正六气之变，禁止声色之淫。邪行亡乎体，违言不存口，静然定生，圣也。"⑤后世道教的斋戒理论，基本上没有超出这个框套。

《管子》有《九守》篇，九守即主位、主明、主静、主赏、主问、主因、主则、主参、督名。如"主位"指的是："安徐而静，柔节先定，虚心平意以待须。"⑥道教也有"九守"⑦，即守和、守神、守气、守仁、守简、守易、守清、守盈、守弱。例如"守弱"指的是："夫精神气志者，静而日充以壮，躁而日耗以老。是故圣人持养其神，和弱其气，平夷其形，而与道沉浮。如此，则万物之化无不偶也，百事之变无不应也。"⑧虽然《管子》的"九守"是治世之术，而道教的"九守"是修真之术，但二者在实质上有相通之处，后者由借鉴前者而来是无疑的。

《管子》有不少法治思想与道家有密切的关系。《管子·心术上》主张："事督乎法，法出乎权，权出乎道。"⑨"权"的本义是秤锤，引申为"衡量""标准"。《管子·七法》解释说："尺寸也，绳墨也，规矩也，衡石也，斗斛也，角量也，谓之法。"⑩《管子·法法》曰："宪律制度必法道。"⑪《管子》又称"法"为"天下大仪""天下之至道"。它强调，法是道在社会领域的

---

① （宋）张君房纂辑，蒋力生等校注：《云笈七签》，华夏出版社1996年版，第58页。
② （宋）张君房纂辑，蒋力生等校注：《云笈七签》，华夏出版社1996年版，第71－72页。
③ （宋）张君房纂辑，蒋力生等校注：《云笈七签》，华夏出版社1996年版，第76页。
④ （宋）张君房纂辑，蒋力生等校注：《云笈七签》，华夏出版社1996年版，第79页。
⑤ 黎翔凤撰，梁运华整理：《管子校注》，中华书局2004年版，第509页。
⑥ 黎翔凤撰，梁运华整理：《管子校注》，中华书局2004年版，第1040页。
⑦ （宋）张君房纂辑，蒋力生等校注：《云笈七签》，华夏出版社1996年版，第553－556页。
⑧ （宋）张君房纂辑，蒋力生等校注：《云笈七签》，华夏出版社1996年版，第556页。
⑨ 黎翔凤撰，梁运华整理：《管子校注》，中华书局2004年版，第770页。
⑩ 黎翔凤撰，梁运华整理：《管子校注》，中华书局2004年版，第106页。
⑪ 黎翔凤撰，梁运华整理：《管子校注》，中华书局2004年版，第301页。

化身，"法者，天下之至道也"①，因而《管子·君臣上》有"明君之重道法而轻其国"② 之说。它认为，法是维护老百姓利益的最有效的工具："法者，民之父母也。"③ 法还是在社会生活中分清是非、消除疑难的有效工具："法者，天下之仪也，所以决疑而明是非也。"④ 法有助于消除矛盾、解决纠纷。法具有明白无疑的清晰性和任何人都不得不遵循的必然性："法者，所以同出不得不然者也。"⑤ 既然如此，法律必须体现公平、公正的原则，并应该向全体人民公开，尤其执法者必须严格依法办事，对所有人一视同仁："凡法事者，操持不可以不正。操持不正，则听治不公。听治不公，则治不尽理。"⑥ 它还把虚、静的修道要求纳入进来，要求执法者"陈义设法，断事以理，虚气平心，乃去怒喜"⑦。

《管子》还有神道设教的思想："顺民之经，在明鬼神，祇山川，敬宗庙，恭祖旧……不明鬼神则陋民不悟，不敬宗庙则民乃上校，不恭祖旧则孝悌不备。四维不张，国乃灭亡。"⑧ 后世道教之所以大讲鬼神、祭祠自然界的山岳河流之神等，设立道观、塑造神像、顶礼膜拜之风盛行，目的在于让普通老百姓通过这些比较直观的形式更容易接受道教思想并遵循修道的要求。这些神道设教的做法当与受《管子》这一思想影响有一定的关系。

稷下道家与庄子后学具有密切的思想联系。在《庄子》外、杂篇中，已经有了杂糅百家的思想倾向的萌芽，尤其是吸纳儒家思想表现得特别突出，因而后世才有庄子思想是儒家还是道家的争论。

稷下学者们以道家思想为主，杂糅百家的治学路向和他们的思想，上承庄子后学，下启黄老道家，对后世影响甚大。荀况曾经三次担任稷下学宫的祭酒，他的思想特点是从儒学的角度对道家思想进行改造和吸收。他将道家"道"的范畴吸收到自己的思想体系中作为基本范畴，用老子的"道法自然"和黄老学的"精气"说取代儒家的天命观。对道家的改造表现在，他提出了"与天地参""制天命而用之"的光辉思想，以儒家积极有为的思想改造了道

---

① 黎翔凤撰，梁运华整理：《管子校注》，中华书局 2004 年版，第 906 页。
② 黎翔凤撰，梁运华整理：《管子校注》，中华书局 2004 年版，第 563 页。
③ 黎翔凤撰，梁运华整理：《管子校注》，中华书局 2004 年版，第 298 页。
④ 黎翔凤撰，梁运华整理：《管子校注》，中华书局 2004 年版，第 1008 页。
⑤ 黎翔凤撰，梁运华整理：《管子校注》，中华书局 2004 年版，第 770 页。
⑥ 黎翔凤撰，梁运华整理：《管子校注》，中华书局 2004 年版，第 1196 页。
⑦ 黎翔凤撰，梁运华整理：《管子校注》，中华书局 2004 年版，第 1198 页。
⑧ 黎翔凤撰，梁运华整理：《管子校注》，中华书局 2004 年版，第 2－3 页。

家有一定消极性的无为思想。在认识论上，他综合道家虚、静的思想，提出了"虚壹而静"的观点。

(二)《黄老帛书》《鹖冠子》及其思想

1.《黄老帛书》

黄老学的经典是《黄帝书》和《老子》。《汉书·艺文志·诸子略》所载《黄帝书》数种，东汉时已亡佚。1973 年长沙马王堆三号汉墓出土、与《老子》乙本合卷的帛书《经法》等四篇古佚文，据考证，正是秦汉流行的《黄帝书》的重要部分，我们把它称为《黄老帛书》①。对它的成书时间和作者，王葆玹经过考证认为，它的成书时代是田齐桓公午在位的时期（前 374—前 357），它的作者是桓公午初设稷下学宫时的稷下先生②。

《黄老帛书》基于道家的宇宙观，对老子"道"的范畴做了发挥，认为"道"是万物生、成、长、养之源，"虚同为一"，这凸显了道的整体性。它认为，"道"永恒不变，存在于万物中却不见其形，在一切大小事物中普遍而恒常地发挥着作用。它就本体而论把道归结为超验的本体，就本源而论把道归结为阴阳之气的混沌状态，即"太虚""无形""未有阴阳"，但对这二者之间的关系却缺乏说明。《黄老帛书》强调，道的动静行止都非人力所为，而是道的必然存在形式。日月之代谢、四时之变化、百物之生灭等都是道的体现。道就是万物赖以存在的最终依据。

《黄老帛书》继承道家思想，把理从道中分离出来，作为一个在抽象性上仅次于道的哲学范畴。它说：

> 执道者之观于天下□见正道循理，能与（举）曲直，能与（举）冬（终）始。故能循名厩（究）理。③
>
> 物各［合于道者，］胃（谓）之理。理之所在，胃（谓）之［顺］。物有不合于道者，胃（谓）之失理。失理之所在，胃（谓）之逆。逆顺

---

① 《黄老帛书》一书的定名，学术界有三种观点：其一是较早的马王堆帛书整理小组的《经法》说；其二是《黄老帛书》或《帛书黄老》说，持这种观点的学者有裘锡圭、李零、吴光、丁原明等；其三是认为这四篇即《汉书·艺文志》所载的《黄帝四经》，持这种观点的学者有唐兰、余明光等。高亨等考订四篇中的《十大经》即《汉书·艺文志》所载《黄帝君臣》十篇。这四篇帛书，出土时只有篇名、字数，没有统一书名，我们认为，称之为《黄老帛书》似更恰当一些。另外，张烺、裘锡圭对比帛书中的"六""大"二字，认为应作《十六经》。

② 王葆玹：《老庄学新探》，上海文化出版社 2002 年版，第 90－96 页。

③ 马王堆汉墓帛书整理小组编：《经法》，文物出版社 1976 年版，第 42 页。

各自命也，则存亡兴坏可知［也］。①

　　执道循理，必从本始，顺为经纪，禁伐当罪，必中天理……②极而反，盛而衰，天地之道也，人之李（理）也。逆顺同道而异理，审知逆顺，是胃（谓）道纪。

综合这些说法，《经法》认为，理是道的补充和具体化，天下有道，万物有理，在天为道，在人、事为理。道指自然界的总规律，理指自然万物的具体规律，或者说，道指大道理，理指小道理。道的普遍性程度比理大一些。《经法》也谈到了由理可得道。道表征着世界的统一性，理表征着多样性；道表征着恒常性，理表征着变动性。通过道和理这两个范畴，可以从抽象的哲理上对世界做出比较贴切的解释，如《十大经·成法》说："一者，道其本也……一之解，察于天地。一之理，施于四海。"③

　　《黄老帛书》有丰富的辩证法思想。它认为，物极必反是道的运动法则。它认识到，事物的运动变化虽然是无穷无尽的，但当其对立面达到均衡和平衡后，就会出现一个相对稳定的阶段，即《经法·道法》所说的"应化之道，平衡而止"④。尽管"极而反"的法则是同一的，但"人之理"有"审知顺逆"的区别。人顺道而产生，把握道在事物上的具体表现而成长，违背道就会走向灭亡。由此，《黄老帛书》本着天人相应的思想⑤，提出了"执道""循理""审时""守度"的思想，这些虽然具有普遍意义，但主要是帝王之道⑥。所谓"执道"就是"无执""无处""无为""无私"地认识和掌握事物的普遍规律，如《经法·道法》说："故执道者之观于天下毁（也），

---

① 马王堆汉墓帛书整理小组编：《经法》，文物出版社 1976 年版，第 28 页。
② 马王堆汉墓帛书整理小组编：《经法》，文物出版社 1976 年版，第 23 页。
③ 马王堆汉墓帛书整理小组编：《经法》，文物出版社 1976 年版，第 73 - 74 页。
④ 马王堆汉墓帛书整理小组编：《经法》，文物出版社 1976 年版，第 2 页。
⑤ 《经法·四度》说："日月星辰之期，四时之度，［动静］之立（位），外内之处，天之稽也。""高［下］不弊（蔽）其刑（形），美亚（恶）不匿其请（情），地之稽也。""君臣不失其立（位），士不失其处，任能毋过其所长，去私而立公，人之稽也。"（马王堆汉墓帛书整理小组编：《经法》，文物出版社 1976 年版，第 24 页。）
⑥ 《经法·论》中讲帝王之道时认为帝王必须"审三名""执六柄""察逆顺""知虚实"，内容大体与此相同或有紧密的联系。"六柄"的内容是："一曰观，二曰论，三曰僮（动），四曰转，五曰变，六曰化。"它们各自的作用是："观则知死生之国，论则知存亡兴坏之所在，动则能破强兴弱，转则不失讳（韪）非之□，变则伐死养生，化则能明德徐（除）害。"（马王堆汉墓帛书整理小组编：《经法》，文物出版社 1976 年版，第 29 页。）

无执殹（也），无处也，无为殹（也），无私殹（也）。"① "执道"才能明白天道"极而反"的法则，了解社会生活中为君之道和为臣之道的区别，周密观察各种事物的变化过程，而不抱先入为主的成见、偏见。这样，就能认识精深，思想开阔，掌握天下是非的准绳。"执道"的关键是审定名实，只有名实相符，才能无不合理、无不顺道。"执道"者在处理社会政治问题时，最重要的是要做到"无执""无处""无为""无私"。"循理"之"理"，是客观的"天理"。"循理"，具体地说就是"审知顺逆"。《黄老帛书》主张理是道的具体化，主张"顺逆同道而异理，审知顺逆，是胃（谓）道纪"，也就是要求在道的总原则下根据不同对象的特殊性来研究和处理复杂的顺逆关系。它认为，"执道循理，必从本始"②。当时社会生活中最重要的顺逆是"四度"问题，即要正确认识和处理君与臣、贤与不肖、动与静、生与杀四者之间的顺逆关系。《黄老帛书》认为，"四度"等社会生活之理，表现为"法"。"法"是道所派生的，是道和理的社会表现；执道循理，必须立法。与"理"相关，《黄老帛书》指出了"数""纪"等在认识事物中的重要作用，这无疑是对老子关于道是事物运动变化规律思想的一次重大拓展，而且把定量认识事物的重要性凸显出来了。所谓"审时"，即处理各种顺逆矛盾，必须掌握事物变化发展的转折点，抓住时机，做到"静作得时"。所谓"守度"，即注意事物变化中的数量关系及其限度。《黄老帛书》突出地阐述了"度"的概念，《经法·四度》说："极而反，盛而衰，天地之道也，人之李（理）也。"③ 度即由极而反、由盛而衰的界限或临界点，是维持事物存在的界限或事物质的规定性："变恒过度，以奇相御。"④ "过极失当，变故易常。"⑤ 把握不好度，事物的平衡稳定存在就不可能，而这是"失道"的表现，如《经法·道法》所说："应化之道，平衡而止。轻重不称，是胃（谓）失道。"⑥《黄老帛书》强调了"守度"或"处于度之内"的重要性，并把这一原则运用于治国中而提出了"抱道执度，天下可一也"的原则。

《黄老帛书》对阴阳这一对范畴颇为重视。《十大经》有《姓争》一章，

---

① 马王堆汉墓帛书整理小组编：《经法》，文物出版社 1976 年版，第 2 页。
② 马王堆汉墓帛书整理小组编：《经法》，文物出版社 1976 年版，第 23 页。
③ 马王堆汉墓帛书整理小组编：《经法》，文物出版社 1976 年版，第 23 页。
④ 马王堆汉墓帛书整理小组编：《经法》，文物出版社 1976 年版，第 3 页。
⑤ 马王堆汉墓帛书整理小组编：《经法》，文物出版社 1976 年版，第 66 页。
⑥ 马王堆汉墓帛书整理小组编：《经法》，文物出版社 1976 年版，第 2 页。

以"刑""德"对举，称"刑晦而德明，刑阴而德阳"，这一命题在当时重德轻刑的背景下，是"贵阳"观的变相提法。《十大经》中的《顺道》章主张"不阴谋"，另一章《行守》里有"阴谋不羊（详）"的论断，这种反对"阴谋"的见解与"贵阳"的见解，无疑是相辅相成的。显然，《黄老帛书》持尚阳的观点，与《文子》的观点大体一致。《称》将阴阳推广应用于人伦关系的各个方面，如："主阳臣阴。上阳下阴。男阳〔女阴〕。〔父〕阳子〔阴〕。兄阳弟阴。长阳少〔阴〕。贵〔阳〕贱阴……制人者阳，制于人者阴。"①《称》将这些概括为"诸阳者法天"和"诸阴者法地"。不仅如此，《黄老帛书》既继承了老子思想强调以柔克刚的"守雌节"的重要，又在天下大乱、群雄逐鹿的背景下因应时势指出，柔和刚二者要"两相养，时相成""柔刚相成"。在大争之时不能一味地不争，决定争与不争的标准是合乎天道，因时而动。以正反相生相成的辩证法为原则，《黄老帛书》论证了文武并行，顺应天时而养生或伐死，审慎地执行文武并用的原则，才能使上下同心一致，国家强盛。

阴阳家思想发展到后来，出现了"大祥而众忌讳，使人拘而多所畏"②和"及拘者为之，则牵于禁忌，泥于小数，舍人事而任鬼神"③的弊端。从上可见，《黄老帛书》吸收了阴阳家的思想后，对它做了发展，有效地消解了这些弊端。

《黄老帛书》提出了"道生法"的思想。把道作为法的本体论根据，这不仅提升了法家的理论思辨水平，给法家注入了理论活力，开启了道法融合的新途径，而且大大强化了法的神圣性、不可违犯性，使其成为规范个体和国家行为的规定、度量和标准。为此，《黄老帛书》强调，法是治理国家最公正的法则，在法律面前人人平等，国君也不能例外，统治者只有不折不扣地依法办事才能使国家走向大治。《经法·君正》说："法度者，正之至也。而以法度治者，不可乱也。"以法治国必须与治国者、执法者的大公无私联系起来。"精公无私而赏罚信，所以治也。"④ 否则，有法不依，执法不严，违法不究，法律就成了一纸空文。在法律思想上，《黄老帛书》受到儒家的

---

① 马王堆汉墓帛书整理小组编：《经法》，文物出版社 1976 年版，第 94－95 页。
② （汉）司马迁：《史记》，中华书局 1982 年版，第 3289 页。
③ （汉）班固撰，（唐）颜师古注：《汉书》，中华书局 1962 年版，第 1734－1735 页。
④ 马王堆汉墓帛书整理小组编：《经法》，文物出版社 1976 年版，第 13 页。

影响而有"先德后刑""刑德相养"的观点。在它看来，刑是阴的属性，德是阳的属性。"凡论必以阴阳［明］大义。天阳地阴。春阳秋阴。夏阳冬阴。昼阳夜阴。"① 刑代表收敛、衰亡、凝聚、固定、静止，"德"代表发散、发展、扩张、生长、萌芽、运动、兴奋等。在它看来，正是由于阴阳两种属性的对待流行，才促成了四季的更替，万物的生长荣枯，宇宙间一切事物的运动发展。在治国方面，它吸收了一些儒家思想并以道家思想为本对其进行了改造。它认为，君、臣、士应该各守本位，各司其职，各尽其能。举动符合天地，随顺民心，与民同利，这就是"义"。本着"天地无私，四时不息"② 的思想，人应该效法天地自然的这一性质，"精公无私"。《经法·名理》认为，为私利所动会鼠目寸光，只有"唯公无私，见知不惑，乃知奋起"③，去掉私心，才能从天下国家的整体利益着眼考虑问题，不为眼前的小利蒙蔽而奋起建树丰功伟绩，才能公正地赏罚。为此，必须要修道，达到"虚无有"的程度，因为"见知之道，唯虚无有"④。"虚无有"在人的内心的具体表现是正、静、平、宁、素、精，即"惠（慧）生正，［正］生静。静则平，平则宁，宁则素，素则精，精则神。至神之极，［见］知不惑"⑤。这显然是继承了道家养生术的思想。它认为，帝王修身要做到无执无处，"虚静公正""兼爱无私"，节制欲望。

在处理臣民的关系上，《黄老帛书》主张君要谦下而与臣友善相处，视臣为师："帝者臣，名臣，其实师也。"⑥ 对待老百姓，它主张君要保民爱民。《经法·四度》主张"参于天地，阖（合）于民心"⑦。《十大经·观》也说："优未爱民，与天同道。"⑧《黄老帛书》指出，民生不易。"夫民之生也，规规生食与继。"⑨ "生食"即粮食生产。"继"指传宗接代。它强调"男农女工"的家庭生产乃"万民之恒事"。在政治活动中必需节约民力。《经法·君

---

① 马王堆汉墓帛书整理小组编：《经法》，文物出版社 1976 年版，第 94 页。
② 马王堆汉墓帛书整理小组编：《经法》，文物出版社 1976 年版，第 8 页。
③ 马王堆汉墓帛书整理小组编：《经法》，文物出版社 1976 年版，第 42 页。
④ 马王堆汉墓帛书整理小组编：《经法》，文物出版社 1976 年版，第 1 页。
⑤ 马王堆汉墓帛书整理小组编：《经法》，文物出版社 1976 年版，第 28 页。
⑥ 马王堆汉墓帛书整理小组编：《经法》，文物出版社 1976 年版，第 89－90 页。
⑦ 马王堆汉墓帛书整理小组编：《经法》，文物出版社 1976 年版，第 22 页。
⑧ 马王堆汉墓帛书整理小组编：《经法》，文物出版社 1976 年版，第 50 页。
⑨ 马王堆汉墓帛书整理小组编：《经法》，文物出版社 1976 年版，第 49 页。

正》明确说："人之本在地……民之用在力，力之用在节。"① "节民力"包括三个方面："省苛事，节赋敛，毋夺民时。"② "节"即赋敛有度。这是富民、教民的前提。《经法·君正》说："赋敛有度则民富。民富则有佴（耻）。"③ 这与《管子》所谓"仓廪实则知礼节，衣食足则知荣辱"如出一辙。上述主张，就是所谓"王术"的主要内容。《黄老帛书》第一次提出了"王术"的概念："不知王术，不王天下。知王〔术〕者，驱骋驰猎而不禽芒（荒），饮食喜乐而不面（沔）康，玩好嬛（嫒）好而不惑心。"④

综上所述，《黄老帛书》是一部以道家哲理为本兼容法家、儒家等思想而指导治国的著作。它对道家的哲理和王道之术均做了发展，在道家思想史上有较为重要的地位，对此后的道家和道教思想发展有深远的影响。

2.《鹖冠子》

在《黄老帛书》之后或大体上同时，道家出现了一些著作。它们对道家思想的一些侧面做了发展。这里仅介绍《鹖冠子》。

柳宗元和他之后的一些学者把《鹖冠子》定为伪书，证据并不充分。虽然它的"主体部分是鹖冠子所作，其中也有其弟子的著作"⑤ 和后人增益的东西，但它却是研究鹖冠子思想的基本史料。《鹖冠子》的作者传说为楚人鹖冠子，但实际上它很可能是战国晚期赵国名将庞煖的著作⑥，或庞煖是鹖冠子的弟子，《鹖冠子》的成书经过他的整理，收有他的作品。

《鹖冠子》继承了《老子》《庄子》关于道的思想，但对其做了发展。它同样把道理解为本源与本体，但侧重于把道理解为自然界的总规律："道

---

① 马王堆汉墓帛书整理小组编：《经法》，文物出版社 1976 年版，第 13 页。
② 马王堆汉墓帛书整理小组编：《经法》，文物出版社 1976 年版，第 13 页。
③ 马王堆汉墓帛书整理小组编：《经法》，文物出版社 1976 年版，第 13 页。
④ 马王堆汉墓帛书整理小组编：《经法》，文物出版社 1976 年版，第 18 页。
⑤ 孙以楷、陈广忠等：《道家文化寻根——安徽两淮道家九子研究》，安徽人民出版社 2001 年版，第 249－253 页。
⑥ 书中《近迭》《度万》《王钺》《兵政》《学问》五篇的内容都是鹖冠子答庞子之问，《世贤》《武灵王》两篇则是庞氏答赵王之问，说明《鹖冠子》与赵国文化有密切的联系。此外，书中有"庞子曰"，当是出于庞煖弟子之手，则成书年代应在战国末期和秦楚之际。（参见李学勤：《马王堆帛书与〈鹖冠子〉》，《江汉考古》1983 年第 2 期，第 51－56 页；谭家健：《〈鹖冠子〉试论》，《江汉论坛》1986 年第 2 期，第 57－62 页；李学勤：《〈鹖冠子〉与两种帛书》，陈鼓应主编：《道家文化研究》第一辑，上海古籍出版社 1992 年版，第 333－343 页；吴光：《黄老之学通论》，浙江人民出版社 1985 年版，第 157－158 页。）

者，开物者也，非齐物者也。"① 这句话的意思是，道是让物的变化持续下去的东西，即"所以然者"②，也就是规律，如《鹖冠子·能天》说："道者，通物者也。"③ 这个"通物"者就是规律。它可以为人所认识。"天高而可知，地大而可宰。"④ 道也如此。圣人"后天地生，然知天地之始；先天地亡，然知天地之终。道包之，故能知度之"⑤。

《鹖冠子》很可能是最早提出"元气"范畴的哲学史著作。《鹖冠子·泰录》说："精微者，天地之始也……故天地成于元气，万物乘于天地。"⑥ 所谓"精微者"即元气。这是把元气视为万物的本源。那么，道与元气是什么关系呢？"万物相加而为胜败。莫不发于气，通于道。"⑦ 按这里理解，元气是产生万物的本源，道则是万物运动变化的规律。《鹖冠子·环流》说："有一而有气。"⑧ 这里的"一"即《老子》"道生一，一生二，二生三，三生万物"中的"一"⑨，是无形、混沌的空。"空之谓一，无不备之谓道，立之谓气，通之谓类。"⑩ 这就是说，道、气是作为"空"的"一"的一体两面。从它的普遍存在和作用而言，是道；从它的生成万物而言，是气。道与气共同完成了生化和维持各类万物的作用。这可以说是在中国哲学史上第一次明确地把道与气的关系做了阐述。

《鹖冠子》继承了《老子》"万物负阴而抱阳，冲气以为和"的思想，指出："阴阳者，气之正也。"⑪ 阴阳虽然各自有自己的特点，但都是同一的气的两种属性。"阴阳不同气，然其于和同也。"⑫ 通过它们，人能够对万物的变化加以认识："阴阳者，分数所以观气变也。"⑬ 阴阳二气形成万物时，

---

① 黄怀信：《鹖冠子校注》，中华书局 2014 年版，第 362 页。

② 黄怀信：《鹖冠子校注》，中华书局 2014 年版，第 24 页。

③ 黄怀信：《鹖冠子校注》，中华书局 2014 年版，第 362 页。

④ 黄怀信：《鹖冠子校注》，中华书局 2014 年版，第 292 页。

⑤ 黄怀信：《鹖冠子校注》，中华书局 2014 年版，第 249 页。

⑥ 黄怀信：《鹖冠子校注》，中华书局 2014 年版，第 242 - 244 页。

⑦ 黄怀信：《鹖冠子校注》，中华书局 2014 年版，第 67 页。

⑧ 黄怀信：《鹖冠子校注》，中华书局 2014 年版，第 65 页。

⑨ 与此相关，《鹖冠子》中有"太一"的概念，如《泰鸿》说："泰一者，执大同之制，谓泰鸿之气，正神明之位者也……傅谓之道得道之常……故曰道德。"按这里所说，太一即道。但太一还有另一层含义，即天帝之别名。

⑩ 黄怀信：《鹖冠子校注》，中华书局 2014 年版，第 80 页。

⑪ 黄怀信：《鹖冠子校注》，中华书局 2014 年版，第 133 页。

⑫ 黄怀信：《鹖冠子校注》，中华书局 2014 年版，第 77 页。

⑬ 黄怀信：《鹖冠子校注》，中华书局 2014 年版，第 310 页。

又需借助于"五气"，即五行。阴阳二气的"相利相害"，五行的相生相克造成了物的"相胜""以类相从""相成相败"等现象。

在王道之术方面，鹖冠子提出了社会治理的五个层次高低不同的范式："有神化，有官治，有教治，有因治，有事治。"什么是"神化"？《鹖冠子·度万》说："神化者于未有。"① "未有"即无形，无，元气。"神化者定天地，豫四时，拔阴阳，移寒暑，正流并生，万物无害，万类成全，名尸气皇。"② "气皇"即元气。这与"太一"有关："泰一者，执大同之制，调泰鸿之气，正神明之位者也。"③ "泰鸿之气"与太一处于同一层次，显然也就是元气。由此看来，神化即以元气调理万物，以元气治国，从本源上理顺万物和人之间的关系，源正流自正。什么是"官治"呢？"官治者道于本。"④ "道于本"就是取道于根本，即阴阳。"官治者师阴阳，应将然，地宁天澄，众美归焉，名尸神明。"⑤ 神化、官治都是无为之治。什么是"教治"呢？"教治者置四时，事功顺道，名尸贤圣。"⑥ 教治就是立定规章制度，用以教化人民，使其遵从。什么是"因治"呢？"因治者招贤圣而道心术，敬事生和，名尸后王。"显然，因治就是设立伦理规范，希图通过它调节人与人之间的关系而达到社会的和谐。什么是"事治"呢？"事治者招仁圣而道知焉。苟精牧神，分官成章。教苦利远，法制生焉。"⑦ 事治就是因事而设官分职，教育人民，制定法律。《鹖冠子》希望用这些治国之道达到"寒者得衣，饥者得食，冤者得理，劳者得息"⑧，"少则同侪，长则同友，游敖同品，祭祀同福，死生同爱，祸灾同忧，居处同乐，行作同和，吊贺同杂，哭泣同哀，欢欣足以相助"⑨ 的理想社会。

《鹖冠子》继承了《老子》和《庄子》的尚一说，并把它用于治国："列地分民，亦尚一也耳。"⑩ 这个"一"，与当时的太一神，即天帝信仰有紧

① 黄怀信：《鹖冠子校注》，中华书局2014年版，第155－156页。
② 黄怀信：《鹖冠子校注》，中华书局2014年版，第157－158页。
③ 黄怀信：《鹖冠子校注》，中华书局2014年版，第214－215页。
④ 黄怀信：《鹖冠子校注》，中华书局2014年版，第156页。
⑤ 黄怀信：《鹖冠子校注》，中华书局2014年版，第158－159页。
⑥ 黄怀信：《鹖冠子校注》，中华书局2014年版，第159页。
⑦ 黄怀信：《鹖冠子校注》，中华书局2014年版，第159－161页。
⑧ 黄怀信：《鹖冠子校注》，中华书局2014年版，第36页。
⑨ 黄怀信：《鹖冠子校注》，中华书局2014年版，第192－193页。
⑩ 黄怀信：《鹖冠子校注》，中华书局2014年版，第210页。

密的联系。"中央者，太一之位，百神仰制焉。"①

《鹖冠子》吸收了儒、法、墨等家的思想，具有综合百家的特点。学者们把《黄老帛书》与《鹖冠子》比较，发现两者之间有二十多处文字基本相同或相近②。此外，《鹖冠子》与《管子》也有颇多相同或相近之处，由此可以判定它们有相互影响或同一渊源的关系，可能是同一学派的作品。

（三）《韩非子》及其思想

如果仅仅着眼于考察《韩非子》有关法的内容，把它视为法家的集大成者，确实不为错。不过，当我们追溯《韩非子》的思想渊源，并对它的思想做整体的分析，尤其是分析其哲学思想时，把《韩非子》视为一部道家著作，把韩非子视为一个道家人物，更符合实际。而且，这本身就是历史的事实，前文论述《老子》思想时已经说过，韩非的思想是道家思想的支派之一。

韩非继承了老子的道的范畴，把它视为"万物之所以然"和"万物之所以成"，进一步强化了道的本体、本源性，又针对社会人事强调了"必然之道"的重要性。韩非还继承了庄子的思想，把"理"从道中离析出来，在含义上给予了明确的界定，把它抽象成为一个真正的哲学范畴。韩非认为，"道者，万物之所然也，万理之所稽也"③。道是万物的根据，是万理存在的依据。也就是说，道是"理"之"总"，"理"是"道"之"分"。所谓"总"，就是万物得以产生、形成的根据。"理者，成物之文也；道者，万物之所以成也。故曰：'道，理之者也。'"④ 所谓"分"，就是万物产生、形成的具体规律，万物产生、形成后的条理。"凡理者，方圆、短长、粗靡、坚脆之分也，故理定而后物可得道也。"⑤ 理与具体事物的存亡联系在一起，因而万物的理各自不同。"物有理不可以相薄，故理之为物之制。万物各异理，万物各异理而道尽。"⑥ 万物的理虽然互不相同，但它们都是道在万物上的不同表现形态，都归根于道。韩非认为，道是常，理则不一定。理是事物的具

---

① 黄怀信：《鹖冠子校注》，中华书局 2014 年版，第 230 页。

② 孙以楷、陈广忠等：《道家文化寻根——安徽两淮道家九子研究》，安徽人民出版社 2001 年版，第 245－246 页。

③ （清）王先慎撰，钟哲点校：《韩非子集解》，中华书局 1998 年版，第 146 页。

④ （清）王先慎撰，钟哲点校：《韩非子集解》，中华书局 1998 年版，第 146－147 页。

⑤ （清）王先慎撰，钟哲点校：《韩非子集解》，中华书局 1998 年版，第 148 页。

⑥ （清）王先慎撰，钟哲点校：《韩非子集解》，中华书局 1998 年版，第 147 页。

体特性，是可变的。"凡道之情，不制不形，柔弱随时，与理相应。"① 理同它所存身于其中的物一起，有存亡、生死、盛衰。"故定理有存亡，有死生，有盛衰。夫物之一存一亡，乍死乍生，初盛而后衰者，不可谓常。唯夫与天地之剖判也俱生，至天地之消散也不死不衰者谓常。"② 道则是不变的，是常，是自天地开辟以来就存在，到天地消散时也不会消失、不会衰弱的东西，是外在于经验之物的超验本体。它永恒不变，不存身于某一具体的物，所以不拘缚于特定的理。"常者，无攸易，无定理。无定理，非在于常，是以不可道也。圣人观其玄虚，用其周行，强字之曰道。"③ 道是非"常"的根据，通过理的变化而体现出它的存在。道"稽万物之理，故不得不化；不得不化，故无常操；无常操是以死生气秉焉，万智斟酌焉，万事废兴焉。天得之以高，地得之以藏，维斗得之以成其威，日月得之以恒其光，五常得之以常其位，列星得之以端其行，四时得之以御其变气……道与尧、舜俱智，与接舆俱狂，与桀、纣俱灭，与汤、武俱昌"④。如此细致地论述了"道"与"理"的关系，是韩非对道家思想的一个重大发展。韩非把理作为一个重要的哲学范畴并深入探讨了道与理之间的关系，对后世道教影响很大，为宋明理学的诞生奠定了一定的基础，为中国哲学的发展做出了贡献。

韩非发展了《老子》和《列子》关于"虚"的思想。《韩非子·解老》说：

> 所以贵无为无思为虚者，谓其意无所制也。夫无术者，故以无为无思为虚也。夫故以无为无思为虚者，其意常不忘虚，是制于为虚也。虚者，谓其意所无制也。今制于为虚，是不虚也。虚者之无为也，不以无为为有常。不以无为为有常则虚。虚则德盛，德盛之谓上德。故曰："上德无为而无不为也。"⑤

韩非认为"虚"的意义就是在心地上"无思"，使得心中了无陈见和先入之见，没有既定的知识框架和陈见的束缚，能够客观、真切地朗现事物的本来面目。不仅如此，"虚"还要在行为态度上做到"无为"，顺应自然，不急躁

---

① （清）王先慎撰，钟哲点校：《韩非子集解》，中华书局 1998 年版，第 147 页。
② （清）王先慎撰，钟哲点校：《韩非子集解》，中华书局 1998 年版，第 148 页。
③ （清）王先慎撰，钟哲点校：《韩非子集解》，中华书局 1998 年版，第 148 - 149 页。
④ （清）王先慎撰，钟哲点校：《韩非子集解》，中华书局 1998 年版，第 147 页。
⑤ （清）王先慎撰，钟哲点校：《韩非子集解》，中华书局 1998 年版，第 131 页。

冒进、拔苗助长，也不优柔寡断、坐失良机。这样才能出现"无不为""无所制"的行为效果。韩非强调，要保证"无所制"就必须做到不刻意为"虚"，不刻意去"无为"。

对德，韩非赞成"德者，得也"的解释，他在《韩非子·解老》中说："德者，内也；得者，外也。上德不德，言其神不淫于外也。神不淫于外则身全，身全之谓得。得者，得身也。"① 身外得道，内化为已，就是德。这是对德与道关系的一个很有价值的解释。

道家的道论、德论是韩非全部思想的基础。他在《韩非子·解老》中说："夫能有其国保其身者，必且体道。体道则其智深，其智深则其会远，其会远众人莫能见其所极。"又说："夫道以与世周旋者，其建生也长，持禄也久……德也者，人之所以建生也；禄也者，人之所以持生也。"② 无为是道论的内容之一。韩非对道家的无为说多有发展，并把它用在君主的权术方面。他说："寂乎其无位而处，漻乎莫得其所。明君无为于上，群臣竦惧乎下。"③ 君主凭借权势，虽然无所事事，却可让臣下战战兢兢、恐惧不安。这是君主的无为。无为还表现于听取臣下的汇报之时。"听言之道：溶若甚醉。唇乎齿乎，吾不为始乎；齿乎唇乎，愈昏昏乎。彼自离之，吾因以知之；是非辐辏，上不与构。虚静无为，道之情也；参伍比物，事之形也……动之溶之，无为而改之。喜之则多事，恶之则生怨。故去喜去恶，虚心以为道舍。"④ 君主不动声色，不显露好恶之情，乃至于唇齿动作都隐微难测，整天似呆似醉，遇事不置可否。这样，臣下摸不透君主的脾气和真实意见，便不敢轻举妄动，胡作非为。如此可达到驾驭群臣的目的。

韩非主张："因道全法，君子乐而大奸止；澹然闲静，因天命，持大体。故使人无离法之罪，鱼无失水之祸。"⑤ 因道而制定法律。有了法，国君便可高枕无忧。韩非从法治的角度对道家黄老思想进行了充分的吸收和改造。以这些思想为基础，他提出了立"法"、用"术"、造"势"的系统理论。他所谓的术，指的是"因任而授官，循名而责实，操杀生之柄，课群臣之能者"，是君王借助权"势"驾驭臣民的谋略。法是对臣民而言的。但是，韩

---

① （清）王先慎撰，钟哲点校：《韩非子集解》，中华书局1998年版，第130页。
② （清）王先慎撰，钟哲点校：《韩非子集解》，中华书局1998年版，第140－141页。
③ （清）王先慎撰，钟哲点校：《韩非子集解》，中华书局1998年版，第27页。
④ （清）王先慎撰，钟哲点校：《韩非子集解》，中华书局1998年版，第47－48页。
⑤ （清）王先慎撰，钟哲点校：《韩非子集解》，中华书局1998年版，第210页。

非强调，执法必须公正，"义必公正，心不偏党也"①，法律面前人人平等，"诚有过则虽近爱必诛"②，从而把道家的王道之术发展到了成熟的阶段。

韩非指出，满足欲望、追逐名利是人性的实质，也是人际关系的原则。所以，人的道德自觉在人性之趋利本质面前是软弱得不堪一击的。但是，伦理并不因为这一点就不重要，他同儒家一样重视礼和伦理，而且在历史上首次提出了后世"三纲"的内容，只不过他不赞成儒家的亲亲原则。不仅如此，韩非还强调把伦理规范上升到法律层次，用法律来约束人，使老百姓不敢因为欲利而无所顾忌，用法的强制性力量来制恶，激发道德发挥出应有的功能，敦促人遵守道德规范。所以，作为君主，不能搞德治而要实现法治。但韩非并未抛弃伦理规范。追逐功利是韩非思想的根本点，由此出发，他主张赏利促民向善。从功利这一角度来说，他对善恶的判定不是如儒家一样依据修身养性和施与之举，而是根据道义和功用，为社会进步承担责任与履行义务时所表现出来的积极态度与实际作风，即尽职尽责、勤勉、自立、奋发向上。但是，韩非对君王的要求则完全落于空想，他要求君主公平无私、是非分明、任贤使能、头脑清醒、思维敏锐、不因忠言而怒、虚心纳谏、一心治国，成为最普遍、最高尚的道德的化身。但是，现实中的君主都是凡人，能做到这一点的有几个呢？一旦君主不能成为道德的化身，韩非的全部理论也就随之落空。不幸的是，韩非的大部分理论被后世的君主们采用了，可他们并非道德的化身，这样一来，韩非的理论就不得不对后世政治的一系列消极方面负有道义上的责任。

韩非目光犀利，思想深邃，完全掀开了层层厚重的遮羞布，看问题深刻冷静，入木三分，直透骨髓。但是，韩非对道的运用是片面的，是为现实中的功利之术服务的，由术上达于道的方面缺失了。这样一来，价值理性被抛弃了，工具理性无限膨胀，并在现实中与非理性、反文化的专制王权同流合污。从而，终极存在与终极意义被忽视了，人类的终极命运被漠视了。他把一切社会关系归结为冰冷的利益关系，错误地把利益的现实支配者当作利益的合理支配者，站在专制王权的立场上，设计了一整套以满足君王利益为核心的现实有效的政治操作体系，这成为后世君主专制中央集权的政治体制的滥觞。

---

① （清）王先慎撰，钟哲点校：《韩非子集解》，中华书局1998年版，第137页。
② （清）王先慎撰，钟哲点校：《韩非子集解》，中华书局1998年版，第30页。

第三章
秦汉和三国时期的道家与道教

　　道家思想在汉武帝采纳董仲舒"罢黜百家，独尊儒术"的建议之前，对政治和社会的影响是直接的，此后则位处民间而有间接影响，从东汉中期开始又逐渐转为直接，进而作为一个重要因素引致道教的兴起，加速了儒家的衰落，这是导致东汉灭亡的原因之一。虽然道教在产生时已经吸收了一些儒家的思想内容，如伦理规范等，但它与儒家显然有较大的差异，作为官方意识形态的儒家对它仍然是排斥的。在正统的儒家看来，《太平经》之类的道教经书"多巫觋杂语""妖妄不经，不合明听"。不过，它们也具有存世的价值。这正如历史学家范晔所说，道教诸术"能仰瞻俯察，参诸人事，祸福吉凶既应，引之教义亦明。此盖道术所以有补于时，后人所当取鉴者也。然而其敝好巫，故君子不以专心焉"①。

第一节　秦汉道家思想

（一）《吕氏春秋》

　　成书于秦始皇八年（前239）的《吕氏春秋》，有一个荟萃百家思想而自成一体的思想体系，其中道家黄老学思想占据了很大比重。它的主旨，高诱在《序》中概括为："此书所尚，以道德为标的，以无为为纲纪，以忠义为品式，以公方为检格，与孟轲、孙卿、淮南、扬雄相表里也。"② 在高诱看

---

① （南朝宋）范晔撰，（唐）李贤等注：《后汉书》，中华书局1965年版，第1085页。
② 许维遹撰，梁运华整理：《吕氏春秋集释》，中华书局2009年版，第3页。

来，《吕氏春秋》在形而上的方面是道家，在形而下的方面则是儒家、法家，它以孟子、荀子为思想渊源，对《淮南子》、扬雄的思想有深刻的影响。这一概括虽凸显出高诱重儒的立场和强化其儒的方面，但也大体上点明了《吕氏春秋》近于稷下道家、黄老道家，以道家为本纳融诸家而重在治国之术的特点。

《吕氏春秋》把"道"称为"太一"。《吕氏春秋·仲夏纪》说："道也者，至精也，不可为形，不可为名，强为之谓之太一。"① "太一"（有时被简称为"一"）被用来代表元初之气，并视为万物的本源和本体。"太一出两仪，两仪出阴阳。阴阳变化，一上一下，合而成章……万物所出，造于太一，化于阴阳。"② 由浑一未分、无边无涯的"太一"（道）逐步分化出天与地、阴与阳。阴与阳经过"合""离"两个阶段的相互作用而生成万物，如《吕氏春秋·知分》所说："凡人物者，阴阳之化也，阴阳者，造乎天而成者也。"③ 在此基础上，它以阴阳感应、五行相生相克理论为核心，把天文地理和农事政治等结合为一个天地人和谐平衡的动态整体系统——"十二纪"，详细规定了一年之内各个时期的"无为行理"，即应该行动和应该禁止的事。

《吕氏春秋·尽数》主张："天生阴阳寒暑燥湿，四时之化，万物之变，莫不为利，莫不为害。圣人察阴阳之宜，辨万物之利以便生。"④ 《吕氏春秋·首时》说："事之难易，不在大小，务在知时。"⑤ 为此，《吕氏春秋》很强调知识论意义上的理性认知。它认为，认识要从结果追溯原因，从所然弄清所以然。《吕氏春秋·审己》说："凡物之然也必有故，而不知其故，虽当，与不知同，其卒必困。"⑥ 认识的重点是把握事物运动变化的原因、特点、规律。《吕氏春秋·知化》说："凡智之贵也，贵知化也。"⑦ 在认识方法上，它推崇类推法，认为运用它能够以近知远、以今知古、以地知天、以所见知所不见；总之，以已知推测未知。《吕氏春秋·察今》说："有道之士，贵以近知远，以今知古，以所见，知所不见。故审堂下之阴，而知日月之行、

① 许维遹撰，梁运华整理：《吕氏春秋集释》，中华书局 2009 年版，第 111 页。
② 许维遹撰，梁运华整理：《吕氏春秋集释》，中华书局 2009 年版，第 108 - 109 页。
③ 许维遹撰，梁运华整理：《吕氏春秋集释》，中华书局 2009 年版，第 554 页。
④ 许维遹撰，梁运华整理：《吕氏春秋集释》，中华书局 2009 年版，第 65 - 66 页。
⑤ 许维遹撰，梁运华整理：《吕氏春秋集释》，中华书局 2009 年版，第 325 页。
⑥ 许维遹撰，梁运华整理：《吕氏春秋集释》，中华书局 2009 年版，第 208 页。
⑦ 许维遹撰，梁运华整理：《吕氏春秋集释》，中华书局 2009 年版，第 627 页。

阴阳之变。"① 理性的运用不能脱离经验，哪怕是圣人的先知也是这样。"先知必审征表，无征表而欲先知，尧、舜与众人同等。"②《吕氏春秋》还指出，人的认识往往会受主观成见、爱憎和物欲的扰乱而发生错误。

《吕氏春秋》从道家的自然主义观点出发来解释社会政治问题。它把对天地生成万物的描述直接作为针对社会现象的价值判断，并力图据此规范社会现象。《吕氏春秋·本生》认为："始生之者，天也。养成之者，人也。能养天之所生而勿撄之，谓之天子。天子之动也，以全天为故者也，此官之所自立也，立官者以全生也。"③ 本着这个核心原则，《吕氏春秋·贵公》指出："天下非一人之天下也，天下之天下也。"④ 国家既然不是国君一个人的"家"，而是普天之下所有人的"家"，那么，设立国君、官吏的目的当然不是为了阿谀奉承他们，"置君非以阿君也，置天子非以阿天子也，置官长非以阿官长也"⑤，而是为了让他们为天下人解决公共性的社会问题。《慎子·威德》说："立天子以为天下，非立天下以为天子也。"⑥《吕氏春秋·贵公》引申发挥说："天下非一人之天下也，天下之天下也。"它主张，君必须遵循君道，其中最重要的是实事求是："君虽尊，以白为黑，臣不能听。"⑦ 如果国君不行君道，人民就可以废除它，另外选择能行君道者居其位，即"废其非君，而立其行君道者"⑧。可惜的是，《吕氏春秋》没有设计出一套监督、罢免、选举和权力交接的制度。《吕氏春秋》用法家的术治思想和稷下道家的"静因之道"充实了道家的王道之术，提出了"因者，君术也。为者，臣道也"⑨，"有道之主，因而不为"的主张⑩。君道"因"而臣道"为"的观点，是对此前君"无为"而臣"有为"观点的继承和发展。用"因"来说明无为，可以避免把无为理解为无所作为的偏颇。要做到"因"，就必须虚心。《吕氏春秋》对"处虚"论述颇多。《吕氏春秋·知度》提出了"用虚

---

① 原文"以"后有"益"字，据《意林》删。许维遹撰，梁运华整理：《吕氏春秋集释》，中华书局 2009 年版，第 391 页。

② 许维遹撰，梁运华整理：《吕氏春秋集释》，中华书局 2009 年版，第 577 页。

③ 许维遹撰，梁运华整理：《吕氏春秋集释》，中华书局 2009 年版，第 12 - 13 页。

④ 许维遹撰，梁运华整理：《吕氏春秋集释》，中华书局 2009 年版，第 25 页。

⑤ 许维遹撰，梁运华整理：《吕氏春秋集释》，中华书局 2009 年版，第 546 页。

⑥ 许富宏：《慎子集校集注》，中华书局 2013 年版，第 2 页。

⑦ 许维遹撰，梁运华整理：《吕氏春秋集释》，中华书局 2009 年版，第 287 页。

⑧ 许维遹撰，梁运华整理：《吕氏春秋集释》，中华书局 2009 年版，第 545 页。

⑨ 许维遹撰，梁运华整理：《吕氏春秋集释》，中华书局 2009 年版，第 477 页。

⑩ 许维遹撰，梁运华整理：《吕氏春秋集释》，中华书局 2009 年版，第 456 页。

无为本"的观点，说："君服性命之情，去爱恶之心，用虚无为本，以听有用之言。"① 听有月之言只是"用虚无为本"的一种表现，根本的还是要无智、无能、无为。《吕氏春秋·分职》说："君也者，处虚素服而无智，故能使众智也；智反无能，故能使众能也；能执无为，故能使众为也。无智、无能、无为，此君之所执也。人主之所惑者则不然，以其智强智，以其能强能，以其为强为，此处人臣之职也。处人臣之职，而欲无壅塞，虽舜不能为。"② 君主因为处虚，所以能够返于无智、无能、无为，并因此而能够驾驭众人之智、众人之能、众人之为。这样，就把此前君无为而臣有为的观点扩展为君臣异道的众多方面。它的"大圣无事而千官尽能"③ 的观点，重视"智""能"的观点，是对先秦道家反智、能主义的偏弊的纠正，具有积极的历史意义。与"贵因""处虚"紧密相关的观点是"贵公去私"。《吕氏春秋》认为君主应该"不阿一人""无偏无党""无偏无颇"，去"私视""私听""私虑"。为此，该书主张恢复尧舜时代"皆以贤者为后""至公"的禅让制，抨击私欲盈溢的父死子继的君主世袭制："今世之人主皆欲世勿失矣，而与其子孙，立官不能使之方，以私欲乱之也。"④ 进而，该书提出了"行罚不避天子"的主张，甚至认为，如果责罚不奏效，那么，为了天下人的利益，在必要时应该运用武力诛杀暴君。"子之在上无道，据傲，荒怠……若此者，天之所诛也，人之所仇也，不当为君。今兵之来也，将以诛不当为君者也，以除民之仇而顺天之道也。"⑤ 由此出发，它提出了"有义兵而无有偃兵"，即正义的战争是必要的观点。

从道家思想的立场出发，它也吸收了儒家的仁义思想，但对其做了改造，认为对治理社会而言，"唯通乎性命之情，而仁义之术自行矣"⑥。这就把仁义之术深入到了性命的层次。

那什么是性呢？《吕氏春秋·季冬纪·诚廉》说："性也者，所受于天也，非择取而为之也。"⑦ 这是指性无法取舍、获得。《吕氏春秋·荡兵》：

---

① 许维遹撰，梁运华整理：《吕氏春秋集释》，中华书局 2009 年版，第 455 页。
② 许维遹撰，梁运华整理：《吕氏春秋集释》，中华书局 2009 年版，第 666 页。
③ 许维遹撰，梁运华整理：《吕氏春秋集释》，中华书局 2009 年版，第 439 页。
④ 许维遹撰，梁运华整理：《吕氏春秋集释》，中华书局 2009 年版，第 82 页。
⑤ 许维遹撰，梁运华整理：《吕氏春秋集释》，中华书局 2009 年版，第 172 - 173 页。
⑥ 许维遹撰，梁运华整理：《吕氏春秋集释》，中华书局 2009 年版，第 665 页。
⑦ 许维遹撰，梁运华整理：《吕氏春秋集释》，中华书局 2009 年版，第 267 页。

"性者所受于天地，非人之所能为也，武者不能革，而工者不能移。"① 这里强调性是自然天成，人力无法改变。《吕氏春秋·贵当》进一步说道："性者，万物之本也，不可长，不可短，因其固然而然之，此天地之数也。"② 由此看来，性是万物的根本性质，是天地之数，是人秉于天的自然素质，具有不可改变的特质。受道家思想影响，《吕氏春秋·尊师》认为，教育和学习是人达致其天性的方式。"故凡学，非能益也，达天性也。能全天之所生而勿败之，是谓善学。"③ 此外，《吕氏春秋》还具体阐述了一系列"全性之道"。

《吕氏春秋》的《贵生》《情欲》《尽数》《审分》《君守》五篇阐述了最具道家特色的清静养生之术。它们既有继承，也有发展。首先，它重视生命，主张"圣人深虑天下，莫贵于生"④，用了不少篇幅讲"完身养生之道"和"贵生之术"。其次，它把养生视为治国之本，强调"成其身而天下成，治其身而天下治"⑤。最后，在养生之论上，它提出了一些有价值的观点。《吕氏春秋》继承了道家的人性是天赋予的自然秉分的观点，但又不是纯粹的道家思想，它吸收儒家思想而指出，人的情欲合于义才是真正的贵生，"迫生不如死"。在养生的具体观点上，它提出了以节欲养性为内容的"全性之道"，主张要以物"养性"，而不能"以性养物"⑥。在情与欲的关系上，由于它主张"欲与恶所受于天也，人不得与焉，不可变，不可易"⑦，所以只坚持"制欲节情"："天生人而使有贪有欲。欲有情，情有节，圣人修节以止欲，故不过行其情也。"⑧ 只要情欲不妨碍生命的保养，便可允许它存在。此外，它继承了老庄道家反对用智、反对辩论的观点，如《吕氏春秋·任数》说："至智弃智。"⑨《吕氏春秋·离谓》说："其有辩不若无辩。"⑩ 它还有持气养精的观点，用"精气日新、邪气尽去"发展了庄子所提出的"吐故纳

---

① 许维遹撰，梁运华整理：《吕氏春秋集释》，中华书局 2009 年版，第 158 页。
② 许维遹撰，梁运华整理：《吕氏春秋集释》，中华书局 2009 年版，第 655 页。
③ 许维遹撰，梁运华整理：《吕氏春秋集释》，中华书局 2009 年版，第 93 页。
④ 许维遹撰，梁运华整理：《吕氏春秋集释》，中华书局 2009 年版，第 38 页。
⑤ 许维遹撰，梁运华整理：《吕氏春秋集释》，中华书局 2009 年版，第 70 页。
⑥ 许维遹撰，梁运华整理：《吕氏春秋集释》，中华书局 2009 年版，第 13 页。
⑦ 许维遹撰，梁运华整理：《吕氏春秋集释》，中华书局 2009 年版，第 110 页。
⑧ 许维遹撰，梁运华整理：《吕氏春秋集释》，中华书局 2009 年版，第 42 页。
⑨ 许维遹撰，梁运华整理：《吕氏春秋集释》，中华书局 2009 年版，第 446 页。
⑩ 许维遹撰，梁运华整理：《吕氏春秋集释》，中华书局 2009 年版，第 489 页。

新"的养生方法。

王叔岷曾在《吕氏春秋引用庄子举正》① 中详举《吕氏春秋》引用《庄子》之例，共三十七条，比引《老子》多，而且引文甚为详细。其中有些例子是引用还是文字偶合，尚可争议，但多数引用之例是可靠的②。这表明《庄子》在《吕氏春秋》始撰之际已经流行并对《吕氏春秋》有较大的影响。

《吕氏春秋》对后世的《淮南子》和《春秋繁露》有深刻的影响，它是汉初黄老学的先声。它的《应同》等篇的天人感应思想和阴阳五行学说，对汉代董仲舒（约前179—前104）的哲学、谶纬和宗教方术等方面的发展有直接影响。

（二）黄老道家

公元前221年，秦灭六国而统一天下，实行文化专制主义的政策，以法家思想作为官方意识形态，排斥甚至以武力消灭其他各家思想的存在与发展。不过，由于秦是一个短命王朝等因素，秦统治者的严刑峻法，并未能狙止儒、道各家思想的流传和发展。秦汉之际，被称为"黄老之学"的新道家，以比《吕氏春秋》更成熟、更精炼的形态在民间流行开来。在上层社会，汉初，黄老"无为"思想颇为流行，这是当时的客观情势所决定的。经这长期战乱，广大人民渴求安定。统治者鉴于秦亡的教训，看到"揭竿而起"的民众暴动的威力，力图"安集百姓"，恢复和发展生产，缓和各种矛盾，采取了与民休息的方针政策。黄老之学的新道家思想倡导"无为"，为这和方针政策提供了思想基础，在事实上成为"治国安民"的指导思想，创造了"文景之治"的丰功伟绩③。汉初的政治指导方针实际上是掺和着刑名法术的黄老无为思想④，对掺和了儒家思想的新法家则采取过排斥态度。正因如此，儒道互黜（主要是以道黜儒）的事件，在文、景、武帝时连续发生。窦太后是当

---

① 王叔岷：《吕氏春秋引用庄子举正》，陈鼓应主编：《道家文化研究》第十辑，上海古籍出版社1996年版，第250－266页。

② 据三范之统计，《吕氏春秋》指名和不指名的引《庄子》之文有二十次左右。（王范之：《吕氏春秋研究》，内蒙古大学出版社1993年版，第70－78页。）

③ 曾诚等认为黄老治术在此时的影响并不是很大。（曾诚：《"黄老之学"质疑》，参见巩本栋等主编：《中国学术与中国思想史》，江苏教育出版社2002年版，第236－237页。）我们认为此时整体的政治策略与黄老治术是一致的，黄老治术当时未必形诸文字而有广泛的传播，但仍然应该承认它在事实上有一定的影响。

④ 《史记》所说的黄老之治指的是"治道贵清静而民自定"（《史记·曹相国世家》），"其治，责大指而已，不苟小"（《史记·汲郑列传》）。

时流行于朝野的黄老之学的突出代表。由于她的影响，汉文帝、汉景帝及汉初主要大臣，如萧何、曹参、陈平、汲黯等都"好黄帝老子之术"。但当时的儒林博士，如申培公、辕固生等也影响了一批朝臣，代表不少儒生，形成一股势力。"道不同"的两种思潮，不可避免地要发生冲突。例如，辕固生几乎因此丧生在野猪之口。道法互黜、儒道互黜中的各家，原则上各有中心，思想上互相吸取，学术路线上各有承继，逐步形成了三种具有新的时代特征的主要思潮，即新道家、新儒家和新法家。汉初黄老"无为"思想的重要代表有陆贾、盖公①和司马谈。陆贾在献给汉高祖刘邦的《新语》一书中，基于马上得天下却不能马上治天下的事实，提出了"无为而治"的政治原则。陆贾在中央的建议与盖公在齐地对曹参的指教不谋而合。盖公根据黄老思想向曹参提出了"清静无为"的施政方针和思想原则。萧何死后，曹参升任相国，继续实行"清静无为"的政策，获得各方的赞誉。继曹参为丞相的陈平"本好黄帝老子之术"，参与文、景两朝朝政的窦太后也耽于此道，使这种历史作用持续了相当长一段时间，并在学术领域形成了新道家的特殊地位。"至汉景帝以《黄子》《老子》义体尤深，改子为经，始立道学，敕令朝野悉讽诵之。"②

汉初虽讲黄老，重黄老，但实际上主要还是讲老子，重老子。虽然《史记》中许多地方黄老连称，但落到实处仍然是老子③。《史记·儒林列传》记载，窦太后好《老子》书，召辕固生问《老子》。这与上述《外戚世家》"好黄帝、老子言"有所不同。这不是偶然地省去黄帝，而是表明其所好、所读主要是《老子》一书，所谓"世之学老子者则绌儒学，儒学亦绌老子"④，没有用黄老，只用老子。

贾谊作《新书》，以黄老道家思想为本，对道家思想做了一定的发展。对道与德的关系，他说："物所道始谓之道，所得以生谓之德。德之有也，

---

① 《史记·乐毅列传》说："乐臣公学黄帝、老子，其本师号曰河上丈人，不知其所出。河上丈人教安期生，安期生教毛翕公，毛翕公教乐瑕公，乐瑕公教乐臣公，乐臣公教盖公。盖公教于齐高密、胶西，为曹相国师。"[（汉）司马迁：《史记》，中华书局1982年版，第2436页。] 汉初崇尚黄老之学的人，见于记载的尚有司马季主、郑当时、王生、黄生、司马谈、刘德、杨王孙、邓章、安丘生等。

② 三国吴人阚泽语。[参见（唐）释道世著，周叔迦、苏晋仁校注：《法苑珠林校注》，中华书局2003年版，第1651页。]这里《黄子》的"子"当指黄帝书的作者。

③ 熊铁基：《秦汉新道家》，上海人民出版社2001年版，第176页。

④ （汉）司马迁：《史记》，中华书局1982年版，第2143页。

以道为本，故曰：'道者，德之本也。'德生物又养物，则物安利矣。"① 万物得以产生的先天根据是道，万物的生、成、长、养则是德。德依赖于道而存在，物受德而萌生，因而德把具体事物的变化之理展现出来了。具体事物的变化之理体现了物的"性"质："性者，道德造物。物有形，而道德之神专而为一气，明其润益厚矣。浊而胶相连，在物之中，为物莫生，气皆集焉，故谓之性。"② 道与德相互关联的物质担当者是气。气使万物成形，性也同时形成。性就是人、物从道、德的生成之中获得的具体规定性。贾谊认为："德有六理。何谓六理？道、德、性、神、明、命，此六者德之理也。六理无不生也，已生而六理存乎所生之内。是以阴阳、天地、人尽以六理为内度，内度成业，故谓之六法。六法藏内，变流而外遂，外遂六术，故谓之六行。"③ 从德作为事物性贡的总体来说，是德有"六理"；从德作为事物性质的一个方面来说，六理中有德。他认为，道与德相互为用。"道虽神，必载于德。"④ 道是具体事物的性质的最后依据，既是客观存在的规律，又是主观的方法、规则。德乃"形之始"，是物的理和物的性质。具体事物一旦产生出来后，其存在就有多种属性、状态或结构，这就是"性"。《新书·道德说》："性者，道德造物。物有形，而道德之神专而为一气，明其润益厚矣……性，神气之所会也。性立，则神气晓晓然发而通行于外矣，与外物之感相应，故曰'润厚而胶谓之性'，'性生气，通之以晓'。"⑤ 贾谊之"气"实为"性"的别称，所谓"润厚而胶"实为道家之"精"。性为"神气所会"，那"神"的内涵是什么呢？《新书·道德说》："神者，道、德、神、气发于性也，康若泺流不可物效也。变化无所不为，物理及诸变之起，皆神之所化也，故曰'康若泺流谓之神'，'理生变，通之以化'。"⑥ "神"指变之作用。事物除了有神奇变化之功，即"神"以外，还能"明"，即可以被认识。"明者，神气在内则无光而为知，明则有辉于外矣。外内通一，则为得失，事理是非，皆职于知，故曰'光辉谓之明'，'明生识，通之以知'。"⑦ 神、气交

① 吴云、李春台校注：《贾谊集校注》，天津古籍出版社 2010 年版，第 258 页。
② 吴云、李春台校注：《贾谊集校注》，天津古籍出版社 2010 年版，第 257 页。
③ 吴云、李春台校注：《贾谊集校注》，天津古籍出版社 2010 年版，第 250 页。
④ 吴云、李春台校注：《贾谊集校注》，天津古籍出版社 2010 年版，第 257 页。
⑤ 吴云、李春台校注：《贾谊集校注》，天津古籍出版社 2010 年版，第 257 页。
⑥ 吴云、李春台校注：《贾谊集校注》，天津古籍出版社 2010 年版，第 257 页。
⑦ 吴云、李春台校注：《贾谊集校注》，天津古籍出版社 2010 年版，第 258 页。

会于体内，表现于外就可以明辨是非，认识事物，获得知识。物具有存在的稳定性和量方面的极限，即"命"。"命者，物皆得道德之施以生，则泽、润、性、气、神、明及形体之位分、数度，各有极量指奏矣……命者不得毋生，生则有形，形而道、德、性、神、明因载于物形。"① 贾谊认为，德除了有自然属性六理之外，还有社会属性"六美"，即道、仁、义、忠、信、密。"道者，德之本也；仁者，德之出也；义者，德之理也；忠者，德之厚也；信者，德之固也；密者，德之高也。"② 德的六理、六美指向事物的自然属性与社会属性，是人运用道所指向的领域。这种运用方法、程序与技巧，就是术。贾谊对道与术的关系做了专篇论述。他说："道者，所从接物也，其本者谓之虚，其末者谓之术。虚者，言其精微也，平素而无设施也；术也者，所从制物也，动静之术也。凡此皆道也。"③ 道既是万物的最终依据和运动变化的规律，又是主观的规则、方法。后一方面落实到具体中的运用，就是术。为了运用术，就必须与道同体，做到"虚""静""无私"。《新书·道术》在回答道的"虚之接物何如"时说："镜仪而居，无执不臧，美恶毕至，各得其当；衡虚无私，平静而处，轻重毕悬，各得其所。明主者，南面而正，清虚而静，令名自宣，命物自定，如鉴之应，如衡之称。有衅和之，有端随之，物鞠其极，而以当施之。此虚之接物也。"④ 这是继承了《韩非子·主道》的思想："故虚静以待令，令名自命也，令事自定也。虚则知实之情，静则知动者正。有言者自为名，有事者自为形，形名参同，君乃无事焉，归之其情。"⑤ 那么，术的运用，即"术之接物何如?"贾谊回答说：

> 人主仁而境内和矣，故其士民莫弗亲也；人主义而境内理矣，故其士民莫弗顺也；人主有礼而境内肃矣，故其士民莫弗敬也；人主有信而境内贞矣，故其士民莫弗信也；人主公而境内服矣，故其士民莫弗戴也。人主法而境内轨矣，故其士民莫弗辅也。举贤则民化善，使能则官职治；英俊在位则主尊，羽翼胜仁则名显；操德而固则威立，教顺而必则令行；周听则不蔽，稽验则不惶；明好恶则民心化，密事端则人主神。术者，

① 吴云、李春台校注：《贾谊集校注》，天津古籍出版社 2010 年版，第 258 页。
② 吴云、李春台校注：《贾谊集校注》，天津古籍出版社 2010 年版，第 256 页。
③ 吴云、李春台校注：《贾谊集校注》，天津古籍出版社 2010 年版，第 241 页。
④ 吴云、李春台校注：《贾谊集校注》，天津古籍出版社 2010 年版，第 241 页。
⑤ （清）王先慎撰，钟哲点校：《韩非子集解》，中华书局 1998 年版，第 26 页。

接物之队。凡权重者必谨于事，令行者必谨于言，则过败鲜矣。此术之接物之道者也。其为原无屈，其应变无极，故圣人尊之。①

以"虚"接物，由于虚是道的特性，所以本质上是使形而上之道与形而下之术彼此衔接。以"术"接物，由于术主要是儒家的"仁""义""礼""信""公""法"等内容，所以本质上是用儒家思想治理国家。由于虚为本，术为末，所以，道家是本，儒家是末。贾谊是用道家思想来容纳儒家思想，是以道融儒。

对贾谊等汉初新道家学者的思想，曾从学于黄生的司马谈（？—前111）在建元、元封年间（前140—前105）所作的《论六家要旨》这一重要思想史论著中，做了理论上的总结。按照司马谈所做的总结，新道家的思想特点是②：

道家使人精神专一，动合无形，赡足万物。其为术也，因阴阳之大顺，采儒墨之善，撮名法之要，与时迁移，应物变化，立俗施事，无所不宜，指约而易操，事少而功多……至于大道之要，去健羡，绌聪明，释此而任术。夫神大用则竭，形大劳则散。形神骚动，欲与天地长久，非所闻也。③

道家无为，又曰无不为，其实易行，其辞难知。其术以虚无为本，以因循为用。无成势，无常形，故能究万物之情。不为物先，不为物后，故能为万物主。有法无法，因时为业；有度无度，因物与合。故曰："圣人不朽，时变是守。虚者道之常也，因者君之纲也。"④ 群臣并至，使各自明也。其实中其声者谓之端，实不中其声者谓之窾。窾言不听，奸乃不生，贤不肖自分，白黑乃形。在所欲用耳，何事不成。乃合大道，混混冥冥。光耀天下，复反无名。凡人所生者神也，所托者形也。神大用则竭，形大劳则散，形神离则死。死者不可复生，离者不可复反，故圣人重之。由是观之，神者生之本也，形者生之具也。不先定其神

---

① 吴云、李春台校注：《贾谊集校注》，天津古籍出版社2010年版，第241页。

② 先秦诸子分家，实际上是从司马谈的这篇文章开始的。在此之前，《庄子·天下》《荀子·非十二子》《吕氏春秋·不二》《淮南子·要略》等对先秦学术的评论都只是举其大略，论其异同，没有标之以"家"而分家评述。

③ （汉）司马迁：《史记》，中华书局1982年版，第3289页。

④ 此语出自《鬼谷子》。

[形]，而曰"我有以治天下"，何由哉？①

新道家对阴阳、儒、墨、名、法各家均批判地吸收其精华，并顺应秦汉之际的时代变迁而有新的变化，因而切合实际，可以取得事半功倍的效果。新道家的理论要点，按司马谈的概括是：保持思想的开放性，虚心体察外物的实际情况，注意遵循外物的发展规律，先"究万物之情"，做到"因物与合"，才能事半功倍，"为万物主"。掌握外物的形、势、法、度没有一成不变的公式，关键在于做到因时而起、顺物而行。为此，在考察名实上，要求名副其实，不听言不称实的空话，防止奸邪，这样对好坏是非自然明白而冥合大道，不声不响地成就大事业。在养生方面，新道家承袭了先秦道家贵生、养神的思想，认为形神相须人才能长寿。形神二者中，神显得更重要一些。

由此看来，新道家的特点，首先是道与术的统一。新道家的术很多，但养生术是其中的典型。道与术，实际上是形而上与形而下、体与用、理论与实践之间的关系。其次，黄老道家与先秦道家已经有了明显的差异。《老子》说："吾言甚易知，甚易行；天下莫能知，莫能行。"② 到了黄老道家这里，已经变成了"其实易行，其辞难知"。为什么会发生这种转变呢？对于道家，《汉书·艺文志》说："道家者流，盖出于史官，历记成败存亡祸福古今之道，然后知秉要执本。"③ 这说明老庄思想是就历史反映的社会现实，是从最根本的层次上对社会问题所做的敏锐、深远的玄思。它与社会现实有很大的距离。对这种玄思的把握，在很大程度上得靠直觉的领悟，其中存在着理解者与被理解者在相互沟通上的鸿沟和困难。从另外一个角度来说，先秦道家的体难以入用。这是老庄没有奢谈术和教化的原因。后来的黄老道家则既继承了先秦道家的体，又极力汇纳百家思想，强化用的层次，力图提出为改造自然和社会服务的术。所以就出现了"其实易行，其辞难知"的情况。但由体入用的机理和程序，即由体之"无为"出发解决用之"如何为"从而达到"无不为"的功效，似乎是黄老道家没有讲清楚的问题。此外，它还忽略了体用互动关系的另外一个层面，即由用入体。这个课题，历史性地留给了后来的道家和道教。

---

① （汉）司马迁：《史记》，中华书局 1982 年版，第 3292 页。
② 高明：《帛书老子校注》，中华书局 1996 年版，第 173 页。
③ （汉）班固撰，（唐）颜师古注：《汉书》，中华书局 1962 年版，第 1732 页。

（三）《淮南子》

汉武帝时，淮南王刘安热衷于神仙方术，"招致宾客方术之士数千人"①。这些方士继承了楚地方术的传统，在行气、乘蹻、导引、黄白等方术活动的基础上，吸收先秦道家的思想，著书立说，"言神仙黄白之术，亦二十余万言"②。他们的著作《淮南子·中篇》《枕中鸿宝苑秘书》《淮南万毕术》等大多已经失传，只有部分尚保存在《太平御览》《初学记》等类书中。目前完整保存下来的只有《淮南子》。

作为西汉前期新道家思想的理论总结，《淮南子》是一部受《吕氏春秋》深刻影响的高水平的道家著作。它"纪纲道德，经纬人事，上考之天，下揆之地，中通诸理'③。以黄老道家的思想为底蕴，综合儒、法、名、墨、阴阳诸家的思想，构造了一个更加精致凝练的思想体系。作为《淮南子》的宗旨，"纪纲道德，经纬人事"这两个方面的关系是："言道而不言事，则无以与世浮沉；言事而不言道，则无以与化游息。"④ 这个宗旨体现了形而上与形而下相贯通，道与术相渗透⑤，体与用相一致，反对"离本就末"的思想原则。《淮南子》以《原道训》为首卷，为的是"托小以苞大，守约以治广，使人知先后之祸福，动静之利害。诚通其志，浩然可以大观矣"⑥。也就是在明道的基础上力图把道与术结合起来，在实践中发挥道的指导作用。根据《淮南子·要略》的概括，《淮南子》的宗旨具体表现在三个方面："欲一言而寤，则尊天而保真；欲再言而通，则贱物而贵身；欲参言而究，则外物而反情。"⑦ 这就是说，在天人关系上，要尊重天而保持人性的本真；就身内与身外的关系而言，要贬低物而重视身；就现实与境界的关系而言，要超越现实，建构和提升境界，达到回返人的本真之情的最高境界，也就是道的境界。

那么，道在《淮南子》中的内涵是什么呢？《淮南子·缪称训》说："道至高无上，至深无下，平乎准，直乎绳，圆乎规，方乎矩，包裹宇宙而无表

---

① （汉）班固撰，（唐）颜师古注：《汉书》，中华书局 1962 年版，第 2145 页。
② （汉）班固撰，（唐）颜师古注：《汉书》，中华书局 1962 年版，第 2145 页。
③ 何宁：《淮南子集释》，中华书局 1998 年版，第 1437 页。
④ 何宁：《淮南子集释》，中华书局 1998 年版，第 1439 页。
⑤ 《淮南子·主术训》说："不用适然之数，而行必然之道。"（何宁：《淮南子集释》，中华书局 1998 年版，第 565 页。）
⑥ 何宁：《淮南子集释》，中华书局 1998 年版，第 1440 页。
⑦ 何宁：《淮南子集释》，中华书局 1998 年版，第 1440 页。

里。"① 这是把道视为万物存在的最根本的依据。道是与具体事物不同的绝对体，即"一"，如《淮南子·原道训》："道者，一立而万物生矣。是故一之理，施四海；一之解，际天地……百事之根，皆出一门。"② 它是无形的，如《淮南子·原道训》所说："所谓无形者，一之谓也。所谓一者，无匹合于天下者也。"③ "一"虽然与具体的事物不同，但与它们不是隔绝的，而是相通的。如《淮南子·精神训》所说："夫天地运而相通，万物总而为一。"④ "一"，《淮南子》又称为"太一"，如《淮南子·诠言训》所说："洞同天地，浑沌为朴，未造而成物……未始分于太一者也。"⑤

道不只是万物的本体，还是万物的本源。《淮南子》认为，道出自虚廓，虚廓生宇宙，宇宙生气，气则有阴阳两种，二者"刚柔相成"⑥ 而化生出万物和人。道是无限的存在，无形象而实有。作为天地未产生之前的原始状态，它浑然未分。"夫无形者物之大祖也。"⑦ 虽然道是万物的终极源头，但"太上之道，生万物而不有，成化象而弗宰"⑧，不把所生化的万物视为自己的私有财产，也不试图主宰万物。生化万物之后，道依然是万物存在和运动的依据，"物物者亡乎万物之中"⑨，道内在于万物之中无形地发挥着作用，阴阳二气促使万物"合和"。道是万物的本体而又内在于万物中，这与《老子》的道超验地存在于万物之外的主张不同，却与《庄子》的思想颇为一致。《淮南子》已经试图把体、用作为一对哲学概念，用它们来解释道与物的关系。《淮南子·说山训》说："'道何以为体？'曰：'以无有为体。'""物莫不因其所有，而用其所无。"⑩ 这是魏晋玄学以无为体、以有为用思想的萌芽。

《淮南子》对人进行了探讨。它认为，人是万物中的一员："吾处于天下也，亦为一物矣。"⑪ 这是因为，人与道本质上是同一的。人之身是道的依

---

① 何宁：《淮南子集释》，中华书局 1998 年版，第 705 页。
② 何宁：《淮南子集释》，中华书局 1998 年版，第 60 页。
③ 何宁：《淮南子集释》，中华书局 1998 年版，第 58 页。
④ 何宁：《淮南子集释》，中华书局 1998 年版，第 515 页。
⑤ 何宁：《淮南子集释》，中华书局 1998 年版，第 991 – 992 页。
⑥ 何宁：《淮南子集释》，中华书局 1998 年版，第 504 页。
⑦ 何宁：《淮南子集释》，中华书局 1998 年版，第 57 页。
⑧ 何宁：《淮南子集释》，中华书局 1998 年版，第 9 页。
⑨ 何宁：《淮南子集释》，中华书局 1998 年版，第 992 页。
⑩ 何宁：《淮南子集释》，中华书局 1998 年版，第 1101、1107 页。
⑪ 何宁：《淮南子集释》，中华书局 1998 年版，第 515 页。

托。得道必须依靠人的感觉器官发挥作用，必须依靠人的言语、行动。《淮南子·齐俗训》说：'是故身者，道之所托，身得则道得矣。道之得也，以视则明，以听则聪，以言则公，以行则从。"①　人是否得道，必须通过视、听、言、行来加以判断。由此可以推论出，人性是道性在人身上的落实和具体化，如《淮南子·齐俗训》所说："率性而行谓之道，得其天性谓之德。"又说："夫性，亦人之斗斛也。有以自见也，则不失物之情；无以自见，则动而惑营。"②　但这是就理论而言。在现实中，人与道未必一致。"循天者，与道游者也；随人者，与俗交者也。"③　只有"循天者"即遵循客观规律者，才能与道一致。为了成为"与道游者"，正确的做法是："故达于道者，不以人易天，外与物化而为不失其情。"④　"不以人易天"就是尊重万物的本然而不把人主观的意愿强加于它，不改变其性质。正如《淮南子·齐俗训》所说："乃至天地之所覆载，日月之所照忌，使各便其性，安其居，处其宜，为其能……由此观之，物无贵贱。因其所贵而贵之，物无不贵也；因其所贱而贱之，物无不贱也。"⑤　要做到这一点，其前提是把物一视同仁，不以人为的贵贱等价值标准来妄加选择、取舍。这里的关键是要在应对万物的过程中保持自己的本性不变。如《淮南子·精神训》所说："心志专于内，通达耦于一。"⑥《淮南子·人间训》也说："得道之士，外化而内不化……以其能龙变也。"⑦　人应该在与形形色色的外物接触的过程中保持本真的性情不变，不因物而产生占有等欲望，不因欲望而破坏了本真的性情。

认识论是人与道关系的另一个侧面。《庄子·天地》有"通于一而万事毕"之说，《淮南子·精神训》继承了这一思想，说："能知一，则无一之不知也；不能知一，则无一之能知也。"⑧　这里所说的"知一"，就是知"道"。懂得了道，就可以无所不知。不懂得道，就什么也不懂。《淮南子》在这里强调把握作为本体的道的用心是可以理解的，但言辞似乎有言过其实之弊，因为形而上的道与形而下的具体事物是不等同的，把握了道并不等于人就能

①　何宁：《淮南子集释》，中华书局 1998 年版，第 791 页。
②　何宁：《淮南子集释》，中华书局 1998 年版，第 759、776 页。
③　何宁：《淮南子集释》，中华书局 1998 年版，第 42 页。
④　何宁：《淮南子集释》，中华书局 1998 年版，第 24－25 页。
⑤　何宁：《淮南子集释》，中华书局 1998 年版，第 767－770 页。
⑥　何宁：《淮南子集释》，中华书局 1998 年版，第 522 页。
⑦　何宁：《淮南子集释》，中华书局 1998 年版，第 1298－1299 页。
⑧　何宁：《淮南子集释》，中华书局 1998 年版，第 515 页。

直接把握事物的具体性质。《淮南子》主张从事物的内部去认识事物，让主体的人置身于事物的运动中去体验、体察，"神与化游"①，在天人合一、物我同一中体知作为宇宙大全及其运化规律的道。为此，要遵循道而修身养性，使得道之用涵化为自己用道改造自然和社会的能力，即"保其精神，偃其智故，漠然无为而无不为也"②。这种把握和体验当然包括了对自然界和社会的各种规律的认识。《淮南子》指出，认识事物必须参与到与该事物有关的实践活动中去。《淮南子·缪称训》说："欲知天道察其数，欲知地道物其树，欲知人道从其欲。"③ 只有在实践中才能真正认识事物运动变化的规律。与《庄子》不同，《淮南子》承认事物有规律，也承认规律是客观的，是非有定评。"至是之是无非，至非之非无是，此真是非也。"④ 而且，是非不受人的官职大小、地位高低的影响。"使言之而是，虽在褐夫刍荛，犹不可弃也；使言之而非也，虽在卿相人君，揄策于庙堂之上，未必可用。"⑤ 这是直接针对当时专制政体之下以权势翻手为云、覆手为雨，指鹿为马，颠倒黑白，一手遮天等恶劣现象而提出的。在认识论上，《淮南子》明确提出，"道"因"事"而显，"事"由"道"而行。要透过表面的现象去认识事物内在的深层本质，并把认识活动的成果转化为人的实践活动的技能。"言有宗，事有本。失其宗本，技能虽多，不若其寡也。"⑥ 事物最高的宗本是道，技能本也是道之大用在人上的体现，所以技能的培养得受道的指导，技能的运用得遵循道。技能专而精，才能发挥出最大的作用，如道之用一样无所不为。

对规律的认识和技能的培养都离不开心。《淮南子·人间训》提倡"心术"，说："发一端，散无竟，周八极，总一莞，谓之心。见本而知末，观指而睹归，执一而应万，握要而治详，谓之术。"⑦ 认识作为心的功能，它的发挥要讲究方法，即术。方法之所以为方法，在于它可以在认识上获得事半功倍的效果。就认识方面来说，人心既能够"由昭昭于冥冥"，即由现象到本质，也能够"由冥冥而昭昭"，即由本质到现象。逻辑推理是认识论中的重

---

① 何宁：《淮南子集释》，中华书局1998年版，第5页。
② 何宁：《淮南子集释》，中华书局1998年版，第48页。
③ 何宁：《淮南子集释》，中华书局1998年版，第755页。
④ 何宁：《淮南子集释》，中华书局1998年版，第804页。
⑤ 何宁：《淮南子集释》，中华书局1998年版，第658页。
⑥ 何宁：《淮南子集释》，中华书局1998年版，第898页。
⑦ 何宁：《淮南子集释》，中华书局1998年版，第1237页。

要方面之一。《淮南子·泛论训》认为："见者可以论未发也，而观小节可以知大体矣。"① 《淮南子》还提出了"以小明大""以近论远"② 等认识方法。人心之所以能够由已发知未发，由小节知大体，以小明大，以近知远，是因为已发与未发、小节与大体、小与大、近与远所指称的都是同一类事物。《淮南子·诠言训》说："同出于一，所为各异，有鸟、有鱼、有兽，谓之分物。方以类别，物以群分。"③ 同一来源的事物因其亲缘性而构成一类。事物就是这样"名各自名，类各自类"④ 的。既然如此，认识事物就应该"以类取之"⑤，在断定已知的事物和未知的认识对象是同类的前提下，根据已知事物具有的性质推断未知事物也具有同样的性质。这就是类比推理。但是，类比推理是有局限性的，《淮南子》已经认识到了这一点，说："物固有似然而似不然者。"⑥ 根据这一点，它指出，类比推理不是万能的，存在着"类不可必推"⑦ 的现象。

在王道政治方面，《淮南子》站在道家一贯主张的历史倒退论的立场上，认为儒家所主张的仁义道德是大道不行、大德衰竭的产物，"故道灭而德用，德衰而仁义生"⑧。本着这一观点，它对王道政治的诸多方面做了阐发。它认为，君主的最高典范是没有世俗凡人的喜怒忧悲等感情，不受是非的困扰，看破得失、生死，与万物和天下之人密合为一体。"无所喜而无所怒，无所乐而无所苦，万物玄同也。无非无是，化育玄耀，生而如死。夫天下者亦吾有也，吾亦天下之有也，天下之与我，岂有间哉！"⑨ 这样的君主，可以说是道的化身。或者说，君主必须是得道者。与此相应，《淮南子》认为，君主治理天下所运用的最高、最妙的方略是："至人之治也，掩其聪明，灭其文章，依道废智，与民同出于公。约其所守，寡其所求，去其诱慕，除其嗜欲，损其思虑。"⑩ 这显然是把《老子》小国寡民的理想社会的思想用在治国上

---

① 何宁：《淮南子集释》，中华书局 1998 年版，第 972－973 页。
② 何宁：《淮南子集释》，中华书局 1998 年版，第 1158 页。
③ 何宁：《淮南子集释》，中华书局 1998 年版，第 991 页。
④ 何宁：《淮南子集释》，中华书局 1998 年版，第 606 页。
⑤ 何宁：《淮南子集释》，中华书局 1998 年版，第 1133 页。
⑥ 何宁：《淮南子集释》，中华书局 1998 年版，第 1156 页。
⑦ 何宁：《淮南子集释》，中华书局 1998 年版，第 1156 页。
⑧ 何宁：《淮南子集释》，中华书局 1998 年版，第 706 页。
⑨ 何宁：《淮南子集释》，中华书局 1998 年版，第 73 页。
⑩ 何宁：《淮南子集释》，中华书局 1998 年版，第 60－61 页。

了。这种治国方略，就哲理而言不可谓不高妙，但在现实中行不通，因为它的前提是君主和各级官吏是得道者，一般老百姓也唯道是求，唯道是务。但问题在于，道只是人追求的最高理想，现实中的人都不可能是得道者。

在治理天下方面，《淮南子》提出了诸多比较新颖的观点。《淮南子·主术训》主张，君主应该"虚心而弱志"，不居高自傲、骄横狂妄，善于与臣民合作，能够把臣民的主动性、积极性调动起来，把他们的潜力挖掘出来。这就是说，君主"乘众人之智，则无不任也；用众人之力，则无不胜也"①。要平治天下，《淮南子》主张，君主应该"处静以修身，俭约以率下"②。这就是说，君主应该少私寡欲，清虚自守，卑弱自持，以自己高尚的德行感化天下万民。君主应该"块然保真，抱德推诚"③，以身作则，以自己纯朴的心性作为榜样，潜移默化地教化天下的老百姓，使得他们心悦诚服地认同、追随君主的作为。《淮南子》认为，治国的最高方略是"神明"，其次是道德，再次是仁义，最后是礼乐。

> 是故仁义礼乐者，可以救败，而非通治之至也。夫仁者所以救争也，义者所以救失也，礼者所以救淫也，乐者所以救忧也。神明定于天下而心反其初，心反其初而民性善，民性善而天地阴阳从而包之，则财足而人澹矣，贪鄙忿争不得生焉。由此观之，则仁义不用矣。道德定于天下而民纯朴，则目不营于色，耳不淫于声……是故知神明然后知道德之不足为也，知道德然后知仁义之不足行也，知仁义然后知礼乐之不足修也。④

神明是道德之本，道德是仁义之本，仁义是礼乐之本。总之，只有"神明定"才是治本的安民良方，儒家所主张的仁义礼乐是末而不是本，不能舍本逐末；仁义礼乐只能"救败"而不可当作放之四海而皆准的准则。仁义礼乐的根本是性情。治国只要合乎人民的性情，就能不用仁义而仁义自生，不强化仁义而仁义自附。"诚达于性命之情，而仁义固附矣。"⑤ 把治理天下归结为复返本真的性命之情，这虽与儒家的"内圣外王"在思辨形式上有异曲同

---

① 何宁：《淮南子集释》，中华书局 1998 年版，第 636 页。
② 何宁：《淮南子集释》，中华书局 1998 年版，第 649 页。
③ 何宁：《淮南子集释》，中华书局 1998 年版，第 614 页。
④ 何宁：《淮南子集释》，中华书局 1998 年版，第 569 页。
⑤ 何宁：《淮南子集释》，中华书局 1998 年版，第 149 页。

工之妙，但内容却大为不同。神明是得道时人心达到至灵至明时的状态。把神明作为治国的最高方略，是《淮南子》自然主义哲学性质的表现之一。对法的作用，《淮南子》也没有忽视，但它认为，以法治国"不法其已成之法，而法其所以为法；所以为法者，与化推移者也"①。这仍然是本于人的心性。"法生于义，义生于众适，众适合于人心，此治之要也。"② 总的来说，在王道之术方面，《淮南子》是比较自觉地站在道家的立场上吸收儒家思想的，并通过以道融儒，对道家的王道政治之术做出了重大发展。

这种治国方略的思想基础，在《淮南子》看来是"无为"。为此，它发展了"无为"的理论。《淮南子·原道训》指出："所谓无为者，不先物为也；所谓无不为者，因物之所为。"③ "不先物为"就是没有先入之见，如实地、客观地认识事物。"无为"字面意思是"不为"，实质意思则是"因物之所为"。所以，"无为""不为"都不是无所作为的意思。"吾所谓无为者，私志不得入公道，嗜欲不得枉正术，循理而举事，因资而立权自然之势，而曲故不得容者。"④ 这种解释明显抛弃了此前道家无为思想具有的消极因素，强调不以个人的喜好决策，摆脱欲望的干扰，公正无私地处理政事，"进退应时，动静循理"⑤，因势利导，遵循事物运动变化的规律，弄清事物的真相，使得巧诈没有容身之地。根据这一观点，《淮南子》修正了过去《庄子》所提的"君无为，臣有为"的观点——"有为"含有胡作非为的可能，提出了"君制臣，臣事君"的观点。这一观点的实质是，臣应在君的领导之下，充分发挥聪明才智。君对臣的领导，其中一个重要方面是用人。对此，《淮南子》根据"物各有宜"，必须"因性而用"的观点，认为贤明的君主使用人才，应该像木工因材制木那样，"无小大修短，各得其所宜，规矩方圆，各有所施……犹无可弃者"⑥。每一个人天生都有才，都可用，关键是有没有发现他的才，有没有与其才华相应的职位。《淮南子》认为，不被提拔任用的人往往是因为"其所以官之者非其职"⑦。《淮南子·齐俗训》主张"人不

---

① 何宁：《淮南子集释》，中华书局 1998 年版，第 796 页。
② 何宁：《淮南子集释》，中华书局 1998 年版，第 662 页。
③ 何宁：《淮南子集释》，中华书局 1998 年版，第 48 页。
④ 何宁：《淮南子集释》，中华书局 1998 年版，第 1322 页。
⑤ 何宁：《淮南子集释》，中华书局 1998 年版，第 606 页。
⑥ 何宁：《淮南子集释》，中华书局 1998 年版，第 653 – 654 页。
⑦ 何宁：《淮南子集释》，中华书局 1998 年版，第 654 页。

兼官，官不兼事……各安其性，不得相干"①。总之，要使各种人才"各便其性，安其居，处其宜，为其能"②，量才授任，人人各得其位，各尽其能。

在养生方面，《淮南子》与《庄子》外、杂篇一样追求长生。《淮南子·俶真训》认为："化生者不死，而化物者不化。"③ 所谓"化生者""化物者"就是道。由于道是永恒不灭的，所以，追求长生和追求道这两者是一致的，是同一过程的两个方面。《淮南子·精神训》认为："化者复归于无形也，不化者与天地俱生也。"④ 所以，"能反其所生，若未有形，谓之真人。真人者，未始分于太一者也"⑤。为了成为无形而不死的真人，就要"全其身，则与道为一"⑥。

《淮南子·原道训》认为，养生要处理好形、气、神的关系："夫形者生之舍也，气者生之充也，神者生之制也，一失位则三者伤矣。"⑦ 形是生命的宅舍，气是充满形体的东西，神是生命活力的体现。这三者相互依靠，缺一不可。其中一个方面没有发挥好本该起的作用，就会导致其余二者受伤。例如，神必须发挥好主宰形体的作用，如果反过来，形体主宰神，则生命就会失去活力。"神贵于形也。故神制则形从，形胜则神穷，聪明虽用，必反诸神。"⑧ "以神为主者，形从而利；以形为制者，神从而害。"⑨ 形、气、神三者虽然对维持生命的存在都很重要，都不能缺乏，但这并不意味着三者的作用完全同等。一般而言，形与神比，神更重要一些。神与心具有紧密的联系。"心者形之主也，而神者心之宝也。"⑩ 心是形的主宰，神则是心的功能。神既然比形重要，那么，养神自然也比养形重要。关于养神，《淮南子·精神训》强调"神无累""心不惑""志不慑"等方面。

《淮南子》认为，养神要进而养性。它认为，修道达到最高境界的人是真人。真人是性与道合的人："所谓真人者，性合于道也。"⑪ 要成为真人，

---

① 何宁：《淮南子集释》，中华书局 1998 年版，第 810 页。
② 何宁：《淮南子集释》，中华书局 1998 年版，第 768 页。
③ 何宁：《淮南子集释》，中华书局 1998 年版，第 150 页。
④ 何宁：《淮南子集释》，中华书局 1998 年版，第 531 页。
⑤ 何宁：《淮南子集释》，中华书局 1998 年版，第 992 页。
⑥ 何宁：《淮南子集释》，中华书局 1998 年版，第 74 页。
⑦ 何宁：《淮南子集释》，中华书局 1998 年版，第 82 页。
⑧ 何宁：《淮南子集释》，中华书局 1998 年版，第 1042 页。
⑨ 何宁：《淮南子集释》，中华书局 1998 年版，第 87 页。
⑩ 何宁：《淮南子集释》，中华书局 1998 年版，第 520 页。
⑪ 何宁：《淮南子集释》，中华书局 1998 年版，第 521 页。

就要"返性于初而游心于虚""通性于辽廓而觉于寂漠"①。"初""虚""辽阔""寂漠"都是对作为本源与本体的道的描述。性是沟通主体的人和客体的道的桥梁，是道在人身上的表现形式，因而具有与道相类的虚、静等性质。"静漠恬澹，所以养性也；和愉虚无，所以养德也。"② 养性要做到虚心、宁静、平和、恬淡、快乐。这其中的关键是心中不能有欲望，因为欲望与性势如水火："欲与性相害，不可两立。"③ 心中没有欲望，自然变得虚、静、和、淡。但这还不够，还需要保有一种快乐的心境。《淮南子》认为，世俗的快乐是因某一方面的欲望得到满足而产生的，这不能长久，也不是真正的快乐。真正的快乐是《庄子》所说的"无乐"："能至于无乐者，则无不乐，无不乐则至极乐矣。"④ 因为乐是对应于不乐而言的，有乐就有不乐，无乐才能使得精神保持平淡宁静，才能有养性之功。为此，《淮南子·精神训》批评儒者"迫性闭欲，以义自防"⑤ 是捉持禁制，只能防其言行而不能诱导人心。把养神推进到养性，表明《淮南子》把养生提高到了得道的高度。

《淮南子》多次描述了"真人""至人""神人""大丈夫""泰古二皇"等所表征的境界。它对这些境界的描述大同小异。以"真人"为例，《淮南子·精神训》说："所谓真人者，性合于道也。"⑥ 真人之性与道相合，在《淮南子》看来，首先表现在真人"体本抱神"，即能够自守根本，不为外来的威逼利诱所改，具有很高的心理素质。"若夫神无所掩，心无所载，通洞条达，恬漠无事，无所凝滞，虚寂以待，势利不能诱也，辩者不能说也，声色不能淫也，美者不能滥也，智者不能动也，勇者不能恐也，此真人之道也。"⑦ 其次，表现在真人已经"弃聪明"，没有机械巧诈之心，不学而知，不视而见，游于尘垢之外，形若槁木，心若死灰，不要求感官的满足，只求精神的解脱，心灵处于被动感受的状态，"感而应，迫而动，不得已而往，如光之耀，如景之放"⑧，完全沉浸在万物之中，与万物同呼吸，共命运。一切行为均属无为，一切言行均与道吻合无间。以泰古二皇为例，《淮南子·

① 何宁：《淮南子集释》，中华书局 1998 年版，第 140 页。
② 何宁：《淮南子集释》，中华书局 1998 年版，第 152 页。
③ 何宁：《淮南子集释》，中华书局 1998 年版，第 1014 页。
④ 何宁：《淮南子集释》，中华书局 1998 年版，第 69 页。
⑤ 何宁：《淮南子集释》，中华书局 1998 年版，第 550 页。
⑥ 何宁：《淮南子集释》，中华书局 1998 年版，第 521 页。
⑦ 何宁：《淮南子集释》，中华书局 1998 年版，第 149 页。
⑧ 何宁：《淮南子集释》，中华书局 1998 年版，第 522 页。

原道训》说："泰古二皇，得道之柄，立于中央，神与化游，以抚四方。是故能天运地滞，轮转而无废，水流而不止，与万物终始。风兴云蒸，事无不应；雷声雨降，并应无穷。鬼出电入，龙兴鸾集；钧旋毂转，周而复匝。已雕已琢，还反于朴。无为为之而合于道，无为言之而通乎德。"① 在最高的境界里，人与造化同游，应对万物而无滞碍，身心自由，无为而无所不为，纯粹本真的人与本然状态的万物融为一体。把握道就是寻找自我、塑造理想人格的过程。在《淮南子》看来，人只有进入深层、本真的存在状态，才能见到道。这不是带有工具理性意义的认识活动，而是价值理性的伸张，是生命的体验、境界的提升。通过它，人能够超越形而下的世俗活动，使精神达到空灵湛寂、不杂一物的境界，彻底消除遮蔽道体光明的自我意识，清除物我、人我的二元对待，直趋道体。从这个意义上说，道也就是人性的扩展和升华，是万物本然状态在心中的凸显和展露。《淮南子》把这种作为价值目标的境界追求与养生之道结合起来了，为后世道教的诞生铺平了道路。

受神仙家的影响，《淮南子》有"食气者神明而寿，食谷者知慧而夭，不食者不死而神"② 之说，这对后来道教服食之术显然有影响。此外还有"不死之师""蝉蜕蛇解""轻举独往"等神仙方术的内容。这说明，一方面，黄老学确实以神仙方术作为思想背景，道是从术中概括出来的。另一方面，神仙方术借助于黄老学对形而上哲理的阐述和对精神境界的描绘，攀附黄老，将肉体成仙的方术与黄老道家的养生术掺杂在一起，使得神仙方术有了一定的理论基础，力图在上层社会获得话语权力。这加快了神仙方术向道教演变的步伐。

《淮南子》本于"百家之言，指奏相反，其合道一体也"③ 的开放精神，吸收了诸子百家的思想资源，其中《老子》《庄子》所占的比重是最大的，并有"考验乎老庄之术"之语。它可能是最早把老、庄并称的著述。事实上，淮南王刘安的门人曾撰有注解《庄子》的著作。萧统太子所编的《文选》所载谢灵运、陶潜、张协诸诗，李善注均称引了淮南王《庄子要略》

---

① 何宁：《淮南子集释》，中华书局 1998 年版，第 4－7 页。

② 何宁：《淮南子集释》，中华书局 1998 年版，第 345 页。

③ 何宁：《淮南子集释》，中华书局 1998 年版，第 799－800 页。

《庄子后解》《庄子解》①。《文选·七命》李注称引了淮南王《庄子后解》。这些诗文的一部分竟掺入《庄子》，如汉晋流行的《庄子》五十二篇当中有三篇《解说》，即刘安的《后解》或《要略》。今人江世荣在《刘安〈庄子解说〉辑要》中主张李善所引的《要略》《后解》和《解》，即《释文序录》所说的《解说》三篇。《淮南子》引《庄子》，不但文字冗长，而且屡屡不举出处，以致引文和正文不易区分，这种混杂的情况正好显示出两书见解的接近。杨树达说：

> 此篇全衍老子之旨，故以原道名篇。汉志列淮南于杂家，而其主旨实在道家，观此篇衍老，次篇俶真述庄，其明证也……盖汉世道家思想最盛，风会所成，淮南不能异趣耳……真字说文训"仙人变形而登天"，盖战国燕齐方士之说盛行以后始有此字，故六经无其字，而始见于庄生之书。庄生称老子为"博大真人"（见《天下》篇）。又谓"尔已反其真，而我犹为人"（见《大宗师》篇）。其他屡称不一称。淮南此篇全衍庄子之旨，故以俶真名篇，俶真犹首篇之名原道也。②

《淮南子》中许多文字出自《庄子》。从思想倾向来看，《淮南子》是以《庄》解《老》。

《淮南子》是汉代学者对汉之前的古代文化的一次最大规模的汇集和综合，内容广泛，新见迭出。它对后世的深远影响因而也表现在众多方面。两汉以下，《吕氏春秋》与《淮南子》沟通了各家内在、外在之天道并把它们合而为一，而人道则含摄于这一形而上思想之中，这为以沟通天人为务的方术与形而上思想的衔接奠定了基础。《淮南子·天文训》主张，五行是相生的，即"水生木，木生火，火生土，土生金"③，又是相克的，即"木胜土，土胜水，水胜火，火胜金，金胜木"④。这一五行相生相克的原理，为董仲舒、班固之阴阳五行说的基础。《吕氏春秋》与《淮南子》为汉代阴阳五行

---

① 注解江文通《杂体诗》、谢灵运《入华子冈诗》、陶渊明《归去来辞》、任彦升《齐竟陵文宣王行状》等诗歌，都引用了淮南王所著《庄子略要》的文句："江海之士，山谷之人，轻天下，细万物，而独往者也。"在张景阳《七命》注文中，还引用刘安《庄子后解》中的句子："庚市子，圣人无欲者也。人有争财相斗者，庚市子毁玉于其间而斗者止。"

② 杨树达：《淮南子证闻》，上海古籍出版社1985年版，第1、19页。

③ 何宁：《淮南子集释》，中华书局1998年版，第277页。

④ 何宁：《淮南子集释》，中华书局1998年版，第354页。

与道家的合流提供了不少先期知识，并为之铺平了道路。它们的思想为此后外丹烧炼理论所本。它们为道教神仙理论及道术的形成，做出了巨大的贡献。

（四）《老子指归》

汉武帝之后，以董仲舒为代表的儒家战胜了道家，儒学尊于朝野。但董仲舒之学实质上已吸收了方仙道、黄老道家的不少思想①。黄老道家虽然失去了既有的政治地位，但在民间的传播并未灭绝，刘向、马融、王充、郑玄、虞翻等人都学《老子》。

严遵本名庄遵，也称为严君平，是西汉成帝时期著名的道家学者。班固在《汉书·王贡两龚鲍传》中记载说，他是"依老子、严周之指著书十余万言"。唐代颜师古作注时已指出，"严周即庄周"②。东汉人为避汉明帝名讳，将庄遵改为严遵，将庄周改称严周。《华阳国志·蜀郡士女》说他"专精大《易》，耽于《老》《庄》"③。严遵之学主要是依据《老子》《庄子》《周易》三部书，引文所谓的卜筮是根据《周易》。严遵采用解《老》的形式，将庄子思想渗透于解说之中。严遵所著之书即《老子指归》④，也称为《道德真经指归》。现存的《老子指归》只有解说《德经》的四十篇，共七卷，而解说《道经》的六卷三十二篇已佚。

《老子指归》对本源论有所发挥，说："故虚之虚者，生虚虚者，无之无者，生无无者。无者，生有形者。故诸有形之徒，皆属于物类。物有所宗，类有所祖，天地物之大者，人次之矣。夫天人之生也，形因于气，气因于和，和因于神明，神明因于道德，道德因于自然，万物以存。"⑤ "自然"实为"道德"的属性。这样，《老子指归》提出了一个"道德——神明——太和——气——形（万物）"的宇宙生成图式。这是受老子的"道生一，一生二，二生三，三生万物"和"天下万物生于有，有生于无"等命题的启发而提出

---

① 如《春秋繁露·循天之道》说："养生之大者，乃在爱气。气从神而成，神从意而出。心之所之谓意，意劳者神扰，神扰者气少，气少者难久矣。故君子闲欲止恶以平意，平意以静神，静神以养气。气多而治，则养身之大者得矣。古之道士有言曰：将欲无陵，固守一德。此言神无离形，而气多内充而忍饥寒也。"

② （汉）班固撰，（唐）颜师古注：《汉书》，中华书局 1962 年版，第 3056－3057 页。

③ （晋）常璩撰，刘琳校注：《华阳国志校注》，巴蜀书社 1984 年版，第 701－702 页。

④ 《四库全书总目提要》和全祖望在《鲒埼亭集外编·读道德指归》怀疑《老子指归》非严遵所著，但证据不足。本书同意传统的观点。（参见黄钊主编：《道家思想史纲》，湖南师范大学出版社 1991 年版，第 214－216 页。）

⑤ （汉）严遵：《道德真经指归》，《道藏》第 12 册，第 349 页。

来的。其中一个突出的特点是把道和气同时纳入宇宙发生论的程序中。但是，严遵把这二者放到了先后不同的两个阶段，割裂了二者的关系。再则，它把作为人的精神性的"神明"当作宇宙发生的一个阶段，也显得荒谬。这说明，《老子指归》固然力图把气一元论与道一元论结合起来，对《老子》之后的道家本源论思想进行综合而建构一个新的本源论体系，但它建构的这个体系是很不成熟的。不过，《老子指归》对这一体系进行总结的某些言论还是颇有见地的。例如，"实生于虚，有生于无"① 是一个很精辟的论断。

《老子指归》对本体论同样有所发挥。它认为，作为万物的本体，"道"是抽象的实体，它"可闻而不可显也，可见而不可阐也，可得而不可传也，可用而不可言也"②，眼睛看不见，耳朵听不到，手不摸到，难于言说。但它确确实实存在，可以为人所得、为人所用。道是万物最高的本体，是最抽象的实体，是"独"一无二的，因而只能"独见""独闻""独为""独存"："故达于道者，独见独闻，独为独存……故无状之状，可视而不可见也；无象之象，可效而不可宣也；无为之为，可则而不可陈也；无用之用，可行而不可传也……故口不能言，而意不能明也。"③ 道是"无状"之状、"无象"之象、"无为"之为、"无用"之用，但又是"可视""可效""可则""可行"的。《老子指归·为学》说："故道之为物，窥之无户，察之无门，指之无体，象之无容，意不能尽而言不能通。万物以生，不为之损；物皆归之，不为之盈……其于万物也，岂直生之而已哉！生之形之，设而成之，品而流之，停而就之，终而始之，先而后之。既托其后，又在其前，神明以处，太和以存，清以上积，浊以下凝。天以之圆，地以之方。阴得以阴，阳得以阳。日月以照，星辰以行。四时以变化，五行以相胜。"④ 在这里，"道"显然是一种无时不在、无处不在的法则。

为了具体地说明道，《老子指归》集中讨论了"虚无""自然""无为""守分"等范畴，力图从不同的侧面来说明道。例如，它认为："道体虚无。""道虚之虚，故能生一。"⑤ 对"自然"，它将其区分为形而上与形而下的两个层次。"夫无形无声而使物自然者，道与神也；有形有声而使物自然者，地

① （汉）严遵：《道德真经指归》，《道藏》第 12 册，第 356 页。
② （汉）严遵：《道德真经指归》，《道藏》第 12 册，第 352 页。
③ （汉）严遵：《道德真经指归》，《道藏》第 12 册，第 367 页。
④ （汉）严遵：《道德真经指归》，《道藏》第 12 册，第 361–362 页。
⑤ （汉）严遵：《道德真经指归》，《道藏》第 12 册，第 349 页。

与天也。"① 对"无为",刘惟永《道德真经集义》引《老子指归》说:"有名,非道也;无名,非道也。有为,非道也;无为,非道也。无名而无所不名,无为而无所不为。"② 这与魏晋玄学对本体的描述颇多相通相同之处。对有关概念,《老子指归》有意识地作了区分。"一,其名也;德,其号也;无有,其舍也;无为,其事也;无形,其度也;反,其大数也;和,其归也;弱,其用也。"③ 这种用心辨析概念之间的逻辑联系,与王弼《老子注》的做法颇为类似。

本源论和本体论是形而上的哲理,《老子指归》探讨它们是为了把它们贯彻到形而下而指导人的行为活动。如同先秦道家从这个角度把道归结为"一"一样,《老子指归》也说:"一者,道之子,神明之母,太和之宗,天地之祖。于神为无,于道为有,于神为大,于道为小。"④《老子指归》所说的"道",是外在于人的、超验的实体。这样,人如何与道沟通就成了问题。"一"这个范畴的出现,就是为了解决这一问题的。"一"是道的体现,又是为人的神所能把握的实体。它把主体的人与客观的道之间的联系打通了。从"一"的客观性来说,它是万物的主宰,是万物运动变化的根本规律,因而是人的一切行为活动所必须遵循的准则,是一切价值观的根本依据。"故一者,万物之所导而变化之至要也,万方之准绳而百变之权量也。"⑤ 从"一"的主观性来说,把握了"一",人就成为圣智之人,无所不知,无所不能。"圣知之术,不自天下,不由地出,内在于身,外在于物,督以自然,无所不通,因循效象,无所不竭。"⑥ 这是在继承《庄子》等道家典籍思想的基础上,以方仙道等方术为背景,对道家关于"一"的思想的发展,开启了后世道教的"守一"之术。

以"一"的范畴阐发为契机,《老子指归》追求人与道的完全同一。它说:"故人能入道,道亦入人,我道相入,沦而为一。守静致虚,我为道室,与物俱然,混沌周密。"⑦ 为什么说"人能入道,道亦入人"呢?在《老子指

① (汉) 严遵:《道德真经指归》,《道藏》第 12 册,第 382 页。
② (元) 刘惟永:《道德真经集义》,《道藏》第 14 册,第 123 页。
③ (汉) 严遵:《道德真经指归》,《道藏》第 12 册,第 346 页。
④ (汉) 严遵:《道德真经指归》,《道藏》第 12 册,第 345 页。
⑤ (汉) 严遵:《道德真经指归》,《道藏》第 12 册,第 346 页。
⑥ (汉) 严遵:《道德真经指归》,《道藏》第 12 册,第 361 页。
⑦ (汉) 严遵:《道德真经指归》,《道藏》第 12 册,第 363 页。

归》看来，道产生了人和天地万物，也就是道朴散于人和万物。这其中有"道亦入人"的方面。人既然来源于道，秉有道的基因，所以人有入道的可能。不仅如此，人与道互相"入"的结果，二者必然浑融为一。实际上，不只人与道如此，物与道从原则上来说，也是如此。这样，天地人物，无论远近，互相之间都有普遍的联系，都能够此感彼应，从而形成一个整体。《老子指归》说：

> 由此观之，天地人物，皆同元始，共一宗祖。六合之内，宇宙之表，连属一体，气化分离，纵横上下，剖而为二，判而为五……人主动于迩，则人物应于远；人物动于此，则天地应于彼。彼我相应，出入无门，往来无户，天地之间，虚廓之中，辽远广大，物类相应，不失毫厘者，同体故也。①

这是《老子指归》本于道家思想而对天人合一的一种独特见解。由此，它推出了物类相应、天人相感的结论。

显然，"道亦入人"对人而言已经是既定的、完成的。余下的就是"人能入道"的方面。人能入道只是就可能性而言。人一旦出生，就与道产生了间隔。要达到与道无间的地步，就要"审于反覆，归于玄默，明于有无，反于太初"②，就得把自己作为"道室"，做"守静致虚"的功夫。《老子指归》颇为强调这一方面，要求人们发挥主观能动性，努力"入道"。正是在这个意义上，它提出了一个为后世道教所提倡的思想："伺命在我，何求于天。"③后世道教的"我命在我不在天"，与命抗争的积极有为的思想当来源于此。

对于养生，《老子指归》也有所涉及。例如，对于形神关系，它说："夫生之于形也，神为之蒂，精为之根……血气为卒徒。"④

严遵在方仙道方术盛行于社会各阶层的情况下注解《老子》，其思想免不了受方仙道的影响，《老子指归》鲜明地体现了这一点。《老子指归》使作为史官文化的哲理著作——《老子》与民间巫术、方术文化得以沟通，促成了黄老道家的哲理与神仙方术的结合。关于这一点，在稍后的《老子河上公

---

① （汉）严遵：《道德真经指归》，《道藏》第 12 册，第 355－356 页。
② （汉）严遵：《道德真经指归》，《道藏》第 12 册，第 347 页。
③ （汉）严遵：《道德真经指归》，《道藏》第 12 册，第 385 页。
④ （汉）严遵：《道德真经指归》，《道藏》第 12 册，第 359 页。

第三章　秦汉和三国时期的道家与道教

125

章句》中反映得更加明显。《老子指归》对后世的影响还表现在，它所倡导的万物自生自化说为以后的王充、郭象所继承，本体论思想为王弼所继承，对魏晋玄学的产生有催生的作用。

严遵是扬雄（前 53—18）的老师。扬雄著有《太玄》《法言》，其思想深受严遵的影响。实际上，扬雄思想的内核是道家。他重视《老子》的"道德"思想，坦言"老子之言道德，吾有取焉耳"①。他也受《庄子》思想的影响。《法言·问道》说："或曰：'庄周有取乎？'曰：'少欲。'"②《汉书·扬雄传》说："雄少而好学，不为章句，训诂通而已，博览无所不见。为人简易佚荡，口吃不能剧谈，默而好深湛之思，清静亡为，少嗜欲，不汲汲于富贵，不戚戚于贫贱，不修廉隅以徼名当世。"③ 扬雄虽然没有直接称颂庄子，但其"修身自保"的处世方式，显然是受庄子人生观影响的结果，其思想受庄子精神的影响也是显而易见的。《太玄》以黄老之学为宗旨，结合汉代天文律历等自然科学的成就，构造了一个宏大的世界图式。扬雄把玄提高到宇宙本体的高度，认为："夫玄也者，天道也，地道也，人道也，兼三道而天名之。"④ 桓谭《新论》评论说："扬雄作玄书，以为玄者，天也，道也。言圣贤制法作事，皆引天道以为本统，而因附续万类、王政、人事、法度。"⑤ 司马光在《读玄》中也说，"玄"是"合天地人之道以为之"⑥。扬雄还提出了"玄者，幽摘万类而不见形者也"⑦ 的观点。这是把玄视为本体论的本体。道、德、仁、义等是玄之用。他进而论证了万物以玄为本，有以无为本，"少则制众，无则治有"⑧ 的观点，开魏晋"思玄"风气之先，为魏晋玄学以有无为中心课题做了准备。扬雄是最早把《周易》和老庄联系起来的人。《太玄》把《周易》与《老子》结合起来了。《太玄》形式上模仿《周易》，内容上讲的却是老庄思想，其中强调了《老子》中本来与"道"就等同的"玄"。《法言》的根本观点则是："质干在乎自然，华藻在乎人事。"这已开名教与自然之论的先声。扬雄的思想对后世影响甚大，尤其是对魏晋

① 汪荣宝撰，陈仲夫点校：《法言义疏》，中华书局 1987 年版，第 114 页。
② 汪荣宝撰，陈仲夫点校：《法言义疏》，中华书局 1987 年版，第 134 页。
③ （汉）班固撰，（唐）颜师古注：《汉书》，中华书局 1962 年版，第 3514 页。
④ （汉）扬雄撰，郑万耕校释：《太玄校释》，中华书局 2014 年版，第 349 页。
⑤ 转引自（南朝宋）范晔撰，（唐）李贤等注：《后汉书》，中华书局 1965 年版，第 1898 页。
⑥ （汉）扬雄撰，（宋）司马光集注：《集注太玄经》，《道藏》第 27 册，第 740 页。
⑦ （汉）扬雄撰，郑万耕校释：《太玄校释》，中华书局 2014 年版，第 255 页。
⑧ （汉）扬雄撰，郑万耕校释：《太玄校释》，中华书局 2014 年版，第 275 页。

玄学的影响不可忽视。在一定意义上可以说，扬雄是玄学之先祖。如谢大宁认为："何王之学的问题意识乃直接绍承扬雄，而且他们把这一路思想直接和经学结合了起来，让它直接成了经典诠释的内容，而不像扬雄以降，均只以个人议论的姿态在经典之外徘徊而已。"①

"老""庄"并论，以儒兼道，内儒外道，借助于黄老学自然无为的自然观以营造包容天地人的宇宙本体论，是严遵和扬雄的共同点。他们二人在当时的影响并不太大。这与老庄之学在西汉末期只是在少数隐士或学者之间流传有关。但进入东汉之初，老庄之学曾一度兴盛。东汉中期，随着儒学的僵化和非理性化，道家思想又开始兴盛起来。到了东汉末期，老庄则极度盛行，成为时代思想的主潮。就此而言，严遵和扬雄是一代新风的开创者。

（五）《老子河上公章句》

西汉成帝至东汉光武帝期间，出现了《老子河上公章句》②。该书通过注解《老子》，把道家思想向前推进了一步。

《老子河上公章句》认为，道是天地万物的本源："无名谓道，道无形，故不可名也。始者，道之本也。吐气布化，出于虚无，为天地之本始者也。"③ 这个本源是"虚无"，也就是"虚空"。《老子河上公章句》指出："虚空者谓盛受万物，故曰虚无能制有形。道者，虚空也。"④ "道无形，故言生于无。"⑤ 这与严遵《老子指归·道生》所说"虚之虚者生虚虚者，无之无者生无无者，无者生有形者"⑥ 颇为近似。道正因为是虚无，所以能变为实有，其间的环节是道的"吐气布化"。对这如何理解呢？《老子河上公章句》说："元气生万物而不有。"⑦ 关于元气，结合别的地方的论述不难弄清其含

① 谢大宁：《历史的秔棄与玄学的稽康——从玄学史看稽康思想的两个侧面》，台北文史哲出版社1997年版，第63页。

② 本书的成书时间，学术界有四种观点：一是认为成书于西汉，或文帝时期，或宣成之世或稍前，如金春峰在《中国哲学》第九辑中持这种观点；二是认为成书于东汉，冯友兰、任继愈、王明等持这一观点；三是认为成书于魏晋甚或更后，谷方持这一观点（《中国哲学》第七辑）；四是认为今本《老子河上公章句》的成书有三个阶段，先是《河上公注》，接着是约420—470年间形成《河上真人章句》，此后才演变成现行本。（参见［日］小林正美著，李庆译：《六朝道教史研究》，四川人民出版社2001年版，第229-257页。）本书认为其成书时间是西汉成帝至东汉光武帝时期。

③ 《老子河上公章句》，《道藏》第12册，第1页。

④ 《老子河上公章句》，《道藏》第12册，第3页。

⑤ 《老子河上公章句》，《道藏》第12册，第12页。

⑥ （汉）严遵：《道德真经指归》，《道藏》第12册，第349页。

⑦ 《老子河上公章句》，《道藏》第12册，第1页。

义。《老子河上公章句》在注释"道生一，一生二，二生三，三生万物"时说："道始所生者，一也。一生阴与阳，阴阳生和气，清浊三气分为天地人也。天地人共生万物也。"① 它又说："一者，道德所生太和之精气也。"② 这就是说，"一"是元气所生之精气。那么，元气与道的关系究竟是什么呢？《老子河上公章句》说："万物之中皆有元气，得以和柔。若胸中有藏，骨中有髓，草木中有空虚，和气潜通，故得长生也。"③ 这就是说，在万物形成后，万物中既有道，也有元气。它又说："言道禀，万物始生，从道受气。"④ 按照这里所说，在共同生化万物的过程中，道与气的职能是有差异的。道是虚，气是实。道是发动者，气则是具体的承担者。道是形式，气则是内容。它们之间是一而二，二而一的关系。在一定意义上可以说，《老子河上公章句》是把道解释为元气。以上所述，是从本源论的角度来论说。《老子河上公章句》认为，道不仅是万物的本源，还是万物的本体。道"通行天地，无所不入"⑤ "无所定"⑥ "无常名"⑦。与《老子指归》相比，《老子河上公章句》更多地显露出本体论的色彩，力图用本体论来统率本源论。

道是唯一的，"天道与人道同，天人相通，精气相贯"⑧，所以"圣人治国与治身［同也］"⑨。但是，《老子河上公章句》将"道可道"理解为"经术政教之道"，将"非常道"理解为"自然长生之道"，表明它贬抑前者、崇尚后者的价值观。关于经术政教之道，该书提出了"致太平"的社会政治思想，"治身以长存，治国以太平"⑩，对此后《太平经》的思想当有影响。在治国方面，它强调"重本""返本"。针对汉代的政治现实，它反对"过本为末，过实为华"的"浮华"之风，提倡爱民、不扰民、不劳民、去奢侈、行节俭、施德惠、任德化、宽刑罚。

在养生论方面，《老子河上公章句》颇为别致地提出，治身的"自然长

---

① 《老子河上公章句》，《道藏》第12册，第12－13页。
② 《老子河上公章句》，《道藏》第12册，第3页。
③ 《老子河上公章句》，《道藏》第12册，第13页。
④ 《老子河上公章句》，《道藏》第12册，第6页。
⑤ 《老子河上公章句》，《道藏》第12册，第7页。
⑥ 《老子河上公章句》，《道藏》第12册，第6页。
⑦ 《老子河上公章句》，《道藏》第12册，第10页。
⑧ 《老子河上公章句》，《道藏》第12册，第14页。
⑨ 《老子河上公章句》，《道藏》第12册，第1页。
⑩ 《老子河上公章句》，《道藏》第12册，第12页。

生之道"是不可言说的最高的"常道"，是"不死之道"。它认为，治身重在神："使吾无身体，道自然，轻举升云，出入无间，与道通神，当有何患。"① 治身的方法是"守一"，"一"即道，所以"守一"即"守道真"②。"为人子孙能修道如是，长生不死。"③ 它受神仙家的思想影响，把《老子》的"谷神不死，是谓玄牝"解释为养五脏神，提出了"人能养神则不死也"的观点："谷，养也。人能养神则不死。神谓五藏神也。肝藏魂，肺藏魄，心藏神，脾藏意，肾藏精与志。五藏尽伤，则五神去。"④ 在《老子河上公章句》中可见道教身心兼修的养生思想的端倪。它一方面主张除情去欲，安静自然，养五脏神。另一方面主张爱养精气。它认为，善于行气，可以达到"和气潜通"⑤ 的程度。"人能保身中之道，使精气不劳，五神不苦，则可以长久。"⑥ 为此，它谈到了吐故纳新、按摩、导引等术。

《老子河上公章句》对《老子想尔注》有直接的影响，对汉魏晋道教上清派炼养之法影响很深。该书把道人格化，提出了"道意"的概念，鲜明地体现了道家向道教转化的倾向和趋势。《老子河上公章句》自南朝齐梁以来便在士大夫及民间产生了重大的影响。到了唐代，唐玄宗注《老子》，仍然多从河上公注，由此可见此注的历史影响确实非常深远，甚至不亚于王弼注。

第二节　秦汉社会思潮的演变与道教的产生

春秋战国、秦至西汉时期，由于科学技术的落后，鬼神崇拜在民间很有市场。各种方术包罗万象，流传的范围很广，遍及北方的燕齐和南方的楚国，形成了以追求长生久视、得道成仙为最终理想的社会集团，被人称为"方仙道"。不死之药等观念，在古代巫术中并不是中心概念；找到不死之药，也没有成为巫术追求的目标。但方仙道吸收改造了不少巫术，并创造了一些新的方术，用它们来为追求成仙服务。"方仙道的出现，可以说是在确立不死

---

① 《老子河上公章句》，《道藏》第 12 册，第 4 页。
② 《老子河上公章句》，《道藏》第 12 册，第 19 页。
③ 《老子上公章句》，《道藏》第 12 册，第 15 页。
④ 《老子上公章句》，《道藏》第 12 册，第 2 页。
⑤ 《老子上公章句》，《道藏》第 12 册，第 13 页。
⑥ 《老子河上公章句》，《道藏》第 12 册，第 17 页。

目标的前提下，将姮娥之变形与羽人之飞行这两种观念交汇的结果，构成了服药、变形、飞翔与不死诸观念的一个综合体。"① 汉初的陆贾在《新语·慎微》中就批评那些"苦身劳形，入深山，求神仙"和"废诗书，背天地之宝，求不死之道"② 的人，说明当时这样的人并非很少。其中主要有三大流派：一是以彭祖、王乔为代表，流行于南方吴越地区的行气派，其法是"吸阴阳之和，食天地之精，呼而出故，吸而入新，蹀虚轻举，乘云游雾。"③ 二是以容成公为代表，流行于秦中地区的房中派，其法是"治气有经，务在积精，精盈必写（泻），精出必补，补写（泻）之时，于卧为之"④。三是以安期生为代表，流行于燕齐地区的服食派，其法是寻找、调制、服食具有长生功效的药物。他们不仅讲方法，而且有了理论上的论述。如成书于战国时期的《归藏》记述了嫦娥偷吃西王母的长生不老药，奔月而成为月神的故事。这些记述透露出的思想，不外乎有二，一是追求长生不死，二是对现实苦难困境的逃避和对理想的追求。方仙道追求长生不死的活动，后来得到了秦始皇、汉武帝的支持，被推向高潮，为以修道求仙为核心的道教的产生铺平了道路。在最高统治者的支持下，汉代是巫觋、方士很活跃，巫术、方术盛行的时代。这一时期，盛行的方术主要有：降神、视鬼、占卜、祭祀、祝由、祈禳、解土、诅咒、巫蛊、媚术、堪舆、行气、房中等，涉及沟通鬼神与人间、预防或排除灾难、医疗、求雨、止雨、生育、丧葬、战争、养生等领域。信奉者遍及社会各个阶层。这就对汉代的思想产生了重大的影响。

秦的覆亡，就直接原因来说主要是民众暴动，但真正的原因是整个社会秩序的混乱。战国时期各种学术思想都争相为统一天下服务，但除了法家帮助秦成功外，其他各家都没有获得充分施展的政治舞台。秦王朝的很快覆亡说明法家思想的局限性很大。这主要表现在它的急功近利、重武尚法、"严而少恩"的特征与传统社会的宗法背景有冲突，这一局限性最终断送了法家的政治生命。从此，法家在政治上作为一个独立学派而存在的合理性消失了。进入汉代，它先是依附道家，与黄老学派结合而形成"黄老刑名"之学；在儒学独尊之后，它转而攀附儒家，成为"霸王道杂之"的汉代儒学的组成部

---

① 刘屹：《敬天与崇道——中古经教道教形成的思想史背景》，中华书局 2005 年版，第 455 页。

② 王利器：《新语校注》，中华书局 1986 年版，第 93 页。

③ 何宁：《淮南子集解》，中华书局 1998 年版，第 1395 页。

④ 宋书功编著：《中国古代房室养生集要》，中国医药科技出版社 1991 年版，第 25 页。

分之一。

刘汉王朝建立之初，在形势的催逼下，统治者不得不实行与民休息的政策。这是统治阶层总结了他们之前的统治者的经验教训，选择了黄老道家思想作为治理天下的思想指导的结果。之所以如此，是因为黄老思想既讲"尊君""一统"，又讲"因循""清静"，特别是有一个兼采众家之长而形成的不偏不倚的学术立场。但到了汉武帝时期，清静无为的黄老政策的弊端开始暴露出来，土地兼并的加剧引起了政治形势的变化，政治秩序出现了一定程度的混乱现象，需要中央政府发挥强有力的调节控制作用，单纯运用黄老道家思想治理天下已经不合时宜了。拘泥于"取法自然，无为而治"的黄老道家只会使得统治者束缚了自己的手脚。而且，黄老道家在理论上也有不足。它对"礼"有一种与生俱来的排斥性，认为"繁礼饰貌，无益于治"①，这与古代社会的宗法背景是有抵触的；另外，它宣称"处无为之事，而行不言之教"②，最终走向了"与时迁移，应物变化"传统精神的反面，这就有悖于时代需要改革的潮流。在这种情况下，注重稳定社会秩序的儒家思想响应这种需要开始逐步抬头。从统治者的角度而言，稳定社会秩序固然要依靠理性的教化，但其作用毕竟有限。此时，民间颇有市场的与鬼神相关的巫术、方术、宗教活动引起了统治者的关注。《周易·观·彖》的"圣人以神道设教而天下服矣"③ 和先秦墨家的"天志""明鬼"的思想得到了统治者一定程度的认同，他们开始大搞祭祀太一神等各方神灵的活动。这些活动引起了置身于上层社会的知识分子的关注，他们进而对民间宗教和方术进行研究，对它们进行理论解释。《吕氏春秋·大乐》说："万物所出，造于太一，化于阴阳。"汉代高诱解释"太一"说："太一，道也。""太一，元神，总万物者。""太一之容，北极之气合为一体也。"④ 可见，太一被视为哲学上的本体，宇宙发生论上的本源，宗教中诸神之首。这样，上层知识分子的参与，一方面促使来自民间的方术开始理论化，受道家思想的影响而发生了一定的变化；另一方面，这些方术中蕴含的道开始得到发掘，并与道家之道相沟通、衔接。同时，道家思想受方术的影响也发生了一定的变化，本来作为其思想背景的一

① （汉）司马迁：《史记》，中华书局1982年版，第1160页。
② 何宁：《淮南子集释》，中华书局1998年版，第605页。
③ （宋）朱熹注：《周易》，上海古籍出版社1987年版，第21页。
④ 许维遹撰，梁运华整理：《吕氏春秋集释》，中华书局2009年版，第109页。

第三章　秦汉和三国时期的道家与道教

部分术，如养生术等，从后台回归前台。道家思想开始与术有所结合①。例如，以道家为思想宗旨的《淮南子》就是一部有道有术，而且有一定宗教色彩的作品，《淮南子·泛论训》明确主张"因鬼神为机祥，而为之立禁""借鬼神之威以声其教"②。

前已述及，春秋战国以来方术盛行于社会各个阶层。在这样的社会环境中，在这诸方面因素的影响下，产生了董仲舒哲学。它主张"王道之三纲，可求于天"③，把儒家的终极价值直接归为天的意志，以非理性的方式将存在的源头与意义的源头合一，使得人类的整体生存获得终极性的肯定。这种本为儒家的哲学结合了一定的神道设教的成分，如天人感应、阴阳灾异和善恶报应等，比较切合当时政治形势的需要，因而被统治者采纳。《春秋繁露》有《求雨》《止雨》等篇，专述求雨、止雨之术，仪式颇为繁复，用时旷日持久，当是董仲舒对民间方术理论化、程式化、凝固化的结果。这被后来道教的斋醮祈祷仪式所吸收。对董仲舒思想与道教的联系，章太炎先生曾指出："及燕、齐怪迂之士，兴于东海，说经者多以巫道相糅，故《洪范》，旧志之一篇耳，犹相与抵掌树颊，广为抽绎。伏生开其源，仲舒衍其流，是时适用少君、文成、五利之徒，而仲舒亦以推验火灾，救旱止雨，与之校胜。以经典为巫师豫记之流，而更曲傅《春秋》，云为汉氏制法，以媚人主，而梦政纪。昏主不达，以为孔子果玄帝之子，真人尸解之伦。谶纬蜂起，怪说布彰……则仲舒为之前导也……夫仲舒之托于孔子，犹宫崇、张道陵之托于老聃。"④

"谶"，是一种用隐秘的语言来"预决吉凶"的迷信。早在秦朝末年，陈胜、吴广的民众暴动就已经利用了这种方术。后来它在民间一直流传着。东汉光武帝刘秀大肆利用西汉末年已流行的谶文夺得了皇位。继承董仲舒把儒学宗教化事业的一批儒生，也造出了孔子有"董仲舒乱（整理）我书"的谶记，来神化孔丘和吹捧董仲舒。于是对董仲舒的哲学理论做进一步发挥而编

① 李零指出，从《汉志》所著录的黄帝书可以看出战国秦汉的黄帝之学的主体是术数、方技。（李零：《说"黄老"》，陈鼓应主编：《道家文化研究》第五辑，上海古籍出版社1994年版，第142－157页。）《四库全书》道家类总论说："黄老之学，汉代并称。然言道德者称老子，言灵异者称黄帝。名为述说老子，实皆依托黄帝也。其恍惚诞妄，为儒者所不道。"我们认为，黄老道家是老子思想与黄帝之学的结合，体现了道与术的结合。

② 何宁：《淮南子集释》，中华书局1998年版，第982、984页。

③ （汉）董仲舒撰，（清）凌曙伍：《春秋繁露》，中华书局1975年版，第434页。

④ 章太炎著，徐复点校：《太炎文录初编》，上海人民出版社2014年版，第201－202页。

造出来的一大批"纬书"相继出笼。"纬"是相对于"经"而言的，是由儒生们根据统治者的意志，用天人感应、阴阳灾异的学说对儒家经典进行穿凿、附会、演绎而成的神秘说教。例如六经加《孝经》就有七纬，《易纬》有《乾凿度》《稽览图》等，《书纬》有《考灵耀》《刑德放》等，共有三十六种之多。阴阳五行说和天人感应目的论是谶纬学说的基本理论骨架。但是，董仲舒之前的阴阳五行学说虽然附会自然、人事，但尚未认定一切事物都内蕴阴阳五行之性。谶纬则把阴阳五行的神意贯彻到一切事物之中。它们既充满着神秘的含义，又有一定的哲理成分，从而为日后的宗教，如道教等奠定了坚实的哲学基础，后世道教各家经典的哲学理论大都从此汲取思想营养。

"谶记"和"纬书"流行于两汉之际，成为统治阶级愚弄、欺骗人民，互相争权夺利的一种有效工具。刘秀坐上皇帝宝座后，于中元元年（56）"宣布图谶于天下"[①]，正式把谶纬神学定为官方哲学。于是，神学目的论大为兴盛而弥漫于整个思想界，其突出特征是在政治领域，阴阳灾异成为察举科目之一，阴阳术士挤进了官僚队伍之中。天人感应、天瑞天谴直接干预国家政治，国家兴亡和五行运转合一之说深入汉代君臣内心，他们真的以为汉代之兴是上应天命，每有灾异都会导致一片议论。故在西汉统治已近于"鱼烂而亡"之时，统治者便寄中兴之望于"更受命"之说。成帝时，社会动荡，危机四伏，灾异屡见，君臣上下处于振兴无术的绝望之中。甘忠可趁机造作《天官历包元太平经》十二卷，说"汉家逢天地之大终，当更受命于天，天帝使真人赤精子，下教我此道"[②]。在思想界，造神运动层出不穷，谶纬迷信和学术合一，儒生和方士难以分言，儒生们莫不学习以阴阳五行为理论框架的方术，思想中均受神学目的论浸染，无论是今文经学还是古文经学，概莫能外。在民间，神仙方术大肆流行。

谶纬神学中有关天人感应目的论以及社会政治伦理思想，后来在汉章帝于79年亲自主持召开的白虎观会议上得到确认，被进一步系统化为《白虎通义》一书。这本书作为皇帝钦定的法典，颁布全国施行。《白虎通义》引证了很多"谶""纬"，把它们与董仲舒思想糅合起来，加以发挥，形成一套符合统治者需要的貌似理论的思想体系。在宇宙和人类社会的起源问题上，《白虎通义》步董仲舒后尘而扩展了阴阳五行学说，主张无形的元气产生有

---

① （南朝宋）范晔撰，（唐）李贤等注：《后汉书》，中华书局1965年版，第84页。
② （汉）班固撰，（唐）颜师古注：《汉书》，中华书局1962年版，第3192页。

形的事物，先有了自然界，接着出现了人类社会，而这一切的本源都是主宰万物的"天"。在这个世界观的框架中，阴阳五行的运动变化和万事万物的生死荣枯都是天意的安排。三纲、六纪以至妇女三从等伦理教条是符合阴阳五行原理的，它们都是有意志的天地、阴阳、五行的自然体现，天经地义，不容置疑。如果违背了，天就要降下灾害来惩罚。

董仲舒哲学本来就有比较鲜明的宗教神秘主义倾向，作为官方意识形态发展到西汉末年，很快与秦代就已经产生、到西汉末年盛行的谶纬相结合，进一步加强了神道设教的威力。为了加大三纲、六纪等教条的威力，增强人们遵从这些教条的自觉性，以《白虎通义》为代表的谶纬思想中，几乎使用了一切可使用的神道设教的伎俩，如星占吉凶，司过之神、三尸监督人行善去恶，呼神却病，用巫术驱鬼，宣扬黄帝、昆仑山与西王母的神话传说，等等。这些都是日后被道教吸收的内容。

中国本来是个多神崇拜的国家，从殷周时代起，万物有灵论似已深入人心。西汉时，在先秦时代五方之神的基础上增加了五星之神，并对其状貌有了颇为具体的描绘。汉武帝之后，阴阳五行说的流行，谶纬的发达，使得鬼神状貌日益清晰。就考古发掘的实物来说，西汉晚期之前，没有见到有对鬼神的相貌体态的描绘，而到了西汉末期和东汉初期，神鬼的相貌体态不仅清晰具体，而且从画像可知，神鬼所居的世界与人间并不远，它们过着和人间一样的生活，只是比人间更逍遥自在。由此，人们坚信与人世并行的神鬼世界是存在的。达官显贵们希求在神鬼世界中依然荣华富贵，贫苦百姓则希望在另一个世界里能比现实生活得好一些。于是上至公卿王侯，下至黎民百姓，无不祈求神灵保佑自己能遂其所愿，迷信风气空前兴盛。这为宗教的产生提供了肥沃的土壤。一旦有人提出符合民众愿望的信仰性内容，既能解决信仰者现实生活中的某些困难（如五斗米道之义仓即为解决贫民生活问题），又能满足贫民对未来生活的愿望，则这样的信仰就必定能够迅速传播开来。在这过程中，只要具备了系统的教义、完整的教团组织、广泛的信众三要素，则一种宗教就形成了。这，在东汉时期果然成为现实，道教产生了。总之，谶纬为各种鬼神迷信、方术的泛滥起了推波助澜的作用，为宗教的滋生制造了很好的温床。"从文化生成的意义上说，谶纬和正统神学经学对道教的形成具有刺激和示范作用。"①

---

① 金正耀：《道教与炼丹术论》，宗教文化出版社 2001 年版，第 12 页。

"谶""纬"的宫方化意味着话语权力从民间转移到了统治者。统治者力图把持它，排斥民间与此类似的方术的运用，动用政治的强权对其加以禁绝。与官方意识形态相适应，在儒家思想占据主导地位的精英文化中形成了"在人不在鬼，在德不在祀"，视民间方术为妖妄的信念。汉顺帝、桓帝时宫崇、襄楷两次向朝廷献《太平清领书》而未获好的结果就说明了这一问题。这一点，从另外一个方面来看，就是方术力图跻身于上层社会而受挫，但挫折只会从反面刺激方术以不同的形式继续在这方面努力。本来，方术的内容不是当世之急，对缓解当世之急负责任的是统治者和社会上层人士，社会分工和社会角色决定了方士们只能侧身于下层社会。史官文化关注的是当世之急，因而承载者多为上层社会的知识分子。但是，这只是就静态而言。把这放到历史发展的进程中故动态的考察就会发现，方术和官方意识形态之间的关系是动态的。方术力图跻身于上层社会，影响官方意识形态。官方意识形态为了扩大影响面和增强影响的效果，也不得不适当吸收一部分方术的内容，对方术加以利用。二者之间的互动，是以作为史官文化的承载体的知识分子为中介而实现的。

　　本为方术之一旳谶纬发展成为统治者的官方意识形态说明，方术并不必然只能与道家思想相结合，也可以与其他学派相结合。实际上，春秋战国以来，方士之术非常盛行。墨家学说保留了大量原始宗教和巫术的内容，在先秦诸家中巫术性、宗教性最强，它的很多后继者都是方士。战国末期和秦汉时期，儒生们多从事方术活动。秦始皇焚书坑儒，儒生们的方术不灵是直接的导火索。《后汉书·方术传》所涉及的方术，几乎都是汉代儒家易学与谶纬之学的内容。这说明，并不是所有方术天然地就与道家有联系。但后来的发展却表明，方术主要是归趋于道家，即黄老道家。生存与发展的要求导致方术一方面企图影响当政者而获取社会的承认和政治地位，另一方面力图寻求某种理论解释。西汉初期，只有黄老道家能同时满足这两方面的要求。阴阳五行家作为一个学派消失后，早已吸收阴阳五行思想的黄老道家变为阴阳五行思想的运用者、传承者。考察墨家与方术的关系有助于理解这一点。墨家衰落后，它所奉行的巫术仍然在社会上有很深厚的信仰基础，这是墨子被看作神仙和术士的重要原因之一。东晋时期葛洪的《抱朴子内篇·金丹》记载有《墨子丹法》，《抱朴子内篇·遐览》记载有谈"变化之术"的《墨子五行记》。之所以出现这种情况，是因为墨子已经吸收了一些老子的思想①，墨家也受神仙家的影响。例如，《墨子·公孟》说，学生跌鼻听说墨子病了，就奇怪地进去问道："今先生圣人也，何故有疾?"② 跌鼻的奇怪显然反映了他受神仙家思想影响，认为圣人是不会有病的。战国时期，墨家和杨朱之学是社会上的两派显学。杨朱是老子的弟子。这样，墨家的思想必然以道家思想为存在的背景，受道家思想影响。这给后世方术之士和道教攀附墨家思想提供了可能。墨子站在"农与工肆之人"即处于社会底层的小生产者立场上，提倡"赖其力者生，不赖其力者不生"③ 的原则，倡导尊天、明鬼、兼爱、互助的思想。在秦汉之际政治秩序混乱，天灾人祸持续不断，人民生活于水深火热之中的特定背景下，这种思想被身处民间的一些方术之士所吸收，并将一些方术依托于墨子。这是一种倾向，但这种倾向并不明显。主导的倾向是，另外一些方士为了逢迎最高统治者和达官显贵，力图把自己的方术攀附到当时社会上的显学——黄老道家上去。邹衍创立的阴阳家所倡导的"五德终始"和阴阳说，就是来源于燕、齐方士的一种学说。传说中的邹衍是能吹寒、嘘冷、善于延年养生的方士。《史记·封禅书》说："自齐威、宣之时，邹子之徒论著终始五德之运，及秦帝而齐人奏之，故始皇采用之。而宋毋忌、正伯侨、充尚、羡门高最后皆燕人，为方仙道，形解销化，依于鬼神之事。邹衍以阴阳主运显于诸侯，而燕齐海上之方士传其术不能通，然则怪迂阿谀苟合之徒自此兴，不可胜数也。"④《盐铁论·论儒》说："邹子以儒术干世主，不用，即以变化始终之论，卒以显名。"⑤ 这说明邹衍早年是儒生，力图在政治上有所作为，未果，后脱离儒门而创立新学。《史记·孟子荀卿列传》谈及邹衍时，说他的五德终始说被当时学者视为"共术"。就内容来说，"五行相胜"是春秋末期的孙子已经谈及的东西，邹衍的独创之处在于"推而大之""推而远之"。其表现在"先序今以上至黄帝"，然后"推而远之，至天地未生，窈冥不可考而原也"⑥。即把五行的循环过程在人类社会方

---

① 陈鼓应：《墨子与〈老子〉思想上的联系——〈老子〉早出说新证》，陈鼓应主编：《道家文化研究》第五辑，上海古籍出版社1994年版，第457-461页。

② 吴毓江撰，孙启治点校：《墨子校注》，中华书局2006年版，第692页。

③ 吴毓江撰，孙启治点校：《墨子校注》，中华书局2006年版，第375页。

④ （汉）司马迁：《史记》，中华书局1982年版，第1368-1369页。

⑤ 王利器校注：《盐铁论校注》，中华书局1992年版，第150页。

⑥ （汉）司马迁：《史记》，中华书局1982年版，第2344页。

面上溯到黄帝，在自然历史方面上溯到"天地未生"的阶段，向下则没有终结。这一做法，显然是受道家的影响。因为当时儒墨两家宇宙观的最高范畴只是"天"。诸家中只有《老子》以"有物混成，先天地生"之说而探讨了"天地未生"的情况。邹衍上溯到"窈冥不可考而原"的境界，是对《老子》"窈冥"之说和"视之弗见""听之弗闻"等说法的发展。结合阴阳家以"阴阳四时、八位、十二度、二十四节各有教令"为特点，可以看出，邹衍已经开始用道家的理论来解释自己来源于燕齐方士的术了。《史记·日者列传》提及，擅长卜筮之术的司马季主是一位"通易经，术黄帝、老子，博闻远见"的方士。他对宋忠、贾谊说：卜者"必法天地，象四时，顺于仁义，分策定卦，旋式正棋，然后言天地之利害，事之成败"①。这说明，作为方术之一的卜筮也在力图攀附黄老道家，提升自己的文化品位。总之，燕齐方士、阴阳家的思想和黄老思想以及后世的道教思想，其间步步相承的递进关系，是不能忽视的。

方术在汉武帝采纳董仲舒"独尊儒术"的建议前攀附黄老道家，在这之后顺水推舟转而攀附儒家，以求提升其政治地位和文化品位。但此时儒家已经深受它与黄老道家相融会而成的思想的影响。这典型地表现在董仲舒哲学中。这一趋势进一步发展的结果是使儒学转变为谶纬之学。"纬"指易纬。易纬为七纬之一，本于《周易·易传》。《易传》作为对《周易》的哲学解释，其中渗透了道家思想。《易传·系辞上》说："天一地二，天三地四，天五地六，天七地八，天九地十。"②《易纬》中的《乾凿度》把这一思想做了发展，说："易变而为一，一变而为七，七变而为九，九者，气变之究也，乃复变而为一。"这就有了形而上的含义。它把这推广到自然界和人类社会，说："日十干者，五音也。辰十二者，六律也。星二十八者，七宿也。凡五十，所以大阂物而出之者也。孔子曰：'阳三阴四，位之正也。'"③ 一为阳之初生，三为阳之正位。一为阴之初生，三为阴之正位。五为三才之中。于是五行理论被象数化了④。《易纬》探讨宇宙起源时，使用了"太易""太初"

① （汉）司马迁：《史记》，中华书局1982年版，第3218、3221页。

② （战国）卜商：《子夏易传》，中华书局1991年版，第132页。

③ （清）赵在翰辑，钟肇鹏、萧文郁点校：《七纬（附论语谶）》，中华书局2012年版，第34－35页。

④ 《左传·喜公十五年》云："韩简侍，曰：龟，象也；筮，数也。物生而后有象，象而后有滋，滋而后有数。'这大概是龟象、物象、象数说最早的源头。

"太始""太素"等来源于道家的概念，引用了《老子》《淮南子》等道家典籍中的话，继承了道家"有生于无""有形生于无形"的理论。这就是说，《易纬》的宇宙观深受道家思想的影响①。除了《乾凿度》外，谶纬家们造作了许多专言天地万物变化及其关系的象数之书，如《河图》《洛书》等，它们均从擅长讨论运动变化的道家思想中吸收了不少思想营养。孟喜、京房顺着这一思路解《易》，奠定了此后易学象数学派的基础。他们的"今文易"，与董仲舒哲学、谶纬之学一起，是西汉人由天道转入神道之所由。易学象数学在东汉的《太平经》中已经有明显的体现，传至两晋，为道士所普遍采纳而用于符箓、丹鼎等术。

西汉古文经出现后，原来的儒家经学被称为今文经学，于是有了今、古文经学之争。以孔子为神，是今文经学的主张。王莽由假皇帝而成为真皇帝，改国号曰"新"，用古文经学，以孔子为"师"②，表面上是用古文经学，实际上仍然是用今文经学。东汉光武帝以符命灭王莽后，古文经学于是兴盛起来。因群儒攻今文经学，今文经学失势，古文经学在经学领域处于主导地位。

今、古文经学均与道家思想有联系。崔大华指出："汉代经学在阐发儒家经典的义理内容时，不仅承袭、吸收了庄子自然观中的某些思想观念，而且还直接援用了《庄子》中的人物、故事等思想资料……《庄子》对汉代经学的影响和作用，一方面表现在汉代今文经学在对儒家经典作义理的发挥时，吸取和利用了《庄子》中的思想观念、思想资料；另一方面也表现在《庄子》中的一些名物为古文经学家训诂儒家经典时所援依。"③ 但相比较而言，由刘歆开创的古文经学与道家的关系更密切一些。刘歆为刘向之子，他的《春秋左传》学是从刘向《春秋谷梁》学分衍而出的。刘向除了研治《春秋》之外，还撰有《说老子》四篇。《汉书·艺文志》是删节刘歆《七略》而成。《艺文志》称赞道家"合于尧之克让，易之嗛嗛"，说包括道家在内的九家都是"六经之支与流裔"，声称："若能修六艺之术，而观此九家之言，

① 林忠军：《〈易纬〉宇宙观与汉代儒道合流趋向》，《哲学研究》2002 年第 10 期，第 37 - 39 页。

② 《汉书·郊祀志下》云："莽篡位二年，兴神仙事。"[（汉）班固撰，（唐）颜师古注：《汉书》，中华书局 1962 年版，第 1270 页。]

③ 崔大华：《庄学研究——中国哲学一个观念渊源的历史考察》，人民出版社 1992 年版，第 421、425 - 426 页。

舍短取长，则可以通万方之略矣。"① 东汉王充的《论衡》支持古文经学，也时时露出受道家影响的痕迹。古文经学较之今文经学更为重视《周易》，故而不能不重视与易道相通的老、庄。到刘歆创立古文经学时，始更改六艺次序，以《易》为首，依次为《易》《书》《诗》《礼》《乐》《春秋》。尊崇五经而以《周易》为首，重视《周易》又以《系辞传》为先，这是以刘歆为祖师的古文经学的基本立场。与今文经学相比较，古文经学与道家的关系更为密切，因而古文经学的兴盛足以激起老庄之学的复兴。这是曹魏时期老庄在学术方面复兴的起因之一。古文经学与道家沟通，颇有自然主义之味。于是方士与儒分离，谶纬合流于道。

谶纬中的灾异、符命等因素决定了它只是统治者夺取政权和应付危机的工具，难以作为巩固和维持政治秩序的工具。所以谶纬在东汉后期被抛弃，重新跌落于民间而成为方术的一部分。黄老道家虽然在西汉武帝之后不再作为官方意识形态，但无论是在西汉还是东汉的朝野仍然有很大的影响。方术对它攀附，既从某些方面扩大了它的社会影响面，也在一定程度上改变了它的面貌，如杨王孙对黄老之术的实践主要表现在"厚自奉养生"和"裸葬"上。类似这样的做法使得黄老之学在此后很长一段时间里几乎成为一种"养性"之学。这种改变在理论上呈现出的特征是，作为黄老道家主体的政治统治术力图与儒家的政治学说相结合，关注的重点逐渐向人生观和自然观转化，并进而向宇宙论方向发展。这就为专讲"人生"处世哲学的《庄子》思想的兴起创造了条件。这种改变在实践中的效果非常明显，以至于东汉明帝主张以儒术治国，以黄老修身；桓帝在祭祀孔子的同时也祭祀老子，而且是以老子为主，孔子为陪。总之，这种改变对黄老道家和方术的发展均有所推动。

提及方术，不能不提到其中的医术。医术经过长时期的发展，到秦汉之际，已经积累了非常丰富的经验，到了可以进行理论总结的程度。顺应此时社会思潮的形势，出现了《黄帝内经》。它以稷下道家的精气学说为主，兼采阴阳五行思想，充分吸收和消化了此前道家的养生思想，并结合医药学的经验，建构了一个庞大的思想体系。其中富有深刻的哲学思想。例如，《素问·四气调神大论》说："夫四时阴阳者，万物之根本也。所以圣人春夏养阳，秋冬养阴，以从其根，故与万物沉浮于生长之门。"②《素问·上古天真

① （汉）班固撰，（唐）颜师古注：《汉书》，中华书局 1962 年版，第 1732、1746 页。
② 马烈光、张新渝三编：《黄帝内经·素问》，四川科学技术出版社 2008 年版，第 21 页。

论》说："上古之人，其知道者，法于阴阳，和于术数，食饮有节，起居有常，不妄作劳，故能形与神俱，而尽其天年，度百岁乃去。"① 人只要"应天之气，动而不息"②，法阴阳，和术数，"把握阴阳，呼吸精气，独立守神"③而全神，"淳德全道""是谓得道"就可达到本有的寿命。如此之类的哲学思想和充满了科学精神的养生经验，道与术的结合，都对此后的道教产生了深远的影响。

追求长生不死的思想是古已有之的，是人们控制自己生命的一种向往。以养生术和医药学的强身健体、延年益寿的成就为基础，在南方的楚国、北方的燕齐，都出现了神仙和服药不死、摄养长生的思想，如嫦娥服食西王母的不死之药而飞升到月宫中的传说，很早就已经盛行于民间。在此基础上产生了方仙道、信仰神仙、崇拜黄帝、祠灶祭神、主张服食丹药成仙等思想。这些思想，先秦至汉代道家的多部著作中都有记载或鲜明的表现，甚至有了理论上的分析研究。秦始皇、汉武帝都是方仙道思想的热烈崇拜者和实践者，他们虽然没有取得什么实际效果，但都为方仙道的盛行起了推动作用。根据司马迁的记述，汉武帝时有炼金术，方士们已经能够用丹砂及其他药物炼成"黄金"。他们认为，用这样的"黄金"制成饮食器皿，可以延年益寿，如果再配合祭灶、祭天地，就能长生不死④。这说明此时的方士已经开始思考方术之间的联系了。在这样的氛围中，上层社会以黄老道家为本融汇刑名法术、阴阳五行、养生之术的倾向比较突出。"方仙道""方道""养生却老术"等名称已经频繁出现。这种倾向一直持续到东汉，出现了《老子河上公章句》，出现了神化、祭祀老子的活动，为此后道教的斋醮科仪之术开了先河。在民间，神仙家的活动非常盛行，并且已经有了比较自觉的义理思想，《汉书·艺文志》对它做了概括："神仙者，所以保性命之真，而游求于其外者也。聊以荡意平心，同死生之域，而无怵惕于胸中。然而或者专以为务，则诞欺怪迂之文弥以益多，非圣王之所以教也。孔子曰：'索隐行怪，后世有述焉，吾不为之矣。'"⑤ 神仙家的方术怪诞迂晦，多有不验，这促使神仙家改弦更张，另辟蹊径。其中一部分与阴阳（五行）家（以著有《重道延命方》的邹

---

① 马烈光、张新渝主编：《黄帝内经·素问》，四川科学技术出版社 2008 年版，第 2 页。
② 马烈光、张新渝主编：《黄帝内经·素问》，四川科学技术出版社 2008 年版，第 537 页。
③ 马烈光、张新渝主编：《黄帝内经·素问》，四川科学技术出版社 2008 年版，第 12 页。
④ （汉）司马迁：《史记》，中华书局 1982 年版，第 455 页。
⑤ （汉）班固撰，（唐）颜师古注：《汉书》，中华书局 1962 年版，第 1780 页。

衍为祖）的思想相结合，转变为方仙道；另一部分依附于黄老道家。这两种途径都是以后道教产生的思想渊源。

方士和神仙家们在这一时期炮制了不少著作。马王堆三号汉墓出土的有：《却谷食气》《导引图》《养生方》《杂疗方》《胎产书》《十问》《合阴阳》《杂禁方》《天下至道谈》。这些神仙方术的书，有的写于帛上，有的写于木简上。马王堆三号墓主葬于西汉文帝十二年（前168）。上述诸书有的是用秦时的篆体来抄写的，其抄写年代或在秦末，或在汉初；其撰成年代则应比抄写更早。此外，出现了专讲炼丹的《淮南子·中篇》，即《枕中鸿宝苑秘书》（已佚），出现了署名刘向的《列仙传》①。后者记载了自神农帝至西汉成帝为止的七十位神仙的事迹。这些神仙遍及社会各阶层，甚至有少数民族。涉及的成仙途径有服食、导引、行气、房中、行善等，它描绘了神仙们的种种神异奇迹，宣扬神仙存在和神仙可学。《列仙传》已经把老子作为"好养精气，贵接而不施"的神仙之一。紧接着，《汉书·李寻列传》说："成帝时，齐人甘忠可诈造天官历、包元太平经十二卷。"② 有关这方面的书籍，班固《汉书》卷三十下《艺文志·方技·房中》所载房中术之著作有"《容成阴道》二十六卷、《务成子阴道》三十六卷、《尧舜阴道》二十三卷、《汤盘庚阴道》二十卷、《天老杂子阴道》二十五卷、《天一阴道》二十四卷、《黄帝三王养阳方》二十卷、《三家内房有子方》十七卷。右房中八家，百八十六卷"。《汉书·艺文志·方技·神仙》载有神仙家"《宓戏杂子道》二十篇、《上圣杂子道》二十六卷、《道要杂子》十八卷、《黄帝杂子步引》十二卷、《黄帝岐伯按摩》十卷、《黄帝杂子芝菌》十八卷、《黄帝杂子十九家方》二十一卷、《泰壹杂子十五家方》二十二卷、《神农杂子技道》二十三卷、《泰壹杂子黄冶》三十一卷。右神仙十家，二百五卷"③。《汉书·艺文志·道家》所列三十七家，其中也有不少与道教有关。

到了东汉，"把黄老学收缩成养生术已成为一种社会时尚"④。汉明帝刘庄为太子时，曾经针对光武帝的"勤劳不怠"劝谏说："陛下有禹汤之明，

① 葛洪《抱朴子·论仙》说，秦大夫阮仓撰有《列仙图》，后被刘向增删而成刘向著之《列仙传》。

② （汉）班固撰，（唐）颜师古注：《汉书》，中华书局1962年版，第3192页。

③ （汉）班固撰，（唐）颜师古注：《汉书》，中华书局1962年版，第1779页。

④ 丁原明：《黄老学论纲》，山东大学出版社1997年版，第320页。

而失黄老养性之福，愿颐爱精神，优游自宁。"① 《后汉书·光武十王列传》记载，汉章帝赐东平宪王刘苍"秘书、列仙图、道术秘方"②。秘书、列仙图、道术秘方，显然都与道教典籍和与道教修仙有关。刘苍为光武帝之子、明帝之弟、章帝叔父，死于建初三年（78），应当是神仙道之爱好者，或者章帝欲其学仙长寿，所以汉章帝才会赐以道教典籍。可惜史书未详载这些道典的名称，但由此可知在东汉初，道书之撰著确实不少。在这一背景之下，学者们把治身治国视为黄老道家的思想宗旨。如王充曾在《论衡·自然》中把黄老学的基本内容概括为"黄、老之操，身中恬澹，其治无为"③。吴苍类似地指出，"盖闻黄老之言，乘虚入冥，藏身远遁，亦有理国养人，施于为政"④。而且，治身的方面似乎占据了主导的地位。如王充在《论衡·道虚》中说："道家或以导气养性，度世而不死。""道家或以服食药物，轻身益气，延年度世。"⑤ 这说明，黄老道家此时给人的印象是以养性保身为主。王充的思想深受道家影响。与王充"虽违儒家之说，合黄、老之义"⑥ 一样，王符、仲长统等思想家的思想内核也是道家思想，后者甚至把"安神闺房，思老氏之玄虚；呼吸精和，求至人之仿佛"⑦ 作为自己的行为准则。这说明，到了东汉初期，黄老道家的主要面目已经不是君人南面之术，而是以养性长生的修炼为特色了。它的自然之道与来自方士的神仙长生之术已经杂糅在一起了。此外，阴阳五行思想仍然在东汉思想中占据主流地位。这在王充等人的著作中均有表现。黄老道家这时已经吸收了阴阳五行思想并把它消化为自己的一个有机组成部分。到了东汉中后期，黄老道家与神仙方术相互混融，二者已经很难分开了。汉桓帝刘志于延熹八年（165）两次派人到楚苦祠老子。《后汉书·王宠传》记载，国相魏愔与王宠"共祭黄老君，求长生福"⑧。此时的黄老之学已经演变为宗教化的黄老道。总之，阴阳五行与黄老思想相结合，

① （南朝宋）范晔撰，（唐）李贤等注：《后汉书》，中华书局1965年版，第85页。
② （南朝宋）范晔撰，李贤等注：《后汉书》，中华书局1965年版，第1440页。
③ 黄晖校释：《论衡校释》，中华书局1990年版，第781页。
④ （南朝宋）范晔撰，（唐）李贤等注：《后汉书》，中华书局1965年版，第2771页。
⑤ 黄晖校释：《论衡校释》，中华书局1990年版，第337页。
⑥ 黄晖校释：《论衡校释》，中华书局1990年版，第785页。
⑦ （南朝宋）范晔撰，李贤等注：《后汉书》，中华书局1965年版，第1644页。对此，李贤注说："《老子》曰：'玄之又玄，虚其心，实其腹。'呼吸谓咽气养生也。《庄子》曰：'吹煦呼吸，吐故纳新。'又曰'至人无己'也。"
⑧ （南朝宋）范晔撰，李贤等注：《后汉书》，中华书局1965年版，第1669页。

道与术的结合，表明一种新的文化形态——道教已处于逐渐滋生的过程之中。其典型事件即是汉顺帝时于吉上献朝廷的一百七十卷《太平清领书》（即《太平经》）和汉桓帝时成书的《周易参同契》等道书的出现。值得一提的还有成书于东汉光武帝二十七年（51）之后，以《玉历经》为基础扩展而成的《老子中经》。它以'元气'"自然"论说，崇尚"太一""中黄"，重视丹田、太一紫房的修炼方法，与《太平经》的思想比较接近①。

整体的儒学在东汉后期因政治动乱而迅速衰败，失去了存在的载体和社会、心理土壤，于是方术不得不以黄老道家为底蕴，吸收儒家等多种思想文化资源而进行综合创新，道教于是脱颖而出。但应该指出的是，用"道教"这一概念来描述这一现象，至少是六朝时期起人们的追认，因为"道教"这个词虽然在这一时期已经出现，但尚未成为今人所理解的内涵的专属概念，它同时也被用于指称儒家、佛教。

东汉时期，黄老道家在上层社会得到了统治者在一定程度上的遵奉，东汉的章、和、安、桓、灵诸帝都在不同程度上与当时的民间术士有过接触②。黄老道家在民间演变为准宗教，而且与上层社会注重延寿长生不同，在民间是注重治病救死，如张角"自称'大贤良师'，奉事黄老道，畜养弟子……百姓信向之"③，经过若干年的发展，终于发动了黄巾起事。张角所领导的组织一般称为太平道。后文将要述及，张陵的五斗米道，同太平道一样，其实都是黄老道在不同地域、由不同的传教者传播开来而产生的支派，它们在组织上已经有相当大的规模。

黄老道家思想是道教产生的直接思想资源，是构成后世道教的理论基石。《太平经》所言的"太平"，首见于帛书《经法·六分》，其后，《文子·微明》《淮南子·俶真训》等均有论述。《太平经》的"承负"说也与黄老道家有关。帛书《十大经·雌雄节》《称》《淮南子·天文训》等均有论述，如《称》说："贞良而亡，先人余殃；猖獗而治，先人之烈。"对黄老道家与

---

① 刘永明：《〈老子中经〉形成于汉代考》，《兰州大学学报》（社会科学版）2006年第4期，第60-64页。

② 《后汉书·志八·祭祀中》："桓帝即位十八年，好神仙事。"〔（南朝宋）范晔撰，（唐）李贤等注：《后汉书》，中华书局1965年版，第3188页。〕（参见姜生：《东汉章和安桓灵诸帝与原始道教关系考》，陈鼓应、冯达文主编：《道家与道教：第二届国际学术研讨会论文集·道教卷》，广东人民出版社2001年版，第66-75页。）

③ （南朝宋）范晔撰，（唐）李贤等注：《后汉书》，中华书局1965年版，第2299页。

道教的关系，葛洪有明确的论述①。后世道教内外绝大多数人都承认黄老道家是道教的直接渊源，并多用黄老代指道教。六朝时期人们常把道教称为"黄老"②。唐代人封演在《封氏闻见记》中说："道教本自黄帝，至老君祖述其言，故称为黄、老之学。"③ 北宋道教理论家张伯端在《悟真篇后序》中说："世人根性迷钝，执其有身而恶死悦生，故卒难了悟。黄老悲其贪著，乃以修生之术顺其所欲，渐次导之。"④ 陆游《渭南文集·洞霄宫碑》说："临安府洞霄宫，旧名天柱观，在大涤洞天之下，盖学黄老者之所庐。"⑤ 元代玄教宗师张留孙有"黄老之言，治国家有不可废者"⑥ 之言，表明他仍然是把"黄老"作为道教的指称。明代张宇初也持类似的观点。这说明，在古代，教内教外，都把作为道家发展阶段之一的黄老道家作为道教的代称。所以，有学者提出了黄老道家即道教的观点⑦。

司马谈在《论六家要旨》中说："尝窃观阴阳之术，大祥而众忌讳，使人拘而多所畏；然其序四时之大顺，不可失也。"⑧ 汉代学术以阴阳学说为基础，经验色彩非常浓厚，潜在地含有追求思想上的清通简要的要求，也就是由术上达于道。这从一个侧面说明，对方术中内含的作为传统文化积淀的道的发掘，必然在适当的时候成为一些思想家的工作。

《庄子·大宗师》借孔子之口，称儒家为游方之内的学术，称道家为游方之外的学术，从而把儒家和道家做了区分。南朝梁的阮孝绪在《七录》中，把道家进一步区分为方内的道家与方外的道家。这里所说的方外的道家，实际上就是神仙道教。所以，同为南朝梁的刘勰在《灭惑论》中说："道家立法，厥品有三：上标老子，次述神仙，下袭张陵。"⑨ 道安在《二教论》中

---

① 参见《抱朴子内篇》中的《微旨》《释滞》《明本》《勤求》等篇。如《微旨》说："黄老玄圣，深识独见，开秘文于名山，受仙经于神人……"（王明：《抱朴子内篇校释》，中华书局1985年版，第122页。）

② 如《南齐书·高逸传》说顾欢"事黄老道"。[（梁）萧子显：《南齐书》，中华书局1972年版，第930页。]

③ （唐）封演撰，赵贞信校注：《封氏闻见记校注》，中华书局2005年版，第1页。

④ （宋）张伯端撰，王沐浅解：《悟真篇浅解（外三种）》，中华书局1990年版，第175页。

⑤ （宋）陆游：《陆放翁全集》，中国书店1986年版，第95页。

⑥ 陈垣编纂，陈智超、曾庆瑛校补：《道家金石略》，文物出版社1988年版，第912页。

⑦ 李申：《道教本论（黄老、道家即道教论）》，上海文化出版社2001年版。

⑧ （汉）司马迁：《史记》，中华书局1982年版，第3289页。

⑨ （梁）刘勰著，黄叔琳校注，李详补注，杨明照校注拾遗：《增订文心雕龙校注》，中华书局2000年版，第1054页。

谈及道教时说："一者老子无为，二者神仙饵服，三者符箓禁厌。"① 在南北朝知识分子看来，当时的道家、道教分为三个层次，一是以《道德经》为本的哲学理论；二是追求长生不死、肉体成仙的神仙道教，其方术以服食为主，且多有与科学技术相近相通之处；三是宗教意味最浓，从五斗米道发展而来的巫神道教，其方术以符箓禁咒为主。其中，第一层次是道，第二、三层次是术。

秦至东汉时期，一方面，知识分子逐渐发掘出术中所蕴含的道的内容，并将之与术结合起来，对术进行了整理改造，使得方术有了一定的理论基础，力图使之与道相一致。这是术攀附黄老道家，自下而上，术道融合的过程。在这过程中，道与术的关系是道带动术，以道为主。表现之一是在分类上，"方技"与"数术"合流，被统称为"道术"②。"至少从汉代起，养生方技的指导思想和理论基础之一就是道家思想。"③ "道士""道人"的称呼开始出现。另一方面，与术攀附道相反，道也受术的影响。这两种情况又分不同的阶段。在汉武帝之前，道家在创立和发展的过程中以术为背景，吸收了术中所积淀的传统文化中道的内容。例如，司马谈所说的"道家"，实际上是当时盛行于世的黄老道家，以道术合一为特色，内容侧重于政治，已经是正在酝酿中的道教的前期阶段的一个侧面了。在汉武帝"罢黜百家、独尊儒术"后，黄老道家跌落民间，使得"道"的生存和发展必须依赖于术的生存和发展。这是一个从上而下、道术融合的过程。这两个方面努力的结果，便是形成了一个有道有术、道术合一的崭新的文化体系——道教。

孟、庄之后到东汉时期，就总体而言，是中国文化的思想相对比较贫乏的时期。人们比较注重实用的术的发掘、创造和解释，鲜有对精深玄妙的哲理的推求与探索。渗透在这些纷纷纭纭的术中的思想，不过是以气为基础的宇宙发生论、天人感应、天人合一的原理以及阴阳五行的框架，显得呆板、沉滞。这一时期的人们，虽有睁眼看世界的热情，却显得泛观博览有会而简约精纯不足。不过，这一阶段毕竟为此后哲学鼎盛阶段的到来准备了条件，即在哲学据以抽象的形而下的术的实践操作层面上奠定了坚实的基础。紧接着到来的，就是魏晋时期玄学的勃兴、南北朝时期佛教的昌盛和道教的成熟。

---

① （唐）释道宣：《广弘明集》，《大正藏》第 52 册，新文丰出版公司 1983 年版，第 141 页。
② 刘屹：《敬天与崇道——中古经教道教形成的思想史背景》，中华书局 2005 年版，第 501 页。
③ 刘屹：《敬天与崇道——中古经教道教形成的思想史背景》，中华书局 2005 年版，第 509 页。

第三节　《太平经》以度世为本的道术体系

西汉成帝时，在社会危机比较严重的情况下，齐人甘忠可宣称天帝派赤精子下凡向他传教，伪造了《天官历包元太平经》十二卷。该书虽然上达朝廷，但未被采纳，甘忠可因此卷入政治斗争中而付出了生命的代价。东汉顺帝时期，出现了一百七十卷的《太平清领书》即《太平经》，由宫崇献于朝廷，同样未被采纳。桓帝时襄楷再次把这部书献给朝廷，也未被采纳。《太平经》是自西汉开始至东汉顺帝时期，诸多好道者在民间连续不断地增饰而成的一部卷帙浩大、内容庞杂、行文水平参差不齐的大部头的书。它的成书方法深受时代的影响。它经常采取天师与其弟子问答的方式来论述教义。这种问答，与孔子时代孔门师弟间的问答并不一样，是模仿汉代经学师法传统中所谓"问难"而形成的。经学章句盛行于西汉宣元及东汉明章之际，具文饰说，发掘"微言"（即经中深微之言）和大义，讲论甚繁，往往多至百万言。《太平经》同样力图发掘微言大义，往复问难，故篇幅多至一百七十卷。根据这一特点，应该把《太平经》放入两汉思想史的流变和理论发展中去进行分析、研究。

汉代人的思想以视野开阔、观念滞重而著称。这一时期博物之风比较盛行，但人们的观念深受阴阳五行等思想框架的束缚。《太平经》的内容是从"大天之下，八十一域，万一千国中，各自有文书……今尽收录聚之"[1] 而来的，而把这些内容组织成书的同样是阴阳五行等观念框架。《太平经钞》丙部说："吾道即甲子乙丑，六甲相承受。五行转相从，四时周反始。书卷虽众多，各各有可纪。"[2] 这说明，《太平经》的论理结构是以四时、五行、八卦、六甲、十二子互相周转衍说的。《太平经》受汉代其他流派思想影响的痕迹非常明显，既有儒家、墨家的，也有先秦道家、黄老道家、易学的，等等。由于思想来源不一，编者非一时一人，所以前后观点相互矛盾之处不少。不过其中心思想是很清楚的，这就是"修身养性，保精爱神，内则治身长

---

① 王明编：《太平经合校》，中华书局1960年版，第709页。
② 王明编：《太平经合校》，中华书局1960年版，第185页。

生，外则治国太平，消灾治疾"①。《太平经》力图以救世、度世为本，按照一定的思想线索把诸多方术荟萃在一起，加以理论解释，建立一个道术体系②。

(一)"元气行道"的形上学

《太平经》认为，道是天地万物的主宰，是万物运动变化的根据，也是万物的本源。它说：'道者，乃天地所常行，万物所受命而生也。"③ 这含有把道视为集本源和本体于一身的思想萌芽，但表述得不够清楚。受道家思想影响，《太平经》认为："道兴无为，虚无自然。"④ 这就是说，道有虚无、自然、无为等特点。这明显是继承了先秦道家的思想。

元气是《太平经》形上学中在重要性上仅次于道的范畴。《太平经》继承了汉代对元气的有关思想，说："夫物始于元气。"⑤ "元气有三名，太阳、太阴、中和。形体有三名，天、地、人。"⑥ 这就是说，元气是天地未分之前的混沌统一体。它认为，天、地、人和万物是直接从元气中产生出来的。元气凝聚，轻清者上升而为天，为阳；重浊者凝而为地，为阴；阴阳相合，就产生了人；余下的气形成万物。它以《老子》的"道生一，一生二，二生三，三生万物"为思想骨架演绎道："元气恍惚自然，共凝成一，名为天也；分而生阴而成地，名为二也；因为上天下地，阴阳相合施生人，名为三也。"⑦ 天地万物产生后，元气就内在于万物之中，成为万物生命活力的体现。所以说："夫气者，所以通天地万物之命也。"⑧《太平经》又说："天地之道所以能长且久者，以其守气而不绝也。"⑨ 这显然是受《老子》第七章的"天地所以能长且久者，以其不自生"的影响。不仅如此，元气还形成了万

① 王明编：《太平经合校》，中华书局1960年版，第751页。
② 《太平经》中所涉及的术有：治活之术、养性之术、自养之术、上寿之术、长生之术、贪生之术、不死之术、救急之术、救死命之术、救死生之术、安全之术、除害之术、巧伪之术、自度之术、道术、入无为之术、无极之术、无穷之术、自然之术、天性自然之术、治术、安王者之大术、致太平之术、度世之术、上孝之术、万岁之术等等，其中道术是诸术之根本。
③ 王明编：《太平经合校》，中华书局1960年版，第734页。
④ 王明编：《太平经合校》，中华书局1960年版，第472页。
⑤ 王明编：《太平经合校》，中华书局1960年版，第254页。
⑥ 王明编：《太平经合校》，中华书局1960年版，第19页。
⑦ 王明编：《太平经合校》，中华书局1960年版，第305页。
⑧ 王明编：《太平经合校》，中华书局1960年版，第317页。
⑨ 王明编：《太平经合校》，中华书局1960年版，第450页。

物的具体特性。"元气自然，共为天地之性也。"① 元气是无形的，万物是有形的。元气是万物的本根。在这个意义上，《太平经》得出了"元气无形，以制有形"② 的结论。

对道和元气的关系，《太平经》做了初步的探索。它指出：

> 夫道何等也？万物之元首，不可得名者。六极之中，无道不能变化。元气行道，以生万物，天地大小，无不由道而生者也。故元气无形，以制有形，以舒元气，不缘道而生。③

> 道无所不能化，故元气守道，乃行其气，乃生天地，无柱而立，万物无动类而生，遂及其后世相传，言有类也。④

道是万物的本源，但具体生化万物的任务是由元气来完成的。道与元气是一体两面。道代表作为万物运动变化根据的这个方面，元气则代表万物运动变化的动力和具体的承载者的方面，"元气行道"即元气根据道、遵循道而生化万物。在汉代浓厚的本源论的思想氛围中，《太平经》大力宣扬的也是元气生化万物的本源论。由于万物都是由同一个元气产生出来的，所以相互之间具有家族类似性，这一类似性的实质就是道。

与道和元气这两个范畴相联系，《太平经》提出了"一"的范畴。它从各个不同的角度对"一"展开了论述，说：

> 一者，其元气纯纯之时也。⑤
> 夫一，乃至道之喉襟也。⑥
> 夫一者，乃道之根也，气之始也，命之所系属，众心之主也。⑦
> 一者，数之始也；一者，生之道也；一者，元气所起也；一者，天之纲纪也。⑧
> 一者，心也，意也，志也。念此一身中之神也。凡天下之事，尽是

---

① 王明编：《太平经合校》，中华书局 1960 年版，第 17 页。
② 王明编：《太平经合校》，中华书局 1960 年版，第 16 页。
③ 王明编：《太平经合校》，中华书局 1960 年版，第 16 页。
④ 王明编：《太平经合校》，中华书局 1960 年版，第 21 页。
⑤ 王明编：《太平经合校》，中华书局 1960 年版，第 392 页。
⑥ 王明编：《太平经合校》，中华书局 1960 年版，第 410 页。
⑦ 王明编：《太平经合校》，中华书局 1960 年版，第 12－13 页。
⑧ 王明编：《太平经合校》，中华书局 1960 年版，第 60 页。

所成也。①

综合这些论述可以看出,《太平经》提出"一"这个范畴,是力图把道和元气两个范畴的含义综合起来,把它从形而上层次贯彻到形而下,由体贯彻到用,用哲理指导实践。由于心是人行为活动的主宰,所以"一"被具体地指认为心或与心有关的"意""志""神"。这显然是上承了《老子》有关"得一"、《庄子》有关"守一"的思想。

(二) 一分为二与一分为三

《太平经》认为,一个完整的事物,其中必定包含着两个有所差异、相互矛盾的方面。它用阴、阳来代表这两个方面。《太平经》非常强调阴阳之间的关系,并把这作为一般的哲理和方法论原则。它认为,一分为二是"道之根柄",是万物和人没有产生之前就已存在的客观事实:"天地未分,初起之时,乃无有上下日月三光,上下洞冥,洞冥无有分理。虽无分理,其中内自有上下左右表里阴阳,具俱相持,而不分别。"② 只不过那时阴阳的分别没有显露出来罢了。阴阳显露出差别,产生万物的过程就开始了。只有阴阳相合,才能产生、构成事物,即"天地之道,乃一阴一阳,各出半力,合为一,乃后共成一"③。对此,《太平经》反复加以强调④。这个"两半成一"的观点,对后世,尤其是对南北朝道教理论影响很大。

在《太平经》看来,事物从它产生伊始,就包含着矛盾。阴阳双方的矛盾普遍存在于一切事物之中。"夫天地之生凡物也,两为一合……天虽上行无极,亦自有阴阳,两两为合。"⑤《太平经》认为,阴与阳有差别,阳尊阴卑,阳寡阴众,阳善阴恶。它既看到了阴阳的相"好",即相互吸引、相互补充的方面,也没有忽视阴阳之间的相"摩砺",即相互排斥、相互斗争、"极即还反"⑥ 的方面。在这两方面中,《太平经》比较强调前者。在它看来,

---

① 王明编:《太平经合校》,中华书局 1960 年版,第 369 页。
② 王明编:《太平经合校》,中华书局 1960 年版,第 678 页。
③ 王明编:《太平经合校》,中华书局 1960 年版,第 715－716 页。
④ 如说:"夫天神不过天与地,大明不过日与月,尚皆两半共成一。夫天地各出半力,并心同欲和合,乃能发生万物。昼夜各半力,乃成一日。……男女各出半力,同志和合,乃成一家。天地之道,乃一阴一阳,各出半力,合为一,乃后共成一。"(王明编:《太平经合校》,中华书局 1960 年版,第 715－716 页。)
⑤ 王明编:《太平经合校》,中华书局 1960 年版,第 652－653 页。
⑥ 王明编:《太平经合校》,中华书局 1960 年版,第 94 页。

物极必反之"极"是天地万物自然的"变革"①，但"变革"往往"周者复反始"②，是一个循环往复的周期运动过程③。这似乎否定了发展，陷入循环论。不过，《太平经》也指出，"极"有一个发展的过程，这含有从量变到质变的思想。一方面要"反其末极还就本"④；另一方面要善于观察"先示"，即事物变化的苗头，防患于未然。这就是说，发展只限于循环的一个周期之内，就总体而言，事物是没有发展可言的。

与此相关，《太平经》把阴阳之间的对立统一视为事物发展变化的根本原因，说："天下凡事，皆一阴一阳，乃能相生，乃能相养。"⑤ 事物的变化既包括生、成、长、养，也包括死、坏、衰、害，但《太平经》追求生命的长久存在，所以只强调前一方面。它具体解释因阴阳之间的关系导致事物的生、养，说："一阳不施生，一阴并虚空，无可养也；一阴不受化，一阳无可施生统也。阳气一统绝灭不通，为天大怨也。一阴不受化，不能生出，为大咎。"⑥ 以阳的功能为生，以阴的功能为养，这一思想显然是来源于《周易·易传》。《太平经》认为，阳到了极限，量变必然引起质变，阳于是转为阴；与此相同，阴到了极限，同样转变为阳，这是一个客观的过程。"阳极者能生阴，阴极者能生阳，此两者相传，比若寒尽反热，热尽反寒，自然之术也。"⑦ 阴阳之间的这种量变与质变的相互转化，就是变化。变是量变，化是质变。正如《周易·乾》疏云："变，谓后来改前，以渐移改，谓之变也；化谓一有一无，忽然而改，谓之为化。"⑧ 在《太平经》看来，正是阴阳之间的相互转化导致了事物在生生养养中显露出无限发展的生机与活力。仙人，就是在这方面做得最好的人："仙人者象四时，四时者，变化凡物，无常形容，或盛或衰。"⑨ 在《太平经》看来，仙人与自然变化心息相通，所以能够变化无常，无所不能。在阴阳的对立性和统一性两者中，《太平经》尤其重

① 王明编：《太平经合校》，中华书局1960年版，第102页。
② 王明编：《太平经合校》，中华书局1960年版，第227页。
③ 《太平经》认为天道"比若循环，周者复反始"。（王明编：《太平经合校》，中华书局1960年版，第227页。）
④ 王明编：《太平经合校》，中华书局1960年版，第95页。
⑤ 王明编：《太平经合校》，中华书局1960年版，第221页。
⑥ 王明编：《太平经合校》，中华书局1960年版，第221页。
⑦ 王明编：《太平经合校》，中华书局1960年版，第44页。
⑧ （唐）孔颖达：《周易正义》，中国书店1987年版，第11页。
⑨ 王明编：《太平经合校》，中华书局1960年版，第221页。

视后者。它反复强调阴阳的相须相合，并用它来论证国富民安的思想。在这一点上，它远远超越了汉代经学的一般理论。

在《太平经》看来，阴阳相"好"意味着它们之间有一个"中和之气"存在，由此《太平经》引申出"一分为三"的观点："夫天地人本同一元气，分为三体，各有自祖始。"① 天、地、人有同一的来源，都是由气衍生出来的。"元气有三名，太阳、太阴、中和。"② 元气衍生出的三个部分，天为阳，地为阴，人为中和。就阴阳理论而言，阴极则反而生阳，阳极则反而生阴，但阴、阳要达到极，先要由弱而强，越过中和的界限。这是就历时态而言。就共时态而言，元气包含阴、阳、中和三种表现形态，涵三为一。其中，中和是交通连贯阴、阳，维持整体统一性的关键，尤为重要。《太平经》宣称："阴阳者，要在中和。中和气得，万物滋生，人民和调，王治太平。"③ 这样，一分为二就发展成了一分为三。由于一分为三比一分为二能更清楚地表达事物两两之间的统一、和谐，所以《太平经》更看重一分为三。它的庞杂内容皆贯穿了一个核心，即"以三一为宗""三合相通，并力同心"。"三一"这个词最早出现于《史记·封禅书》，其中说："古者天子三年壹用太牢祠神三一：天一、地一、太一。"④《太平经》所说的三一，内涵发生了变化，不是指宗教的神，而是哲学性的元气所体现的太阴、太阳、中和及三者合一。这先天的三合一表现在后天，就有了天道、地道、人道，道、德、仁，生、养、施，精、气、神，君、臣、民等的三者合一。人生的意义，第一是要天、地、人三者合一而致太平，第二是要精、气、神三者混一而得长生。这是统一的有机整体。在《太平经》看来，任何事物都是由两个或三个方面构成的，两个方面的对立统一或三个方面的和谐是事物发展变化的原因。三一可视为《太平经》全部思想的概括，是理解《太平经》全部思想的关键。今敦煌本《太平经》残卷说道："精学之士，务存神道，习用其书，守得其根。根之本宗，三一为三。"⑤

在各种具体内涵的三一中，《太平经》比较强调天地人这一方面，主张

① 王明编 《太平经合校》，中华书局 1960 年版，第 236 页。
② 王明编：《太平经合校》，中华书局 1960 年版，第 19 页。
③ 王明编：《太平经合校》，中华书局 1960 年版，第 20 页。
④ （汉）司马迁：《史记》，中华书局 1982 年版，第 1386 页。
⑤ 李德范辑：《敦煌道藏》，中华全国图书馆文献缩微复制中心 1999 年版，第 1650 页。

第三章　秦汉和三国时期的道家与道教

151

要"尊天重地贵人"①。这个思想来源于《周易·说卦传》所说的"是以立天之道，曰阴与阳；立地之道，曰柔与刚；立人之道，曰仁与义。兼三才而两之，故《易》六画而成卦"②。《太平经》的中心内容就是讲述怎样把天、地、人三道合一而致太平。这"一分为三"的"三"中，《太平经》尤其重视中和，甚至根据中和促进事物整体和谐的功能而把中和具体化为"乐"，主张"元气乐即生大昌，自然乐则物强，天乐即三光明，地乐则成有常，五行乐则不相伤，四时乐则所生王，王者乐则天下无病……故乐者，天地之善气精为之，以致神明，故静以生光明，光明所以候神也"③。要"以乐治身"、治国。这显然是受儒家以礼乐为治国之本的思想的影响，并对它做了改造。

天、地、人三才之道中，由于地与天一样同为客观存在，所以地往往被归入天的内涵中去。这样，三才之道的内容就被简化为天人关系。与先秦道家不太张扬人在宇宙中的地位，消极色彩比较浓厚不同，《太平经》受儒家思想的影响，积极肯定人在万物中至高无上的地位，断言人的地位和价值与天地相似。它说："人者，乃中和凡物之长也，而尊且贵，与天地相似。"④它进而断言，人是阴阳中和的产物，得天地之灵气，是万物的师长，在万物中能够做的事的种类最多，能力最强。"人者，在阴阳之中央，为万物之师长，所能作最众多。"⑤ 但是，无论人的能力如何高强，终究还得遵循天道。《太平经》强调："天道可顺，不可逆也。顺天者昌，逆天者亡。"⑥ 天道只能遵循而不能违反，遵循万物运动变化的规律去行动，事业才能成功，否则就会遭受天的惩罚，行动只会以失败告终。可见，《太平经》对遵循天道的强调并不过分。在遵循天道的前提下，它也主张发挥人的主观能动性，认为吉与功、凶与过都不是天直接导致的结果，而是人的行为活动所导致的。"夫吉凶，本非天也，过也，人自求得之耳。"⑦ 因为，"天道万端，在人可为"，只愁人不去"力为"。假如"力为"，"大人为之，其国太平，小人为之，去祸招福"⑧。遵循大道能够使人们获得太平、福利，免除灾祸。《太平经》有

---

① 王明编：《太平经合校》，中华书局1960年版，第726页。
② （宋）朱熹注：《周易》，上海古籍出版社1987年版，第70页。
③ 王明编：《太平经合校》，中华书局1960年版，第13-14页。
④ 王明编：《太平经合校》，中华书局1960年版，第340页。
⑤ 王明编：《太平经合校》，中华书局1960年版，第205页。
⑥ 王明编：《太平经合校》，中华书局1960年版，第712-713页。
⑦ 王明编：《太平经合校》，中华书局1960年版，第389页。
⑧ 王明编：《太平经合校》，中华书局1960年版，第339页。

关天人关系的论述，概括起来就是"天人一体"①。

与"天人一体"的主张相关，《太平经》的思想中具有浓重的天人感应色彩，它认为人行善则天以祥瑞褒扬奖赏，人作恶则天以灾祸惩罚鞭挞。这一思想，显然是受汉代的时代思潮影响所致。天与人为什么会相互感应呢？《太平经》认为这是天与人相取象的结果，"人取象于天，天取象于人"②。天与人相互取象，导致二者的相似。有了相似性，二者就能够相互感应。那么，天与人何以会相互取象？这种相互取象何以可能呢？在《太平经》看来，这是因为天与人都是由道和元气产生的。这种同祖同源性决定了天与人同属一类。"天下之事，各从其类。"③ 同类的事物可以相互感应。例如，"甲者，阳也，与木同类，故相应也。乙者，阴也，与草同类，故与乙相应也"④。"以类相从""以类相召"是《吕氏春秋》《春秋繁露》等秦汉典籍中比较普遍的思想。《太平经》对此的论述并非创新。不过，从这个思想出发，《太平经》发展出了一些保护自然环境的思想，颇有价值。它把天比喻为人之父，把地比喻为人之母，反对烧山破石、伤毁草木，认为这样做，地母就会发怒而上告于天，天就会折损人的寿命以示惩罚。人需要草木来做燃料，但只要取枯枝落叶就行了，不必要折枝条、摘绿叶，也不必砍伐活树，更不必刨挖根须，断绝草木的生机。如果这样，就会影响到其他人的利益，危及后代人的生存。它说：

> 慎无烧山破石，延及草木，折华伤枝，实于市里，金刃加之，茎根俱尽。其母则怒，上白于父，不惜人年。人亦须草自给，但取枯落不滋者，是为顺常。天地生长，如人欲活，何为自恣，延及后生。有知之人，可无犯禁。⑤

在它看来，人的寿命长短取决于天，形体完好健康与否取决于地。人的行为违背天道，堵塞四时之气的运行，就是贼害天。人穿凿土地，大兴土工，就是贼害地。它以拟人化的比喻手法写道：

———————————

① 王明编：《太平经合校》，中华书局 1960 年版，第 16 页。
② 王明编：《太平经合校》，中华书局 1960 年版，第 673 页。
③ 王明编：《太平经合校》，中华书局 1960 年版，第 328 页。
④ 王明编：《太平经合校》，中华书局 1960 年版，第 670 页。
⑤ 王明编：《太平经合校》，中华书局 1960 年版，第 572 页。

第三章　秦汉和三国时期的道家与道教

> 天者养人命，地者养人形。今凡共贼害其父母。四时之炁，天之按行也，而人逆之，则贼害其父；以地为母，得衣食养育，不共爱利之，反贼害之。人甚无状，不用道理，穿凿地，大兴土功，其深者下及黄泉，浅者数丈。独母愁患诸子大不谨孝，常苦忩忩悁悁，而无从得道其言。①

贼害天地，就是破坏生态环境，最终必然要受大自然的惩罚。为什么呢？"天以凡物悉生出为富足。"② 善养自然资源，人类才会富裕。这一思想，与今天以生态平衡、环境保护为基础的可持续发展理论在精神实质上颇为相似。

人如何认识天、把握天，是天人关系的一个重要方面。《太平经》对此做了探索，认为由于事物都是"缘类而生"③，所以是"同类相应"的。这样，认识事物就可以"以类聚之"④"以类相从相明"⑤"各从其类"⑥"以类推之"⑦"从其本类教之"⑧"各以其类相求索"⑨。《太平经》认为，"以一推万，足以明天下之道"⑩。把类推作为认识事物的方法，早在《淮南子》中就已经有所阐述。《太平经》对此的论述，大体上是继承了《淮南子》的思想。不过，《淮南子》已经指出，类比推理有局限性，有可推者，也有不可推者，只有在本质而不是现象上相同的事物才能进行类比推理。《太平经》则未提及这一点。这是它的方术性、宗教性底蕴在思维方法上的表现之一。

除了类比推理外，《太平经》很强调"思"，认为这是一种颇为有效的把握事物的方法，如"思神致神，思真致真，思仙致仙，思道致道，思智致智"⑪，此外还有"思念""思善""思恶""思念过负""思神"等。它认为，"思"的关键是要反伪还真、反末还本、反本还元⑫；"思"在表现形式上是"深居幽室"⑬，不言不语。这说明，"思"在很大程度上是一种直觉体

---

① 王明编：《太平经合校》，中华书局1960年版，第115页。
② 王明编：《太平经合校》，中华书局1960年版，第30页。
③ 王明编：《太平经合校》，中华书局1960年版，第326页。
④ 王明编：《太平经合校》，中华书局1960年版，第409页。
⑤ 王明编：《太平经合校》，中华书局1960年版，第412页。
⑥ 王明编：《太平经合校》，中华书局1960年版，第456页。
⑦ 王明编：《太平经合校》，中华书局1960年版，第421页。
⑧ 王明编：《太平经合校》，中华书局1960年版，第694页。
⑨ 王明编：《太平经合校》，中华书局1960年版，第319页。
⑩ 王明编：《太平经合校》，中华书局1960年版，第447页。
⑪ 王明编：《太平经合校》，中华书局1960年版，第25页。
⑫ 王明编：《太平经合校》，中华书局1960年版，第48页。
⑬ 王明编：《太平经合校》，中华书局1960年版，第30页。

悟。这对后来道教存思法的形成有很大影响，尤其是对比较重视存思法的上清派影响显著。

认识事物是为了得到"真知"。判断一种理论是否是真知，《太平经》认为，关键是看它指导实践所取得的成效如何。"'凡天下事何者是也？何者非也？''试而即应，事有成功，其有结疾病者解除，悉是也。试其事而不应，行之无成功，其有结疾者不解除，悉非……'"① 总之，"成功者是也，不成功者非也。效事若此，深得皇天心意"②。以实践是否达到预期目的，即成功与否来判断理论的正确，应该说是正确的。不过，应该指出，具体的实践检验是在特定的历史条件下进行的，有其局限性。判定理论的正误，不能仅仅根据几次具体实践活动就匆忙下结论，应该把实践对理论的检验放到历史长河中，在不断地检验中不断地修正、发展理论。

《太平经》认为，有了"真知"，还要"真行"。它说："太上中古以来，人多效言，乃不效行，故致灾害疾病畜积，而不可除去，以是自穷也。是故吾敬受此道于天，乃效信实，不效虚言也……故但得而力行之者，即其人也，无有甲与乙也。"③ 它认为，应该把知与行统一起来，将理论与实践结合起来，在实践中以"效事""应""成功""征验"来"证验"④、检证知的是与非。在这个意义上，它比较强调行。

关于真知、真行的内容，《太平经》认为有三个方面，一是治国，二是度家，三是延年。关于道，它认为"上士用之以平国，中士用之以延年，下士用之以治家"⑤。又说："上士学道，辅佐帝王，当好生积功乃久长。中士学道，欲度其家。下士学道，才脱其躯。"⑥ 这就是说，治国、度家、延年这三者都是道的功能，或者说，这三者所遵循的都是同样的道。这一思想，可谓其来有自。《吕氏春秋·审分览》已经说过："夫治身与治国，一理之术也。"⑦ 大约生于东汉和帝、安帝之际，卒于桓帝、灵帝之际，与《太平经》的成书时间大体同时的王符也把医病与治国相提并论，说："上医医国，其

---

① 王明编：《太平经合校》，中华书局 1960 年版，第 71 页。
② 王明编：《太平经合校》，中华书局 1960 年版，第 703 页。
③ 王明编：《太平经合校》，中华书局 1960 年版，第 401 页。
④ 王明编：《太平经合校》，中华书局 1960 年版，第 71 页。
⑤ 王明编：《太平经合校》，中华书局 1960 年版，第 728 页。
⑥ 王明编：《太平经合校》，中华书局 1960 年版，第 724 页。
⑦ 许维遹撰，梁运华整理：《吕氏春秋集释》，中华书局 2009 年版，第 431 页。

次下医医疾。夫人治国，固治身之象。疾者身之病，乱者国之病也。身之病待医而愈，国之乱待贤而治。"① 应该指出，社会虽然是人的社会，个体的人的集合，但它毕竟不是个体的人的简单结合相加。社会的治乱兴衰与人的生死寿夭，二者在运动上的差异是本质性的。人体疾病的治疗、修仙延寿和社会、国家的治理也是完全不同的两个领域，它们之间均有自己独特的运动规律和特性。就如现代科学主义思潮常常把自然科学的一些理论和方法简单照搬应用于历史社会的研究，忽视历史社会的独特规律一样，国身治同思想也把人体疾病的治疗与社会的治理混为一谈，模糊了人体与社会机体的差异，显然在方法论上是有缺陷的②。当然，从哲理这样较高程度的抽象层次上，社会的治乱兴衰与人的生死寿夭确实有共同的规律。从这个角度来讲，《太平经》的国身治同思想也有一定的合理性。

(三)"太平"度世的王道之术

秦汉思想家们多倡言"致太平"，常有"平治""太平"之类的主张。《韩诗外传》说："传曰：太平之时，无瘖癃（聋）跛眇，尪蹇侏儒折短。父不哭子，兄不哭弟。道无襁负之遗育。然各以其序终者，贤医之用也。故安止平正，除疾之道无他焉，用贤而已。"③《白虎通义》卷三论太平乃制礼乐，卷六论太平乃巡狩。何休著《春秋公羊解诂》有张三世之说，谓世有据乱世、升平世与太平世。《春秋》托寓一理想的太平世于昭公、定公、哀公之际。王符也论太平，说："各以所宜，量材授任，则庶官无旷，兴功可成，太平可致。"④ 又说："入学则不乱，得义则忠孝。故明君之法，务此二者，以为成太平之基。"⑤ 仲长统同样以太平为理想，说："今欲张太平之纲纪，立至化之基趾，齐民财之丰寡，正风俗之奢俭，非井田实莫由也。"⑥ 在儒者论太平之外，方士亦以此为言。哀帝时，方士夏贺良上书，言汉家历运中衰，

① （汉）王符著，（清）汪继培笺，彭铎校正：《潜夫论笺校正》，中华书局 1985 年版，第 78 页。

② 金正耀：《道教与科学》，中国社会科学出版社 1991 年版，第 62 页。

③ 屈守元笺疏：《韩诗外传笺疏》，巴蜀书社 1996 年版，第 256 页。

④ （汉）王符著，（清）汪继培笺，彭铎校正：《潜夫论笺校正》，中华书局 1985 年版，第 158 页。

⑤ （汉）王符著，（清）汪继培笺，彭铎校正：《潜夫论笺校正》，中华书局 1985 年版，第 14 页。

⑥ （南朝宋）范晔撰，（唐）李贤等注：《后汉书》，中华书局 1965 年版，第 1651 页。

应再受命，于是改年号为太初元年，称"陈圣刘太平皇帝"①。可见"太平""治平"诸词，乃汉人常语，非《太平经》主张平均而创立。《太平经》论太平是汉朝时代思潮推引下的产物。

太平之论历来是就社会治乱而言的。《太平经》也不例外。有所不同的地方在于它强调从根本着眼，从形而上的本源来考察这个问题。它说："天地开辟贵本根，乃气之元也。欲致太平，念本根也……离本求末，祸不治，故当深思之。"② 正是在从生化万物的本源——元气的意义上，《太平经》提出了"太平气"的概念（也称之为"太和平气""太阳兴平气"等）。这也不是它的独创。在它之前的《说苑·辨物》就已经说过："凡六经帝王之所著，莫不致四灵焉。德盛则以为畜，治平则时气至矣。"③ 在《太平经》看来，只要太平气一出，天下就可太平。因为太平气是"太和之气""和气"，也就是阴阳相合的"中和气"。太平气虽是客观的，但人可以促进它的出现。人们只要顺从天道④，君臣、夫妇、师弟子"并力同心"⑤，太平气就可以出现。《太平经》虽然赋予了太平气客观的形貌，但实际上这是《太平经》作者的主观臆造，自然界和社会中并不存在所谓的太平气。不过，《太平经》从形而上的哲理着手探讨社会治乱根源的思路还是可取的。

那"太平"是什么意思呢？对此，《太平经》从哲理的高度解释说："天气悦下，地气悦上，二气相通，而为中和之气，相受共养万物，无复有害，故曰太平。"⑥ 又说："太平者，乃无一伤物，为太平气之为言也。凡事无一伤病者，悉得其处，故为平也。"⑦ 把这一思想贯彻到形而下的现实中，它指出："平者，乃言其治太平均，凡事悉理，无复奸私也；平者，比若地居下，主执平也，地之执平也。比若人种善得善，种恶得恶。"⑧ 完全按照事物的性质和运动变化的规律去进行调节、控制，没有私心，不偏袒，对人一视同仁，平等待人，这是"平"。"平之为言者，乃平平无冤者，故为平也。"⑨ 按这里

---

① （汉）班固撰，（唐）颜师古注：《汉书》，中华书局 1962 年版，第 340 页。
② 王明编：《太平经合校》，中华书局 1960 年版，第 12 页。
③ （汉）刘向撰，向宗鲁校证：《说苑校证》，中华书局 1987 年版，第 454 页。
④ 王明编：《太平经合校》，中华书局 1960 年版，第 630 页。
⑤ 王明编：《太平经合校》，中华书局 1960 年版，第 518－519 页。
⑥ 王明编：《太平经合校》，中华书局 1960 年版，第 149 页。
⑦ 王明编：《太平经合校》，中华书局 1960 年版，第 398 页。
⑧ 王明编：《太平经合校》，中华书局 1960 年版，第 148 页。
⑨ 王明编：《太平经合校》，中华书局 1960 年版，第 451 页。

第三章 秦汉和三国时期的道家与道教

157

所说，"太平"就是公平。就治理国家而言，"太平"有多方面的表现。其一，"正"，即正确、正当、合理。"平者，正也；气者，主养以通和也；得此以治，太平而和，且大正也，故言太平气至也。"① 其二，拨乱反正，消除社会动乱。"澄清大乱，功高德正，故号太平。"② 在这基础上，要统一度量衡、语言、文字、法纪等，使得国君圣明，社会有机系统的运作和谐顺畅。正如《道教义枢·七部义》解释说："能使六合同文，万邦共轨，君明物度，可谓太平。"其三，太平就是和平。《道教义枢·七部义》解释说："太平者，太言极大，平谓和平。"③ 其四，在财富、名誉等资源的分配上，"各令平均，无有横赐"④，不搞不合情理、过分的赏赐。其五，在分配方面满足人们的愿望。"调和平均，使各从其愿，不夺其所安。"⑤ 这就是说，不剥夺人们已经拥有的财富与名誉，通过调节矛盾，理顺关系，最大限度地满足人们的愿望。后两个方面所要达到的结果是人人皆大欢喜，没有埋怨、争吵和诉讼："皆自平均，无有怨讼。"⑥ 由此可见，《太平经》可谓是秦汉以来"太平"思想的集大成者。

儒家虽然谈太平理想，但重点在于"致太平"的"致"字。《太平经》则不然。它说的太平，是由天之气运流转而至者。社会的治与乱，乃天道运行使然。到了太平气至的时候，社会自然会治、会太平。既然太平是气运使然，那么帝王又何必去"致"呢？《太平经》认为，帝王之致太平并不复杂，只要善察天道、虚静、知天道之常、顺时务、顺时气、不逆天，便能得天心意，迎来太平气。

> 天地有常法，不失铢分也……故事不空见，时有理乱之文，道不空出，时运然也……是故古者圣贤帝王，见微知著，因任行其事，顺其气，遂得天心意，故长吉也……逢其太平，则可安枕而治；逢其中平，则可力而行之；逢其不平，则可以道自辅而备之。犹若夏至则为其备暑，冬至则为其备寒，此之谓也。⑦

---

① 王明编：《太平经合校》，中华书局1960年版，第148页。
② 王明编：《太平经合校》，中华书局1960年版，第10页。
③ （唐）孟安排：《道教义枢》，《道藏》第24册，第814页。
④ 王明编：《太平经合校》，中华书局1960年版，第579页。
⑤ 王明编：《太平经合校》，中华书局1960年版，第616页。
⑥ 王明编：《太平经合校》，中华书局1960年版，第544页。
⑦ 王明编：《太平经合校》，中华书局1960年版，第177－178页。

太平气来了，就可高枕无忧。只有在中平、不平气来了，才需要力行。

太平是气运使然，是元气的产物，是万物和人的根本。"天地开辟贵本根，乃气之元也。欲致太平，念本根也。"① 天下之人均承载着元气，都需要守护这一根本。那么，致太平自然就不只是帝王一个人的事，而是人人均责无旁贷的事。"端神靖身，乃治之本也，寿之征也。无为之事，从是兴也。先学其身，以知吉凶。是故贤圣明者，但学其身，不学他人，深思道意，故能太平也。"② 如果每一个人都能守道治身、积善养神，就可以兴太平。这是从个人生命的安顿，联结到帝王这个特殊的人身上，再由帝王而致太平。如此看来，《太平经》所谓的太平，是就人的平安说的。人之所以能平安，则是顺不顺气的问题，所以，它又是就气而言平的。"阴阳相得，乃和在中也。古者圣人治致太平，皆求天地中和之心。"③ 在它看来，阴阳调和、阳尊阴卑、臣顺于君、子顺于父，可以感动天地之气以太平气的形式出现，而致自然界与社会相统一的真正太平。

综上所述，《太平经》是由太平将至的启示福音，倒过来制定社会政治措施、人的行动法则以及界定社会伦理规范系统。这是其宗教性的鲜明表现之一。

那么，如何使得社会成为太平盛世呢？《太平经》秉承道家一贯的王道政治思想，把自然主义的哲学观念推展到社会、政治中，强调致太平首先要效法天地，顺从天地之道④。

其次，《太平经》强调，君主要以道治国，自然、无为地治理国家。"夫道者，乃无极之经也。前古神人治之，以真人为臣，以治其民，故民不知上之有天子也，而以道自然无为自治。"⑤ "古者大圣贤皆用心清静专一。"⑥ 在它看来，以道治国实为国家的自治。君主是神人，臣子是真人，他们都是得道之人，自然都能够用道来治理国家，无为而自然，垂拱而治，老百姓感觉不到治理者的存在。这样的治理，上能得天心，下能得地意，中能使普天之下的老百姓欢欣喜悦，没有冤枉、不平和争讼，"常乐帝王垂拱而自治也，

---

① 王明编：《太平经合校》，中华书局1960年版，第12页。
② 王明编：《太平经合校》，中华书局1960年版，第12页。
③ 王明编：《太平经合校》，中华书局1960年版，第18页。
④ 王明编：《太平经合校》，中华书局1960年版，第198、400、718页。
⑤ 王明编：《太平经合校》，中华书局1960年版，第25页。
⑥ 王明编：《太平经合校》，中华书局1960年版，第513页。

其民臣莫不象之而孝慈也。其为政治，但乐使王者安坐而长游，其治乃上得天心，下得地意，中央则使万民莫不欢喜，无有冤结失职者也"①。《太平经》指出，无为而治的重要内容之一是"守本不失三急"②，"三急"即饮食、男女、衣服。舍此之外，多一事不如少一事，干脆就"无事"，这是"不为而成，不理而治"③。

从一分为三的思想框架出发，《太平经》认为，要实现无为而治，社会生活中必须"君明、臣良、民顺"，"三气共一治，然后能成功"④。那如何做到这一点呢？它的主张是君、臣、民三者消弭矛盾、不相侵害，三者同心、相通、相亲、相爱⑤，和衷共济，群策群力。为了促使君、臣、民同心，关键是"立平立乐，灾异除，不失铢分"⑥，即平等待人，公平处事，使人、事、物及其间的关系条畅通达，融洽和乐。如此，"天下共一心，无敢复相憎恶者。皆且相爱利，若同父母而生，故德君深得天心，乐乎无事也"⑦。这一思想显然是受墨家"兼相爱"观点的影响，而使"天下之人皆相爱""交相利"。

君、臣、民同心互爱的观点内在地说明，《太平经》承认，在社会生活中，职业分工、职位差别的存在是不可抹杀的。这其中的重要原因之一是人们术业有专攻，能力有大小。它认为：

> 初天地开辟，自太圣人各通达于一面，诚真知之，不复有疑也。故能各作一大业，令后世修之，无有过误也。故圣人尚各长于一大业，不能必知天道，故各异其德。比若天，而况及人乎？天地各长于一，故天长于高而清明，地长于下而重浊，中和长养万物也。犹不能兼，而况凡人乎？⑧

圣人与老百姓"各有短长，各有所不及，各有所失。故所为所作，各异不

---

① 王明编：《太平经合校》，中华书局 1960 年版，第 133 页。
② 王明编：《太平经合校》，中华书局 1960 年版，第 46 页。
③ 王明编：《太平经合校》，中华书局 1960 年版，第 728 页。
④ 王明编：《太平经合校》，中华书局 1960 年版，第 730 页。
⑤ 王明编：《太平经合校》，中华书局 1960 年版，第 18－19、149－150 页。
⑥ 王明编：《太平经合校》，中华书局 1960 年版，第 152 页。
⑦ 王明编：《太平经合校》，中华书局 1960 年版，第 422 页。
⑧ 王明编：《太平经合校》，中华书局 1960 年版，第 23－24 页。

同"①。"神仙尚有过失，民何得自在?"② 君主和普通老百姓都是同等的人，有所能，也有所不能，各自有长短得失。君主不可能在方方面面都比臣优秀，臣也不可能在方方面面都比老百姓优秀。君、臣、民只是在社会生活中扮演的角色不同罢了。因此，在人格上都是平等的。

要处理好君、臣、民的关系，首先必须设计出一个良好的政治体制。

《太平经》说："天子者，天之心也；皇后者，地之心也。夫心者，主持正也……夫是二人正行者，则神真见，真道出，贤明皆在位，善物悉归国。"③ 又说："帝王行道德兴盛，日大明，少道德少明；皇后行道德，月大光明，少道德少光明。"④ 这里首先值得注意的是，皇后作为女性在政治体制中的地位被考虑到了。她不只是皇帝的配偶，替帝王生皇子立承嗣，她本身也有独立的地位与价值。"古者皇后将有为，皆先念后土，无不包养也。无不可忍，无不有常，以是自安，与土心相得矣。若失之，则灾变连起。"⑤ 皇后的政治功能及角色，与帝王并无二致。这一思想，大概是从《周易》乾主生、坤主养的思想演绎出来的。这说明《太平经》比较重视女性的地位。可以说明这一点的还有，《太平经》有禁杀女婴的主张。有的学者据此认为《太平经》有男女平等的主张，这是不对的。它之所以禁杀女婴是因为：其一，"天地之性，万二千物，人命最重"⑥，杀女必形成冤气，干扰天和。其二，天生地养是自然之常道。人应效法自然，不能违逆天道。其三，滥杀女婴，将使天下男多于女，这是违反天道的。因为"天法，阳数一，阴数二。故阳者奇，阴者偶。是故君少而臣多。阳者尊，阴者卑，故二阴当共事一阳，故天数一而地数二也，故当二女共事一男也。何必二人共养一人乎？尊者之傍不可空，为一人行，一人当立坐其傍，给侍其不足"⑦。根据这一原理，男人都应该有两个妻子，如果因为杀掉女婴，造成男多女少，岂非违反天道？《太平经》把男视为天之精神，把女视为地之精神，男承天统，女承地统，

---

① 王明编：《太平经合校》，中华书局 1960 年版，第 353 页。

② 王明编：《太平经合校》，中华书局 1960 年版，第 572 页。

③ 王明编：《太平经合校》，中华书局 1960 年版，第 219 – 220 页。类似的说法还有："帝王，天之子也。皇后，地之子也，是天地第一神气也。"（王明编：《太平经合校》，中华书局 1960 年版，第 21 页。)

④ 王明编：《太平经合校》，中华书局 1960 年版，第 303 页。

⑤ 王明编：《太平经合校》，中华书局 1960 年版，第 220 页。

⑥ 王明编：《太平经合校》，中华书局 1960 年版，第 34 页。

⑦ 王明编：《太平经合校》，中华书局 1960 年版，第 33 页。

天地相合，万物才能产生。男女相合，万事才能有成。男女乃阴阳之本，男多于女，则阳气无变无法。一男二女，则阴气兴，太和之气到。《太平经》虽然没有基于一夫一妻制的男女平等的观点，但对女性比较重视。这对后世道教有比较大的影响。六朝时期女真信仰非常盛行即与此有关。与基督教、伊斯兰教、佛教等其他宗教相比，道教对女性的态度最好。总之，《太平经》的政治体制中，对女性的尊重，以及女性在实际参与政治、教化工作中的角色认定，都有超越汉朝原有的政体之处。

其次，把君民关系类比为天地与人、父母与子女的关系，这显然是继承了儒家的思想。

君只是虚位，君王不事治化，这是《太平经》所设计的政治体制的第二个独到之处。《太平经钞·缺题》说：

> 夫道者，乃无极之经也。前古神人治之，以真人为臣，以治其民，故民不知上之有天子也，而以道自然无为自治。其次真人为治，以仙人为臣，不见其民时将知有天子也，闻其教敕而尊其主也。其次仙人为治，以道人为臣，其治学微有刑被法令彰也，而民心动而有畏惧，巧诈将生也。①

君王是政权的最高代表，然而治权并不操在君王手上，而是掌握在神人、真人、仙人、道人等人手上。他们统臣僚、治万民，君王则无事垂拱、安乐无为。这样一来，君主不事治化，自然无需对国家的兴衰负任何责任。万方有罪，君独无过。这固然可以推衍出限制君权的意思，但也有可能导致专制主义。

君师并立，为治之本，这是《太平经》所设计的政治体制的第三个独到之处。在《太平经》看来，神人、真人、仙人、道人这些治理天下的人，既是天师，也是帝王的老师。这是继承了《黄老帛书·称》所说的"帝者臣，名臣，其实师也。王者臣，名臣，其实友也……"②的主张。君师并立的政治结构，把此前人们以有道者为君这一不可实现的空想变得比较可行了。但是，这也带来了问题：君、师之间如何相处？对此，《太平经》没有回答。后世五斗米道的做法是取消君位，天师自兼君与师。

---

① 王明编：《太平经合校》，中华书局1960年版，第25页。
② 马王堆汉墓帛书整理小组编：《经法》，文物出版社1976年版，第89—90页。

《太平经》成书之时，封建宗法体制瓦解，君主大一统政体已经巩固。在这个时候呼唤君师并立共为治之本的政治理想，有复古以矫时变的用心。它的三统说，将"天、地、人""父、母、子""君、臣、民"一一比配，与荀子所说的礼之三本颇为相似。二者都把政治跟天地先祖联结起来，显示了祭权、政权、教权三者相合的精神。而且，《太平经》比孟子、荀子等儒家先哲更积极地消解了君权。君师虽然并立为治之本，但君实际上既无治权也无治之责任；师固为教化之主，却是事实上的施政之主①。这是力图用道统来统率政统，把政统置于道统之下。这有限制君主独裁专制的积极作用。

　　个人自力而遵从天地秩序，形成社会整体的和谐稳定，这是《太平经》所设计的政治体制的第四个独到之处。《太平经》主张"自正""自省""自为""自治"。在它看来，社会之所以混乱，是长期积累的结果。人人都有过错，不能仅仅责怪君主。要改变现状，就必须知过，回归生命的本源，顺从天地之道，从自己做起，走"自养之正道"。大家都把自己管好了，天下自然太平。其中重要的是"教天下人为善之法也，人善即其治安，君王乐游无忧"②。《太平经》本来是主张每个人都要为自己的行为负责的，可是，在面对帝王时，不但不要求帝王为天下之衰乱负责，而且积极替帝王开脱罪责。在《太平经》的政体论中，既极端自主又处处强调天地秩序、天地心意；既把以法治国的基础拉回到自我决定的主体意志，又将个人没入整体，教人忠顺于帝国。这就出现了矛盾。不过，如果考虑到它尊天、尊阳、尊君、尊男，地、阴、臣民、女应该"顺"的立场，这就不难理解了。

　　政治体制是政治活动之"常"，但仅仅靠它还不够，尚需处理"变"的方面。

　　君、臣、民的关系如何，关键在于君主如何处理与臣民的关系。《太平经》主张，君主与臣民应该保持思想上的沟通，广开言路，集思广益，通过"集议"③ 和设立"太平来善宅"④ 搜集"民间言事"，即上书的方式，虚心听取各方面的意见以弥补自己的短处，避免政策出现失误。它认为：

　　　　故天地之性，下亦革谏其上，上亦革谏其下，各有所长短，因以相

---

① 龚鹏程：《道教新论》，台湾学生书局1991年版，第206－207页。
② 王明编：《太平经合校》，中华书局1960年版，第125页。
③ 王明编：《太平经合校》，中华书局1960年版，第318、350页。
④ 王明编：《太平经合校》，中华书局1960年版，第328－329、332－335页。

补，然后天道凡万事，各得其所。是故皇天虽神圣，有所短，不若地之所长，故万物受命于天，反养体于地。三光所短，不若火所长；三光虽神且明，不能照幽寝之内，火反照其中。大圣所短，不若贤者所长。人之所短，不若万物之所长。故相谏及下，极小微，则不失道，得天心。①

君主如果独裁专断，一意孤行，就会使得臣民不敢说真话，忠信之臣隐匿不出，善恶不分，是非颠倒，奸邪横行，小人结党营私。

君、臣、民的关系中，君民关系是根本性的。《太平经》认为，君主应该以民为本：

> 人无子，绝无后世；君少民，乃衣食不足，令常用心愁苦。故治国之道，乃以民为本也。无民，君与臣无可治，无可理也。是故古者大圣贤共治事，但旦夕专以民为大急，忧其民也。若家人父母忧无子，无子以何自名为父母，无民以何自名为君也。故天之法，常使君臣民都同，命同，吉凶同。②

民与君是相对而言的，没有民也就无所谓君；民的数量过少，君主就缺少供养。"民者，职当主为国家王侯治生"③。在当时因自然灾害和社会战乱导致人口锐减的情况下，它主张"以多民为富"，反对重男轻女，残杀妇女。君主依赖于民而存在，所以君主治国应该以民为本，如同老百姓的父母一样，昼夜为民而急，为民排忧解难。

君臣关系是君、臣、民关系的第二个方面。这首先是君主必须有合格的大臣。这就涉及大臣的选择、任用和提拔等问题。《太平经》强调，"举士得人"④ 关系到国家的安危和君主个人地位的稳固与否，不可不重视。君主应该知人善任，"必各问其所能及，使各自疏记所能为，所能分解，所能长，因其天性而任之"⑤。把"因其才能""以其所长"作为任用官员的原则。《太平经·使能无争讼法》认为："天地之性，万物各自有宜。当任其所长，

---

① 王明编：《太平经合校》，中华书局 1960 年版，第 102 页。
② 王明编：《太平经合校》，中华书局 1960 年版，第 150－151 页。
③ 王明编：《太平经合校》，中华书局 1960 年版，第 264 页。
④ 王明编：《太平经合校》，中华书局 1960 年版，第 128、184、521 页。
⑤ 王明编：《太平经合校》，中华书局 1960 年版，第 206 页。

所能为，所不能为者，而不可强也。"① 它强调君主应该唯才是举，提拔人才，大公无私，公平待人。当所任用的人出现过失的时候，只能"责问其所长""不过所短"②，应该"原其力所不及"③，而不"责所不能及"④。总之，"选举署人官职，不可不审且详也"⑤。它还提出了一系列对官吏的考核制度和升降原则。对日常君臣关系的处理，它也做了论述。它认为，君主应该尊重有德的老臣，友事一般臣下，虚心听取臣下的意见，处理好与臣下的关系⑥。

此外，《太平经》对君主处理与臣、民关系的一些共同方面提出了指导性的原则。这首先是以道德仁义治国。它主张实行道德仁治，少用、慎用刑罚。它从天道自然的高度，用人应该效法天道来论证说："天道恶杀而好生。"⑦ "天乃好生不伤也。"⑧ 德为阳，刑为阴；阳主生，阴主死，故德为生气，刑为死气⑨。趋生避死是生命价值观的基本原则。"是以天性上道德而下刑罚。"⑩ 而且，"夫刑但可以遗穷解卸，不足以生万物"⑪。它认为，只有以道德治国，老百姓才会顺从；否则老百姓就会背叛。"国有道与德，而君臣贤明，则民从也。国无道德，则民叛也。"⑫ 而且，是否以道德治国，是国家兴盛或者衰败的征兆。"天将兴之者，取象于德；将衰败者，取法于刑。'⑬ 只有那些即将灭亡的君主，才会通过严刑峻法来强迫臣民顺从自己。"凶败之君将以刑杀伤服人。"⑭ 它进而认为，"盗贼亦以刑杀伤服人；夫以怒喜猛威服人者，盗贼也"⑮。通过严刑峻法来迫使臣民就范的国君，不能算是国君，而是盗贼，臣民完全可以揭竿而起推翻他。《孟子·梁惠王下》中，孟

① 王明编：《太平经合校》，中华书局 1960 年版，第 203 页。
② 王明编：《太平经合校》，中华书局 1960 年版，第 204 页。
③ 王明编：《太平经合校》，中华书局 1960 年版，第 452 页。
④ 王明编：《太平经合校》，中华书局 1960 年版，第 204 页。
⑤ 王明编：《太平经合校》，中华书局 1960 年版，第 418 页。
⑥ 王明编：《太平经合校》，中华书局 1960 年版，第 196 页。
⑦ 王明编：《太平经合校》，中华书局 1960 年版，第 174 页。
⑧ 王明编：《太平经合校》，中华书局 1960 年版，第 32 页。
⑨ 王明编：《太平经合校》，中华书局 1960 年版，第 110 – 111 页。
⑩ 王明编：《太平经合校》，中华书局 1960 年版，第 231 页。
⑪ 王明编：《太平经合校》，中华书局 1960 年版，第 108 页。
⑫ 王明编：《太平经合校》，中华书局 1960 年版，第 264 页。
⑬ 王明编：《太平经合校》，中华书局 1960 年版，第 108 页。
⑭ 王明编：《太平经合校》，中华书局 1960 年版，第 32 页。
⑮ 王明编：《太平经合校》，中华书局 1960 年版，第 32 页。

子回答梁惠王"臣弑其君可乎"的问题时说："贼仁者谓之'贼'，贼义者谓之'残'。残贼之人谓之'一夫'。闻诛一夫纣矣，未闻弑君也。"① 《太平经》的这一思想，与孟子的观点颇为类似。不过，《太平经》崇尚道德而贬低刑罚，却没有主张消灭刑罚。它认为刑罚在治理国家的过程中还是不能不用的，但一要尽可能少用，二要用得公平合理。它认为，即便是以刑罚处理犯罪的人，量刑时一定要实事求是，"各以其罪罪之"，做到"平平无冤"②，没有冤案、假案、错案。刑德之说，《管子·四时》已言及，《淮南子》则有更为详细的解说。可见《太平经》这一思想与其颇有渊源。

以道德仁义治国的另一个方面是以道德仁义处理君、臣、民的关系，人人安于自己在道德关系网络中的位置，尽能尽责，尽好自己的义务。就君主而言，《太平经》说："君者当以道德化万物，令各得其所也。不能变化万物，不能称君也。"③ 在它看来，君主的职责就是促使万物各得其所，促使老百姓各尽所能、各得其宜，促使万物和人交流、沟通，并使其达到和谐顺畅。就大臣而言，它强调臣下应该"旦夕忧念其君王"④，忠于国君，为国君分忧解难，为老百姓谋福利。就老百姓而言，它主张，每一个人都应该扮演好自己承担的社会角色，不违背社会的伦理道德规范，也不要因做得不够或不好而被人根据这些规范指责自己。"人生之时，为子当孝，为臣当忠，为弟子当顺。"⑤ 做到"父慈、母爱、子孝、妻顺、兄良、弟恭，邻里悉思乐为善……家家人人，自敕自治"⑥。统治者应该省去刑罚，对老百姓，要"教导之以道与德，乃当使有知自重自惜自爱自治"⑦。不仅如此，它认为道德修养水平高的人不能孤芳自赏，蔑视、贬低不如自己的人。"积道""积德"者应该以"道""德"教人⑧。《太平经》反对智者欺负愚者，强者欺负弱者，少者欺负老者⑨，因为"天道助弱"⑩。在它看来，以道德仁义处理君、臣、民之

① （战国）孟子著，杨伯峻、杨逢彬注译：《孟子》，岳麓书社2000年版，第30页。
② 王明编：《太平经合校》，中华书局1960年版，第515、451页。
③ 王明编：《太平经合校》，中华书局1960年版，第20页。
④ 王明编：《太平经合校》，中华书局1960年版，第132页。
⑤ 王明编：《太平经合校》，中华书局1960年版，第408页。
⑥ 王明编：《太平经合校》，中华书局1960年版，第409页。
⑦ 王明编：《太平经合校》，中华书局1960年版，第164页。
⑧ 王明编：《太平经合校》，中华书局1960年版，第241－242页。
⑨ 王明编：《太平经合校》，中华书局1960年版，第695页。
⑩ 王明编：《太平经合校》，中华书局1960年版，第703页。

间的关系，目的是要促使整个社会形成一个安宁、和谐、快乐的社会氛围。

《太平经》也谈法治。它的法是天上法曹所行之法，是天法，而天法与人间之法是同一的，二者都是天道的化身。人必须遵循天道才能生存，所以，《太平经》所谓的法治，与德治、自治实为同一事物。

其次，《太平经》主张用平均主义治国。它继承先秦以来儒、道、墨三家都主张的平均主义思想，强烈主张财产平均。它认为饮食、衣服和男女是天下的三大根本问题，是社会存在和发展的基础。前二者就是财富的问题。它认为，财富得靠自己的力量去创造："有力不肯力作自易，反致困穷。"①在这个前提下，它从重视生命的基本观点出发，主张善养生物者为富，伤物不生者为贫。由于生命的存在是遵循道德的结果，所以，它以有道德为大富，无道德为大贫，"夫天命帝王治国之法，以有道德为大富，无道德为大贫困"②。如果积了财，"当为国家之用"，提供给社会使用，周济贫苦者，"助地养形，助帝王化灵"③，不然便毫无价值。它批评富人囤积财货金钱，理由是他们"无故埋逃此财物，使国家贫，少财用，不能救全其民命；使有德之君，其治虚空"④。通过周贫济苦，在社会上建立起一个彼此互助生养的生存空间。它对这种平均主义做了多方面的论证。它认为，财物为宇宙所拥有，"财物乃天地中和所有，以共养人"⑤；存在于自然界中的财物是养育天下人的，"中和有财，乐以养人"⑥；"少内"（帝王私库）中的钱财本来就是老百姓"委输"的，"本非独以给一人也"，人人有权享用它，"其有不足者，悉当从其取也"⑦。《太平经》反对统治者和富贵者"为不急之事"，大用"不急之物"，不知节俭，更反对他们"求非其有，夺非其物"⑧，巧取豪夺，强行霸占，聚敛财富，穷奢极欲。《太平经》认为，富裕者必须"周穷救急"，方法是"有财之家，假贷周贫"⑨，即通过无息或低息贷款的方式帮助人们解决贫困的、紧迫的问题。它认为，实现财富平均是国君最重要的职责，是国

① 王明编：《太平经合校》，中华书局 1960 年版，第 255 页。
② 王明编：《太平经合校》，中华书局 1960 年版，第 373 页。
③ 王明编：《太平经合校》，中华书局 1960 年版，第 248 页。
④ 王明编：《太平经合校》，中华书局 1960 年版，第 248 页。
⑤ 王明编：《太平经合校》，中华书局 1960 年版，第 247 页。
⑥ 王明编：《太平经合校》，中华书局 1960 年版，第 248 页。
⑦ 王明编：《太平经合校》，中华书局 1960 年版，第 247 页。
⑧ 王明编：《太平经合校》，中华书局 1960 年版，第 252 页。
⑨ 王明编：《太平经合校》，中华书局 1960 年版，第 574 页。

君治国的根本任务。它说："天地施化得均，尊卑大小皆如一，乃无争讼者，故可为人君父母也。"① 在它看来，经济上的平均分配，才能换得社会上的"无有怨讼"和政治上的太平。

《太平经》进一步把这种以道德、生命为基础的财富观推向极端，得出了人不需要财货的观点。它认为："天与地，本不乐欲得财也。"② 追求财货的价值观是应该否定的。在它看来，世俗生活的水准，只需维持人的基本生存即可。它希望每一个人都尽力提高自己的道德水平，去从事公共道德的建设工作，建立一个和善康乐的道德社会。

总之，《太平经》主张人人各尽其责，人尽其才，才尽其用，物"各畅茂"，不让"万物不得其所"③ 的情况出现，地尽其利，货尽其流，物尽其用，君、臣、民同心互爱，"人各自衣食其力"④，君民同乐，有福同享，财富平均，无灾无难，"无冤民"⑤，人际关系和乐顺畅。这样的"太平"盛世，是《太平经》所设计的一个理想社会的蓝图。

正是在这个意义上，《太平经》把指引人类实现这一理想的"道"称为"真道"，要求以道治国。在它所设计的政治秩序中，"一为神人，二为真人，三为仙人，四为道人，五为圣人，六为贤人"。他们的分工是："神人主天，真人主地，仙人主风雨，道人主教化吉凶。"⑥ 人间的圣人、贤人则相辅主治百姓。治国的根本原则是无为。《太平经》宣称：上古"无为而治"，现在不是这样，这是天下大乱的根本原因。太平气到后，仍然要回到无为而治的状态中去。"良和气且俱至，人……日好为善，不知置。令帝王垂拱而无可治。"⑦ 总之，"前古神人治之，以真人为臣，以治其民，故民不知上之有天子也，而以道自然无为自治"⑧。这显然是对道家无为而治的政治哲理的发挥。《太平经》认为，体现无为的道，是真道，不是"巧邪道"。它颂扬真道的善与美，要求人们"力行真道"。这是继承了《庄子·大宗师》的"有真人而后有真知"的思想。什么是"真"？郭象在《庄子注》中说："夫真者，

① 王明编：《太平经合校》，中华书局 1960 年版，第 683 页。
② 王明编：《太平经合校》，中华书局 1960 年版，第 247 页。
③ 王明编：《太平经合校》，中华书局 1960 年版，第 204 页。
④ 王明编：《太平经合校》，中华书局 1960 年版，第 36 页。
⑤ 王明编：《太平经合校》，中华书局 1960 年版，第 206 页。
⑥ 王明编：《太平经合校》，中华书局 1960 年版，第 289 页。
⑦ 王明编：《太平经合校》，中华书局 1960 年版，第 157 页。
⑧ 王明编：《太平经合校》，中华书局 1960 年版，第 25 页。

不假于物而自然也。"① 《太平经》着力强调了这一点，认为"得真则天地心调"，要"弃浮华文，各守真实""去伪得真"②。由此，它主张道是真实之道。"是故吾敬受此道于天，乃效信实，不效虚言也。"③

与此相联系，《太平经》主张崇真、黜伪、务实地治国，认为应该把自然无为的哲理贯彻到治理国家的过程中去，扫去浮华巧伪之文，复返于元始。"故迷于末者当还反中，迷于中者当还反本，迷于文者当还反质，迷于质者当还反根。根者，乃与天地同其元也，故治。"④ 这其中，反对奢靡浮华的言辞，求真务实是一个重要方面。它主张处理事务要抓住根本，要三思而后行，要有一个好的开端："故圣王乃宜重本，君子正始也，则无不理矣。不重尊其本，不正其始，则凡事失纪，万物云乱，不可复理。"⑤

《太平经》成书的时间，是大汉王朝积弊日深、江河日下的时候。在这样的时代背景下，《太平经》主张历史退化论，认为社会的发展是中古不如上古，下古不如中古；政治秩序一代不如一代，社会治安越来越乱。对照上述理想社会的蓝图，它针砭时弊，宣称太平气将要到来，将代替"废气"，天、地、人都将"更始"，一个崭新的时代就要来到。它认为，这是天道的必然，不可阻挡。由于"神人主天，真人主地，仙人主风雨，道人主教化吉凶，圣人主治百姓，贤人辅助圣人"，"此皆助天治也"⑥。所以，明白这道理的是道师，顺应这过程而付诸行动的是帝王。《太平经》的作者虽然把希望寄托在帝王身上，只以帝王师自居，但他们深知，革故鼎新主要还得靠他们来把最广大的老百姓发动起来。《太平经》说，良师除献计献策于帝王之外，还要聚合道术之士，以"十数人"的"有功者"为领导骨干，以善道教化人民，祛邪布正，除旧鼎新，鼓舞人们去迎接并创建即将来临的新时代。在这个意义上，它很重视教育，认为："夫文，乃天下之人所当共案行也，不可信一人之言也。故天地开辟以来，文书及人辞，更相传以相考明也，不考明则不可独行，独信一人言而行之，则危亡矣。是天下之大失大伤也。"⑦ 它希

---

① （晋）郭象注，（唐）成玄英疏，曹础基、黄兰发点校：《南华真经注疏》，中华书局 1998 年版，第 142 页。
② 王明编：《太平经合校》，中华书局 1960 年版，第 327、68、1 页。
③ 王明编：《太平经合校》，中华书局 1960 年版，第 401 页。
④ 王明编：《太平经合校》，中华书局 1960 年版，第 48 页。
⑤ 王明编：《太平经合校》，中华书局 1960 年版，第 176 页。
⑥ 王明编：《太平经合校》，中华书局 1960 年版，第 289 页。
⑦ 王明编：《太平经合校》，中华书局 1960 年版，第 421 页。

图通过教育，让老百姓觉醒，以实际行动迎接它所设计的理想社会的到来。

《太平经》的政治理论颇为奇特。这表现在它既具有革命性，又具有反革命性。太平气行将降临的福音、天师的预言谶语以及气运的历史有机规律，都表现了福音预言激进的、革命的性质。而且，依据天地气运的自然规律，天师宣称，太阳王即将于甲子年出世，在人间建立地上天国。这可视为一种历史决定论。历史决定论既是鼓动革命的利器，也是极权主义的渊薮和动力。反过来说，利用这一思想武器所建立起来的革命政权，必然含有极权主义的特征。

《太平经》所设计的政治体制，尤其是其中的帝后并立结构与君师并立结构，是民间所设计的中国政治体制，是有别于官方政治体制的另一种类型，对后世影响很大。它所倡言的王道政治理论，虽然显得过于理想化，在现实中难以实现，但是这些思想反映了乱世之中的下层民众对太平盛世的向往、追求和在思想上的探索，其价值不容贬低、否定。《太平经》的这些思想，对后世影响至为深远，在后世历代民众暴动的指导思想中多有体现。这些思想的诸多内核，对我们今天处理社会、政治问题，仍然有参考和借鉴的价值。

（四）承负报应的伦理思想

如果说，政治主要是在人的外在层面营造良好的社会秩序的话，那么，伦理则主要是在人的内在层面来营造良好的伦理秩序，为社会秩序的良性运行提供保障。《太平经》深刻地认识到了这一点，不遗余力地在这方面展开了探索。

《太平经》说："天有三名，日、月、星……人有三名，父、母、子。治有三名，君、臣、民，欲太平也。此三者常当腹心，不失铢分，使同一忧，合成一家，立致太平，延年不疑矣。"① 它用宇宙秩序来界定伦理，认为君、臣、民三合相通"是天地自然之数也"。天地是大生命，人是小生命。人的生命唯有参与了大生命，理解了它、认同了它、顺从了它，而且以它所表现的伦理精神为行为规范时，才能得到善终，获得长寿，社会也才能达致太平。这表明《太平经》的政治哲学是家国同构，把血缘家族宗法制度与社会的组织制度统一起来了。这是儒家的主张。立足于此，高扬伦理道德，用最高理想的道德规范来要求君主，把君主美化为最高尚的道德表率，以道德至上论、道德绝对论要求全体人民，就是逻辑上的必然。

---

① 王明编：《太平经合校》，中华书局 1960 年版，第 19 页。

从道生化万物，尤其是产生了作为万物之灵的人的宇宙发生论出发，《太平经》重视人的生命，并认为道德不可少，也不可轻视。对道与德的关系，它说："道者，天也，阳也，主生；德者，地也，阴也，主养。"① 从哲理本源论出发来理解伦理道德，是道家一贯的主张。《太平经》同样如此。"今是习俗礼义者，但伪行耳，非其真也。"② 可见，真道德与社会行为规范体系并不相同。《太平经》的伦理思想可以说是一种生命伦理观，它从生命的生、成、长、养的角度理解道德，为道德规范对人的制约作用设定了一个终极界限。这就是它所提出的"事阴不得过阳""事死不得过生"③ 的观点。这就是说，道德并不高于生命，道德舆论在社会环境中不能压制、扼杀人的生命力。在汉代，名教的道德规范与法律密不可分地结合在一起，舆论压力、社会关系经过曲折的转化后，对行为者的直接干预带有法律一样的强制性质，伦理杀人的现象屡见不鲜。《太平经》的观点可以说是针对当时现象而发的。再则，从珍惜生命的角度来确立道德规范，有利于避免儒家名教在现实中的虚伪现象的泛滥。从哲学上来说，《太平经》的生命伦理观比儒家仅仅把伦理道德界定为仁、义、礼、智、信等具体规范显得更有理论思辨性。不过，《太平经》也没有完全否定儒家的道德规范，如主张"事下过上"仍然是"过之大者也"④，而且，"天下之事，孝忠诚信为大"⑤。

从真道德的定义出发，《太平经》对道德标准的理解也与儒家不同。它以天道定人道，以天之生为法则。能懂得这个法则，并在行为上符合这一法则方为善，否则为恶。以天地格法为善，这是《太平经》对善的第一种理解。天地格法实为天道之常，故以天地格法为善实为以常道为善。天之格法如何，人之行动便应如何，否则即是逆天，即是凶。这应该是受《老子》"不知常，妄作，凶"的影响。但这样一来，《太平经》就混淆了实然与应然。《老子》第二章说："天下皆知美之为美，斯恶已；皆知善之为善，斯不善已。"⑥ 第二十章说："唯之与阿，相去几何？善之与恶，相去若何？"⑦ 这

① 王明编：《太平经合校》，中华书局 1960 年版，第 218 页。
② 王明编：《太平经合校》，中华书局 1960 年版，第 393 页。
③ 王明编：《太平经合校》，中华书局 1960 年版，第 48 - 51 页。
④ 王明编：《太平经合校》，中华书局 1960 年版，第 49 页。
⑤ 王明编：《太平经合校》，中华书局 1960 年版，第 543 页。
⑥ 高明：《帛书老子校注》，中华书局 1996 年版，第 229 页。
⑦ 高明：《帛书老子校注》，中华书局 1996 年版，第 316 页。

区分了世俗之善与真善。老子并不反对行善，而是希望人们超越善恶对待的关系去进行实践活动。他所谓的善，是基于人对道的体会。行善是以模拟道的方式来进行的。例如第八章说："上善若水，水善利万物而不争。处众人之所恶，故几于道。居善地，心善渊，与善仁，言善信，正善治，事善能，动善时。"① 这里所说的善是拟道式的，所以说"几于道"，没有如《太平经》那样直接断言天地之常即是善。《太平经》之所以如此，是因为在它看来，天人均为气所生，物类同气相应，因而天道与人的行动价值原理是二而为一的。

但善毕竟是应然的价值追求，《太平经》以生命为终极的价值追求，因而善被归结为寿，即以长寿为善。"绝洞弥远六极天地之间，何者最善？三万六千天地之间，寿最为善。"② 把能否长寿作为判断人行善与否和行善程度的标尺："贤明智乃包裹天地，积书无极，而不能自寿益命，此名空虚，无实道也。"③ 它希望人们"为善，使不相贼伤，欲令各终天年"④。而且，行善之后，即使死了，还能"复见乐"，即继续享受生时的快乐⑤。

按照上述道德标准，《太平经》提出："万物皆半好半恶。"⑥ 这与扬雄在孟子的性善论和荀子的性恶论基础上折中而形成的性善恶混理论颇为一致。这个观点应该说是有道理的。事物都有既对立又统一的两个方面，人性也如此。人类本性无所谓善或恶，把人性绝对化为善或恶，都难以与复杂多端的人类社会现象相符合。因为："所谓善与恶的概念只具有相对的意义；所以同一事物，在不同的观点之下，可以叫作善，亦可以叫作恶。同样，可以叫作完善，也可以叫作不完善。因为没有东西，就其本性看来，可以称为完善或不完善，特别是当我们知道万物的生成变化皆遵循自然永恒的秩序及固定的法则的时候。"⑦ 基于道生阴阳，阴阳二气交和而生万物的本源论，《太平经》用阴阳思想作为善恶论的理论支持，一方面看到了人性中既有善又有恶，另一方面又如同尊阳贱阴一样，力图扬善抑恶。

---

① 高明：《帛书老子校注》，中华书局1996年版，第253－255页。
② 王明编：《太平经合校》，中华书局1960年版，第222页。
③ 王明编：《太平经合校》，中华书局1960年版，第310页。
④ 王明编：《太平经合校》，中华书局1960年版，第302页。
⑤ 王明编：《太平经合校》，中华书局1960年版，第72－73页。
⑥ 王明编：《太平经合校》，中华书局1960年版，第15页。
⑦ ［荷兰］斯宾诺莎著，贺麟译：《知性改进论》，商务印书馆1960年版，第21页。

《太平经》为增强人们遵循伦理道德规范的行动力殚精竭虑地设想了很多方法，尤其重视其中的神道设教之法。它认为天"乐生""好善"，人也必须这样。这是因为人是天生出来的，天与人能相互感应。人行善，天就出瑞应以示褒奖；人作恶，天就降灾祸以示惩罚。人行善还是作恶，在冥冥之中有神随时进行着监督。对神，《太平经》本来认为"夫神，乃无形象变化无穷极之物也"①，但出于神道设教的目的，它又宣称"神者，上与天同形合理，故天称神，能使神也。神也者，皇天之吏也"②。神作为皇天管理人世的职员，分属命曹、寿曹、善曹、恶曹四个机构。这样一来，神就从表达微妙变化的概念变成了代表天意来与人沟通的人格神。神是沟通天和人的中介之一。

> 天遣神往记之，过无大小，天皆知之。簿疏善恶之籍，岁日月拘校，前后除算减年；其恶不止，便见鬼门……是诸神共知，延者有命，录籍有真，未生预著其人岁月日时在长寿之曹，年数且升，乃施名各通……如有文书不相应，计曹不举者并坐。③

这种生死簿籍主要由星斗，特别是北斗星来负责。人的生死簿操在神的手中，行善，寿命就增加；作恶，寿命就缩短。但社会上毕竟有不少行善反而遭灾，作恶反而得福的事实存在，为了解释这些现象，《太平经》提出了承负说。它认为，致力于行善反而遭遇灾祸的人，是承负了他先辈的过失，是他的祖祖辈辈积累下来的灾害正好作用于这个人。那些作了恶反而顺顺畅畅，平安如意地享受荣华富贵的人，是他们的先辈行善而积蓄了很多善功，这些善功正好对这个人给予报答。如果真是这样，那人们行善与作恶的积极性就不大了。考虑到这一点，《太平经》提出，如果自己能积累善功而超过先辈的万万倍，那么，即使先辈尚有余殃，也不会作用于自己。《太平经》进而把承负说的运用范围扩展到解释国家的兴亡。它认为，国家失治，流灾后世。衰乱的发生，上上下下都有责任，都要承负灾难。承负到了极点，报应不辨善恶。《太平经》的本意是增强社会全体成员对社会危机的责任感，以激励人人学道行善，上下同心，顺行天道，断灭承负。但这样一来，承负就成了一

---

① 王明编：《太平经合校》，中华书局 1960 年版，第 439 页。
② 王明编：《太平经合校》，中华书局 1960 年版，第 221 页。
③ 王明编：《太平经合校》，中华书局 1960 年版，第 526、531、534 页。

人有过，大家遭殃，丧失了对作恶行为的警示作用。《太平经》的承负说并未超出行为—结果的理性逻辑范畴，只不过采用了信仰化的语言来表述而已。天道报应无非是人世间的伦理行为及其效果的变相反映罢了，其目的是调节人与人之间的关系而创造出一个使得人人都能够获得利益，因而社会的整体利益得以持续增大的结果。

基于重视生命、力行实践的主张，《太平经》认为，人可以替天解罪。如"天地生凡物，无德而伤之，天下云乱，家贫不足，老弱饥寒，县官无收，仓库更空。此过乃本在地伤物，而人反承负之"①。天地生物，居然有所亏欠，只好由人来负担承受，并用人力来解此承负。据此，《太平经》提出了种种解承负的方术。

《太平经》不只是采用神道设教的方法劝人去恶行善，还力图把这落实到人的内心中，形成人们的自觉意识，强调"善自命长，恶自命短"②，延长寿命得靠自己努力行善。据此，它认为，神其实就在自己身中，监督人行为的是身中神："为善不敢失绳缠，不敢自欺。为善亦神自知之，恶亦神自知之。非为他神，乃身中神也。夫言语自从心腹中出，傍人反得知之，是身中神告也。"③ 神记录着人的行为的善恶，人也可以自己记录自己的善恶之举。就根本而言，人之不敢为恶，非法令纠绳之故，只因不敢自欺。人之行善是自己的事。人人行善，社会就能平安，刑罚也就成为多余。"家家人人，自救自治，故可无刑罚而治也。"④《太平经》强调："夫人能深自养，乃能养人。夫人能深自爱，乃能爱人。有身且自忽，不能自养，安能厚养人乎哉？有身且不能自爱重而全形，谨守先人之祖统，安能爱人全人？"⑤ 这里提出的自尊、自重、自爱、自养、自全方能尊人、重人、爱人、养人、全人的观点，类似于儒家的能近取譬、内圣外王的思想，是很有道理的。它提倡在促使个体生命永存的同时不违背社会的礼法规范。为了增强这种自觉意识，《太平经》把神的旨意转化为戒条，认为"守吾文以为深戒，以为行者万世可无凶害"⑥，强调"守戒"。这些戒条，有的是直接从道家思想转化过来的，如

①　王明编：《太平经合校》，中华书局 1960 年版，第 58 页。
②　王明编：《太平经合校》，中华书局 1960 年版，第 525 页。
③　王明编：《太平经合校》，中华书局 1960 年版，第 12 页。
④　王明编：《太平经合校》，中华书局 1960 年版，第 409 页。
⑤　王明编：《太平经合校》，中华书局 1960 年版，第 56 页。
⑥　王明编：《太平经合校》，中华书局 1960 年版，第 440 页。

"虚无无为自然图道毕成诫"。它的《不忘诫长得福诀》是道教史上第一次建立戒律的例子。后世诸道戒，如老君一百八十戒、元始天尊一百二十戒等，都是由此发展而成的。

《太平经》继承了殷周以来的鬼神信仰，认为人有灵魂，除了人生存的世界之外，尚有另外一个以后土即土地神为统帅的幽冥世界存在。但它对这种信仰做了符合其主旨的改造，表现在它把鬼与仙相对照，人通过修炼实现形神合一，进而长生不死就成了仙人；人死形魂分离则成为鬼；圣贤学道积德，就可以飞升成仙；人死后，魂升上天，魄落入黄泉便是鬼。仙人理四时，主风雨，行善救人，而鬼则祸害人。神可以役使鬼去惩罚作恶的人。这样，鬼神信仰就转变为劝人修仙、行善积德的说教工具。《太平经》已经把老子视为最高的神，认为他"上升上清之殿，中游太极之宫，下治十方之天"①。这里的空间包括上、下和八方在内的广阔宇宙。这就是说，老子是宇宙的主宰。

（五）重生力行

西汉成帝以后，两汉之交，直至东汉顺帝时期，自然灾害频仍，政治动乱频繁，社会危机严重，战争不断，这导致死亡人口众多，人们有很强的生命危机感，珍惜生命的意识相应出现。《太平经》对此有所反映。它说：

> 夫人死者乃尽灭，尽成灰土，将不复见。今人居天地之间，从天地开辟以来，人人各一生，不得再生也。自有名字为人。人者，乃中和凡物之长也，而尊且贵，与天地相似；今一死，乃终古穷天毕地，不得复见自名为人也，不复起行也。②

《太平经》这一观点的依据在于，宇宙间的任一物都有存在的价值③，人当然如此。它认为，人必有一死，死后如同其他物体一样终将化为灰土。每一个人只有一次生的机会，死后不可复生。而且，尸解之类的成仙希望很渺茫。《太平经》云："重生者独得道人，死而复生，尸解者耳。是者，天地所私，

---

① 王明编：《太平经合校》，中华书局1960年版，第2页。

② 王明编：《太平经合校》，中华书局1960年版，第340页。

③ "是故天之为象运也，乃尊无上，反卑无下，大无外，反小无内，包养万二千物，善恶大小，皆利佑之，授以元气而生之，终之不害伤也。"（王明编：《太平经合校》，中华书局1960年版，第445页。）

万万未有一人也。故凡人壹死，不复得生也。"所以，"死亡，天下大凶事也"①。人是宇宙中至灵至尊者②，人的生命具有至高无上的价值："天地之性，万二千物，人命最重。"③ 之所以说人的生命是万物中最重要的，一方面是因为人得天地之灵气，是万物中最优秀的；另一方面是因为人的生命本来与道同体。但是，现实中人的生命很脆弱，寿命很短。它指出：

> 人本生受命之时，与天地分身，抱元气于自然，不饮不食，嘘吸阴阳气而活，不知饥渴，久久离神道远，小小失其指意，后生者不得复知，真道空虚，日流就伪，更生饥渴，不饮不食便死……④

为了保持生命不灭，《太平经》将维护生命看成人生的头等大事，宣称"是曹之事，要当重生，生为第一。余者自计所为"⑤。它要求人们把重生的观念落实到行动中去，"人最善者，莫若常欲乐生，汲汲若渴，乃后可也"⑥，如饥似渴地努力，重新返回与道和元气相合的本源状态。

《太平经》整个立论的基点，是对生命的尊重与矜惜。它认为，道的本性是自私的，修道而无限延长寿命是最重要的事，说："夫学者各为其身，不为他人也。故当各自爱而自亲，学道积久，成神真也，与众绝殊，是其言也。"⑦ 它要求人们"皆知重其命，养其躯"⑧，发挥自己的主观能动性，"自爱、自好、自亲"。

为了增强人的主体意识，让人真正挺立起来，《太平经》对人力与天道的关系做了多方面的论述。首先，它认为，天地在产生人和万物后，万物的兴衰就取决于人了。"夫天地之为法，万物兴衰反随人故。"⑨ 万物的兴衰取决于人，人可以充分地利用自己的力量，因为"人者主为天地理万物"⑩，

---

① 王明编：《太平经合校》，中华书局 1960 年版，第 297 - 298 页。

② "人者，乃中和凡物之长也，而尊且贵，与天地相似。"（王明编：《太平经合校》，中华书局 1960 年版，第 340 页。）"人者，最物之尊者，天之所子也。"（王明编：《太平经合校》，中华书局 1960 年版，第 636 页。）

③ 王明编：《太平经合校》，中华书局 1960 年版，第 34 页。

④ 王明编：《太平经合校》，中华书局 1960 年版，第 43 页。

⑤ 王明编：《太平经合校》，中华书局 1960 年版，第 613 页。

⑥ 王明编：《太平经合校》，中华书局 1960 年版，第 80 页。

⑦ 王明编：《太平经合校》，中华书局 1960 年版，第 26 页。

⑧ 王明编：《太平经合校》，中华书局 1960 年版，第 18 页。

⑨ 王明编：《太平经合校》，中华书局 1960 年版，第 232 页。

⑩ 王明编：《太平经合校》，中华书局 1960 年版，第 643 - 644 页。

"是故天下人所兴月者，王自生气，不必当须四时五行气也"①。四时五行之气可以由人生，那么神当然也不在话下。人可以呼召诸神，"比若今人呼客耳"，让万神对人和亲，"不复妄行害人"②。人的兴衰同样取决于自己。《太平经》把这视为"天法"，主张要"知天格法"。它认为，天法的表现是，遇到合适的人，天道才会开通。

> 天之授事，各有法律……得其人而开通，得见佑助者是也；不于不通，行之无成功，即非其人也……但是其人，明为其开，非其人则闭，审得其人，则可以除疾，灾异自消，夷狄自降，不须兵革，皆自消亡。万物之生，各有可为设张，得其人自行，非其人自藏。③

人的因素，是天道能否开通成功的关键。神的福佑，是就人能开通天道而言的，并非神保佑人而获得成功。

天使道生人，但人是道的根柄，不善持养之，会为诸神所咎。可是这个神，其实"非为他神，乃身中神也"④。真神就在自己身中，只要守一、为善、养性，神就存在，就能护佑人，人就吉利。由于罪负皆由人自己造成，所以没有神可以赦免人，唯有靠自己"修身自省""自正""行恩德布施"以"积功"，方才有可能得以解免。

正是在这个意义上，《太平经》认为，自己的命实际上是自己负责，与身外之神无关。它动情地呼吁：

> 人命近在汝身，何为叩心仰呼天乎？有身不自清，当清谁乎？有身不自爱，当爱谁乎？有身不自成，当成谁乎？有身不自念，当念谁乎？有身不自责，当责谁乎？复思此言，无怨鬼神。⑤

类似地，自己的命自己掌握，与别人无关。"夫人能深自养，乃能养人。夫人能深自爱，乃能爱人。"⑥ 要养人，先养己；要爱人，先爱己。就如有人落水，要救人，必须自己会游泳，否则不但救不了人，还要把自己的命搭进去。

---

① 王明编：《太平经合校》，中华书局 1960 年版，第 232 页。
② 王明编：《太平经合校》，中华书局 1960 年版，第 15 页。
③ 王明编：《太平经合校》，中华书局 1960 年版，第 209－210 页。
④ 王明编：《太平经合校》，中华书局 1960 年版，第 12 页。
⑤ 王明编：《太平经合校》，中华书局 1960 年版，第 527 页。
⑥ 王明编：《太平经合校》，中华书局 1960 年版，第 56 页。

为此,《太平经》强调力行,希望每一个人都脚踏实地,一步一个脚印地修行。

> 如力教教之,皆使凡人知深抱德,各自爱养其身。其善者上可助天养且生长之物,下可助地畜养向成之物,悉并力同心,无有恶意,其中大贤明心易开示者,乃可化而上,使为君之辅,其中贤者可为长吏师,其下无知者,尚可为民间之师长。凡人莫不俱好德化而为善者也。①

有道之人应该努力把自己所掌握的道教给别人。每一个人的社会地位只应该由他在实践中的品德修养和自爱养身所达到的水平来决定。

那么,养身修身何以可能呢?《太平经》从人的形体、精、气、神等组成部分着手,探讨了它们之间的关系,力图把内修方术提升到理论层次,把方术改造为道术。

(六) 内修方术的理论探索

《太平经》认为:"天下人本生受命之时,与天地分身,抱元气于自然,不饮不食,嘘吸阴阳气而活,不知饥渴。"② 这是人的原初状态。长大之后,这种状态就逐渐消失了。从天、地、人三道合一出发,《太平经》不只是谈论社会政治问题,它还引申出了气、精、神"三气共一为神根","爱气尊神重精",从而延年益寿、跻位仙真的思想。

神是一个与心有紧密联系的概念。《太平经》说:"心则五脏之王,神之本根,一身之至也。"③ "心者,最藏之神尊者也。心者,神圣纯阳,火之行也。火者,动而上行,与天同光。"④ 这显然是继承了中医经典《黄帝内经》的思想。《素问·灵兰秘典论》说:"心者,君主之官也,神明出焉……故主明则下安,以此养生则寿,殁世不殆,以为天下则大昌。主不明则十二官危,使道闭塞而不通,形乃大伤,以此养生则殃,以为天下者,其宗大危。"⑤ 《灵枢·邪客》说:"心者,五脏六腑之大主也,精神之所舍也,其藏坚固,邪弗能容也。容之则心伤,心伤则神去,神去则死矣。"⑥ 《太平经》对心神

---

① 王明编:《太平经合校》,中华书局 1960 年版,第 245 页。
② 王明编:《太平经合校》,中华书局 1960 年版,第 43 页。
③ 王明编:《太平经合校》,中华书局 1960 年版,第 687 页。
④ 王明编:《太平经合校》,中华书局 1960 年版,第 426 页。
⑤ 马烈光、张新渝主编:《黄帝内经·素问》,四川科学技术出版社 2008 年版,第 95 页。
⑥ 郭霭春:《黄帝内经灵枢校注语译》,贵州教育出版社 2010 年版,第 453 页。

关系的观点，基本上承袭了中医学的观点，没有太大的突破。

关于气、精、神的关系，《太平经》的看法是：

> 夫人本生混沌之气，气生精，精生神，神生明。本于阴阳之气，气转为精，精转为神，神转为明。欲寿者当守气而合神，精不去其形，念此三合以为一，久即彬彬自见，身中形渐轻，精益明，光益精，心中大安，欣然若喜，太平气应矣。①

人是由元气产生出来的。精是由元气分阴分阳而产生出来的。精形成后，它进一步形成了神。有了神，人就有了聪明智慧，有了思维能力。由于阴阳之气、精、神都是来源于元气，所以这三者为"三气"。《太平经》认为，这三者是生命之道的一体三面，三者相互联系，相互作用，相互影响，缺一不可。"三气共一，为神根也。一为精，一为神，一为气。此三者，共一位也，本天地人之气。神者受之于天，精者受之于地，气者受之于中和，相与共为一道。故神者乘气而行，精者居其中也。三者相助为治。故人欲寿者，乃当爱气尊神重精也。"② 受汉代象数易学盛行的时代思潮的影响，《太平经》用《周易》的三才理论来解释气、精、神之间的关系，认为神受之于天，为阳；精得之于地，为阴；气则是得之于天地的中和，是为中。神依托于气而发挥作用，精则附丽于神、气之间，三者共同维持人的生命活动③。如何看待气、精、神这三者相互之间的关系呢？

首先来看神与气之间的关系。神本为气的产物。神出现后，仍然得以气为载体，才能发挥其"明"的功能。"神者乘气而行，故人有气则有神，有神则有气，神去则气绝，气亡则神去。故无神亦死，无气亦死。"④ 又说："神精有气，如鱼有水，气绝神精散，水绝鱼亡。"⑤ 在《太平经》看来，神

---

① 王明编：《太平经合校》，中华书局 1960 年版，第 739 页。
② 王明编：《太平经合校》，中华书局 1960 年版，第 728 页。
③ 这一思想，当是受儒家经学影响。《礼记·祭义》："宰我曰：'吾闻鬼神之名，不知其所谓。'子曰：'气也者，神之盛也。魄也者，鬼之盛也。合鬼与神，教之至也。'众生必死，死必归土，此之谓鬼。骨肉毙于下，阴为野土。其气发扬于上，为昭明，焄蒿、凄怆，此百物之精也，神之著也。"〔（清）孙希旦撰，沈啸寰、王星贤点校：《礼记集解》，中华书局 1989 年版，第 1218－1219 页。〕宇宙万物均为气所生，鬼、神是气化的产物，人之形与神同样如此。如果不主张形灭则气尽神亡，则无神论就不能成立。照此推理，中国古代绝少有严格意义上的无神论者。
④ 王明编：《太平经合校》，中华书局 1960 年版，第 96 页。
⑤ 王明编：《太平经合校》，中华书局 1960 年版，第 727 页。

与气相互依存，缺一不可。人有气就有神，有神就有气，神散则气绝，气绝神也必定消亡。人无气必定会死，无神也必定要死。守气合神，神气混融，人的生命才能维持。

其次，关于精与神的关系，《太平经》认识到，它也同神与气的关系一样，是相互依存、缺一不可的。与神气关系有所不同的地方在于，精与神是合并混凝为一体的。

> 人有一身，与精神常合并也。形者乃主死，精神者乃主生。常合即吉，去则凶。无精神则死，有精神则生。常合即为一，可以长存也。常患精神离散，不聚于身中，反令使随人念而游行也。故圣人教其守一，言当守一身也。念而不休，精神自来，莫不相应，百病自除，此即长生久视之符也。①

它认为，人无精神必定会死，有精神才能生存。不仅如此，精神还是人的生机与活力的体现。"天地之道，据精神自然而行。故凡事大小，皆有精神，巨者有巨精神，小者有小精神，各自保养精神，故能长存。精神减则老，精神亡则死，此自然之分也。"② 精神旺盛，人的生命力就旺盛；精神减弱，人就会变老；精神消亡，人就死亡。但仅仅保有精神还不够，还要促进精神合一。精与神合一，人就可以长生不死；精与神分离，即神离开精而游走于身外，人就会得病。

要透彻地理解精与神的关系，还必须弄清形与神关系，因为精是依托于形体而存在的。《太平经》把形体比喻为家，把气比喻为车马，把精神比喻为官长③。从人的生命的产生来说，"神者主生，精者主养，形者主成。此三者乃成一神器，三者法君臣民，故不可相无也"④。但生命未产生之前，神显然并未存在，《太平经》在这里似乎是把神看作先天的道。在形与精、神三者之间，它比较看重精、神，说："形者乃主死，精神者乃主生。"⑤ 但这并不等于说形可忽略或舍去。它认为，维持人生命活动的基本原则是形神亦离亦合。"人不卧之时，行坐言语，分明白黑，正行住立，文辞以为法度，此

---

① 王明编：《太平经合校》，中华书局 1960 年版，第 716 页。
② 王明编：《太平经合校》，中华书局 1960 年版，第 699 页。
③ 王明编：《太平经合校》，中华书局 1960 年版，第 699 页。
④ 王明编：《太平经合校》，中华书局 1960 年版，第 727 页。
⑤ 王明编：《太平经合校》，中华书局 1960 年版，第 716 页。

人神在也……及其定卧，精神去游，身不能动，口不能言，耳不能闻，与众邪合，独气在，即明证也。故精神不可不常守之，守之即长寿，失之即命穷。"① 用人在清醒时和在睡眠中的不同状态说明形神亦离亦合，显得比较牵强。因为人进入睡眠状态后，仅仅只是没有理性思维，局部意识和潜意识仍然在活动，所以有做梦等现象出现，但是局部意识和潜意识仍然属于精神的范畴。正是与重视神的倾向相适应，《太平经》在修炼中把神的控制具体落实到心，告诫修道者"独存其心""以心为主"②，要"守道"，"守道而不止，乃得仙不死"③。不过，总的说来，《太平经》对形神均未偏废，不仅认为修炼的基本原则是"独贵自然，形神相守"④，而且主张形与神的修炼方法有所不同。"神以道全，形以术延。"⑤ 神要靠贯彻"道"来保全，即把道的特点作为理论指导贯彻到养生实践中而形成运用理论。形则要靠具体的技巧、方法等术的实践来延长寿命。这一观点，得到了后世道教的普遍认可。《太平经》注重通过炼气来促进形神关系问题的解决。

在气、精、神三者中，《太平经》尤其注重神，没有神，则人的生命便结束了。它把守神作为修道的基本方法。它说："天不守神，三光不明；地不守神，山川崩沦；人不守神，身死亡；万物不守神，即损伤。"⑥ 这里的"神"虽并非专就人而论，但也包括人在内。

神仙就是"得道"的人。《太平经》认为神仙是存在的，"不死成仙"⑦是人人都可以通过学习而成就的。与元气、天、地、四时、五行、阴阳、文、万物、财货相对应，它把人划分为无形委气之大神人、神人、真人、仙人、道人、圣人、贤人、民人、奴婢九个从高到低的等级。处于低等级的人可以通过积学修炼逐步提高位级。修炼成神人、仙人、真人，道人则能够"眩目内视，以心内理"而"独得道要"⑧。至于成仙的形式，它讲了两种，即白日升天和尸解。什么是尸解呢？"重生者独得道人，死而复生，尸解者耳。是

① 王明编：《太平经合校》，中华书局 1960 年版，第 731 页。
② 王明编：《太平经合校》，中华书局 1960 年版，第 469、470 页。
③ 王明编：《太平经合校》，中华书局 1960 年版，第 78 页。
④ 王明编：《太平经合校》，中华书局 1960 年版，第 330 页。
⑤ 王明编：《太平经合校》，中华书局 1960 年版，第 736 页。
⑥ 王明编：《太平经合校》，中华书局 1960 年版，第 727 页。
⑦ 与此矛盾的是，《太平经》尚有命定论的因素。
⑧ 王明编：《太平经合校》，中华书局 1960 年版，第 709 页。

者，天地所私，万万未有一人也。故凡人壹死，不复得生也。"① 尸解成仙的人"百万之人乃出一人"，白日升天则"百万之人，未有一人得者"②。尸解都如此艰难，更不用说白日升天了。所以，人必须老老实实地学习和修炼方术。为此，《太平经》反复强调要熟读、善思、博学、力行③，从而有真知，把握真道，"各守真实"④。

获得真知的方法，在它看来，首先要知一、守一。一是什么？"一者，心也，意也，志也。念此一身中之神也。凡天下之事，尽是所成也。"⑤ 所谓一，就形而上而言，是作为本源与本体的道；就人而言，是命的来源，是人心的主宰；就人对它的运用而言，是人的行动所不得不遵循的规律、原则。诚如《太平经圣君秘旨》⑥ 所说："一之为本，万事皆行；子知一，万事毕矣。"⑦ 知一如此重要，守一也同样具有多种多样的功效："守一之法，可以知万端。万端者，不能知一。夫守一者，可以度世，可以消灾，可以事君，可以不死，可以理家，可以事神明。"⑧ 其中包含了能够返老还童的功效："守一之法，老而更少，发白更黑，齿落更生。"⑨ 还有长生不老的功效："古今要道，皆言守一，可长存而不老。人知守一，名为无极之道。"⑩ 不仅如此，守一还是守道的前提，能守一才能守道。"故守一然后且具知善恶过处，然后能守道。"⑪ 人能够守道，生命才能存在。否则，"人失道命即绝，审知道意命可活"⑫。一旦得道就可"身变形易"⑬ 而成为仙人。"守道而不止，乃得仙不死；仙而不止，乃得成真；真而不止，乃得成神；神而不止，乃得与天比其德；天比不止，乃得与元气比其德。"⑭ 成仙后继续修炼，就可

① 王明编：《太平经合校》，中华书局1960年版，第298页。
② 王明编：《太平经合校》，中华书局1960年版，第596页。
③ 王明编：《太平经合校》，中华书局1960年版，第208页。
④ 王明编：《太平经合校》，中华书局1960年版，第68页。
⑤ 王明编：《太平经合校》，中华书局1960年版，第369页。
⑥ 该书据考证是唐代末年道士闾丘方远从《太平经》和《太平经钞》中辑录而成的。它保留了一部分今天《太平经》和《太平经钞》中已经佚失的内容。
⑦ 《太平经圣君秘旨》，《道藏》第24册，第601页。
⑧ 《太平经圣君秘旨》，《道藏》第24册，第601页。
⑨ 王明编：《太平经合校》，中华书局1960年版，第740页。
⑩ 王明编：《太平经合校》，中华书局1960年版，第716页。
⑪ 王明编：《太平经合校》，中华书局1960年版，第412页。
⑫ 王明编：《太平经合校》，中华书局1960年版，第26页。
⑬ 王明编：《太平经合校》，中华书局1960年版，第26页。
⑭ 王明编：《太平经合校》，中华书局1960年版，第78页。

以成为真人、神人，进而返回作为天地万物和人由以产生的共同本源——元气。

《太平经》认为，守一具有可操作性，其关键是心要清静专一，去除欲望。"夫欲守一，喜怒为疾，不喜不怒，一乃可睹。"① 在道家看来，心中只要有了欲望、情感，心意便会有所偏向，心就会失去平和宁静的状态，背离道虚、静的性质，从而妨碍人得道。《太平经》显然继承了这一观点。

（七）众术的荟萃

本着"神以道全，形以术延"② 的观念，《太平经》提出了守一、内视、存想、胎息、守气、食气（服气）、服符等修炼方术，甚至有一些可视为后世内丹功的萌芽③。此外，它对祝咒、符水和其他一些方术也有所论述，介绍了针灸的方法，列了一些草木药方。这里择要介绍其中几种方术，以期有助于了解方术的历史流变。

《太平经》以追求成仙为目标。成仙的基本标志是寿命的无限延长，这就首先要做到无病。要治病、防病，就要弄清人得病的原因。为此，《太平经》将秦汉医学的脏腑学说神秘化，用来解释疾病发生的原因：

> 真人问曰："凡人何故数有病乎？"
>
> 神人答曰："故肝神去，出游不时还，目无明也；心神去不在，其唇青白也；肺神去不在，其鼻不通也；肾神去不在，其耳聋也；脾神去不在，令人口不知甘也；头神去不在，令人眴冥也；腹神去不在，令人腹中央甚不调，无所能化也；四肢神去，令人不能自移也。夫神精，其性常居空闲之处，不居污浊之处也；欲思还神，皆当斋戒，悬象香室中，百病消亡；不斋不戒，精神不肯还反人也。皆上天共诉人也。所以人病积多，死者不绝。"④

这是用人身中各器官的神离开器官来解释人得病的原因。治病的方法，就是斋戒、悬挂神像、存思身神。存思也称为"存念"等。《太平经》所说的存思，是用存想的方式令外游之神返回身中。"夫人神乃生内，返游于外，游

---

① 王明编：《太平经合校》，中华书局 1960 年版，第 741 页。

② 王明编：《太平经合校》，中华书局 1960 年版，第 736 页。

③ 王明编：《太平经合校》，中华书局 1960 年版，第 11、338 页。

④ 王明编：《太平经合校》，中华书局 1960 年版，第 27－28 页。

不以时，还为身害，即能追之以还，自治不败也……思之不止，五藏神能报二十四时气，五行神且来救助之，万疾皆愈。"① 这实际上是收敛散漫放逸的心思，使人精神内敛，专心致志于特定的修炼活动。存思的关键是："此者，始以端身，正性道意，止归之元气，还以安身。"② 存思具有治病、却灾等多方面的功效。"以乐治身守形顺念致思却灾。"③ 它还是得道的重要方法："思神致神，思真致真，思仙致仙，思道致道。"④ 这是后世《黄庭经》思想的重要来源。

内视之术，早在《庄子·列御寇》中就有记载："贼莫大乎德有心，而心有睫，及其有睫也而内视，内视而败也。"《太平经钞》发展了这一方法，说："上古第一神人，第二真人，第三仙人，第四道人，皆象天得真道意。眩目内视，以心内理，阴明反洞于太阳，内独得道要。犹火令明照内，不照外也，使长存而不乱。今学度世者，象古而来内视，此之谓也。"⑤

行气是以意念调运身中之气以攻疾病。《太平经》认为："是故天下人所兴用者，王自生气，不必当须四时五行气也。"⑥ 人可以调天下万神使之和亲，"不复妄行害人"，可以呼召诸神，"比若今人呼客耳"⑦。禁咒，又称神咒、神祝等，就是呼召诸神的方术之一。

咒、祝是天神的语言。《太平经》认为，神不仅是监督人去恶行善的有意志的东西，也是人可以役使来为自己消灾解难的力量。念诵神咒，即可达到这种目的。《太平经·神祝文诀》说："天上有常神圣要语，时下授人以言，用使神吏应气而往来也。人民得之，谓为神祝也。"⑧ 这就是说，咒语中蕴含了神的力量，使用它可以去灾消病，永保康顺。咒语被广泛使用于道教活动的各种场合。就用咒语治病而言，这是对巫术和中医的继承。

俞正燮说："道家咒语亦汉式。"⑨ 实际上，禁咒的产生更早。《尚书·无

---

① 王明编：《太平经合校》，中华书局 1960 年版，第 14 页。
② 王明编：《太平经合校》，中华书局 1960 年版，第 308 页。
③ 王明编：《太平经合校》，中华书局 1960 年版，第 13 页。
④ 王明编：《太平经合校》，中华书局 1960 年版，第 25 页。
⑤ 王明编：《太平经合校》，中华书局 1960 年版，第 709 页。
⑥ 王明编：《太平经合校》，中华书局 1960 年版，第 232 页。
⑦ 王明编：《太平经合校》，中华书局 1960 年版，第 15 页。
⑧ 王明编：《太平经合校》，中华书局 1960 年版，第 181 页。
⑨ （清）俞正燮：《癸巳存稿》，辽宁教育出版社 2003 年版，第 383 页。

逸》"厥口诅祝"及疏曰："'诅祝'，谓告神明令加殃咎也。"①《周礼·春官》规定大祝掌六祝，有祝、祈祠、告祷、祖诸名，都是祝告神明的言辞，也都是古代咒语的演变。禁咒最早的来源是原始巫术。它参与到人们生活的各个层面，企图解决生活中遇到的灾祸、疾病和其他问题。巫即通神，名气大的则有神祠，汉代的神祠有巫社、巫祠、巫保、巫先等。咒语是巫术的核心。正如著名人类学家马林诺夫斯基所说的那样，"在土人看来，所谓知道巫术，便是知道咒……咒语永远是巫术行为底核心"②。道教的禁咒也沿袭了这些功能。巫术中咒语的祝辞，在文明开化之后，有的沿着文字方向发展而演变为一种文体，如刘勰《文心雕龙》中有《祝盟》，其中"祝"即专指此类；那些仍然以口头宣念的，才是原来意义上的咒语。祝文后来也被道教所吸收，成为给神仙上章表的先声。祝文和咒具有同一渊源，但祝文的容量较大，语句有长有短，不一定押韵；一般的咒则没有祝文那么长，但句式整齐，多数是押韵的，有利于记忆和口念。它们之间的区别，类同于散文和诗的差异。

民间的巫术，散漫无统，一般没有什么理论粉饰。巫师的活动至多只有一些神话传说作为"依据"，真正支配着他们的，是两个基本观念：万物有灵，冥冥中有鬼神支配着一切；巫可通灵，有与鬼神相感应并支配鬼神的力量。与此不同，道教虽然吸收了巫术的成分，但却做了改革。道教不仅是有核心信仰、有若干理论作为指导的，而且与巫师的个体活动不同，它是有组织的群体活动。它力图对其神灵、法术、教团组织的办法做出理论性的解释和论证，如《太平经》就用神学化了的黄老道家思想作为理论指导。巫术只是简单地断言某神之灵，却不大关心其何以会灵。《太平经》则不同，它推出一个"无形委气神人"，并且告诉人们：他的神通乃来自"与元气合形并力"。在黄老道家思想中，元气是万物的本源，是推动万物化生的力量，《太平经》吸收这一思想后，用自己的哲学思维为巫术做了论证③。这样一来，巫术就转化成了道术。

---

① （汉）孔安国传，（唐）孔颖达正义，黄怀信整理：《尚书正义》，上海古籍出版社2007年版，第638－639页。

② ［英］马林诺夫斯基著，李安宅译：《巫术科学宗教与神话》，中国民间文艺出版社1986年版，第56页。

③ 《老子想尔注》又进一步将老子看成道化生的产物，认为"道者，一也"。"一散形为气，聚形为太上老君。"道是最根本的，太上老君自然就是最高的神了。

符书也是《太平经》所用的术，下文将有论述。

占卜，又称为占验，即请求神灵预示吉凶。《太平经》说："卜者，问也，常乐上行而卜问不止者，大吉最上之路也。"① 东汉三国时期的占验术系由战国末期以来方仙道的术数派发展而来。术指方术，数指阴阳五行在时间、空间和周期等中的规律。术数包括天文、历法、五行、蓍龟、杂占、形法六种。《四库全书总目提要》说：

> 术数之兴，多在秦汉以后。要其旨，不出乎阴阳五行、生克制化。实皆《易》之支派，傅以杂说耳。物生有象，象生有数，乘除推阐，务穷造化之源者，是为数学。星土云物，见于经典，流传妖妄……不可殚名，《史》《志》总概以五行。
>
> 中惟数学一家为易外别传，不切事而犹近理，其余则皆百伪一真，递相煽动，必谓古无是说，亦无是理，固儒者之迂谈；必谓今之术士能得其传，亦世俗之惑志。徒以冀福畏祸，今古同情；趋避之念一萌，方技者流各乘其隙以中之，故悠谬之谈，弥变弥伙耳。然众志所趋，虽圣人有所弗能禁。其可通者存其理，其不可通者姑存其说可也。②

汉代象数易学发达，谶纬之学泛滥，方士中从事术数者众多。《太平经》对占卜的叙述，当来自这些方士。它的这些论述，开了纳占验入道教的先河。与占验相关，它还提及了推命术等预测吉凶等的方法。对这些占卜术，它认为，天地的规律被发现后，按照同类相应的原理，人的一切行为都必定符合这一规律。因而，人的生命可以被预测，"以类占之，万不失一"③。

实际上，伦理（包括首过共盟、解承负等形式）、致太平也是《太平经》所记载的术。

此外，《太平经》中有阴阳推步、辟谷食气等方术，它也宣扬孝子应为双亲，善臣应为国君求不死之药和长生之术。

综上所述，《太平经》不愧为荟萃众多方术于一体的庞杂著作。

《太平经》认为修道有九等，"一事名为元气无为，二为凝靖虚无，三为数度分别可见，四为神游出去而还反，五为大道神与四时五行相类，六为刺

---

① 王明编：《太平经合校》，中华书局1960年版，第147页。
② （清）永瑢等：《四库全书总目》，中华书局1965年版，第914页。
③ 王明编：《太平经合校》，中华书局1960年版，第424页。

喜，七为社谋，八为洋神，九为家先"。前三者为"度世之术"，《太平经》颇为推崇它们；第四、第五种可以"知吉凶""降诸邪"，《太平经》对其也不加以否定；刺喜是"半以类真，半似邪，颇使人好巧，不可常使也，久久愁人"；社谋即祭祀山川社稷，降神下人，《太平经》认为其会使人恍惚，"暴仇狂邪，不可妄为"；洋神是无所系属的神附身降灵，会"使人妄言，半类真，半类邪"；家先是召唤死人之鬼来到①，是最劣等之术。由此可见，《太平经》已经以理性主义为指导，以社会功效为衡量标准，构建了一个从高到低的术的等级阶梯，把众多的术组合成为一个系统。这是道教形成的标志之一。

（八）语言崇拜

天人合一是《太平经》的核心观点。它的实质是，人以其所知之天地法则，名之为天；人的行为必须符合于天。为此，首先要知天。知天方可知善，知善则要问学于师。"夫天生人，幸得有贤知，可以学问而长生。"② 学问的内容有九项，依次是"道""德""寿""善""谨""吉""古""平""长生"③。老子、庄子的天是没有主宰性的，实为万物之本然、自然，所以他们要求人合天而不要求人知天。与此不同，《太平经》认为，天有主宰性，故敦促人知它自己，即知"天心""道意"。天不会说话，所以必须通过先知，即"天师"来表达它的意愿。天师是"善师""明师"。从师的目的是学法，法以文字的形式记载于书上。法、书、师三者的价值是同等的，这是后世道、经、师三宝之说的萌芽。

文书是太平气到来的保证。"见天师言，承知天太平之平气真真已到矣。其所以致之者，文已出矣。"④ 文书还是太平之治出现的前提。"君子且兴，天必子（予）其真文真道真德，善人与其俱共为治也。"⑤ 根据身国同道的原理，文书既为致太平之具，当然也是延年之方。《太平经》认为，经书有许多种，首先是天经，其次是圣经、德经、贤经等。天经是如何产生的呢？是人以综合之法去各家"家法"之局限性、偏颇、弊病，集众家之精华于一身。方法近于编辑类书：先拘校，搜辑古今道书、文章，得一善字、得一善

① 王明编：《太平经合校》，中华书局 1960 年版，第 282－284 页。
② 王明编：《太平经合校》，中华书局 1960 年版，第 248 页。
③ 王明编：《太平经合校》，中华书局 1960 年版，第 160 页。
④ 王明编：《太平经合校》，中华书局 1960 年版，第 134 页。
⑤ 王明编：《太平经合校》，中华书局 1960 年版，第 141 页。

诀就录出来，以类聚之，去其重复，"因次其要文字而编之"即成为卷，合多卷即成为天经。编圣经、德经、贤经等，也是用同样的方法，只不过它们的质量和价值低于天经。经书本身就是文化成就。

既然是人编的书，为什么说是天书呢？《太平经》的解释是："合众人心第一解者集之，以相征明，而起合于人心者，即合于天地心矣。"① 在它看来，天人是一一相应的，人心与天地之心若合符契。人心以其本来面目表达于书上，故众人之书的精华即为天书。所以它有"吾文者，纯天语"②"吾书即天心也"③ 之说。总之，文书虽然经过了人之手，但本质上是自然成文的。

文书是自然形成的，所以它实际上是天书。"天地有常法，不失铢分也。远近悉以同象，气类相应，万不失一。名为天文记，名曰天书。"④《太平经》反复阐发这一点。它认为，天地有自己的语言。"灾变善恶，是天地之谈语。"天上、天下、地上、地下、五行、四时、六甲十干等的"自然元气阴阳"均"与吾文相似"。人的语言与天地的语言是一一相应的⑤。人以自己的语言书写的文书，与天以自己的语言所书写的天书是一致的。简而言之，人的文书就是天书。

既然如此，那么，读书即可知天、知道。"诵读吾书，惟思其上下意，以类相从，更以相征明，以相足也。乃且大解，知吾道所指趣也。"⑥ 读书还可知善。"凡文善者，皆可以赐之，使其诵习象之，化为善也。"⑦ 读书还可得道。"详案吾文，道将毕矣。"⑧ 根据这种观点，文书、经典就非常重要了。

天书观念的产生，是道教形成的一个重要标志。巫术是没有文书、经典的。重视文书，就把巫术形态转为经典传习的传道诵经形态。《太平经》建立经典、宣导教义、养成宗教戒律的伦理生活、训练道士，都是为了把巫术、方术经过理性化的洗礼，转变为文明时代的宗教。所以，天书观念的重要性，不只在于它蕴含了自然成文的观念，而且在于它是道教形成的标志。此外，这一观念对后来的道教有着极为深远的影响。

---

① 王明编：《太平经合校》，中华书局 1960 年版，第 354 页。
② 王明编：《太平经合校》，中华书局 1960 年版，第 361 页。
③ 王明编：《太平经合校》，中华书局 1960 年版，第 129 页。
④ 王明编：《太平经合校》，中华书局 1960 年版，第 177 页。
⑤ 王明编：《太平经合校》，中华书局 1960 年版，第 316、692－694 页。
⑥ 王明编：《太平经合校》，中华书局 1960 年版，第 299 页。
⑦ 王明编：《太平经合校》，中华书局 1960 年版，第 230 页。
⑧ 王明编：《太平经合校》，中华书局 1960 年版，第 82 页。

天书观念实际上是一种语言崇拜。《太平经》明确宣称："正文者，乃本天地心，守理元气。"① 又说"夫正文正辞，乃为天地人万物之正本根也。是故上古大圣贤案正文正辞而行者，天地为其正，三光为其正，四时互行乃为其正，人民凡物为其正。是则正文正辞，乃为天地人民万物之正根大效也"②。它对语言的崇拜，使它相信语言本身是一种实体，具有生命灵性，有物理、心理，甚至超自然的功能。万物因语言而生，人也因语言而生，并因语言而延续存在。人可由天师、圣贤的言论而获知真理。它的这一主张，与《老子》"道常无名""始制有名，名亦既有，夫亦将知止"的观点相反，而与《尹文子》《吕氏春秋》吸收儒家思想后的主张类似。

《太平经》强调有名，认为："天文正，天亦正；地文正，地亦正；人文正，人亦正；天地人俱正，万物悉正。"③ 在它看来，语言不通，宇宙间就充满了隐瞒、欺骗、猜疑、怨恨，人和万物都处于封闭、黑暗、愚昧之中。治疗语言环境，促使其相互沟通，就可以让万物各得其所，人各居其位，平治天下。治疗语言环境先要"正文"，使得"文"保持其本来面目，即"真文"。这首先要去妄谈。"子既学慎言，无妄谈也。夫妄谈，乃乱天地之正文，不可为人法。"④ 其次，要去掉邪文、伪文。"欲得疾太平者，取决于悉出真文而绝去邪伪文也。"⑤ 这一思想，当来源于西汉的董仲舒。他在《春秋繁露·深察名号》中说："名生于真。非其真，弗以为名。名者圣人之所以真物也。名之为言真也。"名与实不可分，名的功用就在于它显现了真实。董仲舒认为："鸣而命施谓之名。名之为言鸣与命也。"⑥ 语言作为"名"具有两种功能：一是通过名之曰"鸣"者，改变物之状态的功能；二是通过名之曰"命"者，使物回归其真实之固有状态的功能。名的集合就是文章。名如此重要，文章当然也很重要。董仲舒断言："古之圣王，文章之最重者也。"⑦ 重文必然重视正名。"圣人正名，名不虚生。"⑧ 正名可以作为治国的手段。"治国之端在正名。名之正，兴五世，五传之外，美恶乃形，可谓得

① 王明编：《太平经合校》，中华书局1960年版，第190页。
② 王明编：《太平经合校》，中华书局1960年版，第416页。
③ 王明编：《太平经合校》，中华书局1960年版，第709－710页。
④ 王明编：《太平经合校》，中华书局1960年版，第33页。
⑤ 王明编：《太平经合校》，中华书局1960年版，第512页。
⑥ （汉）董仲舒撰，（清）凌曙注：《春秋繁露》，中华书局1975年版，第361、355页。
⑦ （汉）董仲舒撰，（清）凌曙注：《春秋繁露》，中华书局1975年版，第501页。
⑧ （汉）董仲舒撰，（清）凌曙注：《春秋繁露》，中华书局1975年版，第504页。

其真矣。"① 这是对先秦儒家正名观念的强化。

在正文的基础上，《太平经》认为，治疗语言环境的关键是"力通其言"②，广传书文，促使天下万物生机通畅，人人心意相通，在社会上形成一个和衷共济的局面。

《太平经》宣称："吾之文疗天地之病，解帝王之愁苦。"③ 文是治国的重要工具。"人以书为文以治"④ 是《太平经》治国论的一个重要观点。它认为，邪道伪文流行，就会导致种种灾难。治国须知天意，天意可从天地之文中见。天文与人文相符，天下不治是因为文不正或不能据文而治。"故当反本守元，正字考文，以解迷惑也。故能使天地长安，国家乐也。"⑤ 以正文为治国的手段，这一思想来源于儒家。《左传·成公二年》载孔子云："唯器与名，不可以假人，君之所司也。名以出信，信以守器，器以藏礼，礼以行义，义以生利，利以平民，政之大节也。"⑥ 西汉时，董仲舒在《春秋繁露·深察名号》中阐述了这一思想。他说："治天下之端，在审辨大。辨大之端，在深察名号。"⑦ "深察名号"即以"五科"之法析字解义。这一思想，被东汉的许慎、刘熙继承而分别作《说文解字》《释文》。《太平经》同样在这种思想的指导下采用了析字解义的方法⑧，力图通过它"源万物之精"，构建一个理想的世界秩序。《太平经》虽有清静无为自然的主张，但未直接提及老、庄。它的上述思想，是根据汉代政治现实的情况，沿着汉代主要社会思潮的倾向进行系统的推衍和发挥而形成的。其中的关键是，它把正名理想与天人气类相感的宇宙观结合起来，前所未有地把"名"提高到一个本体论的地位，把名教政治理论推到了极端。

但《太平经》毕竟不只限于谈论政治。把巫术、方术改造为道术，使其成为延长寿命、长生不死的工具，也是《太平经》的重要内容。它宣称："太平道，其文约，其国富，天之命，身之宝。"⑨ 所以，它同样把天书观念、

---

① （汉）董仲舒撰，（清）凌曙注：《春秋繁露》，中华书局 1975 年版，第 73 页。

② 王明编：《太平经合校》，中华书局 1960 年版，第 205 页。

③ 王明编：《太平经合校》，中华书局 1960 年版，第 659 页。

④ 王明编：《太平经合校》，中华书局 1960 年版，第 152 页。

⑤ 王明编：《太平经合校》，中华书局 1960 年版，第 387 页。

⑥ 冀昀主编：《左传》，线装书局 2007 年版，第 235 页。

⑦ （汉）董仲舒撰，（清）凌曙注：《春秋繁露》，中华书局 1975 年版，第 353 页。

⑧ 王明编：《太平经合校》，中华书局 1960 年版，第 175–176 页。

⑨ 王明编：《太平经合校》，中华书局 1960 年版，第 697 页。

文字崇拜、真文观念用于后一方面。

以口为工具，用语言规定行动、宣示神意、改变祸福状况，是巫觋行法的特点。到了汉代，以口发出声音为主的局面发生了变化，文字书写的运用开始增多。汉代方术对文字的运用很广泛，镇墓文、符箓都是例子。符的产生很早。它的起源，一是古代君主传达命令或调兵遣将时用的凭证，二是周代"门关用符节"①，三是古代楚地民间用以驱鬼避邪的桃印、桃符。陈槃在《敦煌木简符箓试释》中经考证认为，西汉初期已有符箓之作②。方士的文字崇拜曾经影响过封禅典礼。《孝桓帝纪》说："沛国戴异得黄金印，无文字，遂与广陵人龙尚等共祭井，作符书，称'太上皇'，伏诛。"③ 道教产生时，符被搜罗进来。在汉代，符书之作的运用，越到后期越广泛。这说明，汉代逐渐出现一种趋势，即从语言崇拜中分化出言说与文书两种活动，而且后者逐渐取代前者占据主导地位。《太平经》以革巫术之命为志，更鲜明地体现了这一点。它说："天地不语而长存，其治独神，神灵不语而长仙，皆以内明而外暗，故为万道之端……用口多者竭其精……大人将兴，奇文出。"④ 在它看来，文字比声音更有价值。

文字的用途，一是书符。以丹砂书符之后，即可以水吞服。服符时，必须"随思其字，终古以为事身"。服了符字，就等于跟所服之字订了契约，要时时存思其字。在《太平经》看来，生命与字，若合符契，字与生命是同一的。不间断地存思符上之字，就能杀虫治病，导正开神，保住精神，护养生命。二是复文。《太平经》卷一百零四至一百零七收"复文"四卷。复文即几个隶体字的合体，分为"兴上除害""令尊者无忧""德行吉昌""神佑"四类，有二千一百四十三个。复文的含义大体上是清楚的，如"令尊者无忧"一类复文中，有"言事""分职""于事先"等，是请神为位尊者、位上者言事分职，使位尊者、位上者可以在事情发生之前有先知之明。这样位尊者、位上者当然"无忧"了。复文实为符之一种，功能与符类似。三是记过。"天上亦三道集行文书以记过，神亦三道行文书以记过，故人亦三道

① （清）孙诒让撰，王文锦、陈玉霞点校：《周礼正义》，中华书局 1987 年版，第 1116 页。

② 陈槃：《敦煌木简符箓试释》，《"中央研究院"民族学研究所集刊》1971 年第 32 期，第 237 - 244 页。

③ （南朝宋）范晔撰，〔唐〕李贤等注：《后汉书》，中华书局 1965 年版，第 316 页。

④ 王明编：《太平经合校》，中华书局 1960 年版，第 26 - 27 页。

行文书以记过。"① 后世五斗米道张修的请祷之法必须书写三通文书，大概即由此发展而成。四是簿记生死，这是由天上之神根据人行为的善恶而写出来的。五是守一。《太平经》认为，守一需要通过读书聚气炼神。六是上章，即利用章奏向天官沟通意见、请求协助，乞求替患者、灾伤者解免痛苦。总之，用符、复文、记过、簿记生死、守一、上章等信仰及活动，都是《太平经》"以文治世"的手段或表现。

由此看来，在《太平经》这里，"书写"已替代了巫师的祝告，由言说到书写的转换真正得以实现了。这是语言观的重大变革。在此前的道家和儒家那里，语言是人与人之间沟通意见和交流思想的工具。根据这种观点，声音是本源性的真理，文字只具有记录语言符号的意义，说话者说话时，听受者是在场的，只有不在场时才需要用文字，所以言说比书写具有优越性。现在，《太平经》却强调"不在场"，以书写、文字来作为其本源真理的展现者、表达者，于是，语言不再是工具，而是世界的本体。

《太平经》的成书说明，道教此时虽然仍保留有若干巫术和原始宗教的遗迹，但已初步建立了文书信仰，建构了文字信仰的体系，以言说为本的咒术等都消融于其中，而且不再具有优越性。《太平经》改变了汉代早期巫术祝诵的言说主导传统，并以文字取而代之，所以其哲学意涵、世界观、形而上的价值体系，均与巫觋不同。道教于是以"盟威清约之正教"的面目展现在世人面前。用以实现由原始宗教到文明宗教的革命的，正是"改行章奏"。因为，文书超越了声音只是记录说话者的话，说话者不在场则无法记录的局限性。这就大大增加了道教扩散、传播的可能性。文书是无个性特征的语义领域，文书的意义与作者的心理意向的割裂使得解释成为可能，而且这种可能性非常大，这使得人们能够超越具体作者的局限而去理解更广阔的世界，从而使得道教具有了哲理上的抽象性和宗教上的超越性、神秘性。

（九）《太平经》的历史地位

《太平经》已经把道教称为"大道""神道"，有时称为"天师道""天道教""太平道"等。它把传教的老师视为天师，天师有六位大弟子，称为"六方真人"②，有时简称为"真人"。这说明，在《太平经》成书的时代，道教的酝酿在教团方面已初步具有一定的组织规模。实际上，在太平道之前

① 王明编：《太平经合校》，中华书局1960年版，第673页。
② 王明编：《太平经合校》，中华书局1960年版，第224、312页。

已经有道派和道书存在，例如黄老道、方仙道是早期道教人物和组织的滥觞。《太平经》上接黄老图谶之道术，下启张角、张陵之教。它所记载的内容与汉末之黄巾、六朝道士之所行均有较大差异，堪称最早的道教典籍。

《太平经》尚未证明长生不老的可能性，它的生命哲学显然是很不完善的。但是，它把阴阳、三统、四时、五行、八卦、十天干、十二地支巧妙地配合起来，并做到了以一贯的立场去解释和运用它们。在其卷一百三《虚无无为自然图道毕成诫》中，先有"虚无者""与道居"之论，次有"无为者，无不为也，万与道连"的命题，紧接着有理身理国之说，即"出婴儿前，入无间也""入无为之术，身可完也""天道无有亲，归仁贤也"，再论修术的原则，即"自然之法，乃与道连，守之则吉，失之有患""天地之性，独贵自然""道兴无为，虚无自然"①。这说明，它已经有意识地吸收了《老子》的哲理。它浮汉儒的致太平之说，以道家虚静无为自然之说予以转化，并把它之前各家各派的政治思想综合起来，成为一个颇为系统、完整的体系，为此后道教政治哲学的发展奠定了一个良好的基础。《太平经》的政治思想是中国名教政治的最高典范，充分体现了以文治天下的理想。《太平经》还力图把生命哲学和政治哲学统一起来，以神宣道，以救世而求长生，达到"众贤共照，万物和生"②的目的。通过语言哲学的改革，《太平经》实现了思想的经典化，从而将"法术"形态的巫术、方术转成"教义"形态的宗教。这是道教初步形成的显著标志之一。《太平经》可谓是酝酿时期道教第一部比较系统的义理著作。

《太平经》的影响在东汉末年三国初期最大。"张角颇有其书"③，它被作为黄巾起义动员、组织的理论指导之书。太平道被镇压之后，后世道教避此忌讳而多不明确提及它，但它对道教的影响却是不能忽视的。它影响过张陵的五斗米道。张衡所得的《太平洞极经》与《太平经》的内容基本一致，应当是一书二名或两种传本。南北朝时期，《太平经》对上清派、灵宝派等道教宗派有很大影响，以至于梁代的孟法师以四辅配三洞经书，把《太平经》

① 王明编：《太平经合校》，中华书局1960年版，第469－472页。
② 王明编：《太平经合校》，中华书局1960年版，第15页。
③ 应该指出，张角虽师承《太平经》，但其行事言论并不完全与《太平经》相同。如自称大贤良师，置三十六方，方有大小师，持九节杖，杀人以祠天，均不见于《太平经》。而他所说"苍天已死，黄天当立"，起事时皆著黄巾为标志，以白土书甲子字，是主土德，与《太平经》所倡之火德也不相同。这说明张角的思想尚有另外的来源。

作为太平部的首经。唐代末年出现了《太平经》节缩本《太平经钞》。宋代以后，随着君主专制中央集权的加强，对意识形态的控制日益严密，因而《太平经》的影响逐渐变小，到了明代编《正统道藏》时，《太平经》的内容就只存世三分之一了①。《太平经》不只对后世道教的思想有影响，对佛教也有影响。例如，其中的"守一""承负""精进""成道""仁爱"等词汇多被《四十二章经》等佛教经典在翻译时使用过，从而对佛教思想有一定的影响。

张角发动黄巾起义的组织是太平道。太平道信奉的最高神是"中黄太一"，即紫微宫北极太一神。"太一"也写为"大一""太乙"，有多种含义。从星名来说，指北极二。它在天穹上几乎不动，包括北斗七星在内的众星都围绕着它旋转，它被视为天之中心，由此而被赋予宗教内涵。从神名来说，它源自楚地民间信仰中的主神"太"，汉武帝时，被塑造成为最高神天帝，并建太一坛祭祀。从哲学来说，有的指元气：《礼记·礼运》："夫礼必本于大一，分而为天地，转而为阴阳，变而为四时，列而为鬼神。"其注："大，音泰。"孔颖达认为"大一"即"太一"，"必本于大一者，谓天地未分混沌之元气也"。疏："太一者，谓天地未分混沌之元气也。"②《淮南子·诠言训》："洞同天地，混沌为朴，未造而成物，谓之太一。"③有的指道，例如《庄子·天下》："建之以常无有，主之以太一。"《吕氏春秋·大乐》说："音乐……本于太一。太一出两仪，两仪出阴阳。""道也者，至精也，不可为形，不可为名，强为之谓之太一。"又云："万物所出，造于太一，化于阴阳。"注："太一，道也。"④太一的这三层含义后来对道教影响很大。

太平道的组织，最高的是"天公将军""地公将军""人公将军"。其来源于《易》的天、地、人三才思想。其次是"八使"。"八"来源于《易》的八卦，"八使"当与"八卦天神"的信仰有关。再次是"三十六方"。"三十六"为易卦阳变之数九的四倍数。这三个组织层次的命名是汉代术数观念和《周易》象数学思想的反映。太平道崇尚黄色，道师用九节杖作为召神劾鬼的工具。同五斗米道一样，太平道用符水咒语给人治病。太平道常用的治

---

① 王明先生在前人工作的基础上，经过多年的辑佚、校核，其《太平经合校》大体上已经恢复《太平经》的原貌。

② （汉）郑玄注，（唐）孔颖达等正义：《礼记正义》，上海古籍出版社1990年版，第437页。

③ 何宁：《淮南子集释》，中华书局1998年版，第991页。

④ 许维遹撰，梁远华整理：《吕氏春秋集释》，中华书局2009年版，第108-111页。

病法，还有灸刺和祝神。太平道把存想"太一"作为得道成仙的途径。太一是联系太平道教义各方面的思想纽带。诚如顾颉刚所言："惟有太一在道教中所占的地位实在太复杂了。它一方面在道教教理中居最高的地位；一方面在道教神的系统中，处处见得到它的名号。道教里面最主要的成分是道教以及阴阳五行的思想理论和中国自古以来的鬼神术数；而在这两方面，太一简直有负起贯通责任的能力。了解太一在道教中的地位，它与各方面的关系，是了解道教的门径之一。"① 太一把阴阳五行理论与鬼神术数相沟通，实现了方术的理论化和阴阳五行理论的方术化，是理论与实践相贯通的表现。这也是宗教与哲学相贯通的表现。这为道教的正式形成奠定了思想基础。在太平道这里，太一的思想获得了社会组织形式的载体，这就意味着道教正式形成了。

太平道在黄巾起义被镇压后，见于史籍记载的仅有三国至两晋间传入江南的于君道、帛家道等。

第四节　五斗米道的道术思想

五斗米道的创始人张陵（34—156），《太平广记》引《神仙传》云："张道陵……本太学书生。博通五经……著作《道书》二十四篇。"② 他著书立说，建立自己的道教理论，假托"天人""仙人"之名建立"正一盟威之教"，并以符水治病的方式在汉中建立了二十四个教区（即"二十四治"）进行传教。张陵的著作有《道书》《灵宝》《天官章本》（即《千二百官仪》）、《黄书》。史籍记载的尚有不少，如《正一盟威妙经》《正一科术要道法文》等，但多系后世伪托，或存疑。传说他还传授《九鼎丹经》《上清金液神丹经》，烧炼过金丹。张陵死后，儿子张衡继承他的衣钵，但因早逝，没有起过太大的作用。张修掌理教权，曾经呼应过黄巾起义。张陵的孙子是张鲁。张鲁的母亲懂得美容保养方术，与地方政权益州牧刘焉关系密切，张鲁由此得以积蓄力量，在汉桓帝末期与张修的军队合击汉中，得手后杀害张修，夺回了本该由他获得，但因年幼而未得的五斗米道的教权。后来，由于其独立

---

① 顾颉刚：《顾颉刚古史论文集》第 3 册，中华书局 1996 年版，第 253 页。
② （宋）李昉等编：《太平广记》，中华书局 1961 年版，第 55－56 页。

性日益突出，为刘焉之子刘牧所不容，在其母亲、弟弟被刘牧杀害后，率军打败益州兵，袭取巴郡，实行政教合一，形成地方割据政权。然后，为了避免给自己造成不利影响，掩盖了发迹的真实历史，编造了张陵传张衡、张衡传张鲁的三张传教世系。张鲁对张修的五斗米道做了比较大的发展。他自号"师君"，下设祭酒，用神道设教的方法治理巴、汉，增设义舍，给因战乱而流离失所的人提供米肉。他还实行宽刑、禁杀、禁酒等措施，使得汉中地区比较安定。后来张鲁于215年投降曹操。曹操把他和他的家属、臣僚由汉中带到北方，就近控制。五斗米道于是从巴蜀传入中原内地。

（一）《老子想尔注》的思想

《老子想尔注》是五斗米道传教的基本经典，传说它是张陵所著，但实际上很可能是张陵开始重视《老子》，并做了一些初步的工作，张鲁在众祭酒多年讲解的基础上做了集大成的工作，使之成为定本。《老子想尔注》是第一部站在宗教立场上用神学改造《老子》的著作，它开创了道教改造道家著作的传统，是老学与传统的长生成仙说及民间方术合流的早期代表作，是研究早期道教的一部颇有价值的书。它深受《太平经》的思想影响，既论道，也谈术。

《老子想尔注》认为，道是"天下万事之本"①。为了论证这一点，它从本源论的角度论说道与气共同生化了万物。道与气是一而二、二而一的关系。"道气在间，清微不见，含血之类，莫不钦仰。"② 道被气勾连在一起而实体化了。"道至尊，微而隐，无状貌形像也；但可从其诫，不可见知也。"③ 这里进一步把道当作无形体的人格神，有了好善恶恶的价值观。"道性不为恶事，故能神，无所不作。"④ 它进一步用生死来诠解道的崇善斥恶。"道设生以赏善，设死以威恶。"⑤ 人如果确信这种价值观——道意，并在它的指导下付诸实践，便能长生不死。"生，道之别体也。"⑥ 把生与善联系起来，死与恶联系起来，好生恶死与扬善弃恶直接挂钩，把行善当作生的必要条件，把死当作恶的必然结果，用人贪生怕死的心理来增强人遵循伦理道德规范的力

---

① 饶宗颐：《老子想尔注校证》，上海古籍出版社1991年版，第17页。
② 饶宗颐：《老子想尔注校证》，上海古籍出版社1991年版，第8页。
③ 饶宗颐：《老子想尔注校证》，上海古籍出版社1991年版，第17页。
④ 饶宗颐：《老子想尔注校证》，上海古籍出版社1991年版，第46页。
⑤ 饶宗颐：《老子想尔注校证》，上海古籍出版社1991年版，第25页。
⑥ 饶宗颐：《老子想尔注校证》，上海古籍出版社1991年版，第33页。

量。"人法道意，便能长久也。"① 人落于地上必死，升入天堂就能成仙，"道意贱死贵仙"②。道还能赏善罚恶，行事合于道者为善，不合于道者为恶，所以人要合"道心"，"顺道意，知道真"，从而由地升天，避死求生，长生不死而得道。《老子想尔注》认为，俗人没有善功，死后就入地宫，这是真正的死亡。与此不同，得道者"避世托死过太阴中，复生去为不亡，故寿也"③。那怎么才能得道不亡呢？途径是"欲求仙寿天福要在信道，守诫守信，不为贰过"④。"信道守诫"是道家思想被转化为道教的一个重要标志。因为诫的内容是从道家哲学对道的虚、静等性质和义理的阐释而来的⑤。它无非是把这些内容转化为人应当在思、言、行中遵守的准则、规范罢了。为什么"信道守诫"能长生不死呢？它解释说："诫为渊，道犹水，人犹鱼。鱼失渊去水则死，人不行诫守道，道去则死。"⑥ 诫是道的具体表现，"守诫"就是"守道""守一"。《老子想尔注》的不少诫是从道家思想转变而来的修炼的行为准则。"守诫"意味着"信道"，所以它直接宣讲"道诫"，强调人必须"奉道诫，积善成功，积精成神，神成仙寿"⑦。道诫的内容有四个方面：一是中和："和则相生，战则相克。"⑧ "五藏皆和同相生，与道同光尘也。"⑨ "道贵中和，当中和行之"⑩，即质朴无饰。二是真："守道真"，即诚信无欺。三是清静无欲，因为道"常无欲""乐清静"。四是善，因为道"乐善"。从这四个方面来看，它把道教修道的要求与儒家的道德规范结合在一起了。这种道诫思想的提出，使得得道与否仅仅取决于遵循道诫与否，修道变得简便易行，便于向一般民众传教，有利于道教的世俗化和普及化。

是不是遵守道诫就能长生不死了呢？当然不是。这只是长生不死的必要条

---

① 饶宗颐：《老子想尔注校证》，上海古籍出版社 1991 年版，第 21 页。
② 饶宗颐：《老子想尔注校证》，上海古籍出版社 1991 年版，第 23 页。
③ 饶宗颐：《老子想尔注校证》，上海古籍出版社 1991 年版，第 43 页。
④ 饶宗颐：《老子想尔注校证》，上海古籍出版社 1991 年版，第 31 页。
⑤ 佛教戒律传入中国始见于牟子《理惑论》。该书作于汉灵帝时，在《太平经》之后。但以道家思想制作诫，《老子想尔注》未必是始作俑者。汉人之为诫者，如高彪《清诫》说："涤荡弃秽累，飘邈任自然，退修清以净，吾存玄中玄。"[（清）严可均校辑：《全上古三代秦汉三国六朝文》，中华书局 1958 年版，第 833 页。]
⑥ 饶宗颐：《老子想尔注校证》，上海古籍出版社 1991 年版，第 46 页。
⑦ 饶宗颐：《老子想尔注校证》，上海古籍出版社 1991 年版，第 16 页。
⑧ 饶宗颐：《老子想尔注校证》，上海古籍出版社 1991 年版，第 7 页。
⑨ 饶宗颐：《老子想尔注校证》 上海古籍出版社 1991 年版，第 7 页。
⑩ 饶宗颐：《老子想尔注校证》，上海古籍出版社 1991 年版，第 7 页。

件，不是充分条件。想要长生不死，还得修炼。对修炼中的精、气、神三个概念的关系，它与《太平经》重神不同，颇为重视精，认为："所以精者，道之别气也，入人身中为根本。"① 它认为，神是由精产生的："精结为神。"② 精、神都得依托于形体而存在。对此，《老子想尔注》有所阐发。它说："身为精车，精落故当载营之。神成气来，载营人身，欲令此功无离一。"③ 在它看来，神是人的生命活力的体现。为了保持这种活力，必须在保精、惜精的基础上结精。"欲令神不死，当结精自守。"④ 结精可以增强神，神的功能强大到一定程度就可以延长寿命甚至不死成仙。"积精成神，神成仙寿。"⑤ 这也就是说，神重于身，所以《老子想尔注》有"志欲无身，但欲养神耳"之说。根据这些观点，它提出了具体的修炼得道成仙的方法：保养自身精气而不浪费，辟谷食气，导引吐纳，行善去恶，清静无欲。总之，通过"积精成神"和"积善成功"，可以致"太平"和"仙寿"。

《老子想尔注》认为，一般人应该行道，帝王则应该在这方面发挥表率作用，"法道治国"，成为"道君"，否则便"不可令为天子"。道君的重要表现是"重清静""守朴素""无为"而"安精神"。它主张以道治国。鉴于战争违背道而且伤害生命，弊端无穷，因此它反对战争，认为："兵者非道所喜，有道者不处之。"⑥ 但是，它看到，正义为了战胜邪恶，有时不得不采用战争的手段。即使在这种情况下不得已而用兵，也要注意限度，即所谓"以兵定事，伤煞不应度"⑦。它认为，只有以道治国才能使得天下太平。例如，就社会道德状况而言，帝王行道就能臣忠子孝。

伦理政治化、政治伦理化是中国在汉代即已形成的思想，其典型表现是忠孝并称而成为两个最重要的道德规范。受此影响，《老子想尔注》颇为强调忠孝。不过，与儒家有所不同，它没有把忠孝提到至高无上的高度。它说："臣子不畏君父也，乃畏天神。"⑧ "不畏法律也，乃畏天神。"⑨ 其理由是

① 饶宗颐：《老子想尔注校证》，上海古籍出版社1991年版，第27页。
② 饶宗颐：《老子想尔注校证》，上海古籍出版社1991年版，第9页。
③ 饶宗颐：《老子想尔注校证》，上海古籍出版社1991年版，第12页。
④ 饶宗颐：《老子想尔注校证》，上海古籍出版社1991年版，第9页。
⑤ 饶宗颐：《老子想尔注校证》，上海古籍出版社1991年版，第16页。
⑥ 饶宗颐：《老子想尔注校证》，上海古籍出版社1991年版，第39页。
⑦ 饶宗颐：《老子想尔注校证》，上海古籍出版社1991年版，第38页。
⑧ 饶宗颐：《老子想尔注校证》，上海古籍出版社1991年版，第23页。
⑨ 饶宗颐：《老子想尔注校证》，上海古籍出版社1991年版，第44页。

"畏天则诚，畏君则伪"。天道不可欺，人道则有可能被欺，所以应畏天以求报，不必企求君恩。"人为仁义，自当至诚，天自赏之；不至诚者，天自罚之；天察必审于人。皆知尊道畏天，仁义便至诚矣。今王政强赏之，民不复归天，见人可欺，便诈为仁义，欲求禄赏。"① 它也反对媚君而博取富贵功名。"既为忠孝，不欲令君父知，自默而行，欲蒙天报。"② 要唯天道是尊，唯天神是畏，这是它比较独特的思想。这为它容纳神道设教思想留下了余地。

《老子想尔注》认为："一者道也……一散形为气，聚形为太上老君。"③ 它由此打开了神道设教的大门，并为通过符箓、咒术行祈禳、斋醮奠定了理论基础。后世道教断言太上老君为气化之神的观点，最早出自这里。五斗米道信奉的神是天、地、水三官，奉"太清玄元无上三天无极大道"为最高神，简称为"太上大道君"或"大道"，称张陵为"三天法师"。《老子想尔注》强调"道重祭祀"，为此要举行斋醮仪式。《无上秘要·涂炭斋品》和释道安《二教论》记载，张鲁根据氐夷民族的固有习俗编制了道教最早的斋法"涂炭斋"，以此作为为人谢罪祈福的请祷仪式（主要是为开化少数民族而设）。这为制订道教斋醮仪式开了先河。不过，《老子想尔注》明确指出，这不是根本性的，根本性的是尊道行道。它宣称："行道者生，失道者死，天之正法，不在祭餟祷祠也。"④ 这显然是强调个人的主观努力和实践修行。

作为道的化身，太上老君属下有天神。人是从道衍生出来的，天人本来是一体合一的。所以，人在天神面前并不是只能唯唯诺诺，消极顺从，而是可以役使它，让它为自己消灾解难。为此需要上章招神、用符咒劾鬼。五斗米道让病人悔过或修筑道路来解除过错，如果无效，就上章请神来杀鬼。三官手书是五斗米道的道师为病人请祷时分别发给天官、地官、水官的文书，请求天官赐福，地官赦罪，水官解厄。进一步，要求神仙除去死籍，消灭三尸，不让魂魄远离人身。

除了这些，五斗米道借以得道的法术还有炼丹、行气、导引、房中术等。

《老子想尔注》与《太平经》有直接的思想继承关系，但观点有同有异。同的方面可以从五斗米道思想深受《太平经》的影响看出。这种影响表现

---

① 饶宗颐：《老子想尔注校证》，上海古籍出版社 1991 年版，第 24 页。
② 饶宗颐：《老子想尔注校证》，上海古籍出版社 1991 年版，第 23 页。
③ 饶宗颐：《老子想尔注校证》，上海古籍出版社 1991 年版，第 12 页。
④ 饶宗颐：《老子想尔注校证》，上海古籍出版社 1991 年版，第 31 页。

在，《老子想尔注》与《太平经》都有天师之称，都讲究春夏禁杀禁酒。张修在静室中"跪拜首过"的做法，《太平经》中有类似的阐述①。张鲁"皆教诚信不欺诈"是本之于《太平经》②。五斗米道请祷之法的三官手书与《太平经》有密切关系③。张鲁沿路设置义舍源于《太平经》的思想④。张鲁对犯法者"先加三原，然后行刑"的办法，与《太平经》的"闻人有过，助其自悔"⑤"化之以渐"⑥的思想一致。五斗米道受《太平经》影响，当然在实践中就会表现出与同奉《太平经》为经典的张角太平道类似的特征。所以，《三国志》说，张修的五斗米道"法略与角同"。异的主要方面是，《老子想尔注》明确把老子神化，注重道诚，否定五经及五经之外的典籍，认为"河图""洛书"均"未贯通真"，方伎等是"伪伎"，凸显天神而贬低君王，宗教性特征比《太平经》鲜明。它反对内修炼形、胎息等方术，注重"道诚"，反映了不同宗派对术的选择的不同；它反对《太平经》所说的神、真、仙、道、圣、贤六种人禀自天命，善人名已著善籍的观点，打破了少数人垄断成仙资格的观点，把成仙得道的希望给予了一切信徒，从而扩大了道教传播的社会基础。

在历史上，《老子想尔注》很可能是首次明确"道教"这个概念专属性的经典著作⑦。"道教"一词，先秦典籍已经出现。《墨子·耕柱》说："天下之所以生者，以先王之道教也。"⑧《墨子·非儒下》说："有强执有命以说议曰：……儒者以为道教，是贼天下之人者也。"⑨对道教一词的源流，福永光司有论述⑩。春秋战国时期，哲学意识勃兴，探求规律、准则即"道"，蔚然成风。以道施行教化，即为"道教"。诸子百家都谈道，都企图以之实施

---

① 王明编：《太平经合校》，中华书局1960年版，第27－28页。
② 王明编：《太平经合校》，中华书局1960年版，第414页。
③ 王明编：《太平经合校》，中华书局1960年版，第371页。
④ 王明编：《太平经合校》，中华书局1960年版，第246－247页。
⑤ 王明编：《太平经合校》，中华书局1960年版，第539页。
⑥ 王明编：《太平经合校》，中华书局1960年版，第542页。
⑦ 东汉初，郭宪在《别国洞冥记·序》云："东方朔因滑稽浮诞以匡谏，洞心于道教，使冥迹之奥，昭然显著……武帝以欲窃神仙之事，故绝域遐方，贡其珍异奇物，及道述之人，故于汉世盛于群主也。"《四库提要》怀疑《别国洞冥记》为六朝人伪托，但缺乏实证。
⑧ 吴毓江撰，孙启治点校：《墨子校注》，中华书局2006年版，第643页。
⑨ 吴毓江撰，孙启治点校：《墨子校注》，中华书局2006年版，第429页。
⑩ 福永光司：《佛教与道教——以汉译〈佛说无量寿经〉为例》，《世界宗教研究》1988年第1期，第11－14页。

教化，则各家都有自己的"道教"。汉代独尊儒术以后，"道教"一词也被人们用以标榜以儒家为代表的正统思想。东汉末年出现的各种民间宗教派别，大多依托黄老道家学说，自称道教，标榜自己有"道"，从而与粗陋无文的古代民间迷信划清界限。《老子想尔注》的"道教"这一概念，其内涵是以老子之道推行教化，"以鬼道教民、以善道化民"的意思。《老子想尔注》认为，道教是"真道"，与"伪道"相对，"伪道"就是指"诈伪邪知"的儒学。这就把道教与儒家区别开来而使道教有了独立性。就道教本身来说，"道"与"教"具有紧密的联系。道是所以立教的理本和宗旨，教是推衍此理本和宗旨以化导世俗的运用，道之与教，是理论与实践、体与用的关系。这种体用关系虽然不是《老子想尔注》的发明，但用"道教"一词标志这种关系并以五斗米道的具体形式来实行它，确实是《老子想尔注》的贡献，而且对此后道教的发展产生了深远的影响。另一方面，教是通过语言文字等形式对道与术进行传播、教授的活动。如果就其静态而言，教则是以道为本的术的知识体系，即"学"。就此而言，教是沟通道与术的中介。再则，张陵所创的正一盟威道，即五斗米道已经使用了"道法"[1]一词，法即术，表明它确实已经有了把道与术联系起来的思想。

总之，《老子想尔注》是老子思想、长生成仙观念与民间巫术、方术合流的早期代表作。它表达了五斗米道的若干基本理论和教义。它与《老子河上公章句》，从魏晋到唐代，尤其在唐代，都是道士必诵的经典。

（二）五斗米道的术

五斗米道所用之符，是在继承原始宗教巫符的基础上，吸收古代巴蜀的原始文字加以改造而形成的。符至迟在战国时期已经产生，是我国古代长期存在的一种符号化的巫道语言和宗教秘密文字，是一种特殊形式的思想沉积物[2]。从五斗米道开始，道教以授符箓为入道凭信及道阶升迁的标志。

以"道"相标榜的民间宗教派别，为了显示自己有更高的文化品位，往往宣称反对祭祀，如青州黄巾军致书曹操说："昔在济南，毁坏神坛，其道乃与中黄太乙同，似若知道。"[3] 五斗米道的经典《老子想尔注》也说："行

---

① 陈垣编纂，陈智超、曾庆瑛校补：《道家金石略》，文物出版社 1988 年版，第 4 页。

② 王育成：《文物所见中国古代道符述论》，陈鼓应主编：《道家文化研究》第九辑，上海古籍出版社 1996 年版，第 267－301 页。

③ （晋）陈寿撰，陈乃乾校点：《三国志》，中华书局 1982 年版，第 10 页。

道者生，失道者死，天之正法，不在祭餟祷祠也。道故禁祭餟祷祠，与之重罚。"① 但实际上，五斗米道反对的只是不合于道的祭祀。对此，《汉天师世家》卷二和《历世真仙体道通鉴·张道陵传》均有张陵在青城山"大战众鬼帅"、制伏"外道邪魔，诛绝邪伪"的记载。"鬼帅""邪魔"实际上是巫觋及其首领。这在一定程度上反映了道、巫斗争的事实。斗争的焦点是祭祀是否合乎道。巫觋的祭祀是不合于道的淫祀，它"擅行威福，责人庙舍，求人飨祠，扰乱人民，宰杀三牲，费用万计，倾财竭产，不蒙其佑，反受其患，枉死横夭，不可称数"②，甚至于杀人祭神。当时一些地方官吏采取措施禁绝淫祀，张陵反淫祀的斗争与统治者的利益基本一致，因此得到了一些地方官吏的支持③。张陵"收邪巫师"，正一道法改革俗巫信仰，目的是把道、黄老道、中黄太乙道跟一般民间神坛祈祀区分开来。改革的内容，主要是这几个方面：一是以老子《道德经》之道为本，为巫术提供理论解释。二是设置最高的固定的神。民间巫术召请的神灵随意性很大，而且各个地区所供奉的神往往都不一样。这一点，即便是巫的衍生物——方士的"神祠"也还是"各自主，其人终则已"。道教作为人为宗教，有自己的主神，黄巾军祀中有黄太乙，由此可推测它是太平道的最高神灵。与重视《道德经》相一致，五斗米道的最高神为太上老君，这与《太平经》称"太上"的说法是一致的。此外，五斗米道崇拜三官，并有"千二百官（神）"可供役使。这既来源于原始宗教的自然崇拜，又对它做了条理化和系统化的归纳整理，使其在宗教体系中有了具体的表现形式，如把天的崇拜转化为人格化、偶像化的日、月、星神，并运用了相应的符、箓、咒，把它作为存思对象等。三是设置固定的宗教活动场所。张陵创教前，当地少数民族"人鬼不分"，处于"家为巫祝""民神杂糅"的原始状态。张陵"分人鬼、置二十四治"就是吸引少数民族入道，到专门的宗教活动场所参与活动。这就把民间的巫教提高为组织明确的人为宗教。但五斗米道的道官的称呼中仍有"鬼吏"名目，这是五斗米道源于巫术的痕迹。四是杜绝社会资源的浪费，"神不饮食师不受钱"，不搞繁杂的祭祀，不重祈福。五是注重治病，倡导清心改过、修善积功。这样一来，五斗米道就与巫术和民间通俗信仰有了本质上的不同。张陵处理巫术与道教

---

① 饶宗颐：《老子想尔注校证》，上海古籍出版社 1991 年版，第 31 页。
② （南朝宋）陆修静：《陆先生道门科略》，《道藏》第 24 册，第 779 页。
③ 参见（南朝宋）徐氏：《三天内解经》，《道藏》第 28 册，第 414 页。

的关系，对后世的影响至迟波及南北朝时期，如南朝的陆修静批评有人"背盟威清约之正教，向邪僻袄巫之倒法"①，就反映了这一点。

五斗米道已经有了初步的斋醮科仪。这种斋醮科仪来源于原始的民间巫术，但经过了改造，即突出了以精神内容为重的礼拜仪式，名之曰"斋"。斋仪正好可以把抽象的教义转化为规范的宗教行为，便于民众掌握。经过改造，民间系统的巫术被改造为道术而吸收到道教中来了。

东汉时期，社会上流行的方术种类很多，而且各种方术都有擅长的名家。它们以师傅带徒弟的形式而活动，即没有建立有规模的道派组织，相互之间也不统属，但各种方术汇聚起来，就是一个庞大的体系。这为正一派等早期道派把它们综合成法术体系奠定了基础。早期五斗米道，即张陵开创的正一盟威道，它的法术的内容和方法，内容颇广、种类较多，东汉社会上流行的各类方术和施术手段，大致上已经被组织在一起而形成一个庞大的体系。它是目前我们可以进行深入研究的第一个法术体系。它虽然不是中国道教法术的源头，但却是第一个成体系的道教法术系统。它对此后道教法术的影响颇为深远。魏晋以后，灵宝、上清、楼观、三皇经等宗派虽相继构造了自己的法术体系，但它们都或多或少受过正一道法术体系的影响。正一派授符箓的方式，几乎为全部道派所采纳，直至南宋金元全真道等道派出现，这种局面才有所改变。正一派上章之法，对道教法术科仪的完善，意义也很大。由此看来，正一盟威道的法术体系，尽管很粗糙，但它的历史意义却很大②。

（三）五斗米道的发展

五斗米道后来被称为天师道。"天师"一词最早见于《庄子·徐无鬼》："黄帝再拜稽首，称天师而退。"此后《黄帝内经·素问》类似地使用过"天师"一词："昔在黄帝，生而神灵……乃问于天师曰。"③ 这里的"天师"指的是岐伯。《太平经》不仅屡有"天师"一词，而且出现了"天师道"一词："暗昧之人固固，心结聪明犹不达，不重反复见晓敕者，犹蒙蒙冥冥，复乱天师道。"④ 其后张陵也自称"天师"。至于张陵所创教团的名称，从东汉熹平二年所刻的《米巫祭酒张普碑》所言"祭酒约施天师道法无极耳"来

---

① （南朝宋）陆修静：《陆先生道门科略》，《道藏》第 24 册，第 782 页。
② 参见刘仲宇：《道教法术》，上海文化出版社 2002 年版，第 68 - 78 页。
③ 马丞光、张新渝主编：《黄帝内经·素问》，四川科学技术出版社 2008 年版，第 2 页。
④ 王明编：《太平经合校》，中华书局 1960 年版，第 357 页。

看，当时除了有"五斗米道"的名称外，也有"天师道"的称呼。为此，有学者认为"五斗米道"是俗称①，"天师道"是正式的称呼。其实，这是不对的。此外，由于张陵自称"正一盟威之教"，所以五斗米道又有"正一盟威道"之称，这是后世"正一道"之称的由来。

五斗米道没有太平道那样鲜明的反叛朝廷的色彩，所以得以流传下来。五斗米道既是个民间宗教社团，在张鲁时又是政教合一的地方割据政权，这成为道教中出现政治分化的契机。五斗米道在张鲁投降曹操后内迁，伴随着魏晋时期的人口大迁移传入东部，与东部的太平道相融合，在晋宋之际演变为天师道。天师道固然继承了"三张"时期的一些教义和教法，但把老子神话为太上老君，把"三张"作为它的人间代理人，传达天命，实现由遵从天命到遵从道的转变，标榜"三天正法"，这才是天师道的实质。天师道逐步发展壮大，在江南有李家道、清水道、杜子恭道团等支派，并渗透到魏宋以后的士大夫阶层中去，祈祷、上章首过成为他们生活中的一个重要组成部分。葛洪、陆修静、寇谦之都继承了五斗米道、天师道的许多理论和教义。南北朝时期，在北方有寇谦之的新天师道，在南方天师道也得到了一定的发展，刘宋时期出现了《太上三天内解经》《正一法文经》等经书。其中，《太上三天内解经》虽然对各家思想吸收消化不良，但有一定的理论水平。它继承了此前成书的《太上洞玄灵宝天关经》的"是知太上老君乃为元气之父母，为天地之本根，为阴阳之祖首，为万神之帝君，为先王之柄蒂，为万物之魄魂"②的思想，极力神化老子，把老君创世说推进到了比较成熟的程度。它还提出了老君布散玄、元、始三气的观点，这是后世"一气化三清"观念的先声。该经明确提及老子西出化胡，令尹喜为佛。它认为人由道气而生，失去道气就要死，所以应该思真念道，坚守本源。学道要先行斋，内无邪念，外脱玷污。它吸收了佛教的大小乘之说来作为选择术的标准，认为大乘之学是心寂恬淡，先念度人，受气守一，常思身中真神。这是它受其他道教宗派影响的表现。另外，该经的卷上说："三道同根而异支者，无为大道、清约大道、佛道，此三道同是太上老君之法，而教化不同，大归于真道。"③这可能是儒、道、佛三教同源异流观点的最早的表述。

---

① 五斗米指祀东、西、南、北、中等五斗时向教民收的米谷，未必一定是实指计量单位上的五斗米。

② 《太上洞玄灵宝天关经》，《道藏》第 19 册，第 926 页。

③ （南朝宋）徐氏：《三天内解经》，《道藏》第 28 册，第 415 页。

第五节 《周易参同契》的思想

《周易参同契》的作者，一般认为是东汉桓帝时期（147—167）炼丹术士魏伯阳。不过，由于该书上、中、下三卷体例不完全一致，所以有人认为它不是成于一时一人，而是由魏伯阳总辑而成①。

《周易参同契》认为，修丹与天地造化是同一个道理，易道与丹道相通，故可以用易道来指导修丹。《周易参同契》就是用《周易》、黄老道家的理论来阐释炼丹术的理论。黄老道家为它提供了据以逆修的宇宙发生论。《周易》则主要是西汉象数易学的纳甲说、十二消息说、六虚说、爻辰说、卦气说，为它提供了描述金丹运行的坐标系统。《易》与道家思想的相融，并非始于魏伯阳。《易传》本是引儒、道解释《周易》的思想结晶，《易纬》也是援道入易的产品。象数易学同样是易道结合的产物。象数易学的代表人物之一孟喜"得易家候阴阳灾变书"，焦赣"独得隐士之说"，京房受易于梁人焦赣，而焦赣"尝从孟喜问易"。可见，孟、焦、京一系的象数易学，是由道家的隐士所传。以作为象数易学的重要内容的卦气说而论，它的理论来源是《吕氏春秋》的《十二纪》，《淮南子》的《天文训》和《时则训》，《礼记》的《月令》。《月令》是对《吕氏春秋·十二纪》的抄辑。象数易学在汉代是易学的主导，魏伯阳所做的，就是顺着象数易学这一易道融合的路子而把它们用于炼丹术的理论建构。

《周易参同契》有丰富的自然哲学思想。它从炼丹实践中观察到，物质是可以变化的，变化是客观的。物质形态的变化由其性质决定，"变化由其真，终始自相因"②。不掌握物性的变化，"妄以意为之"而烧炼金丹，就必定屡试屡败。作者还在炼丹实践中发现了"同类易施功"的现象，从而总结出"类同者相从"这一物质变化的规律。据此，它认为，认识物质的性质要采用"以类相求"的方法。改变物性同样要"以类辅自然"。它特别强调，

---

① 对作者的考证可参见孟乃昌：《周易参同契考辩》，上海古籍出版社1993年版，第38－48页；萧汉明、郭东升：《〈周易参同契〉研究》，上海文化出版社2001年版，第3－40页。

② （宋）朱熹注：《周易参同契》，《道藏》第20册，第123页。

在金丹烧炼中，"欲作服食仙，宜以同类者"①。为此，弄清物质的阴阳性质很重要，因为"阳禀阴受"，阳性、阴性物质的性质各不相同。同性相斥，异性相吸，只有阴阳二者相须相成，炼丹才有成功的可能。为此，要把握住阴阳的空间位置，使其"配合""相守"，还要把握住阴阳在时间上的变化，即阳升阴退、阴升阳退的时机。它强调，对物质性质的把握，不只是定性的，还要做到定量，如果"度量"不准，没有做得"分两有数"，炼丹就会失败。《周易参同契》说，"金复其故性""金返归其母"，才能称为"还丹"。还丹是金之性归根返源的结果。人服食了金丹就可以"发白皆变黑"，返老还童，"变形为仙"，而且是"立竿见影"的。之所以如此，是因为服食金丹之后人可以"归根返元"，"元"通"源"，即本源，就是道。何况，"金性不败朽"，金丹与道为同类，都能长存不朽。人服食了金丹，当然能够长生不死。《周易参同契》的人可"化形为仙"的思想，是继承了《庄子·大宗师》的"若人之形者，万化而未始有极也"和方仙道"形解销化"的观点。

《周易参同契》的根本观念是天人合一、天人一体。它认为修道"近在我心，不离己身"②，同时要效法天地运行之道，"法象莫大乎天地"。俞琰发挥说："道之大，无可得而形容，若必欲形容此道，则惟有天地而已矣。天地者，法象之至大者也……修丹者诚能法天象地，反而求之吾身，则身中自有一壶天。"③ 天地、万物、人都来源于道，这种同源性为它们之间在结构和运动变化机制上的相似与相同奠定了坚实的基础。炉鼎的结构得法天象地，天地是一个大宇宙，炉鼎就是一个小宇宙，铅汞药物是涵蕴着本源之道的阴阳精气，炼丹就是模拟天地日月的运行，通过七返九还的操作过程，把药物中所蕴含的元气反复提炼出来，去其形质。铅汞具有活泼的化学性质，被人们看作是生化无穷之元气的最纯净的载体，也是最理想的药物。铅汞变化而还丹就验证了日月精气的变化之理。炼丹是天地造化在炉鼎中的缩微和反演，所以火候的抽添把握要如同卦气一样，符合宇宙节律周期的阴阳消息模式，如同天地造化生生不息一样，使得药物中的阴阳二气互相推荡发明，促进药物中所蕴含的元气脱离出来。具体地说，就是要以还丹印证五行相生相克之理。《周易参同契》专就在人体内炼丹中阐述了这一观点：

---

① （宋）朱熹注：《周易参同契》，《道藏》第20册，第123页。
② （宋）朱熹注：《周易参同契》，《道藏》第20册，第130页。
③ （宋）俞琰：《周易参同契发挥》，《道藏》第20册，第252页。

　　　　将欲养性，延命却期。审思后末，当虑其先。人所禀躯，体本一无。
元精云布，因气托初。阴阳为度，魂魄所居。阳神日魂，阴神月魄，魂
之与魄，互为室宅。性主处内，立置鄞鄂。情主营外，筑垣城郭。城郭
完全，人物乃安。于斯之时，情合乾坤。乾动而直，气布精流；坤静而
翕，为道舍庐。刚施而退，柔化以滋。九还七返，八归六居。男白女赤，
金火相拘。则水定火，五行之初。上善若水，清而无瑕。道之形象，真
一难图。变而分布，各自独居。类如鸡子，黑白相扶，纵横一寸，以为
始初。四肢五脏，筋骨乃具。弥历十月，脱出其胞。骨弱可卷，肉滑
若铅。①

　　这里指出，人的躯体原本是"无"，通过元精之气的造化孕育而生。元精之
气内含阴阳，即父精母血（"男白女赤"），阴阳交媾结合，受精卵在母体内
孕育，经过十个月即三百天，"脱出其胞"，分娩出生。这一生命历程与宇宙
发生的历程是完全一致的。人的生命发生的历程与宇宙的产生原理相同，人
体生理构造是天地大宇宙结构的缩小，人的生命运动节律与宇宙的运行和谐
一致。实际上，这既是人的生命发生过程，也是炼丹的过程。人体内修是以
人体为炉鼎，以精气为药物，按照天人一体的节律周期把握和操作火候。这
里，《周易参同契》在道教历史上首次提出"性""命"与修炼养生的关系。
这是后世内丹精、气、神关系理论和性命双修思想的最早源头。此外，《周
易参同契》所说的'正气'实为纯阳之气，而阴气则是邪气，所以说："辟
却众阴邪，然后立正阳。"② 这是后世丹家形成炼纯阳观念的思想先导。
　　《周易参同契》的内容究竟是外丹还是内丹，是后人争论不休的一个问
题。我们认为，要弄清这个问题，有必要联系《周易参同契》产生的时代背
景来考虑。《盐铁论·散不足》记载，秦代燕齐方士争趋咸阳，"言仙人食金
饮珠，然后寿与天地相保"③。西汉武帝时，李少君自称能以"祠灶"化丹砂
为黄金，淮南王刘安及其门客继其踵，后来刘向也如法炮制过。这大概与尸
体防腐和冶金有关。这属于炼金术。此后在医药学的影响下，炼金术的分支
之一演变为金丹术。金丹术到东汉时期更盛，出现了不少金丹烧炼的著作，
魏伯阳在书中提及。当时烧炼外丹的著作就有《火记》六百篇。此外《黄帝

---

　　① （宋）朱熹注：《周易参同契》，《道藏》第20册，第126页。
　　② （宋）朱熹注：《周易参同契》，《道藏》第20册，第127页。
　　③ （汉）桓宽：《盐铁论》，上海人民出版社1974年版，第71页。

九鼎神丹经》《太清金液神丹经》《三十六水法》等是汉代比较著名的炼丹术方面的经典。不过这些炼丹术著作中对后世影响最大的当属《周易参同契》。《周易参同契》显然是对外丹术做了充分的理论总结。另一方面，春秋战国时期，从出土文献《行气玉佩铭》和《导引图》可以看出，这时人们对行气、导引等内修养生方法已经有娴熟的运用。秦汉之际成书的《黄帝内经·素问》进一步从医学保健的角度对这些养生术进行了理论阐述，如其中的《上古天真论》《阴阳应象大论》《四气调神大论》等，从理论上对内养之术做了比较系统的总结，说明这时内养之术已经有了比较充分的发展。西汉末东汉初成书的《黄帝九鼎神丹经》《太清金液神丹经》也有类似于后世内丹术的内容。这两个方面为《周易参同契》的诞生奠定了基础。《周易参同契》实际上也主张内修。它在"补塞脱遗"的《五相类》中说：

> 歌叙大易，三圣遗言，察其所趣，一统共伦。务在顺理，宣耀精神。神化流通，四海和平。表以为历，万世可循。序以御政，行之不烦。引内养性，黄老自然。含德之厚，归根返元。近在我心，不离己身，抱一毋舍，可以长存。配以服食，雄雌设陈。挺除武都，八石弃捐。审用成功，世俗所珍。罗列三条，枝茎相连。同出异名，皆由一门。①

此外，《周易参同契》有清虚内守、强骨益气、养性延命等属于内养方术的内容。例如，它指出，周天行气功法的第一步是："内以养己，安静虚无。元本隐明，内照形躯。闭塞其兑，筑固灵株。三光陆沉，温养子珠，视之不见，近而易求。黄中渐通理，润泽达肌肤。"② 这是在高度入静状态下滋养内气，对人体机能进行修复补益，进一步促进内气滋生，达到冲关而出的程度。第二步则是引气："颜容浸以润，骨节益坚强。辟却众阴邪，然后立正阳。修之不辍休，庶气云雨行。淫淫若春泽，液液象解冰，从头流达足，究竟复上升，往来洞无极，怫怫被容中。"③ 总体来看，它认为，只有服食金丹、内养精气并配以服食，才能"变形而仙"。所以它认为当时流行的存思、食气、房中术和祭祀鬼神祈福等都是邪门歪道。但是，此时严格意义上的内丹尚未产生，所以断言《周易参同契》是内丹著作的观点是不能成立的。从这两方

---

① （宋）朱熹注：《周易参同契》，《道藏》第20册，第130页。
② （宋）朱熹注：《周易参同契》，《道藏》第20册，第121页。
③ （宋）朱熹注：《周易参同契》，《道藏》第20册，第126–127页。

面来看，《周易参同契》偏重于外丹，但对内修方术也有所涉及。在一定意义上可以说，它对外丹或体内修炼的原理、要点、方法、程序等的阐述都不够详细、系统，毋宁说，它的主要内容是外丹和后世内丹共同涉及的基本理论问题。

《周易参同契》重点讲述了炼丹的鼎器、药物、火候、效果。鼎器是炼丹的基本工具，就外丹而言，鼎在下，炉在上，使用时下热上冷，便于升华物在鼎中冷却后凝结起来。就内修而言，人身就是炉鼎，心为火，卦象为离；肾为水，卦象为坎。取坎填离，以水济火，心肾和合，就能成丹。

坎离就是药物，对外丹而言则是白色的铅和黑色的汞。《周易参同契》要求药物必须是同一类，因为"欲作服食仙，宜用同类者"。金性不败朽，故能长久。它以类比之法推论，人如果服食这种不败朽的金就可以长生不死，即"服金者寿如金，服玉者寿如玉"。就内修而言，药物是人身体中元气的阴阳变化。以神运精气可凝结为丹。

《周易参同契》以阴阳和合来解释药物的形成。它开宗明义说道："乾坤者，易之门户，众卦之父母。坎离匡郭，运毂正轴，牝牡四卦，以为橐籥，覆冒阴阳之道。"[1] 这是用乾、坤、坎、离四卦作为《周易》六十四卦的基本卦来解释阴阳变易之道。这一观点是本于《易传》的"一阴一阳之谓道"的思想。"易为坎离"即"易以道阴阳"的另一种表述形式。按照易象，离为日，为火，为阳；坎为月，为水，为阴。日月相合，水火相通，阴阳相配，坎离相抱，龙虎相交。这一思想也是继承京房《易传》和《易纬·乾凿度》的思想："乾坤者阴阳之根本，坎离者阴阳之性命。"就外丹而言，乾坤指炉鼎，鼎上釜为乾，下釜为坤，意为天上地下相通。坎离，一指药物，坎为铅，离为汞；二指水火，水指药物熔为液体，火指药物蒸馏。炼丹时，鼎中放入铅和汞，加温后，药物和水汽围绕着鼎釜上下周流旋转。

火候是炼丹的关键，是整个过程中最难掌握的一个环节。为此，《周易参同契》运用了汉代《周易》象数学的纳甲法、卦气说、十二辟卦法、爻辰说等来具体说明火候的把握。纳甲法本于京房易学和《易纬·乾凿度》，有三种说法。其一是六十卦纳甲说，是把一个月分为六十昼夜，配以六一卦，说明三十天内每日早晚用火的程序。其二是八卦纳甲说，即以月亮的盈亏说明一月之中用火的程序。它用十天干与八卦相搭配来表征三十天内月亮晦、朔、弦、望的阴阳升降，让人明白一个月内火候循环往复的进退操作。其三是十二消息说，也称为十二辟卦法，是从《周易》的六十四卦中挑选出复、临、泰、大壮、夬、乾、姤、遁、否、观、剥、坤十二卦，代表一年十二个月，每月一卦，从上一年的十一月起，到下一年的十月止。其中，前六卦代表阳息，后六卦代表阴消，合称十二消息卦。然后再用这十二辟卦与十二个地支相搭配，表达一年十二个月中火候周而复始的进退操作。十一月建子为复，起文火；十月建亥为坤，武火止息。《周易参同契》以复卦象征万物初生，它演说的十二辟卦中包含了宇宙万物生成变化的道理。它以复为始，以坤为终，"道穷则反，归乎坤元"①，说明了返本还元的道教哲理。卦气说是把一年二十四节气、七十二候缩微到一月三十日之内，以乾、坤、坎、离四卦为橐籥，其余六十卦每日两卦，每卦六爻，两卦共十二爻对应一日十二时辰的历律纪数，从而便于炼丹者把握、操作火候。爻辰说是以阴阳的循环消长说明一年四时节气的变化，又以六十四卦计算年份，《周易参同契》运用它来说明一年四季炼丹运火的进退。火候的把握，在操作上主要是进阳火、退阴符两个方面。就外丹而言，是用文火或武火；就内修而言，一是要把握呼吸的节奏和强度，进阳火是用相对快而强烈的呼吸，退阴符是用相对慢而缓弱的呼吸；二是指意念的轻重，文火为轻，武火为重。

至于炼丹的效果，魏伯阳认为"服炼九鼎""配以服食"，即服食可以延年益寿的草木药和黄金，就可以"变形而仙"。

《周易参同契》首次尝试将修炼神仙的方术理论化，主张内养精气和铅汞炼丹，对其他方术则多持批评态度，主张摒斥存想、内视（"历藏法"）、孤坐顽空、步虚（"步斗宿"）、择日（"六甲以日辰"）、房中（"阴道"）、服气（"食气"）、符、祭神、祭祀（"累垣立坛宇"）等术，认为它们违背了黄老之道，流弊丛生。这为此后外丹烧炼和内丹的发展指明了方向，奠定了炼丹在此后道教诸术中的主导地位。

《周易参同契》在汉代流传不广，葛洪的《抱朴子》虽然有所提及，但《抱朴子内篇·遐览》未予著录。不过它所阐述的物性可变思想显然对葛洪是有影响的。它在道教史上的影响大体上是从隋代开始的，而且影响越来越大，在道教史中的地位越来越高，被誉为"丹经之祖""丹中王""万古丹经王"。《周易参同契》运用《周易》的天道观、卦爻和隐喻手法解说炼丹和内

---

① （后蜀）彭晓：《周易参同契分章通真义》，《道藏》第20册，第147页。

养，用词古奥，晦涩难懂，加之故意错乱篇章，不想让人轻易懂得其意旨，所以给后人留下了几乎是无限的任意解释的余地，仁者见仁，智者见智，各家各派的解注者都可以从中找到自己所需要的"依据"来表达自己的观点。唐代以来，内丹各家均从它这里寻找借鉴炼丹的唯象模型，从而为道教义理和道教哲学的发展做出了重大贡献。例如，元代陈致虚在《周易参同契分章注》中的《醒眼诗》里评价道："铅银砂汞分斤两，德厚恩弘魏伯阳。"①《周易参同契》的象数丹道思想，开创了道教解易的传统。它的思想，在五代宋初被陈抟发展为《无极图》《先天图》，其后《无极图》又演变为《太极图》，《先天图》被邵雍等人发展成为先天易学，对宋明理学影响很大。《周易参同契》在运用汉易时，明确提出了"约而不繁"的原则，它抓住汉易的实证性和可操作性这一精髓，但又不拘泥于它而走向烦琐，言简意赅地以它来解释炼丹，对它做了创造性地发展，为易学的发展做出了重大的贡献。邵雍等人的易学哲学，如其中乾南坤北、离东坎西说等，其思想来源可上溯到《周易参同契》。《周易参同契》所提出的"易谓坎离"的观点和月体纳甲说在易学史上影响深远。尤其是它把孟京象数《易》引到探讨天地造化的发展道路上来，使得汉代易学的天道观能够在佛教的强大冲击下在两晋南北朝时期存微继绝，承传转载到隋唐五代道教中，成为能够与佛教世界观相抗衡的重要理论基础，为维护中华民族生生不息、因循自然造化而进取的传统信念做出了重大贡献，直接催生了宋元道教易学的图书学派，也为宋明理学的兴起做了历史性的铺垫。《周易参同契》在易学史上也是有地位的。例如，受其影响，易学大家虞翻多处引用魏伯阳的《周易参同契》的思想学说，不仅以《老子》注《易》，而且力图使《易》《老》相契相通，融儒道于一炉。

第六节　汉代至三国时期道教的总体特点

养气、导引之术在秦汉三国时期已经很盛行了。甘始、左慈等人善于行气、导引、辟谷②。但这个时期，这些养生术既没有从宇宙发生论的框架中摆脱出来形成一个独立的科学知识体系，也没有与巫术和民间的神仙传说划

---

① （元）陈致虚：《上阳子金丹大要》，《道藏》第24册，第34页。
② （晋）陈寿撰，陈乃乾校点：《三国志》，中华书局1982年版，第805页。

清界限，因而显得神秘玄虚。不过，正因为有民间的鬼神信仰与传说为它们提供成仙的事例，所以它们具有被纳入道教中去的可能。此外，其他诸如炼丹、符咒祈禳、招神劾鬼等巫术、方术早就迫切地希望摆脱那种依靠讨好某个有权势的官僚或统治者而进入主流社会的处境，因为这不是长远之计。这就需要攀附一种在社会上很有影响的势力。何况，它们已经发展到了可以寻求理论解释的阶段。从当时流行的儒、道两家思想来看，唯一可以攀附、依靠的只有道家，准确地说，是上承先秦道家、稷下道家而有比较大的发展的黄老道家。这样，众多方术就不约而同地向黄老道家靠拢，并在靠拢的过程中相互融合，而黄老道家思想也同时被歪曲了。这两个方面的合力促使道教开始产生。东汉末期社会上的方士、道士如刘根、费长房、葛玄等人都以见鬼、杀鬼、主地上鬼神为能事。魏晋时鲍靓号称能"召劾鬼神"。这些有关鬼神作祟和赶鬼、杀鬼的做法，显然是受巫术思维影响的结果。百鬼并非专指人死之后所变的鬼，而是泛指人死戾气不散作怪，以及百物精灵在内。东汉道教形成，对巫术中的这类知识有所继承，又有所发展。鬼的队伍更加体系化了。此外，道教中有用咒、符乃至拜章等方法驱鬼、杀鬼，舍去了巫术中以秽物驱邪的粗俗做法。再则，巫术中有各种占问吉凶、祈祥禳灾以及祝由治病一类的方法，后来差不多也都有所变化后进入了道术。

两汉之交，炼丹、符水、咒语等多种方术已经比较盛行。东汉经过短期的兴盛之后，迅速走向衰败。随着政治腐败而起的社会动乱和军事斗争，导致民不聊生，加之自然灾害频仍，老百姓生活在水深火热之中，生命轻于鸿毛，死亡人数众多，社会总人口下降得比较多，生命的无常感、生存的悲凉感非常强烈，促使人们一方面热爱生命、珍重生命，有强烈的求生意识和追求不死的欲望，"仙"的观念被强化，这催生了众多师徒相授的仙道方术的小群体，例如《肥致碑》所载的两个小群体，《列仙传》所载的十余个例子；另一方面，对现实政治体制的弊端抱有切肤之痛，产生了强烈的救世冲动。在这种情况下，于身，符水治病之术盛行起来；于国，清静无为而求天下太平的治理天下之术的使用成为很大一部分人的希望。以这两种术的联结为主体，在燕齐、吴楚、巴蜀等地区都催生了众多原始的、具有地域性和政治色彩的道教团体和组织，太平道和五斗米道是其中的典型①。

————————

① 目前所见最早的教团应是《后汉书·马援列传》所记，东汉光武帝建武十七年（41），卷人维汜和他的弟子李广以宗教力量，组织团体聚众造反。

在道教团体和组织产生的同时，最初的道教经典也出现了。这一时期的经典，基本上只是术的铺陈，缺少道的渗入。道教派别的区分，仅仅是在术的层面上。众术并竞之下术的系统的建构已经开始了。《太平经》的神仙服食信仰认为不死仙药只能向上天求告，人间只有延年的奇方殊术。它不讲炼制金丹。现存《太平经钞》甲部有金丹内容，但《太平经钞》甲部系晚出伪作，所以不能作为依据。《周易参同契》提倡烧炼金丹，它反对的很多道术正好是《太平经》所提倡的。由此可见，《周易参同契》这类神仙方士的著作与当时的民间道教组织的著作存在着很大距离。此外，《老子想尔注》注重"道诚"，反对"祭馂祷祠"、内养炼形、胎息存思、思念五脏神等。众多的方术同时存在，为不同倾向的人或宗派所选择、修炼并加以发展。汉代道教在初期难产的阵痛中挣扎、煎熬，备尝艰辛。由于黄巾大暴动的失败，统治者对道教进行了严酷的镇压。五斗米道在张鲁投降曹操后北迁，同时，一部分五斗米道徒避乱江南，与太平道等东部仙道信仰相融合而形成标榜"三天正法"的天师道。这一方面扩大了道教的传播范围，给道教向上层社会扩展提供了机会。但另一方面，道教的发展失去了强有力的领导，特别是张鲁掌教不久后死去，道教群龙无首，教团组织涣散，各地祭酒各自为政，行无章法，戒律松弛，教徒素质低劣，道教的发展进入低谷。不过，由于有合适的环境和社会需要，有广阔的发展空间，道教依然有发展的生机，并开始由民间转入社会上层，对生命没有保障、居于社会底层的人和对社会上层中精神空虚的人都产生了很强的吸引力，尤其是赢得了一部分与最高统治者关系密切的士族知识分子的信仰。这为下一阶段道教的大发展奠定了良好的人才基础和社会基础。

这一时期，一些总结巫仪方术的著作被理论化了。如《周易参同契》把《周易》的"太极生两仪，两仪生四象，四象生八卦"的宇宙发生论和《老子》的"道生一，一生二，二生三，三生万物"结合起来，再把它们与阴阳、五行、八卦理论糅合在一起，用来解释炼丹、吐纳之法，构成了一个有理论、有实践的体系。同时，老庄道家著作开始被方术化。如《老子河上公章句》，把老庄的哲理与巫医方术的理论结合起来了。《太平经》其实也是一部众多方术的汇编。这些后来称之为道教经典的著作，既有政治伦理学说的内容，也有巫术、方术等内容。从这些经书中可以看出，民间方术作为传统文化的延续，在其中积淀了不少的人文精神和文化理念。与方术的实践主体由个人到群体，以组织的形式争取社会的承认，希图获得政治地位的进程相适应，这些方术中的人文精神和文化理念逐渐由朦胧到清晰，经过异中求同的思想提炼工作而逐渐汇聚于神仙信仰这面旗帜之下。这在稍后的《抱朴子》中表现得尤其明显。巫师、方士们的活动由个体的自发行动转向有组织的自觉行动，促进了教团的产生，这无疑也加速了术与道结合的进程。巫术、方术开始转化为道术。但总体来看，这种结合是非常初步的。严格意义上的神谱还没有产生，斋醮仪式还没有整齐划一。宗教组织虽然在一些地区建立起来了，但组织内的仪式、行为还缺乏规范，符箓也不够丰富，理论仍然显得很粗糙，各种术之间缺乏可以让信徒理解的联系。此时的道教尚处于起步发展的阶段。

总之，概括而言，众术并竞，对社会政治的关注和对方术的杂糅、重术忽道是汉代与三国时期道教的整体特点。

第四章
两晋南北朝时期的道家与道教 （上）

从东汉开始，官方对民间方术持抑制、禁绝的政策。例如，曹丕曾经于黄初五年（224）下诏禁止淫祀，宣布"自今，其敢设非祀之祭，巫祝之言，皆以执左道论"[1]。官方的压抑必然促使民间方术发生四个方面的变化：改革宗教活动的形式，建立适宜的组织结构，使之能被统治者容忍、接纳而合法化；向主流意识形态靠拢，认同、纳入世俗儒家的人伦礼法规范而促进自身的合义化；改变粗俗的形态而向某一流派的思想靠拢，力图具有明晰的理论表述而促进自身的合理化；建立鬼神崇拜体系，并逐步把各家各派的神谱统一起来，促进自身的神圣化。这四个方面的变化，在汉代只是处于起步阶段，真正的发展是在两晋南北朝时期。首先进行这一工作的，是晋室东迁之后受北方贵族政治压制的南方士族[2]，灵宝派和上清派就是由他们创立的。

第一节　作为新道家的魏晋玄学

（一）儒道交融与玄学的形成

秦汉以来，道家在思想、文化、学术界产生了越来越大的影响。在秦汉之际定本的《易传》《礼记》等儒家经典中，与老庄思想吻合之处不少。两汉思想家中，几乎没有不受老庄思想影响的。

董仲舒的儒学中已经吸收了很多黄老道家的思想内容。《春秋繁露》中

---

① （晋）陈寿撰，陈乃乾校点：《三国志》，中华书局1982年版，第84页。
② 周一良：《魏晋南北朝史论集》，北京大学出版社2010年版，第27-79页。

的《离合根》《立元神》《保位权》三篇，明显地表露出融合儒道的倾向。如同董仲舒在其著作中记载并使用了致雨、止雨等类似于后世道教祈雨祈晴之术的方术一样，他身后的儒学也多受黄老道家和方术的影响，尤其是黄老道家。班固的思想多受道家影响。他在《幽通赋》中说："道混成而自然兮，术同原而分流。"①他认为，道家早于其余诸家，诸家均从道家流衍迁变而出。扬雄著有《太玄》与《法言》，显示了儒道融合的企图，其中《太玄》则是易、老结合的尝试。他的思想对桓谭（前32—40）、王充（27—96）、张衡（78—139）有深刻的影响。王充注重人格志操自勉，褒贬人物，尚玄辩，明确断言："夫天道，自然也，无为。如谴告人，是有为，非自然也。黄、老之家，论说天道，得其实矣。"②这些思想旨趣实已发汉末魏晋之先声。张衡著有《灵宪》，从中可以看出他主张天道自然无为，颇为推崇扬雄的"玄"学、黄老思想。如《灵宪》说："太素之前，幽清玄静，寂漠冥默，不可为象，厥中惟虚，厥外惟无。如是者永久焉，斯谓溟涬，盖乃道之根也。道根既建，自无生有。太素始萌，萌而未兆，并气同色，浑沌不分。故道志之言云：'有物浑成，先天地生。'其气体固未可得而形，其迟速固未可得而纪也。如是者又永久焉，斯为庞鸿，盖乃道之干也。道干既育，有物成体。于是元气剖判，刚柔始分，清浊异位……人之精者作圣，实始纪纲而经纬之。"③《后汉书·张衡传》说他"遂乃研核阴阳，妙尽璇机之正，作浑天仪"④。这种倾向确实与道家亲近自然相同，而与儒家重伦理政治的态度相距甚远。东汉末年，经学大师郑玄注《易》多以道家思想立论，使用了"无""有""自生""自成""自通""自彰""自得""理""本体"等范畴，集中表述了四个方面的思想：自然无为、物性自得；"惟虚无""惟清静"的本体；从无入有、有生于无；以理释道（"道者理也"）。另一位经学大师马融同样注《老子》和《淮南子》。其他经学学者也多倾慕道家思想。这说明《老子》《庄子》、黄老道家等思想已渗入东汉正统学术中，儒道互补已经蔚然成风，从而为魏晋玄学的诞生准备了思想营养。魏文帝效仿汉文帝实行清静无为的政策，在实际上为道家思想的复兴起了推动的作用，而且，他的文

---

① （汉）班固撰，（唐）颜师古注：《汉书》，中华书局1962年版，第4220页。
② 黄晖校释：《论衡校释》，中华书局1990年版，第636页。
③ （晋）司马彪撰，（梁）刘昭注补：《后汉书》，中华书局1965年版，第3215-3216页。
④ （南朝宋）范晔撰，（唐）李贤等注：《后汉书》，中华书局1965年版，第1897-1898页。

学思想有比较浓郁的道家离世、厌世色彩。他的弟弟曹植在文学上同样如此。曹植著有《洛神赋》《升天行》《仙人篇》《游仙篇》《远游篇》《七启》《释愁》《髑髅说》，后三文多次称引老庄。曹丕贵为帝王，曹植则是皇亲国戚，是当时文人倾慕投靠的对象。他们对老庄思想的推崇，必然造成极大的影响，形成思想文化界一时的风潮，影响所及，逐渐形成正始士大夫玄学清谈及放旷废颓之风。到了曹魏之后，老庄成为学术主流，魏晋士人之风尚以老庄为依托而得以涵养，老庄思想依魏晋士人而得以阐扬。

在汉代道家思想逐渐昌盛的过程中，可以明显看到一种趋势：在知识分子阶层，黄老思想的主导地位逐渐为老庄，尤其是庄子思想所取代。这是因为，一方面，从西汉中期开始，名教对人的束缚和压抑日渐加重，而政治日益黑暗又暴露了名教的虚伪。由于政治的黑暗，社会趋于动荡。这种局面导致人们的政治价值观和政治态度发生了变化，使得士大夫们不得不反抗世俗的政治、伦常对人生的束缚和对人性的压抑，以维护人的尊严和独立人格。实现这一点的途径便是隐居。东汉时期，退隐之风颇为盛行，洁身自持蔚为风尚。另一方面，黄老思想的基本精神是《老子》的、其实质是一种"微妙玄通，深不可识"①、无为而治的政治统治术，从中难以导引出政治价值观和政治态度的异端思想。"老庄"思想则不然，它虽是《老子》自然无为的宇宙论哲学和庄子的人生哲学的结合，但其基本政治倾向是庄子的。庄子思想具有一种对世俗的本能的叛逆和反抗，这是与作为"名教""世教"的儒学格格不入的。随着庄子思想的升温，并与黄老"天道无为"的自然观结合，道家思想也就实现了由"黄老"向"老庄"的转变，政治上的异端思想随之出现。这一点的典型表现，一是"抗节"。顺帝征樊英，樊英称病不起，不以礼屈。"帝怒，谓英曰：'朕能生君，能杀君；能贵君，能贱君；能富君，能贫君。君何以慢朕命？'英曰：'臣受命于天。生尽其命，天也；死不得其命，亦天也。陛下焉能生臣，焉能杀臣！臣见暴君如见仇雠，立其朝犹不肯，可得而贵乎？虽在布衣之列，环堵之中，晏然自得，不易万乘之尊，又可得而贱乎？陛下焉能贵臣，焉能贱臣！臣非礼之禄，虽万钟不受；若申其志，虽箪食不厌也。陛下焉能富臣，焉能贫臣！'帝不能屈。"②此为"抗节"之典型。二是非君。桓帝时"汉阴老父"的"非君"言论，可谓惊世骇俗。他

---

① 高明：《帛书老子校注》，中华书局1996年版，第290页。

② （南朝宋）范晔撰，（唐）李贤等注：《后汉书》，中华书局1965年版，第2723页。

第四章　两晋南北朝时期的道家与道教（上）

217

质问统治者："请问天下乱而立天子邪？理而立天子邪？立天子以父天下邪？役天下以奉天子邪？"① 这种政治上的异端思想，是与民间仍然由黄老思想和方术占主导地位，但因政治的黑暗和社会的混乱而逐渐滋生出宗教，以宗教的形式干预（如五斗米道在汉中地区的政教合一）甚至于用暴力手段推翻政权（如太平道所发动的黄巾大起义）的转向②相呼应的。

　　玄学所讨论的一系列问题，早在东汉末年已由不同的哲学家、经学家们从不同的角度和层面提了出来③。例如，王弼《易》注所依据的，虽然是费氏古易，但它的直接思想来源却是宋衷的思想，尤其是其易学思想。正是由宋衷的"昼夜不懈，以健详其名。余卦当名，不假于详矣"④，才开启了王弼的"义苟在健，何必马乎？类苟在顺，何必牛乎？"⑤ "故举卦之名，义有主矣"⑥ 的玄学易。值得一提的是，宋衷曾经注《太玄》和《老子》。这种对易、老的重视从一个侧面预示了后来玄学产生的方向。只是东汉时期学者所提出的问题显得零碎杂乱，不成体系，更不可能以一种崭新的哲学形态出现。但是，他们力图使易老契合、儒道会通，已经为玄学开启了方向。

　　《老子》《庄子》和《周易》被玄学家们称为"三玄"，是玄学的思想来源。《周易》在汉代作为经学的重要内容，一直是士人研习的内容，因而理所当然地直接成为玄学的思想来源。

　　孔、老都重视丧礼的事实，表明儒、道两家都起源于夏、商、周三代的巫术和宗教文化。一般认为，道家起源于史官⑦。史官与占筮有关，这是历史事实。直到西汉，司马迁《报任安书》说："仆之先人非有剖符丹书之功，文史星历近乎卜祝之间，固主上所戏弄，倡优畜之，流俗之所轻也。"⑧ 可见汉武帝设置太卜之后，太史公父子仍"近乎卜祝之间"。另外，太史公父子的职责为"文史星历""掌天官"，而《史记》书中占筮史事记于《日者列

　　① （南朝宋）范晔撰，（唐）李贤等注：《后汉书》，中华书局1965年版，第2775页。

　　② 汉桓帝时"长平陈景自号'黄帝子'，署置官属，又南顿管伯亦称'真人'，并图举兵"。[（南朝宋）范晔撰，（唐）李贤等注：《后汉书》，中华书局1965年版，第293页。]

　　③ 周立升：《两汉易学与道家思想》，上海文化出版社2001年版，第165页。

　　④ （汉）宋衷：《乾·象注》，（唐）李鼎祚著，陈德述整理：《周易集解》，巴蜀书社1991年版，第5页。

　　⑤ （魏）王弼著，邢涛注：《周易集解略例》，中华书局1991年版，第17页。

　　⑥ （魏）王弼著，邢涛注：《周易集解略例》，中华书局1991年版，第3页。

　　⑦ 王博在《老子思想的史官特色》（文津出版社1993年版）中较为系统地论证了《老子》思想与史官文化的联系。

　　⑧ （汉）班固撰，（唐）颜师古注：《汉书》，中华书局1962年版，第2732页。

传》，龟卜史事记于《龟策列传》，也显示出西汉太史仍有占筮之责。事实上，太史公颇为相信占筮的权威性，曾经评论说："易之为术，幽明远矣，非通人达才孰能注意焉！"[1] 史官之责除占筮外，还包括丧礼与祭礼。据《战国策·齐策》，齐人颜斶曾对齐宣王陈述"士贵耳，王者不贵"的道理，兼引《老子》和《易传》，所引《易传》文字的思想内容有鲜明的道家特色，不见于通行本《易传》。事实上，道家学说以及关于黄帝的传说都出于史官，源于古代的巫术、方术和宗教，而《易》的占筮恰恰是古代巫术、方术和宗教活动的形式之一，并由史官负责。既然如此，那么，我们就不能不承认道家与《周易》有关[2]。

《老子》在先秦之后的诸子书中被称引、解释的不少。《韩非子》的《解老》《喻老》是现存最早的专门选注。接着有《淮南子·道应》。《汉书·艺文志》著录有《老子邻氏经传》《老子傅氏经说》《老子徐氏经说》、刘向《说老子》，篇数不等。未著录的还有西汉庄遵（严君平）《老子指归》（十四卷，另有《注》二卷）、安丘望《老子章句》等。东汉时期，马融、虞翻、郑玄等硕学大儒或直接注《老子》，或以《老子》的义理解释《周易》。此后解注者越来越多，其重要性日益显示出来，故而也成为玄学的思想来源之一。《庄子》在汉代已经有一定的影响。汉文帝时韩婴所作的《韩诗外传》反映了不少《庄子》的思想。经学家们多援引《庄子》音义文字考证、训诂经典。经学的烦琐从一个侧面刺激了《庄子》思想的昌盛。玄学家们顺此把它作为自己的思想来源之一。《汉书·艺文志》录道家 37 家，933 篇，庄子 52 篇。汉代注《庄子》仅刘安之《庄子略要》《庄子后解》二书。有系统性而且能综合整理其说，发其阃旨的，要数魏代阮籍的《达庄论》一文。

从总体上说，汉代有一个由老学盛而庄学弱到庄学盛而老学弱的转变过程。《汉书·叙传》关于班嗣的记载曰：

> 嗣虽修儒学，然贵老严之术。桓生欲借其书，嗣报曰："若夫严子者，绝圣弃智，修生保真，清虚澹泊，归之自然，独师友造化，而不为世俗所役者也。渔钓于一壑，则万物不奸其志；栖迟于一丘，则天下不易其乐。不绁圣人之罔，不嗅骄君之饵，荡然肆志，谈者不得而名焉，

---

① （汉）司马迁：《史记》，中华书局 1982 年版，第 1903 页。
② 王葆玹：《老庄学新探》，上海文化出版社 2002 年版，第 18 页。

故可贵也。今吾子已贯仁谊之羁绊，系名声之缰锁，伏周、孔之轨躅，驰颜、闵之极挚，既系挛于世教矣，何用大道为自眩曜？昔有学步于邯郸者，曾未得其仿佛，又复失其故步，遂匍匐而归耳！恐似此类，故不进。"嗣之行己持论如此。①

这里的"老严"即"老庄"，"严子"即"庄子"。从引文可见，《老子》与《庄子》中，实际被看重的是《庄子》。类似的情况也反映在马融那里。《后汉书·马融列传》记载，马融早年"饥困"之时对其朋友说："古人有言：'左手据天下之图，右手刿其喉，愚夫不为。'（注引《庄子》曰：言不以名害其生者。）所以然者，生贵于天下也。今以曲俗㖶尺之羞，灭无赀之躯，殆非老庄所谓也。"② 这位"才高博洽"的"通儒"，早年用"老庄"思想做了"安存之虑"，直到晚年，"达生任性，不拘儒者之节"，这显然主要是受庄子思想的影响。东汉许多人企慕的"玄远""玄虚""玄妙"，虽然口上常常称是"老氏"或"黄老"的，但实际上很多具体言论和思想是采用《庄子》的，李贤等人为《后汉书》作注时已注意到这一点，所以许多地方注出了《庄子》（当然也有《老子》）的原文。这一流风衍及魏晋，"老庄"甚至成了"玄论""玄学"的代名词，如《文心雕龙·论说》云："迄至正始，务欲守文；何晏之徒，始盛玄论。于是聃周当路，与尼父争涂。"③ 干宝在《晋纪》总论中概括说："风俗淫僻，耻尚失所，学者以老庄为宗而黜六经，谈者以虚荡为辨而贱名检，行身者以放浊为通而狭节信，进仕者以苟得为贵而鄙居正，当官者以望空为高而笑勤恪。"④ 如这里所说，"风俗淫僻"全是"庄老"的罪过，这不免偏颇。但魏晋以后人们的思想言行中，越来越多地受到庄子的影响，却是事实。对其原因，宋人叶适有一个较为客观的分析："世之悦而好之者有四焉：好文者资其辞，求道者意其妙，汩俗者遣其累，奸邪者济其欲。"⑤

与此同时，由于《易传》中本已受老庄思想影响，所以人们便把老庄思想与《周易》结合起来。《汉书·扬雄传》引桓谭说，"昔老聃著虚无之言两

---

① （汉）班固撰，（唐）颜师古注：《汉书》，中华书局 1962 年版，第 4205 - 4206 页。
② （南朝宋）范晔撰，（唐）李贤等注：《后汉书》，中华书局 1965 年版，第 1953 - 1954 页。
③ （南朝梁）刘勰著，范文澜注：《文心雕龙注》，人民文学出版社 1958 年版，第 327 页。
④ （唐）房玄龄等：《晋书》，中华书局 1976 年版，第 272 - 273 页。
⑤ 刘公纯、王孝鱼、李哲夫点校：《叶适集》，中华书局 1961 年版，第 712 页。

篇，薄仁义，非礼学，然后世好之者尚以为过于五经，自汉文景之君及司马迁皆有是言"①。汉文帝和景帝都说过《老子》"过于五经"，阚泽说汉景帝正式地将《黄》《老》称经应该是实情。这种说法是当时学者们普遍认可的。据《史记·日者列传》，汉文帝时司马季主"通易经，术黄帝、老子"②。有类似倾向的不只是司马季主一人。汉人如范升、翟辅、冯颢、郎颛、虞翻、王肃、钟繇等儒者注《易》都兼采《老子》③。《老》《易》相通之处甚多，后汉魏晋时，老易并称相注之风盛行，如《后汉书·向长传》说向长"性尚中和，好通老、易"④。前面说过，严遵"依老子、严周之指著书十余万言"⑤。《华阳国志》则记载说，他"专精大易，耽于老庄"⑥，可见严遵所崇尚的经典系统是"老庄易"。其中称"老庄"而不称"庄老"，次序不同是由于汉初崇尚《老子》的时代背景所致。魏晋时代，魏文帝虽然推尊、仿效汉文帝，但却是有节制的，他明确地宣布老子不如孔子，孔子为圣，老子为贤。他一方面修整老子亭，表示对老子的贤人地位的尊重；另一方面又禁止人们过分地崇拜老子，唯恐颠倒了以儒为主、以道为辅的关系。在儒家经学名教仍然是官方意识形态的社会形势下兴起的玄学，当然只能把"庄老易""老庄易"变为"易老庄"。从学术方面来看，班固在《汉书·河间献王传》中，已将《老子》归入"经传说记"的系列当中："河间献王所得书皆古文先秦旧书，《周官》《尚书》《礼》《礼记》《孟子》《老子》之属，皆经传说记，七十子之徒所论。"⑦玄学家在"圣者作其经，贤者述其传"的成说影响下，自然会将《老子》和《庄子》看成《周易》的辅翼，亦即《易经》之下的大传。不过，这只是表面现象。玄学家在名义上尊崇《周易》，略贬老庄，在思想实质上则是以《庄》解《老》，以《庄》《老》解《易》。

老庄思想在汉末魏晋兴盛的原因是多方面的，其中主要的是：其一，政治黑暗，兵祸相连，民心厌战，老庄无为而治的政治理论，成为乱世中的避难所。其二，社会风气沉沦，浮华奢靡，道德堕落，老庄自由旷达之超世精

① （汉）班固撰，（唐）颜师古注：《汉书》，中华书局 1962 年版，第 3585 页。
② 司马迁：《史记》，中华书局 1982 年版，第 3221 页。
③ 参见《后汉书》本传。
④ （南朝宋）范晔撰，（唐）李贤等注：《后汉书》，中华书局 1965 年版，第 2758 页。
⑤ （汉）班固撰，（唐）颜师古注：《汉书》，中华书局 1962 年版，第 3056 页。
⑥ （元）张天雨：《玄品录》，《道藏》第 18 册，第 103 页。
⑦ （汉）班固撰，（唐）颜师古注：《汉书》，中华书局 1962 年版，第 2410 页。

神，成为人们放纵的借口。其三，学术需求转向，儒术没落，经术质变而流于虚伪荒谬，老庄清静无为、顺应自然的自然主义学说，弥补了人们思想上的真空。其四，老庄思想崇尚玄虚，超然物外，富于隐奥性，注重形而上的研究，强调价值观的多元化，促使学术发展多样化。其五，老庄思想富于开放性和包容性，混合融通，增进儒道学术之交流。胡适说："杂家是道家的前身，道家是杂家的新名。汉以前的道家可叫作杂家，秦以后的杂家应叫作道家。"① 这一说法颇有道理。其六，老庄思想富于真实性——纯朴无伪，造成自然主义思潮的兴起。其七，老庄思想具有鲜明的个人主义色彩，强调养生保身，与日常生活相结合，富于实用性，能够把理论与实践很好地结合起来。其八，在古代，文学是影响社会风尚的重要传播工具。老庄思想对文学的影响，作为一个重要方面大大加强了道家和道教的社会影响力。在老庄思想的影响下，魏晋时期形成了游仙文学，出现了《汉武帝故事》《汉武帝内传》《搜神记》《神异经》《十洲记》《洞冥记》《博物志》《搜神后记》《述异记》等游仙文学作品。曹植创作了不少崇道游仙的作品。此外，这一时期隐逸文学的形成和发展，在很大程度上也是受道家、道教思想影响的结果。而且，透过这些文学作品，我们可以发现，这一时期的文学理论，诸如自然论、神遇论、文气论、言意论，均是在道家、道教思想影响下形成的。其九，道家思想对士大夫生活态度的影响。东汉以降，在政治沉抑，党锢、政争不断，诛杀无常的现实映衬下，士大夫们从君子、小人升降易位的经验总结中，逐渐认同于道家的生活态度。于是，他们或淡泊明志，或放达任性，或不拘小节、蔑弃礼法。这些风尚直接影响于魏晋，从一个方面为玄学的诞生铺平了道路。

从"玄"这一概念的渊源和内涵也可看出玄学与道家的关系。《老子》中，第一章就有"玄之又玄"之说，第六章有"玄牝之门，是谓天地根"之说，第十章有"涤除玄览""玄德"之说，第十五章有"古之善为士者，微妙玄通，深不可识"之说，第五十六章有"玄同"的用例。《庄子》中"玄"的用例也不少，《庄子·胠箧》有"玄同"，《庄子·天道》有"玄圣"，《庄子·天地》有"玄德""玄古"，《庄子·秋水》有"玄冥"等论述，而且与《老子》思想基本一致。《淮南子》中，《淮南子·本经训》有"玄玄"，《淮南子·览冥训》有"玄妙"，《淮南子·主术训》有"玄默"等

---

① 胡适：《中国中古思想史长编》，上海古籍出版社 2013 年版，第 26 页。

提法。这些用法，或言神秘、微妙，或指无为，均与道有直接或间接的联系。这些意义，从《老子》到"玄学"是一脉相承的。玄的本义为深、远。《说文》云："玄，幽远也。"①《后汉书·张衡列传》李注云："玄犹深也。"② 王弼本《老子》第六十五章明确说："玄德深矣，远矣。"③ 王弼《老子微旨例略》说："深也者，取乎探赜而不可究也。"④《系辞上传》韩康伯注说："极未形之理则曰'深'……"⑤ 可见，玄学之"深"即中国古代形上学之深，即用内省的、思辨的方式，超出形上而达到极其抽象的程度。关于"远"，《诗经·鸳鸯》郑笺："远，犹久也。"⑥ 王弼《老子微旨例略》说："远也者，取乎绵邈而不可及也。"⑦《老子》第十四章王注说："上古虽远，其道存焉，故虽在今，可以知古始也。"⑧ 可见，玄学之"远"即历史的悠久或理想的遥远。这种追求"深""远"的倾向，是对早期老庄之学的发展。早期老庄之学一方面力图超出天帝的权威，把握神秘的道体；另一方面力图超出人间的礼法，恢复人性的自然。魏晋玄学则一方面超出现象界而上升到本体界，另一方面超出东汉以来名教的束缚而向往理想的制度。正是因为如此，玄有了哲理上的引申义。扬雄对玄解释说："夫玄也者，天道也，地道也，人道也。"⑨《尔雅·释天》说："理之微妙者为玄。"⑩ 这里的理，是在抽象上仅次于道的范畴。《说文》说："幺，小也。"⑪"幺"即玄。这里的"小"，内在地蕴含有难见之意。《老子》有"玄德""玄牝""玄览""玄通""玄之又玄"等用法。《庄子》有"玄德""玄圣""玄冥""玄宫"之说。老庄以玄之小而难见之意表达了形而上有异于形而下的抽象性特点。《韩非子·解老》有"玄虚"之说。汉代扬雄则直接以"玄"为"道"的代称。冯衍在《显

---

① （汉）许慎：《说文解字》，天津古籍出版社 1991 年版，第 84 页。

② （南朝宋）范晔传，（唐）李贤等注：《后汉书》，中华书局 1965 年版，第 1941 页。

③ 高明：《帛书老子校注》，中华书局 1996 年版，第 143 页。

④ （魏）王弼：《老子微旨例略》，《道藏》第 32 册，第 430 页。

⑤ （清）李光地编纂，刘大钧整理：《周易折中》，巴蜀书社 2006 年版，第 573 页。

⑥ 向熹译注：《诗经译注》，商务印书馆 2013 年版，第 347 页。

⑦ （魏）王弼：《老子微旨例略》，《道藏》第 32 册，第 430 页。

⑧ （魏）王弼：《道德真经注》，《道藏》第 12 册，第 275 页。

⑨ （汉）扬雄撰，郑万耕校释：《太玄校释》，中华书局 2014 年版，第 349 页。

⑩ 转引自汉语大词典编纂处编：《康熙字典》（标点整理本），上海辞书出版社 2007 年版，第 677 页。

⑪ （汉）许慎：《说文解字》，天津古籍出版社 1991 年版，第 83 页。

志赋》中主张"常务道德之实，而不求当世之名"①，要"抗玄妙之常操"而"大老聃之贵玄"。桓谭在《新论》中说："扬雄作玄书，以为玄者，天也，道也。言圣贤制法作事，皆引天道以为本统。"② 张衡继承了这一思想，在《玄图》中说："玄者，无形之类，自然之根，作于太始，莫之与先。包含道德，构掩乾坤，橐籥元气，禀受无原。"③ 这是把玄视为道。仲长统（180—220）希图"消摇一世之上，睥睨天地之间。不受当时之责，永保性命之期"，因而"安神闺房，思老氏之玄虚"④。这里的"玄虚"当与《韩非子·解老》中的用法同义。从玄的三层含义分析可知，玄学乃道家老庄之别称。

从思想发展而言，魏晋玄学在形式上复活了老、庄思想，用以取代两汉以来的谶纬神学。他们称《老子》《庄子》和《周易》为"三玄"，综合儒道两家的思想，用以建构自己的理论体系。在内容上，玄学把汉代"天人感应"的神学宇宙论改变为"有无本末之辨"的玄学本体论。玄学家们摆脱了以往关于宇宙生成演化的滞重描述，力图通过抽象的思辨来论证现实世界的后面有一个产生和支配现象世界的本体。这个本体，被玄学家们称为"无""道"或"天道自然"，是以自身为原因，内在于现实事物中而成为万事万物的统一的根基。

以王充为典型的士大夫们在思想上由儒转向道。自然主义的兴盛，是《易》《老》《庄》三玄之助缘，也是方士与道结合之缘起。道教之所以集黄老、神仙之大成，是因为魏晋人提供了穿针引线的作用。东汉魏晋的知识分子，从思想倾向来说，大致可以分为名理、旷达、谈玄、神仙四大派，而且或多或少均有方术与黄老的背景⑤。例如，即使是名理派的刘邵也说："思通道化，策谋奇妙，是谓术家。"⑥ 阮籍、刘伶、山涛、王戎可以归为旷达派，他们与方术、黄老同样有不解之缘。谈玄派即下文要论述的玄学家。神仙派则是这一时期的道教知识分子。

---

① （南朝宋）范晔撰，（唐）李贤等注：《后汉书》，中华书局 1965 年版，第 985 页。

② （南朝宋）范晔撰，（唐）李贤等注：《后汉书》，中华书局 1965 年版，第 1898 页。

③ （清）严可均校辑：《全上古三代秦汉三国六朝文》，中华书局 1958 年版，第 779 页。

④ （南朝宋）范晔撰，（唐）李贤等注：《后汉书》，中华书局 1965 年版，第 1644 页。

⑤ 如郎颛向皇帝推荐黄琼，说他"耽道乐术，清亮自然，被褐怀宝，含味经籍"。[（南朝宋）范晔撰，（唐）李贤等注：《后汉书》，中华书局 1965 年版，第 1070 页。]

⑥ （三国）刘邵、（清）曾国藩著：《人物志·冰鉴》，兰州大学出版社 2004 年版，第 43 页。

玄学肇始于汉末的清议。清议是在儒学对政治亦步亦趋，在学术上日益庸俗，在政治上日益堕落，道家思想缘时而起的背景下发生的。由于受到政治的压制，清议的内容不得不转变为"品题人物"。在品评人物的过程中，人们对才性名理展开了讨论。才性论的主要代表人物是钟会，他讨论了才、性的异、同、合、离，即四本论。才性论者们，如傅嘏、钟会精通《周易》《老子》玄理。刘邵在《人物志·九征》中说："凡有血气者，莫不含元一以为质，禀阴阳以立性，体五行而著形。""中和之质，必平淡无味，故能调成五材，变化应节。"① 《人物志》杂有道家思想。名理学即形名、刑名之学，它研究名实关系，主张正名、循名核实，这与才性论有关。魏晋名理学家主张："人物之本，出乎情性。情性之理，甚微而玄。"② 由形而下趋于形而上，钟会著有《道论》。名理学家多精通老庄，他们这一时期的代表性著作尚有《尹文子》《邓析子》，均与道家思想相通，其中多引拾道家言。在专制政治的重压下，东汉末期，处于社会下层的黄巾起事失败了。魏晋之际党锢戮士之后，在社会上层，士大夫们品评人物之操行才智的"清议"也无法延续下去。但是，道家在政治上的失败并不等同于学术上的失败，在士大夫圈内仍然是"儒墨之迹见鄙，道家之言遂盛"③。不过，道家在政治理论上的先天不足决定了它不可能成为政治舞台上的主角。政治上的"清议"只能以学术上的"清谈"的形式出现，于是，"辨名析理"、谈玄思玄风行一时，思辨之学大兴。魏晋名士热衷于清谈，是有经传明文为依据的，这就是《易传》"书不尽言，言不尽意"中的"书不尽言"。这一命题源出自道家《庄子》的《天道》。在清谈的思想潮流下，传统的忠君爱国、齐家治国的淑世思想理路逐渐被废弛，而为高谈无为、无名、无累之避世自保的个人本位思想所取代。流风所及，自三国而两晋，遂为此畸形反常的消极观念所笼罩。时值老庄之理逐渐昌盛，因而大助谈风。北方士族名士"祖述老庄立论"，以道解儒，以"声无哀乐、养生、言尽意三理"④ 为重点，提出有无、用、本末、一多、言意、动静以及自然和名教等范畴，对天人关系问题赋予了新的含义，展开了关于本体和现象、运动和静止、认识和对象、天道和人事等方面的新的论

---

① （三国）刘邵、（清）曾国藩著：《人物志·冰鉴》，兰州大学出版社 2004 年版，第 9 - 11 页。

② （三国）刘邵、（清）曾国藩著：《人物志·冰鉴》，兰州大学出版社 2004 年版，第 9 页。

③ （唐）房玄龄等：《晋书》，中华书局 1976 年版，第 2889 页。

④ （南朝宋）刘义庆：《世说新语》，北京燕山出版社 1995 年版，第 89 页。

证，开一代哲学新风，建构出一套新的思辨哲学体系。建构这一体系的方法就是"言不尽意"，而这一点既与历史上的《庄子》有关，也与当时的方术道教有关。如与何晏相识并进行过讨论的管辂对此有过论述。他说："夫物不精不为神，数不妙不为术，故精者神之所合，妙者智之所遇，合之几微，可以性通，难以言论……孔子曰'书不尽言'，言之细也；'言不尽意'，意之微也，斯皆神妙之谓也……阴阳之数通于万类，鸟兽犹化，况于人乎！夫得数者妙，得神者灵。"① 又说："苟非性与天道，何由皆爻象而任胸心者乎？"② 不过管辂同时也不轻视象，这就有可能与"言不尽意"有矛盾。为此，他以风角、占候之类的术数补取象之不足，也就是说，言象虽不足以尽意，但只要能"得数者妙"，就有了足以把握卦意的方法，质言之："夫入神者，当步天元，推阴阳，探玄虚，极幽明，然后览道无穷。"③

玄学思潮的发展大体上经历了如下几个阶段：第一阶段，曹魏正始年间，以何晏、王弼的"贵无论"开创的所谓"正始玄风"为标志，本体论特点比较鲜明。竹林时期，以嵇康、阮籍为代表的"名教不合自然"的思想，是玄学发展的第二阶段，元气本源论特点比较鲜明，可以说是玄学的异端。这一时期，与贵无论针锋相对，裴頠提出了崇有论，后来，孙盛又有排老论；王坦之著《废庄论》，驳斥"贵无""言不尽意"。元康时期，郭象提出了独化论，在他的《庄子注》中论证了名教以自然为本从而二者在理论上有一致性的观点。他综合了"贵无"和"崇有"的主张，舍异求同，论证了"物之自造"即是"天然无为"，"名教"即是作为所以迹的"自然"之"迹"，一切"尊卑上下之序"应该合乎"天理自然"，也完全可以合乎"天理自然"，从而调和了名教和自然的矛盾，把玄学理论推向了顶峰。这是玄学发展的第三阶段，开始显示出超越有无而向重玄发展的趋势。此后的玄学，一方面与佛教合流，逐步变成了佛教哲学的附庸，对唐代禅宗的产生和发展有较大的影响；另一方面通过玄学三大主题之一的养生论向非理性的、神秘化的方向发展，与神仙道教合流，对初唐重玄思潮的形成起了酝酿、催生的作用。而这两方面又有交叉关系的存在，因为佛教初入中国时借用《老》《庄》文本"格义"而为中国人所理解，这就有了与玄学相通的基础，也是后来中国化

---

① （晋）陈寿撰，陈乃乾校点：《三国志》，中华书局1982年版，第822页。

② （晋）陈寿撰，陈乃乾校点：《三国志》，中华书局1982年版，第814页。

③ （晋）陈寿撰，陈乃乾校点：《三国志》，中华书局1982年版，第819页。

最彻底的佛教宗派禅宗被人们称为《庄子》思想的佛教版本的原因之一。例如，支道林的《咏怀诗》有"重玄在何许？采真游理间"之句[①]。孙登是与支道林友善的孙绰、孙盛的族侄，孙登在思想上必然受到父辈的影响，则他的重玄思想极有可能来自支道林[②]。

（二）王弼的"贵无"思想

魏晋之际，随着门阀士族势力的迅速扩大，一批士族名士如傅嘏、钟会、荀粲、裴頠、夏侯玄、何晏等人，致力于"精练名理"，大扇玄风。在这股"正始玄风"中，王弼后来居上，成为玄学思潮中的重要代表人物。何晏、王弼于正始中期提出"天地万物皆以'无'为本"的哲学思想，为玄学奠定了理论基石。

王弼（226—249），字辅嗣，山东金乡人，是汉末著名士族王粲的侄孙。何劭著《王弼传》说："弼幼而察惠，年十余，好老氏，通辩能言。"[③] 他被何晏（190—249）发现并推荐给曹爽，做了尚书郎。王弼是天才的少年哲学家。他志向远大，玄思精妙，但不能世故、圆滑地待人接物，人际关系不佳，以至于官运不亨。司马氏发动高平陵政变，曹爽、何晏被杀，王弼受株连而丢官，抑郁成疾，同年秋病死。他以二十四岁短促的一生，留下了《周易注》《周易略例》《老子注》《老子微旨例略》和《论语释疑》等思辨性很强、创见迭出的高质量著作，在中国哲学史上产生了深远影响。

1. 崇本举末的本体论

王弼有非常明确的本体论意识，他在《老子微旨例略》中说："夫欲定物之本者，则虽近而必自远以证其始。欲明物之所由者，则虽显而必自幽以叙其本。故取天地之外，以明形骸之内，明侯王孤寡之义，而从道一以宣其始。"[④] 他对"本""道""一"的阐释，是把《老子》哲学中"有生于无"的论题作为自己思辨的起点。何晏、王弼沿着庄子的路线，把"道"直接说成是"无"，以"无"作为现象世界背后的本体，把它当作一切事物产生和

---

① （梁）僧祐、（唐）道宣：《弘明集　广弘明集》，上海古籍出版社 1991 年版，第 362 - 363 页。

② 卢国龙：《孙登"托重玄以寄宗"的思想根源》，陈鼓应主编：《道家文化研究》第四辑，上海古籍出版社 1994 年版，第 300 - 317 页。

③ （清）严可均校辑：《全上古三代秦汉三国六朝文》，中华书局 1958 年版，第 1557 页。

④ （魏）王弼：《老子微旨例略》，《道藏》第 32 册，第 430 - 431 页。

存在的根据，力图"论太始之原以明自然之性"①。王弼在《老子》第一章的注释中，开宗明义地指出：

> 凡有皆始于无，故未形无名之时，则为万物之始；及其有形有名之时，则长之，育之，亭之，毒之，为其母也。言道以无形无名始成，万物以始以成而不知其所以，玄之又玄也。②

经过王弼的改造，老庄的"道"尚存的实体意味荡然无存了，"道"变成了"无"的代指。那么，作为本体的"无"有什么性质和作用呢？在王弼看来，"无"作为"品物之宗主"③，不具有任何具体性质，耳朵听不到，眼睛看不到，手摸不到，鼻子嗅不到。人的感觉器官不能直接感知到。它不是感性经验的存在，而是理性抽象的存在。在王弼看来，如果是具体事物，就必然具备某种具体属性，受到一定范围和性质的限制，也就不能成为众多事物的根据；只有那视之不见、听之不闻、无形无象、无声无形的"无"才能发展出任何规定性而成为万事万物的本根。但王弼并未否定"有"，他说："夫无不可以无明，必因于有，故常于有物之极，而必明其所由之宗也。"④ "无"不能自满自足地停留于自身，必须与具体的"有"相结合，才能对人们的思想和行动发挥指导作用。

那么，有和无之间是什么关系呢？王弼认为是"用"和"体"的关系，"万物虽贵，以无为用，不能舍无以为体也"⑤。"有之所以为利，皆赖无以为用也。"⑥ "无"是天地万物之"体"，"有"是此体之用，体必然依托于用来展现自己的存在，用必然归结为体，万物之用达于极致，便与体合而为一。这个"无"，就其体来说，是阴阳、万物赖以化生、成形的根基，即现象世界背后的无形本体；就其用而言，是支配社会生活的无形权力，掌握了它就可以"成务""成德""无爵而贵"。

无和有的关系，同时是本和末的关系。"无"是"本"，"有"是"末"，

---

① （魏）王弼：《老子微旨例略》，《道藏》第 32 册，第 430 页。

② （魏）王弼：《道德真经注》，《道藏》第 12 册，第 272 页。

③ （魏）王弼：《老子微旨例略》，《道藏》第 32 册，第 429 页。

④ （魏）王弼注，（晋）韩原伯注，（唐）陆德明音义，（唐）孔颖达疏：《周易注疏》，中央编译出版社 2013 年版，第 360 页。

⑤ （魏）王弼：《道德真经注》，《道藏》第 12 册，第 281 页。

⑥ （魏）王弼：《道德真经注》，《道藏》第 12 册，第 274 页。

可用母子关系来比喻："母，本也；子，末也。得本以知末，不舍本以逐末也。"① 要崇本举末，舍母存子，要识本、达本、归本，切忌本末倒置、舍本逐末。在反对偏执于"有"这个意义上，王弼甚至强调要"崇本息末"。他认为，抓住了本就可以纲举目张，事半功倍。这个"本"，又被称为"自然"。"自然"不是指自然界，何晏解释说："自然者，道也。道本无名……夫唯无名，故可得遍以天下之名名之。"② 王弼也说："自然，其端兆不可得而见也，其意趣不可得而睹也……居无为之事，行不言之教，不以形立物，故功成事遂而百姓不知其所以然也。"③ "自然"是指天地万物赖以生成运行的本体"道"；"圣人"所立的"名教"，乃是这个本体所表现的功用。王弼主张"贵无"，崇尚"自然"，认为"无"能化生"万有"，"自然"可以统御"名教"；"无"或"自然"也就是"道"，只要掌握了"自然"之"道"，就可以做到"功成事遂"。

有和无的关系又是多和一、众和寡的关系。王弼说：

> 万物万形，其归一也。何由致一？由于无也。由无乃一，一可谓无已。④

> 一，数之始而物之极也。各是一物之生所以为主也。物皆各得此一以成，既成而舍以居成，居成则失其母。⑤

> 夫众不能治众，治众者，至寡者也；夫动不能制动，制天下之动者，贞夫一者也。故众之所以得咸存者，主必致一也。⑥

王弼看到了千差万别的万有具有统一性的事实，主张"统宗会元""约以存博"，贵一宗寡，执一统众，"简以济众"。这与"崇本息末"是一致的。

有和无的关系具体到社会政治问题，就是名教与自然的关系问题。对此，王弼主张，"自然"就是"道""无"，"自然者，无称之言，穷极之辞也"⑦。作为政治伦理的名教是道在社会领域的自然而然的体现："夫载之以大道，

① （魏）王弼：《道德真经注》，《道藏》第 12 册，第 285 页。
② 杨伯峻：《列子集释》 中华书局 1979 年版，第 121 页。
③ （魏）王弼：《道德真经注》，《道藏》第 12 册，第 276 页。
④ （魏）王弼：《道德真经注》，《道藏》第 12 册，第 283 页。
⑤ （魏）王弼：《道德真经注》，《道藏》第 12 册，第 282 页。
⑥ （魏）王弼著，邢涛注：《周易集解略例》，中华书局 1991 年版，第 1 页。
⑦ （魏）王弼：《道德真经注》，《道藏》第 12 册，第 278 页。

镇之以无名，则物无所尚，志无所营。各任其贞事，用其诚，则仁德厚焉，行义正焉，礼敬清焉。"① 自然之道是本，仁义礼法是末，如果不强本而逐末，就会出现仁德不厚、行义不正、礼敬不清的现象，产生名实不符，假仁义而求私利等道德虚伪现象，进而导致贪婪、斗争和社会动乱。

以"崇本息末"的观点为指导，王弼评论了各家学说。《老子微旨例略》辑本说：

> 法者尚乎齐同，而刑以检之；名者尚乎定真，而名以正之；儒者尚乎全爱，而誉以进之；墨者尚乎俭啬，而矫以立之；杂者尚乎众美，而总以行之。夫形以检物，巧伪必生；名以定物，理恕必失；誉以进物，争尚必起；矫以立物，乖违必作；杂以行物，秽乱必兴。斯皆用其子而弃其母，物失所载，未足守也。②

《老子微旨例略》声称儒、墨、名、法、杂五家都是"用其子而弃其母"，"未足守也"；唯有《老子》是"守母以存子""言不远宗，事不失主"，这是非常明确的反对儒家、支持道家的宣言。进一步说，王弼在《老子微旨例略》中明确指出："老子之书，其几乎可一言而蔽之。噫，崇本息末而已矣！"③

王弼的"贵无论"，突破了秦汉以来囿于"阴阳""元气""精气"等具体事物的思维、繁杂滞重而不得其要的宇宙生成论框架，首次从事物内部寻找其存在与发展的根据，把伦理政治提升到哲学本体论的高度来讨论，关注事物的共性与个性的关系，把老庄道家尚显粗糙的本体论发展到比较成熟的形态，其实质是在扬道抑儒的前提下，实现儒道合流。不过，王弼"贵无论"的玄学，虽然基于"明无必因于有""全有必反于无""崇本举末"的形而上与形而下相统一的原则，肯定了"名教本于自然"，但较多地强调"崇本""无为"，存在着把无和有、体和用、自然和名教分为两橛的内在矛盾，因而引起"贵无"或"崇有"、"任自然"或"重名教"的论争。在论争中出现了以嵇康、阮籍为代表的"名教不合自然"的思想，使得玄学的发展进入第二阶段。

---

① （魏）王弼：《道德真经注》，《道藏》第 12 册，第 281－282 页。
② （魏）王弼：《老子微旨例略》，《道藏》第 32 册，第 430 页。
③ （魏）王弼：《老子微旨例略》，《道藏》第 32 册，第 431 页。

2. "静为躁君"的动静观

有无关系体现在动静观上是以静为本,以动为末。王弼说:

> 凡有起于虚,动起于静。故万物虽并动作,卒复归于虚静,是物之极笃也。①

> 复者反本之谓也;天地以本为心者也。凡动息则静,静非对动者也;语息则默,默非对语者也。然则天地虽大,富有万物,雷动风行,运化万变,寂然至无是其本矣。②

按照老庄道家的观点,道是万物的本源和本体,具有虚、静的性质。道是无,万物是有。"有"是"无"派生出来的,"动"是"静"衍生出来的。正如讲话是暂时打破了沉默一样,"动"也不过是"静"的一种特殊表现形态罢了,它终究要归于静。但动并非毫无作用,就认识论而言,通过考察事物的运动变化,就能弄清这种运动变化的"所以然之理"③。由动归于静即从千变万化的现象中把握不动、不变的本体。这种动静观落实到人性论上,王弼主张心性本静,感于物而动,故有哀乐之情。人应该"性其情",即以性节情,性情合一而不相碍,这是对何晏源自秦汉时期道家"性静情动"说的继承,也是对何晏"性善情恶"说的修正。这种动静观落实到形而下的事务领域,要本着"天地虽广,以无为心;圣王虽大,以虚为主"④的原则,以静制动,以不变应万变。在政治上,便体现为"静为躁君,安为动主"的施政方针。统治者要善于以静制动,"无为而治";臣下则要不为外物所累,谦逊退让,因时而动,"动而常生"。

3. "得意忘象"的方法论

"言意之辩"起于老庄。《老子》常说道是"无物""无名""无象",玄冥恍惚,看不到、听不见、摸不着,只能通过"玄鉴""静观"来体认它。这里已经接触到了言意关系,但没有明确说出来。庄子把这明确化了,他说:

---

① (魏)王弼:《道德真经注》,《道藏》第 12 册,第 275 页。
② (魏)王弼注,(晋)韩原伯注,(唐)陆德明音义,(唐)孔颖达疏:《周易注疏》,中央编译出版社 2013 年版,第 153 – 154 页。
③ (魏)王弼注,(晋)韩原伯注,(唐)陆德明音义,(唐)孔颖达疏:《周易注疏》,中央编译出版社 2013 年版,第 35 页。
④ (魏)王弼:《道德真经注》,《道藏》第 12 册,第 281 页。

"世之所贵道者，书也。书不过语……语之所贵者，意也，意有所随。意之所随者，不可以言传也。"① "可以言论者，物之粗也。可以意致者，物之精也。言之所不能论，意之所不能察致者，不期精粗焉。"② "筌者所以在鱼，得鱼而忘筌；蹄者所以在兔，得兔而忘蹄；言者所以在意，得意而忘言。"③可见庄子基本上是个言不尽意论者。玄学继承了老庄的思想。王弼之前，荀粲有"言不尽意"说。受老庄思想影响，王弼结合对《周易》的研究，分析了《周易》中的卦意、卦象和卦辞的关系，在《周易略例·明象》中把言意关系划分为四个层次。

第一，言可明象，象可达意。他说："夫象者，出意者也。言者，明象者也。尽意莫若象，尽象莫若言。言生于象，故可寻言以观象。象生于意，故可寻象以观意，意以象尽，象以言著。"④这是说，意由象而来，言由象而来，是弄清象的工具；言可以明象，象可以表意；意不可能离开言、象而孤立悬空地存在；象因言而显，所以借言可以明象；象因意而有，所以借象可以观意、明意、尽意。

第二，得象可忘言，得意可忘象。"言者，所以明象，得象而忘言；象者，所以存意，得意而忘象。犹蹄者，所以在兔，得兔而忘蹄；筌者，所以在鱼，得鱼而忘筌也。然则，言者，象之蹄也；象者，意之筌也。"⑤言是用来说明爻象、卦象的，借助于卦辞、爻辞弄清楚象之后，就不要再拘泥于卦辞、爻辞了。此时可把爻辞、卦辞束之高阁。象是用来表达意义的，借助于象把握了意义，象也就没有必要了，可把它置之一旁。就好比捕兔子和鱼的工具，捕到了兔子和鱼，工具就没有用了。言、象都只是工具，不能抓住工具而忘记了目的。质言之，在言、象、意三者中，意是第一性的。

第三，不可拘执于言象。"是故存言者，非得象者也；存象者，非得意者也。象生于意而存象焉，则所存者乃非其象也；言生于象而存言焉，则所存者乃非其言也。"⑥这里进一步强调，言不是象，象不是意，执着于爻辞、卦辞，你所理解的象就不是本来的象；执着于象，你所理解的意就不会是本

① 王叔岷：《庄子校诠》，中华书局2007年版，第496页。
② 王叔岷：《庄子校诠》，中华书局2007年版，第592页。
③ 王叔岷：《庄子校诠》，中华书局2007年版，第1080页。
④ （魏）王弼著，邢涛注：《周易集解略例》，中华书局1991年版，第15-16页。
⑤ （魏）王弼著，邢涛注：《周易集解略例》，中华书局1991年版，第16页。
⑥ （魏）王弼著，邢涛注：《周易集解略例》，中华书局1991年版，第16-17页。

来的意。拘泥于言、象，言、象的价值就会丧失。质言之，不可把言、象的作用夸大。

第四，得意须忘象，得象须忘言。"然则，忘象者，乃得意者也。忘言者，乃得象者也。得意在忘象，得象在忘言。故立象以尽意，而象可忘也。重画以尽情，而画可忘也。"① 这是最后的结论。王弼主张，言、象只是把人引向对实在的顿悟。过了河，船就没有用了。如果过了河还牢牢牵着船不放，就无法离开河边去办事。言、象一旦把人导向对意义的领略，它们的功能就完成了。

可见，王弼综合前人的思想，对言意之辩做了伸述，从而与其崇本举末的本体论相贯通。不仅如此，他把"寄言出意""得意忘言"作为注经、解经的重要方法，推衍出了一系列新的观点，促成了思想界的一场大革命，开玄学清新舒爽、空灵巨妙的新风。对王弼"得意忘象"学说在魏晋时期的影响，汤用彤曾指出，它改变了解释经典的角度，与玄学贵无的宗旨相通，融合了儒道二家，并对魏晋名士的立身行事有影响②。尤其指出的是，两晋南北朝时期，儒、道、佛三家思潮相与激荡，人们希望在这三家背后求同存异，于是，"得意忘象"之说被大派用场。

4. 以无为用的治国论

基于上述思想，王弼把"无"落实于帝王之心，提出"以无为用""以无为心"的治国理论。他认为，如果君主能够泯灭一己之私欲，就能够仁德广被，远近归心。反过来，如果国君有意将自己与万众、万物区别开来，"殊其己而有其心"，存有私心，企图把天下当作满足自己私欲的工具，则会导致社会的重重矛盾，出现"一体不能自全，肌骨不能相容"的危局，不但什么都得不到，反而有可能会被篡弑。正如他注《老子》第三十八章时说："上德之人，唯道是用，不德其德，无执无用，故能有德而无不为。不求而得，不为而成，故虽有德而无德名也。下德求而得之，为而成之，则立善以治物，故德名有焉。求而得之，必有失焉；为而成之，必有败焉。"③ 在他看来，统治者必须是得道的人，唯道是用；必须是道德最高尚的人，但不炫耀自己的品德。在治理国家的过程中，无所执着，无所欲求，无所作为。所以，

---

① （魏）王弼著，邢璹注：《周易集解略例》，中华书局1991年版，第17页。
② 汤用彤：《汤用彤学术论文集》，中华书局1983年版，第217－228页。
③ （魏）王弼：《道德真经注》，《道藏》第12册，第281页。

看似无德，实为有德。反之，不懂得这个道理，有所欲求，刻意作为，汲汲于各种道德规范的制订与推行，看似有德，实为无德。这样，有所求而得，有得必有失；有所为而成，有成必有败。这一观点，他在注《老子》第四十八章"无为而无不为"时也表达过："有为则有所失，故无为乃无所不为也。"① 这与黄老道家在精神实质上是相同的，表明玄学对黄老道家有所继承。

王弼认为，社会人事的依据是天道自然："故则天成化，道同自然。"② 天道即自然，自然即无为。天道自然具体化为人的行为指导原则就是"无为"。因此，"无为"是治国的基本原则。无为是"顺自然而行，不造不施""辅万物之自然而不为始"。万物"以自然为性，故可因而不可为也，可通而不可执也"③。如此看来，仁义礼教当然不是人的自然本性。采取各种有形无形的措施强使人们遵从名教，这是违背人的自然本性的有为，不是无为。"不能无为，而贵博施；不能博施，而贵正直；不能正直，而贵饰敬"，仁义尚且虚伪，外饰当然不能长久了④。伦理道德必须符合天道的自然本性。"德应于天，则行不失时矣。"⑤ 刻意求善而推尊名教，必然会产生伦理异化和道德虚伪等现象，反而不能达到预期的目的。

王弼以老治易，儒者非之，道家拥之，自是老易合流。宋代刘克庄说："至王辅嗣出，始研寻经旨，一扫汉学，然其弊流而为玄虚矣。"⑥ 陈振孙说："至弼始一切扫去，畅以义理……然王弼好老氏，以老治易，又入玄虚。"⑦ 这并非无据。王弼说过："是以天地虽广，以无为心；圣人虽大，以虚为主。"⑧

王弼提出的"得意忘言""得本以知末"的诠释方法及其运用，对《老子》思想的发展确实做了很大的贡献。不过，应该看到，他对《老子》的编纂和注释，其指导思想是："老子之文……其大归也，论太始之原以明自然

---

① （魏）王弼：《道德真经注》，《道藏》第 12 册，第 284 页。
② （魏）王弼著，楼宇烈校释：《王弼集校释》，中华书局 1980 年版，第 626 页。
③ （魏）王弼著，楼宇烈校释：《王弼集校释》，中华书局 1980 年版，第 71、77 页。
④ （魏）王弼：《道德真经注》，《道藏》第 12 册，第 281 页。
⑤ （魏）王弼著，楼宇烈校释：《王弼集校释》，中华书局 1980 年版，第 290 页。
⑥ （清）朱彝尊撰，林庆彰等主编：《经义考新校》，上海古籍出版社 2010 年版，第 140 页。
⑦ （宋）陈振孙撰，徐小蛮、顾美华点校：《直斋书录解题》，上海古籍出版社 1987 年版，第 1 页。
⑧ （魏）王弼：《道德真经注》，《道藏》第 12 册，第 281 页。

之性，演幽冥之极以定惑罔之迷。因而不为，损而不施；崇本以息末，守母以存子；贱夫巧术，为在未有；无责于人，必求诸己，此其大要也。"① 这一指导思想背后缺乏一套切实可行的具体操作方法以使人的生命进入老子所谓的"道"的境界，忽略了《老子》中术的内容，遗漏了老子修道的体验与境界，从而继韩非子《解老》《喻老》之后，把具有多方面内容的《老子》压缩成为一部纯粹的思辨性形上学著作，造成了后世把道家与道教做二元截然划分，把二者对立起来的做法。换句话说，王弼片面地运用了认知的方法，忽视了证知的方法。王弼老学的精髓，为后世道教老学所继承。王弼老学的缺陷，在后世道教老学那里得到了克服。道教修炼者们在长期的实践中，以其自身经验为人们展示了，后天有为的生命在复返先天无为的过程中，需要经过哪些具体的操作程序，会经历哪些身心或意识上的变化，以及如何应对这些变化。最终的目的，便是超越人身的种种限制，克服种种局限性，促进生命潜力的彻底发挥，处处圆通，无所遮碍，体味创生宇宙万物的根本大源，进入逍遥自在之境。由此看来，道教老学更能实现老子本怀。

（三）嵇康、阮籍的"自然"观

正始时期的玄学是通过注解《老子》，展开有无之辩，致力于名教与自然的结合。进入竹林时期，则重在发挥《庄子》思想，冀图超越名教而纯任自然。嵇康（223—252），字叔夜，谯郡铚（今安徽濉溪县）人。他虽很早就是孤儿，但学习却十分刻苦。他广闻博览，尤好老庄与古琴，才高气傲，自称"非汤、武而薄周、孔"②，钟会斥责他"言论放荡，非毁典谟，帝王者所不宜容"③。他做过曹魏政权的"中散大夫"，是曹氏宗室女婿。司马氏当政后，他隐居不仕，与阮籍、刘伶、向秀、山涛等结为"竹林之游"。他曾在太学中活动，评议时政，尤其对司马氏集团假名教之名行党同伐异、诛杀异己、图谋篡代之实强烈不满，终于惨死在司马氏的屠刀下。阮籍（210—263），字嗣宗，陈留尉氏人。他虽同样对司马氏集团不满，但言行谨慎，而且善于与权贵周旋，以纵酒、放荡来掩饰心中的苦闷，于是得以全身免祸。

在自然观上，阮籍认为，自然界纷纭复杂的事物虽然各具自性，有"异"有"殊"，但都是"一气盛衰"的产物。天地万物的常态是和谐的，

---

① （魏）王弼：《老子微旨例略》，《道藏》第32册，第430页。
② 戴明扬校注：《嵇康集校注》，人民文学出版社1962年版，第122页。
③ （唐）房玄龄等：《晋书》，中华书局1976年版，第2888页。

这就是自然。所以说："天地生于自然，万物生于天地。自然者无外，故天地名焉；天地者有内，故万物生焉……一气盛衰，变化而不伤。"① 嵇康与阮籍互相发明，论证天地万物出于元气，认为"夫元气陶铄，众生禀焉"②。元气本身包含着阴阳两个对立面。由于阴阳二气的结合变化，从而衍生出天地万物来。人类最初是由阴阳二气陶冶而成的。"浩浩太素，阳曜阴凝，二仪陶化，人伦肇兴。"③ 人与自然之间也是这样的关系。阮籍认为："人生天地之中，体自然之形。身者，阴阳之积气也。性者，五行之正性也；情者，游魂之变欲也；神者，天地之所以驭者也。"④ 物我是一体的，人生天地之间，形体和精神都是自然的体现。

正是因为人来源于自然，是自然的体现，所以，认识的首要任务便是把握"自然之理"。嵇康认为：

> 夫推类辨物，当先求之自然之理。理已定，然后借古义以明之耳。今未得之于心，而多恃前言以为谈证，自此以往，恐巧历不能纪。⑤

这是说，人们在推理和判断的时候，首先要认识事物自身的"理"，在此基础上参考"古义"，反对"以己为度"的主观臆断。嵇康和王充一样，反对因循守旧，鄙视儒生"以周礼为关键"⑥ "立六经以为准"⑦ 的思想方法，认为首先必须尊重客观事实。"故善求者，观物于微，触类而长，不以己为度也。"⑧ 在此前提下，放开眼界，独立思考，才能"通变达微"，开拓创新。正是以这种大无畏的创新精神，嵇康、阮籍提出了"越名教而任自然"的主张。

阮籍认为，人性本于自然，理想的社会是没有君臣、礼法的原始时代。后来，君主产生，暴虐就开始横行；大臣出现，盗贼随之涌现。礼法是束缚人民、欺骗老百姓、隐瞒真情的东西。

---

① 陈伯君校注：《阮籍集校注》，中华书局 1987 年版，第 138－139 页。
② 戴明扬校注：《嵇康集校注》，人民文学出版社 1962 年版，第 249 页。
③ 戴明扬校注：《嵇康集校注》，人民文学出版社 1962 年版，第 309 页。
④ 陈伯君校注：《阮籍集校注》，中华书局 1987 年版，第 140 页。
⑤ 戴明扬校注：《嵇康集校注》，人民文学出版社 1962 年版，第 204 页。
⑥ 戴明扬校注：《嵇康集校注》，人民文学出版社 1962 年版，第 187 页。
⑦ 戴明扬校注：《嵇康集校注》，人民文学出版社 1962 年版，第 262 页。
⑧ 戴明扬校注：《嵇康集校注》，人民文学出版社 1962 年版，第 293 页。

六经以抑引为主，人性以从欲为欢，抑引则违其愿，从欲则得自然；然则自然之得，不由抑引之六经，全性之本，不须犯情之礼律。故仁义务于理伪，非养真之要术，廉让生于争夺，非自然之所出也。①

儒家以六经为典，六经以抑制人的欲望，导人向善为本。可是，真实的人是因随顺欲望而欢快。抑制和引导违背人的愿望，随顺欲望才是自然的。然而这种自然的得来，不是因为六经的抑制和引导。全性实际上不需要借助于那种本来就违背人的真情的礼法规范。所以，仁义不合于自然之理，不是养性的方法。廉洁谦让是因争夺而产生的，也不是自然本有的。总之，名教不合于自然，二者是对立的。而嵇康则走得更远，他深受道教隐士王烈和孙登的影响，主张纯任自然，"非汤武而薄周孔"，抨击儒家经典所宣扬的礼法名教，认为它们本身是束缚人性、违反自然的，甚至是社会上一切伪善、欺诈等种种恶浊现象的根源。这样的"名教"绝非出于"自然"，相反是"自然之情"遭到破坏的结果，是"大道凌迟"的衰世产物。

名教务于"理伪"，人性则要求一种"不扰""不逼"的自然生活。在这种生活样态中，人们恪守"至德"，不从私利出发争善恶是非，自然纯朴："使至德之要，无外而已。大均淳固，不贰其纪，清净寂寞，空豁以俟，善恶莫之分，是非无所争，故万物反其所而得其情也。"② 具有"至德"的人是"太初真人"。"太初真人，唯天之根，专气一志，万物以存。"③ 以这种"至德"为根据，阮籍、嵇康提出了一套社会价值标准："圣人以道德为心，不以富贵为志，以无为为用，不以人物为事，尊显不加重，贫贱不自轻，失不自以为辱，得不自以为荣。"④ 一般人如飞蛾扑火般追求富贵，圣人却不追逐这样的富贵。他以"道""德"为心，以无为为用，不因有所得而高兴，不因有所失而沮丧，不因贫贱而自卑，不因富贵而骄傲。阮籍、嵇康认为，真正的富贵是："细行不足以为毁，圣贤不足以为誉，变化移易，与神明扶，廓无外以为宅，周宇宙以为庐，强八维而处安……夫如是则可谓富贵矣。"⑤ 这样的富贵，才是圣人的追求。追求这样的富贵，是为了成就理想的完美人

① 戴明扬校注：《嵇康集校注》，人民文学出版社 1962 年版，第 261 页。
② 陈伯君校注：《阮籍集校注》，中华书局 1987 年版，第 150 页。
③ 陈伯君校注：《阮籍集校注》，中华书局 1987 年版，第 173 页。
④ 陈伯君校注：《阮籍集校注》，中华书局 1987 年版，第 176 页。
⑤ 陈伯君校注：《阮籍集校注》，中华书局 1987 年版，第 186 页。

格。阮籍、嵇康认为，最高的人格境界是超越生死，与天地万物上下同流而不改变自己本真的性情："恬于生而静于死。生恬则情不惑，死静则神不离，故能与阴阳化而不易，从天地变而不移。生究其寿，死循其宜。"① 生而能够尽其天年，死而能够死得其所。总之，他们认为，"越名教而任自然"就能够达致"物情顺通""越名任心"②"至道之极，混一不分，同为一体"③ 的境界。

境界是就个体而言的。就群体而言，阮籍、嵇康认为，理想社会是："至人无宅，天地为客；至人无主，天地为所；至人无事，天地为故；无是非之别，无善恶之异，故天下被其泽而万物所以炽也。"④ 在这样的社会中，既没有国君，也没有强制人们遵守的礼法规范；既没有是非的区分，也没有善恶的差异。人们的一切活动，如果说有依据的话，那就是天地之道。这一理想社会的实现，在阮籍、嵇康看来，关键是没有国君。"盖无君而庶物定，无臣而万事理，保身修性，不违其纪；惟兹若然，故能长久……君立而虐兴，臣设而贼生，坐制礼法，束缚下民，欺愚诳拙，藏智自神……假廉以成贪，内险而外仁……"⑤ 一旦有了君主，则君主"竭天地万物之至以奉声色无穷之欲"，把天下的一切当作自己的私有财产和满足自己无限膨胀的欲望的资源，而且还恬不知耻地制订名教规范来钳制、牢笼人们的行为和思想，并把它冒充为永恒的真理："汝君子之礼法，诚天下残贼、乱危、死亡之术耳；而乃目以为美行不易之道，不亦过乎！"⑥ 所以，名教是专制政治的护身符，希图用名教来维护社会秩序，反而会导致无穷的社会弊端。从任自然的思想高度，他们否定和抨击了名教及附着于其上的专制政体。

专制政治之所以受到抨击，是因为它压抑、摧残人的性情，甚至成为奸猾之人残杀正直无辜者的手段。嵇康认为，人的言行举止都应该是内心状态的真实流露，人的视听言动不应是遵循外在的礼而应该是自我意愿的表现。他把这叫作"公"。相反，把自己的本来面目隐藏起来，为了某种目的按照外在要求去行事，则称为"私"。"是故言君子，则以无措为主，以通物为

---

① 陈伯君校注：《阮籍集校注》，中华书局 1987 年版，第 144 页。
② 戴明扬校注：《嵇康集校注》，人民文学出版社 1962 年版，第 234 页。
③ 陈伯君校注：《阮籍集校注》，中华书局 1987 年版，第 150 页。
④ 陈伯君校注：《阮籍集校注》，中华书局 1987 年版，第 173 页。
⑤ 陈伯君校注：《阮籍集校注》，中华书局 1987 年版，第 170 页。
⑥ 陈伯君校注：《阮籍集校注》，中华书局 1987 年版，第 170 页。

美。言小人，则以匿情为非，以违道为阙。何者？匿情矜吝，小人之至恶；虚心无措，君子之笃行也。"① "有措"是小人的行为，是"私"；"无措"是"公"，是君子的作为。"公"与"私"不是根据行为的善恶来判断的。他解释说："夫私以不言为名，公以尽言为称，善以无名为体，非以有措为负。"② "私"的特征是"不言"，是心中的计较，是各种阴谋诡计。"公"的特征是"尽言"，是可以在任何场合公开谈论的，能够做到知无不言，言无不尽，心中坦荡无滞。嵇康主张公而忘私，称心率情地行事："值心而言，则言无不是；触情而行，则事无不吉。"言行顺应自己的性情而起，秉公而生，就不会有错误，也不会不吉利，即所谓"言不计乎得失而遇善，行不准乎是非而遇吉"。嵇康把这称为"公成私败之数"，认为上天必然会成全这种行为③。

与嵇康一样，阮籍认为，名教让人的声、色、形、貌、言、行都遵循一个固定的模式，这种机械固定的模式必然阻碍和压制真实性情的显露和发挥。只有从这种僵化的生存模式中跳出来，生活得自由自在，有丰富的内涵，人的真实自我才能表现出来。他在《大人先生传》中说："是以至人不处而居，不修而治，日月为正，阴阳为期岂容情于世，系累于一时。乘东风，驾西风，与阴守雌，据阳为雄，志得欲从，物莫之穷，又何不能自达而畏夫世笑哉！"④ 他甚至主张："夫人之立节也，将舒网以笼世，岂樽樽以入罔；方开模以范俗，何暇毁辰以适检。"⑤ 这就是说，如果要立节的话，就应当用新的规范去改造世界，立模范来铸造世俗，而不应该汲汲于受既定规范约束，以扭曲自己遵从礼法名教！

阮籍、嵇康所主张的"越名教而任自然"的思想，充分地揭露了名教与自然、必然与自由、自在与自为、现实与理想的各种矛盾，要求自我在这些矛盾中做出负责任的选择。按照他们的看法，就是抛弃前者而执着地追求后者。从最终归宿来说，就是超越形而下的具体，把握形而上的本体。他们主张从自我意识出发，从自我的独立思考和理性判断出发，打破经典权威和习俗成见的束缚，反对"多同"之见和"思不出位"的观点，不断地否定自我，超越自我，把自我投身于宇宙大化中去，与本体合一，聆听造化的太和

---

① 戴明扬校注：《嵇康集校注》，人民文学出版社1962年版，第234页。
② 戴明扬校注：《嵇康集校注》，人民文学出版社1962年版，第242-243页。
③ 戴明扬校注：《嵇康集校注》，人民文学出版社1962年版，第237页。
④ 陈伯君校注：《阮籍集校注》，中华书局1987年版，第166页。
⑤ 陈伯君校注：《阮籍集校注》，中华书局1987年版，第70页。

之声。这些，从学派定位来看，就是弃儒入道。

（四）郭象的"独化"论

郭象（252—312），字子玄。《晋书》本传说，他年少时聪明睿智，继而嗜好老庄，能言善辩，滔滔不绝。他既是在朝廷"任职当权，熏灼内外"，权倾一时的高级官员，又是著名的清谈家。他的思想首先承袭了以王弼、向秀（227—277）为代表的儒道融合派，尤其是向秀的思想。其中，王弼"以儒合道"，强调"圣人体无"；向秀"以道合儒"强调"（圣人）无心以顺有"，其宗旨都在"儒道双修"，调和"自然"和"名教"的矛盾。向秀以庄学为宗，把"儒道合"的思想推进了一步。郭象全面继承了向秀的思想，并"述而广之"，致使"儒墨之迹见鄙，道家之言遂盛"。现存《庄子注》一书，实际上是向、郭两人思想的融合。其次，郭象的思想承袭了以裴頠（267—300）为代表的"崇有"派的思想。裴頠的《崇有》《贵无》二论，就其贬道尊儒而言，郭象或许不完全赞同；但其"无"不能生"有"，而"有"系"自生"的观点，则为郭象所直接承袭并大加发挥。裴頠、郭象都可称作"崇有"派。郭象在《庄子·序》中认为，庄子的思想特点是"与化为体，流万代而冥物""神器独化于玄冥之境""绵邈清遐，去离尘埃，而返冥极"①。"冥"即"殊"，泯除分别，不分彼此。"玄"即黑色、辽远、模糊之意。"玄冥"合观，即指玄之又玄的最高本体。郭象思想的实质是以万物"自生独化"为依据"明内圣外王之道"，融合名教与自然、有为与无为。

郭象提出了"万物独化"的观点：

> 世或谓罔两待景，景待形，形待造物者。请问夫造物者有邪？无邪？无也则胡能造物哉！有也则不足以物众形。故明众形之自物，而后始可与言造物耳！是以涉有物之域，虽复罔两，未有不独化于玄冥者也。②

"独化"并不是郭象的首创。《鹖冠子·天权》和《汉书·邹阳传》都有使用这一概念的例子。韩康伯进而把它提升为形上学的范畴。《系辞传注》说："神也者，变化之极，妙万物而为言，不可以形诘者也，故曰'阴阳不测'。

---

① （晋）郭象注，（唐）成玄英疏，曹础基、黄兰发点校：《南华真经注疏》，中华书局1998年版，第1-2页。

② （晋）郭象注，（唐）成玄英疏，曹础基、黄兰发点校：《南华真经注疏》，中华书局1998年版，第57页。

尝试论之曰：原夫两仪之运，万物之动，岂有使之然哉！莫不独化于太虚，欸尔而自造矣。造之非我，理自玄应；化之无主，数自冥运，故不知所以然，而况之神。"① 在继承这些前人的思想资源的基础上，郭象阐述了独化论。在他看来，"无"就是绝对的空无，万有世界不是从"无"化生的，因为"无"不能生"有"；也不是什么主宰者所造，因为任何"有"皆有限存在，既为有限者就不能创造他物。那么，显然，"将使万物各反所宗于体中而不待乎外"，即万物的变化不需要外界的控制与干预，现象不需要依赖本体而存在，现象是自生独化而存在的。"万物皆造于自尔。"② "物各自生而无所出焉。"万物是无原因、无目的、独自、孤立、无所凭依地生成、变化、存在的："不知所以因而自因。"③ 物性的获得是"自得"。"凡得之者，外不资于道，内不由于己，掘然自得而独化也。"④ 如此推论下来，宇宙间的每一个物都不可缺少，每一个理都不能不发挥作用。"故天地万物，凡所有者，不可一日而相无也。一物不具，则生者无由得生；一理不至，则天年无缘得终。"⑤ 宇宙间每一个事物都"各有本分"，都是圆满、完满、"自足其性"的。"理有至分，物有定极。各足称事，其济一也。"⑥ 因此，事物彼此之间无法区分比较，也找不到一个统一的标准。既然如此，有差别就等同于无差别，一切差别都可以抹杀掉。庄子的相对主义只是一味地断言没有所谓是非、大小等的差别，缺乏论证而流于武断。郭象则从独化论出发对此做了论证。

郭象的这种观点有促进人们积极地认识事物之理的意义。他认为，每一个事物虽然都是按照自己的性分而独化，但彼此之间还是可以结成一种协同关系，在玄冥之境中得到统一，创造出整体性的和谐。事物之间的相因、和谐是在玄冥之境中进行的，因而并不影响事物的独化、自为。本来，郭象说

① （魏）王弼注，（晋）韩康伯注，（唐）陆德明音义，（唐）孔颖达疏：《周易注疏》，中央编译出版社2013年版，第352页。

② （晋）郭象注，（唐）成玄英疏，曹础基、黄兰发点校：《南华真经注疏》，中华书局1998年版，第370页。

③ （晋）郭象注，（唐）成玄英疏，曹础基、黄兰发点校：《南华真经注疏》，中华书局1998年版，第38页。

④ （晋）郭象注，（唐）成玄英疏，曹础基、黄兰发点校：《南华真经注疏》，中华书局1998年版，第147页。

⑤ （晋）郭象注，（唐）成玄英疏，曹础基、黄兰发点校：《南华真经注疏》，中华书局1998年版，第135页。

⑥ （晋）郭象注，（唐）成玄英疏，曹础基、黄兰发点校：《南华真经注疏》，中华书局1998年版，第3页。

过，事物变化的原因只能求之于己，求之于内，如此才能"任而不助，则本末内外，畅然俱得，泯然无迹"，而"宗物于外"就会"丧主于内"①。注重从内部寻求事物发生、发展的原因，有突出主体自身力量的意义，正所谓："物各有性，性各有极。"②从独化、自为的观点引申出的"物任其性，事称其能，各当其分"③的实践操作的方法论原则，有反对整体性的过度扩展，张扬个体性的意义，也有反对外界对个体的干扰、他人的强迫与宰制的积极意义，但遗憾的是，郭象没有由此引向对人的自我价值和主观能动性的发现和肯定，反而走向了不可知论和命定论。在他看来，物若各自本其性，自足其性，那么，物与物之间就没有什么差别了。人对物的"知"，也要本着这个原则，"聪明之用，各有本分"④，个人的天赋使得自己懂得的，就是自己本该懂得的，其他的就不用强迫自己去弄清弄懂，"所不知者，皆性分之外也。故止于所知之内而至也"⑤。在认识事物上是这样，其他方面也类似。人是受命主宰的，"不知其所以然而然谓之命"⑥。这样的命是与生俱来的，"天性所受，各有本分，不可逃，亦不可加"⑦。既然这样，就只有"死生变化，惟命之从"⑧。这样的宿命论是不可取的。

在郭象看来，决定具体事物生死寿夭的理，就是性；事物发展变化过程中的极限，就是命；事物之间的差别性，就是情。事物的统一性不在其物质性，而主要是内在的必然性即道的一致。但是，郭象对万物之间的差别性，具体事物存在的有限性、暂时性，与宇宙无限性、永恒性之间的关系，缺乏

---

① （晋）郭象注，（唐）成玄英疏，曹础基、黄兰发点校：《南华真经注疏》，中华书局1998年版，第58页。

② （晋）郭象注，（唐）成玄英疏，曹础基、黄兰发点校：《南华真经注疏》，中华书局1998年版，第5页。

③ （晋）郭象注，（唐）成玄英疏，曹础基、黄兰发点校：《南华真经注疏》，中华书局1998年版，第1页。

④ （晋）郭象注，（唐）成玄英疏，曹础基、黄兰发点校：《南华真经注疏》，中华书局1998年版，第182页。

⑤ （晋）郭象注，（唐）成玄英疏，曹础基、黄兰发点校：《南华真经注疏》，中华书局1998年版，第46页。

⑥ （晋）郭象注，（唐）成玄英疏，曹础基、黄兰发点校：《南华真经注疏》，中华书局1998年版，第544页。

⑦ （晋）郭象注，（唐）成玄英疏，曹础基、黄兰发点校：《南华真经注疏》，中华书局1998年版，第71页。

⑧ （晋）郭象注，（唐）成玄英疏，曹础基、黄兰发点校：《南华真经注疏》，中华书局1998年版，第142页。

充分的论述。在他看来，性虽是事物自在、自为之理，本质上是无所谓善与恶的，但现实中的具体事物又总是有其"能"与"分"，也就是说，它们之间存在着差别。这种统一与差别的关系的存在，用一个空洞的自性显然是难以从根本上说明如何适性，适何种性才能逍遥的。

郭象认为，万有众形，都不过是"迹"（现象），现象背后还有"所以迹"（本质）。"所以迹"只有求之于言意之外的境域才能获得。这和最高的神秘的认识，他称之为"冥"。达到了"冥"的境界，"言"和"意"，"有"和"无"，"迹"和"所以迹"，全都忘了，此乃所谓"冥而忘迹"。在这个意义上，对言与意的关系，他说："夫言意者，有也；而所言所意者，无也。故求之于言意之表，而入乎无言无意之域而后至焉。"[①] 超越了言意的羁绊而自有入无，就是由迹而入所以迹，但这还不够，还要把迹与所以迹的区分也忘掉，"既忘其迹，又忘其所以迹者。内不觉其一身，外不识有天地，然后旷然与变化为体而无不通也"[②]。如此可以超绝是非、玄同彼我、泯去善恶、忘掉贵贱，完全坠入一种物我两忘的境界："忘天地，遗万物，外不察乎宇宙，内不觉其一身，故能旷然无累，与物俱往，而无所不应也。"[③] 郭象把这种境界描绘为"忘己""无我""性是自得""乐命自愉"的最高境界。

从这种境界论出发，郭象用"大小俱足"来论证"自然"和"名教"的合一。既然"万物独化""物各自生"，一切现实存在物都"自足其性"，又都"不可相无"，也就是全部符合"天理自然"的，因而是不可改变的。社会中的长幼尊卑莫非天理自然，是符合人性的。因为自然的原生性即天给予人的本性，就是人性。总之，一切存在都是合理的。

这个观点落实到社会政治领域，郭象反对"有心而使天下从己"，提出了"无心而付之天下"的观点。他为此做了理论上的论证。在他看来，每一个人都是天地的精华，"区区之身，乃举天地以奉之"[④]。既然如此，在政治活动中，统治者就要顺应民性："性之所能，不得不为也；性所不能，不得

---

① （晋）郭象注，（唐）成玄英疏，曹础基、黄兰发点校：《南华真经注疏》，中华书局1998年版，第333－334页。

② （晋）郭象注，（唐）成玄英疏，曹础基、黄兰发点校：《南华真经注疏》，中华书局1998年版，第163页。

③ （晋）郭象注，（唐）成玄英疏，曹础基、黄兰发点校：《南华真经注疏》，中华书局1998年版，第39页。

④ （晋）郭象注，（唐）成玄英疏，曹础基、黄兰发点校：《南华真经注疏》，中华书局1998年版，第135页。

强为：故圣人唯莫之制，则同焉皆得而不知所以得也。"① 人民的天性是不能改变的，也是不可改变的。"天性所受，各有本分，不可逃，亦不可加。"② 尊重人民的本性，这是天下治乱的关键所在："因其性而任之则治，反其性而凌之则乱。"③ 据此，统治者切忌以一己之偏见作为唯一的是非标准，自以为是，独断专行，而要"因众之自为"。"故所贵圣王者，非贵其能治也，贵其无为而任物之自为也。"④ 无为政治的核心是"万物各得自为"："无为者，因其自生，任其自成，万物各得自为。"⑤ 无为政治的一个重要方面是要合理使用人才，"因天下之自为而任"⑥，使之"各当其分""各当其能"，尤其要注意"就其殊而任之，则万物莫不当也"⑦，即要注意每一个人在才能、个性等方面的特殊性，容许有个性、有棱角的人存在，把下属当作与自己完全同等的人看而不是当奴隶看，要让每一个人都不断地通过自修而完成本职工作并得到提高，"人皆自修而不治天下，则天下治矣"⑧。总之，要促使各种关系处于最完美的和谐状态，创造一个"物任其性，事称其能，各当其分"⑨，君臣上下都能"自得"于其中的"逍遥"之"场"，即良好、宽松的氛围。为此，要以才和德作为获得各种名分的依据，即使君臣的名分也是这样，

---

① （晋）郭象注，（唐）成玄英疏，曹础基、黄兰发点校：《南华真经注疏》，中华书局 1998 年版，第 530 页。

② （晋）郭象注，（唐）成玄英疏，曹础基、黄兰发点校：《南华真经注疏》，中华书局 1998 年版，第 71 页。

③ （晋）郭象注，（唐）成玄英疏，曹础基、黄兰发点校：《南华真经注疏》，中华书局 1998 年版，第 226 页。

④ （晋）郭象注，（唐）成玄英疏，曹础基、黄兰发点校：《南华真经注疏》，中华书局 1998 年版，第 212 页。

⑤ （晋）郭象注，（唐）成玄英疏，曹础基、黄兰发点校：《南华真经注疏》，中华书局 1998 年版，第 616 页。

⑥ （晋）郭象注，（唐）成玄英疏，曹础基、黄兰发点校：《南华真经注疏》，中华书局 1998 年版，第 224 页。

⑦ （晋）郭象注，（唐）成玄英疏，曹础基、黄兰发点校：《南华真经注疏》，中华书局 1998 年版，第 338 页。

⑧ （晋）郭象注，（唐）成玄英疏，曹础基、黄兰发点校：《南华真经注疏》，中华书局 1998 年版，第 220 页。

⑨ （晋）郭象注，（唐）成玄英疏，曹础基、黄兰发点校：《南华真经注疏》，中华书局 1998 年版，第 1 页。

"时之所贤者为君，才不应世者为臣"①。君臣上下"各当其能""各司其任"②。在这个前提下，郭象强调，臣下应该安守本位，不做非分之想，防止"志过其分，上下相冒"的现象出现。他说：

> 臣妾之才而不安，臣妾之任则失矣。故知君臣上下，手足外内，乃天理自然，岂直人之所为哉！……凡得真性，用其自为者，虽复皂隶，犹不顾毁誉而自安其业。故知与不知，皆自若也。③

总之，一切的方略和原则，都要服务于"神器独化于玄冥之境"的目的，即无为而治，内圣外王。

对名教与自然的关系，郭象认为，名教不可没有。"明夫尊卑先后之序，固有物之所不能无也。"④ 但是，它们及其所表现的仁义礼法都只是"迹"，而不是"所以迹"。"所以迹者，真性也。夫任物之真性者，其迹则六经也。"⑤ 真性即自然。"夫真者，不假于物而自然也。夫自然之不可避，岂直君命而已哉！"⑥ 真是自然的、客观的，是君命所无法比拟的。由此可知，名教乃自然之迹。刻意寻求和遵循外在之迹必然失其本然。名教必须符合人性。治理天下，应该"率性而动""随时而变，无常迹"⑦。因为人性是与世俱变的。名教必须因应人性的变化而变化。"人性有变，古今不同也。故游寄而过去则冥，若滞而系于一方则见。见则伪生，伪生而责多矣。"⑧ 如果名教不

---

① （晋）郭象注，（唐）成玄英疏，曹础基、黄兰发点校：《南华真经注疏》，中华书局1998年版，第29页。
② （晋）郭象注，（唐）成玄英疏，曹础基、黄兰发点校：《南华真经注疏》，中华书局1998年版，第268页。
③ （晋）郭象注，（唐）成玄英疏，曹础基、黄兰发点校：《南华真经注疏》，中华书局1998年版，第29－30页。
④ （晋）郭象注，（唐）成玄英疏，曹础基、黄兰发点校：《南华真经注疏》，中华书局1993年版，第271页。
⑤ （晋）郭象注，（唐）成玄英疏，曹础基、黄兰发点校：《南华真经注疏》，中华书局1993年版，第304页。
⑥ （晋）郭象注，（唐）成玄英疏，曹础基、黄兰发点校：《南华真经注疏》，中华书局1993年版，第142页。
⑦ （晋）郭象注，（唐）成玄英疏，曹础基、黄兰发点校：《南华真经注疏》，中华书局1993年版，第299页。
⑧ （晋）郭象注，（唐）成玄英疏，曹础基、黄兰发点校：《南华真经注疏》，中华书局1993年版，第299页。

能与人性冥合，一味追求外在之迹的仁义，"则仁义者，挠天下之具也"①。所以《大宗师》注说，"知礼意者，必游外以经内，守母以存子，称情而直往也"。如果"矜乎名声，牵乎形制，则孝不任诚，慈不任实。父子兄弟，怀情相欺，岂礼之大意哉！"② 仅仅靠"法圣人"是不能安天下的，因为"法圣人者，法其迹耳。夫迹者，已去之物，非应变之具也，奚足尚而执之哉！"③ 靠一成不变的仁义礼法是不足以安天下的，名教必须因应时势而做出损益变化。"时移世异，礼亦宜变。"④ 以具有特殊性的名教作为天下人普遍的道德规范是行不通的。"以一正万，则万不正矣。"这是因为人人"各自有正，不可以此正彼而损益之"⑤。他认为，治理天下的根本原则是："至正者，不以己正天下，使天下各得其正而已。"⑥ 再进一步，名教也不足以平治天下，"不思捐迹反一，而方复攘臂用迹以治迹，可谓无愧而不知耻之甚也"⑦。必须从迹进入到所以迹，超越名教而臻于自然，使迹吻合于所以迹，名教符合于自然。

郭象认为，能够使得"迹"合于"所以迹"，"捐迹反一"，悟到"名教"终究能够合一于"自然"的真理，而成为"体无"的圣人，即可以在现实的礼法名教中适性而"逍遥自得"：

> 夫理有至极，外内相冥，未有极游外之致而不冥于内者也，未有能冥于内而不游于外者也。故圣人常游外以冥内，无心以顺有。故虽终日挥形而神气无变，俯仰万机而淡然自若。⑧

---

① （晋）郭象注，（唐）成玄英疏，曹础基、黄兰发点校：《南华真经注疏》，中华书局 1998 年版，第 187 页。

② （晋）郭象注，（唐）成玄英疏，曹础基、黄兰发点校：《南华真经注疏》，中华书局 1998 年版，第 155 页。

③ （晋）郭象注，（唐）成玄英疏，曹础基、黄兰发点校：《南华真经注疏》，中华书局 1998 年版，第 200 页。

④ （晋）郭象注，（唐）成玄英疏，曹础基、黄兰发点校：《南华真经注疏》，中华书局 1998 年版，第 296 页。

⑤ （晋）郭象注，（唐）成玄英疏，曹础基、黄兰发点校：《南华真经注疏》，中华书局 1998 年版，第 183 – 184 页。

⑥ （晋）郭象注，（唐）成玄英疏，曹础基、黄兰发点校：《南华真经注疏》，中华书局 1998 年版，第 184 页。

⑦ （晋）郭象注，（唐）成玄英疏，曹础基、黄兰发点校：《南华真经注疏》，中华书局 1998 年版，第 218 页。

⑧ （晋）郭象注，（唐）成玄英疏，曹础基、黄兰发点校：《南华真经注疏》，中华书局 1998 年版，第 155 页。

"游外"是笃名教，"冥内"是任自然，前者是体，后者是用；前者是本，后者是末；前者为"外王"，后者为"内圣"。只要"物任其性，事称其能，各当其分"，无论什么事均可适性而为，因为"率性而动，故谓之无为"①，"无为"就能逍遥自得。在社会生活中，应该顺时应变，不固执于某一确定的立场："不可必，故待之不可以一方也。唯与时俱化者，为能涉变而常通。"②这样才能事事顺畅。做到这一点的关键是要以出世的心态来做事。"夫神人即今所谓圣人也。夫圣人虽在庙堂之上，然其心无异于山林之中。"③大隐居朝，中隐居市，小隐居山林，这一对后世影响颇大的观念即由此而来。

郭象认为，"物各自造"，"相因之功，莫若独化之至也"④，事物之间的联系仅是一种外在的联系，这就使得"名无而非无"的"玄冥之境"成为容纳万事万物生起消失的无限虚空。这样的玄冥之境，只有圣人才能达到。对玄冥之境，郭象从多个侧面做了描述。首先，圣人不使用眼睛和耳朵等感觉器官，抛弃了知识念虑，不执着于自己的所作所为："捐聪明，弃知虑，魄然忘其所为。"⑤心中虚、静、无为。其次，圣人"玄合乎视听之表，照之以天而不逆计，放之自尔而不推明也"⑥。一切行为均以天为依据。再次，圣人超越了生死。"冥乎不死不生者，无极者也。"⑦最后，由于上述三个方面的缘由，圣人循顺万物而不受万物的制约，行事能够畅通无碍。"唯与物冥而循大变者，为能无待而常通，岂独自通而已哉！又顺有待者，使不失其所待，所待不失，则同于大通矣。"⑧总之，圣人是做到了"本末内外，畅然俱得，

① （晋）郭象注，（唐）成玄英疏，曹础基、黄兰发点校：《南华真经注疏》，中华书局1998年版，第269页。

② （晋）郭象注，（唐）成玄英疏，曹础基、黄兰发点校：《南华真经注疏》，中华书局1998年版，第388页。

③ （晋）郭象注，（唐）成玄英疏，曹础基、黄兰发点校：《南华真经注疏》，中华书局1998年版，第12页。

④ （晋）郭象注，（唐）成玄英疏，曹础基、黄兰发点校：《南华真经注疏》，中华书局1998年版，第142页。

⑤ （晋）郭象注，（唐）成玄英疏，曹础基、黄兰发点校：《南华真经注疏》，中华书局1998年版，第344页。

⑥ （晋）郭象注，（唐）成玄英疏，曹础基、黄兰发点校：《南华真经注疏》，中华书局1998年版，第51页。

⑦ （晋）郭象注，（唐）成玄英疏，曹础基、黄兰发点校：《南华真经注疏》，中华书局1998年版，第5页。

⑧ （晋）郭象注，（唐）成玄英疏，曹础基、黄兰发点校：《南华真经注疏》，中华书局1998年版，第9页。

泯然无迹"①，摆脱了自然条件对自己的制约，超越了种种世俗观念和礼法规范的宰制，摆脱了形体对精神的束缚，洞彻生死，能耐高强，没有难得倒的困难，没有通不了的障碍，畅通无阻，无所不为的人。这样的圣人实际上是从理想的精神人格的角度对道家和道教的神仙观念的改造。

上达于玄冥之境的方法，郭象认为是"遣知而知，不为而为，自然而生，坐忘而得。故知称绝而为名去也"②。《庄子》的坐忘之法被他改造成为通往玄冥之境的方法。通往玄冥之境，最重要的是能够"顺万物之性"，齐同是非，"玄同彼我"。这其中的关键是后世的重玄方法："既遣是非，又遣其遣，遣之又遣之，以至于无遣，然后无遣无不遣，而是非自去矣。"③

"贵无"和"崇有"合一，体与用、本与末合一，"自然"和"名教"合一，"内圣"和"外王"合一，便是郭象营造的"游外以冥内，无心以顺有"的圣人境界，而玄学的哲理创新也大致在这种境界中画上了休止符。

（五）魏晋玄学与道教的关系

总的说来，魏晋玄学谈玄说妙，却凌空虚度，没有为本体下坠于现实搭建梯子，有道无术。有与无、自然与名教、体与用其实并没有真正统一起来，正如刘勰的批评："滞有者，全系于形用；贵无者，专守于寂寥。"④ 所以，玄学的末流不得不汇入道、佛二教，随之而有佛教的六家七宗和道教重玄等哲理的异彩纷呈的兴起。

玄学把本源论问题转化为本体论问题后，存在与意义的源头就用不着在现实的时空中寻找，通过本质与现象的抽象即可找到。玄学家把生存的有限性归结为现象，把生存的无限性归结为本质，实际上是肯定了人的生存。这样一来，超越生存的有限性只要着眼于精神境界就足够了。玄学家以自然消解了名教，最终留下的只是道家的逍遥精神，失去了儒家的担待意识，对当时现实时空中紧迫的社会政治问题感到无助。于是，解决存在与意义同一的理性主义的方式不得不让位于非理性主义的方式，这就是道教与佛教的方式。

① （晋）郭象注，（唐）成玄英疏，曹础基、黄兰发点校：《南华真经注疏》，中华书局1998年版，第58页。

② （晋）郭象注，（唐）成玄英疏，曹础基、黄兰发点校：《南华真经注疏》，中华书局1998年版，第134页。

③ （晋）郭象注，（唐）成玄英疏，曹础基、黄兰发点校：《南华真经注疏》，中华书局1998年版，第41页。

④ （南朝梁）刘勰著，范文澜注：《文心雕龙注》，人民文学出版社1958年版，第327页。

这里对玄学与道教的关系做一考察。

1. 元康时期之前玄学与道教的关系

东汉以来，尤其是魏晋以来，由玄学进一步引发的人生短促感，普遍表现于文人的诗文中。如陆机（261—303）的《门有车马客行》咏叹道："天道信崇替。人生安得长。慷慨惟平生。俯仰独悲伤。"① 从生命有限，现实祸变叠至，人难以掌握自己命运的生命悲剧意识出发，士子们或由此而贵生纵欲，或以贤人自许而积极有为，或尽智慧之最高层次的体验。如曹操《龟虽寿》表达的愿望是："神龟虽寿，犹有竟时；腾蛇乘雾，终为土灰。老骥伏枥，志在千里；烈士暮年，壮心不已。盈缩之期，不但在天；养怡之福，可得永年。"② 《驱车上东门行》说："浩浩阴阳移，年命如朝露。人生忽如寄，寿无金石固。万岁更相送，贤圣莫能度。服食求神仙，多为药所误。不如饮美酒，被服纨与素。"③ 这三种倾向均与道教有关，尤其是前两者。纵欲者多青睐于道教的房中术，部分积极有为者则力图通过道教之术的修炼，如道教一样追求寿命的延长甚至长生不死。尽智慧之最高层次的体验者，可由生命的无常、短促、心骏、多难而追求人生意义的崇高，这种追求的非理性表现形式之途也汇入了道教。对此，《文心雕龙·明诗》有"正始明道，诗杂仙心"之说④。曹植《辩道论》记载了当时普遍尊崇养生家、神仙家的情况，其形成绝非一时，其源流可推至汉末，正与张道陵创教同时。

在何晏、王弼之前，"玄"这一概念已经被广泛使用。玄学的主题已经有道教中人在谈论了。《真诰》记载，张玄宾在曹操时举茂才，后归隐，拜西河蓟公学"服术饵兼行洞房白元之事"⑤。《真诰》介绍他的玄学观点是：

> 此人善能论空无，乃谈士，常执本无理，云：无者，大有之宅，小有所以生焉。积小有以养小无，见大有以本大无，有有亦无无焉，无无亦有有焉。所以我目都不见物，物亦不见无，寄有以成无，寄无以得无，于是无则无宅也。太空亦宅无矣。我未生时，天下皆无无也。⑥

---

① 逯钦立辑校：《先秦汉魏晋南北朝诗》，中华书局 1983 年版，第 660 页。
② （三国）曹操：《曹操集》，中华书局 1974 年版，第 21 页。
③ （宋）郭茂倩编撰，聂世美、仓阳卿校点：《乐府诗集》，上海古籍出版社 2016 年版，第 770 页。
④ （南朝梁）刘勰著，范文澜注：《文心雕龙注》，人民文学出版社 1958 年版，第 67 页。
⑤ （梁）陶弘景：《真诰》，《道藏》第 20 册，第 568 页。
⑥ （梁）陶弘景：《真诰》，《道藏》第 20 册，第 568 页。

这里，已经在把无作为本源与本体的意义上提出了以无为本的思想。但这一观点似乎没有对玄学产生大的影响。

曹操召集甘始、郗俭、左慈等众多方士于邺下，本意是"聚而禁之"。没想到正好给了士大夫向这些方士学习方术，尤其是养生术的机会。曹丕在《典论》中生动地描绘了这一情况，说："初，俭（郗俭）之所至，茯苓价暴贵数倍……后始（甘始）来，众人无不鸱视狼顾，呼吸吐纳……左慈到，又竞受其补导之术。"① 曹操虽然不信鬼神，但有神仙思想："好养性法，亦解方药。"② 实际上，他不仅懂，而且服了药。这说明，神仙鬼神之论在这一时期影响极大，道士多以方术惑人。魏晋人好养生，喜服药，莫不源于道教。道士们很注重方术的修炼，集堪舆、方技、术数于一身，凡占卜、医术、天文、历算，可资利用增其方技道术者，无不广采博引，以之为用。同时，他们颇为重视道，既学老庄，也学阴阳、五行、谶纬等学说，并力图把道与术结合起来，在一定意义上可以断言，魏晋道士奠定了后世道教学理的基础。与道士们以术为本而力图实现术与道的结合不同，士大夫们则是以道为本力图实现道与术的结合。《世说新语·文学》注引《文章叙录》："自儒者论以老子非圣人，绝礼弃学。晏说'与圣同'，著论行于世也。"③ 何晏认为《周易》"差次老、庄而参爻、象"④。他把《易》《老》《庄》思想融会贯通，援道入儒，著有《道德论》《无名论》，其思想主旨即儒道同归。这是就道的方面而言。在术的方面，何晏"取仲景紫石散及侯氏黑散两方，以意加减，并为一剂"⑤，即五石散方。以五石为药，最早见于《史记·扁鹊仓公列传》："齐王侍医遂病，自练五石服之。"⑥ 汉末荆古冢中已瘞有以大量石药随葬的尸体⑦。五石散又叫寒食散，葛洪的《抱朴子内篇·金丹》有记载。关于服食的功效，东汉的王充早就在《论衡·无形》中说过："人恒服药固寿，能增加本性，益其身年也。"⑧ 五石可做药养命，张华所作的《博物志》引《神农经》记载说："上药养命，谓五石之练形，六芝之延年也。中药养性，

① （南朝宋）范晔撰，（唐）李贤等注：《后汉书》，中华书局1965年版，第2748页。
② （晋）张华撰，范宁校证：《博物志校证》，中华书局1980年版，第61页。
③ （南朝宋）刘义庆撰，徐震堮校笺：《世说新语校笺》，中华书局1984年版，第108页。
④ 转引自（晋）陈寿撰，（宋）裴松之注：《三国志》，中华书局1982年版，第820页。
⑤ 余嘉锡：《余嘉锡论学杂著》，中华书局1963年版，第208页。
⑥ （汉）司马迁：《史记》，中华书局1982年版，第2810页。
⑦ （宋）李昉等编：《太平广记》，中华书局1961年版，第3102—3103页。
⑧ 黄晖校释：《论衡校释》，中华书局1990年版，第62页。

合欢蠲忿，萱草忘忧。下药治病，谓大黄除实，当归止痛。"①《本草》认为服食可以"益精""益气""补不足""令人有子""久服轻身延年"②。此外，五石散主要用作治疗"房室之伤"的强壮剂，何晏伤于酒色，服后"首获神效"，原因就是这一点。这是五石散能够被当时的人们广泛服食的主要原因之一。其次，五石散有镇心、定惊功效，能够使人"神明开朗"。但五石散本身有毒，必须对症按量服食，且服食后有诸多条件限制，否则后果很严重，甚至会因此送命。在行为上用道教的方术，在思想上必定会受方士们的思想的影响。以何晏为例，他使用这类术是有理论基础的。在《无名论》中，他说："譬如阴中之阳，阳中之阴，各以物类，自相求从。夏日为阳，而夕夜远与冬日共为阴；冬日为阴，而朝昼远与夏日同为阳。皆异于近而同于远也。"③ 像这样的话，是这一时期道士们常说的。《世说新语·言语》注引刘宋时太医令秦丞相（应作秦承祖）的《寒食散论》说："寒食散之方，虽出汉代，而用之者寡，靡有传焉。魏尚书何晏首获神效，由是大行于世，服者相寻也。"④ "靡有传"只是就世俗社会而言，方士们肯定是有传的，不然何晏是吃不到的。何晏一边服食来自民间方士们的散，一边在上流社会口谈玄言，颇能说明玄学与道教的关系。何晏是曹操的"假子"，他的行为颇具有号召力和影响力。在流行一时的"延年、长生、成仙"的道教思想影响下，服散的风气经久不衰。自魏晋以来，清谈名士多喜服食药物以养生。而且，不仅士大夫们服，一些道教徒也服。杨羲是东晋时期道教上清派的著名人物，《真诰》有他写给别人的一封书信，其中说："羲顿首，奉反告承服散三旦，宣通心中，比是得力，深慰驰情，愿善将和，无复感动……"⑤ 六朝的诗文中，行散之词比比皆是，说明直到六朝，服散之风仍然非常盛行，也说明寒食散的药效得到了验证。而且，伴随着这一过程，炼药的方法、原理被公开，被许多人所了解，所用原料如茯苓，甚至因有名的方士到某地而价格暴涨。寒食散作为实现长生不死的方法之一，能够在社会生活中产生这样大的作用，说明服食术在两晋南北朝时期确有进步。对这一时期服药的社会

---

① （晋）张华撰，范宁校证：《博物志校证》，中华书局 1980 年版，第 48 页。
② （宋）唐慎微：《重修政和经史证类备用本草》，人民卫生出版社 1982 年版，第 83、89、92 -95 页。
③ （清）严可均校辑：《全上古三代秦汉三国六朝文》，中华书局 1958 年版，第 1274 页。
④ （南朝宋）刘义庆撰，徐震堮校笺：《世说新语校笺》，中华书局 1984 年版，第 40 页。
⑤ （梁）陶弘景：《真诰》，《道藏》第 20 册，第 594 页。

历史原因、表现等，王瑶做过深入的分析①。

　　阮籍在生活中与道士多有交往。他曾到深山中与苏门真人孙登"谈太古无为之道"②"商略终古及栖神导气之术"③。他还掌握啸这一方术。唐代孙广著《啸旨》，其《序》说：

　　　　夫气激于喉中而浊谓之言，激于舌端而清谓之啸。言之浊，可以通人事，达情性。啸之清，可以灭鬼神，致不死。盖出其言善，千里应之；出其啸善，万灵受职。斯古之学道者哉。故太上老君授南极真人，南极真人授广成子，广成子授风后，风后授务光，务光授舜，演之为琴以授禹。自后或废或续。晋太行仙人孙公能以啸得道，而无所授，阮嗣宗所得少分，其后不复闻矣。④

该书第十一章《苏门》说："苏门者，仙君隐苏门所作也……昔人有游苏门时，闻鸾凤之声，其音美畅……后寻其声，乃仙君之长啸矣。仙君之啸，非止于养道怡神。"⑤ 啸以气相接，发诸胸臆，可以通人事，达性情，感鬼神，致不死，有类"道"之作用，故学仙者往往爱好这种方技。"仙君孙公"即孙登，《晋书·阮籍传》："籍尝于苏门山遇孙登，与商略终古及栖神导气之术，登皆不应，籍因长啸而退。至半岭，闻有声若鸾凤之音，响乎岩谷，乃登之啸也。遂归著《大人先生传》。"⑥ 阮籍对道教的神仙术颇为倾心，在《大人先生传》中，他表达了"养性延寿，与自然齐光"的愿望。在其《咏怀诗》中，他寄意于玄门仙山之中，希图在玄邈虚无之中获得逍遥之情趣，这在其中的二三、二四、三三、四一、四五、七七、七八、八一等诗中都有表达，如说："焉见王子乔，乘云翔邓林，独有延年术，可以慰我心。"⑦ 但是，他又怀疑成仙之愿无法实现："采药无旋返，神仙志不符。"⑧"人言愿延年，延年欲焉之？"⑨ 这种对道教的倾心必定会在理论上表现出来，如他在

　① 王瑶：《中古文学史论》，北京大学出版社 1986 年版，第 129－155 页。
　② （晋）陈寿撰，陈乃乾校点，（宋）裴松之注：《三国志》，中华书局 1982 年版，第 605 页。
　③ （唐）房玄龄等：《晋书》，中华书局 1976 年版，第 2861 页。
　④ （清）董诰等编：《全唐文》，中华书局 1983 年版，第 4467 页。
　⑤ 《啸旨（及其他三种）》，中华书局 1985 年版，第 6 页。
　⑥ （唐）房玄龄等：《晋书》，中华书局 1976 年版，第 2861 页。
　⑦ 陈伯君校注：《阮籍集校注》，中华书局 1987 年版，第 247 页。
　⑧ 陈伯君校注：《阮籍集校注》，中华书局 1987 年版，第 327 页。
　⑨ 陈伯君校注：《阮籍集校注》，中华书局 1987 年版，第 353 页。

《通老论》中说："道者，法自然而为化，侯王能守之，万物将自化。《易》谓之'太极'，《春秋》谓之'元'，《老子》谓之'道'。"① 其中前三句是《老子》中的句子，后三句直接出自桓谭《新论·闵友》。

　　嵇康自幼就喜读《老子》《庄子》等道家书，并爱好服食。"长而好老、庄之业，恬静无欲。性好服食，尝采御上药。"② 他成年之后同样如此。"爰及冠带，凭宠自放，抗心希古，任其所尚。托好庄老，贱物贵身，志在守朴，养素全真。"③ 他曾经作诗明言："昔蒙父兄祚，少得离负荷，因疏遂成懒，寝迹北山阿，但愿养性命，终己靡有他。"④ 他同阮籍一样也从游孙登三年⑤。阮籍、嵇康的思想已经受当时正在日益成熟的道教的影响。阮籍在《大人先生传》中表达了自己的人生理想："夫大人者，乃与造物同体，天地并生，逍遥浮世，与道俱成，变化散聚，不常其形。"⑥ 这里的"大人"无非是一个活灵活现的神仙罢了。嵇康对长生不老也很关注。《晋书·嵇康传》说他"常修养性服食之事，弹琴咏怀，自足于怀。以为神仙禀之自然，非积学所得，至于导养得理，则安期、彭祖之伦可及，乃著《养生论》"⑦。他所著的《养生论》，就是服食的社会风尚下的产物。山涛作选曹郎，即将离任时，举荐嵇康代替，嵇康写信回绝，既说自己"每非汤、武而薄周、孔"，对儒家的人伦礼法无法忍受，又说"老子庄周，吾之师也"，并谈道："又闻道士遗言：饵术黄精，令人久寿。意甚信之。""吾顷学养生之术，方外荣华，去滋味，游心于寂寞，以无为为贵。"⑧ 由此可知他笃信神仙之说，并致力于养生长寿之术。与那时一般修道之士热衷于入山采药，企图服食成仙一样，嵇康也入山采药。《晋书》记载他"尝采药游山泽，会其得意，忽焉忘反。时有樵苏者遇之，咸谓为神"⑨。他在采药时与道士孙登相遇，执弟子礼，从游三年，自愧弗如。临别时孙登对他说："君才则高矣，保身之道不足。"⑩ 他以

① 陈伯君校注：《阮籍集校注》，中华书局 1987 年版，第 159 页。
② （晋）陈寿撰，陈乃乾校点：《三国志》，中华书局 1982 年版，第 605 页。
③ 房玄龄等：《晋书》，中华书局 1976 年版，第 2885 页。
④ 戴明扬校注：《嵇康集校注》，人民文学出版社 1962 年版，第 62－63 页。
⑤ （南朝宋）刘义庆撰，徐震堮校笺：《世说新语校笺》，中华书局 1984 年版，第 355－356 页。
⑥ 陈伯君校注：《阮籍集校注》，中华书局 1987 年版，第 165 页。
⑦ （唐）房玄龄等：《晋书》，中华书局 1976 年版，第 2877－2878 页。
⑧ 戴明扬校注：《嵇康集校注》，人民文学出版社 1962 年版，第 144、122－123、125 页。
⑨ （唐）房玄龄等：《晋书》，中华书局 1976 年版，第 2880 页。
⑩ （南朝宋）刘义庆撰，徐震堮校笺：《世说新语校笺》，中华书局 1984 年版，第 355－356 页。

老庄清静无为为修养之依据，采神仙家之说法，"蒸以灵芝，润以醴泉"①，以道士辟谷服食之事为尚。《魏志·王粲传》注引嵇喜为嵇康所作的《传》中记载说："（康）家世儒学……长而好老、庄之业，恬静无欲。性好服食，尝采御上药。"② 传说嵇康与道士王烈是一起研究服食摄生的朋友，二人常结伴游戏山中，采药服食③。在《养生论》及《答难养生论》等文章中，嵇康记叙了许多上药的名称和效用，诸如流泉甘醴、琼蕊玉英、金丹石菌、紫芝黄精等等，认为这些"皆众灵含英，独发奇生"④，服之令人祛病延年。在人生态度上，嵇康与道士无异。这可从他的《游仙》诗看出来："遥望山上松，隆谷郁青葱，自遇一何高，独立迥无双……采药钟山隅，服食改姿容，蝉蜕弃秽累，结友家板桐，临觞奏九韶，雅歌何邕邕，长与俗人别，谁能睹其踪。"⑤ 嵇康还撰有《圣贤高士传赞》等传记文学作品，专门记叙上古以来传说中的"圣贤隐逸遁心遗名者"⑥ 的事迹。这些文章取材独特，篇幅短小，语言生动，直接推动了中国隐逸文化现象的发展。西晋皇甫谧的《高士传》、南朝阮孝绪的《高隐传》，基本上都是沿袭嵇康的思路写成的，甚至人选也多雷同。魏晋以后，一时间产生了大量此类短篇传记作品，如《逸士传》（西晋皇甫谧）、《文士传》（西晋张隐）、《名士传》（东晋袁宏）、《列仙传》《神仙传》（托名东晋葛洪）、《神僧传》（东晋释法显）、《高僧传》（梁释慧皎）等，可以说是嵇康引领了这股潮流。这些文学作品所表现的人生理想，嵇康在《答难养生论》中表述道："顺天和以自然，以道德为师友，玩阴阳之变化，得长生之永久，任自然以托身，并天地而不朽。"⑦ 这种人生理想是与阮籍类似的。

嵇康对养生做了详尽的探讨。他认为，养生有五难，要养生首先要除去五个障碍："名利不灭""喜怒不除""声色不去""滋味不绝""神虑转发"⑧。归结起来就是要恬淡寡欲，但这不是灭欲。他强调，"感而思室，饥

---

① 戴明扬校注：《嵇康集校注》，人民文学出版社 1962 年版，第 157 页。
② （晋）陈寿撰，陈乃乾校点：《三国志》，中华书局 1982 年版，第 605 页。
③ （唐）房玄龄等：《晋书》，中华书局 1976 年版，第 2880 页。
④ 戴明扬校注：《嵇康集校注》，人民文学出版社 1962 年版，第 184 页。
⑤ 戴明扬校注：《嵇康集校注》，人民文学出版社 1962 年版，第 39 - 40 页。
⑥ （清）严可均校辑：《全上古三代秦汉三国六朝文》，中华书局 1958 年版，第 1828 页。
⑦ 戴明扬校注：《嵇康集校注》，人民文学出版社 1962 年版，第 191 页。
⑧ 戴明扬校注：《嵇康集校注》，人民文学出版社 1962 年版，第 191 - 192 页。

而求食"是自然之理，养生之道不是"不室不食"，而是要"室食得理"①，
食色之欲必须得到适度的节制。为此，他着力论述了纵欲之害，提倡寡欲节
欲。在形神关系问题上，他主张"形恃神以立，神须形以存"②，形神相依，
反对形神相离，主张"修性以保神，安心以全身，爱憎不栖于情，忧喜不留
于意，泊然无感，而体气和平"。他认为，养生要通过形神并举，"使形神相
亲，表里俱济"。就养形来说，要"呼吸吐纳，服食养身"③。导引、服食都
是养形的方法。就养神来说，要"清虚静泰，少私寡欲"④。他更重视的是通
过守一来养神，使心不执着于外物而保持其独立、自在、平和的本真。养神
的要点是："君子识智以无恒伤生，欲以逐物害性。故智用则收之以恬，性
动则纠之以和。使智上于恬，性足于和。然后神以默醇，体以和成，去累除
害，与彼更生。"⑤ 对养形、养神的关系，他引论说："故神农曰：上药养命，
中药养性者，诚知性命之理，因辅养以通也。"⑥ 即二者是相通的，要由养形
发展到养神，并时时注意二者兼顾、并重。在他看来，养生要从生活中的小
事做起，因为身体的损害不是一朝一夕的事，而是积微而至著的过程。为此，
要做到防微杜渐。养生要顺应自然，根据自己的身体状况量力而行，不能患
得患失，急功近利，否则只会欲速而不达，事倍功半。养生的目的不只是
"尽性命，上获千余岁，下可数百年"的长寿，更为重要的是获得"以大和
为至乐"⑦，"外物以累心，不存神气，以醇白独著，旷然无忧患，寂然无思
虑……无为自得，体妙心玄"⑧ 的境界。

稽康的养生之论与当时的神仙方术并不是无关的。他肯定神仙的存在，
说："世或有谓：神仙可以学得，不死可以力致者；或云：上寿百二十，古
今所同，过此以往，莫非妖妄者；此皆两失其情。请试粗论之：夫神仙虽不
目见，然记籍所载，前史所传，较而论之，其有必矣。"⑨ 神仙虽然存在，一
般人却不可能成仙。因为神仙"似特受异气，禀之自然，非积学所能致也。

① 戴明扬校注：《稽康集校注》，人民文学出版社 1962 年版，第 174 页。
② 戴明扬校注：《稽康集校注》，人民文学出版社 1962 年版，第 146 页。
③ 戴明扬校注：《稽康集校注》，人民文学出版社 1962 年版，第 146 页。
④ 戴明扬校注：《稽康集校注》，人民文学出版社 1962 年版，第 156 页。
⑤ 戴明扬校注：《稽康集校注》，人民文学出版社 1962 年版，第 175 页。
⑥ 戴明扬校注：《稽康集校注》，人民文学出版社 1962 年版，第 150 页。
⑦ 戴明扬校注：《稽康集校注》，人民文学出版社 1962 年版，第 190 页。
⑧ 戴明扬校注：《稽康集校注》，人民文学出版社 1962 年版，第 156 - 157 页。
⑨ 戴明扬校注：《稽康集校注》，人民文学出版社 1962 年版，第 143 - 144 页。

至于导养得理，以尽性命，上获千余岁，下可数百年，可有之耳。而世皆不精，故莫能得之"①。这是将自然神化，与人为长生说，均予以认定。但对二者之间的矛盾和相通的可能性，它缺乏进一步的探索。实际上，嵇康的养生之论是属于非神格性的人文性的价值关怀，与道教的神格性的宗教关怀是有差别的；不过，二者中都有朴素自然的基本观念，二者都关注长寿和长生，所以二者又是相容的，这在后世有反映，如东晋王导这一家族既谈玄理，又是五斗米道世家。

此外，同样是著名的玄学家，向秀、郭象也主张"儒道合一"，如谢康乐在《辨宗论》中说："向子期以儒道为一。"② 这种思想倾向往往导致他们在思想和行为上与道教相通。实际上，阮籍、嵇康把庄子的逍遥思想与神仙学结合起来，宣扬遁世逍遥成仙的思想，这使得道教神仙学在士大夫阶层得到了广泛传播③。

2. 元康时期之后玄学与道教的关系

东晋士族和名士之中，信仰道教的不在少数。王导是东晋的政治台柱，也是玄谈场内的中坚人物。《世说新语·文学》说："王丞相过江左，止道声无哀乐、养生、言尽意三理而已。"④ 这里的"养生"与"声无哀乐"并提，是出自嵇康的神仙著作《养生论》，说明王导的思想与道教有联系。《晋书·王羲之传》说："王氏世事张氏五斗米道，凝之弥笃。"⑤ 王凝之、王羲之是王导的从子、从孙，这可证明王导是信仰道教的。《晋书·郗愔传》说："（愔）与姊夫王羲之、高士许询并有迈世之风，俱栖心绝谷，修黄老之术。"⑥ 王羲之雅好服食养性，他与道士许迈一起服食修炼，为采药石而不远千里，遍游中、东诸郡，穷诸名山，泛舟沧海，曾叹息说："我卒当与乐死。"《世说新语·术解》说郗愔因信仰道教太精勤，服符过多而染腹疾。魏华存是上清派的重要人物。她幼而好道，"志慕神仙，味真耽玄，欲求冲举，常服胡麻散茯苓丸"⑦。可见这种普遍的服食风气与神仙信仰、养生思想是有密切关系的。参

---

① 戴明扬校注：《嵇康集校注》，人民文学出版社1962年版，第144页。
② （唐）释道宣：《广弘明集》，《大道藏》第52册，新文丰出版公司1983年版，第225页。
③ 许抗生等：《魏晋玄学史》，陕西师范大学出版社1989年版，第495－510页。
④ （南朝宋）刘义庆撰，徐震堮校笺：《世说新语校笺》，中华书局1984年版，第114页。
⑤ （唐）房玄龄等：《晋书》，中华书局1976年版，第4468页。
⑥ （唐）房玄龄等：《晋书》，中华书局1976年版，第3816－3817页。
⑦ （宋）李昉等编：《太平广论》，中华书局1961年版，第356页。

加玄谈而且信仰道教的人还有谢安、殷仲堪、孙绰等。杨羲、许穆、许翙等道士也大谈玄理。此外，钟会幼时偷喝父亲的散酒，长大后作有《道论》，由他所发起的关于四本论的论争延续久远，南齐年间的道士顾欢（420—483）等人仍在讨论这个话题①。

何晏之前，道教的社会影响主要是下层群众；从何晏开始，道教开始在士大夫中间，也就是上层社会传布，特别是晋室南渡之后，形成了数十家奉道的士族集团。某些受玄风熏陶的士人本来就是道教世家，如王羲之信奉五斗米道，殷仲堪信奉天师道，虽然他们主要是追求精神上的逍遥和肉体上的享乐，但由于"地仙"的观念能与他们"仕隐兼修""身名俱泰"的人生观念相通相融，所以它能从另一个侧面说明玄学与道教之间并非是完全隔绝的，而且，一些学者还自觉地从事融汇玄学与道教的工作，张湛就是一个突出的例子。

张湛（？—376），东晋时人，曾任中书侍郎。《养生要集》乃张湛集录当时诸家之说而成。其中引用的道教著作有《神仙图》《中经》《少（小）有经》《服气经》《元阳经》《老子尹氏内解》《养生内解》《宁先生导引经》等。张湛如不是道教中人，怎么可能读到如此之多的道经并加以引录呢？《医心方·治病大体》引有张湛对医生治病之道的认识，提出了医生的职业道德。他一方面称非神授不能通医理之幽微，另一方面说医生必须以"大慈恻隐之心"，"普救含灵之疾"②，不论患者贫富贵贱，都要一视同仁。这与《灵宝度人经》"仙道贵生，无量度人"的精神正好一致。《养生要集》之后成书的《太上养生胎息气经》说："《上清》《道德》并《黄庭经》《养生要集》，人能依此，去万病，通上清神仙。"③ 这是把《养生要集》与《上清》《道德经》《黄庭经》等同看待。由此可见道教对这部书的评价之高。张湛曾为朋友治疗目疾，其方为："用损读书一，减思虑二，专内视三，简外观四，旦晚起五，夜早眠六。凡六物熬以神火，下以气筛，蕴于胸中七日，然后纳诸方寸。修之一时，近能数其目睫，远视尺捶之余。长服不已，洞见墙壁之外。非但明目，乃亦延年。"④ 陶弘景《养性延命录》中引张湛《养生要集·叙》说："养生大要：一曰啬神，二曰爱气，三曰养形，四曰导引，五曰言

---

① 其言论见《南史》卷七十五。
② ［日］丹波康赖：《医心方》，人民卫生出版社1955年版，第1页。
③ 《太上养生胎息气经》，《道藏》第18册，第401页。
④ 房玄龄等：《晋书》，中华书局1976年版，第4219页。

语，六曰饮食，七曰房室，八曰反俗，九曰医药，十曰禁忌。过此已往，义可略焉。"① 这说明张湛精通道教养生术和医术，这不仅表现在生活态度上，而且也反映于思想中。综合这些方面来看，大体可以断定他是道教中人或道教信徒。

张湛还有注《文子》《列子》《庄子》等著作。在这些注文中，他大量引用了王弼的《老子注》、何晏的《道德论》、向秀与郭象的《庄子注》等的语句，站在玄学家的立场上，受道教思想的影响而对玄学的观点做了发展。

张湛在玄学观点上深受王弼和郭象的思想影响。他认为："天地无所从生，而自然生。"② "自然"是什么意思呢？"自然者，都无所假也。"③ 这就是说，无不能生有。"谓之生者，则不无；无者，则不生。故有无之不相生，理既然矣，则有何由而生？忽尔而自生。忽尔而自生，而不知所以生；不知所以生，生则本同于无。本同于无，而非无也。"④ 有不能生无。有是自生的。但自生何以可能发生呢？是因为有的背后有"无"。这个"无"，是"至无"。"至无者，故能为万变之宗主也。"⑤ 这一本体论落实到人生领域，"是以圣人知生不常存，死不永灭，一气之变，所适万形。万形万化而不化者，存归于不化，故谓之机。机者，群有之始，动之所宗，故出无入有，散有反无，靡不由之也"⑥。机既是事物存在的依据，也是事物变化的关键点。后世道教徒积极"夺阴阳造化之机"，意蕴与此一致。张湛精通医道的背景促使他重视人的生命存在的价值，进而把玄学本末有无的本体论转化成为主体性问题的基础。他认为："人虽七尺之形，而天地之理备矣。"⑦ 张湛认为，生命的尊贵，不是别人对己的奉承敬仰，是"道在则自尊耳"⑧。张湛对生命价值的认同，容纳了许多道教的理想追求，与王弼、郭象大不相同，而与阮籍、嵇康相近。由此可见，在道教的影响下，玄学明确意识到了主体性问题。

基于生命价值的彰扬，张湛由主体性的明确进而深入到了与其相关的自主性、自觉性、能动性等问题，并对它们进行了探讨。首先，他基于"至

① （梁）陶弘景集，王家葵校注：《养性延命录校注》，中华书局2014年版，第74页。
② 杨伯峻：《列子集释》，中华书局1979年版，第6页。
③ 杨伯峻：《列子集释》，中华书局1979年版，第163页。
④ 杨伯峻：《列子集释》，中华书局1979年版，第5-6页。
⑤ 杨伯峻：《列子集释》，中华书局1979年版，第10页。
⑥ 杨伯峻：《列子集释》，中华书局1979年版，第18页。
⑦ 杨伯峻：《列子集释》，中华书局1979年版，第128页。
⑧ 杨伯峻：《列子集释》，中华书局1979年版，第241页。

无"的本体论，对心做了论述。他认为："夫心寂然无想者也。若横生意虑，则失心之本矣。"① "方士与太虚齐空"②，要"以无为心"③。"以无为心"就是以道为心，以天理为心。如此，人的纯朴的生命就得以保全了。他说："夫顺天理而无心者，则鬼神不能犯，人事不能干。"④ 无心而与天理合，也就是与元气相合。如此一来，人就能与道一样无所不能，与元气一样常定常在，与至人无二："至人，心与元气玄合，体与阴阳冥谐；方员不当于一象，温凉不值于一器；神定气和，所乘皆顺，则五物不能逆，寒暑不能伤。谓含德之厚，和之至也；故常无死地，岂用心去就而复全哉？蹈水火，乘云雾，履高危，入甲兵，未足怪也。"⑤ 与"元气玄合"的至人之心，是人心的理想状态。对比，张湛还提出了"夫心者何？寂然而无意想也"⑥ 的观点，这是后世心体范畴的雏形。

其次，对性、情、命、神、志、意等概念，张湛也进行了探讨。在对"汝志强而气弱"的注释中，他说："志谓心智，气谓质性。"⑦ 性指"禀生之质"，它既是人的形貌、寿夭、性格等的决定者，又是人人同具的"清宁贞粹"的自然之理，故称"自然之性"。神是人的理性的具体表现。如他在《列子·汤问》注中说："神者，寂然玄照而已，不假于目。"⑧ 人之所以不能做到无心，是因为心中有意、志。"意所偏惑，则随志念而转易。及其甚者，则白黑等色，方圆共形，岂外物之变？故语有之曰，万事纷错，皆从意生。"⑨ 栓情摄念，心中无意，安宁纯静，人就保住了自己的性分。"至纯至真，即我之性分，非求之于外。慎而不失，则物所不能害。"⑩ 维护自己的性分不变，命自然就能够达到。因为"命者，必然之期，素定之分也"⑪。总之，"顺生命之道，而不系著五情，专气致柔，诚心无二者，则处水火而不焦溺，泄木石而不挂碍，触锋刃而无伤残，履危险而无颠坠；万物靡逆其心，

---

① 杨伯峻：《列子集释》，中华书局 1979 年版，第 141 页。
② 杨伯峻：《列子集释》，中华书局 1979 年版，第 37 页。
③ 杨伯峻：《列子集释》，中华书局 1979 年版，第 135 页。
④ 杨伯峻：《列子集释》，中华书局 1979 年版，第 206 页。
⑤ 杨伯峻：《列子集释》，中华书局 1979 年版，第 70 页。
⑥ 杨伯峻：《列子集释》，中华书局 1979 年版，第 47 页。
⑦ 杨伯峻：《列子集释》，中华书局 1979 年版，第 174 页。
⑧ 杨伯峻：《列子集释》，中华书局 1979 年版，第 157 页。
⑨ 杨伯峻：《列子集释》，中华书局 1979 年版，第 272 页。
⑩ 杨伯峻：《列子集释》，中华书局 1979 年版，第 49 页。
⑪ 杨伯峻：《列子集释》，中华书局 1979 年版，第 192 页。

入兽不乱群；神能独游，身能轻举；耳可洞听，目可彻照"①。

再次，张湛探讨了生死解脱的问题。他引老子"死而不亡者寿"论述道："通摄生之理，不失元吉之会，虽至于死，所以为生之道常存。此贤人之分，非能忘怀暗得自然而全者也。"② 全则要"尽柔虚之极""体柔虚之道"，以"空默"之悟去达到对最高本体的证知，归于"凝一而不变"的"太虚之域"，与无限、"至无"融为一体而获得永恒。如他所说："唯忘所用，乃合道耳。"③ 他认为，要解脱生死就需要对人无法抗拒的现象界变化日新的规律加以认识，从而了悟自我存在。在他看来，道没有本质，对存在的认识，应该以破除物我、走向玄同兼忘为最高觉悟。"生死问题是宗教的中心问题，玄学由对本末有无的探讨，转变为对生死问题的讨论，说明宗教与哲学结合的深入。以往研究者普遍注意到了玄佛的合流，对玄道的同一性，缺乏具体的了解，从张湛玄学可以看出，道教与玄学的结合已有相当的深度。"④ 与张湛解脱生死相近似的观点，在唐初道教学者成玄英的《庄子疏》中有很多。张湛对这一问题的论述，昭示了道教哲理吸收玄学观点而往心性论发展的方向，因而其意义还是不能忽视的。

最后，张湛对达到最高本体的方法进行了探讨，这是其哲学的中心。他认为，"人与阴阳通气，身与天地并形"⑤，人的"方寸与太虚齐空，形骸与万物俱有也"⑥，所以，人完全可能达到最高本体。人在现实中失败，"皆由动求，故失其所处"。要想不失败，就必须在生活中贯彻"虚静之理"，而"虚静之理，非心虑之表，形骸之外；求而得之，即我之性。内安诸己，则自然真全矣"⑦。这种"虚静之理"，实为与知识不同的智慧。从先秦开始，道家就对知识与智慧做了严格的区分，对知性的滥用与误用一直保持着高度的警惕。它认为，在知性能力充分发挥的基础上的理性直观，能够洞察宇宙的本质。一旦消除了知性的片面性和与它相伴随的情感欲望的不确定性，世界的意义就会自然地呈现在心中，人于是就获得了智慧，达到了终极的解脱。

---

① 杨伯峻：《列子集释》，中华书局1979年版，第69页。
② 杨伯峻：《列子集释》，中华书局1979年版，第130页。
③ 杨伯峻：《列子集释》，中华书局1979年版，第145页。
④ 强昱：《从魏晋玄学到初唐重玄学》，上海文化出版社2002年版，第52页。
⑤ 杨伯峻：《列子集释》，中华书局1979年版，第102页。
⑥ 杨伯峻：《列子集释》，中华书局1979年版，第37页。
⑦ 杨伯峻：《列子集释》，中华书局1979年版，第29页。

正是在这个意义上，张湛对道教的术颇有微词："尽阴阳之妙数，极万物之情者，则陶铸群有，与造化同功矣。若夫偏达数术，以气质相引，俯仰则一出一没，顾眄则飞走易形，盖术之末者也。"① 因为数术是一种知识，所以人对它的运用需要知性能力，而且运用数术只能解决人的气质、生理方面的问题，而不能让人获得根本性的智慧，质言之，术必须与道相参合。

可资参证的是，张湛在《列子·序》中，把《列子》一书的中心思想概括为："其书大略明群有以至虚为宗，万品以终灭为验；神惠以凝寂常全，想念以著物自丧；生觉与化梦等情，巨细不限一域；穷达无假智力，治身贵于肆任；顺性则所之皆适，水火可蹈；忘怀则无幽不照。此其旨也。然所明往往与佛经相参，大归同于老庄。"② 张湛否认永恒不灭的个体事物的存在，而只有元气万古长存，这就意味着他否定了道教神仙不死的观念。但由于他有医、道的知识背景，能够对人的认识活动与生理状态之间的密切关系有自觉的了解，这又让他提出了超越名利的束缚、保存中和之气的主张，赞成道教的生命价值学说。这两个方面及其结合，恰好是王弼、郭象等玄学家、佛教、道教之说可以为他提供解释的根据的地方。所以，张湛虽然不能断定为道教徒，但他的思想中有丰富的自然学说的内容，他为促进道教哲学的玄学化做出了引导性的贡献。

3. 玄学与道教的关系总论

从嵇康、阮籍、张湛等玄学家的思想中可以看出，如果说，魏晋玄学是精致的形而上的哲理玄思，那么当时的道教可谓是通俗的信仰和实践中的操作，这二者，构成了互为表里的关系。对此，汤用彤早已指出："中华方术与玄学既俱本乎道家自然之说。汉魏之际，清谈之风大盛，佛经之译出较多，于是佛教乃脱离方术而独立。进而高谈清静无为之玄致。其中演变之关键有二要义，一曰佛，一曰道。由此二义，变迁附益，而为神仙方技枝属之汉代佛教，至魏晋之世遂进为玄理之大宗也。"③ 牟宗三先生也说过："道家，工夫自心上作，而在性上得收获。无论是'不离于宗'之天人，或不离于精、不离于真之至人、神人，皆是从心上作致虚守静之工夫……从此作虚静浑化之玄冥工夫，始至天人、至人、神人之境，而养生之义亦摄于其中矣。"这

---

① 杨伯峻：《列子集释》，中华书局1979年版，第100－101页。
② 杨伯峻：《列子集释》，中华书局1979年版，第279页。
③ 汤用彤：《汉魏两晋南北朝佛教史》，中华书局1983年版，第87页。

一论断甚为精透。道家本体的实体性、实在性,透过养生、长生说即可转化为神仙术。他又说:"通过修炼之工夫,而至长生、成仙,则是顺道家而来之'道教',已落于第二义。当然此第二义亦必通于第一义。"他认为:"原始道家却并不自此第二义上着眼。嵇康之'养生论'却正是自此第二义上着眼。而向、郭之注《庄》,却是自第一义上着眼。"① 这是哲学与宗教的差别。由修行或服药登仙,是人为的,而非自然的自化内化。不过,把玄学与道教的关系视为哲学与宗教,这只具有相对的意义。道教当时也出现了颇有哲理意味的著作,如《周易参同契》《抱朴子》等。如果说玄学重在通过语言文字认识事物的方式是认知,则道教重在通过实践修炼认识事物的方式是证知。二者的终极目标都是形而上的哲理和信仰。这决定了道教与魏晋玄学之间不可能完全没有相互影响。例如,葛洪在《抱朴子·用刑》中说:"世人薄申、韩之实事,嘉老、庄之诞谈……道家之言,高则高矣,用之则弊,辽落迂阔……"② 这里抨击的对象就是魏晋玄学,说明葛洪对魏晋玄学并非不知情。前面说过,王充、扬雄的思想是玄学的前导和渊源,而葛洪对这两个人都有极高的评价③,颇为欣赏他们的思想。这说明葛洪对玄学的思想在一定程度上是持赞成态度的。其实,按《晋书·葛洪传》和刘知几《史通·序传》的观点,葛洪也是玄学的清谈家之一。

玄学力图把名教与自然统一起来,其内在蕴涵就是把社会良好的公共秩序与个体的生命意识统一起来。玄学流波所及,使得个体,尤其是在士大夫群体内形成了一个共同的生活态度:进则居庙堂之高,退可处江湖之外;身可蜗居于名教之内,心则可放任自由于天地之间。这为他们信奉道教开了方便之门。陈寅恪在《天师道与滨海地域之关系》中指出:"东西晋南北朝时之士大夫,其行事遵周孔之名教(如严避家讳等),言论演老庄之自然。玄儒文史之学著于外表,传于后世者,亦未尝不使人想慕其高风盛况。然一详考其内容,则多数之世家其安身立命之秘,遗家训子之传,实为惑世诬民之

---

① 牟宗三:《才性与玄理》,吉林出版集团有限责任公司 2010 年版,第 181 页。

② 杨明照:《抱朴子外篇校笺》上册,中华书局 1991 年版,第 361 页。

③ 对王充,《抱朴子外篇·喻蔽》开篇即说"余雅谓王仲任作《论衡》八十余篇,为冠伦大才……"(杨明照:《抱朴子外篇校笺》下册,中华书局 1997 年版,第 423 页。)对扬雄,《抱朴子外篇·酒诫》反驳有人说"扬云酒不离口,而太玄乃就……"的观点,说:"扬云通人,才高思远,英瞻之富,禀之自天。"(杨明照:《抱朴子外篇校笺》上册,中华书局 1991 年版,第 599 页。)

鬼道，良可慨矣。"① 鬼道即天师道。"良可慨矣"一语，传神地道出了陈寅恪对结论的始料不及的真实心情。这一时期，儒学失去了对国家政权的依托，难以有效地阻止社会的混乱与黑暗。儒家偏重政治伦理，对自然重视不够，就哲学理论而言缺乏形上学的基础。佛教对自然基本上是持一种否定的态度，强调的是自我的精神解脱。面对价值观和道德规范的失效与失落，外来的佛教无力提供使中华民族回归理想的大同世界的思想资源，余下的只有玄学与道教。它们沿袭着道家及黄老的治世传统与策略，最有可能帮助那些良知未泯的知识分子重建价值理想，重振社会生活的精神，重构符合人性的社会秩序。但是，玄学在这方面的贡献不可能很大。阮籍、嵇康主张"越名教而任自然"，把名教与自然绝对对立起来，否认了名教存在的合理性，事实上是把名教视为自然的产物，也否认了社会的存在与发展，这就使身处社会关系网络中的个人无法寻找到实现自我的途径。郭象的"名教即自然"则走向另一个极端，把名教凌驾于自然之上，事实上是泯灭了自然存在与社会文化之间的界限，使得精神解脱沦落为人为选择的模式，失去了超越性与无限性的内涵。这不仅不足以从逻辑上详细地解释人与自然的关系，更为严重的是，极端歪曲了文化创造的历史演变，用远古圣人的单一框架套牢了多姿多彩、灵活丰富的人类生活，窒息了人类的创造精神。与儒家、佛教和玄学不同，道教重视人与自然的关系，它的自然主义确有儒学、佛教与玄学所不及的内容。而且，道教在观念上很开放，在思想上易于吸收外来的营养而完善自己，这种先天的优越性使它总能超越儒家思想而具有思想的先导性。正因为这样，才会有广大的士族选择道教作为自己的安身立命之所。另外，受作为当时社会主流思潮的儒学影响，道教也追求理身与理国的统一，力图把儒家名教的成分与道家、道教崇尚自然的成分统一起来，所以，道教把追求、保障个体生命的安全与长寿，把发挥人的自然本性，追求"鸟飞于空，鱼游于渊"②"任意所欲，无所禁也"③ 的自由都限制在名教的范围之内。它的灵活性在于，一旦名教威胁到自身的肉体生命和精神生命的安全时，迅速与之脱离，或遁入深山，或栖于楼观，从而保持自身生命的完整性，既不受干预，也不相冲突。不脱离现实社会，是道教的一个基本原则。哪怕做了神仙，仍然可

---

① 陈寅恪：《陈寅恪史学论文选集》，上海古籍出版社 1992 年版，第 188 页。
② 许富宏：《慎子集校集注》，中华书局 2013 年版，第 111 页。
③ 王明：《抱朴子内篇校释》，中华书局 1985 年版，第 83 页。

自由地回到人间世界，并且与俗人没有什么两样。

这时的玄学和道教都关怀人的终极命运，都力图解决人的终极价值和终极意义的同一。虽然从理论类型来说，玄学是理性主义的，道教是非理性主义的，但是二者之间并非不可沟通。非理性主义的运思必须以理性主义的思考为前提。理性主义的思考也可以从非理性主义那里汲取灵感。

元代道士李鼎在《大元重修古楼观宗圣宫记》中认为，老子、尹喜之后，道教"一变而为秦汉之方药，再变而为魏晋之虚玄，三变而为隋唐之禳禬，其余曲学小数，不可殚纪"①。他的话说明，道教对魏晋玄学有催生之功，对玄谈的形成和发展起了巨大的推动作用。这个观点不为无据。在《抱朴子内篇·仙药》中，葛洪说，服玉屑可以"令人不死。所以为不及金者，令人数数发热，似寒食散状也。若服玉屑者，宜十日辄一服雄黄丹砂各一刀圭，散发洗沐寒水，迎风而行，则不发热也"②。这与魏晋时文士们的服药、行散显然没有什么两样。这说明，道教的术对魏晋玄学家是有影响的。不过，把魏晋玄学不加区分地完全归于道教也是不行的，因为玄谈昌盛之后，儒、佛、道各家都出入玄谈场中，玄学与道教的区别更加明显。何况，此时的道教，主要还是术，道的建树是很小的。

玄学是精英文化，魏晋时期的道教则是俗文化。这一时期，道教已经开始提升自己的文化品位并向精英文化渗透，这是一方面。在这一阶段的后期，玄学的理论建构已基本结束，东晋张湛、韩康伯的著述已无重大进展。但是，玄学思潮真正渗透到社会生活的各个层面并成为文化风尚，恰恰是在东晋南朝时期。玄学作为掌握话语权的精英文化，对作为俗文化的道教的影响越来越大，重玄的思想已经开始酝酿。这说明，在术中掘道的同时，道教开始了早期的援道入术的工作，这在《抱朴子》等道教著作中不难发现证据。因此，在一定程度上，我们可以概括地说，在元康之前，玄学对道教的影响占主导地位，而元康之后，道教对玄学余波的影响渐居主导地位，并促使玄学在南北朝末期、隋和初唐逐渐转变为道教的重玄学。

---

① （元）朱象先：《古楼观紫云衍庆集》，《道藏》第19册，第555页。
② 王明：《抱朴子内篇校释》，中华书局1985年版，第204页。

第二节　葛洪的道术体系

东汉末年到葛洪之前，在金丹烧炼方面出现了不少高道，他们撰写了不少炼丹著作。狐丘，又名狐刚子，是东汉后期著名的炼丹家，据传是魏伯阳、左慈、葛玄（164—?）的老师。他著有《五金粉图诀》[①]，是炼丹术史上承上启下的人物。他上承金汞派（主张服饵黄金、水银），下启还丹派。《通志·艺文略》著录狐刚子撰《金石还丹术》一卷。狐丘在书中对金、银的性状、地质分布、寻找采集、冶炼工艺等都做了实地考察和深入的研究，其中"作炼锡灰坯炉法"（"吹灰法"）的记载表明这种冶炼贵金属的方法至迟在东汉后期已经成熟。另外，"炼石胆取精华法"即用干馏法从石胆（$CuSO_4 \cdot 5H_2O$）中提取硫酸，这是世界上的最早记录，比 8 世纪阿拉伯炼金家的工作要早五六百年。书中记载的杀金银毒的"作金银法"被后世炼丹家一直沿用至明代。在水银提炼上，狐丘最早改焙烧法为密闭抽汞法，他还定量研究了水银提炼率，其数值达到了理论值的百分之八十七。在当时的历史条件下，这是一个了不起的成就。

葛洪（283—344?）的祖父葛玄，是一个名盛一时的道士和道教学者，曾师从左慈。葛洪的父亲葛庐是东汉的一个县侯。葛洪十三岁时父亲去世，家道中落，不得不亲自耕田种地。二十一岁时，他师从祖父的得意弟子郑隐。郑隐归隐后，葛洪相继做过将兵都尉、伏波将军、参军、关内侯、谘议参军等。晋成帝咸和（326—334）初年，他欲烧炼金丹，听说勾漏（今越南河内一带）产丹砂，自愿高职低就去做勾漏县令。到了广州后被刺史邓岳挽留，遂到距广州不远的罗浮山炼丹。葛洪的著作有《抱朴子》《神仙传》《肘后备

[①]　又称《粉图经》《粉图》《五金诀》《狐刚子万金诀》《出金矿图录》《河车经》《玄珠经》。

急方》《金匮药方》《枕中书》等①。其中《抱朴子》内篇二十篇集中反映了他的道教思想。

葛洪是一个博学多才的人。他早年学过射箭和刀术。在天文学方面，他著有《浑天论》；在潮汐方面，他著有《潮说》；在军事方面，他曾经带兵打仗，立下了很大的功勋，并撰写了《抱朴子军术》等军事方面的著作。

葛洪的时代，道教方术非常盛行，但流弊不少，其中最主要的是道士的文化素质差。他在《抱朴子内篇》的序言中说："道士渊博洽闻者寡，而意断妄说者众。"② 他所见到的徐、豫、荆、襄、江、广数州的众多道士"虽各有数十卷书，亦未能悉解之"③。大约同时或稍晚的《太上洞渊神咒经》也说，道士不尽职，使得老百姓"不知有道，不知有法，不知有经，直奉自然也"。这说明道教诸术确实有必要建构清晰的理论表述形式。葛洪的《抱朴子》就是为此而努力的结果。

葛洪为人质朴，性格刚毅坚强，在修道上发愤努力，锲而不舍。他为了"考览养性之书，鸠集久视之方"，曾"周旋徐、豫、荆、襄、江、广数州之间"，交遇这些地方的"俗道士数百人"④，找到了数以千计的"奇书"，并对这些方术之书进行了综合整理，将方术与老、庄、列、文及稷下道家、黄老道家的思想相结合，写成了《抱朴子》一书，使其成为他众多著作中最典型的代表作。《抱朴子内篇》撰成于晋元帝建武元年（317）。它综合了繁杂的多种道书的内容，撇汰伪技杂术，把多种方术包罗于其中，把除内容只能口传之外的东西剥去隐语，给修道者大致点明了长生的途径，对修道给予了较为系统的理论解释，是道教史上的一部重要著作。该书的主旨是炼形全身，追求长生不死。

---

① 有关葛洪的著作，《宋史·艺文志》著录《太清玉碑子》一卷，注云："葛洪与郑惠远问答。"〔（元）脱脱等撰：《宋史》，中华书局1985年版，第5189页。〕但从内容来看，很可能是唐宋之人的伪托之作或者有后人附益的内容。《汉武帝内传》旧题（汉）班固著，余嘉锡《四库提要辨证》认为是葛洪托名班固之作。本书为晋代士族道教徒所作无疑。《枕中书》是《元始上真众仙记》的一部分，原题葛洪撰。后者为南北朝上清派著作，则《枕中书》是否为葛洪著作尚待深考。此外，《周易杂占》《玉铃经》似也为葛洪著作或与他有关。《神仙传》不完全是葛洪撰写的。《西京杂记》，葛洪只是撰写了《跋》。（参见丁宏武：《葛洪论稿——以文学文献学考察为中心》，中国社会科学出版社2013年版，第95-188页。）

② 王明：《抱朴子内篇校释》，中华书局1985年版，第367页。

③ 王明：《抱朴子内篇校释》，中华书局1985年版，第70页。

④ 王明：《抱朴子内篇校释》，中华书局1985年版，第70页。

（一）"玄道"与"一"

　　早期道教位处民间，道士的知识素养较差，"多巫觋杂语""杂而多端"，有"妖妄不经"之嫌疑。道教要取得生存权利和实现进一步发展，必须为自身的信仰建立哲学论证。葛洪适应了这种需要并付诸行动。

　　他所利用的现成思想材料主要是玄学。受玄学的影响，葛洪用本末来说明现象界的参差不齐、多姿多彩："其异同参差，或然或否，变化万品，奇怪无方，物是事非，本钧末乖，未可一也。"① 本是静而不动的，末是动而变化不休的。"俗人不能识其太初之本，而修其流淫之末。"② 本末动静的根据是道。道是万事万物的大本。"方者得之而静，员者得之而动。"③ 葛洪认为，道是天地万物的本体。"道者涵乾括坤，其本无名。论其无，则影响犹为有焉；论其有，则万物尚为无焉。"④ 在葛洪看来，道既不是绝对的有，也不是绝对的无，而是若有若无。这是魏晋玄学贵无、崇有二论在他思想中的反映。但他对有、无之间的关系的看法与玄学有所不同。他说"有因无而生"，"有者，无之宫"⑤。有虽然是无的依托和载体，但无是有的根据。他既不贵无，也不崇有。他对道的这种解释，具有辩证思维的形态，应该说比玄学有所前进。在他看来，作为本体，道存在于宇宙万物之中，无所不在，无时不有，不能用语言和知觉来描述、认知，只能借助于直觉的体悟。道也是万物的本源，宇宙万物都是从它产生出来的。"凡言道者，上自二仪，下逮万物，莫不由之。"人同万物一样，也是道的产物。"道也者，所以陶冶百氏，范铸二仪，胞胎万类，酝酿彝伦者也。"⑥

　　葛洪继承西汉末年扬雄的"太玄"概念，认为"玄"是"自然之始祖，而万殊之大宗也"⑦。这显然有受玄学影响的成分，因为王弼注释《老子》时曾说道是"万物之宗"⑧，二者颇为类同。葛洪以玄学的有无范畴来解释玄，认为玄是"因兆类而为有，托潜寂而为无"⑨。玄既是王弼的"无"，又是郭

① 王明：《抱朴子内篇校释》，中华书局1985年版，第13页。
② 王明：《抱朴子内篇校释》，中华书局1985年版，第170页。
③ 王明：《抱朴子内篇校释》，中华书局1985年版，第170页。
④ 王明：《抱朴子内篇校释》，中华书局1985年版，第170页。
⑤ 王明：《抱朴子内篇校释》，中华书局1985年版，第110页。
⑥ 王明：《抱朴子内篇校释》，中华书局1985年版，第185页。
⑦ 王明：《抱朴子内篇校释》，中华书局1985年版，第1页。
⑧ （魏）王弼：《老子微旨例略》，《道藏》第32册，第429页。
⑨ 王明：《抱朴子内篇校释》，中华书局1985年版，第1页。

象的"有"，或者说是有—无的绝对统一体。玄孕育了万物产生过程中最初的元气（"元一"），是天地万物产生的原因，又是宇宙万物运动变化的根据、动力和规律，当然也是人的生命的根柢："玄之所去，器弊神逝。"[①] 葛洪以玄学的有无、道器等范畴来解释玄，减少了阴阳五行及象数的运用，使玄具有了一些思辨的色彩，从而使得他的哲学超越了汉代哲学。不过，他所谈的玄，与扬雄所说玄的幽摛、虚无、渊渺、晦明等特性很相近，看来是他吸取了《太玄》的内容。汤用彤曾经指出："谈玄者，东汉之与魏晋，固有根本之不同……（扬雄《太玄》的天道观）仍不免本天人感应之义……其所游心，未超于象数……魏晋之玄学则不然。已不复拘拘于宇宙运行之外用，进而论天地万物之本体……舍物象，超时空……以万有为末，以虚无为本……汉代偏重天地运行之物理（按扬雄、张衡之玄亦有不同，兹不详析），魏晋贵谈有无之玄致……进于纯玄学之讨论。"[②] 葛洪的谈玄，可谓二者兼有，而汉学的成分更重一些。之所以如此，是因为他要解决的是有很强实证性的养生修仙的问题，他的哲学只可能是带有实证性的形上学，并以本源论为主。

"玄"实际上就是"道"，所以葛洪屡屡谈及"玄道"的范畴。那为什么要强调"玄"呢？他说："夫玄道者，得之乎内，守之者外，用之者神，忘之者器，此思玄道之要言也。"[③] 可见，强调"玄"主要是为了把客观的道经过认识环节而转化为人头脑中的精神世界的内容，即所谓"道意"，进而提出便于人在内心世界中操作的修炼之术。在这个意义上，他说："夫道也者，逍遥虹霓，翱翔丹霄，鸿崖六虚，唯意所造。"[④] "道意远而难识，故达之者寡焉。"[⑤] 道就是道意。玄与道意所指是一致的。所以葛洪往往把玄、道与"一"联系在一起。关于其间的区别，他说："道起于一，其贵无偶，各居一处，以象天地人，故曰三一也。"[⑥] 这与《太平经》论三一时的本源论的比附大为不同，有较浓的本体论的色彩。此后，尤其是南北朝时期道教所盛谈的三一论当受它的影响。按照三一的观念来看，道、玄、一三者名异实同。葛洪把道、玄、一紧密联系起来阐述万物的本体和本源的观点，显然是受

---

① 王明：《抱朴子内篇校释》，中华书局1985年版，第1页。
② 汤用彤：《汤用彤学术论文集》，中华书局1983年版，第233－234页。
③ 王明：《抱朴子内篇校释》，中华书局1985年版，第2页。
④ 王明：《抱朴子内篇校释》，中华书局1985年版，第189页。
⑤ 王明：《抱朴子内篇校释》，中华书局1985年版，第138页。
⑥ 王明：《抱朴子内篇校释》，中华书局1985年版，第323页。

《老子》的影响。但《老子》只是用玄、一来说明道，没有如葛洪一样把二者等同起来。

"玄道"也就是"一"。"玄一之道，亦要法也。无所不辟，与真一同功。吾内篇第一名之为《畅玄》者，正以此也。"① "真一"即自然之道，"玄一"则是自然之道在人的思维世界中的体现。《庄子·天地》引《记》说："通于一而万事毕。"葛洪继承了这一思想，在《抱朴子内篇·地真》中说："余闻之师云，人能知一，万事毕。知一者，无一之不知也。不知一者，无一之能知也。"② 这一思想落实到修炼上，就是守一。在他看来，守一是修炼的大法。守一可分为"守玄一"与"守真一"两种。守玄一是意念只集中于所守的对象而不涉及其他，是一种内视或内观的精神修炼方法，与庄子的心斋、坐忘是同一类修炼方法，是后来的"存思"或者"存想"的雏形。"守玄一，并思其身，分为三人，三人已见，又转益之，可至数十人，皆如己身，隐之显之，皆自有口诀，此所谓分形之道。"③ 得分形术，是守玄一的功效之一。功效之二是能够内视，可以见到"天灵地祇"，役使"山川诸神"。功效之三是有助于守真一。守真一一般称之为存神。除了意念集中于所守部位外，主要是存思该部位所代表的身神的具体的服色等形象，不像守玄一可以守没有具体形象的抽象对象。此外，与守玄一不同，守真一要遵守口诀。守真一的功效是"可令内疾不起，风湿不犯"④，鬼神不敢来侵犯。存思守一通过把外在于人的道内化于修炼者的内心世界，把自己的内心体验与道融合为一体，通神成仙。所以，守一就是守道。守一，从修炼的角度来说，又叫守真。"患乎凡夫不能守真。"⑤ "守一存真，乃能通神。"⑥ 从增强人对道遵循的意义上，葛洪借用《庄子》的"天理"概念来指称道或一："诱于可欲，而天理灭矣，惑乎见闻，而纯一迁矣。"⑦ 也就是说，从道这一范畴为逻辑起点，葛洪推出了"玄"和"真"这两个概念，玄与真又被归结为一，所以有"玄一"与"真一"之说，进而被方术化为守玄一与守真一。这是就形而上贯彻

---

① 王明：《抱朴子内篇校释》，中华书局 1985 年版，第 325 页。
② 王明：《抱朴子内篇校释》，中华书局 1985 年版，第 323 页。
③ 王明：《抱朴子内篇校释》，中华书局 1985 年版，第 325 页。
④ 王明：《抱朴子内篇校释》，中华书局 1985 年版，第 243 页。
⑤ 王明：《抱朴子内篇校释》，中华书局 1985 年版，第 170 页。
⑥ 王明：《抱朴子内篇校释》，中华书局 1985 年版，第 324 页。
⑦ 王明：《抱朴子内篇校释》，中华书局 1985 年版，第 171 页。

到形而下而言的。就形而下上通于形而上而言，守玄一或守真一有利于思玄、通玄，从而契合道（这就是"真"的本意），也就是得道，这就把形而上与形而下双向贯通起来了。从宗教神学来说，守一的成功意味着交通天神，成仙长生。守一、通神、得道成仙是三位一体的。术的修炼可以上达于形而上的哲理和作为根本信念的信仰。这样，葛洪就把哲学、宗教和方术三者之间的隔障打掉了，为道教建立完整严密的理论体系奠定了坚实的哲理基础。

（二）变化观

本着"变化者，乃天地之自然"的观点，以承认物质变化的客观性为前提，葛洪认为，变化是客观的，也是绝对的。由此，他顺理成章地得出了物类可以变化的结论。《抱朴子内篇·黄白》把物类变化的范围推得更广，认为：

> 夫变化之术，何所不为。盖人身本见，而有隐之之法。鬼神本隐，而有见之之方。能为之者往往多焉。水火在天，而取之以诸燧。铅性白也，而赤之以为丹。丹性赤也，而白之而为铅。云雨霜雪，皆天地之气也，而以药作之，与真无异也。至于飞走之属，蠕动之类，禀形造化，既有定矣。及其倏忽而易旧体，改更而为异物者，千端万品，不可胜论。人之为物，贵性最灵，而男女易形，为鹤为石，为虎为猿，为沙为鼋，又不少焉。至于高山为渊，深谷为陵，此亦大物之变化。①

在葛洪看来，变化是没有极限、没有范围的。事物会自然地从一种类型转变为另一种类型，如人变为鹤或石，高山变为深渊，深谷变为丘陵，等等。变化是可以为人所掌握、控制的。人发挥主观能动性干预自然的变化，就能让这些变化为人所用。人可以通过一定的方法促使事物按照自己的愿望发生改变，如人身本为可见之物，但可以隐藏它，此即隐身术；铅为白色，但可使它变赤，此即金丹术。一切在变，一切能变，这就是道教的物类变化观。这种观点并不是葛洪的独创。东汉王充在《论衡·无形》中说，当时的神仙方士相信"岁月推移，气变物类，虾蟆为鹑，雀为蜃蛤"②。晋干宝在《搜神记》中，肯定了变化的绝对性，并把物类变化的原因归结为气的改变，说："故腐草之为萤也……麦之为蝴蝶也，羽翼生焉，眼目成焉，心智在焉，此

---

① 王明：《抱朴子内篇校释》，中华书局1985年版，第284页。
② 黄晖校释：《论衡校释》，中华书局1990年版，第60-61页。

自无知化为有知而气易也。"① 甚至提到了民间信仰中的"妖怪",把它归结为气的变化,说:"妖怪者,盖精气之依物者也。气乱于中,物变于外。"②在该书看来,人之所以有各种神通而能促使事物发生变化,是依借于气。

道教的物类变化观虽然肯定了变化的绝对性,却没有考虑到变化的条件性。变化总是在具体的时间、空间等条件之下发生的。不加分析地奢谈变化的绝对性是错误的,而且会把人对变化的认识引导到错误的方向上,而忽视对变化的科学研究。不过,历史上曾经存在过僵化的自然观,主张"物之变化,固自有极"③"物各自有种"④。相对于这种把物质看作静止不变的僵死的观点,道教的物类变化观还是具有一定的思想解放作用的。

葛洪进一步从人工变化的有效性推出了人可以通过修炼变形为仙的结论。《抱朴子内篇·对俗》说:"若道术不可学得,则变易形貌,吞刀吐火,坐在立亡,兴云起雾,召致虫蛇,合聚鱼鳖,三十六石立化为水……幻化之事,九百有余,按而行之,无不皆效,何为独不肯信仙之可得乎!"⑤ 由此可见,道教的物类变化观是为其一系列宗教信仰做论证而提出来的,是其宗教信仰的理论基础。它被用来解释人可羽化成仙的宗教信仰,用于解释炼铅汞为仙丹的可能性,还用来解释各种变化之术,解释神仙无所不能的种种神通与变化自在。这说明,道教在继承和发展古代哲学的变化观时,总是免不了将它与自己的宗教信仰糅合起来。这正是宗教哲学与一般哲学的差异之所在。

(三)道与术

存思守一是一种得道之术。葛洪对道与术的关系有深刻的认识。他强调对"真道"与"伪文"务必严格区分,务必排除"伪技""妖道"。他论道是为了择术、修术,明术则是为了行道、体道、合道、得道。道与术都服务于人的生命在数量上的扩张,即寿命延长,以及在质量上的提高,即素质、品位、境界的提升。葛洪高度推崇人的生命,认为:"生之于我,利亦大焉。论其贵贱,虽爵为帝王,不足以此法比焉。论其轻重,虽富有天下,不足以此术易焉。故有死王乐为生鼠之喻也。"⑥ 从这个角度来说,他认为,天地之

---

① (晋)干宝撰,汪绍楹校注:《搜神记》,中华书局1979年版,第146页。
② (晋)干宝撰,汪绍楹校注:《搜神记》,中华书局1979年版,第67页。
③ (汉)应劭撰,王利器校注:《风俗通义校注》,中华书局1981年版,第120页。
④ 王明:《抱朴子内篇校释》,中华书局1985年版,第22页。
⑤ 王明:《抱朴子内篇校释》,中华书局1985年版,第46页。
⑥ 王明:《抱朴子内篇校释》,中华书局1985年版,第259页。

大德是道的功能。道化生万物，使万物生生不已，术的目的同样是使人得道，如道一样长生不死。万物和人产生之后，与道有了间隔，用术可使人重新与道合一。对道与术的关系，他在《太清玉碑子》中说："道隐无名，术彰有实。术彰有实，其术可行；道隐无名，而道可成。"① 道是所以立教的根本，术是修行此道的操作方法和程序。二者隐显互彰，相须而行。道使术在思想理论上得以升华，术则使虚无的道体在形而下的运用中得以显现。从关爱生命这一基本立足点出发，葛洪尤其关注术。他在《抱朴子内篇·明本》中认为道术的功能是"体道以匠物，宝德以长生"②。他对此做了进一步的解释，说："所为术者，内修形神，使延年愈疾，外攘邪恶，使祸害不干。"③。术的功能是修内与攘外、养正与祛邪。为此，与嵇康等玄学家认为神仙非积学所致的观点不同，他主张"长生可学得也"，认为老子和老子之师元君都是"学道服丹之所致"④。他劝告人们努力学习，勤于修术，必有效验。正如他借助《老子》的话所说："道成之后，略无所为也。未成之间，无不为也。"⑤这样，道与术的关系概括起来就是以道御术，术以得道。

养生修仙之术多种多样。重"气"者强调呼吸吐纳之术，于是有所谓王乔、赤松子导引行气派；重"精"者宣扬保精守持，"乐而有节，则和平寿考"⑥，演而成为房中采战、黄赤交接之道；重"神"者主张"我养其神，以处其和""抱神以静"，逐渐演变为"存想丹田，太一紫房，道成身化，蝉蜕渡世"⑦ 的内视存思之术。葛洪深知术的千端万绪、多种多样，他举例说："虽云行炁，而行炁有数法焉。虽曰房中，而房中之术，近有百余事焉。虽言服药，而服药之方，略有千条焉。"⑧ 修不同的术的宗派之间往往存在着门户之见而偏执一端。葛洪描述这些神仙方士"各仗其所长，知玄素之术者，则曰唯房中之术，可以度世矣；明吐纳之道者，则曰唯行气可以延年矣；知屈伸之法者，则曰唯导引可以难老矣；知草木之方者，则曰唯药饵可以无穷

① 《太清玉碑子》，《道藏》第 19 册，第 311 页。
② 王明：《抱朴子内篇校释》，中华书局 1985 年版，第 188 页。
③ 王明：《抱朴子内篇校释》，中华书局 1985 年版，第 124 页。
④ 王明：《抱朴子内篇校释》，中华书局 1985 年版，第 76 页。
⑤ 王明：《抱朴子内篇校释》，中华书局 1985 年版，第 326 页。
⑥ （汉）班固撰，（唐）颜师古注：《汉书》，中华书局 1962 年版，第 1779 页。
⑦ （清）严可均校辑：《全上古三代秦汉三国六朝文》，中华书局 1958 年版，第 813 页。
⑧ 王明：《抱朴子内篇校释》，中华书局 1985 年版，第 149 页。

矣；学道之不成就，由乎偏枯之若此也"①。葛洪认为，这种门户之见和偏执一端的做法是错误的。他认为，学道之人要广知众术，"借众术之共成长生也"②。然而道术众多 只能有所选择，择善而从，针对自己的实际情况，以一种术为中心，精心修炼，把不同的术在修道的不同阶段进行合理的搭配。葛洪不仅这样教导别人，自己也是这样做的。他不喜象数之术，对葛玄、郑隐所擅长的这些内容基本上是述而不作。他推崇金液还丹，以其为"仙道之极"。他关注的重点首先是金丹的合成、服食。他说："余考览养性之书，鸠集久视之方，曾所披涉篇卷，以千计矣，莫不皆以还丹金液为大要者焉。然则此二事，盖仙道之极也。服此而不仙，则古来无仙矣。"③ 他把金丹视为上品神药，说："长生之道，不在祭祀事鬼神也，不在道引与屈伸也，升仙之要，在神丹也。"④ 他把服食金丹视为成仙的根本和关键，强调说："不得金丹，但服草木之药及修小术者，可以延年迟死耳，不得仙也。"⑤ 金丹是很有价值的大药，但毕竟不能唯一地依靠金丹。因为金丹要真正产生效果，必须先服那些有轻身益气之效的草木类小药，这样才能为服食金丹做好铺垫，辅佐金丹产生本该有的功效。这些草木类小药，首先是具有强壮和滋补作用的药物，如白术、天门冬、黄芪、枸杞、桂、胡麻等；其次是重镇安神和养心宁神的药物，如朱砂、磁石、远志、菖蒲等。"先将服草木以救亏缺，后服金丹以定无穷，长生之理，尽于此矣。"⑥ 这就是说，服食金丹需要有其他"近术"相配合。据此，葛洪也没有忽视与金丹服食相配合的行气、胎息、房中等其他修仙之术。"服药虽为长生之本，若能兼行气者，其益甚速，若不能得药，但行气而尽其理者，亦得数百岁。"⑦ 对于行气，他说："人在气中，气在人中，自天地至于万物，无不须气以生者也。"⑧ 所以，"善行气者，内以养身，外以却恶"⑨。行气可以使人的内气充盈，神形不离。行气要达到

① 王明：《抱朴子内篇校释》，中华书局 1985 年版，第 124 页。
② 王明：《抱朴子内篇校释》，中华书局 1985 年版，第 124 页。
③ 王明：《抱朴子内篇校释》，中华书局 1985 年版，第 70 页。
④ 王明：《抱朴子内篇校释》，中华书局 1985 年版，第 77 页。
⑤ 王明：《抱朴子内篇校释》，中华书局 1985 年版，第 243 页。
⑥ 王明：《抱朴子内篇校释》，中华书局 1985 年版，第 246 页。
⑦ 王明：《抱朴子内篇校释》，中华书局 1985 年版，第 114 页。
⑧ 王明：《抱朴子内篇校释》，中华书局 1985 年版，第 114 页。
⑨ 王明：《抱朴子内篇校释》，中华书局 1985 年版，第 114 页。

的目标是胎息。"得胎息者，能不以鼻口嘘吸，如在胞胎之中，则道成矣。"① 但"行气者一家之偏说耳，不可便孤用也"②。行气要成功，还要懂得房中之术。"宜知房中之术，所以尔者，不知阴阳之术，屡为劳损，则行气难得力也。"③ 房中术通过"还精补脑"可以使人固精保气，阴阳相交而元气通行，可避免"幽闭怨旷，多病而不寿"④。为了配合行气，葛洪对按摩、导引等做了介绍。其他相关的小术或近术有饮食起居、强身治病的卫生术和符、图、禁咒等。至于符箓禁咒，他基本上只是把它作为进山采药时驱避精怪、保护自己的一种手段⑤，这显然是得之于五斗米道。此外，他提及的道术还有坚齿之道、聪耳之道、明目之道、辟谷、不寒之术、不热之术、行水潜水法、辟五兵之术、隐沦之术（隐身变形术）、远行不极之术（即日行千里、万里的方法）、辟毒蛇、辟蛟龙、辟毒虫、祛风湿、辟百鬼、遁甲、禹步、气禁等等。他认为，学道有先后次序，先要宝精爱气，接着服小药（指金丹之外的矿物、草木药配制的药物）以延长寿命，学近术以辟邪恶，然后再烧炼金丹服食，要由浅入深，由易到难。此外，他强调积善立功的道德涵养是成仙的必要条件。在上述这些术中，金丹是核心。葛洪大体上已经以金丹为中心，荟萃多种术而构造了一个独特的道术体系。

为了修炼术而得道，葛洪提出了"以显而求诸乎隐，以易而得之乎难，校其小验，则知其大效，睹其已然，则明其未试"⑥ 的原则，主张"考校虚实""真伪"，批评"世人多逐空声，鲜能校实"。注重效验，是墨家早有的观点。邹衍之学也是"必先验小物，推而大之，至于无垠"⑦。汉代人尤其强调这一点。《春秋繁露·深察名号》说："无验之说，君子之所外。"⑧ 汉代已有人用此否定神仙之道。《新语》指责有的人"论不验之语，学不然之事"⑨，指的就是神仙之道。《风俗通义》卷二"封泰山禅梁父"条引《春秋》"传

---

① 王明：《抱朴子内篇校释》，中华书局1985年版，第149页。
② 王明：《抱朴子内篇校释》，中华书局1985年版，第266页。
③ 王明：《抱朴子内篇校释》，中华书局1985年版，第114页。
④ 王明：《抱朴子内篇校释》，中华书局1985年版，第150页。
⑤ 《抱朴子内篇》吞符之说所用的符，多用以驱邪，或刻桃板犀角上，或用封泥刻印。《登涉》篇所载符之文字，颇为复杂，变化较多，与《太平经》中的复文很不相同。可见汉代简单之符书，由于其形体不太神秘诡异，宗教吸引力不大而逐渐被废弃了。
⑥ 王明：《抱朴子内篇校释》，中华书局1985年版，第140页。
⑦ （汉）司马迁：《史记》，中华书局1982年版，第2344页。
⑧ （汉）董仲舒撰，（清）凌曙注：《春秋繁露》，中华书局1975年版，第369页。
⑨ 王利器：《新语校注》，中华书局1986年版，第137页。

闻不如亲见"的说法，用来纠正黄帝升仙的世俗传言①。王充在《论衡·自然》中说："道家论自然，不知引物事以验其言行，故自然之说未见信也。"②《论衡·道虚》指出，"世无得道之效"，认为"服食药物，轻身益气，颇有其验。若夫延年度世，世无其效"③。汉代学者们因神仙方术的无验而强调对效果进行检核。扬雄《法言·问神》称："君子之言幽必有验乎明，远必有验乎近，大必有验乎小，微必有验乎著。无验而言之谓妄。君子妄乎？不妄。"④《论衡·薄葬》说："事莫明于有效，论莫定于有证。"⑤葛洪强调修炼术而得道要以效验来检核，是这种思想的继承。只不过汉代知识分子多用效验否定神仙的存在，葛洪则反其道而行之，用效验来肯定神仙的存在，但他所谓效验的证据多是似是而非的东西，而且在以小验推大验时超越了经验的范围。但不管怎么说，在修炼术的实践活动中检验理论的正确与否，用经验事实来证明认识正确与否的观点和做法是必须肯定的，而且这对此后道教的发展有深远的影响。再则，葛洪"精辟玄赜，析理入微"和"由小验知大效，由已然明未试"的致思方法，已经同早期道教"苦妄度厄""用持杀鬼"之类大相径庭，玄学思辨必定是帮助他实现这一转向的重要因素之一。

"古之初为道者，莫不兼修医术，以救近祸焉。"⑥ 本着以医术救己救人、辅助修仙的思想，葛洪对医药颇为重视并多有钻研。他的医药学思想有重养生、重预防的特点："是以至人消未起之患，治未病之疾，医之于无事之前，不追之于既逝之后。"⑦ 他认为，病因主要是气血亏损，风寒暑湿等外因只是触发生病的条件，养生的根本在于"不伤不损"。他的《肘后备急方》有关天花病、急性黄疸型肝炎、肺结核的传染性、恙虫病、脚气病、用免疫方法治疗狂犬病、用青蒿治疗疟疾等的记载，都是医学史上的重大成就，早于西方一千多年。

术的修炼涉及人体的结构。葛洪对此做了探讨。《庄子》外篇中有气聚生成万物的观点，葛洪继承了这一思想，《抱朴子内篇·至理》说："夫人在

---

① （汉）应劭撰，三利华校注：《风俗通义校注》，中华书局 1981 年版，第 69 页。
② 黄晖校释：《论衡校释》，中华书局 1990 年版，第 780 页。
③ 黄晖校释：《论衡校释》，中华书局 1990 年版，第 329、338 页。
④ 汪荣宝撰，陈仲夫点校：《法言义疏》，中华书局 1987 年版，第 159 页。
⑤ 黄晖校释：《论衡校释》，中华书局 1990 年版，第 962 页。
⑥ 王明：《抱朴子内篇校释》，中华书局 1985 年版，第 271 页。
⑦ 王明：《抱朴子内篇校释》，中华书局 1985 年版，第 326 页。

气中，气在人中，自天地至于万物，无不须气以生者也。"① 人的形体是气形成的，人的生命靠气来维持。气能进一步转化为神。神是气发展的更高阶段，能够成为控制人体生命活动的枢纽，在三者之中地位最为重要。处理好三者之间的关系，首先要发挥好气的中介作用，即养气："苟能令正气不衰，形神相卫，莫能伤也。"② 其次要发挥神对人体生命活动的统御作用。由于形、神二者都以气贯通，所以形、气、神的关系往往被简化为形神关系。受玄学的影响，葛洪用有、无这对范畴来探讨形神之间的关系，使得形神关系的讨论更多地具有了理论思辨性。他说："夫有因无而生焉，形须神而立焉。有者，无之宫也。形者，神之宅也。故譬之于堤，堤坏则水不留矣。方之于烛，烛糜则火不居矣。"③ 在他看来，生命的根本是神气。形神相济是修炼的基本原则。神代表道，是无；形是气生化而来的，是有。有因无而生，形体必须依靠神才能存在。无必须依托于有而存在，神只能存在于形体中。"身劳则神散，气竭则命终。"④ 身形劳累，神就会散失，气耗竭，生命就完毕了，所以"守身炼形"⑤ 很重要。为了使形神不离，需要"真知足"，恬淡守真，"全真虚器"。因为"情感物而外起，智接事而旁溢，诱于可欲，而天理灭矣，惑乎见闻，而纯一迁矣"⑥。外在的物、事会引发人的情欲。人有了欲望，心中纯正平和的状态就会被破坏，就偏离了道。所以，修炼的根本是无欲养神。正是在这个意义上，葛洪说："命在其中，不系于外，道存乎此，无俟于彼。"⑦ 这是说，寿命长短取决于心，道本来就存在于心中。

不过，葛洪强调，真正能使形神不离的东西，只有金丹。他说："夫金丹之为物，烧之愈久，变化愈妙。黄金入火，百炼不消，埋之，毕天不朽。服此二物，炼人身体，故能令人不老不死。此盖假求于外物以自坚固。"⑧ 丹砂也如此。"凡草木烧之即烬，而丹砂烧之成水银，积变又还成丹砂，其去凡草木亦远矣。故能令人长生。"⑨ 在他看来，朱砂在高温下烧炼得越久，变

---

① 王明：《抱朴子内篇校释》，中华书局1985年版，第114页。
② 王明：《抱朴子内篇校释》，中华书局1985年版，第244页。
③ 王明：《抱朴子内篇校释》，中华书局1985年版，第110页。
④ 王明：《抱朴子内篇校释》，中华书局1985年版，第110页。
⑤ 王明：《抱朴子内篇校释》，中华书局1985年版，第128页。
⑥ 王明：《抱朴子内篇校释》，中华书局1985年版，第170-171页。
⑦ 王明：《抱朴子内篇校释》，中华书局1985年版，第170页。
⑧ 王明：《抱朴子内篇校释》，中华书局1985年版，第71页。
⑨ 王明：《抱朴子内篇校释》，中华书局1985年版，第72页。

化越多则越妙。之所以要烧炼，是因为自然界中的丹砂含有灰质，经过烧炼才能去掉。在烧炼过程中，朱砂可以和黄金、水银互相转化。黄金身经百炼而不会坏，埋到地里不会朽烂，具有稳定不变的性质。但自然界的黄金是块状固体，人无法直接服食和吸收，必须经过人工处理转化成液态才行。经过人工烧炼的丹和转化成液态的金有长住久存的性质。在葛洪看来，这是"得夫自然之道"①。人如果服食了这两样东西，它们的长住久存的性质就可以转到人身上而为人所拥有，人就可以不老不死。此即所谓"假求于外物以自坚固"。服食术的基本理论依据是物性转移说。它认为，通过接触和作用，可以将物质的性质转移到人身上。吞服具有优良性质的自然物质或人造药物，可以将这些物质的性质移植于人身，从而达到变形易体的效果。金丹服食的观念是从金玉具有稳定的化学性质和无机盐能让肉不腐烂等日常生活的经验做类比推理得出来的结论，葛洪对此坚信不疑。但问题在于，类比推理不是充要条件推理，其结论的可靠性只有经过科学验证才能做出判断。丹是在高温之下烧炼成的，有极大的火毒，道士们只好将炼好的丹埋入地下或沉入井水、泉水中以去其火毒，服食时用枣肉为泥做成丸药减少剂量从而控制毒性。服丹能长生不死已经被后来无数的事实证伪了。人工把黄金熔解成液态要借助于汞，即水银。它是一种对人体有毒害的物质。现代科学研究证明，汞的某些制剂如二氯化汞在特定条件下能治疗癌症等疾病。液态金的主要成分是金汞齐，现代科学研究表明它是一种毒药。中医认为，金味辛、气平、有毒，有"镇精神，坚骨髓，通利五脏，除邪毒气"②的功能，"安宫牛黄丸""紫雪丹""金箔丸"等知名中成药均证明了黄金的这种药理作用。这是金丹服食有时能对人体产生有益作用的根据。但是，道士服食液态金的目的并非对症下药解决病理问题，而且它们的剂量比治疗用量大得多，中毒自然难以避免。此外，现代科学证实，食用少量的砂汞、雄黄会对人体和神经产生暂时的刺激作用，除了使精神亢奋外，还会产生幻象，神女、玉女、使者之类就是幻觉成形的结果，仙人的幻觉大概也会形成。在炼金丹时，这两种药物经常与黄金合炼，这大概是促使葛洪对金丹成仙推崇备至的原因之一。

根据物类变化观，葛洪认为，金银"可以异物作"。人能够让白色的铅变为红色的丹，能够让红色的丹变为白色的铅："铅性白也，而赤之以为丹。

---

① 王明：《抱朴子内篇校释》，中华书局 1985 年版，第 286 页。
② （梁）陶弘景集，尚志钧辑校：《名医别录》，人民卫生出版社 1986 年版，第 99 页。

丹性赤也,而白之而为铅。"① 人的身体本来是可以看见的,但有能够隐藏的方法;鬼神本来是隐藏的,但有能够让人看见的方法。人按照其自然性来说是要死的,但是,"我命在我不在天,还丹成金亿万年"②,人服食金丹,调整生活方式,就能改变人的自然生理限度或者"还年"而长生不死。效果最好的是形神相合而白日升天,成就天仙;次一等的是地仙;再次一等的是尸解仙。

以此为依据,葛洪具体介绍了二十多种炼丹方法,如岷山丹法、务成子丹法等,记载了它们所需要的药物配伍、分量和制作方法,对金丹合成做了多方面的论述。根据近人研究,从《抱朴子》可以看出,当时的道士在炼丹中已经掌握了汞、铅、砷、铜等多种元素及其化合物的性质,能分离出单质砷,能制成黄色的铜砷合金,已经能熔解黄金。他们已经掌握了丹砂的化学特性、铅的可逆特性,观察到了金属之间的置换作用、化学反应中伴随着的升华现象、炭在高温下的还原作用等,还制造成了铅玻璃(与现代的钠玻璃不同)等。葛洪记载的饵雄黄方是用硝石、玄胴肠(猪大肠)、松脂与雄黄合炼③。玄胴肠与松脂加热炭化后就相当于木炭,它同硝石、硫黄、雄黄混合即可爆炸。这是黑火药配方的雏形。这些都是化学史上的重大成就。在《抱朴子内篇·仙药》中,葛洪记载了许多药物的名称和单方,多种植物药的形态特征、生长习性、主要产地、入药部位、主治病症,对后世中医药的发展起了较大的推动作用。

葛洪促进巫术、方术聚合为道术的一个重要表现是强调了伦理的作用,把伦理与道术结合起来。他首先从伦理的角度为修炼道术、隐居山林的道士争地位,认为"在朝者陈力以秉庶事,山林者修德以厉贪浊,殊途同归,俱人臣也"。隐士们洁行高蹈于山林之间,"以咏先王之道,使民知退让",有"儒墨不替"的社会作用④。但修仙毕竟是个体的行为,是自利的活动,与儒家所倡导的群体的行为、利他的活动毕竟有矛盾。当时的修仙者已招致了不少这样的批评。如何化解这一矛盾呢?汉代以来就已确立的伦理本位论的社会思想和价值观念已经深入人心,这使得早期道教在面临这一问题时,只可能走调和的路子。事实也是如此。从《太平经》以来,道教的做法就是将儒

---

① 王明:《抱朴子内篇校释》,中华书局 1985 年版,第 284 页。
② 王明:《抱朴子内篇校释》,中华书局 1985 年版,第 287 页。
③ 王明:《抱朴子内篇校释》,中华书局 1985 年版,第 203 页。
④ 杨明照:《抱朴子外篇校笺》上册,中华书局 1991 年版,第 102 页。

家的忠孝仁义等社会道德规范纳入自身。葛洪继承了这一点，主张修道者必须遵循伦理道德规范。具体来说，必须外行忠孝，内顺仁信。如果不修德行，只行方术，不可能长生。他要求"慈心于物，恕己及人，仁逮昆虫""手不伤生""口不劝祸"，周穷救急，"见人之得如己之得，见人之失如己之失，不自贵，不自誉，不嫉妒胜己，不佞谄阴贼"①，强调忠、诚、孝亲、恕人、严己、俭朴、诚恳、守信。为了促使人们遵守这些伦理规范，他说，天地有专门主管人的过失的神，给人精确地打分做记录，分高人就顺畅得福，分低则贫困、灾祸接踵而至。人的身中有上、中、下三尸，是专门向天上的神灵打小报告的。家中还有灶神，到了"月晦之夜"，他也上天去控告人的过失。他们合起来监督人行善去恶、积善立功。不过，在葛洪看来，伦理只是促进人们修炼的工具。成仙之后，人间的伦理规范就失效了。在他的《神仙传》里，茅君成仙后拒绝受其父之杖责，理由是"其道已成，不可鞭辱"②。《神仙传》描述汉文帝见河上公时，想用"普天之下，莫非王土，率土之滨，莫非王臣"的儒家礼教观念迫使河上公俯首称臣，河上公立刻升至半空，自称"上不至天，中不累人，下不居地"，公然向专制君权和儒家礼教挑战，使得汉文帝不得不"下车稽首"向他求道③。

葛洪认为："陶冶造化，莫灵于人。故达其浅者，则能役用万物，得其深者，则能长生久视。"④ 成仙是修炼道术的最终目标。神仙世界自由、美好、无所不有、富丽堂皇，没有任何烦恼和痛苦，可以满足一切人世间不能满足的欲望，快乐无比。葛洪认为，神仙"穷理独见，识变通于常事之外，运清鉴于玄漠之域"⑤，智慧超凡，见几察微。所以，成仙很有必要。他费了很多笔墨来论证神仙的存在和人修炼成为神仙的可能性。以今天的眼光来看，这些论证在方法上和逻辑上都是有问题、有漏洞的，如以经验来推未验，用类比推理时违背了异类不比的原则，所以结论是错误的。但葛洪没有意识到，所以坚信不疑。他认为神仙是人修炼而成的，这一思想早有渊源。阴长生《自叙》已断言："不死之要，道在神丹，行气导引，俯仰屈伸，服食草木，

---

① 王明：《抱朴子内篇校释》，中华书局1985年版，第126页。
② （宋）李昉等编：《太平广记》，中华书局1961年版，第87页。
③ （宋）李昉等编：《太平广记》，中华书局1961年版，第66页。
④ 王明：《抱朴子内篇校释》，中华书局1985年版，第46页。
⑤ 王明：《抱朴子内篇校释》，中华书局1985年版，第110页。

可得延年，不能度世，以至乎仙。子欲闻道，此是要言，积学所致……"①葛洪在《抱朴子》中引《仙经》说："金银可自作，自然之性也，长生可学得者也。"② 又引《玉牒记》云："天下悠悠，皆可长生也，患于犹豫，故不成耳。"③ 他认为，仙人有天仙、地仙、尸解仙三个等级。承认地仙的存在，意味着人与仙的界限被打破了。但神仙实际上是得道之士。在葛洪看来，神仙不过是一种特殊的、具有特种能力的人，而且是一般人通过一定的方法和途径可以修成的。因此，他特别注重修炼技术（例如炼丹术）并对它们做了阐述。这就把成仙的前景向广大的人群展示了。为了让人持续不断地修炼，葛洪给神仙世界安排了同人类社会一样的尊卑上下的等级秩序。他在《抱朴子内篇·金丹》中已经为老子安排了一个神通广大、无所不能的老师——"元君"（"太一元君""元始天王"），这是后世道教元始天尊的雏形。他在《枕中书》中初步配置了一个道教神谱。其中，元始天王为最高神，他有夫人名为太元圣母，他们的儿女是扶桑大帝东王公（木公）、九光玄女太真西王母（金母）。木公、金母阴阳化育，于是有了天皇、地皇、人皇。三皇之下有分治五岳的五帝，并有尧、舜、禹、汤、青鸟"五帝佐相"。五帝五相下面是由许由、巢父、葛玄、嵇康、扬雄、孔子、颜回、张道陵等历史名人、道教领袖构成的神仙。这是用"道—阴阳—五行—万物"的宇宙创生图式构成的神祇谱系。后世道教的三清尊神以元始为尊，葛洪可以说是第一个给道教神仙排列系谱的人。

葛洪还在刘向《列仙传》的基础上编著了《神仙传》，这是他"抄集古之仙者，见于仙经服食方，及百家之书"④ 而成的。其中描绘了各行各业的人得道成仙的事迹，并让孔安国、左慈、郭璞等现实人物步入了神仙谱系，由此增强了地仙说的说服力。他作这部书的目的是弘彰神仙，诱导社会上的一切人都信仰道教，修炼道术。

葛洪强调宗教信仰在实现成仙目标上的重要性，他说："夫求长生，修至道，诀在于志，不在于富贵也。苟非其人，则高位厚货，乃所以为重累耳。"⑤

---

① （清）严可均校辑：《全上古三代秦汉三国六朝文》，中华书局1958年版，第1048页。

② 王明：《抱朴子内篇校释》，中华书局1985年版，第287页。

③ 王明：《抱朴子内篇校释》，中华书局1985年版，第287页。

④ （晋）葛洪：《神仙传·序》，中华书局1991年版，第1页。

⑤ 王明：《抱朴子内篇校释》，中华书局1985年版，第17页。

（四）道术儒修

葛洪主张："夫道者，内以治身，外以为国，能令七政遵度，二气告和。"① 治身治国同道的观点，并不是他的创见。《老子河上公章句》与《老子想尔注》的基本理论结构都是"治身如治国"。如《老子河上公章句》第十章说："治身者爱气则身全，治国者爱民则国安。治身者呼吸精气，无令耳闻；治国者布施惠德，无令下知也……治身当如雌牝，安静柔弱，治国应变，和而不唱也。"② 第十一章说："治身者当除情去欲，使五藏空虚，神乃归之。治国者寡能，总众弱共扶强也。"③ 如果说上述还只是把治身与治国进行类比，那么，第三十五章则直接用道把治身与治国统一起来了："用道治国则国安民昌，治身则寿命延长。"类似的观点，《太平经》也有。它说："上士用之以平国，中士用之以延年，下士用之以治家。"④ "上士学道，辅佐帝王，当好生积功乃久长。中士学道，欲度其家。下士学道，才脱其躯。"⑤ 仅从治身一面来说，其终极目标为成仙，似乎与治国经世的要求相矛盾，然而，在道教看来，真正修道成为神仙者都能够而且应该治国。甚至，治国本身就是修道的一个组成部分，是得道前的一个必经阶段。

其实，治身、理国只是道的无数功能中的两种。作为宇宙万物的本体，道是万物存在的依据和运动变化的总规律，也是人的一切行为活动的意义之源、价值之根。葛洪对此阐发道："夫道者，其为也，善自修以成务；其居也，善取人所不争；其治也，善绝祸于未起；其施也，善济物而不德；其动也，善观民以用心；其静也，善居慎（孙校：'慎'当作'真'）而无闷。此所以为百家之君长，仁义之祖宗也。"⑥ 这说明他所指的道家是黄老道家。

但是，同样谈治身与治国同道，葛洪毕竟与此前道教经典的论述模式有所不同。与《抱朴子内篇》专论道教不同，《抱朴子外篇》主要是阐述人生观、境界论和王道政治之术，在他看来是儒家的思想，实际应该是谈论道教之外的事。早期道教如《太平经》那种合治国与治身为一的论述模式与理论结构，至此被打破。因为葛洪栖心玄境，专注于烧炼，故有关治国之类公众

---

① 王明：《抱朴子内篇校释》，中华书局 1985 年版，第 185 页。
② 王卡点校：《老子道德经河上公章句》，中华书局 1993 年版，第 35 页。
③ 王卡点校：《老子道德经河上公章句》，中华书局 1993 年版，第 41 页。
④ 王明：《太平经合校》，中华书局 1960 年版，第 728 页。
⑤ 王明：《太平经合校》，中华书局 1960 年版，第 724 页。
⑥ 王明：《抱朴子内篇校释》，中华书局 1985 年版，第 188 页。

事务的讨论，便只好移到"外篇"，并援用儒家学说来处理。

在葛洪看来，道家固然最好，但其他家的学说也各有优长，道家的治国之论可以吸收儒家思想来加以丰富。他先阐述第一层意思。他对道、儒、墨、法四家做了比较，认为道家是最值得推崇的。他认为，儒家与道家的关系是道为本，儒为末："道者，儒之本也；儒者，道之末也……而儒者博而寡要，劳而少功；墨者俭而难遵，不可遍循；法者严而少恩，伤破仁义。唯道家之教，使人精神专一，动合无形，包儒墨之善，总名法之要，与时迁移，应物变化，指约而易明，事少而功多，务在全大宗之朴，守真正之源者也。"① 在他看来，道家是诸子百家中最尊贵的，因为它包括了儒家和墨家的精华，能够认识事物的本源，抓住事物的根本，能够随时应变，获得事半功倍的功效。道家既讲道德，又讲长生，而儒家只讲道德，不全面，所以道家不比儒家差。"夫体道以匠物，宝德以长生者，黄老是也。黄帝能治世致太平，而又升仙，则未可谓之后于尧舜也。老子既兼综礼教，而又久视，则未可谓之为减周孔也。"② 但人们往往认为道家只能养生，他认为这是错误的："所以尊道者，以其不言而化行，匪独养生之一事也。"③ 在他看来，道不言而成造化，道家不言而成教化，绝不仅仅只是涉及养生，"凡言道者，上自二仪，下逮万物，莫不由之。但黄老执其本，儒墨治其末耳"④。道是天地万物的本体，无所不包，无所不及，因而道家所涉及的范围是没有局限的。面对如此广阔的范围，道家能够抓住万物万化的根本，而儒家、墨家所抓住的只是末。正因为善于抓住根本，所以道家对道的运用具有与儒家、墨家不同的特点。以儒家所擅长的社会政治领域为例。从行动来说，道家善于通过自我修养而成就事务；处职任事，道家善于从人所不争的地方成就事业；治理国家，道家善于把祸害消灭于萌芽状态；泽施恩惠，道家善于济物而不居功；决策行动之前，道家善于观察民意而合乎民心；独居时，道家善于合乎本真的性情而没有烦闷。葛洪从这诸多方面得出的结论是，道家之道是"百家之君长，仁义之祖宗"。这就是说，道家是诸子百家的师长，是真理的化身，是价值观的渊源。

不仅如此，葛洪还认为，就学习而言，道家简约而容易，儒家繁杂而困难，应该舍弃儒家而学习道家。他说："儒者，易中之难也。道者，难中之

---

① 王明：《抱朴子内篇校释》，中华书局1985年版，第184页。
② 王明：《抱朴子内篇校释》，中华书局1985年版，第188页。
③ 王明：《抱朴子内篇校释》，中华书局1985年版，第138页。
④ 王明：《抱朴子内篇校释》，中华书局1985年版，第185页。

易也……笃论二者，儒业多难，道家约易，吾以患其难矣，将舍而从其易焉。"① 道家主张泯灭欲望，超越功名利禄，这很难，但一旦超脱，实现起来却很容易。儒家主张循规蹈矩，这做起来容易，但时时要受世俗事务和烦琐的社会关系的纠缠，真正实现起来并不容易。那为什么那么多人都要走成为儒者的人生道路呢？他说："儒教近而易见，故宗之者众焉。道意远而难识，故达之者寡焉。道者，万殊之源也。儒者，大淳之流也。三皇以往，道治也。帝王以来，儒教也。谈者咸知高世之敦朴，而薄季俗之浇散，何独重仲尼而轻老氏乎？是玩华藁于木末，而不识所生之有本也。"② 在他看来，儒家所涉及的内容切近人的日常生活，耳闻目染，所以学习它的人多；道家的宗旨经深涉远，难以认识，所以能够弄懂的人少。道家所涉及的道是源，而儒家所涉及的内容则是道的流。道是上古三皇所用的，儒家则是近古帝王才用的教化之法。一般人都推崇古代社会的淳朴，鄙薄后世社会的人情浇薄，却又重视儒家而轻视道家。这是玩弄辞藻而不知道事情的根本和来由。葛洪认为，道不斥儒，儒如排道即 "何异子孙而骂晋祖考哉？是不识其所自来"③。道的境界比儒家高。"儒者所爱者势利也，道者所宝者无欲也。儒者汲汲于名利，而道家抱一以独善。"④ 在他看来，儒家行礼乐仪节，经邦济世，重势利，求名誉。道家则不看重身外之物，不追求智慧，超脱于富贵穷通、毁誉荣达之外，无欲抱一而独善。他认为，在道业大盛之世，礼教是多余的。只有到了衰世，才有必要极力强调礼教刑罚。孝子出于败落之家，忠义出于危难之国。

葛洪认为，儒家不如道家，圣人也不如仙人。"圣人诚有所不能，则无怪于不得仙。"⑤ 圣人不过是在某一方面才能比较突出的人，是治世的能人，而不是得道的圣人。得道的圣人只有黄帝和老子。他列举了大量的例子说明，周孔这两位圣人并非如世俗所说的那样 "无所不知""无所不能"⑥。他以此破除世俗之人对圣人的迷信和崇拜，主张 "道与世事不并兴""圣人不必仙，仙人不必圣"⑦。既仙且圣者毕竟是极少数。但他又力图寻找两可的可能性。

① 王明：《抱朴子内篇校释》，中华书局 1985 年版，第 139-140 页。
② 王明：《抱朴子内篇校释》，中华书局 1985 年版，第 138 页。
③ 王明：《抱朴子内篇校释》，中华书局 1985 年版，第 188 页。
④ 王明：《抱朴子内篇校释》，中华书局 1985 年版，第 187 页。
⑤ 王明：《抱朴子内篇校释》，中华书局 1985 年版，第 155 页。
⑥ 王明：《抱朴子内篇校释》，中华书局 1985 年版，第 227 页。
⑦ 王明：《抱朴子内篇校释》，中华书局 1985 年版，第 224 页。

他说："吾闻至言逆俗耳，真语必违众，儒士卒览吾此书者，必谓吾非毁圣人。吾岂然哉？但欲尽物理耳，理尽事穷，则似于谤讪周孔矣。"① 按照这里所说，他无意毁谤儒家，只不过是把道理说得透彻一点，说了本真的话罢了。为了避免别人给他扣上一顶诽谤圣人的帽子，他也讲了一些道家的缺点。首先是所涉太广，难以认识。"黄老之德，固无量矣，而莫之克识，谓为妄诞之言，可叹者也。"② 其次是所及太高，太抽象，难以把握，显得迂阔而不切实事。"道家之言，高则高矣，用之则弊，辽落迂阔。"③ 既然道家有缺点，反过来说就是儒家也有可取之处，值得尊重。他进一步解释说："所以贵儒者，以其移风易俗，不唯揖让与盘旋也。所以尊道者，以其不言而化行，匪独养生之一事也。若儒道果有先后，则仲尼未可专信，而老氏未可孤用。"④ 他认为，礼乐只是儒之末，养性只是道之余，在社会治化方面，儒家的移风易俗与道家的自然感化有异曲同工之妙。如果非要区分儒、道的主次先后，那么，儒家的言论不可尽信，道家的言论同样如此。仅仅用儒家或道家都不够，二者合用才能够兼得两家的优点，完美地解决问题。所以，在学习上，儒道应该兼修，如此才能得二家之所长而把它们自如地运用于不同的人生场合："内宝养生之道，外则和光于世，治身而身长修，治国而国太平。以六经训俗士，以方术授知音，欲少留则且止而佐时，欲升腾则凌霄而轻举。"⑤

儒家面对的是现实的社会生活，而修道要在现实社会中进行，所以要"道术儒修"。这一方面意味着修道不应该脱离人间，放弃家庭和社会的义务，相反，"长才者"应该"兼而修之"。这种兼修表现在："古人多得道而匡世，修之于朝隐，盖有余力故也。何必修于山林，尽废生民之事，然后乃成乎？"⑥ 治世只是在修道有余力的情况下才进行。如果没有余力，那还是先集中精力修道、修身。为什么呢？葛洪解释说："凡人之所汲汲者，势利嗜欲也。苟我身之不全，虽高官重权，金玉成山，妍艳万计，非我有也。是以上士先营长生之事，长生定可以任意。"⑦ 他以全身为治国的先决条件，与儒

---

① 王明：《抱朴子内篇校释》，中华书局 1985 年版，第 227 页。
② 王明：《抱朴子内篇校释》，中华书局 1985 年版，第 149 页。
③ 杨明照：《抱朴子外篇校笺》上册，中华书局 1991 年版，第 361 页。
④ 王明：《抱朴子内篇校释》，中华书局 1985 年版，第 138 页。
⑤ 王明：《抱朴子内篇校释》，中华书局 1985 年版，第 148 页。
⑥ 王明：《抱朴子内篇校释》，中华书局 1985 年版，第 148 页。
⑦ 王明：《抱朴子内篇校释》，中华书局 1985 年版，第 254 页。

家以修身为治国平天下之本，虽然都从身出发，但他的修身是追求长生，积累善功，与儒家专注于道德品行的修养是有区别的。

修身以得道为目标。"道成之后，略无所为也。未成之间，无不为也。"①道成之前要积极有为，道成之后的"略无所为"不是什么也不干，而是潜力的最大限度的蓄积，是"含醇守朴，无欲无忧，全真虚器，居平味澹。恢恢荡荡，与浑成等其自然。浩浩茫茫，与造化均其符契……藐然不喜流俗之誉，坦尔不惧雷同之毁。不以外物汩其至精，不以利害污其纯粹也"②，是浩然得意，优雅隐逸之中的"真知足"。这是超越了世俗孜孜以求的真正富贵。他认为："故醇而不杂，斯则富矣；身不受役，斯则贵矣。若夫剖符有土，所谓禄利耳，非富贵也。"③他的人生信念是："乐天知命，何虑何忧？安时处顺，何怨何尤哉！"④但乐天知命是以在"安时"的前提下达到"处顺"状态为基础的。葛洪说："盖君子藏器以有待也，蓄德以有为也，非其时不见也，非其君不事也，穷达任所值，出处无所系。其静也，则为逸民之宗；其动也，则为元凯之表。"⑤这就是说，在时机不到时，收敛隐藏，养精蓄锐，积蓄潜力，一旦时来运转，举动行事就能如高山滚石，天河下泄，汹涌澎湃，势不可当，无所不能。葛洪强调：静，就要静得彻底，可为隐逸之民的宗本；动，就要动得显赫，可为元凯的表率。真正修道有成的人，应该在任何环境中都能适应，而且在任何环境中都能做出迥异常人的丰功伟绩。正是在这个意义上，他赞成"上士得道于三军，中士得道于都市，下士得道于山林"⑥的观点。但是，他认为，生命是最贵重的，世俗社会充满了名利争斗的危机，一旦社会环境可能威胁到生命安全时，就应该急流勇退。对此，应该未雨绸缪，知几洞微。以政治生活为例，他提出的判断应该退处山林的征兆是："忠而见疑，净而不得者，待放可也；必死无补，将增主过者，去之可也。"⑦这体现了他虽以尊道贵德为本，但头脑不僵化、不迂腐，重视生命价值的思想。

---

① 王明：《抱朴子内篇校释》，中华书局1985年版，第326页。
② 王明：《抱朴子内篇校释》，中华书局1985年版，第3页。
③ 杨明照：《抱朴子外篇校笺》上册，中华书局1991年版，第94页。
④ 杨明照：《抱朴子外篇校笺》上册，中华书局1991年版，第507页。
⑤ 杨明照：《抱朴子外篇校笺》上册，中华书局1991年版，第480－481页。
⑥ 王明：《抱朴子内篇校释》，中华书局1985年版，第187页。
⑦ 杨明照：《抱朴子外篇校笺》上册，中华书局1991年版，第251页。

退处山林之后，人就成了隐士。隐士早在先秦时期就已出现。道家尊隐，儒家受道家影响，也颇重志节，主有所不事，君有所不臣，拒绝不义之荣禄，这是儒士进退的原则。后来的法、墨二家则唯恐隐士弃法惑众，主张诛杀禁绝。政治越黑暗，隐士就越多。但总的说来，魏晋以前，尊崇隐士已成为持续近千年的传统。魏晋政权更替频繁，处士言行动辄获罪，造成隐逸之风盛行，激起了对隐士评价的激烈争论。针对攻击隐士"忘大伦之乱，背世主而有不臣之慢"的论调，葛洪为隐士的存在辩护，说："学仙之士，未必有经国之才，立朝之用，得之不加尘露之益，弃之不觉毫厘之损者乎？……夫有道之主，含垢善恕，知人心之不可同，出处之各有性，不逼不禁，以崇光大，上无嫌恨之偏心，下有得意之至欢，故能晖声并扬于罔极，贪夫闻风而扭怩也。"① 在他看来，每个人都有自己的价值标准和价值观，都有据此做出选择的权利。有人愿意做隐士，这是他的自由，君王不应该禁止或干涉。这样做有助于形成和谐的社会氛围。何况，并非所有隐士都有经世之才。既然如此，社会应该允许隐士的存在。就社会价值而言，隐士能够立德立言。他们的存在能够"修德厉贪浊"，助益风教，有"儒墨不替"的社会作用。就个人而言，他认为隐逸可以去危、远祸、保身，出入自主。"夫七尺之骸，禀之以所生，不可受全而归残也；方寸之心，制之在我，不可放之于流遁也。"② 自己把握自己的命运，"在我而已，不由于人"，适性自然。葛洪不赞成执节慕名而舍身投死的行为，强调身名并全。全名即淡薄知足，安贫乐道，洁行守节；全身即能洞察几微，临危脱险，全身而退，精神平和，乐道无忧。

综上所述，葛洪所主张的人生道路是由儒而道而仙。

（五）社会价值观与治国之道

从葛洪所主张的人生道路可以看出他的人生态度。他企图通过炼丹服食羽化登仙，目的在彼不在此。他不是要保留肉体的长生不死，以留在世上享福；恰好相反，他不认同世俗功名富贵的价值，也不想追求尘世生活的圆满成功。总的说来，葛洪的宗教态度是否定并拒绝现世的。

这样的人生态度决定了他主张多元的社会价值观。他坚持真理多元论，反对独断论，说："夫存亡终始，诚是大体。其异同参差，或然或否，变化万品，奇怪无方，物是事非，本钧末乖，未可一也。夫言始者必有终者多矣，

---

① 王明：《抱朴子内篇校释》，中华书局1985年版，第152－153页。
② 杨明照：《抱朴子外篇校笺》上册，中华书局1991年版，第44页。

混而齐之，非通理矣……万殊之类，不可以一概断之，正如此也久矣。"① 他尤其反对以圣人和五经的言论为认识的标准，认为周孔和五经的知识是有限的，很多知识无法从那里找到。五经没有记载的并不等于就不存在。五经四部是"既往之糟粕"②，是"迹"而不是"所以迹"，不能把它作为真理的标准。"圣人有所不知"③，不能因圣人不知就断言世间无人能知。真理多元论反映在社会领域，就是人生价值多元论。"赴势公子"所谓"达者以身非我有，任乎所值。隐显默语，无所必固。时止则止，时行则行"④ 可以存在，"怀冰先生"所谓"高尚其志，不仕王侯，存夫爻象，匹夫所执，延所守节，圣人许焉"同样也可以存在。在这基础上，葛洪列举了八十四种之多的品行，说明人在社会生活中不必只有一种价值观、一种生活方式、一种选择。

葛洪认为，道家的道，内可以修身而使自己长生不死，外可以治国而使天下太平。在阐述修身之道的同时，他对社会价值观与治国之道也多有论述。

葛洪指出，道是养生的根本，也是治国的法宝。"道也者，所以陶冶百氏，范铸二仪，胞胎万类，酝酿彝伦者也。"⑤ 本着这种从天道寻找治国的道理的思路，他认识到，正如自然界中既有生、成、长、养，也有灭、坏、消、杀等一样，人类社会中同样既有正面的积极现象，也有负面的消极现象。他说："夫有欲之性，萌于受气之初；厚己之情，著于成形之日。贼杀并兼，起于自然。"人有生以来就有欲望。自私自利是个体与生俱来为了维持自身生命存在所必需的。战争兼并，巧取豪夺，同样是人类社会必然出现的现象。人类社会一旦出现，就有了正邪之分。"夫两仪肇辟，万物化生，则邪正存焉尔。"⑥ 既然如此，那么，治国固然要提倡德治，以德为本，但不可因此而偏废刑罚，要刑德并举，恩威并重。他认为，人"莫不贵仁，而无能纯仁以致治也"；人也"莫不贱刑，而无能废刑以整民也"。仁与刑都不可偏废。仁义德教只能施行于"平世"，刑罚则用于"狡暴"。"仁者养物之器，刑者惩非之具，我欲利之，而彼欲害之，加仁无惨，非刑不正。刑为仁佐，于是可知也。"刑罚可以辅助仁义德教。但是，他指出，用刑必须合理适度。"用刑

① 王明：《抱朴子内篇校释》，中华书局1985年版，第13－14页。
② 王明：《抱朴子内篇校释》，中华书局1985年版，第351页。
③ 王明：《抱朴子内篇校释》，中华书局1985年版，第230页。
④ 杨明照：《抱朴子外篇校笺》上册，中华书局1991年版，第52页。
⑤ 王明：《抱朴子内篇校释》，中华书局1985年版，第185页。
⑥ 杨明照：《抱朴子外篇校笺》下册，中华书局1997年版，第528、575页。

失理，其危必速。亦犹水火者所以活人，亦所以杀人，存乎能用之与不能用。"刑是不得已而用之，即曰："以杀止杀，岂乐之哉！"① 为此，他主张法律要公开，刑罚要公正，君主要根据才能选拔司法人才，"明律令者试之如试经，高者随才品叙用"②。

葛洪主张，一切都是变化的。社会政治现象同样如此。"常制不可以待变化，一途不可以应无方，刻船不可以索遗剑，胶柱不可以谐清音。"③ 据此，必须用现实的、发展的、不居的观念来看待一切。从这个观念出发，在社会历史领域，葛洪本着历史进化论的观点批判了鲍敬言的"古者无君，胜于今世"的历史退化论观点。他认为，君主的存在是必要的，应该把"衰世之罪"与"至治之义"分开，不能以对"衰世之罪"的鞭挞遮盖、淹没对"至治之义"的探索和对改造现实的努力。在这个基础上，他对"至治之义"做了探讨。首先，对君主，他认为："君人者，必修诸己以先四海，去偏党以平王道，遣私情以标至公，拟宇宙以笼万殊。"④ 君主必须通过修养而具备高尚的道德品质，必须以国家民族的整体利益为考虑一切问题的出发点，把它作为评判一切是非优劣的根本准绳。在政务活动中，要大公无私，必要时可以义断恩，舍仁用明，以计抑仁。仁可偶废，而明不可无。以尊道贵德为本，以达乎时变为用，这是道教王道之术的精髓。其次，他强调要选贤用能，知人善任。他认为选拔人才不容易，提出了十个选拔人才的难题⑤。选拔人才，首先选拔者必须是贤才，能避免个人的成见和爱憎好恶起作用，要善于识别谗奸之人对人才的诽谤和诬陷，不能以貌取人，要看其本质和主流⑥。他强调用人要用其所长，弃其所短："役其所长，则事无废功；避其所短，则世无弃材矣。"⑦ 最后，他赞赏墨子节用、节葬的主张，强调节俭⑧。

正是基于理身理国同道的观点，葛洪力图使道教服务于治理国家。因此，他对民间道教干扰社会秩序的活动深恶痛绝，大肆抨击。他的这些思想，有改造道教成为官方宗教的端倪。

---

① 杨明照：《抱朴子外篇校笺》上册，中华书局 1991 年版，第 330－331、372 页。
② 杨明照：《抱朴子外篇校笺》上册，中华书局 1991 年版，第 418 页。
③ 杨明照：《抱朴子外篇校笺》下册，中华书局 1997 年版，第 343 页。
④ 杨明照：《抱朴子外篇校笺》上册，中华书局 1991 年版，第 174 页。
⑤ 杨明照：《抱朴子外篇校笺》上册，中华书局 1991 年版，第 548－554 页。
⑥ 杨明照：《抱朴子外篇校笺》上册，中华书局 1991 年版，第 456－465 页。
⑦ 杨明照：《抱朴子外篇校笺》上册，中华书局 1991 年版，第 309 页。
⑧ 杨明照：《抱朴子外篇校笺》下册，中华书局 1997 年版，第 80－96 页。

《抱朴子》内篇以个人为本位，外篇以社会为本位。内篇为道，外篇为儒。葛洪专门讨论了道家与儒家的关系，提倡把神仙养生和儒家纲常名教相结合，这说明以处理自然与名教的关系、调和儒道关系为核心的玄学对他产生了相当大的影响。

（六）葛洪的道家观

葛洪力图把老、庄、列、文的理论与道教区分开来。《抱朴子内篇·释滞》说，《老子》太粗略，没有"首尾全举其事"，没有把养生与得道的宗旨一以贯之。葛洪曾经创造出上经三十六章、下经四十五章的《老子》改编本，目的显然是企图借此宣扬他所认可的道教思想。对其他道家学者，他也有评论："至于文子庄子关令尹喜之徒，其属文笔，虽祖述黄老，宪章玄虚，但演其大旨，永无至言。或复齐死生，谓无异以存活为徭役，以殂殁为休息，其去神仙，已千亿里矣，岂足耽玩哉？"[①] 他认为，文子、庄子、关尹这些人的思想不是不对，但太玄虚，落不到实处。庄子的齐死生的论调与神仙道教追求长生不死的目标背道而驰。在他看来，"人道当食甘旨，服轻暖，通阴阳，处官秩，耳目聪明，骨节坚强，颜色悦怿，老而不衰，延年久视，出处任意，寒温风湿不能伤，鬼神众精不能犯，五兵百毒不能中，忧喜毁誉不为累，乃为贵耳"[②]。先秦道家思想太玄疏迂阔，对达到这些目的用处不大。葛洪把先秦道家的消极无为改造成积极有为，主张以有为的手段去达到无为的目的。这是道教迈向成熟的信号。

（七）《抱朴子》的历史地位

《抱朴子内篇》在成书后一段时间内只是南方少数上层贵族甚至只是一个家族内部传授的一种仙术体系[③]，但此后却对道教的发展产生了较大影响。这里，我们对它的历史地位略加论述。

《抱朴子内篇》是第一部全面论述道教宗旨、哲理、仪式、道术的著作。它阐发了道教宗旨、哲理，首次给神仙学提供了一个哲学根据，论证了神仙的存在、俗人成仙的可能性，叙述了行气、导引、炼丹、斋醮、符箓等道术，指明了成仙的途径与方法。它摆脱了巫术的原始形态，具备了一定的哲理性。

---

① 王明：《抱朴子内篇校释》，中华书局 1985 年版，第 151 页。

② 王明：《抱朴子内篇校释》，中华书局 1985 年版，第 52－53 页。

③ Michel Strickmann, *The Mao Shan Revelations: Taoism and the Aristocracy*, T'oung Pao, vol. 63, no. 1, 1977, P. 18.

《抱朴子》对道教的影响非常深远。首先，它开创了道教的道与术结合的传统。虽然在葛洪之前的《太平经》《周易参同契》已有这样的思想萌芽或做法，但只有到了葛洪这里才上升到理论自觉的程度。葛洪不仅论述了道与术的关系，而且以金丹术为中心，以其他小术、近术为辅佐或铺垫，构成了一套比较完整的修炼之术的体系。以烧炼金丹而言，虽然《周易参同契》已经有很多理论分析，但没有具体的烧炼程序、方法。葛洪则介绍了多种炼丹方法。葛洪之前的很多炼丹文献，多数已经失传，《抱朴子》的记载弥补了《周易参同契》的不足，为后人研究提供了很有价值的史料。《抱朴子》所开创的金丹道派对以后外丹道教的影响很大，它促使后人不畏艰险，跋山涉水，入于无人之域或各种极端特殊的自然环境找寻药物，开阔了人们的视野，增长了人们的知识，促进了天文、气象、地理、博物学等的发展。它促使后人广泛研究各种药物，搜集各种药方，对药物的性能、配伍、炮制、服食进行详细的研究，促进了医学、药物学的发展，极大地推动了外丹烧炼活动的开展。其次，葛洪开创了道教的书籍分类。他很重视道经的传习、搜集、整理和传播。目前《道藏》的三洞四辅分类法虽然是在陆修静时代形成的，但根据陈国符的考证，三洞中的洞神、洞玄部最初的经书、四辅中的太清部最初的经书，其授受都曾经经过葛玄、葛洪，而葛玄的著作和思想，如果没有葛洪的《抱朴子》，则其流传于后世为人所知晓的可能性基本上是没有的。例如，最初的洞神经为《三皇内文》，又称为"小有三皇文""今三皇文"，郑隐得到后曾传授给葛洪。鲍靓得到了"大有三皇文"（"古三皇文"）并把它推演为《三皇经》，也传授给了葛洪。后来陆修静得此经而传授给孙游岳，孙游岳再传陶弘景。陶弘景推步本经，分别仪式，合为十四卷，成为《洞神三皇经》，后人正是在《三皇文》的基础上增益推衍而编成洞神经的。再次，葛洪强调老子不是自然神灵，而是由积学所成就的人，这就否定了那种把老子看作天生神灵的观点，对增强人们修道的信心和扩展道教的影响起了很大作用。后世道教的神仙，三清是道的化身，但除元始之外，太上道君、太上老君都是元始天尊的后学，其余的神仙也是经累劫修炼，或服了奇方灵药才登正果。这一思想不能不说是葛洪开创的。最后，玄学把范畴的运用从单一范畴为主发展到以成对范畴为主，运用了有无、本末、质用、一多、动静等词。《抱朴子内篇》也出现了有无、本末、玄器、动静等成对的范畴和概念，这显然是受玄学影响的结果。当然，玄学主要是本体论，葛洪仍然是继承汉代哲学的特征，以本源论为主。但是，不可忽视，葛洪的思想中已经有了本体论的雏形。玄学对葛洪道教思想的影响，一方面提高了道教的理论思辨水平，另一方面为此后重玄思潮的诞生做了铺垫。此外，葛洪既讲高深玄奥的哲理，又讲各种修道之术，并力图把二者有机地结合为一个系统的知识体系。这为后世道教形成以道、术为两极，以学为中介的体系结构奠定了一定的基础。再者，葛洪首创的地仙说及他所倡导的人生观，是两晋时期门阀士族"仕隐兼修""身名俱泰"，即既贪恋世俗生活又想得道成仙的人生观的反映，因而他的思想能在士族知识分子中引起反响，吸引了一批知识分子参与到道教的理论建设中来，为道教在两晋南北朝的发展准备了人才方面的条件。

在中国哲学史上，葛洪也是很有地位的。他把道教与儒家思想结合起来，是站在道家、道教的立场上以道融儒的代表人物之一。他以道融儒的手法和对儒道关系的看法，对后世思想家处理儒道关系有很大的影响。就道教而言，后世的以道融儒大体上没有跳出葛洪所浇铸的范式。

通过葛洪，道教的基本义理大体上完成了从"致太平"到"求成仙"，从"救世"到"度世"的过渡。道教追求得道而肉体飞升、不死成仙的基本特征大体上形成了。葛洪可谓是严格意义上的第一个道教理论家。他的思想，在道教从汉代到南北朝发展的时期，有着承前启后的作用。

第三节　三皇派与上清派的道术

曹操收降张鲁后，把他及其近僚均迁移到中原地区以便就近监视控制，五斗米道随之传入中原地区。五斗米道本无反叛色彩，传入中原地区后未遭禁绝，开始向上层社会传播，影响逐步扩大。两晋时期，随着政治文化重心向江南转移，五斗米道传播到南方。这一时期，其名称逐渐变为天师道，五斗米道的名称后来遂不再使用。天师道在南传的过程中，与各地区域文化相结合，诞生了一些新的宗派，其中较著名者有三皇派、灵宝派、上清派等。

（一）三皇派的道术

汉魏时期，有关三皇五帝的传说很流行，汉代纬书中有不少关于天皇、地皇、人皇的神异事迹的记载。与此相关，出现了以《三皇文》《五岳真形图》为主的一组道教经典，称为《洞神三皇经》。葛洪的《抱朴子内篇》和《神仙传》已经多次提到《三皇文》《五岳真形图》。据说三国时帛和在仙人王方平的石室中看到了石壁上所刻的《太清中经神丹方》《三皇天文大字》

《五岳真形图》。传说为葛洪所著的《汉武帝内传》则说，《五岳真形图》是三天太上道君所造，由西王母授予汉武帝。葛洪的《神仙传》和《汉武帝外传》还有另外一种说法，即三天太上侍官在嵩山把《五岳真形图》传给汉末方士鲁女生，鲁女生传蓟子训，蓟子训传封君达，封君达传左慈，左慈传葛玄，后由弟子郑思远传给葛洪。上述王方平传给帛和，最后传到葛洪的《三皇经》被称为"小有《三皇文》"。东晋以后，道教中又有"大有《三皇文》"在流传，此经据说是葛洪的岳父鲍靓所得，由葛洪传给他的子孙。后来南朝陆修静传孙游岳，孙游岳传陶弘景，陶弘景加以整理，成《洞神三皇经》。总之，三皇派经典最初是在帛家道《三皇文》三卷、《五岳真形图》一卷的基础上经过东晋南朝的道士不断增益改编而形成的。在这个过程中，葛洪及其家族起了重要作用。三皇派经典到唐代为朝廷所禁，宋代虽有流传，但渐趋式微，元代忽必烈焚经后失传，三皇派由此消失。

《正统道藏》洞神部方法类收有《太清金阙玉华仙书八极神章三皇内秘文》三卷和《三皇内文遗秘》一卷，皆非古本《三皇经》，但保留了古《三皇经》的某些内容。《三皇文》的内容是用符箓招神劾鬼，消灾却祸。三皇派宣称《三皇文》为纯阳精气所化，信奉、佩戴、书写三皇文有呼风唤雨、延年益寿、实现一切愿望、感通天神等无穷的法力。此外，古《三皇经》有沐浴斋戒、存思守一、歌颂神章、服食草木药丸等长生成仙之术。《五岳真形图》本为秦汉时期方仙道为配合秦始皇、汉武帝等帝王封禅、祭五岳而画出的五岳地图，后来演变为符箓。它依据五岳山岭、河谷的高矮长度、周旋透迤的规矩而画成，形状与书写的文字颇为近似。道士认为佩戴此图能够见到五岳神仙，避凶除灾。《五岳真形图》在南北朝之后归入洞玄灵宝部。

三皇派的传承比较松散，以至于有学者反对称其为"三皇派"。三皇派书籍一方面作为三洞中的"洞神"部的核心，被塑造成为三大经系之一，在道教经典结构和传度仪式中显得比较重要。另一方面，这些书籍所记载的宗教实践被其他道派所吸收，成为其他道教经典的一部分。当然，部分三皇传统也被保留下来，独立发展，并在历史当中持续被讨论、实践①。

（二）上清派的道术思想

魏晋时期，道教经书的造作很兴盛。葛洪写成《抱朴子》之后大约半个世纪，一组被后人称为上清经的道经相继出现了。

---

① 谢世维：《中古道教史中的三皇文传统研究》，《清华学报》2014年第1期，第29－60页。

《上清大洞真经》简称《大洞真经》，是古上清经中最重要的经典。该经的主旨是"从生得道，从道得仙，从仙得真，从真得为上清"①。本来，道教一般的观念是得道而长生不死，《大洞真经》则在得道成仙后增加了得真、得上清两个层次，显示了此经的造作者确实在理论建构方面下了功夫。《大洞真经》从天人合一的观点出发，认为既然宇宙中存在着无数的神灵，那么，人体内部各器官也应该有与之相对应的各种神灵，从而构想了形形色色的身中之神。这些身中之神遍布全身各处，"六腑五脏神体精，皆在心内运天经，昼夜存之自长生"②。这些身中之神每一个都有姓字、服色和具体的职能，即掌管着人体的不同器官。《大洞真经》宣称，学道者若守一存真，思神诵经，佩符念咒，可使各种神灵安然守护着身体的每一个部位，开生门，塞死户，从而使五脏六腑安康，五官七窍清明，最终达到延生益寿、长生不死的目的。那么，如何达到这一目的呢？它认为应该以"存心养性以事天，聚精会神而合道"③ 为原则，实修道术，为此，它构造了一个道术系统，设计了种种具体可操作的方法，使天神与身中之神相呼应，"存养自己神炁，吟咏宝章，则天真下降，与兆身中神炁混融……故致长生之道"④。它主张以存思神真、吟咏宝章为主，辅以服食金丹、导引行气、召神伏魔、遁甲隐景、踏罡步斗、高奔日月、吸云餐露等道术。这一道术系统与当时流行的丹鼎派和符箓派都颇为不同。不仅种类多，能适应不同人的特点，满足人们多方面的需要，而且存思术与诵经术既简单易行，又具有神秘色彩和浓郁的宗教韵味，很有宗教吸引力。在《大洞真经》看来，只要诚信不疑并笃实修炼，神真就会帮助修炼者排除种种鬼魅对生命的干扰，达到长生久视的终极目的。这样的道术，把自我拯救与神灵度化有机地结合起来了，应该说是很全面的。该经据说隐含有天上上清境内三十九位帝皇道君的名讳和符咒。上清派将《大洞真经》奉为"仙道之至经"，宣称"若得《大洞真经》者，复不须金丹之道也，读之万过，毕便仙也"⑤。修道者只要奉诵《大洞真经》、思神、佩符、念咒，上皇真气就会从泥丸宫进入而充盈全身，镇神固精，解除胞胎死结，开生门，塞死户，使自身与神合一，性命长存，乘云驾雾，"七祖同

---

① （唐）王悬河：《三洞珠囊》，《道藏》第 25 册，第 337 页。
② （宋）张君房纂辑，蒋力生等校注：《云笈七签》，华夏出版社 1996 年版，第 509 页。
③ （宋）朱自英：《上清大洞真经》，《道藏》第 1 册，第 554 页。
④ （元）卫琪：《玉清无极总真文昌大洞仙经注》，《道藏》第 2 册，第 599 页。
⑤ （梁）陶弘景：《真诰》，《道藏》第 20 册，第 519 页。

欢，俱升上清"。这对一般人来说具有极大的吸引力。《大洞真经》被奉为上清经系的诸经之首，历代传衍不绝。《大洞真经》所包含的对终极目标的设立，对神人关系的构想，对修真方法的阐述，从不同的侧面激起了人们进一步探索道教奥秘的兴趣，在客观上使上清派在道教向理论化方向发展的过程中起到了积极的促进作用。

上清经中对后世影响最大的是《黄庭经》，包括《黄庭内景经》《黄庭外景经》和《黄庭中景经》。何谓"黄庭"？《黄庭外景经》第一章说："上有黄庭下关元，后有幽阙前命门。"① 对此，后世有三种解释，一是腹内中空之处。陈撄宁在《黄庭经讲义》中说："黄，乃土色，土位中央。庭，乃阶前空地，名为黄庭，即表中空之义……神仙口诀，重在胎息。胎息者何？息息归根之谓。根者何？脐内空处是也。脐内空处，即黄庭也。"② 二指体内虚空之窍。石和阳在《黄庭外景经注》中说："命门之上有玄关二窍，左玄右牝，中虚一处，名曰'黄庭'。"③ 三指有名无所的气。沈括在《梦溪笔谈·象数》中说："黄庭有名而无所，冲气之所在也……故养生家曰能守黄庭则能长生。"④《黄庭内景经》由魏华存（209—290）于魏废帝嘉平四年（288）撰成定本。《黄庭外景经》出现于晋成帝咸和九年（334），与天师道有关。《黄庭中景经》晚出，故通常不列于《黄庭经》之内。《黄庭外景经》谈到"五行参差同根蒂，三五合气其本一""出日入月""天七地三回相守，升降进退合乃久"等，说明它已初步具有内丹术的雏形。《黄庭内景经》虽然早出⑤，但由于作者不同的缘故，它的内容比《黄庭外景经》完备。关于《黄庭内景经》，白履忠解"内景"为"存观一体之象色"。它以《黄帝内经》所述的脏腑学说为理论基础，认为人体百脉关窍都有主神，尤其是人体上、中、下三部各有八景神，需要用存思的方法来守住身中诸神。这一思想源于

---

① 《太上黄庭外景玉经》，《道藏》第 5 册，第 913 页。

② 陈撄宁原著，曹雨点校：《黄庭经讲义》，中国医药科技出版社 1989 年版，第 1 页。

③ （明）石和阳述，（清）李明彻评阅：《太上黄庭经注》，董沛文主编，周全彬、盛克琦编校：《黄庭经集注》，宗教文化出版社 2015 年版，第 317 页。

④ （宋）沈括撰，施适校点：《梦溪笔谈》，上海古籍出版社 2015 年版，第 49 页。

⑤ 如李涵虚《太上黄庭经注》认为，《黄庭外景经》为《黄庭内景经》删节而成。相反的意见则认为《黄庭外景经》早出，这种观点的一种表述是，《黄庭内景经》之名始见于《真诰》，出于东晋，是上清派的传本。上清派中人称自己崇奉的经典为《黄庭内景经》，于是就把先出的书叫作《黄庭外景经》，类似于《升玄内教经》自尊为"内教"，而贬低先出的《灵宝五篇真文》为"外教"。另一种表述则如北宋欧阳修所说，《黄庭内景经》是《黄庭外景经》的疏义。

《抱朴子·遐览》与《黄庭经》同时著录的《二十四生经》。今《道藏》亦字号收《洞玄灵宝二十四生图经》一卷，其中谈及了三部八景二十四真的内容。人体中神的居所最重要的是黄庭三宫，即三丹田。对同一部位，称"宫"是从真神居处的角度，称"田"是从炼养内修的角度。《黄庭经》认为，在存思体内诸神时要按它所说的科法节度进行："存思百念视节度。"① 存思黄庭内景除人身诸神外，还有脏腑之形。《黄庭外景经》说："历观五藏视节度，六府修治洁如素。"② 这就是说，内视脏腑同存思人身诸神一样，要依照特定的科法节度进行。关于脏腑，《黄庭内景经》阐述了人身五脏、六腑的生理构造和功能，认为人体构造和生理过程外应天地之道，精、气、神的运行与自然之道相契，人的生命就可以与自然界一样永久存在。它还认为，内脏器官与体表器官相应。根据这两点，《黄庭内景经》认为神安则气通，气通则能保形。存思诸神可以消疾健体，炼精化气。据此，它倡导修道者存思身中诸神，积精累气，存神致虚。《黄庭内景经》中还有持六甲六丁等神灵的符图和念诵咒语的方法。《黄庭内景经》中所说的存思等方法的功效多有夸大不实之词。以身内诸神、身外诸物作为意念集中的对象，进而达到精神内守、神不外驰的目的，是上清经法的根本。《黄庭内景经》对此的阐述，对上清派的形成起了较大的推动作用。

对于存思、存想、存神一类功法，台湾学者萧登福认为它们发端于先秦祭祀中所用的斋法③。例如，《礼记·祭义》说："齐（斋）之日，思其居处，思其笑语，思其志意，思其所乐，思其所嗜。齐（斋）三日，乃见其所为齐（斋）者。"④ 这是说，只要专心观想所祭对象的言行志趣，三天后就能真正见到该人。汉代方士的修仙之法中，有思存身中五色、五仓之神以求不死的说法⑤。道教出现后，吸收了这一类方术。如《太平经》说："使空室内傍无人，画象随其藏色，与四时气相应，悬之窗光之中而思之。上有藏象，下有十乡，卧即念以近悬象，思之不止，五藏神能报二十四时气，五行神且来救助之，万疾皆愈。"⑥《黄庭内景经》的存思术，当是在吸收中医理论的

① 《黄庭内景玉经注》，《道藏》第6册，第508页。
② （唐）白履忠：《修真十书黄庭外景玉经注》，《道藏》第4册，第861页。
③ 萧登福：《先秦两汉冥界及神仙思想探原》，文津出版社2001年版，第323-324页。
④ （清）孙希旦撰，沈啸寰、王星贤点校：《礼记集解》，中华书局1989年版，第1208页。
⑤ （汉）班固撰，（唐）颜师古注：《汉书》，中华书局1962年版，第1260-1261页。
⑥ 王明编：《太平经合校》，中华书局1960年版，第14页。

基础上，对这类术的发展。

《黄庭经》中神名很多，人们往往以为是宗教迷信。对其实质，《黄庭经》一再加以说明："仙人道士非有神，积精累气以为真。"①"恬淡无欲养华根，服食玄炁可长生。""仙人道士非有神，积精所致为专年。"② 它之所以使用那么多神名并对每一个神的形貌做细致的描绘，无非是为了有助于存思之术的运用，此外别无深义。再则，它继承了《黄帝内经》的"心主身之血脉"③ 和"心者，君主之宫也，神明出焉"④ 等观点，提出了心神"调血理命身不枯"和"心为国主五脏王，意中动静气得行"等观点。存神的实质是使心专一，逐渐进入无意识状态，这与道家的无心之说相通。这显然从一个方面为后世道教心性论的产生奠定了实践基础。此外，《黄庭经》所提出的脑部"泥丸"为百神之主，河车搬运循环任督二脉等观点，发展了《黄帝内经》以来中医学的脏象和经络理论，开启了道教内景学说的流派，对后世有深远的影响。

战国秦汉时期人们相信"食谷者智慧而巧，食气者神明而寿"，在马王堆出土的西汉墓的帛书中即有《却谷食气》一篇。"却谷"也称辟谷。《太平经》说："不食有形而食气，是且与元气合。"⑤《黄庭经》继承和发展了这些关于食气的思想。

比《黄庭内景经》《黄庭外景经》晚出的《太清境黄庭经》对形、精、气、神的关系颇有阐发。它说："此天地之内，上下之气，惟人以精为母，以气为主。五脏各有精，精中生气；五脏各有气，气中生神。神能生寿，长生保命。"精生气，气生神。"神以气为母，气以形为舍，炼气成神，炼形成气。"⑥ 人只要炼形中之精而成气，进而炼气成神，神成则长寿，长生保命。《黄庭经》扬弃了此前经典对"神转为明"讲解语焉不详的环节，且与"气转为精、精转为神"的思想有所不同：后者为"气—精—神"，以精居中，联结两端气、神；前者为"精—气—神"，以气居中，联结两端精、神。"气生精"之气，是阴阳太和之外气；"精化气"之气，是人体内部之生命元气。

① 《太上黄庭内景玉经》，《道藏》第 5 册，第 911 页。
② 《太上黄庭外景玉经》，《道藏》第 5 册，第 914 页。
③ 马烈光、张新渝主编：《黄帝内经·素问》，四川科学技术出版社 2008 年版，第 378 页。
④ 马烈光、张新渝主编：《黄帝内经·素问》，四川科学技术出版社 2008 年版，第 95 页。
⑤ 王明编：《太平经合校》，中华书局 1960 版，第 90 页。
⑥ 《太上三十六尊经》，《道藏》第 1 册，第 606 页。

从形式上看，这一思想与后代道教内丹的炼精化气、炼气化神是一致的。

《黄庭内景经》把人体看作一个开放的系统，体内与外界不断地进行着精、气等物质交换，从而维持了生命活动的正常进行。它又把人体看成一个动态的系统，体内各部位之间相互衔接贯通，有形、无形的成分，如精、气、血等，各自按照确定的渠道不断循环，周流转化。它还把人体看作是一个能够自我调节的系统，精、气、神三者互相制约，而神处于支派地位。当出现生理障碍时，神以其能动作用，合理地控制精、气、血的流行，逐步恢复五脏六腑的功能，使人获得健康，达到延年益寿的目的。《黄庭内景经》是上清派的基本经典，书中的部分内容比《大洞真经》更加接近唐宋内丹术，所以后世内丹家多奉它为内丹要籍①。

《黄庭经》一系列经书已经使用了道教所独有的名词术语，标志着内修方术已经聚合交融而作为一类术走上了独立发展的道路。

上清派的早期开创者，有一些是天师道的信徒。在这个意义上说，它是从天师道中分化出来的。尊崇上清经的道士们经过几代人的不懈努力，形成了上清派。上清派的第二代宗师杨羲至第四代宗师许翙均在葛洪的家乡丹阳句容活动，许氏家族中的许迈曾拜访过鲍靓。从上清派的经书可以看出，上清派受葛洪的神仙道教思想影响较深。它虽然吸收了不少《太平经》的思想内容，但对天师道所重视的符箓不甚重视，它关注的重心已经转移到炼养上来，并有了与《周易参同契》所代表的丹鼎派相结合的趋势。这些经书多谈存思、胎息、导引、按摩、吐纳、内视、守庚申②、辟谷等修炼之术，从而推动了养生学的发展。对上清派的道术系统，《真诰》说："食草木之药，不知房中之法及行炁导引，服药无益也，终不得道。若至志感灵，所存必至者，亦不须草药之益也。若但知行房中、导引、行炁，不知神丹之法，亦不得仙

---

① 《老子节解》有类似的论述，如说："谓泥丸居上为大国，丹田处下为小国。行一之道，闭气咽液，下流丹田，液化为血，血化为精，精化为气。胎息引之，还补其脑，推而引之，云布四海。"[（南齐）顾欢：《道德真经注疏》，《道藏》第13册，337页。]按吉冈义丰的考证，《洞玄灵宝三洞奉道科戒营始》成书于陶弘景死（536）后至梁孝元帝在位（552—554）期间，其中《老子节解》著录二卷，故《老子节解》当成于六朝。《老子节解》的内容或存于《正统道藏》内署名"顾欢"的《道德真经注疏》中。

② 此即后世道教斩三虫、杀三尸观念之由来。《太平经》尚无守庚申之说。守庚申首先见于《抱朴子·微旨》所引《河图纪命符》。但目前无法判明其年代是在《太平经》之前还是之后。守庚申还与历法有关。汉章帝元和二年（85）实行四分历，以庚申为元。熹平四年（175）冯光等人说："历元不正，故妖民叛寇益州，盗贼相续为害。"由此可知时人对庚申之重要性的认识。守元之说与守一法相结合，于是逐渐转出守庚申之说。

也。若得金沵神丹，不须其他术也，立便仙矣。若得《大洞真经》者，复不须金丹之道也，读之万过，毕便仙也。"① 总的看来，上清派贬斥房中术，不甚重视符箓、斋醮。它比较注重个人精、气、神的修炼，让人存思天地中的神仙和身内诸神，结合服气、服符、诵咒等，祈求诸神保佑，除罪消灾，长生成仙。

上清派和灵宝派一样，力图简化修行方法或迎合大众精神需要，以便广泛招徕信徒，对外丹有一定的轻视、贬低之意，但并未完全排斥。《三洞珠囊》引《裴君内传》说："服药所以保形，形康则神安；存思所以安神，神通则形保。二理乃成相资，而有优劣之品。"② 这种态度与葛洪看待金丹以外的方术的态度是一样的，即认为有优劣之分，而无不相容之理。上清派推崇存思通神，同时也讲服气积精以炼形，并兼杂符图禁咒，与葛洪一样，是"合诸法于一道"的。魏晋时期道教修炼方术的内容基本上囊括了后世道教的修炼法门。

上清派的术以存神守一为主，主张诵读《大洞真经》，辅以符咒、修功德之术。总体来说，上清派的术比较适合知识分子的口味，所以上清派的信仰者多为士族知识分子，这为道教理论的发展准备了人才条件。它的这个特点决定了上清派能够比较容易地得到士大夫和统治者的理解、支持。上清派这样的术的组合系统决定了他们的理论对外在世界不太关注，而是比较关注人身中的心、神、性、情、命等问题，这对唐代中晚期内丹术的兴盛和内丹学的形成做了一些铺垫。

上清派比较注重《道德经》等著作，杨羲曾手书张鲁古本《道德经》或《老子内解》③。成书于 5 世纪后半叶的《洞真太上太霄琅书》卷四《为师诀》说："既遣神灵往来，万愿日新，一切咸济，志行此道，存文《五千文》。千虽五，义冠无央。先代相传，师资叵计。今之所遵，十天大字，神仙人鬼，共所归宗。文同数等，无有一异。但感者未齐，应者微革。《河上章句》、系师《想尔》，转字会时，立题摽议，始殊终同，随因趣果，洞明之师，谛宜宣诰，其大字以数入道，故先言《五千》，而后云经《想尔》，以道

---

① （梁）陶弘景：《真诰》，《道藏》第 20 册，第 519 页。

② （唐）王悬河：《三洞珠囊》，《道藏》第 25 册，第 322 页。

③ 王承文：《敦煌古灵宝经与晋唐道教》，中华书局 2002 年版，第 268－270 页。

统数。"① 这里强调了《道德经》《老子河上公章句》《老子想尔注》三书在本质上的相通性。上清派也比较重视庄子及其著作，《真诰·稽神枢第四》正式把庄子纳入道教神系。

上清派尊元始虚皇天尊、太上玉晨大道君、太微天帝大道君、后圣玄元上道君、上相青童道君、上宰总真道君、小有清虚道君为"上清经箓圣师七传真系之谱"。上清派奉魏华存为开派祖师，称为太师。以下奉杨羲为第二代玄师，许穆为第三代真师，许翙为第四代宗师，马郎为第五代宗师，马罕为第六代宗师，陆修静为第七代宗师，孙游岳为第八代宗师，陶弘景为第九代宗师。陶弘景之后，上清派转为茅山宗。上清派的活动，大体上是以丹阳句容（葛洪的家乡、茅山之所在）为中心。

上清派在后来的发展中，聚集了很多比较有文化素养的道士，他们对经教科仪的重视，对成仙之道所进行的理论阐释，使道教逐渐脱去了民间宗教的外衣，从内容到形式都越来越丰满、成熟，文化品位得以提升。上清派因拥有较为系统的理论，到唐代时发展成为道教中占据主流地位的道派，既为自身的发展提供了持续不断的动力，也为道教在隋唐时期的兴盛奠定了基础。

第四节　灵宝派的道术

（一）灵宝经的出现及其基本思想

葛洪的叔祖父葛玄与古灵宝经的授受有关。有史可考的灵宝经的传授首先是由葛玄开始的。葛玄所传授的就是目前人们所知道的最早的灵宝派经典——《太上灵宝五符》。它的最早来源为《太平经》所言的"无上灵宝谒"，这说明它的雏形最晚在东汉时期就已经出现。葛洪的从孙葛巢甫重视灵宝经的传授，并自己构造了新灵宝经。《度人经》传播开来是自他而始，有可能他就是该经的作者。葛巢甫是《元始五老赤书玉篇真文天书经》《太极真人敷灵宝斋戒威仪诸经要诀》等的创作者②。晋末至南朝刘宋时期出现的许多灵宝经，往往托称元始天尊所说，以太极左仙公葛玄"语禀""请问"的形式进行叙述。这些经如同天师道一样推尊老子，把葛玄视为与张道陵有

① 《洞真太上太霄琅书》，《道藏》第 33 册，第 666 页。
② 有学者认为葛巢甫只创作了灵宝主经《五篇真文经》（即《元始五老赤书玉篇真文天书经》）。究竟他创作了哪些经典，是一个有待深入考证的问题。

同等地位的神真。这些说明，葛玄、葛洪家族与灵宝派的产生有密切的联系，葛洪的后世子孙已经放弃了以金丹为主术的义理体系而转向在继承天师道的基础上加以创造性的发展，原因在于《抱朴子》中大量金丹烧炼的内容及其鲜明的理性主义倾向限制了宗教神学理论的发展，而且金丹烧炼耗时耗力耗财，不具有广泛的信众基础①。

早期灵宝派的经典是《灵宝五符》三卷。它是在《无上灵宝谒》《灵宝赤书五篇真文》《五符序》的基础上形成的。该经上卷的内容主要是存神服气之术，中卷主要是服食草木药方，下卷主要是符、箓、辟邪祈禳、尸解成仙之术。它的道术系统总体来看是以符咒为主，兼顾医术和长生术。《灵宝五符》受汉代纬书的宇宙五行模式影响，以五帝、五神、五色、五星等依四时五行的运转次序配置于五方，构成五方帝君的神灵信仰体系。召日、月、星之神是《灵宝五符》道术中比较独特的功效。《真文赤书》（即《五篇真文》）、《人鸟五符》，同样是以五行模式来构造道教方术。灵宝派后期出现了《度人经》《智慧本愿大戒上品妙经》《太上洞玄灵宝智慧定志通微妙经》《洞玄灵宝自然九天生神章经》《升玄内教经》《诸天内音经》《九幽玉匮明真科经》《太极左仙公请问经》②《太上洞玄灵宝本行因缘经》③等。这些道经多吸收汉代《周易》象数学的成果，推进了阴阳五行理论与《周易》的结合，对道教与《周易》象数学的结合起了较大的推动作用，从而对易学和道教的发展做出了贡献。这些道经受佛教的影响比较大，在思想上多强调三世轮回、因缘果报、罪福报应，注重奉戒律、修功德。与此相应，戒律书大量涌现，这对道教伦理思想的发展是有作用的。传统的"积善有余庆，积恶有余殃"的说法容易被现实中的事例证伪。经不起经验检验的东西，很难被人相信。佛教的三世因果报应说则无法实证，使得经验主义在它面前失效。道教吸收佛教的这一思想可以提高道教伦理思想的理论水平，有利于道教的传播。但是，道教吸收这一思想不是抄袭，而是移植。因为佛教的这一思想是没有主宰者的。中国传统的"积善有余庆，积恶有余殃"则是有一个冥冥之中的主宰者——天。道教吸收佛教的三世轮回、因缘果报思想后，也给这一

---

① 王承文：《早期灵宝派与汉魏天师道——以敦煌本〈灵宝经目〉注录的灵宝经为中心》，《敦煌研究》1999年第3期，第34－44页。

② 又称为《太上洞玄灵宝本行宿缘经》。

③ 原名是《仙人请问本行因缘众圣难经》。

思想安置了一个主宰者，即作为天道化身的神。对伦理思想的强调使得这些道经在修炼之术上强调行善守戒、损己利人。此外，这些道经多强调度人。例如，《太上洞玄灵宝本行宿缘经》主张"先度人，后度身"，认为人身不过假借氤暂时凑合，氤散人便死去，入仙道可以通过"灭度"（即死）直接升入福堂的方式，行善可以轮转成仙。这些都是比较新颖的观点。《太上洞玄灵宝本行因缘经》大约成书于刘宋间。它批评那些只欲度己，不念度人，唯求自己得道，不念他人得道的"小乘"之士，认为他们只能得地仙之道。总之，在这些灵宝经中，道术的侧重点已经由金丹修炼和符箓之术转向斋醮科仪和劝善度人等教团之术，从而正式形成灵宝派。

上述经典中最重要的是《度人经》，即《灵宝经》，全称是《元始无量度人上品妙经》或《灵宝无量度人上品妙经》（卷数不一，最初一卷，北宋增加到六十一卷），其内容，一是用阴阳五行之理阐述宇宙生成，施教度人；二是谈了消灾、辟邪、镇魔等祈禳济度的方法；三是阐述保形养神等长生成仙的方法。中心思想是"齐同慈爱，异骨成亲，国安民丰，欣乐太平"[①]，强调"仙道贵生，无量度人"，济度不分天地神仙、贫富贵贱、阴间阳世。这显然是受《太平经》思想影响的结果。劝善度人、斋戒诵经，是灵宝派道术的重要内容。《度人经》对此阐述比较多。《度人经》虽也讲存思的方法，但不太强调身神。《度人经》虽以元始天尊为最高神，尊崇太一神，把它安置在五帝之上，但它不过是道的化身罢了。《度人经》称元始天王"化生诸天，开明三景，是为天根，上无复祖，唯道为身"[②]。《太平经》曾经说过："夫道若风，默居其傍，用之则有，不用则亡。"[③]《度人经》显然是继承了《太平经》的思想而又有所发展。它认为，十方均有度人不死的神。

道教用以表现神仙世界的空间观念的三十六天说是用《易》学九宫法推演而来的。它首先出现在此经中。它的构成，首先是三界，即欲界、色界、无色界，共二十八天。其中欲界六天，色界十八天，无色界四天。三界外复有四梵天、三清天和大罗天三层。这显然是受了源于印度的佛教思想的影响。《度人经》认为，各天之氤的精粹纯醇程度不一样。其中欲界最粗浊，色界次之，无色界又次之，三界之外，则为寥廓虚无之境。

---

① 《灵宝无量度人上品妙经》，《道藏》第 1 册，第 9 页。
② 《灵宝无量度人上品妙经》，《道藏》第 1 册，第 3 页。
③ 王明编：《太平经合校》，中华书局 1960 年版，第 193 页。

道教对宇宙的关注与道家是一脉相承的。葛洪的《枕中书》已以浑天说为基础阐释道教的极妙之根。魏晋时期的道教认为，天地开辟时，"梵炁弥罗，万范开张，元纲流演"①，整个宇宙是由梵炁或道炁构成的。《抱朴子内篇·杂应》认为，高距地面四十里的空间名为太清。"太清之中，其气甚罡，能胜人也。师言鸢飞转高，则但直舒两翅，了不复扇摇之而自进者，渐乘罡炁故也。龙初升阶云，其上行至四十里，则自行矣。此言出于仙人，而留传于世俗耳，实非凡人所知也。"② 既然是"师说"，所称"师"似是郑隐，说明这种观点在东汉末、三国或许就已产生。这一空中有罡风的说法，后来对宋代理学家朱熹等人有影响，在中国科学史上尚有一席之地。

大约在东汉末期，道教编造了费长房遇壶公的故事。这个故事说，壶公在洛阳卖药，常常把一个壶悬挂在屋上，携费长房跳入壶中，"入后不复是壶，唯见仙宫世界，楼观重门阁道，宫左右侍者数十人"③。从空间来说，这是小中容大；从时间来说，这是短中见长。长房随壶公学道，"初去至归谓一日，推问家人，已一年矣"④。时间的流逝速率，壶内外相差三百六十五倍。这一观念在《度人经》中同样有反映。它谈到元始天尊在烂柯山（今浙江衢州市郊）说道："大如黍米，在空玄之中，去地五丈。元始登引天真大神，上圣高尊，妙行真人，十方无极至真大神，无鞅数众，俱入宝珠之中，天人仰看，唯见勃勃从珠口中入，既入珠口，不知所在，国人廓散，地还平正，无复欹陷。元始即于宝珠之内，说经都竟。"⑤ 这两个记载要说的是，在不同的空间位置，炁在分布、清浊、运动速度等方面都不相同。在不同的空间，物质的分布不是同一的，甚至空间的尺度，在不同条件下也可改变。时间的流逝同样存在着不同的速率。质言之，宇宙是不均匀的。这种不均匀的空间与时间，是可以为人所控制的。何以见得呢？道是宇宙的本源，在产生万物和人之后又内在于人身中，所以人和宇宙是同源的。同时，道教继承了《老子》"人法地，地法天，天法道，道法自然"的观念和西汉董仲舒天人同构的观点，认定人与宇宙具有同样的结构。宇宙与人都是元炁所化，既为一

---

① 《灵宝无量度人上品妙经》，《道藏》第 1 册，第 5 页。
② 王明：《抱朴子内篇校释》，中华书局 1985 年版，第 275 页。
③ （晋）葛洪：《神仙传》，中华书局 1991 年版，第 38 页。
④ （晋）葛洪：《神仙传》，中华书局 1991 年版，第 39 页。此故事亦见于《后汉书》卷八十二下《方术列传》。
⑤ 《灵宝无量度人上品妙经》，《道藏》第 1 册，第 2 页。

恁所化，则二者是同质的。同源、同构且同质，所以人与宇宙能够相感、相通、相贯，于是，道士凭借术能够"夺造化之秘"。上述观念，是缩地装天、飞行虚空凌越三界等多种道术的基础。对这些道术给予理论说明，是道教不遗余力地对宇宙演化的探索，对宇宙结构的描绘。

此外，《度人经》提出了劫运说，认为："运度者，天地之数也。一阴一阳，天地之根、生死之根。气有终始，故有运度之数。"① 即整个宇宙遵循着"劫尽运终，还归破坏"的规律，处在无穷无尽的创世—毁灭—再生的周期循环过程中。它以此给信徒一个强烈的信念：神既可以创造世界，也可以毁灭世界，所以必须信仰神，按照神的教导去修道。这一思想对后出的《洞玄灵宝诸天世界造化经》等经典中的天尊劫运说影响很大。

《度人经》发展了道教的教义，即从存想身神发展到用修斋、烧香、诵经来吁请外在之神的庇护，吸收儒家祭祀的仪式，构造了以斋醮赞颂及音乐为主的一个比较完整的斋醮仪式系列，这使道教的形式和内容发生了较大的变化，从而成为道教发展史上一部很重要的经典。《度人经》有"叙玄章""重玄章""赞玄章""玄局章""升玄章""契玄章"等，表明它已自觉地吸收魏晋玄学思想来建构自己的理论。《度人经》有大梵、三界、地狱②等概念，说明它已受佛教思想的影响。《度人经》对后世道教影响比较大，被称为"万法之宗""群经之首"，解注者络绎不绝。《度人经》是道士必修的经典。

"灵宝"有三层含义：精气、神灵、文诰。精气意义至明。"精气"指《度人经》本为天文或天书，是道与恁的统一，代表天地开辟，是宇宙万物之源。就书而言，它是"万道之宗""经教之源"。

关于"神灵"。道教的神灵观有两层含义。其一是天道自然变化的玄奥莫测。这是古已有之的思想。董仲舒说："天意难见也，其道难理。是故明阳阴入出实虚之处，所以观天之志。辨五行之本末顺逆，小大广狭，所以观天道也。"③ 作为儒者，董仲舒主要追求知天。道教则不同，它要谋求以术用天。为此，《太平经》称，天人可"以类遥相感动"④。这透露出道教神灵观的自然主义底蕴：世界的本原或本性是怎么样的，神的性质也就是怎么样的。

---

① 《灵宝无量度人上品妙经》，《道藏》第1册，第70页。
② 《太平经》论人死后入地下，仍用中国原有的地下黄泉说，没有受佛教地狱说影响的痕迹。
③ （汉）董仲舒撰，（清）凌曙注：《春秋繁露》，中华书局1975年版，第600页。
④ 王明编：《太平经合校》，中华书局1960年版，第17页。

于是，道教亦步亦趋地效法和模拟天道自然，崇拜神灵，对神迹也十分礼敬，企图以此为中介与神交通，让神为自己服务。其二是将神灵作为人格之神来看待。灵宝派推崇的是元始天尊。由于有上一层含义的底蕴，故进而把神灵美化为具有崇高道德性质的实体，要求道徒在宗教活动中以虔诚的态度去对待与己具有相同人格的神灵，或在日常行为中自觉遵守各种道德规范，为善去恶，通过顺从或模拟神灵的人格性与道德性，达到与神交通的目的。例如，《太平经》宣称："天善其善也，乃令善神随护，使不中邪。天神爱之，遂成其功。"[1]《赤松子中诫经》说，心拟行善，善虽未成而"善神已应矣。心起恶，恶虽未萌，凶神已知"[2]。诚心求神，神也此感彼应；真心行善，神对自己行为的报应也如影随形。"天之报善也，过于响应声，影应形。"[3] 在这种神灵观基础上形成的通神术，与英国学者弗雷泽所说的顺势巫术或模拟巫术颇为相似，二者都认为"能够仅仅通过模仿就实现任何他想做的事"[4]。弗雷泽认为，其中所犯的错误是"把彼此相似的东西看成是同一个东西"[5]，因而相信类似的二者"通过神秘的交感可以远距离地相互作用"[6]。弗雷泽对巫术的理解和批评，对于道教通神术也是大体上适用的。

文诰即文书。《太平经钞》说："至神圣贵人……于是作无上灵宝诰"[7]，为"灵宝"一词出现之始。"诰"就是告，即文诰。《五符序》认为："此天官之灵蕴，大圣之所撰……唯仙人能用其文。"[8]《五篇真文》的五方结构以及它所主召的日、月、星三光，都与《太平经》相符。因此，《太平经》所说之灵宝诰，应该与五方真文是同一类物事，即天书真文。由灵宝五符到五方真文，再发展至《度人经》，整个灵宝系统，都以真文为其思想和信仰的核心。

灵宝的三层含义大体上已经点出了灵宝派道术系统的内容，即服气、劾

---

① 王明编：《太平经合校》，中华书局1960年版，第596页。

② 《赤松子中诫经》，《道藏》第3册，第447页。

③ 《赤松子中诫经》，《道藏》第3册，第444页。

④ ［英］詹·乔·弗雷泽著，徐育新等译：《金枝》，中国民间文艺出版社1987年出版，第19页。

⑤ ［英］詹·乔·弗雷泽著，徐育新等译：《金枝》，中国民间文艺出版社1987年出版，第20页。

⑥ ［英］詹·乔·弗雷泽著，徐育新等译：《金枝》，中国民间文艺出版社1987年出版，第21页。

⑦ 王明编：《太平经合校》，中华书局1960年版，第303页。

⑧ 《太上灵宝五符序》，《道藏》第6册，第318页。

召鬼神、诵经、斋醮，以后三者为主。灵宝派道术系统中的符箓斋醮源于天师道，但与天师道的"驱鬼降魔""祈福禳灾"不完全相同，它更加重视斋仪。灵宝派的符箓斋醮，其实质是使人精专神凝，身心合一。在使人精神专一而可通道、得道这一点上，它与道家是相同的，不同的是斋醮科仪把道解释为具有人格化色彩的神，从而强调斋醮科仪具有上通天神，使修道者名登仙籍的功能，从而体现出了宗教的色彩。灵宝派虽反对外丹和房中，但很重视斋戒，把它视为求道的根本。重视斋醮科仪并对之做了完善和发展，是灵宝派对两晋南北朝道教最突出的贡献之一。

作为灵宝派代表的葛氏家族与作为上清派代表的许氏家族同处丹阳郡句容县都乡吉阳里，都是信奉道教并有世代姻亲关系的著名家族。受上清派的影响，灵宝派也讲思神、念神（呼神的名字）、服气、诵经、叩齿、咽液等。在某些方面还进行了理论探讨的尝试，如《灵宝内象丹旨》说："人之一炁往来者，呼吸是也。夫人一呼一吸而为一息，一息之间则分阴阳。"① 这是用阴阳学说来解释呼吸，是把行气理论化的尝试。强调通过劝善而普度众生，而不只是治病解厄，这是灵宝派有别于天师派和上清派的最有特色的地方。这样的道术系统在修炼上比较简便易行，普遍适合各阶层社会人士的胃口，所以灵宝派在南北朝时期发展很快。

（二）灵宝派对道家的推尊及对其思想的吸收

在晋代和南北朝时期的多个道教宗派中，灵宝派比较推尊老子和《道德经》，对道家思想多有吸收。

《葛仙公内传》说："黄帝时，老君为广成子，为帝说《道德经》。"② 敦煌文书 S. 1351 号《太极左仙公请问经》尊称老子为"太上太极高上老子无上法师"，宣称："道家经之大者，莫过《五千文》……诵之致大圣，为降云车宝盖，驰骈龙驾，白日升天。《五千文》是道德之祖宗，真中之真，不简秽贱。终始可轮读，敷演妙义，则王侯致治。斋而诵之，则身得飞仙，七祖获庆，反胎受形，上生天堂，下生人中王侯之门也。"③ 敦煌文书 P. 2440 号《灵宝真一五称经》中，在会稽上虞山传授葛玄灵宝经的太上玄一真人说："《道德五千文》，经之至赜。宣道之意，正真之教尽也，焕乎奇文矣。诵之

---

① （南宋）陈春荣集注：《太上洞玄灵宝无量度人上品经法》，《道藏》第2册，第471页。
② （唐）杜光庭：《道德真经广圣义》，《道藏》第14册，第340页。
③ 李德范辑：《敦煌道藏》，中华全国图书馆文献缩微复制中心1999年版，第2317页。

千日，虚心注玄，白日升仙，上为太上四华真人，此高仙之宗也。亦能致庆于七祖矣。"① 葛玄说："《五千文》经之伟矣！其妙赜难为辞者也。学人心不尽荣华之想，常存于内外，以读此经而望天真，未可观矣。才若君子辈，便使世咸知斯文之不虚诞也。"② 类似赋予《道德经》崇高地位的灵宝派文献还有《太极真人敷灵宝斋戒威仪诸经要诀》《太上洞玄灵宝智慧本愿大戒上品经》《太上玉经太极隐注宝诀》（即《上清太极隐注玉经宝诀》）等。

灵宝派不仅在思想上推尊《道德经》，而且把它落实到教化实践中。其一是继承了天师道诵读《道德经》的传统，宣称诵读《道德经》具有治病救灾、安国宁民、轮转生死、飞升步虚、度人、成仙得道等经德，进而力图建立以经典为核心的经教体系。其二，灵宝派还建立了颇为完备的《道德经》的传授科仪。对此，《太极真人敷灵宝斋戒威仪诸经要诀》《太上玉经太极隐注宝诀》等有详细描述。这一传授科仪与天师道《玄都律》有密切的关系。上述两个方面对后世道教影响深远，道教经书七部分类法中的太玄部，收录与《道德经》传授有关的文献，也即是受到了灵宝派的这两个方面很大的影响③。

灵宝派颇为重视《老子河上公章句》。葛洪《神仙传》已经收录有河上公向西汉汉文帝传授《河上公章句》的故事。《太上玉经太极隐注宝诀》宣称河上公是《道德经》法师，说："夫读《河上真人》一章，则彻太上玉京，诸天仙人义手称善，传声三界。"④ 该经还有传授《河上公章句》的科仪。由于该经的推崇，《河上公章句》开始成为道教中的重要经典。例如，在它的影响下，天师道经典《三天内解经》记载了河上公的事迹，上清派同样在《洞真太上太霄琅书》中开始重视《河上公注》。顺此而下，《河上公注》成为太玄部的重要经典。到了唐代，官方学校教授老子，所用教材即为《河上公注》。唐玄宗御注《道德经》所用底本同样是《河上公注》。后世道门推崇《河上公注》版本的《道德经》，文人们推崇王弼注本的《道德经》，分野由此而来。

灵宝派也颇为推崇庄子及其著作。《太极真人敷灵宝斋戒威仪诸经要诀》记载，太极真人说："庄周者，太上南华仙人也，其前世学道时……敷演

---

① 李德范辑：《敦煌道藏》，中华全国图书馆文献缩微复制中心 1999 年版，第 1620 页。
② 《太上无极大道自然真一五称符上经》，《道藏》第 11 册，第 641 页。
③ 王承文：《敦煌古灵宝经与晋唐道教》，中华书局 2002 年版，第 274 - 276 页。
④ 《上清太极隐注玉经宝诀》，《道藏》第 6 册，第 646 页。

《道德经五千文》，宣畅道意。"① 这里把庄周确认为"太上南华仙人"，唐玄宗时对此做了官方确认，并把庄周之书定名为《南华真经》。灵宝派还用佛教义理来诠释《庄子》。这也对后世陆修静等道教思想家，颇有影响，并为隋唐重玄哲学援佛入道、以《庄》解《老》风格的形成奠定了基础。

灵宝派不仅推尊道家，而且对道家思想多有吸收。首先是本源论。《太上洞玄灵宝真一劝诫法轮妙经》中，太极真人说："夫天地建立，元始分判，阴阳开化，五行列位，无上无下，无天无地，无大无小，无色之内，无形之外，皆禀受空洞，以为气宗。宗生于始，始生于元，元生于玄，三生万物，莫不相承，纲维八极，致天地长存。"② 这是对《道德经》"有生于无""道生一，一生二，二生三，三生万物，万物负阴而抱阳，冲气以为和"等思想的继承与发挥。类似这样的观点，《太上洞玄灵宝本行因缘经》《太上玉经太极隐注宝诀》等经也有。

其次，不少灵宝派经典阐述了以道为本体的思想。《灵宝真一自然经诀》说："大道者，不可强名也。强名曰大，强字曰道。"③ 又说："道虽虚无而能生一，为万物之本也。"④ 类似的论述，《太上洞玄灵宝真文要解上经》《洞玄灵宝玉京山步虚经》《太上玉经太极隐注宝诀》等都有，它们都是继承并发挥《道德经》有关道的忄生质等的论述。只不过灵宝派的阐述往往有把道宗教化、人格化为"太上老君"的色彩。

最后，灵宝派吸收魏晋玄学思想，注重玄理的探讨，并开启了重玄之路。《太上洞玄灵宝真一劝诫法轮妙经》称葛玄在天台山"研思玄业"，《太上玄一真人说妙通转神入定经》要人们"功斋天地，数法自然，福覆无量，转神入妙，通微究玄，同体道真"⑤，《太极真人敷灵宝斋戒威仪诸经要诀》说："（学士）若复清真至德，能通玄妙义者，随行弟子同学，为称某先生。某人钩深致远，才学玄洞，志在大乘，当称玄称先生，或游玄先生，或远游先生，或宣道先生，或畅玄先生。"⑥《洞玄灵宝长夜之府九幽玉匮明真科》甚至直接把灵宝经称为"玄教"。

---

① 《太极真人敷灵宝斋戒威仪诸经要诀》，《道藏》第 9 册，第 872 页。
② 《太上洞玄灵宝真一劝诫法轮妙经》，《道藏》第 6 册，第 171 页。
③ （唐）徐坚等：《初学记》，中华书局 2004 年版，第 547 页。
④ （唐）法琳：《辩正论》，《大正藏》第 52 册，新文丰出版公司 1983 年版，第 499 页。
⑤ 《太上玄一真人说妙通转神入定经》，《道藏》第 6 册，第 174 页。
⑥ 《太极真人敷灵宝斋戒威仪诸经要诀》，《道藏》第 9 册，第 872 页。

《道德经》有"玄之又玄，众妙之门"。魏晋时期阮籍、嵇康的老师，道士孙登认为这是《道德经》的根旨。灵宝派接着对此做了探索。《洞玄灵宝自然九天生神章经》说："上范虚漠，理微太幽，道达重玄，炁冠神霄，至极难言，妙亦难超。"①《洞玄灵宝升玄步虚章经》说："大道师玄寂，升仙友无英。"② 其他经典，例如《太上洞玄灵宝本行宿缘经》《洞玄灵宝玉京山步虚经》《升玄内教经》《本际经》等也多有阐述，兹不赘言。

灵宝派对道家的推尊及对其思想的吸收，一是对这一时期道教与佛教斗争中佛教推崇《道德经》《庄子》、贬低道教的策略性应对，二是为了提高自己作为民间宗教的文化品位所做出的努力。这一做法产生了很好的效果，使得灵宝派在道教各宗派中崭露头角，逐渐成为道教的主流。

但是，应该看到，灵宝派最重视的经典并非《道德经》，而是以《灵宝赤书五篇真文》为基础形成的《度人经》。在它看来，《道德经》是辅助于《度人经》而起宣教作用的。时至今日，《度人经》《道德经》和其他科仪书籍构成了正一派道士书籍的缺一不可的三类。

（三）灵宝派统合三皇、上清、天师道等系经典的努力

东晋后期，江南天师道组织混乱，科律废弛。据《太极真人敷灵宝斋戒威仪诸经要诀》，灵宝派已对此做了激烈的批判并通过对传自天师道的《老君一百八十戒》的阐发，开始整顿。后世陆修静《道门科略》所述内容，很大程度上是源于灵宝派。灵宝派称张道陵为"三天法师""正一真人"，强调"正一盟威太上无为大道"是"道中之道"，有统合各道派的愿望，这是后世经典分类中正一部经教思想的直接来源，也是陆修静统合各道派经典的思想来源。

陆修静为灵宝派的发展做了不少工作，主要是对灵宝派的经书进行了系统的整理，编出了《灵宝经目》，对《真文赤书》《人鸟五符》进行了阐释，扩大了它们的传播范围。陆修静还系统地整理了灵宝派的斋醮科仪，创建了不少新的斋仪，撰写了《升玄步虚章》《灵宝步虚章》《步虚洞章》等多种斋醮乐章③，使得道教的斋醮仪式形成了一个大体上完整的体系。经过陆修静的工作，道教依靠斋醮法事在民间的传播和影响得到了空前的扩大，灵宝

---

① 《洞玄灵宝自然九天生神章经》，《道藏》第5册，第845页。

② 《洞玄灵宝升玄步虚章序疏》，《道藏》第11册，第171页。

③ 步虚是歌颂神仙轻举之美，宛如行步虚空的道教音乐品式，《太上洞渊神咒经》中已有二十余首步虚词，说明步虚在两晋之际即已形成。

派的势力也得到了很大的发展，灵宝派的科仪甚至成为后世道教科仪的正统和主流。不过，陆修静本人主要钟情于上清派，陆修静的弟子中似未见有传承灵宝经法者。

灵宝派力图整合上清派、三皇派、天师道的经典，并企图把老庄道家学说、各宗派的神仙方术、天师道的符箓禁厌之术融会贯通。灵宝派甚至还在南北朝时期就提出了唐代初期定型的三清尊神，例如，《洞玄灵宝长夜之府九幽玉匮明真科》记载，"三洞大法师"的上启对象即为："三洞大法师小兆臣某上启：虚无自然元始天尊、无极大道太上道君、太上老君、高上玉皇，已得道大圣众……臣宿命因缘，生值法门，玄真启拔，得入信根。"① 通过这些工作，灵宝派同上清派一样，逐渐去除了民间道教的特点，转化为能够为统治者容纳并服务于统治者的官方道教。

汉晋时代，中国各地的道教教团基本上都是独自形成的，教团之间缺乏充分的交流，当然也谈不上统一。东晋末年，灵宝派率先进行了这一工作：

> 古灵宝经将"灵宝自然天文"确定为是道与气的统一，是道教所有经典科教的本源。"灵宝自然天文"演化了"三洞经书"。古灵宝经在道教各派原有至上神基础上所创造的最高神元始天尊，既"开示"了"灵宝自然天文"，又以天宝君、灵宝君和神宝君的神格演说了上清、灵宝、三皇等"三洞经书"。这是道教历史上第一次把上清、灵宝、三皇等"三洞经书"看成是既分立并存，而又同源合一的整体。隋唐以来道教对"四辅"的解说，也遵循了这一经教神学原则。这种经典神学对中古道教统一的经教体系的形成影响极为深远，其重大意义在于，它使汉晋以来散漫无序的道教经典科教具有了共同的本源和统一的神学基础，同时也使元始元尊、太上大道君、太上老君等在中古道教史上具有关键意义而又分属不同道派的神灵结合在一起。正是在这种思想的基础上，陆修静以及后来的道教学者才不断地将独自存在的道经收集一处并编成目录，最终形成了完整的道经分类体系……其中有关宇宙本源、天地开辟、劫运观念、教法本起、以元始天尊为核心的神真体系等等，基本上都是以古灵宝经为基础来建构道教相关的基本框架的。唐代初年，这三位最重要的神灵又与古灵宝经中传授"三洞经书"位于"三清"圣境的"三

---

① 《洞玄灵宝长夜之府九幽玉匮明真科》，《道藏》第34册，第388页。

宝君"相结合，形成了唐代以来道教著名的"三清"神灵系统。①

由此可见，两晋南北朝时期灵宝派对道教成熟的巨大影响。时至今日，这种影响还可以从道教科仪中窥其一斑。

灵宝派除了力图整合天师道、上清派、三皇派等道教宗派之外，还吸收了佛教、婆罗门教的诸多思想。例如，以《度人经》而论，有学者指出：

> 《度人经》的外来成分主要来自婆罗门教，如以大梵为主神，宇宙经历劫运的演化图景，元始天尊开劫度人，等等，都是直接来自婆罗门教，或是从中引伸（申）、讹变而成的。其中"大梵隐语"之类对诸天的赞颂之辞，译自婆罗门经典，但经过了浓缩改写。这些赞颂原有一定曲调，称为《洞章》，是步虚声的前身。②

但是，灵宝派所做的这些吸收工作，是以自己坚定的立场为核心的，即继承了此前道教道炁一源、仙道贵生的基本观念。以此为前提，它以开放的心胸，广阔的视野，多方学习，博采众长，熔诸家一炉，建构了一个符合民族文化传统，又开启了时代新风的整全的新体系。

灵宝派在陆修静之后的情况史书记载不多，直到北宋初期，才见灵宝派的传承者在江西清江县阁皂山形成传授灵宝经箓的中心，被称为阁皂宗，灵宝派得以续传。与上清派相比，灵宝派的道术系统以符箓斋醮为中心，而符箓斋醮主要是按部就班的实践操作，近似于歌舞表演，不需要做多少理论解释，在一定程度上说也是难以给出理论解释的。这极大地减弱了灵宝派发展的活力。这是它在此后道教宗派中的地位只能于上清派之下屈居第二的主要原因之一。

第五节　天师道的"正一"化

魏国末年成书的《大道家令戒》说："《妙真》自吾所作，《黄庭》三灵七

① 王承文：《论中古时期道教"三清"神灵体系的形成——以敦煌本〈灵宝真文度人本行妙经〉为中心的考察》，《中山大学学报》（社会科学版）2008年第2期，第59页。
② 刘仲宇：《〈度人经〉与婆罗门思想》，《上海社会科学院学术季刊》1993年第3期，第93页。

言，皆训喻本经，为《道德》之光华。"①《黄庭》者《黄庭外景经》，"本经"指《道德经》。东晋后期殷仲堪"少奉天师道，受治及正一""有思理，能清言，尝云：三日不读《道德经》，便觉舌本间强"②。寇谦之《老君音诵戒经》宣称道教来源于神格化的太上老君，注重《道德经》："欲求生道，为可先读《五千文》，最是要者。"③虽然张鲁投降曹操之后，天师道的传承谱系不明，但可以判明属于该派的著作间有出现并一直绵延至南北朝末期，例如《大道家令戒》《女青鬼律》《三天内解经》《正一经》等。由此可以判断，天师道在后汉以来大致独立流传。在对其他宗派的影响中，高标老子和《道德经》是一显著现象。在思想上，强调道、炁演化万物和众神是其根本，诚如《三天内解经》所说："道源本起，出于无先，溟涬鸿濛，无有所因，虚生自然，变化生成。道德丈人者，生于元气之先，是道中之尊，故为道德丈人也。因此而有太清玄元无上三天无极大道太上老君、太上丈人、天帝君、九老仙都君、九气丈人等，百千万重道气、千二百官君太清玉陛下。"④

　　灵宝派是从魏晋天师道中分流出来的。在一定意义上可以断言，天师道是传统派，灵宝派是发端于江南并主要在南方传播的天师道的革新派。其教法继承了魏晋天师道的基本内容，把道神格化为太上老君，通过把张陵作为太上老君在人间的使者的方式，保留了张陵在天师道中的地位，尤其强化了天师道"正一"的观念。例如，《元始五老赤书玉篇真文天书经》《灵宝五篇真文》把"正一盟威太上无为大道"推崇为"道中之道"，即众道之最高者。《洞玄灵宝玉京山步虚经》中，传授葛玄灵宝经的五真人中，张陵被称为"蓬莱正一真人无上三天法师"。《太上洞玄灵宝九天生神章经》在陆修静《灵宝经目》中称为《太上洞玄灵宝自然至真九天生神章经》，其"始青清微天宝章"内有"洞明正一法，严修六天文"之说。接下来，成书于刘宋泰始三年（467）顾欢的《夷夏论》就有了"道称正一"之说。此后出现了《正一论》，说："一者，正一也。张君以正一统世，八极无二，玄纲一举，六合同风，天覆地载，教养修道。非正一，焉可得语其优劣哉？"⑤《正一盟威经》

---

① 《正一法文天师教戒科经》，《道藏》第 18 册，第 237 页。
② （明）焦竑：《老子翼》，《道藏》第 36 册，第 581 页；另见《三洞珠囊》卷一《救导品》引《道学传》，《世说新语·文学第四》。
③ （北魏）寇谦之《老君音诵戒经》，《道藏》第 18 册，第 215 页。
④ （南朝宋）徐氏《三天内解经》，《道藏》第 28 册，第 413 页。
⑤ 《正一论》，《道藏》第 32 册，第 125 页。

解释说："正以治邪，一以统万。"① 此后三洞四辅十二部的道书分类体系中，在太玄、太清、太平三部之位列"正一部"，其内涵是以道德为宗，贯通三洞，遍陈上、中、下三乘之义，当渊源有自。

上述说明，天师道借助于灵宝派对"正一"观念进行了强化，逐渐"正一化"，汇通了道教各派经典而形成经教体系，整合完善了斋醮科仪，以道德为本贯通了道与术，形成了整体的道教之学。这也为元代正一派的形成奠定了坚实的基础。

---

① （唐）孟安排：《道教义枢》，《道藏》第24册，第814页。

第五章
两晋南北朝时期的道家与道教 （中）

第一节　寇谦之对天师道的政治改革

　　五斗米道自张鲁死后，处于群龙无首的状态，加之扩散到全国后，地域广阔，难以产生一个统一的教权组织，形成了一股较为强大的游离于国家权力之外的社会力量。这样自发的发展状态固然有利于向社会基层扩散而壮大声势，但也出现了科仪混乱、组织松散、信徒素质低下等弊病。从长远发展来看，天师道必须有一个统一的教权组织。不过，组织的涣散正好使得一些道教改革家能够摆脱其严格的世袭继承关系，为改造天师道提供了可乘之机。后来的寇谦之、陆修静就是顺应这一时势的需要，分别在北方和南方开展天师道的组织建设、戒律整顿、经籍整理、义理充实提高等工作，把天师道推向了一个新的高潮。

　　寇谦之（365—448），字辅真，出身于一个天师道世家，是北魏初期著名的道士。寇谦之的时代，五斗米道虽然已经渗入社会上层，但其活动是依附于世家大族的宗法体制，没有全社会公认的相对独立的教内权威，难以形成一种可以控制管理的社会力量，也缺乏一种全国性上层道教应有的规模和新面貌。道教在社会上自发流布传播，政府无法直接控制，对门阀世族的统治已构成隐患。从道教内部来说，此时，道教经书舛乱，道士行无章法，道德品行和宗教素质较差，正如寇谦之所说："从今以来，人伪道荒，经书舛错，后人诈伪，仙经图书，人人造法。"① 道教要发展，就必须改变这种状况。于是寇谦之应运而出。他是南北朝时期最早开始对五斗米道进行改造的人。北魏神瑞二年（后秦弘始十七年，415），他假托太上老君降临嵩山，授予他天师之位及《云中音诵新科之戒》二十卷，命他"宣吾新科，清整道教，除去三张伪法，租米钱税，及男女合气之术"②，这为改造天师道做了准备。北魏泰常八年（423），英武雄才的魏太武帝即位，欲图入主中原。寇谦之看准时机后，于当年十月再次假托老君玄孙李谱文降临，授予他《灵图真经》六十卷，命他奉持《真经》，"辅佐北方泰平真君"。这样，他就获得了帝王师和新天师道首领的地位。次年，他带《灵图真经》进献，经过司徒崔浩的推荐，得到太武帝的信任。于是新天师道得到北魏官方的承认和支持，立即兴盛起来。借助政治力量，他把分散于民间的不同系统的天师道集中统辖起来，变成为皇权服务的官方天师道，并积极为太武帝统一中原的事业出谋划策。439 年，北魏完成统一大业，对道教的崇信更高了。440 年，寇谦之在泰山为太武帝祈福，托称"太上冥授帝以太平真君之号"，魏遂改元"太平真君"。442 年，太武帝亲自到道坛接受天师道符箓，成为道教信徒。道教的兴盛和崔浩、寇谦之的得宠，加之崔浩力图恢复西晋司马氏政权的士族门阀政治体制的一些政策过急失当，引起了佛教徒和部分信奉佛教的鲜卑贵族的嫉恨和攻击，导致太平真君六年（445）太武帝灭佛事件的发生。太平真君九年（448），寇谦之病亡。450 年，崔浩受鲜卑贵族攻击而被太武帝借故处死。452 年，太武帝被杀身亡，北魏佛教复兴，天师道势力受到削弱，但仍然维持着官方宗教的地位。548 年，北齐文襄王高澄篡魏自立，罢黜天师道坛。北齐天保六年（555），在道佛二教辩论中道教失败，文宣帝下诏废道，令道士剃发为僧。至此，寇谦之创立的新天师道教团散亡。

寇谦之的著作，根据汤用彤《康复札记》和陈国符《道藏源流考》来看，现存《老君音诵戒经》一卷、《正一法文天师教诫科经》《女青鬼律》等均出自《云中音诵新科之诫》。不过，也有不同意见认为，《正一法文天师教诫科经》出于北朝秦魏之际，非寇谦之的著作。

寇谦之自称天师，借助政治力量对天师道进行了改革，其指导思想是："道以冲和为德，以不和相克。是以天地合和，万物萌生，华英熟成；国家

---

① （北魏）寇谦之：《老君音诵戒经》，《道藏》第 18 册，第 214 页。

② （北齐）魏收：《魏书》，中华书局 1974 年版，第 3051 页。

合和，天下太平，万姓安宁；室家合和，父慈子孝。"① 通过改革，使道教摆脱了五斗米钱税及男女合气之术等原始粗俗的风貌，使信徒的生活能够与注重礼法的北方大族的生活融和起来，使道教能够被统治者接纳，这是道教迈向成熟的重要一步。其中的关键是废除"三张伪法"中的"租米钱税"之法和"男女合气之术"②，提倡"以礼度为首，而加以服食闭炼"。"礼度"就是合乎统治者需要的儒家的政治、伦理秩序规范，即"臣忠子孝，夫信妇贞，兄敬弟顺，内无二心，便可为善得种民矣"③。如同魏晋玄学力图调和名教与自然一样，寇谦之也说："夫上士学道在市朝，下士远处山林。山林者，谓垢秽尚多，未能即喧为静。故远避人世，以自调伏耳。若即世而调伏者，则无待于山林者也。"④ 这显然继承了郭象的名教即自然的思想。此外，寇谦之把佛教的生死六道轮回思想引入道教，认为修道主要靠自己持上品大戒，证得大智慧。

《魏书》云："寇谦之……少修张鲁之术，服食饵药，历年无效。"⑤ 两晋以来，因服药而丧身者为数不少。寇谦之把若干佛教修养之法引入道教，如"诵经成仙""持戒修行"等。他倡导的道术主要是《老君音诵戒经》所说的修善事、洁己身、尊礼法、奉朋同、诵经、建香火、修斋功、服气辟谷、炼丹等，如说"欲求生道为可先读《五千文》，最是要者"⑥。这些是不必出家就可进行的。他把道教的长生成仙思想与佛教的轮回观念结合起来，认为前世的作为对后世有影响，人成仙的修炼不只限于今生，可以累积到下一世，人可以累世成仙。对于斋醮、禁忌、咒语、符箓等仪式和方法，寇谦之主张简化，强调节约。为此他建立"天师道场"，这样可扩大信众参与的人数。他还增加了一部分斋醮仪式。在斋醮仪式上奏乐，即"华夏颂""步虚声"，大概始于寇谦之。他描述了神仙所处的昆仑世界的美好，劝诱人们入道。在神谱方面，他在《录图真经》中构造了一个由三十六天宫所组成的神谱。他

---

① 《正一法文天师教戒科经》，《道藏》第 18 册，第 232 页。
② 夫妻同修的房中术仍然保留，如《老君音诵戒经》说："然房中求生之本，经契故有百余法，不在断禁之例。若夫妻乐法，但勤进问清正之师，按而行之，任意所好，传一法亦可足矣。"〔（北魏）寇谦之：《老君音诵戒经》，《道藏》第 18 册，第 216 页。〕
③ 《正一法文天师教戒科经》，《道藏》第 18 册，第 237 页。
④ 《太上老君戒经》，《道藏》第 18 册，第 208 页。
⑤ （北齐）魏收：《魏书》，中华书局 1974 年版，第 3049 页。
⑥ （北魏）寇谦之：《老君音诵戒经》，《道藏》第 18 册，第 215 页。

赞成老子化胡说,把佛拉入这一神谱中的第三十二天宫①,这一做法是引起后来北朝佛道论争的一个问题。在教团组织方面,他废除了"蜀土宅治"制度,不再设立独立的宗教教区,而且废除了祭酒官职父死子继的制度,改为"简贤授明""唯贤是授",这对道士这一专职阶层的正式形成和道教组织建设均有很大推动作用。他借用佛教戒律的形式容纳儒家伦理道德的内容,如规定不得打骂奴婢等,进而制定了一部分道教戒律,希图整顿道教组织,规范道士的生活。早期道教接纳新人入道是采取交米登录和畜养弟子的方法,他改为在道场上授箓的方法。这对道教的健康发展是有利的。总的看来,他在这些方面做的工作并不很多。《老君音诵戒经》虽把《道德经》作为必读经典,并神化老子及其著作,但对老子及其著作的神化显得比较生硬,没有把道教的道与术很好地结合起来。寇谦之的最大贡献是使北方道教的行为规范与中国传统文化心理相适应,改变了黄巾大暴动给道教造成的与统治者对立的印象,使统治者在心理上和思想上接纳了道教,让道教的王道之术第一次有机会在政治上进行施展。

寇谦之对道教的改革,主要是调整道教与政治的关系。道教以成仙得道为终极追求目标,这决定了就本质而言,道教是拒斥政治,力图超越现实社会的。但是,在这种共同性之下,道教的不同宗派、不同的思想家有不同的拒世方式。对此,有必要将其放到一个更大的视野中来进行考察。汉魏南北朝时期,道教与政治的关系,大体可分为两种情况:其一是以出世为手段的拒世。以葛洪为代表的丹鼎派,旨在烧丹炼养,对政治采取敬而远之的态度;上清派吐纳存思,进行的是出世的冥想,政治完全在其关注的视野之外。其二是以入世为手段的拒世。这有两种类型。第一种是暴力拒世。这种主张由《太平经》做了集中表述。一些五斗米道和天师道众把《太平经》的思想落实到行动上,宣扬圣君出世、太阳王当兴之说,倡导力行自为,甚至把神解释为身中神,打破人的思想牢笼,充分解放人的潜力,采用暴力手段拒斥现世秩序,企图把地上人间建成神圣的天国。《太平经》没有明确说圣君为谁,后世民间则把他坐实为李弘。当然,北魏时期,用刘举名义起事者也不乏其人,但与用李弘名义起事者相比要少得多。正式宣扬李弘降生、应运当王思想的经典,是西晋末年王纂编的《太上洞渊神咒经》。它以"遵道、奉经、学仙"和"拯护万民"为中心内容,极力宣扬真君将要出世,改天换地,建

---

① (北齐)魏收:《魏书》,中华书局1974年版,第3051-3052页。

立"道法"兴隆的太平盛世。"真君者，木子弓口，王治天下，天下大乐。一种九收，人更益寿三千岁。乃复更易天地，平整日月，光明明于常时，纯有先世今世受经之人来辅真君耳。"① 进而把真君出世的时间定为壬辰年："道言：中国壬辰年有真君出世，三千万人，主者一人耳。"② 为了增强未来理想盛世对人们的吸引力，它对这一理想社会极尽描绘之能事："真君出世，无为而治，无有刀兵刑狱之苦……纯以道法为事，道士为大臣。"③ 这位李弘真君，在《元始无量度人上品妙经》里被称为"金阙圣君"。于是，《太上洞渊神咒经》成为民众暴动的号角。民众暴动领袖纷纷奉李弘之名，宣称自己是救世主，应运降临而起兵，更易天地。自东晋太宁元年（323）至隋大业十年（614），以李弘之名发动的民众暴动此起彼伏，持续不断，遍及全国各地。

在这种太平真君李弘出世的说法之外，还存在着太平帝君应运出世之说。这一位太平帝君，不是民间起事、革命代兴的真命天子，而是现世的统治君王。这是第二种类型，即非暴力拒世。提倡这种思想的代表人物就是寇谦之。他说，老君一旦出世，"若国王天子，治民有功，辄使伏杜如故；若治民失法，明圣代之"④。第一种类型中的主角是造反者，他们想在现世建造一个崭新的国家；第二种类型中的主角是顺从者。按照寇谦之的说法，老君之国只在天上，老君不会降世转生为李弘。所以，经过寇谦之改革的新天师道的职责是扶国佐命，协助帝王，为其分忧解苦。为此，新天师道实施入世的禁欲，要人过严谨的伦理生活，除去浊心，奉行太上老君所命的职事。

西晋五胡乱华之后，中国社会出现了一个"中央—豪强""胡—汉"既抗争又合作的政治局面。考察道教与政治的关系，除了中央与地方民众的抗争或合作这条线索外，还必须抓住另一条线索，即两晋南北朝时期氐羌等少数民族与汉民族的关系。

寇谦之对天师道的改革从一个侧面反映了汉族与少数民族的关系。早在《太平经》中，道教就力图使得道法"下及奴婢，远及夷狄，皆受其奇辞殊策，合以为一语，以明天道"⑤。《正一法文天师教戒科经·天师教》《太上玄

① 《太上洞渊神咒经》，《道藏》第6册，第5页。
② 《太上洞渊神咒经》，《道藏》第6册，第16页。
③ 《太上洞渊神咒经》，《道藏》第6册，第5页。
④ （北魏）寇谦之：《老君音诵诫经》，《道藏》第18册，第212页。
⑤ 王明编：《太平经合校》，中华书局1960年版，第348页。

灵北斗本命延生真经》《西升经》和有关老子化胡的经典中都有类似的记载或主张，并认为各民族平等，一个人无论属于什么民族，只要诚心修行都可得道。这正如后来唐代孙思邈在《备急千金要方·论大医精诚》中所提倡的："华夷愚智，普同一等，皆如至亲。"① 太武帝对道教的扶持，主要是出于少数民族统治中原广大汉族人民的政治需要。对道教的推尊使鲜卑族等北方少数民族与汉族有共同的宗教信仰，可以缩小二者间的差异，能减少汉族对"五胡乱华"的强烈反感，有助于少数民族政权的巩固和稳定。道教的这一政治功能，是《太平经》就已经指出的。《太平经》卷四十六"道无价却夷狄法"中，天师在回答弟子关于"今师前后所与弟子道书，其价值多少"的问题时说，其价值之一是可以使"夷狄却去万里，不为害"，"夷狄却降，瑞应悉出，灾害毕除，国家延命，人民老寿"②。道教在创立时吸收了少数民族的巫术、神话、宗教等文化内容③，故与少数民族文化容易接轨，容易为少数民族所接受。但是，道教的主要来源是先进的汉民族文化，所以道教可以反过来开化后进民族，加速少数民族文明水平的提高，促进民族团结和融合，增强多民族国家的凝聚力。对此，《太平经》有明确的阐述：

> 四夷八十一域中，善人贤圣，闻中国有大德之君治如此，莫不乐来降服，皆赍其珍奇物来，前后成行，吾之书万不失一也，岂不大乐哉？……毕得天地人及四夷之心，大乐日至，并合为一家，共成一治者也……夷狄闻之，日自却去，中国日以广，不战斗伐而日强也。天地助其除恶，是为天地开辟以来，未常有也。④

可见，汉魏南北朝间氐羌等少数民族与汉民族的关系，是研究道教与社会政治关系的一个重要方面。笼统地把道教视为农民起义的工具，夸大道教对正统政治的反叛性，都是与历史的真实不相符的。

上述两种四类道教与政治的关系是就理论上来说的。事实上，无论哪一个道教宗派，都是世俗性与神圣性的统一。

---

① （唐）孙思邈：《孙真人备急千金要方》，《道藏》第 26 册，第 26 页。
② 王明编：《太平经合校》，中华书局 1960 年版，第 126－127 页。
③ 参见成书不晚于南北朝时的正一部上清派早期经典《上清外国放品青童内文》，《道藏》第 34 册，第 8－29 页。
④ 王明编：《太平经合校》，中华书局 1960 年版，第 333 页。

第二节　陆修静对上清、灵宝派道术的糅合

陆修静（406—477），字元德，是南朝刘宋时期的著名道士。他出身于吴兴东迁（今浙江吴兴）士族望家，少年时学习儒学和汉代象数学，曾经做过官，后来发现占候、儒学不足以致长生，于是弃儒学道，抛妻离子，初期隐于云梦山中，后来遍游名山大川访仙学道。孝武帝大明五年（461），他在庐山隐居修道，所建的馆（后名简寂观）大概是道教历史上第一个比较正式的道观。宋明帝太始三年（467），他奉诏至京师，对宋明帝的策问回答得很好，深得宋明帝的宠信。宋明帝特地建崇虚馆给他居住和修道。他自称"三洞弟子陆修静"。宋明帝招他入京师后，也把他看作道教各派的总代表，"遂以夋季真取到杨许真人上清经法救付先生。总括三洞，为世宗师"①。于是"先生乃大敞法门，深弘典奥，朝野注意，道俗归心。道教之兴，于斯为盛也"②。南方各道派以陆修静为核心，以崇虚馆为中心，逐渐凝聚为一个统一的新道教。

正因为自称"三洞弟子"，陆修静不以宗门自囿，广泛地钻研学习道教的各个方面，是道教学术史上的一个集大成者。他的著作，《正统道藏》中有《陆先生道门科略》《洞玄灵宝五感文》《太上洞玄灵宝众简文》《太上洞玄灵宝授度仪》《洞玄灵宝斋说光烛戒罚灯祝愿仪》各一卷，《云笈七签》卷四中有《灵宝经目序》，《无上黄箓大斋立成仪》中有《古法宿启建斋仪》，《通典·诸子类·道家略》中著录有《升玄步虚章》《灵宝步虚词》《步虚洞章》《服御五芽道引元精经》等，在唐法琳《辩正论》中可见到他还著有《必然论》《荣隐论》《遂道论》《归根论》《明法论》《自然因缘论》《五符论》《三门论》等，《破邪论》中可以见到《对沙门记》。此外，他的著作还有《道德经杂义》《陆先生答问道义》《陆先生黄顺之问答》《三洞经书目录》《灵宝道士自修盟真斋立成仪》等。陆修静的著作亡佚者不少，现存者虽然以斋戒仪范方面为多，但从上面可从看出，他也是一位哲理性很强的道教理论家。

---

① （元）张天雨：《玄品录》，《道藏》第 18 册，第 118 页。
② （唐）王悬河：《三洞珠囊》，《道藏》第 25 册，第 306 页。

陆修静是道教史上一位重要的学者、思想家。他力图由道而开出术，目的是"使民内修慈孝，外行敬让，佐时理化，助国扶命"①。他对道进行了探讨，认为"至道清虚，法典简素，恬寂无为，此其本也"②，主张"虚寂为道体，虚无不通，寂无不应"③。把道分为体、用两个方面虽然不是他的创造，但用虚、寂这一对受佛教影响颇深的范畴来分析道的体、用，还是有一定新意。道之用就是德。道家的德虽然不同于儒家的伦理规范，但二者毕竟有诸多可以相通的地方。所以老庄之后的道家和后来的一些道教著作把德与儒家的伦理规范沟通起来，以便消除道家对儒家伦理规范的反叛色彩，使得道教能够为维护社会公共秩序和政治秩序服务。陆修静就是这样做的。不仅如此，他还把道、德与儒家哲学的核心范畴"仁"联系起来考虑。他在《洞玄灵宝斋说光烛戒罚灯祝愿仪》中说：

> 夫道者，至理之目。德者，顺理而行。经者，由通之径也……夫道，三合成德，自不满三，诸事不成。三者，谓道、德、仁也。仁，一也；行功德，二也；德足成道，三也。三事合，乃得道也。若人但作功德而不晓道，亦不得道；若但晓道而无功德，亦不得道；若但有道德而无仁，则至理翳没，归于无有。譬如种谷，投种土中，而无水润，何能生乎？有君有臣而无民，何宰牧乎？有天有地而无人物，何成养乎？故《五千文》曰："三生万物。"④

他认为，道、德、仁三者相通相合，分之为三，合之为一。在实践中贯彻这种三一之义，需要把明道、积德、识仁结合起来。首先要有仁的品性，以它为原则去建立功德，功德多到一定程度，自然就能得道。关于道与德之间的关系，他从"理"这一范畴的角度进行了分析，说："道者，至理之目；德者，顺理而行。"对气与神之间的关系，他说："气之与神常相随而行，神之与气常相宗为强，神去则气亡，气绝则身丧。"⑤ 神气不离的关键是神。神应该虚、静。他说："能静能虚，则与道合。譬回逸骥之足，以整归真之驾。

---

① （南朝宋）陆修静：《陆先生道门科略》，《道藏》第 24 册，第 779 页。
② （南朝宋）陆修静：《洞玄灵宝五感文》，《道藏》第 32 册，第 618 页。
③ （唐）孟安排：《道教义枢》，《道藏》第 24 册，第 805 页。
④ （南朝宋）陆修静：《洞玄灵宝斋说光烛戒罚灯祝愿仪》，《道藏》第 9 册，第 822－823 页。
⑤ （南朝宋）陆修静：《洞玄灵宝斋说光烛戒罚灯祝愿仪》，《道藏》第 9 册，第 822 页。

严遵云：'虚心以原道德，静气以期神灵。'此之谓也。"① 可惜他在道教理论方面的著作多数已经散失，无法进行更加深入的分析研究。

从现存资料看来，陆修静对道教发展的主要贡献是：搜集整理道教经典，建立道教经典的分类体系；以"意在王者遵奉"为指导原则，整顿天师道组织，制定道教科戒制度和斋醮仪式。

南北朝时期，道教经书急剧增多，真伪难辨、源流不明等情况的出现是很自然的。为此，需要进行考辨、分类、整理。陆修静早年就很重视搜集道教经籍。住崇虚馆时，他花了很多精力进行经典的整理。其中，对灵宝派的经典整理花了比较大的功夫。他继承了东晋末期以来的"三洞"概念，使之完善化、定型化，把它作为道教经书分类的方法之一。他总括上清、灵宝、三皇三派经书，按照这样的分类法编出了《三洞经书目录》，这是道教第一部堪称完整的经书目录。由它首创的以经书来源进行分类的思想成为此后经书编目和经书集藏的基本指导思想。在陆修静看来，三洞不仅是道教经典分类的方法，也是道经品级的高低和道士阶级的次序。道士入道后修持经法得由低到高，依次授经修行，不得逾越。一般是先授予正一，次洞渊或太玄，次洞神，次升玄，次洞玄，最高为洞真上清。此外，陆修静综合前人的工作，建立了四辅、十二类的道教经典分类法，尤其是把十二部类的划分方法运用于灵宝经的分类上。

在陆修静的三洞分类法和灵宝经十二部类分类法中，遗漏了《老子》。不过，陆修静有时也流露出对《老子》的推崇。《太上洞玄灵宝授度仪》录有"五真人颂"，其中一首是："《灵宝》及《大洞》，至真道经王。如有《五千文》，高妙无等双。"②《五千文》即《老子》。五斗米道曾经把《老子》作为经典来诵习。但仙道追求长生，与老子"有身为患"之义相悖。所以道教有时对老子颇不以为然。但是，晋宋之际，谈玄仍是士林风尚之一，而《老子》是玄学的主要依据，并受到佛教界的尊重。在这种情况下，陆修静推重《老子》，一方面是对理论素质虽然不高，但在群众中影响却不小的天师道的重视；另一方面有利于与玄、佛两界学者对话，使新道教更易于为上层所接受。总的说来，陆修静尚未明确意识到道家哲学与道教经教体系有异有同的关系并致力于去解决它，对用哲理统率道术尚无理论上的自觉。

① （南朝宋）陆修静：《洞玄灵宝斋说光烛戒罚灯祝愿仪》，《道藏》第9册，第822页。
② （南朝宋）陆修静：《太上洞玄灵宝授度仪》，《道藏》第9册，第848页。

陆修静对南方天师道的改革，与北魏寇谦之对北方天师道的改革都有相同的目的，即使统治者能够接纳、信奉道教。他从五斗米道那里学来了"天师正一盟威之道""服符饮水"等术，学来了以"二十四治"为核心的组织制度，还把三元日祭祀三官的制度收罗进来。有人把他视为南方天师道的创立者，这足以说明他对南方天师道的贡献之大。但应该指出，南方天师道本无所谓创立的问题，它是张鲁投降曹操后，五斗米道群龙无首后向南方传播而来的。由于当时南北方政治隔绝，交往不多，天师道在南方的文化、政治环境中生存，免不了会形成一些不同于北方天师道的特点。陆修静学习天师道的上述制度，并不是照搬照套，而是进行了改造。他强化了管理道民的宅禄制度，即类似于后来的户籍管理制度；建立了一套衡量功德品级的箓位制和与箓位品级相配合的道官按等级晋升的制度。他把朝政中官僚等级制的服饰搬进道教中来，建立了道士的服饰制度，说："道家法服犹世朝服，公侯士庶各有品秩，五等之制以别贵贱。"[①] 他开了崇虚馆，这是道观的雏形。他用道馆制度取代了早期天师道祭酒统领道民的教团组织形式。他本着这一新的组织形式的特点，为有组织的道士生活制定了种种戒律，建立了比较完备的道馆制度。这为道教教团生活的正规化、制度化做出了贡献。从历史实际来看，他为道教在朝廷上树立了威信，得到了御赐的道教活动基地——崇虚馆，可以说达到了使道教合法化、正统化的目标。

陆修静对灵宝派花了不少的功夫。他撰写了大量的灵宝经书，对当时社会上流行的灵宝经的真伪进行了考证，编制了《灵宝经目》，推动了灵宝派的发展，促使灵宝派在齐梁时代与上清派平分秋色，甚至略有超过。不过，总的说来，他似乎是站在上清派的立场上吸收灵宝派的。上清派之吸收灵宝派，与葛洪以内篇论道教、以外篇论儒家，意义是一样的。上清派以存思为修炼之术之首。存思是在冥想中与神灵邂逅，比灵宝派通过斋醮与神沟通显得更直接。大概是这个原因，陆修静在三洞中把上清排列在灵宝之上。

道教的"斋""醮"是从古代祭神、祈福等巫术、仪式发展而来的。《庄子·人间世》已有"祭祀之斋"与"心斋"的区分。道教的斋先是重祭祀之斋，接着强调心斋。五斗米道实行过"书病人姓名，说服罪之意"[②]"使有疾

---

① （南朝宋）陆修静：《陆先生道门科略》，《道藏》第 24 册，第 781 页。

② （晋）陈寿撰，陈乃乾校点：《三国志》，中华书局 1982 年版，第 264 页。

病者皆疏记生身已来所犯之辜"① 的方法，即自我忏悔。后来这种"首过"的方法逐渐程式化，并吸收了传统的"斋戒以告鬼神"的方式和佛教的"三戒八斋"的内容，在南北朝时形成道教的斋。但早期天师道的修行方法和斋醮仪式比较粗俗，与儒家礼教差距较大，难以为社会上层人士接纳。例如，涂炭斋要在自己脸上抹炭灰，在泥水里翻滚，以此忏悔自己所犯的过失。这显然很难被社会上层人物所接受和实行。到了南北朝时期，斋的种类增多了，而且多适合社会上层人物的需要。陆修静在《洞玄灵宝五感文》中说，上清派的斋法有"绝群离偶法"和"孤影夷豁法"两种，方式上是离群独居，宁静默声，绝食辟谷，服气胎息，抱元守一，类似于后世的内丹和佛教的禅定。灵宝派的斋法有九种：金箓斋、黄箓斋、明真斋、三元斋、八节斋、自然斋、三皇斋、太一斋、指教斋。各种斋有各自不同的功能。例如，金箓斋主要是调和阴阳以消灾度厄，服务对象通常是帝王一级的人物；黄箓斋主要是拔度七玄九祖、超脱亡灵；自然斋是救人、救物、救己。天师派还有涂炭斋，通过苦己而解除祖先的罪业。斋是以一般信众为主体，道士只是在旁边协助以沟通人、神。行斋之前要净心诚意，要"洁净其体"。接下来有穿法服、点灯、燃香、叩齿、叩头等程序。行斋的目的是祈求神为自己的目的和需要服务，即建功立德，消罪除过。醮与斋的目的大体上相同，在仪式上与斋颇有类似之处。与斋不同的地方主要在于它是纯粹由道士来进行的祭祀、供养神祇的仪式，比较强调道士行使道术与神灵交通的本领。行醮必须设坛。坛醮的程序一般是：设云、上供、烧香、升坛、礼师存念如法、高功宣卫灵咒、鸣鼓、发炉、降神、迎驾、奏乐、献茶、散花、步虚、赞颂、宣词、复炉、唱礼、祝神、送神。每一步都有相应的仪规。根据祭祀的对象和目的的不同，醮有不同的名称，如祭三官（天、地、人）之神的为"三官醮"，祭"北阴大帝"的为"北阴醮"，遍祭诸神的为"罗天大醮"。斋、醮都要威严庄重。陆修静搜集了各种各样的仪式，对上清、灵宝、天师等派互不相同的斋醮制度做了清晰的叙述和改造，对步法、经诵、仪仗、挂像均做了详细的规定，使得这些仪式中的"祝香、启奏、出官、请事、礼谢、愿念，罔不一本经文"②。他继承前人的工作，以灵宝斋为主，融合上清、三皇、天师派斋法，建立了"九斋十二法"这一套比较完整的斋仪体系。对此，他在《洞玄灵宝

---

① （晋）葛洪：《神仙传》，中华书局 1991 年版，第 30 页。
② （宋）蒋叔舆：《无上黄箓大斋立成仪》，《道藏》第 9 册，第 378 页。

五感文》中说：

> 一曰洞真上清之斋，有二法：其一法，绝群离偶，无为为业，寂胃虚申，眠神静炁，遗形忘体，无与道合；其二法，孤影夷豁。二曰洞玄灵宝之斋，有九法，以有为为宗：其一法，金箓斋，调和阴阳，救度国正。其二法，黄箓斋为同法，拔九祖罪根。其三法，明真斋，学士自拔亿曾万祖九幽之魂。其四法，三元斋，学士一年三过，自谢涉学犯戒之罪。其五法，八节斋，学士一年八过，谢七玄及己身宿世今生之罪。其六法，自然斋，普济之法，内以修身，外以救物，消灾祈福，适意所宜。其七法，洞神三皇之斋，以精简为上，单已为偶，绝尘期灵，沐浴玄云之水，烧皇上之香，燃玄液之烛，服上元香丸。其八法，太一之斋，以恭肃为首。其九法，指教之斋，以清素为贵。①

这一体系中灵宝派的斋仪占了很大比重，所以后人把陆修静视为灵宝派的重要代表人物。不过，他更看重上清派的斋仪，在编排顺序时把上清斋仪列为首位。他的斋仪体系是按上清、灵宝、涂炭三大类分别排序的。他在斋醮仪式方面所创建的这一体系为后世道教斋仪的内容和格局奠定了基础，对后世影响甚大。唐初张万福、唐末杜光庭所续修的斋仪都是以陆修静的体系为本。唐代吴筠在《简寂先生陆君碑》中称赞陆修静"斋戒仪范，为将来典式"②。陆修静还编撰了《洞玄灵宝五感文》等有关斋醮仪式的著作一百多卷，充斥于其中的思想主要是安国宁家、恪守礼法、孝父尊师等儒家的伦理规范，如"一感父母生我育我鞠我养我……重恩"，"二感父母为我冠带婚娶……"以至"落三涂婴罹众难"，三感"人身身口之累"，四感"太上众尊大圣真人"开化之恩，五感"我师"之恩③。其中前两项属于儒家孝道。佛教讲因果，要人们对自己今生和往世的行为负责。陆修静则更强调人们要对自己的祖辈、亲族和长辈负责。这显然是对佛教思想的中国化改造。

陆修静不只是简单地对斋醮仪范进行排列，他还把斋视为最重要的求道之术。他说："夫感天地，致众神，通仙道，洞至真，解积世罪……莫过乎

---

① （南朝宋）陆修静：《洞玄灵宝五感文》，《道藏》第 32 册，第 620 页。
② （元）赵道一：《历世真仙体道通鉴》，《道藏》第 5 册，第 239 页。
③ （南朝宋）陆修静：《洞玄灵宝五感文》，《道藏》第 32 册，第 619 页。

斋转经也。夫斋直是求道之本，莫不由斯成矣。"① 民间古已有之的禁忌被吸收进道教后改造为养生禁忌，进一步融入道教的义理思想，从而形成戒律。对违反戒律的道士的处罚规定，就是清规。所以清规是戒律的一部分。陆修静自觉地意识到斋是与戒联系在一起的，二者有相同的功能。他把二者直接连在一起，说"斋戒"。不过，斋与戒还是有分别的。戒即分别善恶，预防恶的产生，解除已有的罪业。陆修静在《洞玄灵宝斋说光烛戒罚灯祝愿仪》中谈了不少戒，如"上品十戒"。此前的佛教已有比较发达的戒律，他于是模仿它们而定制了一些新的道教戒律。如"上品十戒"明显的是依据佛教"五戒"发挥而成的。他对斋戒在众多道术中的地位，对它在人修道、得道中的功能进行了分析，说："道以斋戒为立德之根本、寻真之门户，学道求神仙之人，祈福希庆祚之家，万不由之。"② 斋戒是修道的入门关、下手处，它的作用是"立德"，促使人养成符合修道需要的价值标准、价值观、内心的情感态度、外在的行为规范和生活方式等等。斋原本主要是崇拜礼仪。由于把斋视为最重要的求道之术，他极力强调斋的重要性，扩大斋的范围，把崇拜活动、诵经与修炼、禁忌与戒律、方术等宗教行为的几乎所有方面都尽可能加以规范化，纳入斋仪之中。这样一来，斋的功能就几乎是无所不能了。他认为，斋戒有很多功能：上可升天得道；中可安国宁家，延年益寿，保住福禄；下可消除宿劫，消灾却病，转出忧苦。斋之所以有这么多的功能，原因在于它以虚、静为根本。

> 一切（众生）皆知畏死而乐生，不知生活之功，在于神气，而数凶其心，而犯其气；屡淫其神，而凋其命。不爱其静，存守其真，妖致于枉残也。人何可不惜精守气，以要久延之视，和爱育物，为枝叶之福。圣人以百姓奔竞五欲，不能自定，故立斋法，因事息事，禁戒以闭内寇，威仪以防外贼。礼诵役身口，乘动以反静也；思神役心念，御有以归虚也。能静能虚，则与道合；譬回逸骥之足以整归真之驾。严遵云：虚心以原道德，静气以期神灵。此之谓也。③

虚、静本为道的特性。斋、戒以虚静为本，故行斋奉戒可以得道。再则，行

---

① （南朝宋）陆修静：《洞玄灵宝斋说光烛戒罚灯祝愿仪》，《道藏》第 9 册，第 824 页。
① （南朝宋）陆修静：《洞玄灵宝斋说光烛戒罚灯祝愿仪》，《道藏》第 9 册，第 824 页。
② （南朝宋）陆修静：《洞玄灵宝五感文》，《道藏》第 32 册，第 619 页。
③ （南朝宋）陆修静：《洞玄灵宝斋说光烛戒罚灯祝愿仪》，《道藏》第 9 册，第 822 页。

斋之时，要求人聚精会神于道或道的化身——神灵，这就入于虚静而忘却、泯灭了道与人之间的隔障，实现了与道的同一。对此，他在《洞玄灵宝五感文》中叙述"遗形忘体，无与道合"的斋法时解释说："道体虚无，我有故隔。今既能忘，所以玄合。"① 斋除了有伦理的功能，还有通神的功能。通过斋可以产生"冥通"效应，即与神沟通的幻觉。道教每每要求修道者"勤持斋戒，以期冥感"。与神沟通之后，就可以招神来劾鬼，防止鬼怪的侵扰。不过，在他看来，这不是最重要的。斋戒最重要的功能是得道。

陆修静对斋醮科仪进行了理论上的分析，把斋分为斋法、斋体、斋义、斋意四要素，致力于探索"斋义""斋意"。他说：

> 末世学者，贵华贱实，福在于静而动以求之，命在于我而舍己就物。若斯之徒，虽欣修斋，不解斋法。或解斋法，不识斋体。或识斋体，不达斋义。或达斋义，不得斋意。纷纭错乱，靡所不为，流宕失宗，永不自觉。②

斋义是对斋的各种活动进行解释，斋意则进而解释斋更高一层的抽象的义理和意图。他说：

> 夫斋法至精，而行者常粗，实五浊垢障，深蒙难启。如处曲穴，非太阳所照。延引幽暗者，宜以灯烛之明。今以爝光，斯之谓也。皆标斋经大旨，举法体近要意，以约束粗猥，示导玄彻。③

这就是说，斋法的宗旨在于去除不合规矩的行为，使人养成有利于得道的思想、心理状态和行为习惯。在他看来，"洗心静行"是斋戒的本义，体道合真是斋的最大功能。据此，他引入佛教的身、口、意三业说来解释灵宝斋礼拜、诵经、思神仪式：

> 是故太上天尊……出灵宝妙斋，以人三关躁扰，不能闲停，身为杀盗淫动，故役之以礼拜；口有恶言，绮妄两舌，故课之以诵经；心有贪欲嗔恚之念，故使之以思神。用此三法，洗心净行。心行精至，斋之

---

① 〔南朝宋〕陆修静：《洞玄灵宝五感文》，《道藏》第32册，第620页。
② 〔南朝宋〕陆修静：《洞玄灵宝斋说光烛戒罚灯祝愿仪》，《道藏》第9册，第822页。
③ 〔南朝宋〕陆修静：《洞玄灵宝斋说光烛戒罚灯祝愿仪》，《道藏》第9册，第821页。

义也。①

这虽然掺和了一些佛教的言辞，但贯穿其中的思想，仍然是平心静气，自有归无，自实返虚，体道合真。为了促使斋戒发挥出它的最大功能，他在实践操作上强调道教科仪应该"清虚简素"，在理论上以此为原则对斋醮进行了解释。他更强调通过斋戒加强身心修养，去欲制情，达到"心行精至"，养成无所畏惧的坚强信念。他认为：

> 夫斋当洪默幽室，制伏性情，闭固神关，使外累不入，守持十戒，令俗想不起，建勇猛心，修十道行，坚植志意，不可移拔，注玄味真，念念皆净。如此可谓之斋。②

修十道行，包括"以精气神使五体清洁""形心闲静，注念专精""神气清爽，含养元泉""存神思真，通洞幽微"等。通过这些方法，将道家在精神凝的状态中体验、体证道的哲理转变为一般老百姓能够操作并实现的精神修养，以教化的形式为普通老百姓打开了享受形而上的哲理意境的通道。

斋既然是礼敬神灵的仪式，当然得有神。道教的神灵很多，礼敬总得有所选择，有主次、轻重、先后之序。为此，陆修静建构了一个多层次的、比较系统的道教神祇的排名榜，并仿照佛教为道教开了悬挂天尊像的先例③。

斋醮法事是道教进行宗教活动的重要方式，是交通朝廷、影响群众的重要手段，对社会的影响很大。这就难怪陆修静为它花了那么多的精力来进行整理和阐释。

通过经书分类和斋仪排列，陆修静实际上建立了一个道教各宗派的判教体系。在这一体系中，上清派地位最高，其次是灵宝派，再次是三皇派，天师道排在最后。不过陆修静有时又把《灵宝经》摆在至上的地位。例如他说："灵宝之文是天地之元根，神明之户牖，众经之祖宗，无量大法桥也。若颂经一句，则响彻九霄，诸天设礼，鬼神振肃也。"④ 这是因为宗教必需面

---

① （南朝宋）陆修静：《洞玄灵宝斋说光烛戒罚灯祝愿仪》，《道藏》第 9 册，第 821 页。
② （南朝宋）陆修静：《洞玄灵宝斋说光烛戒罚灯祝愿仪》，《道藏》第 9 册，第 821 页。
③ 《太平经》的存思术中已经开始悬挂神仙画像。（参见王明编：《太平经合校》，中华书局1960 年版，第 292－293、458、467 页。）道教之用神像，当从刘宋时开始，然梁时仍未普遍。陶弘景在茅山立佛道两堂，佛堂有像，道堂则无。
④ 《洞玄灵宝斋说光烛戒罚灯祝愿仪》，《道藏》第 9 册，第 824 页。

向最广大的信众，在这方面以斋仪见长的灵宝派技高一筹，所以陆修静虽然在理论上推崇上清派，但在实践中则比较重视灵宝派。

《广弘明集·叙齐高祖废道法》说："昔金陵道士陆修静者，道门之望。在宋齐两代，祖述三张，弘衍二葛，郄张之士，封门受箓。"① 道宣为唐代人，他所叙述的陆修静的事迹情节虽多有错误，但这显然不妨碍我们把这段话作为陆修静坐镇金陵时曾大肆推行新道教箓位制的旁证。《隋书·经籍志》说，道教"受道之法，初受五千文箓，次受三洞箓，次受洞玄箓，次受上清箓"②。可见至迟在隋代，依据陆修静判教体系所建立的箓位制已经成为全国道教通行的制度了③。

对道教的改革工作，稍早于陆修静，在北方有寇谦之。通过他的工作，作为教会性宗教的道教得以真正建立。但寇谦之的工作，在一定意义上说只是一种政治投机，他所创建的教会，社会基础并不稳固。总的说来，在陆修静之前，道教的信仰、方法、组织手段等，基本上是一种直观的统一，尚未形成内在的必然的有机整体。这种情况从陆修静开始发生了根本性的变化。他全面整理经典，精心编撰斋仪，通过教相判释逐渐将道教各派从思想上与组织上融为一体，并争取到朝廷与社会上层的承认与支持，从而建立了一个大体统一的道教。以后，北方道教在南方道教的影响下，素质有了进一步的提高，社会基础稳固起来。南北方道教融汇之后，道教于是成为全国性的宗教。由此不难明了陆修静在道教史中的地位。

第三节　陶弘景对道术发展的贡献

陶弘景（456—536）是南朝齐梁时期的著名道士，与陆修静一样出身于江南门阀士族望家。他是陆修静门人孙游岳（398—489）的弟子，九岁起就熟读儒家经典，曾经注释过《孝经》《论语》《三礼》《尚书》《毛诗》，早年以儒学学识为人景仰。他南齐初曾经做过巴郡、安成、豫章、宜都王的侍读，

---

① （唐）释道宣：《广弘明集》，《大正藏》第52册，新文丰出版公司1983年版，第112页。

② （唐）魏征、（唐）令狐德棻：《隋书》，中华书局1973年版，第1092页。

③ 钟国发：《试论南朝道教缔造者陆修静》，武汉大学历史系魏晋南北朝隋唐史研究室编：《魏晋南北朝隋唐史资料——唐长孺教授八十大寿纪念专辑》第11期，武汉大学出版社1991年版，第85－87页。

三十六岁时仍然是一个六品小官，心灰意懒，加之十岁时读葛洪的《神仙传》就有了追求神仙之志，于是辞官至茅山建华阳馆，自号华阳隐士，开始了修道生涯。正因为是仕途失意才入道，所以陶弘景修道可谓是"身在曹营心在汉"，念念不忘仕宦政治，时刻关注着局势的发展。荆州刺史萧衍（即后来的梁武帝）自江陵起兵夺取了残暴的萧宝卷之权，军队到达新林时，他派遣弟子奉表拥戴。萧衍代齐成功，议论国号而未定，他及时援引图谶，以"梁"字为应运之符，让弟子送到朝中，被采纳。这样，萧衍即位称梁武帝后，对他恩宠有加，礼遇逾隆。萧衍虽早年奉道，晚年信佛，但对他始终敬信如一，朝廷中有什么军机大事，都派遣使者到茅山向他请教。他于是被当时的人称为"山中宰相"，因此身价倍增，达官显贵无不风靡相向，争相向他讨教，以做他的弟子为荣。这应该说是他当初出儒入道时始料未及的。陶弘景确实也非等闲之辈。他学识广博，多才多艺，对儒学、道家、道教、佛教、文章诗赋、医药养生、兵法骑射、工艺技术等领域多有精通。他的著作有七八十种，其中的《真诰》《登真隐诀》《养性延命录》《真灵位业图》[①]《本草经集注》都是闻名后世的光辉著作，在道教史和科技史上有重要的地位和意义。他在教育上可谓功勋卓著。他的门下弟子多达三千多人，人才辈出，其中王远知[②]（507—635）、陆逸冲是最著名的。尤其是王远知培养了隋末唐初著名道士潘师正，潘又培养了司马承祯和吴筠这两位在唐代道教史上留下了光辉业绩的弟子，更显示出陶弘景的非凡。

陶弘景熟悉"淮南鸿宝之诀"，是一个金丹烧炼家。据说他炼成的飞丹"色如霜雪，服之体轻。及帝服飞丹有验，益敬重之"[③]。他从事炼丹活动二十余年，撰写了《集金丹黄百方》《太清玉石丹药集要》《太清诸丹集要》《合药诸法式节度》《服云母诸石药消化三十六水法》《服饵方》《炼化杂术》等不少炼丹著作，可惜现在大多已亡佚。他在炼丹实践中取得了很多化学史上的成果，主要是：第一，他已经认识到金、银能够与汞发生反应，所产生的汞齐可以用来在物体的外表上镀金、镀银。第二，他已经把石灰分为生石灰和熟石灰两种。第三，他以烧炼是否有"紫色烟"产生作为判断硝石（硝

---

① 《真灵位业图》是否为陶弘景所作，学术界尚有争议。笔者认为余嘉锡《四库提要辨证》的考证是可信的，《真灵位业图》的作者是陶弘景无疑。

② 似乎非陶弘景亲传，而是臧矜直传，待考。

③ （唐）李延寿：《南史》，中华书局1975年版，第1899页。不过，其他文献，例如《隋书》卷三十五却记载没有炼成功。

酸钾）的方法。这是明确区分了硝石和朴硝（硫酸钠）。这是世界化学史上鉴定钾盐的最早记载。第四，陶弘景做过鸡屎矾与铁的置换反应，扩大了铜盐的范围，奠定了宋元时期水法炼铜即胆铜法的基础。不过，陶弘景炼丹主要是应梁武帝之请，自己并不怎么看重炼丹。原因在于他对服食金丹能够白日飞升成仙有怀疑："世中岂复有白日升天人？""于是乃不试。"①

陶弘景在冶金方面有一定的成就。他在炼丹过程中曾经以生铁和熟铁糅合的"灌钢冶炼法"铸造成"佳宝""善胜"（一名"威胜"）两把为皇族所珍贵的宝剑。据说他著有《刀剑录》一书。

陶弘景对天文历法很有研究。他广泛搜罗，检查校核了五十多家历法的异同，编成《帝代年历》一书。他有很好的数学功底，精密推算出汉熹平三年丁丑冬至，加时在日中，而天象实为乙亥冬至，加时在夜半，共差三十八刻，汉历后于天象二日十二刻。这种精密的推算，得到了后代历法家的认可。隋代修历博士姚长谦《帝历年纪》一书是以陶弘景的《帝代年历》为基础写成的。陶弘景还著有《天文星经》五卷、《象历》《天仪说要》《七曜新旧术疏》等天文历法方面的书。为了满足天象观测之需，他还制造过浑天仪。

陶弘景对地理学也有研究，著有《古今州郡记》等书。

陶弘景对中医药颇有研究，是中医药史上著名的医药家之一。他编定了《名医别录》，此外著有《本草经集注》七卷、《效验方》五卷、《补缺肘后百余方》三卷、《陶隐居本草》十卷、《药总诀》二卷、《效验施用药方》等，其中以《本草经集注》最为著名。在这部书中，他按统一体例整编了混乱的早期重要本草著作，使《神农本草经》原有的理论纲领变得丰满，并创设了"诸病通用药""七情表"等新的项目，把药物的自然属性用于分类，以玉石、草、木、虫兽、果菜、米食、有名无用七类归并药物，不仅梳理、校核、订正了《神农本草经》所收载的三百六十五种药物，而且新增加药物三百六十五种，对各种药物的名称、产地、性状、主治疾病、配制保管方法都一一给予注明，总结了从汉末到魏晋以来的名医诊疗经验。《本草经集注》内容弘富、井井有条，是唐《本草》的蓝本，是药物学上的重要著作，对南北朝之后中医药的发展产生了重要的影响。陶弘景是医学社会学的鼻祖之一。他已经注意到了医药用方对不同社会层次的人的差异性。他的《效验方》是供上层社会使用的方书，所列药物种类多，分量重，多系名贵药材。《补缺

---

① （宋）贾嵩：《华阳陶隐居内传》，《道藏》第 5 册，第 508 页。

肘后百余方》则是供民间使用的方书，比较强调药方的大众化，所用药材虽多为价格低廉者，但治疗效果并不因此而逊色。在病理学上，他认为发病的原因在于邪气、恶气、毒疠之气，把人的疾病归纳为内疾、外发、他犯三大类。这虽然不完全正确，但也有一定的科学性。他对辩证施治的方法、原则多有论述。不过，对钻研中医药的动机，他有一个说明："以吐纳余暇，游意方技，览本草药性，以为尽圣人之心，故撰而论之……分别科条，区畛物类，兼注名时用土地所出，及仙经道术所须。"① 这清楚地说明医药只是辅助修炼成仙的一部分，只是在空闲时间进行的事。这种对中医药的态度，在道教中是很普遍的。

陶弘景对《周易》也有研究。他侧重于象数学方面，尤其是在占卜方面。他这方面的著作有《周易林》《易林体》《卜筮要略》《三命抄略》《风雨水旱饥疫占要》《算数艺术杂要》《玉匣记》《举百事吉凶历》等。他的《三命抄略》实为后世算命诸书之祖。他著有《相经》，为后世言相法者之祖。陶弘景注有《鬼谷子》三卷。陶弘景的著作还有《图像集要》《道德经注》四卷。在军事方面，他著有《真人水镜》十卷。

陶弘景的思想受到了玄学的影响。他把《周易》视为与《老子》同等重要并以《易》融《老》而探讨本体之道。高似孙在《真诰·叙》中说："陶君之意，亦谓卦六十四，道之玄也；《道德》五千言，玄之道也。"② 他进而引入玄学的有无范畴来论证《老子》"有无相生"的思想，说："宅无乃生有，在有则还空。灵构不待匠，虚形自成功。"③ 对本源论，他有所探讨，认为："道者混然，是生元炁，元炁成，然后有太极。太极则天地之父母，道之奥也。"④ 这是用道—元炁—太极—天地的次序说明万物的生成。在这些哲理探讨的基础上，他对道教的修炼理论做了较大的发展。他认为："禀气含灵，唯人为贵。人所贵者，盖贵为生。"⑤ 那么，宝贵的生命如何养护、延续呢？他强调"天道自然，人道自己"，修道得靠自己，"我命在我不在天"。虽然自然给予人的寿命是短暂的，但人的作为可以改变人的自然的生理机能，

① （梁）陶弘景：《名医别录》，（明）李时珍：《本草纲目》，中国文史出版社 2002 年版，第2页。

② （梁）陶弘景：《真诰》，《道藏》第20册，第490页。

③ （梁）陶弘景：《真诰》，《道藏》第20册，第571页。

④ （梁）陶弘景：《真诰》，《道藏》第20册，第516页。

⑤ （梁）陶弘景：《养性延命录》，《道藏》第18册，第474页。

延长寿命，"与道同久"。为此得靠自己积极有为地去修炼。他对修炼之术做了不少探讨，认为："若能游心虚静，息虑无为，服元气于子后，时导引于闲室，摄养无亏，兼饵良药，则百年耆寿，是常分也。"① 由此看来，他看重的道术主要是行气、导引、服食。他所记载的服日月法、存星法、服药饵法是此前的道经没有提及的，大概是他的发明。

导引、行气之术，在南北朝初期已经有了一定的理论成分。如《洞玄灵宝自然九天生神章经》说："能爱其形，保其神，贵其炁，固其根，终不死坏，而得神仙，骨肉同飞，上登三清。"② 陶弘景撰有三十六式《导引养生图》，对行气、房中等术有所论述，并在理论上探讨了形神关系，把它提升到判分佛教和道教的标准的高度，认为这是成灵还是成鬼的根本。他认为，修仙的根本在于形神合一：

> 今且谈其正体，凡质像所结，不过形神。形神合时，是人是物；形神若离，则是灵是鬼。其非离非合，佛法所摄；亦离亦合，仙道所依。今问以何能而致此？仙是铸炼之事极，感变之理通也。当埏埴以为器之时，是土而异于土。虽燥未烧，遇湿犹坏。烧而未熟，不久尚毁。火力既足，表里坚固。河山可尽，此形无灭。假令为仙者，以药石炼其形，以精灵莹其神，以和气濯其质，以善德解其缠，众法共通，无碍无滞。欲合，则乘云驾龙；欲离，则尸解化质；不离不合，则或存或亡，于是各随所业，修道进学，渐阶无穷，教功令满，亦毕竟寂灭矣。③

慧远《沙门不敬王者论·神不灭论》说："神也者，圆应无生，妙尽无名，感物而动，假数而行。感物而非物，故物化而不灭，假数而非数，故数尽而不穷。"④ 佛教的"形尽神不灭"思想实际上是把神形看作两回事，但既在轮回之中，神形又必相结合。所以，陶弘景说形神"非离非合，佛法所摄"。在他看来，形神相合形成现实人生；形神相离形成鬼神崇拜；形神非离非合就是非人非鬼，由此而有佛性说；形神亦离亦合则有天仙与尸解之道法。佛、道两教对此的观点是对立的。佛教认为形神均是非离非合的假象，均非实有，

---

① （梁）陶弘景：《养性延命录》，《道藏》第 18 册，第 474 页。
② 《洞玄灵宝自然九天生神章经》，《道藏》第 5 册，第 843 页。
③ 《华阳陶隐居集》，《道藏》第 23 册，第 646 页。
④ （清）严可均校辑：《全上古三代秦汉三国六朝文》，中华书局 1958 年版，第 2395 页。

最后都归趋于寂灭。正如道安在《二教论》中所说："佛法以有生为空幻，故忘身以济物；道法以吾我为真实，故服饵以养生。"① 道教以"举形升虚"为最上，把形神均看作两个实体，所以是"亦离亦合"的。这决定了它必然把神形不离作为理论基础。《云笈七签》卷五十六引《元气论》："身得道，神亦得道；身得仙，神亦得仙。"② 此即陶弘景所指之"欲合则乘云驾龙"。他在《养性延命录》的序言中说："人所贵者，盖贵为生。生者神之本③，形者神之具。神大用则竭，形大劳则毙。"④ 这是强调修炼中形神要合。那二者之离表现在哪里呢？就是尸解。

尸解首先涉及人的死亡及其归宿问题。大约在战国之前，齐人的祖先羌人已经追求灵魂不死和超越升空，把身体视为与灵魂对立的东西，故有焚尸火葬的习俗。此即《墨子·节葬》所说的西方仪渠国人焚尸登遐之举。《吕氏春秋·义赏》也有类似的记载。战国以来，人们虽继承了羌人的不死观念，但把羌人所强调的灵魂与肉体的关系从对立改变为合一，而肉体不死也即灵魂不死。由此，人们认为，人死后的终极归宿有魂下冥界和升天两种。战国曾侯乙墓内棺的漆画中有奇异鸾凤，似是为伴送死者升天所设。西汉马王堆汉墓帛画中则有贵妇走过升天桥的场面。汉代已经有泰山治鬼，死后魂归泰山的观念。道教对死后的归宿的观念首见于《老子想尔注》，它说："太阴道积，练形之宫也。世有不可处，贤者避去，托死过太阴中；而复一边生像，没而不殆也。俗人不能积善行，死便真死，属地官去也。"⑤ 此后的上清、灵宝诸道派都发挥了这一说法，认为人死经过太阴炼形后，不仅可以复活，容貌、体质优胜于昔，而且可登于仙境。《真诰》说："若其人暂死适太阴，权过三官者，肉既灰烂，血沉脉散者，而犹五藏自生，白骨如玉，七魄营侍，三魂守宅，三元权息，太神内闭，或三十年、二十年，或十年、三年，随意而出。当生之时，即更收血育肉，生津成液，复质成形，乃胜于昔未死之容也。真人炼形于太阴，易貌于三官者，此之谓也。"⑥ 死后魂归太阴，经过五岳勘考。生前修仙有一定火候者可以通过太阴，经太阴炼形后，可以白

---

① （唐）释道宣：《广弘明集》，《太上藏》第52册，新文丰出版公司1983年版，第139页。
② （宋）张君房：《云笈七签》，《道藏》第22册，第385页。
③ 按：应为"神者生之本"。
④ （梁）陶弘景：《养性延命录》，《道藏》第18册，第474页。
⑤ 饶宗颐：《老子想尔注校证》，上海古籍出版社1991年版，第22页。
⑥ （梁）陶弘景：《真诰》，《道藏》第20册，第515页。

骨生肉，成为尸解仙，其他鬼魂则无望重新做人。这是汉代至六朝道教的共识，也是道教各种与超度亡灵相关的科仪得以建立的观念基础。

理解尸解的关键是形神关系问题。对此，司马谈在《论六家要旨》中已经明确说道："凡人所生者神也，所托者形也。神大用则竭，形大劳则敝，形神离则死。死者不可复生，离者不可复反，故圣人重之。"[1] 司马谈讨论形神问题是与治理天下联系在一起的。道教的落脚点则是个体的生命。虽然有这一点不同，但道教对西汉黄老之学的形神观有继承是无疑的。这表现在它对尸解的理解上。《太平御览》引《登真隐诀》说："尸解者……既死之后，其神方得迁逝，形不能去尔。"[2] 陶弘景《养性延命录》引《玄示》说："以形化者，尸解之类，神与形离，二者不俱。"[3] 此即陶弘景"欲离，则尸解化质"之谓。《后汉书·王和平传》李贤等注说："尸解者，言将登仙，假托为尸以解化也。"[4]《太平广记》"魏夫人"条也说："所谓尸解者。假形而示死。非真死也。"[5] 这就是说，尸解表面上是形神分离，人真的死了；其实，这是假死，不是真死。因为尸解留下的尸体不是真正的肉体，而是符、刀、箭等变化而成的假尸体。如《太上灵宝五符序》说，如果想尸解，只要书三天太玄阳精符于"草木刀金，即代为人形而死去矣"[6]。那么，尸解后的肉体到哪里去了呢？道教认为，形与神其实并未分离，而是一起成仙去了。如葛洪《抱朴子》引《仙经》说："下士先死后蜕，谓之尸解仙。"[7]《无上秘要》类似地说："夫尸解者，形之化也，本真之练蜕也，躯质之遁变也。"[8] 正因为形神没有分离，所以道教多宣称某道士尸解后一段时间又被别人看见之类的事迹。哪怕是对尸解后的遗物，道教中也有另一种解释，认为它的形神并未完全分离。《墉城集仙录》说："形如生人者，尸解也。足不青，皮不皱者，尸解也。目光不落，无异生人者，尸解也。有死而更生者，有未殓而失尸者，有发脱而形飞者，皆尸解也。"[9] 这就是说，即使尸解也要努力保持形

---

① （汉）司马迁：《史记》，中华书局 1982 年版，第 3292 页。

② （宋）李昉等：《太平御览》，中华书局 1960 年版，第 2963 页。

③ （梁）陶弘景：《养性延命录》，《道藏》第 18 册，第 475－476 页。

④ （南朝宋）范晔撰，（唐）李贤等注：《后汉书》，中华书局 1965 年版，第 2751 页。

⑤ （宋）李昉等编：《太平广记》，中华书局 1961 年版，第 359－360 页。

⑥ 《太上灵宝五符序》，《道藏》第 6 册，第 339 页。

⑦ 王明：《抱朴子内篇校释》，中华书局 1985 年版，第 20 页。

⑧ 《无上秘要》，《道藏》第 25 册，第 245 页。

⑨ 转引自萧天石：《道家养生学概要》，华夏出版社 2007 年版，第 43 页。

神不离，保持生命的气息，最好是死而复生。更有甚者，太阴炼形法主张尸解者尸体在地下炼形之说："死者尸体如生，爪发潜长，盖默炼于地下，久之则道成矣。"① 按照这种看法，地下的尸体仍然是形神合一的。也就是说，作为形神之离的尸解，本质上仍然是形神合一的。这正是陶弘景所说的"亦离亦合，仙道所依"的本意。

佛教的形神两分和道教的形神合一，这两种形神观在理论上是无法调和的。但这是对两教都有重大关系的问题。这从六朝时期双方争论的激烈、措辞的尖锐就可以看出来。范缜的《神灭论》对形神心性有较为系统的论述。它对佛教形谢神不灭观点的驳斥，对后世有深远的影响。虽没有充足的证据说明范缜是一个道教信徒，但范缜的观点却与道教的形神统一论如出一辙。他说："神即形也，形即神也，形存则神存，形谢则神灭。"② 以质用观来看，"形者神之质，神者形之用。是则形称其质，神言其用，形之与神，不得相异"③。他认为，不能把形体与精神视为相互独立的存在，它们"名殊而体一也"，类同于刀刃与锋利之间的关系："神之于质，犹利之于刀，形之于用，犹刀之于利。利之名非刀也，刀之名非利也。然而舍利无刀，舍刀无利。未闻刀没而利存，岂容形亡而神在?"④ 形质神用与名殊体一二者结合起来，确实有很好的说服力，但这毕竟没有涉及人和万物的普遍性与特殊性问题。这是范缜的形神论学说不足以彻底驳倒佛教的神不灭论的重要原因。当我们把范缜的思想放在两晋南北朝时期思想史的大背景中来考察时不难发现，质与用在实质上就是体与用，名与体在实质上就是言与意。"体一"展示的既是人与人之间在内在本质上的同一性，又是个体的形体与精神统一于每一个现实的人；"名殊"既说明了统一体内部精神与形体的差异性对立，而非事物外在的冲突，又说明了个体之间的差异性，而与"体一"所表明的人的普遍性正好相对应。范缜实际上已经不自觉地走到了这一点的边缘。他依据郭象的独化论指出：

　　若知陶甄禀于自然，森罗均于独化，忽焉自有，恍尔而无。来也不御，去也不追，乘夫天理，各安其性。小人甘其垄亩，君子保其恬素。

①　转引自傅勤家：《中国道教史》，商务印书馆1998年版，第128页。
②　（唐）李延寿：《南史》，中华书局1975年版，第1421页。
③　（唐）李延寿：《南史》，中华书局1975年版，第1421页。
④　（唐）李延寿：《南史》，中华书局1975年版，第1421页。

耕而食，食不可穷也。蚕以衣，衣不可尽也。下有余以奉其上，上无为以待其下，可以全生，可以养亲，可以为己，可以为人，可以匡国，可以霸君，用此道也。①

这其中透露出的，不正是道家的价值观和道教的理身理国同道的意蕴吗？

从上述可知，刘勰所说的"佛教炼神，道教炼形"是不对的。从陶弘景的"以药石炼其形，以精灵莹其神"可知道教是主张形神俱炼的②。但是刘勰指出的佛道两家因对形神关系的不同理解而有不同的解脱方法却是正确的。道教既然主张形神兼修，当然就不会如佛教那样只讲慧业，而"慧业始于观禅"；道教也讲精思，但精思的目的是为了使诸神归位。这说明，道教的神与佛教从慧业角度讲的神识是不一样的。就体内之神而言，道教的"神"或指元神，或指身体内各器官之神。内丹术盛行之前，论神偏重于后一含义；内丹术盛行之后，则偏重于前一含义，但都与佛教的"慧业"内涵有别。同时，在大多数情况下，道教反对完全撇开形体来谈论神明。如大约在这一时期出现的《太上老君内观经》说："道以心得，心以道明。心明则道降，道降则心通。神明之在身，由火之因炬也。明从火起，火自炷发，炷因油润，油借炬停，四者若废，明何生焉？亦如明缘神照，神托心存，心由形有，形以道全。一物不足，明何依焉？"③ 道教不是从观禅入手"炼真识"，而是形神兼炼。佛教受其解脱方法驱使，重在思辨，到禅宗兴起而提倡顿悟，所寻求的是精神的解脱，因而留下了一大批思辨精深的哲理著作。与此不同，道教所走的是寻求形神俱妙、与道合真的解脱道路。它一直在修炼的方术上探索，留下的是一大批有关术的著作，其中多有涉及自然科学的著作——虽然这是包裹于宗教中的科学。同样是在中土大地上滋长的宗教，结果相距甚远。导致这种差异的根本原因之一，在理论方面就是形神观上的不同。

陶弘景认为，修仙要形神兼养，多术并用。他在《养性延命录》中引张湛《养生集序》说："养生大要，一曰啬神，二曰爱气，三曰养形，四曰导引，五曰言语，六曰饮食，七曰房室，八曰反俗，九曰医药，十曰禁忌。过

① （梁）僧祐、（唐）道宣：《弘明集 广弘明集》，上海古籍出版社1991年版，第58页。
② "练形"必以"药石"。然陶弘景似受佛教影响而重视"养神"。不过其所言"以精灵莹其神"，仍似注重在"精神"之"修炼"，而非智慧之解脱。
③ 《太上老君内观经》，《道藏》第11册，第397页。

此已往，义可略焉。"① 这代表了东晋时道教修真养生的基本途径及义理思想。陶弘景对此表示赞同。但相对而言，他比较重视金丹、服食、存思、导引、行气、习诵道经，尤其是金丹、存思、行气。他是一个道教的理论家，也是一个躬亲实践的道士。他自己的修炼也大体上是用这三种方法。

《养性延命录》是陶弘景的重要著作。该书从魏晋之前三十多种道书中撮取养生炼形之术的精要之语，涉及啬神、爱气、养形、导引、言语、饮食、房室、反俗、禁忌等内容，对道教的养生理论和方法进行了系统的阐述。陶弘景在书中第一次把道教的养生术进行了全面总结，说：

> 夫形生愚智，天也；强弱寿夭，人也。天道自然，人道自己。始而胎气充实，生而乳食有余，长而滋味不足，壮而声色有节者，强而寿；始而胎气虚耗，生而乳食不足，长而滋味有会，壮而声色自放者，弱而夭。生长全足，加之导养，年未可量。《道机》曰：人生而命有长短者，非自然也。皆由将身不谨，饮食过差，淫泆无度，忏逆阴阳，魂神不守，精竭命衰，百病萌生，故不终其寿。②

他在其中讲了养气安神、清心寡欲的哲理，提出了"能中和者必久寿"的原则，在实践上归纳出了该提倡的"十二少"和该反对的"十二多"，讲了少食荤腥、多食气等操作原则和禁忌，叙述了吐纳、导引、按摩、房中术等等。对于这些术，他做了一些理论分析。例如，对于养气，他说，人生于气中，就像鱼生活在水中一样，"水浊则鱼瘦，气昏则人病"③。对于养形，他认为最基本的要求是"饮食有节，起居有度"，也就是饮食的品种要广泛，不偏食，保证营养摄入全面，数量、时间要控制，起居要有规律。对于养神，主要是保持内心的平静自足状态。

永明年间，陶弘景师事著名道士孙游岳（399—489），为孙所器重，被授予杨羲、二许系列的上清经法。在这期间，他游走了茅山、太平山、天目山等，交游了不少道士，把从这些道士那里得来的仪式、神灵、方术的资料汇编起来，纂辑成《真诰》《登真隐诀》等书，对上清派的修行之术做了较为系统的总结。其中《真诰》是在顾欢《真迹经》的基础上加以扩充注释而

① （梁）陶弘景：《养性延命录》，《道藏》第18册，第477－478页。
② （梁）陶弘景：《养性延命录》，《道藏》第18册，第476页。
③ （宋）唐慎微：《重修政和经史证类备用本草》，人民卫生出版社1982年版，第32页。

成的。它是一部记述上清派早期经典教义、方术和历史的集大成的重要文献。从中可见，早期上清派力图在继承天师道的基础上，把《抱朴子》所述的义理体系与吴越地区尚有巫术色彩的祭祀仪式统合起来，形成具有更高理论水平和超越性的修道体系。《真诰》是陶弘景重要的代表作之一。该书吸收了儒家、佛教思想，推重《庄子》。《真诰·叙录》说："仰寻道经《上清上品》，事极高真之业；佛经《妙法莲华》，理会一乘之致；仙书《庄子内篇》，义穷玄任之境。此三道足以包括万象，体具幽明。"① 《真诰》劝人修道成仙，阐述了不少道教义理，讲解了存思、房中、导引、行气等修炼方法，叙述了堪舆、神话、诗歌、神仙等等。陶弘景继承了葛洪"众术共修"的理论，在《真诰》中说："食草木之药不知房中之法及行炁导引，服药无益也。""若但知行房中导引行炁，不知神丹之法，亦不得仙也。"② 在伦理方面，《真诰》上承《太平经》《抱朴子内篇》及魏晋道教经典计算善恶功过的方法，下启道教对功过逐日、逐月、逐年统计的《功过格》一类的方法，对道教伦理思想的发展有承上启下的作用。《真诰·甄命授第一》说："积功满千，虽有过，故得仙。功满三百，而过不足相补者，子仙。功满二百者，孙仙。子无过又无功德，借先人功德，便得仙，所谓先人余庆。其无志，多过者，可得富贵，仙不可冀也。"③ 陶弘景注释说："此一条，功过之标格也。"④ 《真诰·稽神枢第三》说，地仙、天仙的等级是根据在人世中积德的程度而授予的，神仙世界中向更高的等级攀升，同样要依年限和格而定。从汉代孟康易学用分卦值日法占每日之善恶⑤，到《太平经》的"天券"，再到《真诰》的"标格"，接着到宋元时期的功过格，其间步步相承的递进关系，是很明显的。《真诰》有很明显的受佛教影响的痕迹。例如卷六记载太上真人说弹琴可以喻道的话，是从佛教《增一阿含经》卷十三抄袭而来的。另外有些地

---

① （梁）陶弘景：《真诰》，《道藏》第20册，第601页。
② （梁）陶弘景：《真诰》，《道藏》第20册，第519页。
③ （梁）陶弘景：《真诰》，《道藏》第20册，第521页。
④ （梁）陶弘景：《真诰》，《道藏》第20册，第521页。
⑤ 参见《汉书》卷七十五《京房传》注引孟康。［（汉）班固撰，（唐）颜师古注：《汉书》，中华书局1962年版，第3160页。］

方抄袭自佛教《四十二章经》①。此外，《真诰·运题象》的"介子忽万顷，中有须弥山"同样是来之于佛教。《登真隐诀》可谓是《真诰》的姐妹篇。它撮取了众多上清经中修仙秘诀和法术的精要。可惜现存《道藏》中只留存了三卷，上卷为符箓方面的内容，中卷涉及按摩、导引、服气、沐浴、思神内视、驱邪避鬼等术，下卷为修诵《黄庭经》法和张道陵授魏夫人法。

建立了一个道教神谱，把道教神谱发展到比较完备的程度，是陶弘景的另一个重大贡献。在此之前，道教已有一些神谱。例如，葛洪《枕中书》所首倡的以"元始天王"为道教最高神的初步的神谱体系，《灵宝略记》记载的灵宝一派的神仙谱是：梵气天尊—元始天尊—太上大道君—葛玄，《三宝大有金书》的神谱是：天宝君—灵宝君—神宝君，《老子中经》的神谱则是：上上太一—太上元君—东王父、西王母—皇天上帝—老君。从这几个例子可以看出，这些道教宗派各自信奉的神谱不仅互不相同，而且覆盖面太窄，没有把道教劝人修仙的目的凸显出来。此外，晋末上清派、灵宝派创造了一大批新的神灵。这些新神名号变化不定，互不统属，缺乏阶次品级，混乱无序。如何把他们归入神谱中是一个亟待解决的问题。上述种种情况必然削弱了神灵对人们的吸引力，不利于道教的传播。陶弘景综合了《元始上真众仙记》《酆都记》等上清经典和灵宝经的思想，在《真灵位业图》中，以图谱的形式，把道教所信奉的近七百名神仙按照从天上到地下的顺序，排列成秩序井然、有条不紊的七个层次，即玉清、上清、太极、太清、九宫、地仙、鬼官。这七个层次中，每一层次各有一名主神位于中间，其余诸神分别排列在左位、右位、散仙位、女仙位。这七个层次分别是：（1）以元始天尊为首的玉清境诸天帝道君（29名）。道教的天尊位于上帝之上。（2）以玉晨玄皇大道君为首的上清境诸神（104名），其中有魏华存、许穆、许翙等上清派创始人和宗师，这一层次显然是上清派的神灵。（3）以太极金阙帝君李弘为首的太极金阙诸神（84名），其中有徐来勒、葛玄等灵宝派的创始人，这一层次显然是灵宝派的神灵。（4）以太清太上老君为首的太清境诸神（174名），其中有

<hr>

① 朱熹说："道书中有《真诰》，末后有《道授篇》，却是窃《四十二章经》之意为之。非特此也，至如地狱托生妄诞之说，皆是窃他佛教中至鄙至陋者为之。"［（宋）黎靖德编，王星贤点校：《朱子语类》，中华书局 1986 年版，第 3010 页。］对此，赵益指出，既然《四十二章经》的成书时间难以确定，也不能以《真诰》定支谦译本与今本的先后，那就没有理由认为《真诰》的二十条出于《四十二章经》。（赵益：《〈列子·杨朱篇〉的时代及杨朱思想》，巩本栋等主编：《中国学术与中国思想史》，江苏教育出版社 2002 年版，第 264－265 页。）

张道陵等天师道创始人，这一层次显然是天师道的神灵。（5）以"九宫尚书张奉"为首的诸天曹仙官（36 名）。（6）以中茅君为首的诸位地上仙真（173 名）。（7）以酆都北阴大帝为首的阴曹地狱诸鬼官（88 名）。这是一个统属分明、秩序井然的庞大的道教神仙谱系。

陶弘景的这个神谱是对此前神谱的综合。首先，它涵盖面广阔多了。与此前的神仙榜相比，这个神谱多出了以道士为原型的仙人，多出了许多死去的帝王将相和思想家等历史名人。前者可以证明道教的神圣与灵验，后者可以显示自己的显赫，壮大道教的声势。

其次，组织这个神仙榜的骨架更鲜明了。这个骨架所反映出来的思想更深刻了。这表现在：

第一，太无、太初、太素等由道化生万物的宇宙生成图式。这集中表现在第一、二、三层次中。每一层次中首领左右两旁的众神，基本上与宇宙生成图式中每一个阶段生成的日月、星辰、四时、五行有对应关系，例如五方道君、太清五帝自然之神。

第二，人世间的等级制度。这个神仙榜是有等级的。"三清九宫，并有僚属，例左胜于右。其高总称曰道君，次真人、真公、真卿。其中有御史、玉郎诸小号，官位甚多也。女真则称元君夫人，其名仙夫人之秩，比仙公也，夫人亦随仙之大小。男女皆取所治处以为署号，并有左右。凡称太上者，皆一宫之所尊。又有太清右仙公，蓬莱左仙公，太极仙侯、真伯、仙监、仙郎、仙宾。"[1] 这一等级制度是人世间等级制度的折射。这是他自己坦率说出来的："搜访人纲，究朝班之品序；研综天经，测真灵之阶业……今正当比类经正，雠校仪服，埒其高卑，区其宫域。"[2] 神仙世界的等级，实为地上魏晋以来门阀世族等级制度的反映。

第三，善与恶、生与死、神与鬼的对立。行善者生，作恶者死；行善者为神，作恶者为鬼。行善去恶、趣生恶死成为贯彻这个神仙谱的价值观念。善与恶、神与鬼、生与死是道教义理中三对基本的范畴。在陶弘景的这个神谱中，前面三个层次代表道生天、地、人，第四层次代表道教的形成，第五、第六层次的主神则是两个实际的道教创始人。前面六个层次代表生，第七层次则代表死。

---

① （宋）李昉等：《太平御览》，中华书局 1960 年版，第 2955 页。

② （梁）陶弘景：《洞玄灵宝真灵位业图》，《道藏》第 3 册，第 272 页。

陶弘景的这个神谱中的近七百名神仙，从其来源看可分为四类：自然神，如名山大川等；民族神，由祖先崇拜转化而来，如宗教领袖、英雄、历史名人等；职能神，如司命神、三尸神、灶神、门神等；至上神，如三清尊神。神仙分布在天宫、三岛、十洲、十大洞天、三十六小洞天、七十二福地等仙境。那里长满了奇花异葶，芬芳宜人，金碧辉煌，人世间的一切奢侈、豪华的东西无所不有，人世间没有的、凡人想不到的东西也多得出奇。神仙们没有烦恼，没有愁苦，快乐无比，自由自在，逍遥自得，无所不可，无所不能，长生不死。这对世俗之人的诱惑力不可谓不大。这是神仙世界，是道教得道成仙的目标所在。这是陶弘景希望人们向往、追求的目标，是道教理论的价值观指向。与神仙世界形成鲜明对比的是第七层次。北阴大帝及其属下的一殿冥王、地府七十二司圣位、判官、五岳神、力士、煞鬼，组成了一个庞大的监察系统，生死、瘟疫、盗贼、欺瞒、忠孝、奸逆等无所不管，而且有拷掠、棒打、肢解、剥皮、剖腹、火烧、汤煎、挑眼、拔舌、刀锯、锥刺等残忍的手段无所不用其极，具有极大的恐吓力量。这个监察系统的威力不可谓不大。第七层次清楚地说明，每一个人处处时时都受鬼官的监察，只能行善去恶，求生厌死。死是痛苦的，恶是不可作的，否则就要到阴间去受无比凄惨、痛苦的惩罚。这一层次的得道之人本来是作为敌人的六天鬼神，现在却被改造成了道教的自家人，并有了鬼官的职位，而且有可能升迁到更高的仙真位次。

第四，老子的地位降低了，居于元始天尊、灵宝天尊之下。对此，《真诰·甄命授第一》明确说："太上者，道之子孙。审道之本，洞道之根，是以为上清真人，为老君之师。""老君者，太上之弟子也，年七岁而知长生之要，是以为太极真人。"[1] 老子显然是屈尊于新出的神灵之下了。把老子作为最高神，是东晋中期之前五斗米道和太平道的主张。到了东晋中后期，上清派和灵宝派的神的观念发生了变化。因为老子不过是周天子的臣下，不太好凌驾一切之上；史书上记载了他生活的年代，距离现时太近，不太好冒充创世之神。再则，他的书人所共知，其中没有涉及鬼神，让他领导道教难以让人信服。

第五，这个神仙榜体现了陶弘景对道教不同宗派的评价标准。他把三个不同宗派的创始人分别纳入不同阶梯的三个等级中，表明了他对这三个宗派

<hr />

① （梁）陶弘景：《真诰》，《道藏》第 20 册，第 516 页。

地位的高低的评判。除了第一层次没有地祇、人鬼外，第二层次纳入了魏华存、许穆、许翙等上清派创始人。第三层次纳入了徐来勒、葛玄等灵宝派所尊奉的创始人。第四层次纳入了以张陵为代表的天师道创始人。这说明上清派的地位最高，灵宝派其次，天师道最低。这既是陶弘景对这三个宗派的理论、法术的总体评价，也是当时这三个宗派的实际社会地位的近似反映。

这个神谱已经具备了后来道教以三清尊神（元始天尊、灵宝天尊、道德天尊）为首的神灵谱系的轮廓。在陶弘景的时代，作为天师道一个支派的楼观派，以及北方道教，多把老子作为最高神来看待。成书于天和五年（570）之前的《九天生神章经》已经出现了三清神的比较完整的记述。楼观派在隋唐曾经盛行一时，老子的地位在唐代曾经因与李唐王朝同姓同宗而至高无上。在这种背景下，道教各个宗派相互交融，加之一些社会政治因素，吸收佛教的欲界、色界、无色界三界说和释迦牟尼佛的法身、报身、应身三身说，在道教三洞经书分类法的影响下，最后形成了三位一体的三清尊神说，分别代表道教的三大宗派，即以玉清元始天尊（天宝君）代表上清派，以上清灵宝天尊（灵宝君，或称太上大道君）代表灵宝派，以太清道德天尊（神宝君，即太上老君）代表天师道。这是就神仙榜而论。三清尊神的"三"，道教认为是由"道"，即"一"派生出来的"玄""元""始"三炁，这就又合三为一了。"一炁化三清"之说把道教内部长期存在着的老君信仰与天尊信仰的分歧化解了，把这两大主神纳入了同一个神谱之内。这对道教的发展是有利的。不过这已经是从义理方面来给三清进行解释了。一分为三，合三为一，是道教的核心思想之一。就教义方面来说，道教各派对老子都没有轻视，通常都把老子作为演说教义的祖师和实际掌管宇宙间日常事务的教主。

由上可见，这个神谱是多神自然崇拜，其主导思想是多元的。这个神谱中，七个层次的主神虽然有等级高低的不同，但互相之间没有统属与被统属的关系。元始天尊虽然是最高神，但并不主宰一切。这个神谱与原始信仰有过于紧密的天然血缘联系，而没有如其他宗教一样是在对原始信仰进行摈弃与否定的基础上形成的。术是道教的基本内容，术来源于巫术、方术，它们与原始信仰水乳交融般地联系在一起。道教大量吸收了巫术、方术，这就决定了它无法斩断与原始信仰的联系。陶弘景所建立的神谱显然与一神教有很大的距离。道教直至今天也没有形成一神教。对道教，本来就不应该用西方宗教学中由多神教发展到一神教的模式来框架它。道教建立神谱阶梯等级，其初衷不过是"诱俗修仙"而不止。神仙主要是学习的榜样、目标，而不是顶礼膜拜的崇拜偶像。这与其他宗教的神是有所不同的。

当然，应该看到，陶弘景所建立的七层位业阶次，只是南北朝时期众多位业阶次中的一种。在《三洞珠囊》所保存的宋文明[①]（？—550?）的《通门论》和敦煌道经 P2256 号抄本等中可以看出，梁代还有三九二十七品的位业阶次[②]。宋文明说，仙真阶次"千流万品，不可悉论。略言大乘，数有三。上品曰圣，中品曰真，下品曰仙也。圣复有三，真品复有三，仙品复有三，合为九品。九品又各有三，合为二十七品也。虽有二十七品，为其大经，至于分致，职僚无数，各随品类推之也……玉清以圣为正位，上清以真为正位，太清以仙为正位。至于圣亦称真，真亦称圣，仙亦称真"[③]。它与陶弘景的七级位业阶次虽然没有直接的联系，但它是对上清四级结构的改造。三九二十七品的位业阶次在道教史上只具有过渡性的意义。它是道教吸收佛教的净染观念和因果报应说，按照佛学解释人的生成以及超生死得解脱的原理，取代了道教此前形神相合以求长生的基本教义。三九二十七品的位业阶次的义理基础是超脱三界，免于轮回。根据这一位业阶次，修道要以道性为依据，去除后天习染，呈现本来真性。修道的方法有术、戒、定、慧四项，实际上是以佛教的戒、定、慧三学为主。道教传统的修道之术与阶业的关系在这种新的位业义中已经荡然无存。新的位业义对戒、定、慧三种方法的义理解释没有术的修行作为基础，佛学更不可能做出说明，这就造成了理论上的漏洞。它与道教传统的修道之术不再相适应。这说明，以佛教戒、定、慧为基础的新的位业系统并不是一个圆满的体系，它势必被更圆满的位业义所取代。

陶弘景对符箓祈禳之术的程式化和体系化也做出了贡献。

陶弘景奉承梁武帝的"梁"字，在他看来这是"应运之符"。"符"当然不是陶弘景首创，五斗米道已经使用了符，《太平经》也有与符类似的"复文"。《抱朴子内篇·遐览》说："郑君言符出于老君，皆天文也。老君能通于神明，符皆神明所授。"[④] 符在东晋之后变得越来越复杂，内容越来越繁多琐碎，字体越来越晦涩难认，形式变得越来越神秘莫测，所用材料的范围

---

① 宋文明著有《通门论》即《灵宝经疏》，《道德义渊》即《道德义泉》，《灵宝杂问》和《四非》，惜已佚。目前只能在敦煌文献中看到前二书的片段。

② 尚可见于《无上洞真智慧上品大诫》《洞玄灵宝长夜之府九幽玉匮明真科》《洞玄灵宝本相运度劫期经》《太上洞玄灵宝业报因缘经》。

③ （梁）宋文明：《还门论》，《藏外道书》第 21 册，巴蜀书社 1994 年版，第 359 页。

④ 王明：《抱朴子内篇校释》，中华书局 1985 年版，第 335 页。

越来越广，不只是丝、缯，还有石、木、纸等；而且，分出了"符"和"箓"两类。"箓"是写有拟请神祇"天曹官属佐吏之名"和祈请的话的单子，好比一张朋友通讯录。有了它，上面所写的神祇会在冥冥之中对"箓"的持有者多加关照。但这种关照不同于发生于一般朋友之间的关照，因为"箓"的持有者可以对神祇招之即来，挥之即去，不召不得来打扰，正所谓"应有召问立至，不得妄有干犯，急急如律令"[①]。有"箓"威力还不够，在佩箓的同时，道士们还要画符。画符可不简单，其中很有诀窍。诚如宋元时期成书的《道法会元》所说："画符不知窍，反惹鬼神笑；画符若知窍，惊得鬼神叫。"[②] 为什么呢？符是人与神相互沟通、信任的媒介。"符者合也，信也，以我之神，合彼之神"，只有高明的道士才能使符"此作而彼应，此感而彼灵"[③]。"符"与"箓"在后世往往被混杂在一起，差异也不太大。"符"虽然多种多样，但其功能不外乎通神、致真、招灵、保命、劾鬼等。符按照其使用的目的来分，有除灾、解罪、招福、治病、延年、护身、役使鬼神、驱魔类等；根据使用的方式，则可分为吞服、佩戴于身上、贴挂于室内、贴挂于门户、埋入地中、用于斋戒祈禳活动中等。"符"虽然法力巨大，却不是无边的，当鬼怪妖魔的力量超过符的神力时，符就失灵了。符的法力大小，取决于其种类和画符、持符者的德性与对神信仰的程度。在民间信仰中，桃符即仙桃的影响比较突出一些。吞服的符，所用的纸往往是预先用虎骨、朱砂、姜黄等具有治疗效果的中草药煮或浸过。画符用的颜料多为朱砂，具有让人兴奋和一定的解除疫疾的作用。这使得不明真相的吞符者以为符真的有神妙的功能。

道士驱鬼避邪的法器，除了符、箓外还有印、镜子、宝剑，都具有神旨的威力，是表征道教义理的符号。印代表权力和神旨。镜代表自见与鉴物，因而明镜法成了一种独立的道术，功能众多，法力无边。宝剑的主要功能是催鬼斩邪，但由于被赋予了道的符号，其威力就不可限量了。

斋醮符箓是治病的手段之一。大概成书于西晋末年至东晋末年的《太上洞渊神咒经》已经描述了用斋醮符箓治病的程序。对"救疗久病困疾，医所不能疗者"，三洞道士依次为病人建斋、行道、转经、设醮、诵咒、呈章、

---

① 《太上三五正一盟威箓》，《道藏》第28册，第438页。
② 《道法会元》，《道藏》第28册，第674页。
③ 《道法会元》，《道藏》第28册，第692页。

烧香，可以收到一定的效果。《陆先生道门科略》认为，对"不胜汤药针灸"的病人，吞符水是有一定效果的。陶弘景的《登真隐诀》"汉中入治朝静法"实际上也是这种方法。这种方法作为医疗的辅助性手段，实际上是现代医学心理学中的巫术性心理治疗法，在特定的条件下可以产生一定的效果。但道士们往往把这种效果夸大得神乎其神。

咒语是古代巫术的产物。道教产生时把它网罗进来了。咒语往往与符箓结合在一起使用，都具有驱逐鬼怪的功能，各自从不同侧面充当人神感通的手段。《太平经》已经说道："天上有常神圣要语，时下授人以言，用使神吏应气而往来也。人民得之，谓为神祝也。"① 由此看来，咒语是神秘密授予人，有神力，对鬼神、自然事物、社会现象有神秘感应或禁令性质的祝告语句。有一则流行于南北朝时的咒语："天道毕，三五成，日月俱。出窈窈，入冥冥，气入真，气通神，气布道，气行奸邪鬼贼皆消亡。视我者盲，听我者聋，敢有谋图我者反受其殃，我吉而彼凶。"② 咒语本是巫师的专利，其目的很明确，巫师相信其灵验，所以句子很简单。可是这则道教的咒语却有了理论："天道毕"到"气通神"是宇宙发生论的一个简要概括。根据宇宙图式，气是生命的本源。由于我占有了它，所以邪魔鬼怪偷看我一眼就会眼瞎，偷听我的一句话就会耳聋，想谋害我，他自己反而倒霉；我吉祥，他遭殃。

符箓的一个重要功能是驱鬼。陶弘景在《登真隐诀》中说，患病驱鬼时，念"天蓬天蓬，九元山童……斩邪灭踪"的咒语，那么，"鬼有三被此祝者，眼睛盲烂而身既死"。道教的咒语，结尾往往有一句"急急如律令"的号令。这本是汉代官府公文格式。末尾用此句意为"火速执行，象对待律令一样，不得怠慢"。道教把它当作咒语的一部分，似乎增添了役使鬼神的威风和权势。人与鬼之间是什么样的关系？役使鬼神何以可能？陶弘景继承了《妙真经》③的思想，在谈及人与鬼之间的关系时说：

> 天地间事理，乃不可限以胸臆而寻之，此幽显中都是有三部，皆相关类也，上则仙，中则人，下则鬼。人善者得为仙，仙之谪者更为人，

---

① 王明编：《太平经合校》，中华书局1960年版，第181页。

② （梁）僧祐：《弘明集》，《大正藏》第52册，第48页。

③ 或称《老子妙真经》（二卷），成书于南朝刘宋之前，唐宋之际即已散佚。现在《无上秘要》《云笈七签》《道典论》《大道通玄要》等中尚有佚文。它的许多内容来自严遵的《老子指归》。它深受顾欢重视，是《道门大论》所列的太玄部的经典之一。

> 人恶者更为鬼，鬼福者复为人，鬼法人，人法仙，循还往来，触类相同，正是隐显小小之隔耳。①

在他看来，人与鬼、仙是同类，只不过各自居住的地方不同罢了。之所以有这三种区别，原因在于是行善还是作恶。善、恶的多少可以实现这三者之间的双向转化：人行善变成仙，仙犯规就被贬为人；人作恶就成为鬼，鬼行善可以转生为人。人生活于可见的地上世间，是显；鬼生活于地下阴间，仙生活于地上天堂，鬼与仙都不可见，是隐。人与鬼、仙的隐显之别，实际上是善与恶的区别。

陶弘景的再一个重大贡献是把上清派发展为茅山宗。他的《真诰》具有鲜明的教派史的特点，详细记载了上清派的传授源流，对上清经的来源、出世做了种种神化的描绘。茅山本称句曲山。它西接金陵，东望太湖，山形曲折，洞墟天成，自古以来被誉为"养真之福境，成神之灵墟也"②。左慈、鲍靓、许迈、许谧、许翔、杨羲等道教名流均在此逗留过。南朝在此修道者也不少，只不过多为修灵宝派之术者。陶弘景到茅山后，一方面弘扬上清道法，另一方面率徒众历时七年建设华阳上、中、下三馆，接着建设朱阳馆等众多馆舍，并修塘垦田而作为道馆的经济来源。凭借他的显赫声势，加上数十年的苦心经营，茅山终于成为上清派的中心，从而在事实上把上清派发展为茅山宗。茅山宗在南朝、隋唐、两宋时期人才辈出，使得它成为道教诸宗派中的一大显派。陶弘景是茅山宗的实际创始人。

陶弘景曾在茅山道观中建佛道二堂，隔日朝礼，"恒读佛经"③。陶弘景对儒家经典也很熟悉，并有这方面的著作。他主张儒释道三教调和，兼融并包，如他所说："万象森罗，不离两仪之育；百法纷凑，无越三教之境。"④"崇教惟善，法无偏执。"⑤ 他在思想上比较开放，这对后世道教是有影响的。

从上述可见，陶弘景的工作，主要是在术，尤其是斋醮科仪方面。理论方面，他虽然有《孝经论语集注并自立意》《老子内外集注》《抱朴子注》等著作（均佚），倡导三教调和融汇，提出了"百法纷凑，无越三教之境"

---

① （梁）陶弘景：《真诰》，《道藏》第 20 册，第 584 页。
② （梁）陶弘景：《真诰》，《道藏》第 20 册，第 555 页。
③ （唐）法琳：《辩正论》，《大正藏》第 52 册，第 534 页。
④ 《华阳陶隐居集》，《道藏》第 23 册，第 651 页。
⑤ （元）刘大彬：《茅山志》，《道藏》第 5 册，第 636 页。

的主张，对儒家伦理和佛教思想有所吸收，但总的说来，他在理论探索和创新方面做的工作并不多，以至于后世司马承祯评价他的时候说道："至于思神密感之妙，炼形化度之术，非我不知，理难详据。"[1] 不过，应该看到，这也是这一时期道教的总体特点，不能过分苛求他。应该肯定，陶弘景把在他之前的道教方术做了一次大汇聚，以上清派的模式铸造了一个新的道教道术体系，并尽可能把术与术关联起来，对术与术之间的关系做了一定的阐释。在道教的义理方面，他做了一些局部的工作，使得术与道有了初步的结合。陶弘景非常强调炼养修持上的践履功夫。这为道教强化了知行合一的特色。

陶弘景是南朝道教变革的有力实行者和道术的集大成者，在中国道教史上占有重要地位。后世道教中人认为他"识洞古今，事炳山世……乃元中之董狐，道家之尼父"[2]，诚非虚言。

第四节　楼观派的援道入术

楼观派以楼观台（今陕西省周至县终南山下）为活动地点。楼观派起源于魏晋之际，形成于十六国、北魏时期，北朝后期至唐代初期发展成为继寇谦之新天师道之后北方新兴的道教宗派。

楼观派在道教史上颇有地位。它尊奉《道德经》，重视《老子西升经》（东汉末年三国之际成书）、《老子变化经》[3]《老子化胡经》（最早为西晋王浮所造，后人有所增益）、《老子开天经》（大概成书于两晋之际）、《妙真经》等经典[4]，对神化老子不遗余力，对老子化胡说和老子变化说一贯强调，是引起持续一千多年的道佛争论的重要根源。对老子化胡之说，人们一般认为是道教与佛教互争高下时道士们的杜撰。但这个说法是有问题的。老子化胡说起源很早。司马迁在《史记·老子韩非列传》中提道："……而去，莫

---

① （元）刘大彬：《茅山志》，《道藏》第 5 册，第 644 页。

② （唐）贾嵩：《华阳陶隐居传序》，（清）董诰等编：《全唐文》，中华书局 1983 年版，第 7924 页。

③ 日本学者吉冈义丰对《老子变化经》做了考证，认为出于东汉桓帝永寿元年（155）至延熹八年（165）之间。但从书中内容、用语来看，虽属早出之作，编定则大约在魏晋间。此书大约于元代散佚。

④ 这些经典经过元代焚经之后或不存，或被删削得面目全非。

知所终。"这为后人留下了可供利用的余地。早自东汉桓帝延熹八年（166）襄楷上表献《太平经》，就说"或言老子入夷狄为浮屠"①，说明此前老子化胡说已初具雏形。但这时道教教团尚未产生，所以不能认为这是道教为了贬低佛教而编造的。《魏略·西戎传》也说老子出关经西域去印度教化胡人。由这些事实来看，老子化胡说或许最初只是说明老子思想往西方传播的事实，后来被佛教徒利用来进行布教。因为佛教初入中国的时候，人们把它看作神仙方术的一种。《后汉书·光武十王列传》注引《汉纪》说，当时的人们对佛教的理解是"以修善慈心为主，不杀生，专务清静"。如襄楷把佛道看成一家，认为"此道清虚，贵尚无为，好生恶杀，省欲去奢"②。就当时佛教初入中国的情况来看，把释迦比作与黄帝、老子不相上下的神仙似的人物，进一步把释迦与老子同等看待，或视为同一渊源，人们自然对释迦感到亲切，这样显然有利于布教。这类似于敦煌残卷《老子化胡经》有一段说老子转世为摩尼，与佛教的情况一样，是摩尼教利用老子在中国顺利布教的一种权宜之计。东汉的楚王英把释迦和黄帝、老子一同祭祀，说明了这一传教策略是成功的。同时，在思想义理方面，佛教利用《庄子》思想来做翻译解释，此即"格义"。后来佛教传播开来，势力壮大了，当然就不需要这种说法了，尤其是在与道教发生激烈争论的情况下，这个说法反过来被道教徒利用来与佛教徒争决高下，所以后来佛教对老子化胡说攻击不休。至于老子变化说，其内容是神化老子，说老子历朝历代世为人师，教化世人。这是为了解决作为春秋时期哲学家的老子与道教神谱中位置崇高的老君在生存时间上的差异问题。老子变化说与佛教的轮回转世说和应化显现说有相通之处。

楼观派出了一些在当时很有声望，对后世颇有影响的著名高道，如王延、严达、韦节等。其中，韦节撰有《三洞仪序》，注释《妙真经》《西升经》《庄子》《列子》《中庸》《孝经》《论语》《老子》《周易》等书近百卷，续太和真人尹轨的《楼观先师传》为一卷，是北朝后期楼观道士中著述最多的高道。楼观道士们还整理道教经典。北周武帝时楼观道士王延著有《三洞珠囊》七卷，以楼观道士为主体编了《无上秘要》一百卷。《无上秘要》是第一部大型官修道教类书。这两部书对后世编修《道藏》有较大的影响。

此外，楼观派所重视的经典，如《西升经》，"多说人身心情性禀生之

① （南朝宋）范晔撰，（唐）李贤等注：《后汉书》，中华书局1965年版，第1082页。
② （南朝宋）范晔撰，（唐）李贤等注：《后汉书》，中华书局1965年版，第1082页。

事，修养之理，寿夭之由"。楼观道士比较重视《大洞真经》《黄庭内景经》等与内修关系密切的上清经和少数灵宝经、三皇文等，说明它对道教内丹术的形成在客观情势上是起了一定推动作用的。

隋代，王延受隋文帝杨坚恩宠，楼观派的地位因此而有很大提高。隋末，楼观道士岐晖支持李渊夺权成功，致使楼观派在唐代颇受李唐王朝的重视，社会地位很高。楼观改名宗圣观。岐晖之后，尹文操嗣掌楼观派，著有《祛惑论》《消魔论》《先师传》，主持编撰有《玄元皇帝圣纪》。安史之乱后，楼观派有所衰落。两宋时期，楼观派黯然失色。金哀宗天兴（1232—1234）年间，楼观因战争受毁。元代楼观被全真道修复，变为全真道宫观，楼观派随之并入全真道而逐渐消失。

（一）《西升经》及其思想

《西升经》是魏晋道教义理色彩比较浓的著作。该经为葛洪的《神仙传》所称引，故它当出现于葛洪之前①，系道士假托关尹之名的著作。它的造作和传播与楼观派有关，其作者很可能是梁谌②。该经主体思想是说老子西出化胡，度化释迦牟尼而产生佛教。

《西升经》以《道德经》为本，认为"道"是虚无之本，说："虚无生自然，自然生道．道生一，一生天地，天地生万物。"③ 又说："自然者，道之根本也。"④ 这是对道教哲学本体的论述，在南北朝时期很有影响。它既可理解为把虚无、自然、道视为三位一体，也可理解为道尚非终极的存在，最根本的是虚无。所以，直到唐代佛教学者们还以此攻击道教哲学有两个本体。《西升经》认为，道不生不死而长生，故体道者可长生不死。何以可能呢？《老子想尔注》说过，"一"就是道，散形为气，遍在人身中。《西升经》进一步宣称："道非独在我，万物皆有之。"⑤

那如何得道呢？《西升经》提出了一个响亮的口号："我命在我，不属天

---

① 有不同的观点认为，《神仙传》不纯为葛洪一人所作，《西升经》的成书年代应为葛洪之后的东晋至南北朝时期。任晋释道安《二教论》已引《老子西升经》，又引《西升玄经》，这都表明《西升经》在葛洪之前已经问世。不过，《西升经》有不少明显受佛教思想影响的语句，说明其中确有一些后人掺入的成分。

② 李养正：《道教概说》，中华书局 1989 年版，第 81－82 页。

③ 《西升经》，《道藏》第 11 册，第 502 页。

④ 《西升经》，《道藏》第 11 册，第 508 页。

⑤ 《西升经》《道藏》第 11 册，第 510 页。

地……吾与天地分一气而治，自守根本也。"① 人与天地一同由元气而生，人的命当然就不由天地主宰，而由自己主宰。"夫圣人通玄元混气。"② 一般人通过修炼，照样可以如圣人一样。但《西升经》同时有宿命论的主张。如《西升经·行道章》说："各有行宿本，命禄之所闻。"③ 这显然与上述观点有矛盾。不过，这种宿命论是不彻底的。它认为："民之所以轻命早终者，民自令之尔，非天地毁，鬼神害，以其有知，以其形动故也。"④ 在它看来，人现在或今世的善恶行为将决定未来或下一世的命运，即使现在或今世命运不佳，也可以通过努力行善来求得将来或来世的福报。如《太平经》通过劝人行善来突破宿命论的局限，说："善自命长，恶自命短。"⑤ 这实际上是为人的自为和自主留下了余地，使人的主体性在一定程度上得以发挥。《西升经》无非是把这种主体性张扬起来罢了。

修炼首先是炼气生神。《西升经》对摄养中如何处理形神关系已经有比较精当的论述："神生形，形成神，形不得神不能自生，神不得形不能自成，形神合同，更相生，更相成。"⑥ 这强调了形神之间相互依赖、缺一不可、相互作用、相互影响的关系。应该看到，《西升经》对形神关系的看法是从修炼实践中总结出来的。脱离了修炼实践，所谓"神生形"的观点就是不可理喻的了。《西升经》把"形神俱妙"作为修炼的目标，但相对而言比较重视"神"，认为"神由形用，形为神生""真道养神，伪道养形"。这含有炼神是炼形的更高阶段的意思，是神在修炼活动中起主导作用的反映。《西升经》认为，守住身中之神，就有了通往道的阶梯："守神玄通，是谓道同。"⑦ 但这还不够，还要用神去把握玄，"行真归身，能通其玄"⑧。这样才有可能得道。

但是，《西升经》主张，修炼不能执着于形神，要遗形忘神。《西升经·圣人之辞章》说："子不贪身形，不与有为怨。"⑨《西升经·道虚章》主张

---

① 《西升经》，《道藏》第11册，第507页。

② 《西升经》，《道藏》第11册，第511页。

③ 《西升经》，《道藏》第11册，第496页。

④ 《西升经》，《道藏》第11册，第508页。

⑤ 王明编：《太平经合校》，中华书局1960年版，第525页。

⑥ 《西升经》，《道藏》第11册，第506页。

⑦ 《西升经》，《道藏》第11册，第507页。

⑧ 《西升经》，《道藏》第11册，第492页。

⑨ 《西升经》，《道藏》第11册，第499页。

"返于未生而无身"①。《西升经·天下章》说："神虽在身，令神莫在身，是谓道人。"② 这些观点似乎与前面所说有矛盾。其实，这里的实质不是不要形神，而是不能执着于形神。这一思想是来源于《老子》第十三章："吾所以有大患者，为吾有身。及吾无身，吾有何患？" 无身方可保身。《西升经》承袭《老子》的这一观念提出，为了确保形神长存，必须在观念中遣形忘神，也就是无心于形神，无为无念。所以，《西升经·道虚章》说："无为养身，形体全也。"③《西升经·有国章》说："外其身者，寿命存也。"④《西升经·身心章》说："身之虚也，而万物至；心之无也，而和气归……（圣人）常以虚为身，亦以无为心。此两者同谓之无身之身，无心之心，可谓守神。"⑤ 这颇有重玄的韵味。这一观点对后世《清静经》等经典颇有影响。例如，《性命圭旨》说："《清静经》曰：'内观其心，心无其心；外视其形，形无其形。' 形无其形者，身空也；心无其心者，心空也。心空无碍，则神愈炼而愈灵；身空无碍，则形愈炼而愈清。直炼到形与神而相涵，身与心而为一，方才是形神俱妙，与道合真者也。"⑥

无形是为无身，无神是为无心。无身、无心的实质是齐同物我内外，达到"玄同"："保道蓄常，是谓玄同。"⑦ 达到玄同之境的方法是"守一"："亦知天地清静皆守一也。故与天地同心而无知，与道同身而无体。而后天道盛矣。"⑧ 根据这一观点，《西升经》强调大道不可口传，只能心识。它认为，虚无生自然，自然生道，修道要贵虚无，自然无为，外身存神，清静守一，去欲除垢，以虚为身，以无为心，求得长生成仙。

在形神关系上对神的极力张扬为《西升经》否定肉体成仙铺平了道路。《西升经·邪正章》说："神能飞形，并能移山。"⑨ 正是在这一观点的指导下，《西升经·生置章》主张"外其身，存其神"⑩。因为"身为恼本""形

---

① 《西升经》，《道藏》第 11 册，第 505 页。
② 《西升经》，《道藏》第 11 册，第 509 页。
③ 《西升经》，《道藏》第 11 册，第 505 页。
④ 《西升经》，《道藏》第 11 册，第 510 页。
⑤ 《西升经》，《道藏》第 11 册，第 506 - 507 页。
⑥ 《性命圭旨》，《藏外道书》第 9 册，巴蜀书社 1992 年版，第 582 - 583 页。
⑦ 《西升经》，《道藏》第 11 册，第 510 页。
⑧ 《西升经》，《道藏》第 11 册，第 504 页。
⑨ 《西升经》，《道藏》第 11 册，第 495 页。
⑩ 《西升经》，《道藏》第 11 册，第 503 页。

为灰土",不能把身、形看得过重。"吾拘于身,知为大患",汲汲于形体保养是不可取的:"观古视今,谁存形完。"①拘泥于身形是舍本逐末,必然妨碍得道。再则,"生死有,不如无为安"②,只有看破生死,超越生死,才有可能真正得道。所以,《西升经·圣人之辞章》劝人"不贪身形",《西升经·戒示章》主张"绝身灭有,绵绵常存"。这虽然有发挥《老子》的"吾所以有大患者,为吾有身,及吾无身,吾有何患"的思想,但已经比较接近于佛教的无生无灭的观点了。在这个意义上,它否定道教肉体飞升的传统观点,说:"空虚灭无,何用仙飞。"③

《西升经》的伦理观与传统道教的有所不同。《西升经·意微章》认为"善生于恶",善与恶相辅相成,没有恶就无所谓善。所以,它只主张"掩恶扬善"④,而不是传统的积善灭恶。不过,《西升经》所说的"善"的内涵与传统道教的有所不同。它借老君之口说,我所讲的善"非效众人行善,非行仁义,非行忠信,非行恭敬,非行爱欲"⑤。世俗社会以仁义、忠信、恭敬、爱欲为善,但在《西升经》看来,这够不上善。"道与俗反",君子的伦理标准下的善正好与世俗社会的相反。"是以君子善人之所不善,喜人之所不喜,乐人之所不乐,为人之所不为,信人之所不信,行人之所不行。"这样,君子便"道德备矣"⑥。君子的道德主要表现在"断情去欲"⑦"空虚无欲"⑧,努力的目标是成为圣人。"夫圣人通玄元混气,思以守其身;俗人以情爱贪欲,以守其身。此两者同有物而守其身,其道德各异焉。"⑨圣人与俗人守身的手段和目的不同,所以二者的道德不同。

《西升经》还论述了治国之道,强调"国以民为本""无为无事,国实民富"。这些观点新意不多,兹不赘述。

（二）韦节《西升经注》的思想

韦节（496—569）是北朝的著名道教学者,继承了关尹、列子的清虚全

---

① 《西升经》,《道藏》第11册,第495页。
② 《西升经》,《道藏》第11册,第499页。
③ 《西升经》,《道藏》第11册,第501页。
④ 《西升经》,《道藏》第11册,第494页。
⑤ 《西升经》,《道藏》第11册,第507页。
⑥ 《西升经》,《道藏》第11册,第510页。
⑦ 《西升经》,《道藏》第11册,第508页。
⑧ 《西升经》,《道藏》第11册,第503页。
⑨ 《西升经》,《道藏》第11册,第511页。

生思想和楼观派重个人隐修的传统。他的著作很多，但目前存留下来的只有《西升经注》。

韦节认为，道体是虚，是无，但却包含万象。他说："道体虚无而包含万象，故复谓之渊奥也。"① 具体来说，道体"欲言其无，万象以之而列；欲言其有，寂漠不可得而睹。故曰亡若存者也。"② 从本体论的角度来说，道体是万象存在的根据。这个观点对唐代李荣的"道体虚无而罗于有象"的观点显然有影响。

道体"虚无而包含万象"的"包含"，还可以从本源论的角度来进行解释。如此一来，"包含"它就是"生"。但这个"生"，是就道之用而言，不是就道之体而言。《西升经·虚无章》的"虚无生自然，自然生道，道生一，一生天地，天地生万物"③，韦节注释说：

> 虚无者无物也，自然者亦无物也。寄虚无生自然，寄自然以生道，皆明其自然耳。一者即道之用也，天地万物皆从道生，莫有能离道者，复谓之一。一之右气，二仪由之而分，故曰一生二也。万物莫不由天地氤氲之气而生，故曰天地生万物也。④

虚无、自然、道这三者之间的逐一相"生"，并不是实体论意义上的"生"，而是存有论意义上的"在"，正如韦节所说："如今所云者，何以而生哉；不为生而自生耳，故知道自然也。"⑤ 质言之，虚无、自然是道存在的方式，是道之体。体与用相对，体是就存有论而言，用则是就实体论而言，所以道之用就是"一"。"一"是元气，从它可以生成二仪，即阴阳。阳为天，阴为地，由此而有万物的生化。

韦节力图把本体论和本源论紧密结合起来。自然作为道之体，在万物产生之后仍然存在。"凡物云云，皆自然而无有其主使其然者也。"⑥ 道的存在是自然的，万物的存在它是自然的、自主的、独立的。在这个意义上说，道之体是无体之体，是无本而体，体而无体。道之用即生化万物，这就是德。

---

① （宋）陈景元：《西升经集注》，《道藏》第 14 册，第 568－569 页。
② （宋）陈景元：《西升经集注》，《道藏》第 14 册，第 571 页。
③ 《西升经》，《道藏》第 11 册，第 502 页。
④ （宋）陈景元：《西升经集注》，《道藏》第 14 册，第 586 页。
⑤ （宋）陈景元：《西升经集注》，《道藏》第 14 册，第 580 页。
⑥ （宋）陈景元：《西升经集注》，《道藏》第 14 册，第 580 页。

自然是德之本。使一切条畅通达，这是德之迹。具体到社会人事，自然之本体现为"无为"，通达之迹体现为"仁"。所以韦节说："道无体无为而无不为，故最为天地人物之上首。物有显然则不通，得道以通之，故德迹显。物有不得，因施之令得，故仁迹章（彰）。上仁禀德以为主也。"① 人使事物生机通畅而趋于得道，这就是仁。这个"仁"的含义显然比儒家仁的内涵抽象程度高。这是韦节以儒融道的表现之一。

正是在这个意义上，韦节把无为视为人的生命的存在方式。"夫无为者，无行无止，无去无来，无生无死，变化恍然，安之于命，咎怨何缘而有哉？"② 行止无心，去来无意，变化无惊，一切听从命运的摆布。根据这一观点，对生与死的问题，韦节认为："五行一废一起，阴阳一往一来，亦犹人道一死一生。变化辗转，物精不绝也。"③ 生死不过是阴阳节律周期波动的体现，万物的变化是自然而然的，世界就是物物相变的连续统一体。因此，"有成必有毁，无成则无毁，自然之常道也"④。人既然有生，就必然有死。生不可阻挡，死也无法抗拒。

但正如道有体也有用一样，对作为万物之灵的人来说，无为是体，无不为是用。这对于生死问题来说，形体的有常可使它变为无常，生死的无常可使它变为有常。韦节论述说："我本无身，忽然而有。常忘其有身，同于未生之时，此有常可使无常也。不以生为生，故常生而不朽。此无常可使有常也。"⑤ 有常与无常相互转化的关键在于，就本源论而言，要回归到万物产生的最初本源，与道一样生生不已；就本体论而言，要使得作为本体的道常存于身中，遵道而不背道。"一切万物莫不共道同其本源，而群生流荡，不能自同于道，是以轮回生死之波。若能存道于我，则其命不灭不亡矣。"⑥ 实现了有常与无常的相互转化，那么，本来必然要死的命也可以长生不死。不过，这种不死，并非肉体不死，而是精神不死。因为实现无常向有常转变的关键是"不以生为生"，即不执着于生，不贪生怕死。质言之，要齐同生死，泯灭生与死的区别。

---

① （宋）陈景元：《西升经集注》，《道藏》第 14 册，第 579 页。
② （宋）陈景元：《西升经集注》，《道藏》第 14 册，第 581 页。
③ （宋）陈景元：《西升经集注》，《道藏》第 14 册，第 573 页。
④ （宋）陈景元：《西升经集注》，《道藏》第 14 册，第 581 页。
⑤ （宋）陈景元：《西升经集注》，《道藏》第 14 册，第 583 页。
⑥ （宋）陈景元：《西升经集注》，《道藏》第 14 册，第 586－587 页。

既然生与死的转变取决于主观的意志，那么，主观能动性的张扬就在情理之中了。《西升经·我命章》说："吾与天地分一气而治，自守根本也。"韦节注说："天地与我俱禀自然，一气之所生，各是一物耳，焉能生我命乎？"①《西升经》还有一个生我之命的天，韦节则把它取消了。这样，元源之命就失去了存在的合理性。摆脱了命的束缚，主观能动性的发挥就可以淋漓尽致了。转死为生自然不在话下。

　　解决生死问题要靠无心于生死。类似地，修炼而得道的根本原则也是无心于道。韦节说："道体不可以有心期。"② 这是因为道体是虚无，所以，在修炼时，心要"虚"，形要"无"："我所以长生者，心同于虚也；我所以长存者，形同于无也。神无形兆故生我也，心有所存故杀我也。"③ 心之"虚"，形之"无"，关键是要"无心""无意"。韦节说："夫有心有意则有所存，故患害生焉。若我无心，则无所知，又何患哉？"④ "无心""无意"就是"无知"，既不知自己，也不知外物，泯灭物我之别。"不自知又不知物，则神道自然冥会也"，神与道相会合就能归于道之用的"一"，进一步返回于道之体。"我都无知故能归一，反于自然也。"⑤ 实现无心，从积极的方面来说是"无知"，不再有新的干扰；从消极的方面来说是"忘"，把已经知道的彻底忘掉。"外忘闻见则观听之欲绝，内忘心口则言食之欲灭。内外绝灭，然后能恢怕寂然，复归于无物也。"⑥ 如此一来，彻底消灭欲望，身为槁木，心如死灰，就回到了天地万物未生之前的本源之境了。

　　以上述思想为指导，韦节对修炼之术提出了自己的看法。他说："形不可留，因欲养而留之，故曰伪也。无为养神则寂然感通，故曰真也。若然者，死生齐度，存亡等贯，故不存其存是能亡也，不亡其亡是能存也。"⑦ 他重视养神之术，轻视炼形之术。即使是养神之术，他也反对那些有为之术，例如存思等，认为养神的关键是无相无意。《西升经·观诸章》说："观诸次为道，存神于想思。道气与三光，念身中所治，仿佛象梦寤，神明忽往来。恢

---

① （宋）陈景元：《西升经集注》，《道藏》第 14 册，第 594 页。
② （宋）陈景元：《西升经集注》，《道藏》第 14 册，第 584 页。
③ （宋）陈景元：《西升经集注》，《道藏》第 14 册，第 587 页。
④ （宋）陈景元：《西升经集注》，《道藏》第 14 册，第 587 页。
⑤ （宋）陈景元：《西升经集注》，《道藏》第 14 册，第 599 页。
⑥ （宋）陈景元：《西升经集注》，《道藏》第 14 册，第 590 页。
⑦ （宋）陈景元：《西升经集注》，《道藏》第 14 册，第 575 页。

泊志无为，念思有想意。自谓定无欲，不知持念异。"韦节注释说："次当遣存神之心，恍泊志于无为。此存神之思犹有相有意。故当又遣之以定于无欲，亦乃忘其思念。故不知我之持心念神之异也。"① 这就是说，先要遣心中之念而存神，接着要遣存神之心而无欲，这样才能合乎真道。这显然是重玄方法的运用。

从上述可见，韦节的思想，上承《庄子》的齐同天人物我、泯灭主客之分的齐物之论和"心斋""坐忘"的心灵修养功夫，下受佛教中观方法和修心理论的影响，对道教的理论做了重大的变革，把思想的经典依据从《老子》转变到了《庄子》，把修炼的重点从身外转到了身内，把修炼的对象从炼丹、炼形、炼气转变到了炼心、炼神，把修炼的目标从肉体不死转到了精神不死，这是凸显于时代的深刻洞见，开启了初唐重玄思潮的先声。韦节为催生重玄思潮立下了汗马功劳。

（三）《内观经》和《定观经》的思想

隋唐时道士田仕文曾言及他从韦节那里得传《内观经》和《定观经》。这两部经的思想与韦节的《西升经注》比较接近，其成书可能与韦节有关。

《内观经》全称为《太上老君内观经》。它论道说：

> 道者，有而无形，无而有情；变化不测，通神群生。在人之身，则为神明，所谓心也。所以教人修道，则修心也；教人修心，则修道也。道不可见，因生而明之；生不可常，用道以守之。若生亡则道废，道废则生亡。生道合一，则长生不死，羽化神仙。人不能长保者，以其不能内观于心。②

这一思想来自陶弘景③。它可谓全经的总纲。道是有，但却没有形体；道是无，但却有情，生化万物而遍在万物之中。具体到人，表现为人之神晶莹灵利，实际上就是人的心。所以，修道就是修心，修心就是修道。道是无，看

---

① （宋）陈景元：《西升经集注》，《道藏》第14册，第581－582页。

② 《太上老君内观经》，《道藏》第11册，第397页。

③ 《内观经》这段话与《道藏》正一部《上清经秘诀》（成书于唐玄宗时期）所引的一段《登真隐诀》佚文极其相似，后者说："《登真隐诀》云：所论一理者，即是一切众生身中清净道性。道性者，不有不无，真性常在，所以通之为道。道者有而无形，无而有情，变化不测，通于群生。在人之身为神明，所以为心也。所以教人修道也，教人修道即修心也。道不可见，因生以明之；生不可常，用道以守之。生亡则道废，合道则长生也。"（参见王卡：《读〈上清经秘诀〉所见》，《中国道教》1999年第3期，第8页。）

不见，但通过生命的生生不息可以看见。生命不能常住久存，所以要用道来守护它。如果生命消失了，道就不存在了。反之，道不存在，生命也就灭亡了。生命与道实现了合一，人就能长生不死，成为神仙。那些不能保住身中之道的人，是因为他们没有向自己身内修心。

《内观经》宣称："道无生死而形有生死。所以言生死者，属形不属道也。形所以生者，由得其道也。形所以死者，由失其道也。人能存生守道，则长存不亡也。"① 按照这一理论，《内观经》从实践修炼中总结了许多具体的原则。首先，修道要把住心这一关。从消极的方面来说，心可防范形神为邪。"心者，禁也，一身之主，心能禁制使形神不邪也。"从积极的方面来说，心正可使神精明。"心则神也，变化不测，故无定形。"② 神精明而无形就可以逐步趋近于道。心与道之间的关系，概括起来是："道以心得，心以道明。"③ 这是一个很重要的思想。这一思想并非空穴来风。《黄帝内经》说："心者，君主之官也，神明出焉。"④ 又说："心者，生之本，神之处也。"⑤ 如果说这主要是就生理机能而言，那么，严君平则就精神意识而言心，说："无心之心，心之主也……夫以一人之身，去心则危者复宁，用心则安者将亡。"⑥ 这里把无心之心称为心之主人，并提出了专心的主张。河上公进而把心与道联系起来了。他说："涤除玄览，当洗其心，使洁清也。心居玄冥之处，览知万事，故谓之玄览也。"⑦ 这里将心的修炼称为洗心，心洗净就意味着得道。刘宋时颜延之《庭诰》对道佛二教进行比较时指出："为道者，盖流出于仙法，故以练形为上；崇佛者，本在于神教，故以治心为先。练形之家，必就深旷，反飞灵，糇丹石，粒芝精……治心之术，必辞亲偶，闭身性，师净觉，信缘命……"⑧ 这说明直到南北朝初期，道教给人的印象还是以"炼形为上"。受佛性论的刺激和影响，道教在南北朝中后期逐渐往心性方面发展。它认为，道在心中，修道应从修心开始，甚至公开主张以术炼心，将方术与心性修炼有机结合起来。如《洞真太上八素真经三五行化妙诀》说：

---

① 《太上老君内观经》，《道藏》第 11 册，第 397 页。
② 《太上老君内观经》，《道藏》第 11 册，第 396 页。
③ 《太上老君内观经》，《道藏》第 11 册，第 397 页。
④ 马烈光、张新渝主编：《黄帝内经·素问》，四川科学技术出版社 2008 年版，第 95 页。
⑤ 马烈光、张新渝主编：《黄帝内经·素问》，四川科学技术出版社 2008 年版，第 107 页。
⑥ （汉）严遵 《道德真经指归》，《道藏》第 12 册，第 358 页。
⑦ （前蜀）强思齐：《道德真经玄德纂疏》，《道藏》第 13 册，第 380 页。
⑧ （梁）僧祐、（唐）道宣：《弘明集 广弘明集》，上海古籍出版社 1991 年版，第 90 页。

"凡行妙化，当先化身。化身者先志道，道在心中，心中存道。道不可见，心不可忘。不忘心者，存道坚正，正道在心。心事不怀，邪不敢干，名之为志。志道至坚，成于事也。"又说："此术练心，心练质易，质易心精，成真有期矣！"① 陶弘景虽然没有使用"炼心""炼性"之类的字眼，但他对学道与内在精神修养的关系也做了不少论述。如《真诰》说："夫喜怒损志，哀戚损性，荣华惑德，阴阳竭精，皆学道之大忌，仙法之所疾也。虽还精胎息，仅而补之，内虚已彻，犹非本真。莫若知而不为，为而不散。此仙之要道，生之本业也。"②《内观经》的上述思想，当是继承这些前人的思想而来的。类似的思想，在《无上秘要》《玄门大义》中也有反映。

《内观经》积极勉励人们修道，说："万物之中，人最为灵，性命合道，人当爱之。"③ 既然人为万物之灵，本身的性命又是与道吻合的，人就应当自"尊"，"自贵"，努力修道。它借老君之口说："吾非圣人，学而得之。"老君也是从普通人修道而成的。所以，凡人只要下功夫，不愁道修不成。修道的关键是虚心宁神。那些与此无关甚至违背这一点的术都是无益甚至有害的。"当虚心静神，道自来也。愚者不知，乃劳其形，苦其心，役其志，躁其神，而道愈远，而神愈悲。"

《内观经》认为，修心的方法和要达到的理想状态是：

> 内观之道，静神定心，乱想不起，邪妄不侵。固身及物，闭目思寻，表里虚寂，神道微深。外藏万境，内察一心，了然明静，静乱俱息。念念相系，深根宁极，湛然常住，杳冥难测，忧患永消，是非莫识。④

概括起来说，就是要涤荡物象世界的尘埃和蔽障，把最初的本真彰扬显露出来。预设本真的性与天道的先天合一，力图通过后天的努力重新复归这种合一，是道家、道教有别于儒家和佛教的一个根本点。

《定观经》全称为《洞玄灵宝定观经》。如果说《内观经》是重在做理论阐述的话，《定观经》则似乎是把《内观经》的理论具体化为实践中的操作原则。如果说《内观经》在功夫论上主静定的话，那么，《定观经》可以

---

① 《洞真太上八素真经三五行化妙诀》，《道藏》第33册，第474页。
② （梁）陶弘景：《真诰》，《道藏》第20册，第519页。
③ 《太上老君内观经》，《道藏》第11册，第396页。
④ 《太上老君内观经》，《道藏》第11册，第397－398页。

说是主"定慧等修"。它提出："唯灭动心，不灭照心。但凝空心，不凝住心。不依一法，而心常住。"① 这是唐代司马承祯《坐忘论》的直接思想来源②。该经所列的得道"七候"中，有"炼形为气""炼气成神""炼神合道"之说，几乎已经把唐末之后内丹术的思想说透了。

《定观经》与《内观经》的理论和原则对隋唐道教的影响，从《清静经》在盛唐之后的深远影响可以看出来。因为，在一定意义上可以断言，《清静经》只不过是把这两部经的思想做了更加凝练的抽象和概括罢了。

第五节　《升玄内教经》的思想

到了南北朝末期，在激烈的道佛二教论争中，灵宝派的思想出现了一些变化。南北朝末期流行的观念是把"超百化而高升"的抽象"诠理"和心性修炼的义理称为内教。受此影响，灵宝派出现了内教与外教的区分，外教以《灵宝五篇》专注于形体修炼的经典为代表，内教以《升玄内教经》注重心性修养的经典为代表。

《升玄内教经》的成书年代，卢国龙认为"出于北周之前"，"盖梁陈间新出《灵宝经》类"③，但没有详细论证。万毅经过考证推测说："十卷本《升玄内教经》的名称开始延用，约在北周武帝天和五年（570）甄鸾和道安《笑道论》和《二教论》之后至建德三年（574）立通道观、召道士王延等校理三洞经书、编纂《无上秘要》的将近四五年间，并于此时流行于世。"④"升玄"是什么意思呢？《升玄经》引《洞真三元玉检经》说："玄者无光之象，无物之状，迎之无首，追之无后。近不可以亲，远不可以疏，总统大妙。天中之天，真中之真，神中之神，有得之者，即名升玄。"⑤ 按照这个解释，《升玄经》的"玄"与《老子》的"道"是同义词，"得道"即是"升玄"。

---

① 《洞玄灵宝定观经注》，《道藏》第 6 册，第 497 页。
② 《坐忘论》的不少文句跟《定观经》相同，足见其思想渊源主要是《定观经》。
③ 卢国龙：《中国重玄学——理想与现实的殊途与同归》，人民中国出版社 1993 年版，第 84 页。
④ 万毅：《敦煌本〈升玄内教经〉补考》，陈鼓应主编：《道家文化研究》第十三辑，生活·读书·新知三联书店 1998 年版，第 286 页。
⑤ 《无上秘要》，《道藏》第 25 册，第 101 页。

玄是万物的根本，是形而上的存在。因此说："大道至尊，高而无上，周圆无外，包裹天地，制御众神，生育万物。蠕飞蠕动，含炁之类，皆是道成。"①

《升玄内教经》继承了《太平经》《抱朴子》等经典有关三一的思想并做了发展。它指出："道有大法，得之立得，是谓三一之道。"② 它认为自己所言之"三一"，既不是术，也不是一般的阴阳之妙道，而是真正的大法大道。

> 三一者，正一而已。三处授名，故名三一。所以一名三一者，一此而三彼也，虽三常一，故名三一。三一者，向道初门，未入真境，得见一分，未能舍三。全一是未离三，虽未离三，少能见一，故名三一。分言三不离一，故名三一。③

《升玄经》以"玄"指"道"，玄表现为"空""假""实"之统一，并把这归结为道的特质。空指统一性，假指变化的现象，实指具体的存在。因而三一是关于本体与现象的讨论。就人的认识而言，三一其实只是"一"。之所以称其为"三一"，是因为有三种表现。如果割裂了"三"与"一"的统一，只见"三"而不见"一"，这仅是入道的初级阶段，不能从现象中把握本质，从差别中发现统一。反之，如果仅见"一"而不见"三"，仅看到一致性而未看到差别性，没有从统一中发现差别，也不能真正认识到"一"。对"一"，该经又以两半义做了阐发，如说："真一之一，不能不一。不能不一，则有二。有二非一之谓。不一之一，以不见二，故则无一。"这里以"真一"为体的讨论，显然是受魏晋玄学以有无、本末对体用问题进行探讨的影响。

魏晋玄学从有无的角度对玄做了很多探讨。受其影响，《升玄经》联系有、无对空、假、实进行了讨论。它认为"一"不是具体的存在，对一的追寻，应该首先分析有无关系和探讨动静的转化。就前者而言，它说："真道者，无不无，有不有。"④ 这里认为道说有不是有，说无不是无，也就是不能

---

① 《太上灵宝升玄内教经中和品述议疏》，《道藏》第 24 册，第 712 页。
② （宋）李昉等：《太平御览》，中华书局 1960 年版，第 2981 页。
③ （宋）张君房：《云笈七签》，《道藏》第 22 册，第 342 页。
④ （唐）孟安排：《道教义枢》，《道藏》第 24 册，第 821 页。

执着于有或无来理解道。要深入理解这一点，需要结合动静变化来看。对此，它的主张是：“虽速变异，非无所有。既云变异，果是有物可变，安得云无邪？答曰：向曰变异者，亦不言都无，如虚空故。但言一切皆有伪非真，生者必死，有者必无，成者必坏，盛者必衰，少者必老。向有今无，寒暑推变，恍惚无常也。”① 这是说，动静变化，确实是物的动静变化，这不能说是无，而是有。只不过物的动静变化，没有停顿，没有终结，是无常的，所以说是无。在无常中存在着的是道。《升玄经》强调道的实在性，认为“道大无不覆，小无不入，清虚无为，淡然无上”②，天地万物皆由道生成。这就排除了其经验实体性而使其成为抽象的形而上。同时，道“真性常一，未始暂有，未始暂无。真既非有，亦非非有，真既非无，亦非非无也”③。这又肯定了道的规律性，排除了虚无性而使它具有为人认识的可能性。正如它所说：“捐有者必先之于无，体无者以无无为大。小乘守教，不能远达本心，遂乃运怀，偏沈空境，是知小乘偏空，未极正观。观此空者，以空亦空。所以然者？本是空于假实，故说为空。假实尚无，空何所立？故空亦空也。”④ 根据这一点，《升玄经》确信三一是得道的大法：“道有大法，得之立得，是谓三一之道。”⑤ 它认为，只有把上述有关玄、道的观点内化于心中，才能得三一之道。其中的关键是“无心”而使本性不变。它说：“修道无定方，要以一为宗。一性不变异，古今如虚空。大人握玄本，无心应物通。普现诸色象，权术救黎蒙。爱憎无彼此，高下靡不从。功业无巨细，终与至玄同。”⑥ 这个观点，大大强化了人的智慧觉悟的意义。这与陶弘景的主张颇有近似之处。陶弘景在《真诰》中指出：“人体自然，与道冥合。所以天命谓性，率性谓道，修道谓教。今以道教使性成真，则同于道矣。”⑦ 在《周氏冥通记》中又说：“得道悉在方寸之里耳，不必须形劳神损也。”⑧

应该指出，《升玄经》强调慧觉升玄成道，但也没有完全放弃道教传统的炼气主张。它指出：“修生养性，制在内固，（内固）则耶（邪）不得入。

---

① （宋）张君房：《云笈七签》，《道藏》第 22 册，第 342 页。
② 李德范辑：《敦煌道藏》，中华全国图书馆文献缩微复制中心 1999 年版，第 2579－2580 页。
③ （唐）孟安排：《道教义枢》，《道藏》第 24 册，第 836 页。
④ （唐）孟安排：《道教义枢》，《道藏》第 24 册，第 827 页。
⑤ （宋）李昉等：《太平御览》，中华书局 1960 年版，第 2981 页。
⑥ 李德范辑：《敦煌道藏》，中华全国图书馆文献缩微复制中心 1999 年版，第 2583 页。
⑦ （梁）陶弘景：《真诰》，《道藏》第 20 册，第 516 页。
⑧ （梁）周子良：《周氏冥通记》，《道藏》第 5 册，第 526 页。

耶（邪）不得入，则真炁不动。真炁不动，则成真人。既成真人，则能轻驾八极，与诸天结友。"① "内固"是指通过持守戒律等而促使心灵明觉。如果心灵明觉，那么，本有的真气就不会流失，飞升成真就能变为现实。不过，《升玄经》对觉悟与道教传统方术修炼的关系，并未展开论述。

从上可见，《升玄经》对三一的讨论，既不同于《太平经》三一义的本源论的比附，也不同于《大丹隐书》等经典单纯对人体生理构造及生命存在形式的理解，而是把道与万物的根据、现象与心性问题结合在一起来说明人成仙觉悟的内在根据和方法。如果说《太平经》的三一义是以本源论与形神关系论的形式表达人与天地万物的同一与人的生命存在，那么，到南北朝末期，三一的探讨已转变为本体论与心性论的初步建立。这使得道教的思辨水平有了很大提高。但《升玄经》也有不足，即对胎息、导引等修炼方法尚未从这一理论出发给予解释。这一任务，是到了稍后的宋文明与臧玄靖才完成的。

《升玄内教经》的作者颇为自负，自署经德说：

> 当知此经法者，众经之上。如诸炁中平炁为大。此经亦复如是，于诸经中最为其大。如卿诸治，繁阳在后而得为大者，功渐高故。此经亦复如是，在最后说而得为大者，义渐深故。如诸水中，海为第一，何以故？川所归故。此经亦复如是，于诸经中最为第一，摄众经故。②

该经《中和品》也说："此经高妙，综统三洞，无上至真，第一玄章。"这是自陆修静"总括三洞"以来南方道教努力统一经教体系的反映。在《升玄内教经》看来，它晚出于众经，但吸取了众经的精华，义理最深刻，故地位处于众经之上。它自称《无上真一灵宝升玄妙经》，继承了天师道，奉张道陵为"无上洞玄真一法师""太上洞玄灵宝真一三天法师"，但又有所发展。它的道是"真一自然之道"，术是"真一妙术"。它高瞻远瞩，对众经的义理和修道之术做了分析，形成了一种判教理论。那么，其判教标准是什么呢？它说："所谓内教者，真一妙术，发自内心，行善得道，非从外来。若道可假外而得者，吾愍一切，如母念子，便应以道授予三途五苦众生，令得度脱。

---

① 李德范辑：《敦煌道藏》，中华全国图书馆文献缩微复制中心1999年版，第2163页。
② 转引自卢国龙：《中国重玄学——理想与现实的殊途与同归》，人民中国出版社1993年版，第88-89页。

而不与者，当知道由人弘，道岂云远，近在人身。"① 在这种观念之下，导引等从前道教修炼的众术都成了中乘、小乘的"三杂教"，"不能内达大志，心合道真"。之所以如此，是因为这些术都不注重内修。它具体解释说：

> 服药道（导）养，有二利益，然不能得终离苦难。一可延年益寿，二可遏制淫色、使不放逸。虽有此利，而假非真。譬如假借他物，非戈久宝，亦如金银涂铜，假色不久。何以故？内非真故。当知导养之法，是小乘之行。小乘之人，俗气强盛，不能内达大志，心合道真，断绝五苦八难之行，迳登上仙，而假托外助，阶级渐进。譬如婴儿，须人扶持，然后能行，人若舍之，便至踬顿，不能得前，服药延年，亦复如是……终不能得升入元形，与道合德。②

服药导引有延年益寿、遏制淫色、使心不放逸的功效，但只能促使俗气强盛，而俗气为身外之物。"学仙者莫不服药，而不尽得道者，皆是内行不足故。"所谓"内行"即增强自己自力更生的能力，其首要的工作是立志。这样，区别于服药、导引这类小乘之行，大乘之行是"起有得心，求无得想，对扶大乘"③，其方法是"无真实法"。所谓"无真实法"就是以"性"为核心的方法，或者说是修性的方法。所谓"无真实"是指性既不是有，也不是无，因为"为性假合名之为有，体无实故名之为无"，因缘假合而无实的性，用有、无来描述是不恰当的。因为"有无二名，生于伪物，形见曰有，形亡曰无，相因而然，并非真实。真性常一，未始暂有，未始暂无"④。修炼不能执着于有，也不能执着于无，要"以无法为法，无相为相，无戒为戒"⑤，追求"无所有性"而"得无所得"，最终目的是"升入无形，与道合德"。这里的"道"，是"真道"："夫真道者，无不无，有不有，生不生，灭不灭，去不去，来不来，贤不贤，圣不圣，一不一，异不异，能觉两半者，岂不体之乎！"⑥ 这是有无相互否定的同一，即"两半"。但"两半"所表示的最后的境界显然与佛教有所不同，因为它追求历程有三个阶段。以听、说为例，首

① 李德范辑：《敦煌道藏》，中华全国图书馆文献缩微复制中心1999年版，第2235页。
② 李德范辑：《敦煌道藏》，中华全国图书馆文献缩微复制中心1999年版，第2236页。
③ （唐）朱君绪：《要修科仪戒律钞》，《道藏》第6册，第929页。
④ 李德范辑：《敦煌道藏》，中华全国图书馆文献缩微复制中心1999年版，第2223－2224页。
⑤ 李德范辑：《敦煌道藏》，中华全国图书馆文献缩微复制中心1999年版，第2218页。
⑥ 李德范辑：《敦煌道藏》，中华全国图书馆文献缩微复制中心1999年版，第2167页。

先是"今日所听，亦无所听""今日所说，亦无所说"，接着是"无听为听""无说为说"，最后是"无听为听，故能善听，故能善说。善说之者，无所可说，无所不说。善听之者，无所可听，无所不听"①。第三阶段所追求的，有受佛教中观学影响的痕迹，但其实质是"常一"的"真性""真一""真道"，是道家哲学所开创的虚、无，而不是佛教断灭一切的空。正如它所说："夫物在一，不能不一。心既存一，已为兼二，兼二之心存，则谓不一。虽心不一用，用不兼二，故守一而已。终不变二，故名真一……心定在一，万伪不能迁，群耶不能动，故谓真一。"② 这里已颇有后世重玄学的意味。

那如何修道呢？《升玄内教经》认为得道有三品，"上得神仙，中得泥丸，下得延年"，"此三者皆须修身中和，炁性反俗"③。这表明它在道术系统中重视炼心，轻视炼形炼气，但又力图兼包二者。如何炼心呢？《升玄内教经·开缘品》说："修生养性，制在内固，则耶不得入。耶不得入，则真炁不动。真炁不动，则成真人。"④ 其中的关键是"想不散，心得定"的修心功夫。那么，修心的目标是什么呢？《升玄内教经·中和品》，叙述道君为张道陵说内教"中和之科"的"胜理最真第一无上要义"，提出了"得道在灭度"的崭新观点。把灭度作为道士的得道，反映出道教教义的重大更新。

《升玄内教经》中"升上无形"的"道无形"说，"与空合德"的"空""内教"和"秘密藏"等观念，还有经中的"三世""地狱""因缘""泥丸"⑤"智慧""方便""解脱""灭度"等概念，无疑是受佛教尤其是中观学派的影响。但该经的主体思想仍然反映了道教的根本思想，如升玄得道论、自然道义等。而且，该经认为白日升天比泥丸灭度要强，这也坚守了道教的立场。

《西升经》与《升玄内教经》的思想主旨比较近似。这说明后者的思想深受前者影响。

《升玄内教经》以"真一"为本，集中反映了正一部经的思想。从个体修道的背景出发，《升玄内教经》极力强调个人的主观能动性和主体独立性，

---

① 李德范辑：《敦煌道藏》，中华全国图书馆文献缩微复制中心1999年版，第2218页。

② 敦煌写卷《大道通玄要》，罗振玉：《罗雪堂先生全集三编》，台湾大通书局1989年版，第3384页。

③ 《太上灵宝升玄内教经中和品述议疏》，《道藏》第24册，第707页。

④ 李德范辑：《敦煌道藏》，中华全国图书馆文献缩微复制中心1999年版，第2163页。

⑤ "泥丸"是"涅槃"的另一译名。

并由此引申出了人人平等的观念。它宣称："人无贵贱，有道则尊。"① 它进而把这种平等观念引申到了各个方面，提出了众法平等、人神平等的观念②。这些观念在道教史上起了思想解放的作用。它否定了其他执着于身外之物的金丹、导引等方术，也否定了执着于虚幻的身外之神的存思、斋醮科仪等法术，把修炼的重心转到了人自身，放到了人的心中，极大地张扬了主体人格的独立性。它通过对道体为实有的否定，解除了大道网罗对人的自由精神的桎梏；通过对道体为虚无的否定，清除了执着于无可能带来的幻灭绝望；通过对真道、真性的肯认，为人不断地开发自身的心身潜力，不断地实现自我超越指明了方向。从《升玄内教经》可以看出，道教在魏晋玄学的影响下，正在力图摆脱魏晋神仙道教的窠臼而有所改变。比较突出的是它力图实现从本源论向本体论转变。其"得无所得"的得道论和对三一观念的玄学化解释，具有很强的逻辑性和哲理性。经中的一些思想，与日后的重玄哲学相比尚不太成熟，体现出过渡时期的理论特征。《升玄内教经》出现后，引起了很大的反响，在隋代被作为道士日常诵读的经典，对隋唐道教重玄思想的发展有很大影响。

---

① 《无上秘要》，《道藏》第 25 册，第 113 页。
② 《升玄内教经》的"十想念"中，"一者思念道法无有差别，大小深浅，犹如虚空，无分别想。二当思念圣人咸神，悉皆等同，无优劣想……"（转引自卢国龙：《中国重玄学——理想与现实的殊途与同归》，人民中国出版社 1993 年版，第 90－91 页。）

第六章
两晋南北朝时期的道家与道教 （下）

第一节　道书编纂体例所反映的道教义理思想

南北朝时期，涌现了大量的道教经典。这些道经有几个特征：一是存神念真；二是重视诵经修斋；三是转相抄袭，内容重复，有的只稍变经题；四是炼养方面，尤以服气、外丹和定观之类的道经居多。这一时期，迫于儒、佛的外在压力和源于自身迈向成熟的内在动力，道教追求思想统一的愿望很强烈。为此，首先要对既有经书进行分类，进而抽象、概括出其间的思想，尽可能把它们组织成为体系。

一般而言，在经典繁多且又追求思想统一的情况下，人们只能从众多的经典当中整理出某种系统。这先是从著作形式表现出来。最先做这一工作的是汉代儒家经学。经学的著作形式按其地位的重要性依次为经、传、说、记、章记、注、疏、论。其中，注释经典是首要的，作论发挥是次要的。紧接着，受其影响，道家承袭了这一做法。《汉书·艺文志·诸子略》道家类中著录有《老子邻氏经传》《老子傅氏经说》和《老子徐氏经说》。《汉志》著录有刘向《说老子》四篇。这里的"说"与傅氏、徐氏的"说"属于同类。约成书于东汉的《老子河上公章句》，与儒家的章句形式较为接近。从著作形式来看，玄学著作较之西汉著作更为死板。因为西汉邻氏、傅氏等人的"传""说"都是附于经书的后面而独立成篇，魏晋玄学家的著作却都采用注的形式，将自己的文字写得较小，掺在经文的中间，接近于今天的"注释"，如王弼、钟会、孟氏、孙登、张嗣等人都有《老子道德经注》，崔撰、向秀、司马彪、郭象等人都有《庄子注》①。到南朝梁代，出现了大量的关于《老子》的疏，如梁武帝《老子讲疏》、韦处玄《老子义疏》、戴诜《老子义疏》等。这些疏的作者中就有一部分是道教学者。此外，玄学著作有"论""例"等形式，如何晏有《老子道德论》，王弼有《老子微旨例略》，它们都是笺注的附属性作品。时至唐代，唐玄宗虽然贵为天子，仍要作《御注道德经》和《御制道德经疏》。唐代道士又纷纷注释玄宗的御注，其受经学影响的著作形式更为压抑和严谨②。

与儒家和道家不同，道教企图使众多经典保持思想统一性的努力，不仅表现在著作形式上，而且表现在经典的分类整理上，其系统性远远超过儒家的经传注疏。道教经典的分类整理，首先得有分类的方法。三洞分类法出现很早。《太平经》已经有了把道书分为三个品级的做法，并有"洞极之经"③的说法。晋代道士鲍靓的《三皇经》已有"三洞"之说。《太上洞渊神咒经》《仙公请问经》《素灵大有妙经》等都有一些比较含混的类似于"三洞"的说法，但它们都不太严格，不太完善。真正用三洞之说来对互无统属关系的经书进行分类的是陆修静在泰始七年（471）成书的《三洞经书目录》，其分类法无疑是取则于上述思想。"《道门大论》云：三洞者，洞言通也，通玄达妙，其统有三，故曰三洞。第一洞真，第二洞玄，第三洞神。"④ "洞"作"通"解，最早见于《淮南子·诠言训》："洞同天地，浑沌为朴，未造而成物，谓之太一。"⑤ 三洞的直接来源很可能是《太平经》。该经说："洞者，其道德善恶，洞洽天地阴阳，表里六方，莫不响应也。"⑥《太平经》又名《太平洞极经》，原因在于它是"洞于六合，洽于八极"，即"无所不包，无所不通"。陆修静之后，三洞不仅只是经书分类的方法，它的思想内蕴也不断得到发掘。从《九天生神章经》到《玄门大义》《无上秘要》《道教义枢》，可以看出，南北朝时期道教界力图为三洞经典之间的关系建构一种宗教性解释，

---

① 他们的注有的采用"解释""隐解""集解"等名，但其体裁与郑玄的"注"同为一类，可统称为"注"。

② 王葆玹：《老庄学新探》，上海文化出版社2002年版，第30－31页。

③ 王明编：《太平经合校》，中华书局1960年版，第333页。

④ （宋）张君房：《云笈七签》，《道藏》第22册，第31页。

⑤ 何宁：《淮南子集释》，中华书局1998年版，第991页。

⑥ 王明编：《太平经合校》，中华书局1960年版，第87页。

即把洞神、洞玄、洞真视为三清境号，通过以境言经而尊崇三部经典的教主，这三个教主均同本一气，因劫开教①。《无上秘要》引《三皇经》说：

> 黄帝曰：三皇者则三洞之尊神，大有之祖气也。天宝君者是大洞太元、玉玄之首元；灵宝君者是洞玄太素、混成之始元；神宝君者是洞神皓灵、太虚之妙气。故三元凝变，号曰三洞……故大洞处于玉清之上，洞玄则在千上清之域，洞神总号则在于太极。大洞之气则天皇是矣，洞玄之气则地皇是矣，洞神之气则人皇是矣。②

它宣称，天皇受灵书妙术、玄妙图文皇文十四篇，以推校天地，更纪万物，并佐圣辅治，地皇人皇相继而起"修续其后"。据此可知，"三皇"即"三元"，分别称为天宝君、灵宝君和神宝君，他们分别传授大洞、洞玄、洞神三洞经书。稍后成书的《道门大论》及《道教义枢》等演述三洞源流时都是沿袭此说，只不过把《三皇经》之"太极"改为"太清"，以便与玉清、上清合成三清境之说。同时，三洞之义也得到了阐发。例如，《本际经》的解释是："洞真以不杂为义，洞玄以不滞为名，洞神以不测为用。故洞言通也。三洞上下，玄义相通。"③

三洞分类法出现之后，约出现于南朝刘宋时期的《正一法文经图科戒品》④明确地有了四辅的说法："《太清经》辅《洞神部》金丹以下仙品；《太平经》辅《洞玄部》甲乙十部以下真业；《太玄》辅《洞真部》五千文以下圣业；《正一法文》宗道德，崇三洞，遍陈三乘。"⑤这里"金丹已下仙品"指神仙家之书，"甲乙十部"指《太平经》，"五千文以下圣业"指《道德经》和阐释《道德经》的著作，《正一法文》指天师道系统的经典。梁代

---

① 王宗昱：《〈道教义枢〉研究》，上海文化出版社2001年版，第143－144页。
② 《无上秘要》，《道藏》第25册，第19页。
③ （宋）张君房：《云笈七签》，《道藏》第22册，第31页。
④ 《道教义枢》卷二《七部义第六》引。《云笈七签》卷六引录《道门大论》时提及《正一经·图科戒品》，则《正一法文经图科戒品》大概与《正一经·图科戒品》为同一书。
⑤ （宋）张君房：《云笈七签》，《道藏》第22册，第37页。

出现的《正一经》提出了七部的说法①。大概是孟智周所编的《玉纬七部经书目》，在陆修静三洞目录的基础上，正式纳入了四辅分类法，从而变成七部分类法。以太玄辅洞真，太平辅洞玄，太清辅洞神，正一通贯各部。它就是用这种分类法编成了经书目录。这在初始应该是天师道为了提高自身地位而进行"判教"的主张，但后来显然得到了较为广泛的认可。

七部包括三洞和四辅。所谓"辅"，即"父"，"取其事用相资，成生观解，若父之能生也"②。具体而言，四辅的含义是："所以太清辅洞神者，洞神召制鬼神，必须太清，存守太一，服御金丹，助成此道，神用乃申。洞玄和天安地，保国宁民，太平宗教，亦复如斯。洞真变化无方，神力自在，故须太玄明空，道成此行。"③ 七部分类法出现后，七部的含义得到了阐发。以太玄为例，在玄靖法师臧矜之前，《太玄部》经书的宗旨是不明确的，如《云笈七签·道门大论》说："太玄者，孟法师云是太玄都也。今为老君既隐太平之乡，亦未详此是何所。必非摄迹还本，遣之又遣、玄之又玄，寄名太玄耶？此经名太玄者，当是崇玄之致，以玄为太，故曰太玄也。若言起自玄都，不无此义，但七部皆尔，非独此文也。"④ 据《道教义枢》所述，臧矜把《道德经》《妙真经》《西升经》这三部经典列入太玄部，并把它们的共同持点概括为：经文言旨没有准的，不落言诠，需在重玄双遣（对扬）中发明义奥。为此，他援用《道德经》有三卷的旧说，立三部以明太玄部宗旨。这个宗旨实即重玄，如《云笈七签·道门大论》说："太玄者，重玄为宗。"⑤《正一经》为张道陵一派所授的法箓。其来源，《云笈七签·三洞经教部》有叙述。如果说重玄重在指玥运道的方法，正一部经则指明了道的本质。正一部所趋

① 《云笈七签》卷六引录《道门大论》时说："七部者，今因《正一经》次：一者洞神部，二者洞玄部，三者洞真部，四者太清部，五者太平部，六者太玄部，七者正一部。"〔（宋）张君房：《云笈七签》，《道藏》第22册，第35页。〕《正一经》是纂辑于南北朝早期的天师道文献，今已散佚，但在《无上秘要》《道教义枢》《三洞珠囊》《仙苑编珠》《云笈七签》等道教类书中保存有诸多佚文。从后世道书频繁征引该经的情况来看，它应是一本重要的道书。最先用七部分类法进行道经分类的是孟法师所作的《玉纬七部经书目》。该书可推断成书于梁代。（参见黎志添：《南朝天师道〈正一法文经〉初探》，陈鼓应、冯达文主编：《道家与道教：第二届国际学术研讨会论文集·道教卷》，广东人民出版社2001年版，第169页。）

② （唐）孟安排：《道教义枢》，《道藏》第24册，第815页。

③ （唐）孟安排：《道教义枢》，《道藏》第24册，第815页。

④ （宋）张君房：《云笈七签》，《道藏》第22册，第35页。

⑤ （宋）张君房：《云笈七签》，《道藏》第22册，第36页。

致之道即"真一"，故有"正一者，真一为宗"①之说。

在四辅出现的前后，《汉武帝内传》把十二部上清道书称为"十二事"。接着，《洞真太上仓元上录》详细阐发了这种十二部分类法。陆修静做了发展，宋文明进一步做了改进，于是十二部分类法大体上定型。这十二部是：本文、神符、玉诀、灵图、谱录、解律、威仪、方法、众术、记传、赞颂、章表。后来明《正统道藏》仅仅把"解律"改为"戒律"。

十二部分类法出现后，《三十六部尊经目》在三洞经下各分十二部，合为三十六部经目。北周天和四年（569）出现了《玄都经目》。它开创了此后《道藏》兼收诸子书的先例。北周楼道观道士王延也编了经书目录《三洞珠囊》。

在上述经书分类及其义理解释方面，陆修静做了不少工作。他把灵宝经分为十二部类。将灵宝经分列为十二部，表面上看只是个经籍分类问题，但其实质是将散漫无统的各家灵宝经综括成一个经教体系。陆修静通过注释，演述了一个经书由自然结炁而成、圣真传经度人到凡人修持得道的教义，初步形成了一个完整的经教体系。此后，宋文明在《通门论》即《灵宝经疏》中进一步加以完善。他对灵宝十部《元始旧经》的每一部，均概括了其义旨。这十部的义旨概括贯串起来就是一个完整的经教体系。在宋文明看来，它们依次是说明：应化之本源、运会之始终、天功之广被、圣德之威风、戒律之差品、人行业之由从、济物之弘远、因果之途迹、修行之方、治身之体用。这十部形成一个包括宇宙化源、教法本起、圣真、斋法、修持等内容的经教整体，成为一个以经目结构的形式出现的教理体系。这是对灵宝教法的逻辑化构造，是对道教教义学的重大贡献之一。从葛洪以来经过陆修静而到宋文明，灵宝经在道门中的重要地位，终于得到了确立。但陆修静、宋文明的这一工作，只是专就灵宝经而言，没有将其他道派的经教综括进去。陆修静的《三洞经书目录》只是为上清、灵宝、三皇三个道派所流传的经书做了一份甄别真伪的目录，并未含括当时的所有道派，如天师道、太平道的经书都不在其列。何况，这份经书目录也不能反映出修道阶次等内容，所以还不能视为一个圆满完整的经教体系。在陆修静三洞经法和灵宝经十二部类法中，还存在一个更为显眼的问题，即被道教奉作圣典，而且实际依据它宣讲教法以对抗佛教般若学的《老子》，不在其中。也就是说，《老子》未入道教经法

① （宋）张君房：《云笈七签》，《道藏》第22册，第37页。

体系。这样一来，道士援引它的思想作为理论根据以与佛教颉颃就必然被讥讽为牵强附会。深入一层来看，《老子》难入道教经教体系的问题，反映了当时道教的理论矛盾，即老子道家哲学与魏晋以来神仙道教在旨趣上的抵牾。《二教论》言道士云"老经五千，最为浅略；上清三洞，乃是幽深"，实即反映了这一问题。

不过，这些问题，南朝梁代时期天师道所制造的一批以《正一法文》为代表的经典已经注意到了，并且企图去解决它们。对"正一法文"四字的含义，《道教义枢·七部义》引《正一盟威经》说：

> （正一者）正以治邪，一以统万。又言：法文者，法以合离，文以分理。此言众生离本，所以言离。故下文云：反离还合，合真舍伪，由法乃成也。言统万者，总摄一切，令得还真……治邪者，文云：众生根粗，去道奢邈。大道慈愍，立法训治，趣令心开，两半成一。一成无败，与常道合真。故曰正一法文。①

按照这里所说，正一法文是"正一部"教义的主旨，通过"法"和"文"，天师道力图"治邪"，把各家各派思想"归一"。对"归一"这一点，《道教义枢》所引的《正一法文经图科戒品》说："太清经辅洞神部，金丹以下仙品；太平经辅洞玄部，甲乙十部以下真业；太玄经辅洞真部，五千文以下圣业；正一法文总道德，崇三洞，遍陈三乘。""正一遍陈三乘者，以具经通明三乘之致。"《道教义枢》所引的《正一经》还说："三洞虽三，兼而该之，一乘道也。"② 由此看来，七部分类法含有这样的思想，三洞和三太的经书都有各自的作用，依次修行可以由仙而真而圣，最后要通过正一部把这些经书融会贯通，形成一个完整的、系统的道教经教体系，即如《道教义枢·七部义》所说："虽说百途，终归一理，故云正一也。"③ 这使得道教经书的分类更加理论化、系统化了。由此，"正一"甚至于成为道教的代称，如顾欢在《夷夏论》中论佛道关系时说："泥洹仙化，各是一术。佛号正真，道称正一。"后世正一派的形成，当即来源于此。

三洞四辅十二部分类法的形成，从图书这一角度说明道教已经形成了一

---

① （唐）孟安排：《道教义枢》，《道藏》第 24 册，第 814 页。
② （唐）孟安排：《道教义枢》，《道藏》第 24 册，第 815 页。
③ （唐）孟安排：《道教义枢》，《道藏》第 24 册，第 814 页。

个完整的知识体系，即"学"。由此，学成为道与术之间动态关联的中介。

除了道教经书分类有了义理思想指导外，这一时期，在一些经书造作方面，道教也有了鲜明的义理思想。《无上秘要》[①] 是这方面的典型。《无上秘要》以建立统一的道教及其义理体系为志职，引用道书二百多种，摘录各派各种经书的章节、段落或句子，按照它自身的义理体系，分类编辑道教教义、信仰、方术、符箓、斋戒仪式等内容，是两晋南北朝时期道教各派经典的汇集，保存了不少重要的道教文献，并以其兼容各派而又有异于任一派别的经教体系对后世产生了很大影响。《无上秘要》容纳的经书虽然比宋文明的《灵宝经义疏》多得多，但它所反映的经教义理思想却与后者是同样的。它的《目录》（敦煌抄本）"义类品例四十九科"是从本源之气生化万物，天、地、人三才构成统一的整体，其中有臧有否，有劫运轮回。于是，圣真传经，立教行法，包括经书和斋戒等各种法术，以此济世度人。最后是通过个人的修养而回归本源，与道合一。

在上述经书的十二部分类法和这一时期的道教经典中，与《太平经》一样，渗透着浓郁的文字崇拜。《无上秘要》说："元始洞玄灵宝赤书五篇真文，生于元始之先、空洞之中，天地未根，日月未光，幽幽冥冥，无祖无宗，灵文晻暧，乍存乍亡，二仪待之以分，太阳待之以明，灵图革运，玄象推迁，垂机应会，于是存焉。天地得之而分判，三景得之以发光。"[②] 这里把真文作为真理之本源的性质揭露得淋漓尽致。受这种思想的影响，在经书的十二部分类法中，本文列为第一。宋文明在《灵宝经义疏》中对本文解释说："本文一条有二义，一者叙变文，二者论应用。变文有六。一者阴阳之分，有三元八会之炁，以成飞天之书，又有八龙云篆明光之章也。此三元八会通诵之文者，分也，理也。析二仪故曰分也，理通万物故曰理也。谥法：经纬天地曰文。此经之出，二仪以分，万物斯理，经纬天地，曰文也。"[③] 在他看来，本文来源于万物的本源——元气。元气一方面分为三元八会之炁，形成"八

---

① 《无上秘要》是否为第一部道教类书，目前尚难判定。《旧唐书·经籍志》著录了一部类书《道要》，共三十卷，分为若干品。《正统道藏》中的《道要灵祇神鬼品经》（一卷）即为该书的残本。敦煌写本道经中也有其残卷。《上清三真旨要玉诀》和唐道士孟安排《道教义枢》都引用其文。故此书当出于梁至唐初之间。究竟何者更早，尚有待深考。此外，《道典论》摘引约180种道书，其中绝大部分是东晋以后南方上清、灵宝二派所造经书。《道典论》的成书年代同样尚待考证。

② 《无上秘要》，《道藏》第25册，第68页。

③ 李德范辑：《敦煌道藏》，中华全国图书馆文献缩微复制中心1999年版，第2512－2513页。

龙云篆明光之章"，即天书。"三元"即混洞太无元，为高上玉皇之气，其迹为天宝君，传洞真经；赤混太无元，为无上玉虚之气，其迹为灵宝君，传洞玄经；冥寂玄通元，为无上玉虚之气，其迹为神宝君，传洞神经。八会即三元、五行之气的和合。另一方面分为阴阳，进而形成人文和地文——万物的纹理。本文既是经教之始、文字之根，又是得理之元、万法之本。宋文明由解释"本文"之义为起点所建构起来的经教体系，对从南梁直至北宋的道教都有影响。此后道流对经教中最为神圣的"本文"的解释，均未摆脱宋文明之窠臼。

在文字崇拜的影响下，道教对文书非常重视。如《度人经》宣称："上无复祖，唯道为身。五文开廓，普殖神灵。无文不光，无文不明，无文不立，无文不成，无文不度，无文不生。"① 按照这里的看法，文与道是同等的。神灵也是文之产物。没有文，万物不生，万事不成，无人可度。这是就观念而言。这一观念在宗教实践中有鲜明的表现。据陆修静《道门科略》所述，当时道徒修炼的静室中，"唯置香炉、香灯、章案、书刀四物而已"②。南北朝最擅长书法的世家，如王羲之等，都是奉道世家。他们的书法好，很大程度上是由于经常抄写道经。道教与巫祝祠祀和佛教不同，本不设神像，不行偶像崇拜，也不用宋座幡盖之类，其法器就是章案书笔而已。正是在这种观念影响下，道教得以不断提升其文化品位，得以不断发展壮大。

第二节　南北朝时期道教对道家的吸收与融合

（一）道家融入道教

五斗米道已经开始习诵《老子》。葛洪在《抱朴子》中批评暗诵《老子》是徒劳的，说明此时道教习诵《老子》已经蔚然成风。魏晋之际成书的灵宝派经典《太极真人敷灵宝斋戒威仪诸经要诀》说："唯道德五千文，至尊无上正真之大经也，大无不包，细无不入，道德之大宗矣。历观夫已得道真人，莫不学五千文者也。尹喜、松羡之徒是也。所谓大乘之经矣。"⑤ 把《老子》推崇为"至尊无上正真之大经"说明玄学对道教有风气上的感染关

---

① 《灵宝无量度人上品妙经》，《道藏》第 1 册，第 3 页。
② （南朝宋）陆修静：《陆先生道门科略》，《道藏》第 24 册，第 780 页。
③ 《太极真人敷灵宝斋威仪诸经要诀》，《道藏》第 9 册，第 870 页。

系。此后，这种影响显示出越来越明显的趋势。例如，《太上洞玄灵宝智慧本愿大戒上品经》说："道德五千文，经之大也。是道也，故通乎天地人，万物从之以终始也。"① 《洞玄灵宝玉京山步虚经》说："灵宝及大洞，至真道经王。唯有五千文，高妙无等双。"② 晋代葛洪对《老子》不以为然的态度，已经不再被大多数道教理论家认同。虽然陶弘景在《真灵位业图》中给老子的地位不是最高，但也仅居于元始天尊、灵宝天尊之下而已。何况，这并不足以动摇《老子》为"至尊无上正真之大经"的历史地位。可以断言，玄学与道教的义理层次之间构成了互为表里的关系。这从一个侧面推动了道教的义理建设工作。另外一个侧面则是来自于永嘉之乱后，顾欢作《夷夏论》引起了一场佛道二教的大论战。佛教方面攻击道教义理浅薄，经教散乱，对道教的义理建设起了极大的刺激作用，促使道教把对生命无限性的追求从术拓展到形而上的精神境界，开始关注心性问题，进而对术提出无限的要求，不致出现因术施尽而目的尚未达到的窘境。

《老子》思想还成为贯穿太玄部经典的主线。《西升经》《妙真经》乃至后来出现的尹真人《文始真经》，都偏重于对老子哲学的诠释，玄理性较强。《道德经》《西升经》与《妙真经》是作为上清洞真之辅的太玄部的主要经典。唐之前问世的《老君传授经戒仪注诀》甚至说，如果对《道德经》"勤精思，谨忆所知，久习神降，授以要言，自然玄镜洞达智慧之源也"③。它所列的太玄部十卷经典，依次为："老君大字本《道经》上；老君大字本《德经》下；老君《道经》上，《道经》下，《河上公章句》；老君《德经》上，《德经》下，《河上公章句》；老君《道经》上，《想尔训》；老君《德经》下，《想尔训》；《老君思神图注诀》；《老君传授经戒仪注诀》；《老君自然朝仪注诀》；《老君自然斋仪》。"④ 此外，《上清太极隐注玉经宝诀》引《太上玉经隐注》说："常能读五千文万遍，太上云龙下迎。万遍毕未去者，一月三读之耳。须云驾至，便升仙也。"又说："读此经三，老君见子。子见之，仙道成矣，道尽于此。书不尽言，言不尽意。理之赜者，莫尚乎斯文。"⑤ 这些说法，最早的来源是葛玄的《道德经序诀》。这是把《老子》视为最集中

地反映道教义理的著作。这与老子被神化是联系在一起的。《抱朴子》之卷四、十三、十五、十九都提及老子被神化。《枕中书》《神仙传》提及老子化胡。《枕中书》把"道"化为"元始天王",与神化老子联系在一起,尊《老子》为经,是习诵《老子》的直接结果。这奠定了道教学者通过注解《老子》发挥己意而从事道教理论建设工作的基础。《老子河上公章句》《老子想尔注》《西升经》《升玄内教经》《内观经》《定观经》《太上老君开天经》《太上老君虚无自然本起经》等均是这样产生的经典。北朝著名学者有韦节等。南朝在陆修静之后涌现了顾欢、陶弘景、孟智周、臧矜、宋文明、诸糅、窦略、庚承先等诸家。如孟智周作《老子义疏》《道德玄义》,臧矜作《道德经疏》,庚承先屡讲《道德经》。南朝至唐初解注《老子》的宗旨,有因果、道德、无为、重玄等的不同区分。六朝时期道士修习用的传本主要有《老子河上公章句》《老子想尔注》《老子》大字本、《老子节解》(依托老君和尹喜解)、《内解》(依托尹喜以内之旨解注)等。

与此同时而稍后,道教从葛洪起,采撷《庄子》的寓言,经过神化庄子而开始注解《庄子》,力图吸收其思想运用到义理建设的工作中。陆修静重视斋法,其中有澡雪精神的心斋,这显然是来自《庄子》。陶弘景在《真诰》卷十九中颇为推崇《庄子》,说:"仰寻道经上清上品,事极高真之业;佛经《妙法莲华》,理会一乘之致;仙书《庄子内篇》,义穷玄任之境。此三道,足以包括万象,体具幽明。"① 南北朝末期,韦节曾注解《庄子》《列子》等书。梁旷曾著《南华论》二十五卷。此书《唐志》著录书名为《南华仙人庄子论》,是解释《庄子》的著作。

据《南史·列传》,南北朝时期研究老庄的风气颇为盛行,我们可以按作者在世年代的顺序罗列如下:郭象(252—312)有《老子注》《庄子注》《论语注》;陆机(261—303)有《汉高祖功臣颂》;郑隐(?—316)有《老子注》二卷、《老子音》一卷;范长生(?—318)有《老子道德经注》二卷、《周易注》;支遁(314—366)有《逍遥游论》;孙登(生卒年不详)有《老子注》;张湛(?—376)有《列子注》《庄子注》《文子注》;僧肇(384—414)有《老子注》四卷;陆修静(406—477)有《老子道德经杂说》《老子注》;顾欢(419—483)有《老子义纲》一卷、《老子道德经疏》四卷、《论语注》;孟景翼(?—505)有《道德经注》;梁旷(?—533)有

① (梁)陶弘景:《真诰》,《道藏》第20册,第601页。

《老子注》四卷、《老子道德经传》四卷、《南华仙人庄子论》；刘仁会（？—533）有《老子注》二卷；陶弘景（451—536）有《王弼易二系注》《老子注》四卷、《老子内外集注并自立意》四卷；孟智周（？—547）有《老子义疏》五卷、《道德玄义》三十三卷；梁武帝（468—550）有《老子讲疏六卷》、《周易大义》二十一卷；简文帝（502—551）有《老子义》二十卷、《老子私记》十卷；宋文明（？—550？）有《道德义渊》；梁元帝（508—555）有《老子讲疏》四卷、《周易讲疏》十卷；窦略（？—556）有《老子注》四卷；臧玄靖（？—565？）有《老子注》四卷；诸糅（？—588）有《老子玄览》六卷；韦节（？—617）有《庄子注》《列子注》《老子义疏》四卷、《老子周易别论》八十卷。此外，尚有成书年代不详的《老子节解》《老子内解》等①。这并非全部。《南史》所记载的王僧虔、顾越、顾欢、何偃、何子朗、祖冲之，《儒林传》的伏曼容、严植之、太史叔明、全缓、张讥等，都是研究老庄的学者。《北史·文苑传》记载，颜之推、诸葛颖、潘徽等雅好老庄，魏太祖、太宗既崇佛法，兼研老庄。《隋书·经籍志》同样记有一大批注老的学者，与上述不完全相同②。这些人遍及儒、佛、道三教和社会各阶层。由此可见梁代以来注老之风之盛，老庄玄学之风成为时代风尚。以老庄思想为底蕴的道教信仰成为当时士大夫的精神追求和行为方式的内在核心，表现在他们的生活方式、理想追求、价值选择等诸多方面。但总的说来，南北朝时期道教学者们尊《老》略重于尊《庄》。义理思想的开掘主要是依据《老子》，精神境界的拓展则主要是依据《庄子》。

由于庄子思想与佛教有相通之处，佛经翻译时经过了以《庄子》"格义"的阶段，所以，以庄子思想为中介，道教学者们也研习佛教。佛教作为一个强有力的外来因素，促成了道教义理的发展。道教学者们吸收佛教中观论双谴双非的思想方法而运用于有与无、道与德、一与三等范畴之间的关系的理解。先秦道家与魏晋玄学所揭示的精神自由的价值观，逐步被道教理论家所接受并被融入道教义理中，成为道教的终极关怀之一。由此，道教义理的思辨水平得到了极大的提高。

同时，受《周易参同契》和玄学的影响，道教继续把《周易》的思想吸

---

① 强昱：《从魏晋玄学到初唐重玄学》，上海文化出版社2002年版，第91－92页。

② 熊铁基、马良怀、刘韶军：《中国老学史》，福建人民出版社1995年版，第201－203页。

收进来，而且不再只是象数的方面，也包括《易传》所代表的义理方面①。

　　这三个方面说明了南北朝时期的道教义理与魏晋玄学有继承关系。道教理论家们对《庄》《老》《易》的关注和诠释，为道教理论的宗风转变提供了强大活力。以此为契机，他们开始充分吸收玄佛精深的思辨成果，给道教理论注入了新鲜血液。

　　下面我们从《阴符经》对黄老道家与《周易》思想的融合，顾欢促进玄学与道教合流的努力两个方面具体分疏。

（二）《阴符经》对黄老道家与《周易》思想的融合

　　《阴符经》是在道教史上和中国哲学史上都有较大影响的著作。作为道教的重要经典，由于其产生广泛影响是在唐代后期，所以对其造作的时间，直到现在学术界还争论不休。"阴符"之名首见于《战国策·秦策》。《史记》尝谓苏秦"得《周书》《阴符》，伏而读之"，《索隐》引《战国策》谓得太公阴符之谋。如果这确是今本《阴符经》，则此书虽不出于黄帝，也是周秦旧籍，所以苏秦能得而读之。宋朝邵雍、程颐，明人胡应麟等，皆据此认为《阴符经》的成书年代非商末即周末，或战国时期。然而未见《隋书·经籍志》之前诸经籍定著录。《隋书·经籍志》也仅著录《太公阴符钤录》一卷和《周书阴符》九卷，不见《黄帝阴符经》其名，而且可以判明并非今本之《阴符经》，也不是古代的《阴符》。朱熹不赞同程颐所说的《阴符经》的成书年代非商末则周末的观点，也不赞同邵雍成书于战国时代的说法，怀疑是唐代末年李筌②的伪作，其根据是"以文字气象言之必非古书"，"只因他说起，便行于世"③。他的根据不充分，因为东晋王羲之即已书写《阴符经》，并为之石刻④。欧阳询、褚遂良也引述其文而且书帖于李筌未出生的唐

────────────

　　① 陈鼓应指出，《易传》的哲学思想主要是融合了道家三派的重要概念、范畴和思维方式而形成的。（参见陈鼓应：《先秦道家易学发微》，陈鼓应主编：《道家文化研究》第十二辑，生活·读书·新知三联书店1998年版，第1－30页。）

　　② 张果注所引驳之李筌注，可能也与今七注本所传李筌注不同。张果之注专驳李疏，其经文并非从李筌处来。疑七注本厅引李筌注也非张果所见之本。今七注本李注非张果所见书，或许李筌注在唐代就有传抄之异。

　　③ （宋）朱熹：《阴符经考异》，《景印文渊阁四库全书》第1055册，台湾商务印书馆1986年版，第11－12页。清代姚际恒《古今伪书考·阴符经》也持同一观点。

　　④ （明）郁逢庆：《书画题跋记》，《景印文渊阁四库全书》第816册，台湾商务印书馆1986年版，第719页。

高祖武德七年（624）、贞观六年（632）、贞观十一年（637）、永徽五年（654）①。欧阳询所撰的《艺文类聚》引有《阴符经》的文句②。吴武陵《上韩舍人行军书》、梁肃《受命宝赋》、冯用之《权论》和《机论》也有引用。与李筌同时，卒于778年的吴筠在其《宗玄先生文集·形神可固论·守神》内已引用了《阴符经》的"火生于木，祸发必克"两句，又引"终冬之章，复之不死，露之见伤"等，不见于今本，说明当时已有《阴符经》的不同版本。近代梁启超、今人李养正认为该书成于战国末年③。《阴符经》所涉及的性命、自然、阴阳、五行、日月、数度、三才、气（炁）等范畴，在先秦是道家、儒家、阴阳五行家、黄老道家等诸家在自己特有的内涵上使用，从而体现出各家自己的思想特色。要把这些范畴糅合在一个体系中，没有长时间的思想汇通是不可能的。天地人相"贼"及与此相关的"盗机"论，是汉代董仲舒"天人感应"论和王充"万物相刻贼"④论及张湛《列子注》的思想反映。再则，据考证，道家书使用"炁"比较多也只是汉代的事。由此看来，《阴符经》的成书年代不可能是先秦。清代姚恒际、全祖望认为是寇谦之所作。其实，从寇谦之的生平、思想来看，他的理论抽象水平应该不足以胜任《阴符经》的创作。余嘉锡认为是杨羲（330—386）、许谧（305—376）所作，证据也不充分。王明断言该经成书于531—580年，"作者大抵是北朝一个久经世变的隐者"⑤。根据是其中说道："大魏真君二年（441）七月七日，上清道士寇谦之藏诸名山，用传同好。"⑥有学者便推考此书大约出于531年以魏为大魏之后。然而这个故事中的"大魏"一词出自杜光庭的《神仙感遇传》，在《新唐书》则只说题云"魏道士寇谦之传诸名山"。《新唐书》根据的李筌《骊山母传阴符玄义》的序，今本"大魏"作"魏"。何况，这里说的是寇谦之藏书而没有说著书。寇谦之只是一个传人而非著者。杜光庭的《道教灵验记》有一条记载有助于推断《阴符经》的成书年代：南

---

① 余嘉锡《四库提要辨证》卷十九《阴符经解》引南宋楼钥《攻媿集》卷七十二《褚河南〈阴符经〉跋》。（余嘉锡：《四库提要辨证》，中华书局1980年版，第1178－1179页。）

② （宋）陈思《宝刻丛编》卷十三《石氏所刻历代名帖》中有褚遂良小字《阴符经》及草书《阴符经》，皆在越州。

③ 李养正：《阴符经》，辛冠洁、丁健生主编，王国轩等编：《中国古代佚名哲学名著评述》第2卷，齐鲁书社1984年版，第208－218页。

④ 黄晖：《论衡校释》，中华书局1990年版，第152页。

⑤ 王明：《道家和道教思想研究》，中国社会科学出版社1984年版，第146页。

⑥ （宋）张君房：《云笈七签》，《道藏》第22册，第760页。

朝陈武帝刚即位，恰好遇到江南大旱，御史曹千龄举荐衡山道士葛伯云，说他常诵《阴符经》，有非常之术，于是征其至京都，此后每年修黄箓斋，诵《阴符经》。这表明《阴符经》成书于陈霸先称帝的557年之前。

我们认为，《阴符经》当成书于东汉末至东晋时期。根据在于，后秦道士马元约（即马俭）（341—439）于前秦甘露元年（359）入道，从孙彻（302—376）"受五千真文，三百秘字"[①]，即《道德经》和《阴符经》。孙彻的老师是隐士王嘉（300—386?）。根据《晋书·艺术列传》的记载，王嘉是西晋末建兴中（313—316）入道，348年从陇西安阳移居终南山的一个著名道士，精通《易》学，擅长预测，苻坚在383年发动淝水之战时曾经征询过他的意见，与道安相识。后来受姚苌之召而终为姚苌所杀。姚苌于386年立后秦，393年病亡，王嘉之死当在此期间。目前可判明王嘉的老师是梁谌（247—318），于魏元帝咸熙初年（264）十七岁时到楼观从师于郑法师，至晋元帝大兴三年（305）飞升而去。马俭的弟子尹通（398—499）与寇谦之同处太武帝时期，寇谦之阅读到的《阴符经》，很可能就是从他或他所属的楼观派一系得到的。楼观道士学习《老子》《庄子》《列子》《周易》，后来也修上清经法，这与《阴符经》的思想要素有相通、相同的地方。王羲之生于303年，卒于361年，比马俭略早。他已为《阴符经》书帖。由此看来，《阴符经》至少在359年即已流传于世。这可作为《阴符经》成书年代的下限。杨慎认为《阴符经》成书于东汉末期[②]。分析《阴符经》的思想可以发现，《阴符经》的思想，虽然与《老子》《庄子》《孙子》《黄老帛书》及《韩非子》的道法思想有密切的关系，但联系汉、魏晋时期重天道自然的社会思潮来看，它的思想渊源，更具体地说，主要是《周易》、黄老、炉火，这与《周易参同契》相同，宗旨也与《周易参同契》类似，但哲理抽象水平比《周易参同契》高，可以肯定是受《周易参同契》的影响。《周易参同契》成书于东汉桓帝（147—167）在位时期，这可作为《阴符经》成书年代的上限。所以，我们认为，《阴符经》的成书年代是东汉末期至东晋时期。

何谓"阴符"？任照一在《黄帝阴符经注解》说："明天道与人道有暗合大理之妙，故谓之阴符焉。"阴符，即在社会政治、军事斗争中的策略谋计，必须暗合于自然天道。唐代张果从内丹修炼的角度以"照之以心，契之以

---

① （宋）朱象先：《终南山说经台历代真仙碑记》，《道藏》第19册，第546页。
② 黄云眉：《古今伪书考补证·阴符经》，山东出版社1959年版，第290页。

机"解说之，即与造化冥合，掌握气化流行的根本（机），与天地相参，辅相天道之自然。不管从哪个角度解释，天人合一是《阴符经》的基本思想。这是黄老道家的基本观念。例如：《黄老帛书·十六经·前道》说："圣人举事也，阖（合）于天地，顺于民。"《黄老帛书·十六经·姓争》说："天道环（还）于人，反（返）为之客。"《黄老帛书·十六经·观》说："天道已既，地物乃备……圣人不巧，时反是守。"《黄老帛书·十六经·兵容》说："圣人之功，时为之庸（用）。""因天时，与之皆断。当断不断，反受其乱。"把黄老道家的思想应用于各个方面，是《阴符经》思想的主要内容①。

《阴符经》主张自然主义的动静观。它说："自然之道静，故天地万物生；天地之道浸，故阴阳胜；阴阳相推，而变化顺矣。"②"静"是随时随地起作用的意思。"浸"实际上是《阴符经》原文所说的"盗"，其含义是矛盾双方的相互渗透。这里说明，天道无所谓恩，也无所谓害，却时时处处在起作用。据此，《阴符经》说"观天之道，执天之行，尽矣"③，强调人应该在认识天道运行规律的基础上遵循它。这是道家一贯的主张。《老子》说："人法地，地法天，天法道，道法自然。"《黄老帛书·经法·论》具体论述了天道："天明三以定二，则一晦一明……（天）定二以建八正则四时有度，动静有立（位），而外内有处。天建八正以行七法。明以正者，天之道也。"④《黄老帛书·十六经·三禁》强调人必须遵从天道："天有恒日，民自则之，爽则损命，环（还）自服之，天之道也。"但遵循不是消极的，"圣人知自然之道不可违，因而制之"⑤。"因而制之"把人和外在的自然界联系起来了。所谓"制"就是在遵循自然规律的前提下改造自然。《阴符经》强调："天发杀机，移星易宿；地发杀机，龙蛇起陆；人发杀机，天地反覆；天人合发，万变定基。"⑥ 春夏草木生长为"生"，秋冬草木枯凋为"杀"。《庄子·齐物论》说："其杀若秋冬，以言其日消也。"什么是"机"？"机"的本义是弩牙。《庄子·齐物论》说："其发若机栝。""机"是从事物因气而变，人对

① 李养正：《阴符经》，辛冠洁、丁健生主编，王国轩等编：《中国古代佚名哲学名著评述》第2卷，齐鲁书社1984年版，第216—218页。

② 《黄帝阴符经》，《道藏》第1册，第821页。

③ 《黄帝阴符经》，《道藏》第1册，第821页。

④ 马王堆汉墓帛书整理小组编：《经法》，文物出版社1976年版，第28页。

⑤ 马王堆汉墓帛书整理小组编：《经法》，文物出版社1976年版，第76页。

⑥ 《黄帝阴符经》，《道藏》第1册，第821页。

其进行把握的角度立论的。这与《周易·系辞下》的"几"有内在的思想继承关系:"子曰:知几其神乎!……几者动之微,吉之先见者也。君子见几而作,不俟终日。"① 这是从道德修养的角度立论,几是就德性的吉凶而言的。《阴符经》则把几转化为机。这是以人为本位,强调人在变革天地、改造自然中的伟大作用,强调人的主动性、积极性和创造性,这与儒家积极有为、自强不息、入世化导、平治天下的精神有异曲同工之妙。但这点的实现是以人对"机"的把握为前提的。

《阴符经》认为,人的天性有能够把握机的能力。它说:"天性人也,人心机也,立天之道,以定人也。"② 人性是天道决定的,这是先秦道家就有的观点。《庄子·庚桑楚》说:"性者,生之质也。"《庄子·山木》明确断言:"人与天一也。"人性得之于天道,人心是人性的枢纽,所以,因性而处事,便能使天道与人道相合。但这是就可能性而言的。现实中,必须考虑到:"性有巧拙,可以伏藏。"③《阴符经》的这一论断同样渊源有自。《老子》说过:"大巧若拙,大辩若讷。"④《庄子·胠箧》也说过:"大巧若拙。"这是说,人性有巧有拙,而且人可以伪装,以巧饰拙,以拙饰巧。在政治领域,君主"无见其所欲"⑤ 可以潜御群臣,同时君主要善于识破群臣的伪装。

从内在修养的角度立论,机是就人心是否依违天道而言的。人能够上体天心,遵循天道,根据天道确定人道,因人性而行动。做到这一点首先要管好感觉器官,因为它们会招致邪恶和灾难。诚如《阴符经》所说:"九窍之邪,在乎三要,可以动静。"⑥ 对前者,《老子》说过:"五色令人目盲,五音令人耳聋,五味令人口爽。"⑦ 对后者,《管子·心术上》说:"九窍之有职,官之分也。心处其道,九窍循理。嗜欲充益,目不见色,耳不闻声。故曰:上离其道,下失其事……毋先物动,以观其则。动则失位,静乃自得。"⑧《黄老帛书·经法·四度》也说:"动静不时胃(谓)之逆。"⑨ 这就是说,

① 卜商:《子夏易传》,中华书局1991年版,第143页。
② 《黄帝阴符经》,《道藏》第1册,第821页。
③ 《黄帝阴符经》,《道藏》第1册,第821页。
④ 高明:《帛书老子校注》,中华书局1996年版,第43页。
⑤ (清)王先慎撰,钟哲点校:《韩非子集解》,中华书局1998年版,第26页。
⑥ 《黄帝阴符经》,〈道藏〉第1册,第821页。
⑦ 高明:《帛书老子校注》,中华书局1996年版,第273页。
⑧ 黎翔凤撰,梁运华整理:《管子校注》,中华书局2004年版,第759页。
⑨ 马王堆汉墓帛书整理小组编:《经法》,文物出版社1976年版,第22页。

声、色、味是人之所好，但如过量，同样有害。九窍中最重要的是眼睛。《阴符经》说："心生于物，死于物，机在目。"① 这是对《老子》思想的概括。《老子》说："不见可欲，使民心不乱。"② 又说："难得之货，令人行妨。是以圣人为腹不为目，故去彼取此。"眼睛不看物，心就不会受外物所牵引而产生的欲望所诱惑，也就不会为物所役。这是几与机的第一层联系。第二层联系是《周易·说卦传》以三才之道"顺性命之理"。《阴符经》由此引申出"天发杀机，移星易宿；地发杀机，龙蛇起陆；人发杀机，天地反覆。天人合发，万变定基"的思想，即万物的变化能够"动极而静，静极复动"，在上下颠倒失序的局面中有不变者存在，人只要抓住它，就能够促使万物的变化向人所希望的方向发展。第三层联系是，《周易·系辞上》说："夫《易》，圣人之所以极深而研几也。唯深也，故能通天下之志；唯几也，故能成天下之务；唯神也，故不疾而速，不行而至。子曰：《易》有圣人之道四焉者，此之谓也。"③ 与此有联系，《阴符经》说："爱有奇器，是生万象，八卦甲子，神机鬼藏。阴阳相胜之术，昭昭乎进乎象矣。"④ 用八卦和干支甲子推步阴阳这样的术，可以知机。人经过修炼而掌握宇宙造化之机，这样的方法就是术。《阴符经》对机的这一层含义，同样是对黄老道家思想的继承。《黄老帛书·十六经·姓争》说："其明者以为法，而微道是行。明明至微，时反（返）以为几（机）。"⑤ 这是谈在政治、军事斗争中如何知机而伏藏、使用权术的问题。

性展露于外，见之于事功，就有巧与拙的分别；性本是伏藏于心中，但却必须发挥对心的主宰、统御的作用。性本为静，但因心动而发为情。对心、性、情之间的关系，《阴符经》提出了一个理想模式："至乐性余，至静性廉。"⑥ 这是先秦道家和黄老道家已经论述过的问题。《老子》第十二章说："五色令人目盲，五音令人耳聋，五味令人口爽，驰骋畋猎令人心发狂，难得之货，令人行妨。"⑦《庄子·天地》也说："失性有五，一曰五色乱目，使

---

① 《黄帝阴符经》，《道藏》第 1 册，第 821 页。
② 高明：《帛书老子校注》，中华书局 1996 年版，第 235 页。
③ 卜商：《子夏易传》，中华书局 1991 年版，第 131－132 页。
④ 《黄帝阴符经》，《道藏》第 1 册，第 821 页。
⑤ 马王堆汉墓帛书整理小组编：《经法》，文物出版社 1976 年版，第 65 页。
⑥ 《黄帝阴符经》，《道藏》第 1 册，第 821 页。
⑦ 高明：《帛书老子校注》，中华书局 1996 年版，第 273 页。

目不明；二曰五声乱耳，使耳不聪；三曰五臭薰鼻，困惾中颡；四曰五味浊口，使口厉爽；五曰趣舍滑心，使性飞扬。此五者，皆生之害也。"声色犬马并不是乐，反而会使人的生命受到损伤。那么，什么是"至乐"呢？《庄子·至乐》提出的观点是"无为诚乐""至乐无乐"。《黄老帛书·称》的主张是："实谷不华，至言不饰，至乐不笑。"[1] "至乐"就是没有矫揉造作和虚伪的纯真感情的流露，不因得失而喜怒。什么是"性余"呢？《庄子·天下》说："……人皆取实，己独取虚，无藏也故有余，岿然而有余。其行身也，徐而不费，无为也而笑巧……常宽容于物，不削于人，可谓至极。"不贪婪奢靡，思想质朴，逸悦逍遥，容己容人容物，便是性余。那对"至静性廉"如何理解呢？《老子》第四十五章说："清静为天下正。""我好静而民自正。"[2]《庄子·天道》说："圣人之静也，非曰静也善，故静也。万物无足以饶（挠）心者，故静也。"在老庄看来，不贪求奢淫之乐，无忧无事，不因事物而挠其心。心能清静就能廉明。《庄子·天道》又说："圣人之心，静乎天地之鉴也，万物之镜也。"心真做到了静，就能像镜子一样对万物之理洞照无遗。《庄子·庚桑楚》说："不荡胸中则正。正则静，静则明，明则虚，虚则无为而无不为也。"这同样讲的是至静则可以廉明。这一点在政治领域的运用，《黄老帛书·经法·道法》有论述："至正者静，至静者圣。"[3] 有正当的品行则能静，至静者则是最有智慧的圣人。总之，"至静性廉"意谓清静廉明，心如明镜，虚明清澈，洞照万物。心静是性得以呈现的关键。

因人性而行事，涉及如何处理天、地、人之间的关系。对此，《阴符经》主张："天地，万物之盗；万物，人之盗；人，万物之盗。三盗既宜，三才既安。故曰：食其时，百骸理；动其机，万化安。人知其神而神，不知不神而所以神也。日月有数，大小有定，圣功生焉，神明出焉。其盗机也，天下莫能见，莫能知。君子得之固躬，小人得之轻命。"[4] 这里涉及"盗""机""宜""神"四个方面的问题。"机"已如上所述，这里讨论其他三个问题。

先来看"盗"。《庄子·胠箧》提及田成子杀齐君而盗其国，持续了十二世。对这件事，庄子借盗跖与其徒之问答展开了理论分析，说："跖之徒问于跖曰：'盗亦有道？'跖曰：'何适而无有道耶？'"《阴符经》从这里汲取

① 马王堆汉墓帛书整理小组：《经法》，文物出版社 1976 年版，第 91 页。
② 高明：《帛书老子校注》，中华书局 1996 年版，第 106 页。
③ 马王堆汉墓帛书整理小组：《经法》，文物出版社 1976 年版，第 2 页。
④ 《黄帝阴符经》，《道藏》第 1 册，第 821 页。

了"盗"的概念。《老子》说:"天地不仁,以万物为刍狗;圣人不仁,以百姓为刍狗。"① 万物的生长承恩于天地,其衰亡就如同是对天地的祭品,《阴符经》由此引申出了"天地,万物之盗"的观点。

什么才算"宜"?《黄老帛书·经法·君正》的看法是:"人之本在地,地之本在宜,宜之生在时,时之用在民,民之用在力,力之用在节。知地宜,须时而树,节民力以使,则财生。赋敛有度则民富。"② 黄老道家以"宜"为适时耕种、节用民力、赋敛有度。《阴符经》的"宜"也有这个意思,但更抽象,为适宜、得当之意,似可进而引申出中庸、中和之意。

据此,对"三盗既宜,三才既安"就不难理解了。天、地、人之间的关系处理得恰如其分,则它们之间就可以相安无事。这可以与《阴符经》所说的"天之无恩,而大恩生"联系起来理解。后一句话脱胎于老子的思想。天地生养万物,纯属自然,本无所谓恩,万物承天地覆育,却在事实上怀恩于天地。如《老子》所说:"生之畜之,生而不有,为而不恃,长而不宰,是谓玄德。"③ 所以,如《老子》第二章所说,明智的统治者应该"处无为之事,行不言之教。万物作焉而不辞,生而不有,为而不恃,功成而弗居。夫唯弗居,是以不去"④。

"神"的内涵是什么?《易传·系辞》说:"阴阳不测之谓神。"⑤ 《易传·说卦》进一步说:"神也者,妙得其万物变化之理而为言也。"⑥ 对战争而言,《孙子·虚实》说:"能因敌变化而取胜者,谓之神。"⑦ 黄老道家对神的概念也很重视。《黄老帛书·经法·名理》说:"静而不移,动而不化,故曰神。"进而断言:"道者,神明之原也。"⑧《阴符经》的"神"的内涵,与此相同,指的是道静默而微妙无穷,功能无边以及人对道的运用。人对道的运用,首先要知常,如《老子》所说:"复命曰常,知常曰明。"⑨ 也就是认识到"日月有数,大小有定"而把握其"数""定"。如此,"神明出焉"。

① 高明:《帛书老子校注》,中华书局 1996 年版,第 243 页。
② 马王堆汉墓帛书整理小组编:《经法》,文物出版社 1976 年版,第 13 页。
③ 高明:《帛书老子校注》,中华书局 1996 年版,第 269 页。
④ 高明:《帛书老子校注》,中华书局 1996 年版,第 232 – 234 页。
⑤ 卜商:《子夏易传》,中华书局 1991 年版,第 125 页。
⑥ 卜商:《子夏易传》,中华书局 1991 年版,第 153 页。
⑦ 齐光:《孙子兵法今译今注》,北京古籍出版社 1993 年版,第 72 页。
⑧ 马王堆汉墓帛书整理小组编:《经法》,文物出版社 1976 年版,第 41 页。
⑨ 高明:《帛书老子校注》,中华书局 1996 年版,第 301 页。

《阴符经》认为，天道之"盗"与"机"是人人都能够认识的。君子为正义而行事，故能成功；小人行邪恶之事，所以失败。这个论断得之于黄老道家。《黄老帛书·十六经·姓争》说："明明至微，时反（返）以为几（机）。天道环（还）于人，反（返）为之客。争（静）作得时，天地与之。争不衰，时静不静，国家不定。可作不作，天稽环周，人反为之（客）。静作得时，天地与之。静作失时，天地夺之。夫天地之道，寒湼（热）燥湿，不能并立；刚柔阴阳，同不两行。两相养，时相成。吾则有法，动作循名，其事若易成。若夫人事则无常，过极失当……居则无法，动作爽名，是以僇受其刑。"①

《阴符经》认为，知盗而动机，应该做到精专一事，用己所长。它说："瞽者善听，聋者善视。绝利一源，用师十倍；三反昼夜，用师万倍。"② 这一思想得之于道家。《庄子·逍遥游》说："瞽者无以与乎文章之观，聋者无以与乎钟鼓之声。岂唯形骸有聋盲哉？夫知亦有之。"黄老道家也有类似的论述。《黄老帛书·十六经·果童》说："［任一则］重，任百则轻。"③《黄老帛书·道原》说得更明确："夫为一而不化，得道之本，握少以知多；得事之要，操正以政（正）畸（奇）。"④

《阴符经》认为，知盗而动机，在政治领域应该做到公而忘私。它说："天之至私，用之至公。"⑤ 这一思想同样来之于道家。《老子》第七章说："圣人后其身而身先，外其身而身存。非以其无私邪？故能成其私。"⑥ 庄子发展了这一思想，《庄子·天道》说："老聃曰：'请问何谓仁义？'孔子曰：'中心物恺，兼爱无私，此仁义之情也。'老聃曰：'意，几乎后言。夫兼爱不亦迂乎？无私焉乃私也。'"天道本私，但其用则是至公。

《阴符经》说："禽之制在炁。"⑦ 明代吕坤在《黄帝阴符经注》中说："禽性飞扬，皆气之所为。"⑧ 禽依靠气才能够飞扬，天道有阴阳二气的转变，

---

① 马王堆汉墓帛书整理小组编：《经法》，文物出版社1976年版，第65－66页。
② 《黄帝阴符经》，《道藏》第1册，第821页。
③ 马王堆汉墓帛书整理小组编：《经法》，文物出版社1976年版，第57页。
④ 马王堆汉墓帛书整理小组编：《经法》，文物出版社1976年版，第102页。
⑤ 《黄帝阴符经》，《道藏》第1册，第821页。
⑥ 高明：《帛书老子校注》，中华书局1996年版，第252页。
⑦ 《黄帝阴符经》，《道藏》第1册，第821页。
⑧ （明）吕坤：《黄帝阴符经注》，周止礼、常秉义批点：《黄帝阴符经集注》，中国戏剧出版社1999年版，第151页。

那么，人的行事也应该仿效于此，握机而用之，如此便能制约、驾驭一切。这一思想得之于韩非子。《韩非子·外储说右上》说："明主之牧臣也，说在畜鸟。"① 君主以赏罚"操之以制臣"，臣则"得之以拥主"②。鸟翅膀硬了就会飞走，所以"驯鸟者断其下翎，则必恃人而食，焉得不驯乎？"国君管理臣下也是这样。"夫明主畜臣亦然，令臣不得不利君之禄，不得无服上之名。"③ 由此看来，"制"就是在事物变化过程中抓住机而加以调控，使自己掌握主动权。对"制"的运用，《阴符经》举了生与死、恩与害两个例子来说明。它说："生者死之根，死者生之根。恩生于害，害生于恩。"④ 生与死，是先秦道家就开始关心的问题。《老子》说："出生入死。"庄子则在《齐物论》《大宗师》《至乐》《知北游》《则阳》等篇中论述了生死存亡为一体，生死只是气的聚散。《黄老帛书·经法·君正》："天有死生之时，国有死生之正（政）。因天之生也以养生，胃（谓）之文，因天之杀也以伐死，胃（谓）之武。（文）武并行，则天下从矣。"⑤《阴符经》发展了庄子的思想，认为生是死之根，死是生之根，要抓住生与死双向转化的"门"，即机，制而用之。恩与害相生的观点也得之于道家。《老子》第十三章说："宠辱若惊，贵大患若身。"⑥《庄子·秋水》也说："大人之行，不出乎害人，不多仁恩。"恩害相生的关系，类同于生与死的关系。

总之，《阴符经》断言："愚人以天地文理圣，我以时物文理哲。"⑦ 关于"愚"的含义，《韩非子·显学》说："无参验而必之者，愚也；弗能必而据之者，诬也。故明据先王，必定尧、舜者，非愚则诬也。"⑧《韩非子·五蠹》也说："今有构木钻燧于夏后氏之世者，必为鲧、禹笑矣；有决渎于殷、周之世者，必为汤、武笑矣。然则今有美尧、舜、汤、武、禹之道于当今之世者，必为新圣笑矣。"⑨ 随顺时势，天道与人事相参验，临机应常，故这才是智慧之举，否则就是"愚"。

---

① （清）王先慎撰，钟哲点校：《韩非子集解》，中华书局1998年版，第310页。

② （清）王先慎撰，钟哲点校：《韩非子集解》，中华书局1998年版，第244页。

③ （清）王先慎撰，钟哲点校：《韩非子集解》，中华书局1998年版，第317页。

④ 《黄帝阴符经》，《道藏》第1册，第821页。

⑤ 马王堆汉墓帛书整理小组编：《经法》，文物出版社1976年版，第13页。

⑥ 高明：《帛书老子校注》，中华书局1996年版，第276页。

⑦ 《黄帝阴符经》，《道藏》第1册，第821页。

⑧ （清）王先慎撰，钟哲点校：《韩非子集解》，中华书局1998年版，第457页。

⑨ （清）王先慎撰，钟哲点校：《韩非子集解》，中华书局1998年版，第442页。

《阴符经》既讲宇宙论，也讲心性论，还讲实践论。它所说的"天有五贼，见之者昌。五贼在乎心，施行于天"①实际上已经把这三者统一起来了。"五贼"是自然界的结构和运动变化，"见"就是去观察它、认识它，掌握它的规律。这个由客观到主观的过程必须落实到心中，由心来发挥思维的功能。心不只是观察、认识、思维外在事物的器官，还是人的生命体系的根本，后者是更重要的方面。这是道教哲学不同于纯粹的科学认识论的原因之一。所以，《阴符经》认为，人动生欲念是由于眼睛睹物而产生的。性为生之质，人心活泼好动，心中有欲念就可能会使人偏离本真的天性。为了避免这一点，要抓住心这一关键，通过掌握天道，使得人心的运动以性为依准。人心是机，事物的运动变化也有机。执机才可以"盗机"而造势、"制"势。"五贼"的用词表现了《阴符经》对五行之间相克、相制方面的重视。在它看来，人如果把握了这些方面就能无往而不胜。所以它把天、地、人三才称为"三盗"，认为它们之间主要是相互吸收、利用的关系。这是基于实践论的表述。

《阴符经》的上述抽象的哲理是以道教方术作为背景的。"食其时，百骸理""三反昼夜"等语句都与内修方术和炼丹术有关。"爰有奇器，是生万象，八卦甲子，神机鬼藏。阴阳相胜之术，昭昭乎进乎象矣"反映的则是与道教紧密相关的易学象数派的观念。南宋朱熹在《阴符经考异·序》中，把《阴符经》的宗旨概括为："以至无为宗，以天地文理为数，谓天下之故皆自无而生有，人能自有以返无，则宇宙在手矣。"②这个概括应该说是很有见地的。自主生命，夺造化之机，与天地相参，与宇宙合一，这是道教哲学的精髓。

《阴符经》既继承了先秦道家、黄老道家的思想，又吸收了《周易》的哲理精华，还以道教术的修炼作为背景，事实上把道教修炼的实践观提升到了哲理的高度，其思想达到了很高的抽象水平。它把道、法、术一体贯通，既讲形而上的道，又把它落实到形而下的实用层面，既有理论价值，又有运用价值。各家各派均可从中受到思想启发。正如唐代李筌所说："（《阴符经》是）百言演化道，百言演法，百言演术。道者，神仙抱一；法者，富国安民；术者，强兵战胜。"③加之它的经文简约古奥，语奇字险，含蓄深沉，多

---

① 《黄帝阴符经》，《道藏》第 1 册，第 821 页。
② （宋）朱熹：《阴符经考异》，《景印文渊阁四库全书》第 1055 册，台湾商务印书馆 1986 年版，第 11 页。
③ （明）张宇初：《岘泉集》，《道藏》第 33 册，第 201 页。

反言正合，往往一字一句均可作多种理解，所以历代注家蜂拥，在明代就已超逾百家。各家均给它以极高的评价。如北宋道教学者张伯端评价说："阴符宝字逾三百，道德灵文止五千，今古上仙无限数，尽于此处达真诠。"①《阴符经》的出现，有力地推动了道家与道教的融合，极大地提高了道教的哲理思辨水平。它在唐代从秘传秘授转变为公开传播之后，被道教视为重要的经典，影响越来越大。

（三）顾欢促进玄学与道教合流的努力

顾欢（约420—483），字景怡，一字玄平，吴郡盐官（今浙江海宁西南）人，成年前曾习儒、玄，著有《王弼易二系注》《尚书百问》《毛诗集解叙义》《三名论》等。他是齐梁年间的道教理论家，据《真诰·翼真检篇》，他曾与戚景玄、朱僧标等人共同整理杨、许手迹等上清经书，所撰《真迹经》是陶弘景编《真诰》时所用的底本，因而是上清经法的重要传人之一。他以上清派无为养生之义解释《老子》，著有《老子义纲》一卷、《老子道德经疏》四卷，此外还有《政纲》一卷、《论语注》。他善道术，曾为人驱魅治病②，"晚节服食，不与人通。每旦出户，山鸟集其掌取食。好黄、老，通解阴阳书，为数术多效验"。据说死时"身体香软，道家谓之尸解仙化焉"③。

顾欢认为，道是有与无的统一："欲言定有，而无色无声；言其定无，而有信有精。以其体不可定，故曰唯恍唯惚。如此观察，名为从顺于道，所以得。"④ 道是抽象的存在者。具体的存在者中，最基本的是阴阳，阳为天，阴为地。有关他这方面的思想，本书后面还有阐述。

与道相联系，顾欢阐述了事物的动静转化。他说："物极则反，动极则静，静极则动。从此而观，盛极则衰，衰极则盛。"而道"自清自静，不为寒热所侵，始为天下之正主"⑤。顾欢的"动极则静，静极则动"的思想对后世思想家影响颇大，如周敦颐等宋代理学家都反复阐述过这一观点。顾欢认为，道是静，因而是动的万物的决定者。如他所说："言虽殊途，同本虚无，事虽异趋，同主静朴。"⑥ 道以无为本，落实于人就是人的神明。这是人的生

---

① （宋）张伯端：《修真十书悟真篇》，《道藏》第4册，第736页。
② （唐）王悬河：《三洞珠囊》，《道藏》第25册，第296页。
③ （唐）李延寿：《南史》，中华书局1975年版，第1874、1880页。
④ （宋）李霖：《道德真经取善集》，《道藏》第13册，第868页。
⑤ （南齐）顾欢：《道德真经注疏》，《道藏》第13册，第320页。
⑥ （南齐）顾欢：《道德真经注疏》，《道藏》第13册，第347页。

命存在的依据。如果说神明是无，则形体就是有。人与道一样是有与无的统一。

顾欢既然把道视为无意志的存在，所以，在形而下领域，他主张无为，说：“法道无为，而人物自化，故言无为之益。”① 对此如何理解呢？他进一步阐述说："上德之化，处无为之事，行不言之教，其迹不彰，故曰无为。为既无迹，心亦无欲，故曰无以为。故上德之无为，非徇无为之美，但含孕淳朴，适自无为，故云而无以为。”② 以社会治理而言，高明的统治者以无为治国，行为从不显露于人，教化也不用语言颁布法令，因为其心中根本就没有无为的念头，不是失了无为而去无为。对圣人的无欲，顾欢有专项论述："夫无欲于无欲者，圣人之常也。有欲于无欲者，圣人之分也。二欲同无，故全空以目圣。一有一无，故每虚以称贤。贤人自有观之，则无欲于有欲；自无观之，则有欲于无欲。虚而未尽，非屡如何。”③ “常”指圣人的心“无欲于无欲”，空虚凝湛；“分”指圣人感物而应时，心“无欲于有欲”。如果只能如颜回那样时有时无，不能做到时时都空，那就是贤人，不是圣人了，所以无欲是圣人无为的内在状态。在实践中，无为如何实现呢？顾欢说："圣人因天任物，无所造为，心常凝静于前，美善处而无争，故不为六境之所倾夺。”④ 如此看来，“无欲于有欲”，“因天任物”，如庄子所说的“物物而不物于物”是圣人无为的外部特征。正因为顾欢对无为非常重视，所以，唐代道教学者成玄英曾在《开题》中把顾欢的思想概括为“无为为宗”。

顾欢进而把上述无为的主张落实到身心的修炼中。他说："行人君子，善以道德功行建立身心，无德可彰，无迹可显，则深根固蒂，不为是非欲恶之所抽拔也。”⑤ 以道德“建立身心”的观点说明顾欢是力图用玄学的哲理智慧指导道教诸术的修炼。从哲理来说，这对日后重玄学的建立是一个至关重要的转折。就修炼而言，这样一来，道教理论中以形神修炼为重心的看法就被改变了，智慧觉悟被放在了头等重要的位置。在这个观点的指导下，顾欢对道教的基本信仰做出了新的解释。他说："神仙有死，权便之说。神仙是大化之总称，非穷妙之至名。至名无名，其有名者二十七品。仙变成真，真

① （宋）李霖：《道德真经取善集》，《道藏》第 13 册，第 898 页。
② （宋）李霖：《道德真经取善集》，《道藏》第 13 册，第 888 页。
③ （魏）何晏、（梁）皇侃等注：《论语》，中华书局 1998 年版，第 1835 页。
④ （宋）李霖：《道德真经取善集》，《道藏》第 13 册，第 846－847 页。
⑤ （南齐）顾欢：《道德真经注疏》，《道藏》第 13 册，第 315 页。

变成神，或谓之圣，各有九品。品极则入空寂，无为无名。若服食茹芝，延寿万亿，寿尽则死，药极则枯，此修考之士，非神仙之流也。"① 这就是说，长生不死的神仙不是人觉悟解脱的终极境界，只有精神的自觉才是人生的根本归宿。

顾欢继承了此前道教理身理国同道的思想。他说："神者，灵效之谓也。以道居位，临理天下则太平。太平之代，鬼魅不敢神。以道修身，则真照得一。得一之士，尸魄不灵。"② 修身的"真照"是"自胜"的表现。"自胜"即"以性制情"："以性制情，谓之自胜；自胜之人，无敌于己。无敌于己者，可谓强矣。"③ "以性制情"作为养生的核心原则有很多具体表现。首先是保精爱气。"骨以含精，精散则骨弱；保精爱气，则其骨自强。"④ 做到这一点的关键是戒奢淫，因为"奢淫则精穷气竭，万神交落，动之死地，不能制情遣欲，更为险行惊神"⑤。在他看来，人是精、气、神的统一，其中关键是精和气。它们一旦耗散，神就不得安宁。此外，要保精爱气，还要少言、居下、处柔。他说："人能爱气少言，则行合自然。"⑥ 因为"多言害物，其可久乎？"⑦ 在社会现实中，要以"履谦居后，不为物先"⑧ 为原则，认识到："独立不惧，不敢有为；守柔尽顺，活身之道。"⑨ 否则，"徇名好利，弃少求多，道业不修，丹田芜废也"⑩。总之，"人不厌生，生不厌人；人不弃道，道不弃人。故曰生与人相保，人与道相得"⑪。生命可以长久，人可以得道，条件就是人肯去努力，人的行为合乎道。

"张湛对佛道教的生死问题，在玄学的框架内进行了理论阐释，为沟通哲学与宗教迈出了重要的一步。其意义在于，中国文化的价值理想在内容上的调整，使理性的精神超越与宗教信仰的生死超越结合，为未来文化的适应性与包容性，提供了坚实的基础。使不同的社会成员，能够在世俗生活中，

---

① （唐）李延寿：《南史》，中华书局1975年版，第1879页。
② （南齐）顾欢：《道德真经注疏》，《道藏》第13册，第336页。
③ （南齐）顾欢：《道德真经注疏》，《道藏》第13册，第307页。
④ （南齐）顾欢：《道德真经注疏》，《道藏》第13册，第278页。
⑤ （宋）李霖：《道德真经取善集》，《道藏》第13册，第933页。
⑥ （南齐）顾欢：《道德真经注疏》，《道藏》第13册，第296页。
⑦ （南齐）顾欢：《道德真经注疏》，《道藏》第13册，第296页。
⑧ （宋）李霖：《道德真经取善集》，《道藏》第13册，第927页。
⑨ （宋）李霖：《道德真经取善集》，《道藏》第13册，第932页。
⑩ （宋）李霖：《道德真经取善集》，《道藏》第13册，第908页。
⑪ （宋）李霖：《道德真经取善集》，《道藏》第13册，第932页。

不失对永恒的渴望，从而满足不同层次社会成员精神生活的需要，有利于民族的创造性的发挥。"① 张湛是站在玄学的立场来容纳道教思想的，顾欢则是站在道教的立场来吸收玄学思想的，因而，后者把玄学与道教的关系拉得更近了。他们运用本无末有的玄学思辨来解决道教的基本理论问题，从一个方面打通了道教与老庄道家在思想血脉上的联系，也在事实上把老庄道家的"道"改造成了道教的道。这样，道教的道与术有了可以相互融通而产生"学"的可能。

齐梁间，与顾欢促成道教哲学玄学化相呼应的还有散佚严重的《妙真经》与《洞真太上隐书经》，佚文见于《无上秘要》《云笈七签》等，以及稍后的《升玄经》等。顾欢的思想，对稍后的孟景翼等有较大影响。

从这时起，老庄就不再只是道教外在的精神、文化旗帜，而是其内在的生命灵魂。张岱年说："两晋之际的葛洪既是一个道家学者，又是一个炼丹的道士，于是道家与道教合流了。到唐代，成玄英、司马承祯等，都是以道士的身份宣扬道家学说的，没有不当道士的道家了。"② 我们可以补充说，到了顾欢，道教与玄学开始合流了。此后，到了初唐的成玄英，道教重玄学把玄学消化了。

顾欢生活的时代，是佛教努力划清与黄老、玄学的界限，凸显其本来面目的时期。受其影响，道教在这一时期引入和消化老庄思想，这样做的目的，一是使道教借鉴黄老道家思想而提升其理论思辨水平，尤其是以天道观为内容的本体论与本原论。但在包容黄老道家的同时，也要彰显出自己的特色，这一工作的代表性著作就是《阴符经》，虽然它由于秘传秘授而在当时影响不大。二是吸收玄学思想而加以消化，在一定程度上使道教玄学化，既提高道教的理论思辨水平，又以此为中介吸收消化佛教的心性论，这点尤为重要。但道教的玄学化并没有把道教变成玄学，因为它仍然保留了关切生命、注重实践的特色。这两个方面的工作，使得道教的面貌焕然一新，理论风气有了较大的改变。这二者都是当时思想史整体变化的重要组成部分。这样，在同一时期，玄学、佛教、道教都从理论探索和实践活动两个方面，对其他两个既包容又离析，构成了当时思想整体变化的一幅复杂画面。结果，佛教和道

第六章　两晋南北朝时期的道家与道教（下）

---

① 强昱：《从魏晋玄学到初唐重玄学》，上海文化出版社 2002 年版，第 81 - 82 页。

② 张岱年：《道家在中国哲学史上的地位》，陈鼓应主编：《道家文化研究》第六辑，上海古籍出版社 1995 年版，第 3 页。

教都从此前依附于黄老道家的不成熟状态中摆脱出来，独立成为自存的社会存在形态。儒、佛、道三教的差异得到了社会的认同，这是中国思想史上前所未有的重大变化，中国传统文化中三教鼎立的格局由是得以形成，而道教在这一时期前所未有的理论自觉，正是这一社会思想背景变化的反映与总结。

第三节　南北朝时期道教的义理统合

（一）有无体用

有无与体用这两对范畴都起源于《老子》第十一章："埏埴以为器，当其无，有器之用。凿户牖以为室，当其无，有室之用。故有之以为利，无之以为用。"这含有以体用来解释有无关系的萌芽。三国时魏人钟会首先把这意思挑明了。宋代李霖在《道德真经取善集》中引录钟会注十二条，其中之一是：

> 钟会曰：举上三事，明有无相资，俱不可废。故"有之以为利"，利在于体；"无之以为用"，用在于空。故体为外利，资空用以得成；空为内用，借体利以得就。但利用相借，咸不可亡也。无赖有为利，有借无为用，二法相假。[1]

"二法"即有无，"相假"即相反相成，互为前提与条件。在钟会看来，有为体，无为用。体用相依互用，有无的关系也如此。在这个基础上，顾欢注解说：

> 利，益也。毂中有轴，器中有食，室中有人，身中有神，皆为物致益，故曰"有之以为利"也。然则神之利身，无中之有，有亦不可见，故归乎无物。神为存生之利，虚为致神之用。明道非有非无，无能致用，有能利物。利物在有，致用在无。无谓清虚，有谓神明。而俗学未达，皆师老君，全无为之（"之"当为衍文）道。道若全无，于物何益？今明道之为利，利在用形；无之为用，以虚容物故也。[2]

---

① （宋）李霖：《道德真经取善集》，《道藏》第13册，第856页。姚振宗《三国艺文志》也录有钟会《老子道德经注》二卷。

② （南齐）顾欢：《道德真经注疏》，《道藏》第13册，第282页。

由此可见，与佛教站在万有虚幻不实的立场上从"二法相假"推论出"俱不可立"的结论相反，道教站在肯定万物实有的立场上，从"二法相假"推论出了"俱不可废"的结论。运用"非有非无"的思想方法，顾欢认为，有无、体用二者是相统一的："欲言定有，而无色无声。言其定无，而有信有精。以其体不可定，故曰唯恍唯惚。如此观察，名为从顺于道，所以得。"①道之所以不可定言有，也不可定言无，断言它为"非有非无"，目的是为了解决贵无与崇有的矛盾，打破人们在道体上的思想封闭与执着。顾欢说：

> 诸物虽大，大有极住。此道之大，往行无际，本无住尽之处。②
>
> 大圣之人，故无所似也。若形有定质，智有常分，的有所似，则道有封执。此乃细碎之人，岂虚妙之大圣乎？③

遣除心中的执着，消除心中的成见、偏见，维持心的无、虚、静、灵、明的状态，保持思想的开放，并非如佛教那样堕于顽空，而是为了更进一步在终极层次体认道的实有，从而为形而下的人事活动提供指南，实现天人合一。顾欢在解释《老子》第一章的"有名""无名"时说：

> 有名谓阴阳，无名谓常道。常道无体，故曰无名；阴阳有分，故曰有名。始者取其无先，母者取其有功。无先则本不可寻，有功则其理可说。谓阴阳含气 禀生万物，长大成熟，如母之养子，故谓之母。④

这里，以有名解释阴阳，以无名解释常道。阴阳是实体，常道是理体。二者虽然有"无体"与"有分"的区别，但理体却不可能脱离实体而孤立存在。也就是说，无是道之体，有是道之用。道之体为无，故神而妙；道之用为有，故常而方。无不能离开有，道不能离开物，二者融通无碍。这是对玄学有无观的推进和发展。这一观点，是中国哲学的传统，是在佛教冲击下道教对中国文化基本精神的维护和守卫。

顾欢之后，孟智周、臧矜、徐素等也对有无、体用多所谈及⑤。例如臧

① （宋）李霖：《道德真经取善集》，《道藏》第13册，第868页。
② （宋）李霖：《道德真经取善集》，《道藏》第13册，第873页。
③ （南齐）顾欢：《道德真经注疏》，《道藏》第13册，第344页。
④ （南齐）顾欢：《道德真经注疏》，《道藏》第13册，第275页。
⑤ （唐）孟安排：《道教义枢》，《道藏》第24册，第835－836页。

矜认为："有劣无胜，何者？有碍无通，有是无常，无是常也。"① 有无关系与体用观联系起来，他的看法是："有法有用，有体有名；无法无用，无体无名。又云：无无体用，宜应无名，为说教法，假立称谓。体用自有，不可假设，名乃外来，故可假立。所以既往之法，体用斯尽，犹在其名，流传远世。"② 这些观点，总的思想倾向类同于顾欢，不再赘述。

（二）道德体用

道德体用的论题起源于疏解《老子》时的《道篇》与《德篇》的关系问题，进而扩展为理解道与德这两个范畴之间的关系乃至本体论的讨论。

> 道德体用义者……陆先生云："虚寂为道体，虚无不通，寂无不应。"玄靖法师以智慧为道体，神通为道用。又云："道德一体，而其二义，一而不一，二而不二。不可说其有体有用，无体无用。盖是无体为体，体而无体；无用为用，用而无用。然则无一法非其体，无一义非其功也。寻其体也，离空离有，非阴非阳，视听不得，抟触莫辩。寻其用也，能权能实，可左可右，以小容大，大能居小。体即无已，故不可以议；用又无穷，故随方示见。"③

> 道以通物，以无为义；德者不失，以有为功。道无则能遣物有累，德有则能祛世空惑。④

"陆先生"即陆修静。他的思想前已述及。"玄靖法师"是指臧矜。他在这里表达的意思与《升玄内教经》颇为一致。他注解《道德经》的思想方法，《云笈七签》引录《道门大论》时提及：

> 玄靖法师开为三部，宗致《道德》二卷。是先说以道德为体，其致则总，以其文内无的对扬之旨故也。⑤

由此看来，臧矜注疏《道德经》的方法是不拘泥固守一义，让道德、体用、有无等对范畴相互排遣、相互否定。道德一体，是二而一的一个整体。道的

---

① （唐）孟安排：《道教义枢》，《道藏》第 24 册，第 836 页。
② （唐）孟安排：《道教义枢》，《道藏》第 24 册，第 835 页。
③ （唐）孟安排：《道教义枢》，《道藏》第 24 册，第 805 页。他的这段话，《道德真经广圣义》卷五所引在"二而不二"后还有"二而不二，由一故二；一而不一，由二故一"。
④ （唐）杜光庭：《道德真经广圣义》，《道藏》第 14 册，第 337 页。
⑤ （宋）张君房：《云笈七签》，《道藏》第 22 册，第 37 页。

本体"离空离有，非阴非阳"，是非实体的存在，是有无、阴阳等名词所无法描摹的，所以说是"无体为体，体而无体"。道之用"能权能实，可左可右，以小容大，大能居小"，无所不在，无所不能，不受权实、左右、大小等具体条件的制约，具有至高无上的灵活性，能够畅通无阻地圆应万方，泽被万类，所以说是"元用为用，用而无用"。这种无法描摹的超越性可把人们导向对本体的玄通不滞的体悟。但这并不意味着本体是无。拘执于无就会滞碍不通，所以臧矜说"无一法非其体，无一义非其功"，也就是说，本体存在于万事万物之中，是物象世界之至理。这样，德成为联系道与物之间关系的中介，成为道之体在用中的显现，人们可以从物象的生成中寻绎道体的存在，从而把道之理本作为修持的圭臬。"遣物之累"是玄学的思想，这说明臧矜上述以有无、体用范畴对道德的讨论是有玄学的思想渊源的。虚通静寂的道体应物而为用，与动静联系起来，道、体、静三者一体贯通，为一边；德、用、动三者一体贯通，为另一边。不执着这两边，就是悟透了道德、体用、动静之间的关系。

（三）三一义理

三一体义的论题源起于《老子》。该书的第十、十四、三十九、四十二章都讲到"一"，如第十四章说："视之不见名曰夷，听之不闻名曰希，搏之不得名曰微。此三者不可致诘，故混而为一。"① 第四十二章说："道生一，一生二，二生三，三生万物。"前者是说，用视、听、触（搏）三种经验方式去认识道体，只能分别获得微、希、夷三种感受，不可能弄清道本体。把这三种感知方式混合起来也只是把人导向对道本体的顿悟。后者是从本源论的立场上申述道与万物的关系。其后，在《庄子·天地》《淮南子·精神训》中对此有所引申发挥。汉魏晋时期，道教修炼方术五花八门，让人无所适从，难以选择，而且日益烦琐，多劳而少功。道教中人力图淘汰冗余，化繁为简，精专一术，进而企图由思想入手化博为约，由术达道，以道统术。《老子想尔注》《太平经》《西升经》《抱朴子》等道教经典为此屡屡谈及三一关系，尤其是大谈"知一""守一"。其中，《太平经》谈"三一"最集中，最突出，以至于后世有人把"三一"视为《太平经》的宗旨。

《太平经》之后，两晋南北朝时期，道教造作了很多经典，其中不少谈

① 高明：《帛书老子校注》，中华书局 1996 年版，第 282－283 页。

及了三一。这些经典对三一的解释至少有七种①，王宗昱把它们分为五家："天师道为一家，主三官正气的三一说；太平经为一家，主意志念三一说；太玄部为一家，主夷希微三一说；自然三一为一家，主三光三一说；其余实际为一家。并且，这五家之间不是相互隔绝的。"② 更进一步讲，有关三一的理论大体上又可分为两个方面：其一是与生理学密切相关的修炼理论，其二是通过三一的形式建立具有新内容的道教哲学。

对于前者，《太平经》已有所涉及，但它提出的精、气、神三者混一求长生的观念，仅是理论原则，不能对教徒的修炼提供具体的方法指导。接着出现了《老子中经》和众多与它有直接或间接关系的经书，如《太上灵宝五符序》和《黄庭经》等。它们都主要是在思身神的内涵上谈三一，但具体论述却不尽相同。例如，同为上清经典，《洞真大丹隐书经》《上清三天君列纪经》对三丹田的看法与《黄庭经》的就不一致。其中《上清三天君列纪经》的描述与今天的看法比较吻合。这种不一致甚至混乱，反映了由分歧至统一前的实际情况。不过，六朝以来关于三一的讨论，不论是否统一，均直接与个人的修炼结合，并以实践修炼为背景展开讨论③。《洞真大丹隐书》与《上清三天君列纪经》都认为，生命是一气流行的表现，气具体贯穿于人身的三个部位而发挥作用。由于分布在三个不同的部位，故其作用的形式有别，功能也有异，但三者是一气流行的不同位置，因此，三与一的关系是一不离三，三即一三。人的精神的一切神妙表现以至人能成为神仙，都是此气化成的结果。上述两部经典，由于专注于生理方面，其三一都未直接讲到精、气、神。与此有所不同的是《太上洞玄灵宝法烛经》。它对三一做了颇有特色的解释：

> 人身中有三一者，神魂魄也。中央之一神也，中和之精也，其气正。左方之一魂也，纯阳之精，其气清。右方之一魄也，纯阴之精，其气浊。中央之一，即我神也，道之子也。左右各一，辅相我神，其气清浊，则其行有善恶。④

这里以神、魂、魄三者的统一为三一，其性质与位置各不相同，神为中央之

---

① （宋）张君房：《云笈七签》，《道藏》第22册，第342页。

② 王宗昱：《〈道教义枢〉研究》，上海文化出版社2001年版，第217页。

③ 参见强昱：《道教的"三一"论》，《中国哲学史》1998年第4期，第66－67页。

④ （南朝宋）陆修静：《太上洞玄灵宝法烛经》，《道藏》第6册，第180页。

"一"，为中和之精，为正气；魂为左方之"一"，为纯阳之精，为清气；魄为右方之"一"，为纯阴之精，为浊气。与魂魄相比，神的作用更值得重视，因而被称为"道之子"，而魂魄就只能起辅助神的作用了。即使如此，魂魄也不是无足轻重的存在，它决定着人的行为能否处于中和。由此看《太上洞玄灵宝法烛经》的论述，与《太平经》有较为接近的亲缘关系，比较重视实在之物的探讨。

仅仅通过保养人体的纯和之气，运气而结丹，只能颐养天年，不能成仙。在那些论述精、气、神的经典看来，通过人体精、气、神的自觉修炼，突破死亡的制约，可以成为神仙。这样一来，就与养生家区别开来了。

初期的道教经论，尤其是《太平经》等，重点是说明世界万物的构成问题，以及对生存、死亡的理解，强调的是生理性的形神统一。对世界的本质与现象关系的探讨不多，也没有理会自我存在与世界既有统一性又有差别性的问题。而且，在理论说明上往往不是通过概念、命题进行逻辑推论，而是借助大量的感性事例加以类比。具体到生与死的问题上，在相当长的时间里，道教超生死得解脱的追求主要集中在生命的永存上，对人的智慧和觉悟的讨论不够重视，着墨不多。它不像别的宗教因讨论人死后如何而可以有玄虚超逸的思辨，而是讨论人如何不死这一非常实在的问题，这就大大限制了它思辨理性的开张、扩散、抽象。从另一角度看就是对超越生死着力较多，而对得解脱不够用心。这两方面表现在三一论上，《太平经》的三一说所表现出的天人合一论，类似于董仲舒的天人相类思想。这种天人合一观对天人的本质的认识显然很少经过严密的逻辑检验。此后三一的论述，大体上都有同样的弊病。随着道教的发展，特别是在受到玄学、佛学的影响下，在陆修静的时代，道教的整体面貌发生了变化。陆修静甚至把科仪戒律的作用解释为纯洁心灵精神的手段。从那时起，不少理论家承继了《太平经》以来对三一的讨论，并提出了颇有价值的理论主张。这同对修炼主张的说明交织在一起，并有了相互融合的倾向。这种倾向表现为南北朝后期道教学者们倾向于力图用《老子》统师并取代以存思为主的三一修炼。具有代表性的论述是《太上洞玄宝元上经》。它认为《老子上经》《老子下经》（即道经和德经）是讲天文地理的，《老子中经》是讲人的。要用《老子》指导内观存神的三一修持。它说：

明三一者，与道合真。真人学之，坚存三一。三一者，天一、地一、人一是也。又名上中下三元一也。又名玄元始太一也。天一在吾上经，地一在吾下经，人一在吾中经。中经内观，别自有经。①

回向正道，仰观上天，俯察下地，然后内观，洞晓中也。洞晓中者，存三一也。存三一者，先观天文，次察地理也。②

此外还有《升玄内教经》和主要活跃于齐、梁、陈三代的孟景翼、孟智周、宋文明、徐素、臧矜等道教学者的三一观念。他们以三为有，以一为无，重一而轻三，进而把守三一的有为之术转变为得道的无为之术。他们的言论，《玄门大论 · 三一诀》引录如下：

> 孟法师云：言三言一，不四不二者，以言言一即成三也。今谓明义，各自有宜，少多非为定准，如六通四达，岂止三耶！若教之所兴，无乖此说。然三义虽异，不可定分，亦一体虽同，不容定混。混亦不混，故义别成三，分不定分，故体混为一。混三为一，三则不三；分一为三，一则不一。不三而三，不一而一，斯则三是不三之三，一是不一之一。不三之三，非直非三，亦非非三；不一之一，非止非一，亦非非一，此合重玄之致也。③

这里首先引录孟智周的观点。孟智周以重玄的方法来诠释三与一之间的关系，重在说明一与三之间既有差异又相互紧密联系的关系。但《玄门大论》的编纂者认为孟智周的观点虽然高妙，但尚未把三一关系所蕴含的形而上的思想充分地揭露出来，不容易理解，所以该书紧接着罗列了具有"出体之义"的四家代表性的观点：

> 一者大孟法师解云："三一之法，以妙有为体。有而未形，故谓为妙。在理以动，故言为一。"引经言："道生一。"又云："布气生长，贷（按：当为"裁"）成靡素。兼三为用，即一为本。"今不同此。果法若起，故非未形之妙。《经》云："生岂是常在之本？"④

---

① 《太上洞玄宝元上经》，《道藏》第 6 册，第 255 页。

② 《太上洞玄宝元上经》，《道藏》第 6 册，第 254 页。

③ （宋）张君房：《云笈七签》，《道藏》第 22 册，第 342 页。

④ （宋）张君房：《云笈七签》，《道藏》第 22 册，第 342 - 343 页。

孟景翼是用本源论的观点来理解"三"与"一"之间的关系，把"一"理解为从作为无的道而生成万物的一个阶段。它的存在没有形质，所以用"妙"来形容它。"一"以气的形态表现出来，生成"三"（即阴、阳、中和三气），"三"又生化万物，所以说"一"是体，"三"是用。对"一"之"妙"，他在《正一论》中做了详细的阐述：

> 一之为妙，空玄绝于有境，神化赡于无穷。为万物而无为，处一数而无数。莫之能名，强号为一。在佛曰"实相"，在道曰"玄牝"。道之大象，即佛之法身。以不守之守守法身，以不执之执执大象。但物有八万四千行，说有八万四千法。法乃至于无数，行亦达于无央，等级随缘，须导归一。归一曰回向，向正即无邪。邪观既遣，亿善日新。三王四六，随用而施，独立不改，绝学无忧。旷劫诸圣，共遵斯一。老、释未始于尝分，迷者分之而未合。亿善遍修，修遍成圣，虽十号千称，终不能尽。终不能尽，岂可思议。①

孟景翼有调和佛道的倾向。这段话的主要意思是：其一，"一"为世界之本；其二，不守不执才是修行的根本；其三，渐修可达尽善；其四，释道境界无二；其五，圣人境界不可思议。《玄门大论》的编纂者不同意孟景翼以"一"为"妙"的观点，认为"一"既然是道衍生的产物，虽然尚为无形，但已经是"有"而不是"无"，就谈不上"妙"，这样的"一"当然不可能是常道之本。

> 二者宋法师解云："有总有别。总体三一即精神气也。别体者，精有三智，谓道实权；神有三宫，谓上中下；气有三别，谓玄元始。"今谓此判三一之殊，非定三一之体。②

宋文明对三一的理解，构筑了一个包容前代各种思想素材的庞大体系。他说："言道以三一为无心，观空为宗主。"③ 这是根本。具体来说，三一包含总、别两个方面：从总看为精、气、神，从别看则各分为三智、三宫、三气。

精是智慧的符号性代表，《道教义枢·境智义》保留了他对"精有三智"

① （唐）李延寿：《南史》，中华书局1975年版，第1879页。
② （宋）张君房：《云笈七签》，《道藏》第22册，第343页。
③ 李德范辑：《敦煌道藏》，中华全国图书馆文献缩微复制中心1999年版，第2652页。

的具体说明:

> 道智、实智、权智是为三智。道智者,即起本无,谓始自生成,次能化道。实智者,即观身守一之智,谓道即无形,应便有体。则以观身为教,令存于神。权智者,谓方便之力,遍于万境,广开法教,随病受药。①

人最根本的智慧称为道智。它来自本无而化在人身,通过人的自觉而表现出来。实智是存"三"守"一"之智。它是通过对人的存在的认识,因人的实践活动而产生玄妙不测的神通。权智是随机应事的方便法门,可以根据具体对象的不同而采取相应的方法来引导愚迷觉悟。道智大致相当于人的自觉的内在根据,实智可看作道教传统修持方法的合理性之所在,权智可视为常人所谓的知识。

对于"神有三宫",宋文明所述甚详。

> 《请问经》下云"道为无心宗,一切作福田"者,言道以三一为无心,观空为宗主,而无乎不在。又通为一切作福田也。人身有三宫,上宫在眉间,却入三寸,号泥洹宫,为上丹田;中宫在心央,号绛宫,为中丹田;下宫在脐下,却入三寸,号命门,黄庭宫为下丹田也。丹者取其朱阳感炁上升之色,兼取丹信赤心之义也。上一居泥洹宫,中一居绛宫,下一居黄庭宫。若以无心为心,专心守一者,则三一之神于其身中,滋益智慧,至于成道,混合为一。如稼穑之收实,故所以称田。即《灵宝思微定志》所谓务知三元之义也。②

其实,《仙公请问经》与《思微定志经》并没有如宋文明所述的思想,但宋文明充分吸收、借鉴了实践与理论两方面的成果,并予以创造性的转换。"神有三宫"的三宫指泥丸、绛宫、丹田,是存神内修的主要部位。宋文明的上、中、下三丹田之说,着眼于人修持的生理学依据,把三丹田的存在解释为道以三一的形式成为人的精神活动的表现,而通过对三丹田气息的运转实现以无心为心的纯洁化,能使人的精神活动超越于有形个体的制约,达到

---

① (唐)孟安排:《道教义枢》,《道藏》第24册,第831页。
② 李德范辑:《敦煌道藏》,中华全国图书馆文献缩微复制中心1999年版,第2652-2653页。

与道为一的天人合一的最高境界。丹田之为丹田，犹如人身三宫为土地，气与精神活动为种子，种子培植于土地以至成为果实。宋文明的这一解释，把人之觉悟的依据、生命存在的形式以及具体修炼的方法这三者连贯起来了。道与气之间的关系，宋文明在这里没有明说。他在《通门论》（上）中有论述。他说："少阴太阴，少阳太阳，又与中和之气，合以成五气。五气就前玄元始三气，成数为八，即《大洞经》云，三元各八，合为二十四气。众生品族，于是而生也。此气散之为云雾，合之为形影，出之为分化，入之为真一。又此气之本谓元始，大梵之气分而为三，即成上三天也。"[1] 把这一段话与他对道性的解释联系起来可以看出，他较多地倾向于以道为体、以气为用的思想。正是由于对气的重视，使得他的思想中还有本源论的因素，而且受佛教的影响，大讲生死轮回。不过，从道教的宗教性质来看，本源论贯彻到形而下的层面，恰好可以成为统一当时各道派的一个说理工具。上面那一段话中，"真一"的本体是元始，"大梵之气"是指元气变动的形态，它分为玄、元、始三气，玄、元、始三气凝聚而成上清、玉清、太清三清天。三清的主宰是元始天尊、灵宝天尊、道德天尊。这样一来，六朝时期道教最主要的派别天师道、上清派与灵宝派的至上神，就以一气化三清的形式被统一于同一模式之中了。

《三皇经》认为开天辟地之前存在着始青、元白、玄黄三气，这对后来形成三洞、三清显然有影响。"气有三别"就是对这些方面的概括，具有对道教资料进行归类总结，把道教义理进行体系化的意义。《玄门大论》同意宋文明的观点。其《释名》说：

> 三一者，精、神、炁混三为一也。精者虚妙，智照之功；神者无方，绝累之用；气者方所，形相之法也。亦曰希、微、夷。希，疏也；微，细也；夷，平也。炁即是精，希即是神，微即是气。精言夷者，以知万境，均为一照也。神言希者，以神于无方，虽遍得之，甚疏也。气言微者，以气于妙本，义有非粗也。[2]

《玄门大论》的解释显然主要是从存神内修的角度来说的。它把精、神、气与描摹道的形而上的三个特征：希、微、夷一一对应起来，目的是说明在内

---

[1] （唐）王悬河：《三洞珠囊》，《道藏》第25册，第334页。
[2] （宋）张君房：《云笈七签》，《道藏》第22册，第342页。

修之中体悟道本体的存在。在这种境界中，形而上的道与形而下的精、神、气一体混融。内修中道是体，气为用，道与气是一而二、二而一的关系，所以这里说以气为本，神为用，精为功。本妙故用无滞障，遍及一切，从而精有遍照万境的功效。

总体上来说，宋文明只是条分缕析地罗列了道教中合乎三一这对范畴之间关系的各种概念，没有确立三一范畴的形而上的意义。

> 三者徐素法师云："是妙极之理，大智慧源。圆神不测，布气生长，裁成靡素，兼三为义，即一为体。"此解虽胜，语犹混通，未的示体。如极理之与大智，此即是境智之名；慧源之与裁成，即是本迹之目。故未尽为定也。①

徐素把"一"一方面理解为"妙极之理"，另一方面理解为"大智慧源"，把"三"理解为由两个方面蕴含所构成的体之用。这个用具体体现为布气而生化万物，使得世界由简单而变为复杂。这个观点虽然比上述两种解释有了进步，但仍然有本源论的影子。《玄门大论》的编纂者认为这种解释义理太含混，没有说透。因为说"一"是"妙极之理"和"大智慧源"，仍然是从形而下的层次着眼，是就增强人认识事物之理的能力而言的，而没有形而上的超越、空灵。同时，对"一"做这样的界定就意味着把"三"界定为"妙极之理"和"大智慧源"在形而下的事物中的具体表现。"一"就成了本，"三"就成了迹，本与迹判分为二，它们之间的对待性没有得到克服而达到圆融之境。

从上述可见，从本体之道与人之存在的关系立论，大孟的"妙有"，徐素的以三一为理及心有定散的观点，小孟的立足言、象、意对三一的分析，把人与心相关的精神活动与形体的关系做了较为清晰的说明。身心、形神关系，是道教理论最基本的问题，无怪乎道教学者们如此重视了。

> 四者玄靖法师解云："夫妙一之本，绝乎言相，非质非空，且应且寂。"今观此释，则以圆智为体，以圆智非本非迹，能本能迹，不质不空，而质而空故也。今依此解，更详斯意者：既非本非迹，非一非三，而一而三。非一之一，三一既圆，亦非本之本，非迹之迹。迹圆者明迹

---

① （宋）张君房：《云笈七签》，《道藏》第22册，第343页。

不离本，故虽迹而本；亦不离迹，故虽本而迹。虽本而迹，故非迹不迹；虽迹而本，故非本不本。本迹皆圆，故同以三一为体也。三一圆者，非直（只）精圆，神气亦圆。何者？精之绝累即是神，精之妙体即是气，神之智即是精，气之智即是精，气之绝累即是神也。斯则体用圆一，义共圆三。①

"玄靖法师"即指臧玄靖，即臧矜。据陈国符《道藏源流考》的考证，王远知师事臧矜当在太清元年（547）。臧矜大约生存于梁初（503—514）至陈宣帝（569—582）时，他的主要著作为《道德真经疏》（四卷）与《道学传》（一卷），前者见杜光庭的《道德真经广圣义》等书，大部分已佚，后者仅有存目。臧矜的三一论是六朝道教三一论的典型之一。他把体用观的探索导向深入，打通了精、气、神与心、性、情之间的联系。对于前者，他的解释颇富哲理思辨性。他认为，一作为抽象的终极的本体，是无法言说的。它没有形质，但又不是空，不等于非存在。它是寂，但又能够应。《玄门大论》的编纂者认为这种解释最精当。在它看来，"以圆智为体"是以圆通不偏执为究竟，也就是说，终极本体既不是本，也不是迹，但却既能够成为本，也能够成为迹；既无形质，但又非绝对的虚无顽空，即它能够生化形质，通往虚空。这是以重玄思想方法来疏解三一体义。重玄思想方法是改造佛教中观论双遣双非的四句而来的。具体到三一体义，依据孟智周"用则分三，本则常一"的观点，《玄门大论》认为，四句依序是：本一迹三，本三迹一，本迹俱三，本迹俱一。其中，"本一迹三"指"妙本圆一，分应开三"，"本三迹一"指"应气为一，本体俱三"，后两句指"本迹不殊，同三同一"。这四句概括起来是：（1）揭露范畴所包含的矛盾；（2）暴露矛盾双方的相互否定性（遣，玄）；（3）因这种相互否定性而断言无法分辨彼此、判明是非，从而认为范畴超乎形质，绝乎言象（双遣，重玄）；（4）所以要超越矛盾双方的偏执而达到中道圆融的精神境界。

对于后者，臧矜指出：

夫言希、夷、微者，谓精、气、神也。精者灵智之名，神者不测之用，气者形柜之目。总此三法为一，圣人不见是精，不闻是神，不得是

① （宋）张君房：《云笈七签》，《道藏》第22册，第343页。

气。既不见不闻不得，即应云无色、无声、无形。何为乃言希、夷、微耶？明至道虽言无色，不遂绝无。若绝无者岂同太虚，即成断见。今明不色而色，不声而声，不形而形，故云夷、希、微也，所谓三一者也。①

成玄英认为臧矜的"精者灵智之名"是直接释之以心，这是中肯之论。臧矜的解释比大小孟与徐素深入，比宋文明精炼明确。他既用希、夷、微来说明妙一作为本体的特点，又把希、夷、微转化为与人的形、神、意统一的精、神、气。以神、精、气来解释希、夷、微，臧矜并不是第一人。初唐僧人法琳在《辩正论》中说：

> 古来名儒及河上公解《五千文》，视之不见名曰夷，夷者精也；听之不闻名曰希，希者神也；抟之不得名曰微，微者气也。是谓无状之状，无物之象。故知气体眇莽，所以迎之不见其首；气形清虚，故云随之不见其后，此则叙道之本，从气而生。所以《上清经》云："吾生眇莽之中，其幽幽冥冥；幽冥之中，生乎空同；空同之内，生于太元；太元变化，三气明焉。一气青，一气白，一气黄，故云一生二，二生三。"案《生神章》云："老子以玄、元、始三气合而为一，是至人法体。精是精灵，神是变化，气是气象。"如陆简寂、臧矜、顾欢、孟智周等《老子义》云：合此三乘，以成圣体。又云：自然为通相之体，三气为别相之体。②

显然，陆修静早于臧矜已经把希、夷、微与神、精、气分别关联起来了。臧矜这样做，是为了在本体与现象两个层次，在人的精神活动的表现、精神活动的主体、精神活动的依据三个方面，构筑其三一论。对于本体与现象的关系，他认为，希、夷、微三者是对道的描述。道体杳冥幽渺，无色可看，无形可见，无声可听。虽然无色、无声、无形，但并非不存在，不是绝对的空、无。如果把道当作绝对的无、绝对的空，就会陷于断见，把整个世界看作僵死枯寂、一无所有的存在。实际上，道虽然绝乎言相，非质非空非色，但却能通过各种具体的存在显示出来。各种事物的存在及其运动变化，恰好反映了道作为妙一之本的作用。妙一落实于人就有精、气、神一体的存在。气是

---

① （南齐）顾欢：《道德真经注疏》，《道藏》第 13 册，第 285 页。
② （梁）僧祐、（唐）道宣：《弘明集 广弘明集》，上海古籍出版社 1991 年版，第 193 页。

构成人体结构的材料，神是人的感觉等精神意识活动，精是主体的自觉的内在动力与表现，即智慧。后世成玄英在《开题》中所说的"精者灵智慧照之心"即来源于此。臧矜认为："智慧为道体，神通为道用。"① 在他看来，智慧是成道的根据，而各种奇妙的活动是有此智慧的表现。但这一切又都是得之于道。人的存在与道在本质上是一致的。

臧矜没有像宋文明那样大量描述三丹田之类具体修炼中所涉及的问题，却高度关注心的认识功能和人的自觉性的意义，力图揭示它们对人的得道的意义和价值。他认为，臻乎三清一乘之位，是"始自发心，终乎极道"。在心中觉悟而得道需要经过五个循序渐进的认识阶段：

> 一者发心，二者伏道，三者知真，四者出离，五者无上道。均此五心，总有四位，前之二心是十转位，第三一心是九宫位，第四一心是三清位，第五一心是极果位。前四是因，后一是果，初之二心，有十转者。发心一位即为一转，伏道之中，凡有九转，以一就九，合成十转。其初发心亦名游散位。为一转者，是破裂生死，回向道场，从迷返悟，转俗入道。②

这一五心说是对佛教《大方广佛华严经·十地品》的吸收和改造。这一主张后来被初唐的成玄英稍加修改后放在了《道德经义疏》中。在臧矜看来，觉悟的关键在于心体的明觉，而心体明觉的表现即是智慧。那如何得到智慧呢？臧矜为人们开出的修学方法是："至死欲观心，乃除通欲耳。且无欲空观，有欲有观。有观资空，空观导有。导有无有。有观无观，故曰真观。真观亦同无，方名道耳。"③ 观照的方法有两种：有欲之观，即有观；无欲之观，即空观。这两种方法空观为优，不过有观在现实中是大量存在的。空观施行的前提是心灵的空寂，而只有心灵空寂才能真正观照。但这不是至极，只有超越了对有无进行观照的真观，才是道。真观是无意识的，其实质是随感而发，质言之就是自然无心。《玄门大论》的作者在三一义上，批评了许多人，唯独没有批评臧矜，大概是因为这一观点就是《玄门大论》所说的穷理尽性的重玄之道。唐代的成玄英对臧矜推崇有加，大概也是同一原因。

---

① （唐）孟安排：《道教义枢》，《道藏》第24册，第805页。
② （唐）孟安排：《道教义枢》，《道藏》第24册，第809页。
③ （唐）孟安排：《道教义枢》，《道藏》第24册，第812页。

　　前面我们多次引述类书性质的《玄门大论》① 的三一思想，并显示出它对前人思想的发展。《玄门大论》虽然成书于隋代，但它的作者的思想紧承南北朝时期，所以我们在这里对其思想做一集中论述。

　　《玄门大论》对前人的三一论做综述，认为前人的论述都不完美。《洞神经》对三一解释说："知守虚无空者为大乘也，守神炼形为中乘，守气含和为小乘也。"《玄门大论》同意这一观点，它说："小乘以三一为定境，义极于有。今大乘以三一为智慧，义在于空。何者？昔小乘入定，则舍于有，故在空之时，无复三一也。今大乘为观，群色是空，故虽于空，不失三一也。"② 它认为，小乘追求脱离了有的定境，实际上是把自我意识投射到外物上，这反而失落了自我的存在。中乘虽然保住了自我的存在，却没有达到空不舍有，对空有关系的处理仍有不当。它说："昔因三一以入于无，得无之时，谓为真一。此之无一，犹对于有之无，是为挟二，故为待也。今之三一，即体非有，亦复非无，非有非无，故无所挟。既无所挟，故为绝也。"③ 在它看来，中乘通过三宫的持守来守神炼形而归趋于无，虽然可以达成"真一"，但真一之无与终极本原的道毕竟还不是同一个东西。也就是说，因有而无仍然是有与无的两分，没有达到真正的体用如一。《玄门大论》认为，宇宙的本原和生化，是玄、元、始，正、权、实，气、精、神这三者所表现出来的三一关系。这三者各自具有相生的关系，合而成九。它认为，这就是《上元真书》的源一、元一、太一、玄一、真一、雌一、雄一、三一、正一。它解释说：

　　　　源者至道之根，众妙之本。元者众善之长，万法之先也。太者极大之名，包含为德。玄者不滞为用，妙绝高虚也。真者去假除惑，即色皆空也。雌者安静柔和，观空照实也。雄者刚动能化，方便善权也。三者精神气也。正者治邪灭恶，去暗就明也。此明至道垂迹，有此九条，摄会归本，同为一致。④

它认为，这个由《道德经》《正一经》《自然经》综合而成的九一之义，把

---

① 又称为《玄门大义》《道门大论》《玄门论》。

② （宋）张君房：《云笈七签》，《道藏》第 22 册，第 344 页。

③ （宋）张君房：《云笈七签》，《道藏》第 22 册，第 344 页。

④ （宋）张君房：《云笈七签》，《道藏》第 22 册，第 344 页。

本体与人性统一起来了，因而是最圆融的。

《玄门大论》认为，三洞四辅十二部道教经典都有"通凡入圣"的功能，但各类经典的教法侧重点不一样，适于不同修道阶段的人习用。它认为，初入道门者习洞神经，中级阶段者习洞玄灵宝经，高级阶段习洞真经。其中，太玄部经典的宗旨是"摄迹还本，遣之又遣，玄之又玄"，是"崇玄之致"①。在对七部的疏解中，《玄门大论》认为七部各有不同的理论重心，因之有高下之别："第一太清者太一为宗"，"第二太平者三一为宗"，"第三太玄者重玄为宗"，"第四正一者真一为宗"，正一不单独存在，而是"遍陈三乘，简异邪道"，含有前面三部的内容②。太一论天，太平明术，太玄致极，修炼因之以三一为本。它说：

> 夫三一者，乃一身之灵宗，百神之命根。津液之山源，魂精之玉室。是以胃池体方以受物，脑宫员（当作圆）虚而适真。万毛植立，千子生烟，德备天地，混同太玄，故名曰泥丸。泥丸者，形躯之上神所居也。兆唯知吞炁咽津，鸣齿纳液，不知此所因者，乃泥丸之末流，脑家之边枝尔。今将告子三一之诀，上真之妙法也。③

在它看来，昔日人们只知道吞气咽津，叩齿咽液，不明白这样做的原因，就不可能真正得道。只有明了"德备天地，混同太玄"的道理，才能进而从泥丸入手，才有可能上达于道。这是把术与道关联起来实现双向作用的关键。"胃池体方以受物，脑宫圆虚而适真"说明了实践操作的依据与智慧觉悟的途径都并存于人身上了。人的存在与宇宙的本源本来是统一的，人只要把发掘自身的生理潜力与悟解形而上的智慧统一起来，就能把生命长存与实现自我价值统一起来。三一理论是在太一理论的基础上形成的。重玄又是在三一理论的基础上形成的，其典型的表述形式具有佛教中观学的鲜明色彩，以重玄、境智和二观为内容。如《玄门大论·三一诀释义》说："因为观境，则开众妙之门；果用成德，乃极重玄之道。"④ 这已经明明白白地道出了重玄之

---

① （宋）张君房：《云笈七签》，《道藏》第22册，第35页。
② （宋）张君房：《云笈七签》，《道藏》第22册，第36－37页。
③ （宋）张君房：《云笈七签》，《道藏》第22册，第347页。这段论述也出现于王悬河《三洞珠囊》卷三《服食品》中，其中说它出自《大有上经》。习惯称为《大有经》的《洞真太上素灵洞元大有妙经》中确实有这段文字。
④ （宋）张君房：《云笈七签》，《道藏》第22册，第342页。

义。此外，《玄门大论·三一诀并叙》用精、气、神三者合一况"重玄之道"，由此开始把道教之"三一为宗"与"重玄"思想结合。太一、三一、重玄依次渐进的关系，从理论上对修炼形神到智慧解脱的过程做了很好的说明，反映了道教学者们认识的深入。它们是从实践修行的渐进过程中总结出来的，因而是道士理论学习和实践修炼所达到的程度的标志。太一至三一的历史进程再次昭示出，中国传统思想的发展有两条线索。其一是主要由道家所建立的形而上的本体论与本源论以及儒道两家所建立的人性论，这是道的方面，是哲学研究的对象。其二是融会了中国人传统的信仰、习俗、思维习惯、生活方式等诸多与实践紧密相关的内容，即存在于民间的术，这是人类学、科学技术、宗教学、文化学等多学科都可以研究的对象。二者相互依存，相互影响而不断得以发展。

综上所述，所谓三一体义，无非是这几方面：从本与迹的关系来看，"一"是本，"三"是迹，但本迹即同即异。从应与寂的关系来看，"一"是寂本，即玄、元、始三气分化之前的混沌状态；"三"是应迹，是后天之物，但是，应、寂本为一事。从体与用的关系来看，"一"是体，"三"是用，但是，体、用是包含着差异的同一。从本体论与本源论的关系来看，"一"是生成之本，"三"有成德，但是，生成其实是自生自化，事物都是本体独化的结果。

三一论是以《周易》象数学形式表述的道教理论。对象数学持贬斥的态度，容易使人们疏于对它展开深入的研究，也容易让人忽略它对道教理论的成熟和发展所具有的意义。其实，象数学对自然界的运动变化和社会中的人事活动的内在规律及相互关系提出了一套定量化体系，这从一个方面启发了道教学者们运用它来完善自己的主张。道教以人体比拟宇宙，充分注意到了人的气息运转、生命节律与自然界的四季更替、阴阳升降的对应关系。它的养生主张与修炼实践，实际上从一个侧面把象数学做了精确化、系统化。对此，只要认真考察一下以《周易参同契》为代表的炼丹术的理论模型及其具体修炼主张的特点，就不难发现道教与象数学这种交相影响，既有继承又有发展的关系。这也是后世《周易》象数学与道教始终无法割断联系的内在原因之一。当然，应该看到，这二者均存在着一些臆测的成分和神秘的因素，它们与其合理的内核交织在一起，需要给予慎重的鉴别。

理论与实践的高度统一，是三一论的基本特征。这虽是对汉代哲学的继承，但其内容则多为汉代哲学所未探讨的得道成仙的术与道。它是哲理形上学与实践中的修证要求的糅合，故有别于专注于道德品行修养的儒学。宋文明与臧矜等道教学者们在继承玄学家王弼对统一性、普遍性的强调的同时，容纳了郭象以个体为本体的思想中对个体的重视，并把郭象对无不能生有的哲理批评内在地吸收进来了。他们重视本体论并以体用观为主导，本源论的地位大大降低了。这反映了哲理思辨水平的提高。在宋文明、臧矜等人之前，在道教对三一的论述中，实践性的修炼功夫、伦理道德规范、日常的行为守则等，同本质与现象、自我存在与生命本源、认识与实践的相互关系等理论阐释，是各自独立存在着的，而且在理论分析的深度上远远低于玄学。宋文明、臧矜以三一的形式将它们融会贯通，构成一个统一的理论体系。他们继承了中国传统思维方式中对天人合一的重视，凸显了心性问题与修炼方术的紧密结合，而且从心性论的角度，在认识活动及认识主体的内涵方面，大大推进了魏晋玄学以来的认识，这使得他们所建构起来的学说有别于力图从幽深、高远、玄妙的层次俯视贵无与崇有之争并力图调和二者的玄学，实际上是发展了玄学。这在玄学向重玄学过渡的过程中具有至关重要的中介地位，对重玄思潮起了催生的作用。这一学说同样有别于专事心性而趋致于成佛的佛教。这说明，道教的理论已经初步具备了完整的形态和不同于儒、佛、玄的框架。

三一的内容除了与生理学密切相关的修炼理论和通过三一的形式建立具有新内容的道教哲学这两方面外，还与神仙谱系密切相关，是三皇与三清得以形成的思想原因之一，也是三洞经书分类法形成的原因之一。这反映了道教的终极理想与实现理想的手段的统一。质言之，三一是道教理论与方法相贯通的桥梁，体现了道教的思想性格和特质。这也说明，三一把道教经义教理的各个方面至少从形式上统一起来了，从内容上打通、贯穿了。

从上述可见，三一论在保留道教既有理论内容的前提下，对它们进行了新的阐释，把宇宙发生论、形神论、修炼的方法等作为本体论、心性论、功夫论的基础，在崭新的立场上加以容纳。玄学与佛学的本体论、方法论、心性论、境界论等，都被道教吸收到自己的三一论学说中，从而使道教的理论形态发生了根本性的变化，使人有耳目一新之感。六朝时期成熟的三一论是道教最早的包括理论（道、学）与实践（术）两方面内容的完整理论形态，是道教统一意识的时代反映与思想总结。宋文明与臧矜等的三一论，代表了重玄思潮产生之前的道教理论水平，标志着道教哲学开始迈入心性论的新时代。

（四）道性自然

对道性的问题，《老子》的宇宙发生论已经为它奠定了基础。《庄子》紧接着论证了道普遍存在于万物之中。《淮南子·俶真训》曾经引庄子"虚室生白，吉祥止也"一语，东汉末高诱注说："虚，心也。室，身也。白，道也。能虚其心，以生于道，道性无欲，吉祥来止舍也。"① 这里的"道性"指的是道的本质，"道性无欲"指道非为精神实体。《老子河上公章句》提及"道性"，有"道性自然，无所法也"之说，但这是对道体的规定，不是对人成道的规定。《太平经》指出，"一阴一阳，上下无穷，傍行无竟。大道以是为性，天法以是为常"②。这已指明了道性为阴阳，但不及河上公所说的道性自然高明。"常"虽承认了其永恒性、普遍性，但不是超越的本体。与道性相近的概念，《太平经》有"天道自然之性""天地自然之性""天地之性"，并说："天地之性，蚑行万物悉然。"③ "天下人乃俱受天地之性，五行为藏，四时为气，亦合阴阳，以传其类，俱乐生而恶死，悉皆饮食以养其体，好善而恶恶，无有异也。"④ 这里已表明了天地之性是人性的依据的意思，而天地之性实为道性。但《太平经》显然没有很自觉地把"天地之性"与"道性"打通并把道性作为人得道的内在依据。《老子想尔注》认为，"一"是道，散形以为气，遍在人身之中。这是强调人得道的内在根据。这与《西升经》所说的"道非独在我，万物皆有之"是一致的。但《老子想尔注》又进了一步，其中道性概念出现了两次。"道性不为恶事，故能神，无所不作，道人当法之。""道性于俗间都无所欲，王者亦当法之。"⑤ 这里所说的道性，指的是道的品格，犹如说人的脾性一样。后世道教继续不太自觉地探讨这一问题。《抱朴子·辨问》说："按仙经以为诸得仙者，皆其受命偶值神仙之气，自然所禀。故胞胎之中，已含信道之性，及其有识，则心好其事，必遭明师而得其法，不然，则不信不求，求亦不得也。"⑥ 这里的"信道之性"主要是指信

① 何宁：《淮南子集释》，中华书局1998年版，第146页。
② 王明编：《太平经合校》，中华书局1960年版，第653页。
③ 王明编：《太平经合校》，中华书局1960年版，第370页。
④ 王明编：《太平经合校》，中华书局1960年版，第393页。与此相近的说法是："夫天以要真道生物，乃下及六畜禽兽。夫四时五行，乃天地之真要道也，天地之神宝也，天地之藏气也。六畜禽兽皆怀之以为性，草木得之然后生长；若天不施具要道矣，安能相生长哉？"（王明编：《太平经合校》，中华书局1960年版，第430页。）
⑤ 饶宗颐：《老子想尔注校证》，上海古籍出版社1991年版，第50页。
⑥ 王明：《抱朴子内篇校释》，中华书局1985年版，第226页。

道的根性，而不是指人的本质中有道的属性。"信道之性"虽不能等同于人有自我反思能力而达本原的道性的认识，但它可以解释为人的觉悟的根据。陶弘景《吴太极左宫葛仙公之碑》云："山阴潘洪，字文盛，少秉道性，志力刚明。"[①] 此道性指向道的自觉意识，还不是成道的内在根据。

出于晋代的《太上洞渊神咒经》说"妖邪伪且浊，道性本来清"[②]，但缺乏深入的论述。或书于它之后且与它有关的《洞玄灵宝本相运度劫期经》断言道性本来"清"，并对道性展开了讨论。

> 炎明曰，受恩厚问余解：大千之载，一切众生悉有道性。虽有其性，而无其真。当运灭尽，其性如何？答曰：灭尽运终，一切众生，普生慈心，志存道场，当斯末劫周时得道。唯有种子，泡生而漂，终不死也。何以故？以重其种故。一切万类，亦留其种，终不普升也。问曰：如诸众生普得道真，与大道同体否？答曰：一切众生得道成仙，号曰世尊，于此称尽矣。唯有六道之气，可得之耳。云欲合同道量，未之有也。何以故？譬如饥人，羡饱得饱，饱而忘饥。是以真人起于不足而忘于乏，得足以忘不足。问曰：道性可见否？答曰：不可见而可见之。成之故可见，未成触目而不睹。何以故？一仙真人视道性万分始得见一。自声闻圆觉，知进而不睹。知进者，诸漏已尽，更无烦恼。神通变效，学士所不能及。[③]

这可能是最早的关于道性的讨论。它的佛教色彩很浓，说明到了南北朝时期道教学者们受佛教佛性论的影响，意识到了道性的重要性，把对它的探讨提升到了理论自觉的高度。但与佛教不同，道教在讨论道性时引入了气论，这是中国思想传统的延续。这里把种子道性说和当时道教的劫运说结合起来了。道性成了道徒能够成为后世种民的依据。

值得一提的是，《洞玄灵宝本相运度劫期经》中，炎明问："天下万物都由道气而生。既有其生，皆应有土水石铁，独无命乎？"灵宝天尊回答说："此四事者，有性而无命。何以故有性而无命？无命者，以无血脉汁色，是

---

① 《华阳陶隐居集》，《道藏》第 23 册，第 650 页。
② 《太上洞渊神咒经》，《道藏》第 6 册，第 12 页。
③ 《洞玄灵宝本相运度劫期经》，《道藏》第 5 册，第 853 页。

以有性而无命也。"① 这里涉及了道气与性命的关系，并把性与命明确区分开来了。这说明道教在佛性论影响下对道性的探讨，是与自己关爱生命的立场做了协调的，并不是照抄照搬佛性论。这预示了道教理论在道、气、性、命四个概念关系上未来的发展方向。

《真诰·甄命授第一》说："君曰：道者混然，是生炁气。元炁成，然后有太极。太极则天地之父母，道之奥也。故道有大归，是为素真。故非道无以成真，非真无以成道。道不成，其素安可见乎？是以为大归也。见而谓之妙，成而谓之道，用而谓之性。性与道之体，体好至道，道使之然也。"陶弘景注释说："此说人体自然，与道炁合。所以天命谓性，率性谓道，修道谓教。今以道教使性成真，则同于道矣。"② 尽管许、杨诸人传下的这段裴君之说并没有明确论述道性，但是，陶弘景由道生万物的原则出发，借助《中庸》的人性论把道性说成是人人具备的成道的基础。这样一来，经过陶弘景的解释，它就成了道性论的著名论断。

此后，宋文明的《道德义渊·自然道性》谈论道性问题比较集中。它的基本观点是：

> 河上公云："辅助万物，自然之然。"即此也。天性极为命。《老子经》云："复命曰常。"河上公云："复其性命。"此言复其性命之复，曰得常道之性也。《经》云："道法自然。"河上公云："道性自然，无所法也。"《经》又云："以辅万物之自然。"物之自然，即物之道性也。③

宋文明认为，辅助万物自然生长成熟，是道的恒常不变的性质，这就是道性。万物天性的极限和顶点就是命。复命就是归复道的恒常不变的性质，即获得道性。万物与生俱来的状态就是物中所内蕴的道性。道性无所依凭，自然而然，以辅助万物生长成熟为自己的天职。以此为总纲，宋文明分六个层次，对道性逐步深入地进行了讨论。

第一，序本文。《裴君道授》说："见而谓之妙，成而谓之道，用而谓之性。"④ 人所见到的五彩缤纷、形形色色的事物，都是本体的显现。这些事物

的生成、发展的所以然是道，人能动地进行修持的依据就是性。从修炼的角度讲，宋文明引申说："性与道合，由道之体，体好至道，道使之然也。"①万物与人都是在道的统御之下生成的，所以它们的本性天然地与道是相吻合的，即皆自然。因此，万物有追求与道吻合的天性可以看作是道使得它们如此。

第二，明性体。宋文明说：

> 论道性以清虚自然为体，一切含识各有其分。先禀妙一以成其神，次受天命以生其身。身性等差，分各有限，天之所命，各尽其极。故外典亦云："天命之谓性，率性之谓道。"又云："穷理尽性以至于命。"故命为性之极也。今论道性，则但就本识清虚以为言，若谈物性，则兼取受命形质以为语也。一切无识亦各有性，皆有（由）中心生焉。由心，故性自心边生也。②

宋文明对知觉与长生的论述建立在其心性观上。他指出，"一切含识皆有道性"，有识的人之所以不同于草木虫鱼，在于人"心识明暗，能有取舍"。因此，人"得道之由，由有道性"。宋文明认为，道性的根本内容是清虚自然，一切生物都有道性，只不过程度上有差别罢了。万物的出生首先是禀赋天道本体而成其神，接着秉受天命而成其形质。万物形质不同，各自的性质也不相同，是因为所禀赋而得的道性和天命在量上有多与少的不同。虽然如此，这种禀赋确已获得了可能获得的最大程度，在有生之时是不可能改变的，天命之为人则为人，天命之为虫则为虫。从这个意义上说，命是性分之所然，是性分受形质的羁縻所可能达到的终极界限和顶点。为此，有必要把性具体地划分为物性和物所禀赋的道性。把物性与道性明确区分开来，是宋文明对道教哲学的重大贡献之一。"物之自然即物之道性也"是一个存在论的说明，它与"道性理无通有也"完全一致，但对于人而言，"自然道性为德之源"则说明，人能够以其理性能力实现人生的觉悟："合真则道性显，乖道则道性没也。"谈论道性只是就有生之物的本识的清虚而言的。谈论物性则要涉及它们的形质。张湛对物性与天地之理的区分，在内容上不明确，宋文明顺其思路提出，人是道性、物性的统一。这样一来，张湛区分的意义就清晰、

完整地呈现出来了。宋文明所谓的"道性清虚",实为北宋时期张伯端和宋代儒家所说的"天地之性",物性则实为"气质之性"。道性与物性相统一的观点,为宋代思想家们解决本性同一而现象有善恶等存在的矛盾,提供了颇有深度的宝贵的思想资源。道性是人的普遍性、统一性,物性则是人的差别性、特殊性的决定者。在他看来,人有道性,有认识能力,这是一致的,但人又互不相同,寿夭贫贱,是气质物性决定的,是天命。人的本性通过心而显现。道性、物性反映于人心,所谓本识就是性在心中的体现。所以,人的归根复命要从心下手,复归道性就是修心。宋文明的上述思想,吸收了魏晋玄学家郭象《庄子注》物各自足其性分的思想和儒家《易传》《中庸》的思想。

第三,诠善恶。复归道性就是修心,这意味着心是显现道性的依托。所以,虽然宋文明说过"一切无识亦各有性",但无识者无心,它们的道性只能固守禀赋而得的那一部分,不存在复归整全的道性的可能。所以,宋文明接下来只就有心有识的人谈论道性问题。

> 夫有识之主,静则为性,动则为情。情者成也,善成为善,恶成为恶。《洞玄生神经》云:"大道虽无心,可以有情求。"此善情也。《定志经》又云:"受纳有形,形染六情。"此恶情也。《四本论》或谓性善情恶,或云性恶情善,皆取无(按:当为"无取")矣。①

宋文明认为,性为未发,情为已发,情是有具体内容和表现的喜、怒、哀、乐等情感、欲望、意识等心理活动。心为人之主,心静则性显现,心动则情显现。性本然地是静谧不动的,情则是心在现实中动而生的产物,落实到具体的思、言、行中则既有可能为善,也有可能为恶。这里,宋文明不同意玄学家钟会《四本论》的观点,认为性善情恶或者性恶情善的观点都是错误的,性无所谓善与恶,只有情才能谈论善与恶。这与王弼的观点是一致的。这样,复归道性即修心到这里被引入到伦理领域而开出了一条具体的路子——去恶扬善。据此,他强调要以慈悲、信忍、定慧来保障心灵的明觉,认为这是"固心之本"。通过这样的方法,即可"转神入定,智慧通微"。

第四,说显没。宋文明认为,一切含识的道性,因其思、言、行的善恶

---

① 李德范辑:《敦煌道藏》,中华全国图书馆文献缩微复制中心1999年版,第2648页。

而有隐有显。善则道性彰显，恶则道性隐没。道性只是含识之物得道的潜在可能性。"得道之所由，由有道性。如木中之火，石中之玉，道性之体，冥默难见。从恶则没，从善则显。"要把这种潜在的可能性变为现实性，首先得认识道性之体，即道性清虚自然的本性。但道性之体的显现是在心中进行的，而心依托于含识之物的形质而存在，所以谈论道性不能完全抛开物性。"万物之性有三，一曰阴，二曰阳，三曰和。"① 物性具体地是由气而形成，气有阴、阳、和三种。宋文明认为，阳气、和气清虚多善，阴气坚实多恶。为此，要合阳和之气而敌阴滞之气，以善惩恶，导物性入道性。到这里，宋文明的道性论的要点已经呈现出来：道性为自然清虚；道生万物；物性为道性与形染的结合；道性冥默，从善则显。

第五，论通有。既然谈论道性不能完全抛开物性，就有必要进一步分辩物性与道性之间的相互关系。宋文明说：

> 夫一切含识，皆有道性，何以明之？夫有识所以异于无识者，以其心识明暗，能有取合，非如水石，虽有本性而不能取舍者也。既心有取，则生有变。若为善则致福，故从虫兽以为人；为恶则招罪，故从人而堕虫兽。人虫既其交技，则道性理然通有也。②

他认为，一切有生之物均有道性。何以见得呢？他分析说，生物与非生物的差别在于生物有心识，能取舍。心能够取舍，就能够促使自己发生变化。就哲理而言，宋文明指出："人心无质，运之有境。境净则心明，心明则行洁。行洁可以交神灵，心明可以会天道。"③ "交神灵"的说法承认了真仙至圣的不朽神通，"会天道"则指明了理性自觉的最终目标。宋文明认为，性由心显与性由心明之所以可能，是因为心禀有妙一之德。这样，宋文明就把心、性、情关联起来了。这是宋代理学大师朱熹的心统性情之论的最早来源。

第六，述回变。这是对人虫互变的观点所做的进一步说明，即形质发生了变化，"神识"随之发生变化。这就不完全是哲理而是有宗教信仰的因素在内了。受佛教的六道轮回说的影响，宋文明认为，行善则造福，所以虫兽有可能变为人；作恶则遭罪，人会变为虫兽。人虫互相转变，一切生物均有

① 李德范辑：《敦煌道藏》，中华全国图书馆文献缩微复制中心 1999 年版，第 2648 页。
② 李德范辑：《敦煌道藏》，中华全国图书馆文献缩微复制中心 1999 年版，第 2649 页。
③ （唐）孟安排：《道教义枢》，《道藏》第 24 册，第 819 册。

道性。

宋文明对道性、物性的讨论，仍然存在不够明晰的地方，主要表现在对道性、物性的界定及其相互关系的论述仍有可补充之处。"性由心生"显然是一大漏洞。我们只能说性由心显，而不能说由心生。若性由心生，是物性还是道性就不容易解释。同样，他对心的论述失之于笼统和浮泛。但不管怎么说，宋文明的三一论所涉及的道性论，把老庄道家的道法自然观、儒家的性命说、佛教的净染观与道教既有的理论结合起来，极大地提高了道教的理论水平。宋文明对道性、物性的理论探讨，开启了后世道教心性论的发展。他对道、物、心、性的体用关系进行阐释，最终确立了天人合一的内在根据。宋文明的理论，较好地实现了道教修炼的方法同理想目标神仙的统一，他还大体上把这落实到了心性的层次。他为道教建立了一套较为严密的理论系统，因此成为继陆修静之后的又一个为人景仰的道教学者。他的思想对隋唐时期的道教义理思想影响很大。他的工作，标志着道教哲学已经步入了一个新的历史发展阶段。

与宋文明一样，这一时期的其他道教经典也对道性做了探讨。它们谈论的重心，更能体现宋文明"论道性以清虚自然为体"的风格。例如，《妙真经》说：

> 自然者道之真也，无为者道之极也。虚无者德之尊也，恬泊者德之宫也，寂默者德之渊也。清静者神之邻，精诚者神之门，中和者事之原。人为道，能自然者，故道可得而通；能无为者，故生可得而长；能虚无者，故气可得而行；能恬泊者，故志可得而共；能寂默者，故声可得而藏；能清静者，故神可得而光；能精诚者，故志可得而从；能中和者，故化可得而同。是故凡人为道，当以自然而成其名。①

自然、无为、虚无、淡泊、寂默是道与德的性质，清静、精诚是神的性质，中和是事之本，修道就要以这些性质要求自己，而这些性质归结起来就是自然。所以，修道的根本要求是自然。作为"道之真"的自然，其含义是自然而然的客观存在。如《妙真经》所说："夫道，自然也。得之者知其自然，不得之者不知其所由然。"② 道要得而后才可知，是因为"道之绵绵，言不尽

---

① 《无上秘要》，《道藏》第 25 册，第 294－295 页。

② 《无上秘要》，《道藏》第 25 册，第 295 页。

意，书不尽言"，它不是可以通过感觉器官直接认知的，而要证知："得之后以自成。"① 对道的证知要清静无为。"一切万物，人最为贵。人能使形无事，神无体。以清静致无为之意，即与道合。"② 清静无为首先要去除名利和欲望。"道人图生，盖不谋名。衣弊履穿，不慕尊荣。胸中纯白，意无所倾。志若流水，居处市城。积守无为，乃能长生。"③ 以此做到保养气、神、精，诚如所说："夫道德洽之于身，则心达志通，重神爱炁，轻物贱名，思虑不惑，血炁和平，肌肤润泽，面有光莹，精神专固，身体轻强。"④ 如此积久修炼，定能长生不死而得道。总之，以自然为道性之根本，强调智慧觉悟，是这一时期道教义理的重要特征之一。

（五）仙者心学

在理论上"论道性以清虚自然为体"，在实践中则必定把心作为修炼的根本，而且，心成为把理论与实践、道与术相贯通的中介。正是基于此，这一时期出现的一些经典，提出了"仙者心学"的主张。如《上清紫精君皇初紫灵道君洞房上经》说："夫仙者心学，心诚则成仙，道者内求，内密则道来。真者修寂，洞静则合真。神者须感，积感则灵通。常能守此，则去仙日近。若夫心竞神惊，体和不专，动静丧精，耳目广明者，徒积念索，道道（当为衍文）愈辽也。"⑤ 与此文义相近的是《八素经》。《八素经》指出："仙者心学，心诚则成仙；道者内求，内密则道来。荣者外求，口发则贵至；财者动心，心寂则富集。诸寂动异用，而所攻者一，守之在役用之机也。"⑥ 这种主张显然不是个别现象，《洞玄三元品戒经》同样类似地说："古人求心，末世求财；古人非心不仙，末世非财不度。"⑦ 六朝时问世，大约与《八素经》同时成书的《洞真太上八素真经三五行化妙诀》则把"仙者心学"的主张从理论与实践两个方面做了翔实的论述。它说：

> 凡行妙化，当矢化身。化身者先志道。道在心中，心中存道，道不

---

① 《无上秘要》，《道藏》第 25 册，第 295 页。
② 《无上秘要》，《道藏》第 25 册，第 14 页。
③ 《无上秘要》，《道藏》第 25 册，第 251 页。
④ 《无上秘要》，《道藏》第 25 册，第 141 页。
⑤ 《无上秘要》，《道藏》第 25 册，第 140－141 页。这一段文字又见于《洞真太上隐书经》。《洞真太上隐书经》今佚，其文为《无上秘要》多所征引。
⑥ （宋）张君房：《云笈七签》，《道藏》第 22 册，第 716 页。
⑦ 《无上秘要》，《道藏》第 25 册，第 115 页。

可见，心不可忘。不忘心者存道坚正。正道在心，心事不怀，邪不敢干，名之为志。志道至坚，成于事也。何由自坚？坚由大慈。慈爱一切，不异己身。身不损物，物不损身。一切含炁，木草壤灰，皆如己身。念之如子，不生轻慢。意不起伤彼心，心恒念之，与己同存。有识愿其进道，无识愿其识生。此应天德，万善之先。久行朗达，与日月并明也。①

这里由"道在心中"开出了"心中存道"而"不可忘"的修道之方。这显然是后来中唐时期道教"修道即修心，修心即修道"的观点的先声。但仅通过"存心"而修道，很难与佛教划清界限。道教的基本主张是形神兼修，大概是已经考虑到这一点，该经接着说道："此术练心，心练质易，质易心精，成真有期矣。"② 这就是说，炼心可以使形质改变，在形质改变的同时，心也达到了更高的层次。这样看来，该经也是主张形神兼修的。如此修炼，最终是可以得道的。对于如何炼心，《正一法文》的主张是正心。它说："凡存一守五神，要在正心。心正由静，静身定心；心定则识清，清明则会道。道会神符，号曰真圣。动则忘一，邪乱五神，五神纷纭，躁竞烦懑，失道陷俗，三业肆行，违善造恶。"③ 这里把"存一守五神"的方法归结为"正心"。它由身静、心定、识清、会道四个步骤组成。这个过程是以心为中心而实现修道的目的。这个意思，《洞玄灵宝道要经》有更明确的说法。它提出了以心求道的主张："夫求道者，应以无得心求，亦不前心求，亦不后心求。应以不起不灭心求，应以秘密心求，应以广大心求，应以质直心求，应以忍辱精进心求，应以寂静柔弱心求，应以慈悲至孝心求。"④ 这里用了很多心，意思虽然不难懂，但显得烦琐。《太上洞玄灵宝业报因缘经》则用"忘心"和"灭心"两个概念把它们概括无遗。它说："极道者为发心学道，从初至终，念念持斋，心心不退。复有二门，一谓忘心，二谓灭心。忘心者始终运意，行坐忘形，寂若死灰，同于槁木。灭想灭念，惟一而已。灭心者，随念随忘，神行不系，归心于寂，直至道场。"⑤ 不过，这个概括受佛教影响的痕迹过重，在主旨上有些偏离了道教。

---

① 《洞真太上八素真经三五行化妙诀》，《道藏》第 33 册，第 474 页。
② 《洞真太上八素真经三五行化妙诀》，《道藏》第 33 册，第 474 页。
③ 《无上秘要》，《道藏》第 25 册，第 165 页。
④ 《洞玄灵宝道要经》，《道藏》第 6 册，第 305－306 页。
⑤ 《太上洞玄灵宝业报因缘经》，《道藏》第 6 册，第 100 页。

"仙者心学"的主张已经影响到了这一时期对修道之术的解释。例如，《洞真太上隐书经》认为："导引服炁之法，胎息闭心存念之术，《幽神中篇》《金匮》《隐音》《黄庭》内外、《太清守记》，凡如此道，数千余事，皆流传俗间，兆所知闻。自中世以来，轩辕之后，以此诸道而登度者，人以岳积，不可胜数。此勤心至矣，守精笃矣，秉操坚矣，志尚定矣。行此四德，余将为兆破券升仙也。"① 按照这里所说，导引、服气、胎息、闭心、存念等术之所以能够修炼成功，是因为做到了"勤心至""守精笃""秉操坚""志尚定"，而这四者都是心的状态。这显然是用修心来解释这几种术。

内丹是南北朝至唐代初期出现的概念。"仙者心学"的主张对催生内丹术是有贡献的②。

"仙者心学"的主张的提出表明，在这一时期，道教的道与术之间的双向作用关系已经形成并初步形成了"学"。道教因此而大体具有了道、学、术三位一体的完整结构。

道性自然和仙者心学二者，是这一时期道教心性论的两个基本命题。道教心性论通过对人的心、性、情相互关系的阐释，论证了修道者、觉悟者的本质与众生具有的差异性，因而众生有修道的必要性；修道者、觉悟者的本质与众生具有同一性，因而修道是可能的；人通过智慧明觉能够明了人生的意义，实现人生的价值。其中性是心之理，是人与世界同一的本质属性，心是性的承载者、表达者与实际的主宰者，情是心的功能与表现，智慧则是对自我与世界本质的观照。在心、性、情相互关系的理论指导下，通过精神的提升而实现人生的超越，这是心性论哲学的主要内容。这个框架是儒、道、佛三家都共同的，三家在形成这一框架的过程中也相互激荡，相互影响，但三家对心、性、情、智慧、人生的意义和价值、终极超越的目标等的具体内涵，实现超越的方法都各有不同的理解。道教的心性论从一个特定的立场和角度丰富了中国哲学心性论的内容。

---

① 《无上秘要》，《道藏》第 25 册，第 141 页。
② 南朝时，僧人慧思引道入佛，引用了"借外丹力修内丹，欲安众生先自安"（《大正藏》卷四十六《南岳思大禅师立誓愿文》）。对此，汤用彤等诸多学者认为这一材料是后人伪造的。东晋许逊《灵剑子·服气》有"服气调咽用内气，号曰内丹"之说。但通常认为《灵剑子》为宋人伪托之作。隋代罗浮山道士苏元朗既是一个外丹烧炼专家，又再次以"内丹"一词概括与上清茅山宗有关的内炼之术。他"以《古文龙虎经》《周易参同契》《金碧潜通秘诀》三书，文繁义隐，乃纂为《龙虎金液还丹通元论》，归神丹于心炼"（《古今图书集成·博物汇编·神异典·神仙部列传第十七》）。学者们考证后指出，这同样是后人的伪造。

（六）南北朝道教哲学及其与儒、玄、佛的关系

1. 南北朝道教哲学与儒家的关系

先秦道家对儒家伦理规范的激烈抨击，随着道家思想发展历程中术逐渐由后台转入前台的趋势，入秦之后，在政治统一的背景之下发生了变化。道家思想已经能与儒家伦理规范结合为一个整体了。以道家思想为哲理根本的《吕氏春秋》，在其《孝行览》中从本末的角度论述道：

> 凡为天下，治国家，必务本而后末。所谓本者，非耕耘种殖之谓，务其人也。务其人，非贫而富之，寡而众之，务其本也。务本莫贵于孝。人主孝则名章荣，下服听，天下誉。人臣孝则事君忠，处官廉，临难死。士民孝则耕芸疾，守战固，不罢北。夫孝，三皇五帝之本务，而万事之纪也。夫执一术而百善至、百邪去、天下从者，其惟孝也。①

这里已经把儒家伦理规范作为治国之本了。到了汉代，严遵把儒家伦理规范视为修道的重要内容，他"修道自保。与人子言，依于孝；与人臣言，依于忠；与人弟言，依于顺；各因其发，导之以善。蜀中化之，从其言者过半也"②。不过，严遵主要是从"自保"，即在社会生活中自我保护而不致有生命危险的角度论述。《太平经》《老子想尔注》等汉代道教经典纳入了一些儒家伦理规范，后者虽然提出了"道设生以赏善，设死以威恶"的观念，但显然还没有真正把儒家伦理规范与道教思想相融合。葛洪有"神仙忠孝两不误"之说，他纳入儒家伦理规范的目的，主要是为了使统治者能够接纳道教，这一情况在寇谦之、陆修静等道教改革者那里同样有反映。到了南北朝中后期，道教对儒家伦理规范的接受已经变为自愿、自觉了。北朝道书《无上秘要》卷十五《众圣本迹品中》述赤明天帝修道成真之迹时说，先当"仁爱慈孝，恭奉尊长，敬承二亲"。"父母之命，不可不从，宜先从之。人道既备，余可投身。违父之教，仙无由成。"③ 这已经具有了后世先修人道后修仙道的观点的雏形。《洞玄九天经》发挥了这一观点，做了更详细的解释："夫学道之为人也，先孝于所亲，忠于所君，悫于所使，善于所友，信而可复，谏恶扬善，无彼无此，吾我之私，不违外教，能事人道也；次绝酒肉、声色、

---

① 许维遹撰，梁运华整理：《吕氏春秋集释》，中华书局2009年版，第306-307页。
② （唐）王悬河：《三洞珠囊》，《道藏》第25册，第296页。
③ 《无上秘要》，《道藏》第25册，第33页。

嫉妒、杀害、奢贪、骄恣也；次断五辛伤生滋味之肴也；次令想念兼冥心睹清虚也；次服食休粮，奉持大戒，坚质勤志；导引胎息，吐纳和液，修建功德。"① 这主要是从修炼实践的步骤上来说的。《老子》第五十四章说："修之于身，其德乃真。修之于家，其德乃余。修之于乡，其德乃长，修之于国，其德乃丰。修之于天下，其德乃普。"② 《妙真经》发挥这一思想，侧重从理论上解释修道，说：

> 夫道德治之于身，则心达志通，重神爱炁，轻物贱名，思虑不惑，血炁和平，肌肤润泽，面有光莹，精神专固，身体轻强，虚实相成，鬓发润光，佼好难终。治之于家，则父慈子孝，夫信妇贞，兄宜弟顺，九族和亲，耕桑时得，福实积殷，六畜繁广，事业修治，常有余矣。治之于乡，则动合口和，睹正纲纪，白黑分明，曲直异理，是非自得，奸邪不起，威严尊邑，奉上化下，公如父子，爱敬信向，上下亲喜，百姓和集，官无留负，职修名荣，没身不殆。治之于国，则主明臣忠，朝不隐贤，士不妒功，邪不蔽正，谗不害公，和睦顺从，上下无怨，百官皆乐，万事自然，远人怀慕，天下向风，国富民实，不伐而强，宗庙尊显，社稷永康，阴阳和合，祸乱不生，万物丰熟，界内大宁，邻家托命，后世繁昌，道德有余，与天为常。③

这里把道德修养的不断发展与由个人的"小我"向国家、宇宙的"大我"超越挂起钩来，最后达到天人、物我合一，宇宙安宁的化境。此外，儒家伦理规范也是这一时期道教戒律的主要内容。如《正一法文天师教戒科经》说，凡修道之人，"当户户自相化以忠孝，父慈子孝，夫信妇贞，兄敬弟顺，朝暮清净，断绝贪心，弃利去欲，改更恶肠，怜贫爱老，好施出让"。强调"事师不可不敬，事亲不可不孝，事君不可不忠"④。

应该指出，道教引入儒家的伦理道德规范并不是简单的抄袭。例如，《正一法文》把儒家的仁、义、礼、智、信分别与肝、肺、心、肾、脾五脏相配，使它们的内涵发生了一定的变化。仁即要求人们慈爱不杀，对己身加

---

① 《无上秘要》，《道藏》第 25 册，第 142 页。
② 高明：《帛书老子校注》，中华书局 1996 年版，第 86 页。
③ 《无上秘要》，《道藏》第 25 册，第 141－142 页。
④ 《正一法文天师教戒科经》，《道藏》第 18 册，第 237、232 页。

以爱护，使得"肝魂相安"；义就是要赏善罚恶，谦让于公事和他人，不盗窃，使"肺魄相给"；礼就是尊老爱幼，阴阳静密，贞正无淫，使"心神相合"；智就是化愚学圣，节酒无昏，使"肾精相合"；信即守忠抱一，幽显效微，不怀疑惑，始终无忘，使得"脾志相成，成则名入正一，一入无复忧虑"①。道教不只对儒家伦理规范的具体内涵有所改造，而且，由于儒家伦理规范这一酒水被纳入进来后不是装在儒家的旧瓶中而是装在道教的新瓶中，因而其风貌、格调也发生了变化。这在这一时期道教的生命伦理、社会伦理、神学伦理中都有表现②。风貌、格调的变化必然导致伦理理论的变化。《西升经》有"道以无为上，德以仁为主"之说，韦节在《西升经》注中说："道无体无为而无不为，故最为天地人物之上首。物有显然则不通，得道以通之，故德迹显。物有不得，因施之令得，故仁迹章（彰）。上仁禀德以为主也。"③从这个典型例子可以看出，道教秉承道家的哲理框架来容纳儒家的伦理规范，使道教的伦理观形成了不同于儒家伦理观的哲理特质，即"反者道之动"的元伦理观，自然无为、谦逊就下的伦理精神，"成仙"与"积德"相统一的伦理结构等。

2. 南北朝道教哲学与佛教的关系

道士顾欢所作的《夷夏论》，引起了佛道激烈的论争。从道教的学术发展看，《夷夏论》是道教在思想理论界崭露头角的标志之一。论争的核心问题，一是佛教是否适应中国社会，二是二教之道是否相同。前者主要是礼仪之争，但兼及政治问题。顾欢提出的政治纲领即老子之"道德"，如其表奏所说："臣闻举网提纲，振裘持领，纲领既理，毛目自张。然则道德，纲也；物势，目也。上理其纲，则万机时序；下张其目，则庶官不旷。"④ 这套政治理论要求统治者清静无为，不以自己的欲望、意志等骚扰社会，从而造成社会混乱。它在缓和专制集权与社会各阶层的矛盾方面可以发挥一定的作用。但是，这套理论会因为专制集权的现实存在而被扭曲。提纲挈领、不务杂智多端的原则往往被扭曲为不允许社会有不同思想学说的律令，从而不是由政权去适应社会的思想发展，而是要求社会符合统治者所确立的思想原则。这

---

① 《无上秘要》，《道藏》第 25 册，第 165 页。
② 姜生：《汉魏两晋南北朝道教伦理论稿》，四川大学出版社 1995 年版。
③ （宋）陈景元：《西升经集注》，《道藏》第 14 册，第 579 页。
④ （梁）萧子显：《南齐书》，中华书局 1972 年版，第 929 页。

迫使道教形成更加明确的统一的意识，并为此在教义和组织两方面去努力。

两个问题中，重要的是后者。后者的背景在于，东晋以后，玄学和佛教为道教教义的成熟提供了广阔的知识背景；修炼方术此时也取得了长足的进步，迫切需要为它给出理论说明。在关于后者的论争中，对道教而言就具体化为有无之义能否究尽奥义，这暴露出道教此时在哲理的阐释上与佛教般若学说相比确实相形见绌。这迫使道教学者们吸收经过玄学发展的老庄理论，充实其教理；吸收佛教思想方法来建构自己的形上学，论证修道的必要性和可能性，即道性与人性的关系问题，并把二者结合起来。在形上学方面，主要是吸收佛教中观论双遣双非的思想方法，辅之于道教（道家）本有的体与用、本与迹等范畴，解决有与无、道与德、一与三等核心范畴之间的关系问题。在道性与人性的关系问题上，主要是吸收佛教的佛性论来建构道教的道性论。顾欢在夷夏之争中，因受佛教徒非难而接着著《老子义疏》，其中流露出为后世学者大加发挥的重玄思想的倾向。

顾欢的思想仍然在东晋以来玄佛合流的哲学发展潮流之内。在这基础上，宋文明、臧矜、孟景翼等道教学者借鉴、吸收、深化《太平经》以来的三一论述，建立了一套包容科仪戒律、修行方法、修炼的生理依据与终极理想等相统一的、思想意识较为深刻的学说体系。宋文明等人的三一论是重玄学的直接先驱。这就是说，由于道教势力的增强，到了齐梁时期，哲学发展的潮流已经变为玄、佛、道合流，这在很大程度上促成了玄学在梁代的复兴。

道教吸取佛教思想是从晋末就开始了的，轮回转世、因果报应等关键性的宗教观念在南北朝时期已成为道教的有机组成部分。道性论、三宝说、法身说在南北朝时受佛教的刺激而产生并在南北朝末期形成。总体来说，道教吸收佛教思想并独立推衍、发展教义是在唐代初期就已经基本完成了①。

考察六朝道教哲学的成果，还促使我们必须改变一些有关心性论的陈见。以宋文明、臧矜和《玄门大论》的理论为代表，这一时期的道教哲学在内容上已经把本体论、心性论和修道方法论比较紧密地结合起来了。佛教心性论的讨论，以梁宝亮《大涅槃经集解》最为详尽。道教心性论的奠基人宋文明、臧矜，主要生活于梁代，因此，佛、道心性论的成立大致同时而远远早于儒学的心性论。由此可以明了，道教没有心性论，或道教心性论纯粹抄袭佛教佛性论的主张是错误的。当然，必须承认，佛学的思想在多方面影响了

---

① 王宗昱：《〈道教义枢〉研究》，上海文化出版社 2001 年版，第 49 页。

道教。但不可忽视的是，道教也在不少方面对佛学产生了影响。例如，道教这一时期对心的理论探讨，把心的持守与术的修炼相结合的做法，对当时的佛教产生了影响。天台大师智颛之禅法，汤用彤认为"很可能原出中国道教行气之法"①。日本学者小林正美在《六朝佛教思想研究》中用一章的篇幅详尽阐述了智颛禅法中对道教思想吸收的具体情况。净土大师昙鸾曾经向陶弘景学习长生之术。此外，支遁、道安、慧远、慧思等佛教学者，都受过道教思想的影响。南北朝时期的佛教信仰中，延寿益算之说非常盛行。这同样是受道教影响的结果。

还应该指出的是，考察六朝道教哲学可以看出，这一时期道教与佛教的关系，调和的方面远远超过斗争的方面，过分夸大道佛斗争的方面是不符合历史事实的。就以"道士"的称呼而论，北周道安说："自于上代，爰至符姚，皆呼众僧以为道士，至寇谦之始窃道士之号。"② 但道人仍然是南北朝时期沙门的别称。由此可见，道佛二家这时都在孜孜不倦地利用一切文化资源营构符合中华民族精神的形上学——道。

3. 玄学在营构道教哲学中的特殊作用

过去学术界认为，玄学发展至张湛已是尾声，此后以罗什师徒的理论为代表的中观学跃居于思想史的核心地位。现在看来，这一观点是不完全符合历史事实的。玄学本为以儒融道，由此而与儒家相通。玄学后期一方面与佛教交融，产生了佛教的"六家七宗"，另一方面又与道教交融。因此，玄学在两晋南北朝时期成为沟通儒、道、佛三家的中介。六朝以三一论为代表的道教哲学是以道教思想为主体对玄、佛的融汇，是初唐成玄英等学者的主要思想来源，是早期重玄思想的基础。玄学发展至齐梁，仍然存在，但转移至道教中来，直至成玄英《庄子疏》而将其扬弃。所以，玄学真正的终结不是在张湛之时，而是在初唐的成玄英之时。

有无体用、道德体用、三一体义、道性自然、仙者心学，这五个方面是六朝道教哲学的主要内容。这是道教哲学玄学化的初步成果。道教哲学在这一时期会出现玄学化，原因主要是两个方面。一是随着术的种类的增多，众术合修成为修道者的共识，术与术之间的关系引起了人们的思考。同时，术在实践中被运用的水平有了明显的提高。这二者促使道教自身有了迫切的理

---

① 汤用彤：《汤用彤学术论文集》，中华书局1983年版，第392页。
② （梁）僧祐、（唐）道宣：《弘明集　广弘明集》，上海古籍出版社1991年版，第146页。

论需求。二是玄学在魏晋之后仍然余波荡漾，影响着人们的思想意识。同时，佛教在梁朝前后已大体上步出了格义的阶段，其精深玄妙的思辨吸引和打动了不少人，也对思辨水平不高的道教理论构成了威胁。内因、外因的结合，促使道教界不得不进行哲理的构造。这种理论创作的主要表现是对《周易》《老子》《庄子》的注疏，代表人物有陆修静、顾欢、陶弘景、孟景翼、孟智周、宋文明、臧矜等人，其中梁代的宋文明、臧矜二人的成果是最有创造性、最值得重视的。他们的工作使得玄学在梁代以一种新的形式得到了复兴。

这一时期道教哲学虽然已经取得了巨大的进展，但应该看到，它的本源论和本体论是为其宗教信仰服务的，这与玄学的纯哲学探讨并不相同。例如，其本源论的本意并不在于精细描述生化过程，而在于表达这样一种宗教观念：神是气化而成的，并非肉体胎生而成。正因为神本来就是气，所以，它可以居住于人体中，随时监视着人的一举一动。如《无上秘要》引《洞真九真中经》说："父母唯知生育之始我也，而不悟帝君五神来适于其间。人体有尊神，其居无常，出入六虚。"① 这就为引入伦理，开出遵循伦理规范而得道的修炼方法铺平了道路。

道教哲理的探索必然对术的解释产生一定的影响。例如，房中术这一时期获得了哲理的解释，《上清黄书过度仪》"存思"一节说："思无上炁正青，玄老炁正黄，太上炁正白，三炁共为一混沌状，似鸡子，五色混黄，下诣丹田中。"② 这里的三一是三气融合为混沌状态，进而返回宇宙初生之前。这样一来，男女合气的房中术的施行就成了模仿宇宙生化万物的过程。这是以哲理本源论对房中术进行理论解释。对于神谱，顾欢说过：

> 神仙有死，权便之说。神仙是大化之总称，非穷妙之至名。至名无名，其有名者二十七品，仙变成真，真变成神，或谓之圣，各有九品，品极则入空寂，无为无名。若服食茹芝，延寿万亿，寿尽则死，药极则枯，此修考之士，非神仙之流也。③

这就是说，仅仅修炼服食之类的术，满足于延长寿命并不能成为神仙。神仙的最高境界是与大化同游，无为无名，一片空虚，也就是天人合一，人道

---

① 《无上秘要》，《道藏》第25册，第13页。
② 《上清黄书过度仪》，《道藏》第32册，第736页。
③ （梁）萧子显：《南齐书》，中华书局1972年版，第934页。

一致。

道教哲理的探讨和发展，在南朝宋齐二代推进了南方各道派的融合，在南陈北周时期则推进了南北方各道派融会贯通、归为一体的历史进程。例如，在神谱方面，灵宝派尊奉元始天尊，上清派尊奉元始天尊和太上老君，北方道派和天师道则尊奉太上老君。按照三一体义，则三清尊神其实都为一体，各道派原本一宗。在理论上，则要把《老子》"道生一，一生二，二生三，三生万物"的本源论和宗教创世说统一起来，进一步要把它们与此时尚不太完善的本体论统一起来。

这一时期的玄学还为唐代重玄哲学的到来做了铺垫。例如，宋文明对双遣双非已经有所探讨。《道德义渊》第二科《上德无为》认为无为的内涵有四个层次，并以这四个层次提出反命题的方式来论证：其一，"无为而无以为"；其二，无为一为，即心无为而迹有为；其三，为一无为，即心有为而迹无为，要防形、防心、防迹；其四，无为一无为，即心、迹均无为。为此，要无心无形，不心不迹，非形非心。总之，要无物而物，无心而心，以无心为宗。这显然是唐代重玄哲学的先声。

第四节　两晋南北朝时期道教的总体特点

经过上述分疏，我们来看一看两晋南北朝时期道教的总体特点。

承顺汉代处于发端时期的道教，此时的道教所包笼的术，除了符水治病、平治天下之术外，又把其他众多的术纳入进来了。

两晋南北朝时期，皇道之术居众术之首。之所以如此，是因为黄巾起义后，统治者把道教视为反叛的势力，加以禁绝。曹操把一大批方术之士集中管理，东吴的孙策杀了著名道士于吉。诸葛亮以法治蜀，道教在其发祥地的活动也极为消沉。为了摆脱道教处于政治异端而生存艰难的状况，一些居于社会上层的道教知识分子努力对道教进行改造，试图使之脱去来自民间的政治反叛者的外衣，变得与政治比较一致，争取生存的权利，进一步希望得到统治者的重视，采纳道教的主张。其中最著名、最有成效的是寇谦之、陆修静相继分别在北方和南方整顿、改造天师道的工作。他们巩固了这一方面道教前期取得的成果，最终使道教成为能够被统治者容纳并加以倡导的宗教。因此，这一时期，道教如何应用道的理论去进行社会政治治理方面的理论建树不多，它主要把精力用在改造自身适应社会政治需要的实际工作上。可以说明这一点的重要现象之一是，南北朝之前道教典籍中对理想社会的强烈追求意识在南北朝时期不得不转变为争做"种民"的宗教来世观，对现实的反抗被对现存制度和儒家伦理的维护所取代。

由于自觉地适应了社会、政治的需要，道教在经过魏晋时期的低谷之后，在南北朝中后期得到了比较大的发展。道教在社会上的影响与日俱增。这首先表现在政治上。南朝梁武帝在其中年时期是一个嗜好道教的人，给予了陶弘景非同一般的殊宠。晚年虽然皈依佛门，但也没有排斥道教。继梁之后的陈朝诸帝对道教给予了相当的重视。北魏太武帝、北周武帝都宠信道士，尊奉道教为国教。道教的政治使命感随之急剧膨胀起来。例如，寇谦之借太上老君之口宣称：'若国王天子，治民有功，辄使伏杜如故；若治民失法，明圣代之。"① 佛道二教的斗争于是激烈起来。紧接着北魏太武帝的废佛，北周武帝建德三年（574）发生了第二次废佛事件。两次废佛事件的发生主要是佛教寺院经济的恶性膨胀给朝廷财政经济造成的巨大压力引起的，虽然根本原因都不是道教的挑拨，但足以说明北方道教势力的强大。北朝佛道二教之间斗争的激烈程度，由此可见。与此不同，南方佛教与道教之间虽然有斗争，但主要是理论上的争论，没有诉诸武力和强制性手段，而且在斗争和争论中，双方都互有吸收。佛教对道教的吸收促使佛教中国化，道教对佛教的吸收则提升了道教文化品位。

两晋时期，外丹服食非常盛行。南北朝时期，由于灵宝、上清等宗派的形成，斋醮祈禳、符箓禁咒之术和存思服气、养性延命之术得到了很大的发展，后来居上，大体上与外丹、服食三分天下。

自东汉至南北朝初期，道教徒所行之术，或称方术，或称道术，甚或称秘术，乃至某"道"，如《抱朴子内篇》有所谓"不寒之道""不热之道"等，"道"都指的是方法，严格来说是术，区分并不严谨。这说明这一时期道教自己的"道"尚未真正挺立起来。

两晋时期，佛教虽然已经从印度传入中国，但在社会上的影响还不大，人们对它的认识也不深，往往把它视为道教的一个分支。但自东晋中晚期开始，尤其是到了南北朝时期，情况就大不一样了。佛教开始产生了比较大的社会影响，作为一个重要因素，刺激、威胁着道教的生存，迫使道教做出两

---

① （北魏）寇谦之：《老君音诵戒经》，《道藏》第 18 册，第 212 页。

第六章　两晋南北朝时期的道家与道教（下）

个方面的回应。一方面，促进道教教团之术的发展，迫使道教强化神道设教的方面，模仿佛教建筑道观，塑造神像，建立信道者之间联系紧密的教团组织，袭仿佛教的法仪，进一步充实和完善自己的戒、律和斋、醮等科仪，增强教徒的向心力和凝聚力。由汉代末年五斗米道的靖、庐、治、静室、茅室等修道场所演变而来的道馆、道观（大的道馆称为观）大量涌现出来，祭酒被具有组织体系的道士这一阶层所取代，宫观制度和戒律体系在这一时期初步形成，惩治处罚违背戒律的道士的清规这时也出现了萌芽。这一时期与戒律规范有关的著作主要是《正一法文天师教戒科经》《老君说一百八十戒》《太上洞渊神咒经》《太上洞玄灵宝智慧定志通微经》《西升经》等等。贯穿其中的是追求生命与道同样永恒，积善除恶的思想。例如，《老君说一百八十戒》有不得烧野田山林，不得自杀的戒条。南北朝时期比较流行的"本行十戒"的第一条是"恤死护生，救度厄难。命得其寿，不有夭伤"。第二条是"救疾治病，载度困笃。身得安全，不有痛剧"。第三条是"施惠穷困，拯度危厄。割己济物，无有吝惜"①。这表明南北朝时期道教重视生命的存在，具有救死扶伤的精神，这与隋唐之后强调与世俗伦理的协调是很不相同的。通过这些戒律规范的分析可以发现，这一时期的戒律著作大多有主张人性本恶的倾向，如《太上洞渊神咒经》有"世间无善人"等说法。它认为，道是至善，能够惩恶扬善。它以"道"的口吻宣布："我之法律，能生善者，能成善者，能杀凶者，能绝恶徒。"② 正因为如此，道教伦理着眼于"防患于未然"，以清规戒律等统御人们的思想、言论和行为，以美好的未来作诱惑，以承负报应论进行威慑、劝诫式的引导，力图与世俗伦理相协调，发挥了对现实社会的认可、维护与稳定的功能。

另一方面，道教在两晋时期的理论，就连与自己同宗的本土的玄学也无法相比，更遑论望佛教之项背了。在佛教精深、高奥、玄妙的理论的强烈反衬下，在佛道二教论争中佛教对道教方术的讥讽、嘲笑和对道教与老庄思想的矛盾的无情揭露之下③，道教不得不援道入术，试图把各种看似互不相关

---

① 《太上洞玄灵宝智慧罪根上品大戒经》，《道藏》第6册，第886页。
② 《太上洞渊神咒经》，《道藏》第6册，第7页。
③ 如道安在《二教论》中说："老氏之旨，盖虚无为本，柔弱为用……书为方技，不入坟流；人为方士，何关雅正？……"明僧绍著《正二教论》说："佛明其宗，老全其生。守生者蔽，明宗者通。今道家称长生不死，名补天曹，大乘老、庄立言本理。"〔（梁）萧子显：《南齐书》，中华书局1972年版，第934页。〕

的术连缀起来，并给予理论上的解释。

解释的思想框架的来源，首先是《周易》的义理与象数两个方面，尤其是以后者为主，其中包括与此相关的阴阳五行家、谶纬等的内容。这里主要考察道教与谶纬的关系。道教产生时期，正是谶纬盛行之时。西汉《黄帝谶》、东汉《老子谶》等对于神化黄帝、老子起了推波助澜的作用。《后汉书·方术传》记东汉方士多通图谶。此后，历代道士中，好谶纬甚至向新起的打江山者报告符命者不乏其人。早期的道书，无论形式还是内容都颇为接近于纬书，或者本身就是谶纬书。《天官历包元太平经》在很大程度上可视为谶书，《太平经》多处自称为"河洛神文"，魏伯阳著《周易参同契》、陶弘景编《真诰》都模仿纬候。纬书中有《孝经左契》《孝经右契》《左右契图》等，由此可知《抱朴子内篇·遐览》所载道经目录中的《左右契》《包元经》《河洛内记》等都是谶纬书。《三皇经》《五岳真形图》在唐代遭禁，原因在于它们被视为"图谶"。《混元圣纪》引《天师内传》称太上所授张陵道书中有《玉策山纪图录》《河洛图谶》和《循甲山图》等。《一切道经音义妙门由起》引《开山循甲经》云："名山石室，藏道经有三十二所……其一室有奇经妙图，黄老发命，《河》《洛》之文，不可称计。"① 道经中公开标明是谶纬的书到后世越来越少，但谶纬的思想已深深影响了道经的制作方法、体例及其思想。宋元之后，道书有一种"签"，它的体裁实际上就是谶。有关许逊的谶语，在宋元之后的道书中也多有记载。道教中的符箓与纬书也有继承关系。早期的道书《灵宝五符经》原有"人鸟五符"和"玄览人鸟山形图"②，颇类河洛图纬，都源出于东汉。五帝之名也见于纬书。此外，《五岳真形图》同样体现出图谶的"图"的特征。符箓的书写特征与云气虫鸟的形状很相似，所以《魏书·释老志》载崔浩上疏言"《河图》《洛书》，皆寄言于虫兽之文"。渗透于符箓中的思想也与纬书的思想有血缘关系。

解释的思想框架的来源，其次是《老子》和黄老道家。这种解释虽然逻辑性不强，但至少表明道教中人已在往这个方向努力了。

道教在这一时期的理论建设，首先表现在对术进行理论解释。例如，对于养性延命之术，《三天内解经》在理论上给予解释，说：

---

① （唐）史崇玄等：《一切道经音义妙门由起》，《道藏》第 24 册，第 733 页。

① （唐）史崇玄等：《一切道经音义妙门由起》，《道藏》第 24 册，第 733 页。
② （宋）张君房：《云笈七签》，《道藏》第 22 册，第 575 页。

> 天地无人则不立，人无天地则不生。天地无人，譬如人腹中无神，形则不立；有神无形，神则无主。故立之者，天；行之者，道。人性命神，同混而为一，故天地人三才成德为万物之宗。①

南北朝末年开始流行的《内观经》解释内修的原理说：

> 从道受生谓之命，自一禀形谓之性，所以任物谓之心……所以通生谓之道。道者，有而无形，无而有情，变化不测，通神群生，在人之身，则为神明，所谓心也。所以教人修道则修心也，教人修心则修道也。道不可见，因生以明之；生不可常，用道以守之。若生亡则道废，道废则生亡。生道合一，则长生不死，羽化神仙。②

它认为，人"始生之时，神源清净，湛然无杂"③。神源就是心。本来的心清静无杂，与道合一。人出生之后，心的这种本然状态就被破坏了。所以，"道以心得，心以道明。心明则道降，道降则心通"④。后天的修炼就是要循"内观之道"，虚心、无心、定心、正心、清心、净心，达到心直、心平、心明、心通，从而实现生道合一。

其次，表现在这些术之间的关联关系，开始得到了一些道教学者们的关注和思考。古已有之的气、阴阳、五行的理论，天文、地理等领域所提供的时间空间框架，"类同相召，气同则合，声比则应"的感应原则，这几方面为道教学者们思考术与术之间的关联关系，整理、构建术的组合系统提供了理论指导。陶弘景等道教学者就是这样为提高道教术的文化品位做了一些工作。再如，此时的《正一五戒品》认为："凡存一守五神，要在正心。心正由静，静身定心，心定则识清，清明则会道，道会神符号曰真圣。动则忘一，邪乱五神，五神纷纭，躁竞烦懑，失道陷俗，三业肆行，违善造恶。"⑤ 人心扰乱的根源在于目、耳、鼻、口、身的欲望伤害魂、魄、精、神、脾⑥。这说明它已经把持戒、节欲、卫生、长命、得道的义理与养身修炼结合起来了。

---

① （南朝宋）徐氏：《三天内解经》，《道藏》第28册，第413页。
② （宋）张君房：《云笈七签》，《道藏》第22册，第128页。
③ （宋）张君房：《云笈七签》，《道藏》第22册，第128页。
④ （宋）张君房：《云笈七签》，《道藏》第22册，第129页。
⑤ 《无上秘要》，《道藏》第25册，第165页。
⑥ 《无上秘要》，《道藏》第25册，第165页。

再次，表现在向佛教学习思辨的方法，移植佛教的三世因果、六道轮回的理论，强化伦理之术。灵宝、上清两派明显地受到佛教的影响。此外，在伦理、政治观点上，这一时期的道教也吸收了不少儒学的内容。

最后，表现在开始从思想义理上推重《老子》和《庄子》，研习其书，为之作注、疏，自觉地吸收其理论，为道教理论建设和术的修炼服务。这种趋势发展到隋唐之际，《老子》《庄子》成了道教讲经的首选经典。

两晋之后，随着道教向上层社会传播，赢得了一部分士族知识分子的信仰，一些有很高文化素养的知识分子参与进来，大大推动了道教的建设工作。除了第四、五章提及的人物之外，孟景翼、孟智周、臧矜、宋文明、诸糅、王延等都是这一时期在道教教义建设方面颇有名望的道士。这些士族知识分子加入道教，或成为教团的地方首领，或者由于其较高文化素养而对道教理论的解释和建构产生了重大的影响，从而加速了民间道教向官方道教，巫术道教向神仙道教的转化，道教的粗俗面目被逐步消泯干净，术中所蕴含的道得到了发掘，外来之道与术得到了一定程度的结合，道教由此开始具有了较为精致凝练的体系。

士族知识分子参与到道教中来，促进了道教宗派的产生。东晋末期之后，道教宗派如雨后春笋般兴起，除了灵宝、上清、三皇等大的宗派之外，尚有流行于四川一带的李家道、流传于江浙一带的帛家道、流传于东吴一带的干君道，此外还有楼观派、孝道派、清水派等民间色彩很浓的地方性宗派。各派的理论和道术可谓异彩纷呈。梁代刘勰的《灭惑论》说："道家立法，厥品有三：上标老子，次述神仙，下袭张陵。"[1] 北周时道安的《二教论》谈到道教时也说："一者老子无为，二者神仙饵服，三者符箓禁咒。"[2] "老子无为"指的是道，"神仙饵服"和张陵所代表的五斗米道所擅长的符箓禁咒是术。这说明此时的道教已经有了道与术的区分，在术之中也有了层次的区别。道主要是少数有知识文化的道士掌握，神仙饵服则是社会上层信徒的专利，一般老百姓没有财力享受，符箓禁咒才是老百姓能享受的道教恩惠。这使得道教具有作为精英文化的神仙道教和作为俗文化的民间道教的两个层次。当然，斋醮祈禳是贯通这二者的一个中介，它是道教影响社会群体的一种重要手段，也是统治者对所有社会成员进行神道设教的工具。

---

① （梁）僧祐、（唐）道宣：《弘明集 广弘明集》，上海古籍出版社1991年版，第52页。

② （梁）僧祐、（唐）道宣：《弘明集 广弘明集》，上海古籍出版社1991年版，第146页。

　　士族知识分子参与到道教中来还促进了道教经书的大量产生。魏晋南北朝是道教造作经书的鼎盛时代。大量经书涌现出来之后，就有进行分类整理的必要。三洞四辅十二部分类法的形成，固然对道教的发展起了推动作用，但由于它无法容纳此后出现的道教哲学著作和新道教宗派的经书，如全真道等的经书，也难于容纳那些属于综合性的经书，从而必然在道教经书的分类中引起混乱，这在一定程度上阻碍了道教的发展。道教经书的造作和分类整理意味着道教知识开始形成体系化了的"学"。

　　经过上述工作，道教的主流从民间宗教变为官方或上层宗教，从地方性的区域宗教变为全国性的统一宗教，从分散活动的宗教变为有中心、有基地的宗教，从俗文化变为雅文化，一些区域性教派以"天"等为终极信仰的义理代称，"天""道"混杂的情况发生了变化，逐渐统一到"道"上来。相应地，统治者对道教的政策也由保持距离、防范变为利用、支持。这是就道教所处的社会环境的变化而言。就道教自身而言，道士们热衷于撰写、增修道书，道教经籍被收集起来做了归类整理，在研习的基础上附会以老庄为代表的道家，吸收儒学，暗窃佛教，兼容丹鼎、符箓等众多方术，努力建立足以与佛教抗衡，与儒学并驾齐驱的教义、教规与学理体系。经过葛洪、寇谦之、陆修静、陶弘景、韦节、宋文明、臧矜等的工作，道教的哲理有了大体完整的框架，至少在宇宙发生论这一方面来说，是基本成熟而定型了，本体论、心性论也有了基本的雏形。神谱、斋醮科仪、禁咒符箓、修炼服食等都系统化了。经过陆修静等人的整顿，南方道教组织在科仪戒律方面更为严格而具有系统性，组织形式与行为规范得到了统一，道教具备了作为严格、完整意义上的宗教的各种要素。以《无上秘要》为例，其"主编者是经由精心安排的结构来展现迄北周为止南北朝道教的教义体系，这是道教成熟化、定型化的表现。第二，从其中透露出的思想、名物，不难看出南北朝道教已是具有确定教祖或教主、有教义和宇宙观、神仙信仰与谱系、教派组织、戒律、科仪、符箓道法和炼养方式以及诸多系统的经典的宗教。第三，它还以无可辩驳的事实证明，道教是一种具有一定普世性、超越性的宗教"①。总之，道与术形成了双向交融关系，学也因此形成。从这些方面来看，道教在南北朝时期已经成熟了。道教由早期原始幼稚的民间宗教演变为接近于成熟的官方

---

　　① 丁培仁：《从类书〈无上秘要〉的结构看南北朝道教的教义体系》，《宗教学研究》2011年第4期，第8－9页。

正统宗教。一个严整意义上的道教矗立起来了。

　　道教的成熟意味着一定程度的固化，也意味着失去了向其他方向发展的可能性。原本鲜活的道教精神，由于必须自觉地赞应、服务于政治，就不能不受到戕害。神谱是梳理出来了，但这样一来，神仙快活而自由自在的面貌就大为改变了。因为神谱得有组织原则，神仙之间得有地位上的差异，而且往往得让它显得等级森严，否则修道的阶梯就无法形成。所以葛洪曾经说过："彭祖言，天上多尊官大神，新仙者位卑，所奉事者非一，但更劳苦，故不足役役于登天，而止人间八百余年也。"① 神仙本属虚妄，神仙世界的等级森严无非是地上人世间的等级森严的折射。所以道教中有人再次如《太平经》一样声嘶力竭地喊出平等，提出了"至真平等"的口号，宣称"人无贵贱，有道则尊，所谓长老不必耆年"②。不过，总体来看，这一时期，道教的发展还是生机勃勃、富有活力的。

　　总之，两晋至南北朝时期的道教尚处于众术杂糅、援道入术的阶段。

---

① 王明：《抱朴子内篇校释》，中华书局 1985 年版，第 52 页。
② 《无上秘要》，《道藏》第 25 册，第 113 页。

结语：
道家与道教的关系新解

　　道家以道为主，以术为背景。汉代至六朝时期的道教则反之，是以术为主，道内蕴于术中。但经过道教知识分子的工作，道逐步被开显出来。

　　道家之道主要是宣讲宇宙论和价值论，是人作为社会成员的行为规范的依据。道教之道主要是境界论，是人修炼术的终极结果，因而以易质成长生不死之仙作为得道与否的标志。

　　道家的术主要是修心养性、处世和治国的方法，用术的目的是让个人、社会的活动符合于道。道教的术则种类繁多，涉及的方面比较广泛，用术的目的性、功利性很强，终极目标是得道。

　　学既是道与术关系的中介，也是二者互动关系的成果的反映。由于道家的术种类比较少，而且只是道的背景，没有显露在前台，道与术的双向互动关系尚未展示出来，因而道家的学所占的分量不大，内容主要是心性思辨理论和政治理论，而且尚待丰富和发展。严格来说，道家是没有学的。道教中术的比重确实比较大，但在汉代至六朝时期，由于道教处于重术忽道和援道入术的阶段，道与术的双向互动关系同道家一样，也没有充分展露出来，所以道教仅仅是在这一时期的末期出现了总体意义上的知识体系，即学，可称之为道教学，而没有出现经分科演化而独立出来的学。不过，这一时期术的充分发展为下一阶段分科之学的真正形成确实已经奠定了良好的基础。例如，仅仅过了一百年左右的时间，到了中唐时期，外丹就由术成了学。到了元代，科仪之术形成了学。到了清代，内丹术形成了学。总之，两晋南北朝时期的道教尚处于众术杂糅、援道入术的阶段。

　　道教不是由某一位教主所创立的，而是由民间处于各个地域的宗派逐渐凝聚而成的。因此，它在兴起的初期没有统一的经典、神谱、教义，教义与组织体系之间也没有紧密的联系。这些都反映了道教创教过程的复杂性。但是，由道、学、术三个方面，我们可以对道教的形成给出一种新的解释。

道教何时形成，这是学术界多年来一直探索却并没有解决的问题，有先秦、西汉、东汉、东汉顺帝、东汉末年、魏晋等多种观点。许地山主张五斗米道和太平道"这两派底道教才是现在道教底正祖"①。此后，卿希泰在《中国道教思想史纲》第一卷②、《中国道教》第一册③中主张道教经历了从方仙道到黄老道的酝酿，出现宗教组织而形成于汉末。任继愈主编的《中国道教史》④同样认为道教酝酿于汉代而形成于汉末，并列举了道教形成的社会背景是：有神论大泛滥、统治者对神仙方术的重视、经学衰落、社会危机加深、社会动荡、佛教传入。这是力图寻找一个与道教有关的最早的显著事件、现象作为道教形成的时间标志。与此不同，另外一些学者，如葛兆光则注重魏晋以后道教的经典撰集、戒律形成、思想阐述、神谱建构等方面，把北方寇谦之对道教的清整与南方葛洪、陆修静、陶弘景的宗教活动作为道教形成的标志⑤。但在我们看来，这两种观点都是有问题的。前者关注的是术在特定社会背景下的整合，大致说来，是术的方面；后者关注的是作为一种宗教的"自觉的有系统"的方面，为的是"可以照顾一种宗教性的理论"，大致说来，是道和学的方面。这两种倾向，实际上都没有看到道教的道与术这两个最核心的方面的关系及其在历史发展中的变化，实际上是把道与术割裂开来了。此外，也没有看到这一时期正在酝酿中的学在道与术的双向互动关系中已经起了初步的中介作用。

从道术关系出发，我们认为，先秦道家是以道为主，以术为背景。但道家思想后来的发展，经过了稷下道家、黄老道家、秦汉道家、魏晋玄学等几个阶段，术逐步从后台转移到前台，道与术的结合由松散而逐渐变得紧密。与此同时，西汉前期，民间的巫术、方术为提升文化品位而攀附黄老道家和儒学。黄老道家在汉武帝时失势，不得不转入民间，与民间的方术相融合，

---

① 许地山：《道家思想与道教》，《燕京学报》1927年第2期，第282页。
② 卿希泰：《中国道教思想史纲》第一卷，四川人民出版社1980年版。
③ 卿希泰：《中国道教》第1册，知识出版社1994年版。
④ 任继愈主编：《中国道教史》，上海人民出版社1990年版。
⑤ 葛兆光：《道教与中国文化》，上海人民出版社1937年版；葛兆光：《七世纪前中国的知识、思想与信仰世界》，复旦大学出版社1998年版。

形成黄老道。这是道教的前身形态之一。儒学在武帝后，受黄老道家和方术的影响而发生分化，一是形成谶纬，二是形成今文经学、古文经学。谶纬、存在于民间的黄老道家与方术的结合体，二者的具体形态多有不同，但都有术有道，并且术与道有了初步的结合。这种相同性决定了它们对正在酝酿中的道教有深刻的影响，是道教的主要来源之一。今文经学、古文经学具有鲜明的非理性主义色彩，它们作为时代思潮也对酝酿中的道教有一定的影响，这在汉代成书的道教经典《太平经》中有鲜明的表现。此外，汉末政治危机不断，作为官方意识形态的经学的合理性受到怀疑，为以道融儒的魏晋玄学的产生提供了思想背景，而以道为主的玄学同样不得不以术为背景并在中后期呈现出道与术直接结合的存在形态。

就民间的方术而言，汉代以后，不同术的组合系统形成了处于不同地区性文化环境中的地域性宗派。术与术的关联导致宗派之间的分化与融合。从众术并竞到援道入术，表明因术的选择、组合和使用不同所形成的道教诸宗派逐渐趋于求同存异，相互之间的关系由松散而变得紧密，经过以寇谦之为代表借助于政治对术的清整和以陆修静为代表的经典分类整理，完成了方术道教向经教道教的转型，道教形成了独具特色的术的组合系统，并初步形成了把各领域知识关联起来组成体系性的学的框架。经过顾欢、宋文明、孟智周、臧矜、徐素等学者援引以玄学为中介的道家、儒家、佛教诸多思想而以三一论的形式在哲理上阐述了道教的宇宙本源论、本体论、心性论，并把它与术、学做了初步的结合，道教大体上达到成熟。但成熟与产生、形成不是一回事。道教的内容和其兴起的诸多复杂特点决定了它的产生与基督教、伊斯兰教、佛教等由一个人在一段时间内创立的宗教完全不同。企图把道教定位于某个人或某一时代而断言其形成的想法必定是失之于简单化。企图用以基督教为背景建立起来的宗教学理论来框架它而得出的结论，同样也失之于简单化，而且基本上是不可靠的。仅仅从宗教学的角度来考察道教，也是有很大局限性的。多种学科的方法并用，从文化的角度出发，才是最佳选择。本书已经对此做了尝试，是否成功，有待于方家见教。

南北朝之后，道教的道与术的结合有了新的形态，对此的阐述，是另外一部书的任务。

考察汉魏两晋南北朝时期道教的道与术可以看出，如果说在葛洪之前，道家与道教还是各自独立存在的话，那么从葛洪开始，情况则发生了显著的变化，二者开始沟通，到了南朝齐梁时期，二者就完全融为一体了。由于道教把道与术结合起来，二者之间由于双向交通而有了学的雏形，这样，重道轻术、术少而不全面不系统、无学的道家自然失去了独立存在的价值，只能融会到道教中去。后世固然还有"道家""道教"之称，但这种称呼的不同并不能说明它们所指涉的内涵不同，其实很多情况下只是侧重点或角度不同而已。如称"道家"者多重在考虑与南朝齐梁之前的思想史的关系，或侧重在道的方面，称"道教"者多重在考虑东汉之后，或关注术和与宗教相关的方面。此外，还有人用"老庄""老子之学""黄老""道学"之类的称呼来指称道家和道教。在20世纪初之前，人们对道家与道教并没有如今人这样严格区分。